VERÖFFENTLICHUNGEN
AUS THÜRINGISCHEN STAATSARCHIVEN
9

VERÖFFENTLICHUNGEN AUS THÜRINGISCHEN STAATSARCHIVEN

9

Veröffentlichung des Thüringischen Hauptstaatsarchivs Weimar

WILLY FLACH (1903–1958)

Beiträge zum Archivwesen, zur thüringischen Landesgeschichte und zur Goetheforschung

Herausgegeben von Volker Wahl

2003

VERLAG HERMANN BÖHLAUS NACHFOLGER

WEIMAR

Bibliographische Information Der Deutsche Bibliothek
Die Deutsche Bibliothek verzeichnet diese Publikation in der Deutschen
Nationalbibliografie;
detaillierte bibliografische Daten sind im Internet über <http://dnb.ddb.de> abrufbar

Gedruckt auf chlorfrei gebleichtem, säurefreiem und alterungsbeständigem Papier

ISBN 3-7400-1205-6

© 2003 Verlag Hermann Böhlaus Nachfolger Weimar GmbH in Stuttgart

www.boehlausnf.de
Info@boehlausnf.de

Einbandgestaltung: Willy Löffelhardt
Satz: Typografik KF, Weimar
Druck und Bindung: Ebner & Spiegel GmbH, Ulm
Printed in Germany
Oktober 2003
Verlag Hermann Böhlaus Nachfolger Weimar

Inhalt

Vorwort

Willy Flach war als Archivar, Landeshistoriker und Goetheforscher in Weimar eine der herausragenden thüringischen Forschergestalten des 20. Jahrhunderts, dessen Werk und Wirkung in ihrer Gesamtheit seinen frühen Tod überdauert haben. Weil seine archivarische Berufslaufbahn am engsten mit der Entwicklung des Landesarchivwesens in Thüringen verknüpft war, ist die Erinnerung daran vor allem in den Thüringischen Staatsarchiven präsent gewesen, denn thüringisch blieben die staatlichen Archive in Altenburg, Gotha, Greiz, Meiningen, Rudolstadt und Weimar auch nach dem 1952 erzwungenen Ende des damaligen Landes Thüringen. Und auch die von ihm geschaffenen Archivstrukturen und Leitungsverhältnisse wirkten noch mehr als ein Jahrzehnt weiter und wurden erst nach 1965 mit der Schaffung von »Bezirksarchiven« in Weimar (für den Bezirk Erfurt), in Rudolstadt (für den Bezirk Gera) und Meiningen (für den Bezirk Suhl) beseitigt. Doch die alten territorialstaatlich geprägten Strukturen ließen sich unter den veränderten Verhältnissen des Staatsarchivwesens in der DDR nie ganz überwinden, so daß bei der Neukonstituierung des Landesarchivwesens nach 1990 an sie angeknüpft werden konnte, ohne allerdings wieder die frühere Oberleitung der Staatsarchive einzuführen. Dagegen hat das Nichtfortbestehen der Thüringischen Historischen Kommission und des Vereins für Thüringische Geschichte und Altertumskunde nach 1945 das Leistungsbild der damaligen Forschergeneration um Willy Flach nach fast einem halben Jahrhundert verblassen lassen. Der ihnen heute angelegte objektive Maßstab zeitgeschichtlicher Aufarbeitung der politischen Geschichte vor und nach 1945 wird ein differenziertes Bild zeichnen müssen. Nur in der Goetheforschung sind seine Ansätze für die Erhellung von Goethes Amtstätigkeit, wo nach Flach »Goetheforschung zur Verwaltungsgeschichte« wird, nie ganz untergegangen und bereits seit den 1980er Jahren wieder verstärkt aufgenommen worden.

Er zählt zu den bedeutendsten und im deutschen Archivwesen bekanntesten Thüringer Archivaren im 20. Jahrhundert: der Direktor der Thüringischen Staatsarchive bzw. des Thüringischen Landeshauptarchivs Weimar und seiner Landesarchive von 1934 bis 1958. Mit 31 Jahren wurde Willy Flach bei Beginn seines Amtes der jüngste Archivdirektor im thüringischen Landesarchivwesen, trotz seines vorzeitigen Ausscheidens war er auch der mit 24 Dienstjahren am längsten in dieser Position tätige Archivar. Weil ihm in dieser Stellung alle Staatsarchive in Thüringen unterstanden, trug er mehr als seine Vorgänger und Nachfolger Verantwortung für die Entwicklung des staatlichen Archivwesens in Thüringen. Einmalig bleibt er auch in seiner amtlichen Doppelfunktion, nachdem er von 1954 bis 1958 zusätzlich das Goethe- und Schiller-Archiv in Weimar leitete und auch an dieser Stelle grundlegend für die Entwicklung dieses Archivs und das Literaturarchivwesen überhaupt wurde.

Über seine beruflichen Aufgaben und Verpflichtungen im Archivwesen hinaus waren es seine Forschungsvorhaben auf landesgeschichtlichem Gebiet, die Editions- und Herausgebertätigkeit sowie die wissenschaftsorganisatorischen Leistungen als Vorsitzender der Thü-

ringischen Historischen Kommission auch über das Jahr 1945 hinaus, die seine führende
Stellung im damaligen Wissenschaftsbetrieb bestimmten. Darüber hinaus war er Lehrer
und Erzieher einer Archivar- und Historikergeneration, die bis zum Ende des vergangenen
Jahrhunderts den Typ des Archivar-Historikers vertrat, wie ihn Willy Flach selbst vorbildlich
verkörpert hat.

Im Jahr seines 100. Geburtstages soll sein publizistisches Werk in den Facetten wieder
aufleben, die seine Forschungstätigkeit in den Jahren seiner beruflichen Verwurzelung im
thüringischen Archivwesen bestimmt haben. Für diese Zeit bleibt allerdings festzuhalten,
daß die letzten Kriegsjahre und die unmittelbare Nachkriegszeit kaum noch Publikations-
möglichkeiten boten und manche Themen, denen er sich zugewandt hatte, schon allein aus
diesem Grund unbearbeitet blieben. Obwohl das Schriftenverzeichnis trotz dieser zeitbe-
dingten Einschränkung sehr respektabel ist, fehlen darin die großen historischen For-
schungsleistungen, die in Neuland vorstießen, sieht man von seiner Dissertation und den
grundlegenden Arbeiten über Goethes Amtstätigkeit ab. Immer wieder waren es berich-
tende und bilanzierende Aufsätze und Vorträge, die aus seiner Funktion und Stellung im
Archivwesen und in der Landesgeschichtsforschung heraus entstanden und typische Zeugnisse für Zeiten des Umbruchs sind, in denen Klärung der Standpunkte und Neubestimmung dominieren.

In den hier vorgelegten Aufsatzband wurden insgesamt 33 Veröffentlichungen von Willy
Flach aus der Zeit von 1933 bis 1958 aufgenommen: 13 zum Archivwesen, zehn zur thüringischen Landesgeschichte und zehn zur Goetheforschung (darunter auch eine unveröffentlichte Arbeit). Es sind überwiegend Beiträge allgemeinerer und übergreifenderer The-
menstellung. Das gilt vor allem für die landesgeschichtlichen Veröffentlichungen, die in der
Auswahl 1933 beginnen und ihren Schwerpunkt in der Zeit bis 1945 haben, aber mit seinem großen resümierenden Beitrag über die Entwicklung, den Stand und die Aufgaben der
landesgeschichtlichen Forschung in Thüringen von 1956 wirkungsvoll abgeschlossen werden. Die Aufsätze aus dem Gebiet des Archivwesens setzen bezeichnenderweise mit einem
archivgeschichtlichen Beitrag von 1935 über das historische Archivgebäude in Weimar –
1885 der erste Archivzweckbau moderner Prägung in Deutschland – ein, dem Veröffentlichungen über die Zweckbestimmung der Archive im Kontext zeitgeschichtlicher Entwicklungen vor und nach 1945 folgen. Archivwissenschaftlich determiniert sind vor allem die
beiden Beiträge, die das Wesen der Archivwissenschaft (1953) und das der Literaturarchive
(1955) ergründen wollen. Letzterer leitet bereits zu den Untersuchungen im Rahmen der
Goetheforschung über, in denen das große Thema über Goethes Amtstätigkeit dominiert,
das bei frühzeitigem Beginn (1934) schließlich die Forschungsarbeit im letzten Lebensjahr-
zehnt bestimmte. Mit der Auswahl sollen ein breiter Leserkreis auf die Forschungsfelder
Willy Flachs geführt und die darauf erreichten publizistischen Ergebnisse vorgestellt werden, zumal diese auf Grund der politischen Entwicklung und seines persönlichen Schicksals nach seinem Ableben 1958 in der Folgezeit in Thüringen selbst nicht mehr oder kaum
noch rezipiert wurden.

Dem eigentlichen Textteil vorangestellt wird als Einführung eine vertiefte biografische
Untersuchung zu Willy Flach, die an den biografischen Beitrag des Verfassers aus dem
2001 zum 50. Thüringischen Archivtag vom Thüringer Archivarverband herausgegebenen
Band »Lebensbilder Thüringer Archivare« anknüpft und den nachfolgenden Vortrag zu
Willy Flachs Leben und Wirken in der Jahresversammlung der Historischen Kommission
für Thüringen am 21. Februar 2003 in Greiz erweitert. Dazwischen lagen biografische und

andere Forschungsarbeiten über Flachs Weimarer Archivarkollegen Wilhelm Engel (1905–1964) und zur Entwicklung von Archivwesen und Landesgeschichtsforschung in Thüringen zu Beginn der NS-Zeit, die auch zur Erhellung der Biografie Willy Flachs beitrugen. Daß auf diese Weise in der Einleitung auch die allgemeine Entwicklung des thüringischen Landesarchivwesens von den 1930er bis in die 1950er Jahre hinein aufscheint, ist nur zu verständlich.

Die den Band abschließende Bibliografie Willy Flach knüpft an das 1958 von Friedrich Facius veröffentlichte Schriftenverzeichnis an und konnte unter Mithilfe von Dr. Michael Gockel (Marburg, jetzt Berlin) und Dr. Dietmar Flach (Koblenz) beträchtlich erweitert werden. Ihnen gilt dafür wie auch für weitere Unterstützung, u. a. durch die Bereitstellung von biografischen Quellen, mein herzlicher Dank. Für Autopsie zu frühen Veröffentlichungen ist dem Thüringischen Staatsarchiv Greiz zu danken. Die notwendigen Schreibarbeiten bei der Übertragung der Texte in den Computer übernahmen meine Direktionssekretärinnen im Thüringischen Hauptstaatsarchiv Weimar, zunächst Isolde Müller und zuletzt Ina Maletz. Ihnen danke ich für diese Mithilfe ganz besonders.

Im Verlag Hermann Böhlaus Nachfolger in Weimar wurden einst die drei großen Schriftenreihen aus dem thüringischen Archivwesen verlegt, an denen Willy Flach herausgebend und bearbeitend oder auch nur vorbereitend beteiligt war:

GOETHES AMTLICHE SCHRIFTEN 1950–1987;
THÜRINGISCHE ARCHIVSTUDIEN 1951–1971;
VERÖFFENTLICHUNGEN DES THÜRINGISCHEN LANDESHAUPTARCHIVS
WEIMAR 1958–1975.

In der 1996 begonnenen neuen Schriftenreihe der Thüringischen Staatsarchive erscheint die vorliegende Aufsatzsammlung als Band 9 – zwar unter dem alten Verlagsnamen, aber nunmehr vom Verlagsstandort des Verlages J. B. Metzler in Stuttgart aus – auch als eine Hommage an den traditionsreichen Weimarer Wissenschaftsverlag unter der unvergessenen Verlegerin Leiva Petersen (1912–1992), deren geschicktem Agieren Willy Flach so viel zu verdanken hat. Dr. Bernd Lutz und Sabine Matthes danke ich für die konstruktive Zusammenarbeit bei der Herausgabe dieses neuen Bandes in der 1996 neu begonnenen Schriftenreihe

VERÖFFENTLICHUNGEN AUS THÜRINGISCHEN STAATSARCHIVEN.

Weimar, im Mai 2003

Prof. Dr. Volker Wahl
Direktor des Thüringischen Hauptstaatsarchivs Weimar

Einleitung

Thüringer Archivar, Landeshistoriker und Goetheforscher
Willy Flach (1903–1958) – Ein Lebensbild*

Willy Flach war Archivar, Landeshistoriker und Goetheforscher in Thüringen. Vor 100 Jahren erblickte er in der damaligen reußischen Residenzstadt Greiz das Licht der Welt. Hier wurde er als Sohn des thüringischen Vogtlandes, der Landschaft an der oberen und mittleren Elster, geboren.[1] Im vogtländischen Raum war seine Vorfahrenschaft im dortigen Bauerntum begründet. Erst der Großvater zog als Handwerker aus dem Dorf Ranspach in die 25 km entfernte lebhafte Residenz- und Industriestadt Greiz. Die Vorfahren der Mutter kamen aus der Umgebung von Berga an der Elster. Die in diesem thüringisch-vogtländischen Kulturraum verwurzelte Heimatverbundenheit hat ihn zeitlebens geprägt, obwohl diese regionale Herkunft später von einem ausgeprägten thüringischen Gesamtbewußtsein überlagert wurde.

Dem Archivreferendar, Archivassessor, Staatsarchivrat und Direktor der Staatsarchive in Thüringen (1931–1958), dem Direktor des Goethe- und Schiller-Archivs in Weimar (1954–1958), dem Vorsitzenden der Thüringischen Historischen Kommission und Herausgeber ihrer Schriften (1937–1957), dem Begründer und Herausgeber der »Thüringischen Archivstudien« und der Edition »Goethes Amtliche Schriften (1950–1958), dem Mitherausgeber der Zeitschrift des Vereins für Thüringische Geschichte und Landeskunde (1937–1943),

---

* Die im Text genannten Publikationen von Willy Flach sind nur in Einzelfällen in den Anmerkungen bibliografisch nachgewiesen. Für die Veröffentlichungsnachweise zu anderen Titeln wird auf die separate Bibliografie Willy Flach in diesem Band verwiesen. An gedruckten Nachrufen und Würdigungen wurden benutzt: Friedrich Facius, Willy Flach † geb. Greiz 17. 1. 1903, gest. Bonn 17. 3. 1958. In: Der Archivar 12 (1959), Sp. 243–253 (mit Schriftenverzeichnis Sp. 250–253). – Hans Patze, Willy Flach zum Gedächtnis. In: Jahrbuch für die Geschichte Mittel- und Ostdeutschlands 8 (1959), S. 349–363 [erneut abgedruckt in: Ausgewählte Aufsätze von Hans Patze. Herausgegeben von Peter Johanek, Ernst Schubert und Matthias Werner. Stuttgart 2002, S. 807–821]. – Walter Schlesinger, Willy Flach †. In: Historische Zeitschrift 186 (1958), S. 486. – Günther Franz, Zum Tode des Geschichtsforschers W. Flach. In: Thüringen. Mitteilungen der Bundeslandsmannschaft Thüringen 5 (1958), H. 5, S. 10. – Friedrich Henning, Willy Flach, ein großer Sohn unserer Heimat, gestorben. In: Thüringer Tageszeitung (Würzburg) vom 14. Juni 1958. – Wolfgang Huschke, Willy Flach zum Gedenken. In: Mitteldeutsche Familienkunde. 1. Bd., H. 11 (Mai–August 1963), S. 105–108. – Hans Tümmler, Willy Flach (1903–1958). In: Jenaer Universitätslehrer als Mitglieder der Akademie gemeinnütziger Wissenschaften zu Erfurt (= Sonderschriften der Akademie gemeinnütziger Wissenschaften zu Erfurt 26). Erfurt 1995, S. 157–164.

1 Zu den Vorfahren siehe die von Wolfgang Huschke zusammengestellte Ahnenliste in: Wolfgang Huschke, Willy Flach zum Gedenken (wie Vorbemerkung *), S. 107–108.

dem Dozenten, Honorarprofessor und Lehrstuhlinhaber für Historische Hilfswissenschaften und Archivkunde (1940–1958) war kein langes Leben vergönnt gewesen. Am 17. März 1958 verstarb er fernab von seiner Thüringer Heimat im rheinischen Bonn, wohin er erst zwei Monate zuvor auf einen Universitätslehrstuhl gewechselt war. Sein Schicksal war es, daß er die berufliche Verantwortung als Archivar im thüringischen Landesdienst unter zwei totalitären Regimen zu tragen hatte. Wie bei keinem anderen ist seine Archivarlaufbahn in die wechselvolle Geschichte des thüringischen Archivwesens vor und nach 1945 eingebettet gewesen. Als er sich in einem harten Schnitt vom Archiv löste und nur noch Historiker – und das außerhalb seiner thüringischen Heimat in einem demokratisch verfaßten Staatswesen – sein wollte, war der Bruch mit der Vergangenheit zu groß. Weil es kein Zurück nach Weimar gab, schied er erst 55jährig im fernen Bonn aus dem Leben. »Sein Tod ist der schwerste Verlust für die thüringische Geschichtsforschung« hat die »Thüringer Ehrentafel« festgehalten.[2]

I

In Greiz wurde Willy Flach am 17. Januar 1903 in der Familie eines Dekorationsmalers und späteren Malermeisters geboren. Seine Eltern waren Franz Emil Flach (1873–1957) und dessen Ehefrau Marie Lina geb. Jahn (1873–1938). Hier besuchte er seit Ostern 1909 die Volksschule (Bürgerschule) und wechselte schließlich Ostern 1917 auf das damals noch Reußische Lehrerseminar über, um »mir, meinem Wunsche entsprechend, die notwendige Vorbildung zum Lehrerberuf zu erwerben«, wie er 1923 in seinem frühesten Lebenslauf als Schulamtskandidat angibt.[3] Nach der am 9. März 1923 bestandenen Reifeprüfung am nunmehrigen Landeslehrerseminar, die er mit sehr gutem Gesamturteil abschloß, hatte er die Befähigung zum Volksschullehrer im Land Thüringen erworben. Seit 9. April 1923 als Schulamtskandidat an der Hilfsschule in Greiz tätig, legte er als solcher im November 1925 die Prüfung für das Lehramt an Volksschulen ab. Am 20. Januar 1926 wurde ihm daraufhin vom Thüringischen Ministerium für Volksbildung und Justiz die Befähigung zur endgültigen Anstellung im thüringischen Volksschuldienst attestiert.

Schon während seiner Seminarzeit und während der Tätigkeit als Volksschullehrer hatte sich bei Willy Flach immer stärker der Wunsch nach einer intensiveren Beschäftigung mit der Geschichte geregt. Er begann sich mit sprachlichen Studien zu befassen, schied freiwillig aus dem Volksschuldienst aus und ließ sich im April 1926 an der Thüringischen Landesuniversität Jena immatrikulieren. Hier unterzog er sich im Oktober 1926 der Ergänzungsreifeprüfung in Latein und Mathematik für das Abitur am Realgymnasium, um die Berechtigung für ein allseitig anerkanntes Universitätsstudium zu besitzen. Als akademische Lehrfächer wählte er Geschichte, einschließlich der historischen Hilfswissenschaften, Germanistik und Religionswissenschaft, insbesondere Kirchengeschichte, die er ab Sommersemester 1926 bis Ende Wintersemester 1930/31 an der Universität Jena – dazwischen auch jeweils ein Semester in München (WS 1927/28) und Wien (SS 1928) – studierte.

---

2 Thüringer Heimatkalender 1959. Das Jahrbuch für alle Thüringer. Herausgegeben von Julius Kober. Würzburg 1959, S. 62.
3 Lebenslauf vom 29. April 1923, in: Thüringisches Hauptstaatsarchiv Weimar, Personalakte (Volksbildungsministerium) Willy Flach, Bl. 2.

In Jena gehörten zu Willy Flachs akademischen Lehrern die Historiker Alexander Cartellieri (1867–1955) und Georg Mentz (1870–1943), auch bereits Friedrich Schneider
(1887–1962), der als Archivar nebenamtlich das Thüringische Staatsarchiv Greiz betreute.
Die für ihn gleichfalls wichtige Kirchengeschichte hörte er bei Karl Heussi (1877–1961).
Vor allem am Institut für österreichische Geschichtsforschung in Wien bei Hans Hirsch
(1878–1940) holte er sich das mediävistische Rüstzeug, das ihn befähigte, eine seine akademischen Studien glanzvoll abschließende Dissertation an der Thüringischen Landesuniversität Jena vorzulegen. Diese »diplomatisch-historische Untersuchung« mit dem Titel
»Die Urkunden der Vögte von Weida, Gera und Plauen bis zur Mitte des 14. Jahrhunderts«
wurde von der Fachwissenschaft sofort als eine in der Methodik und durch die Ergebnisse
herausragende wissenschaftliche Leistung aufgenommen. Er stellte sich am 22. Februar
1930 dem Rigorosum bei den Professoren Alexander Cartellieri in Geschichte, bei Albert
Leitzmann (1867–1950) in Germanistik und bei Karl Heussi in Kirchengeschichte. Am
2. Juli 1930 wurde die Promotion zum Dr. phil. an der Alma mater Jenensis mit dem Prädikat »summa cum laude« vollzogen.

II

Unmittelbar nach seiner Promotion reichte Willy Flach beim Thüringischen Volksbildungsministerium das Gesuch um Zulassung zum Vorbereitungsdienst für die wissenschaftliche
Archivarlaufbahn ein, das vom Direktor der Thüringischen Staatsarchive, Dr. Armin Tille
(1870–1941)[4], wegen der unbefriedigenden Personalsituation im Landesarchivwesen nachhaltig befürwortet wurde: »Flach ist mir persönlich bekannt und scheint mir nach seiner
Vorbildung wohl geeignet für den Archivdienst. Auch ist es nötig, daß für einen Nachwuchs
rechtzeitig gesorgt wird, damit künftig wirklich ausgebildete Archivbeamte zur Verfügung
stehen.«[5] Noch konnte er den Weg zum wissenschaftlichen Archivar nicht direkt einschla-
gen. Der bisherigen pädagogischen Vorbildung fügte er mit der Prüfung für das Lehramt an
höheren Schulen zunächst das 1. Staatsexamen an, das er am 26. Februar 1931 in Geschichte und Deutsch als Hauptfächern und in Evangelischer Religion als Nebenfach »Mit
Auszeichnung« abschloß. Es war die notwendige Voraussetzung für die Laufbahnausbil-
dung, in der nach der seit 1928 geltenden Ausbildungsordnung für die Staatsarchivare die
Vorbereitungsdienste für den höheren Schul- und wissenschaftlichen Archivdienst miteinander gekoppelt waren.
    Bereits ab 1. März 1931 wurde Willy Flach als Hilfsarbeiter beim Thüringischen Staats-
archiv Greiz angestellt. Zu dieser Zeit beantragte er beim Thüringischen Volksbildungsministerium seine Einstellung in den Vorbereitungsdienst. Als Studien- und Archivreferendar
begann er am 1. April 1931 die praktische Ausbildung in Weimar, einerseits am Pädagogischen Seminar des Reformrealgymnasiums mit Oberrealschule im Vorbereitungsdienst für
das Lehramt an höheren Schulen in Thüringen, zum anderen im Thüringischen Staatsarchiv am damaligen Alexanderplatz (heute Beethovenplatz) 3, wo er neben seiner archivfach-

---

4 Zur Person siehe Bernhard Post, Armin Tille (1870–1941). In: Lebensbilder Thüringer Archivare. Herausgegeben vom Vorstand des Thüringer Archivarverbandes. Rudolstadt 2001, S. 242–255.
5 Armin Tille an Volksbildungsministerium, 22.7.1930, in: Thüringisches Hauptstaatsarchiv Weimar, Personalakte (Archiv) Willy Flach.

lichen Ausbildung als Archivreferendar zugleich als Hilfsarbeiter im Archivdienst beschäftigt wurde. Er war erst der zweite Archivreferendar in der von Tille als Direktor der Thüringischen Staatsarchive seit 1927 betriebenen Fachausbildung für den staatlichen Archivdienst in Thüringen, die zuvor der aus Meiningen stammende und an der Universität Marburg promovierte Historiker Dr. Wilhelm Engel (1805–1964) erfahren hatte.[6]

Auf Grund seiner bisherigen Praxis im Volksschullehrerdienst wurde für Willy Flach die pädagogische Vorbereitungszeit verkürzt. Die Leitung des Pädagogischen Seminars bescheinigte ihm, »ein hervorragend kluger, wissenschaftlich gründlich geschulter Mensch« zu sein, »der über ein ungewöhnliches Lehrgeschick verfügt«.[7] So konnte er sich bereits nach einem Jahr zur Assessorprüfung für den Schuldienst melden, die er am 15. Februar 1932 ablegte und wiederum »Mit Auszeichnung« bestand. Er entschloß sich jedoch, vorläufig nicht den Schuldienst anzustreben, sondern sich allein dem Archivdienst zu widmen, was der damalige Direktor der Thüringischen Staatsarchive wegen Flachs erwiesener Tüchtigkeit in der bisherigen Archivarausbildung gegenüber dem Volksbildungsministerium besonders begrüßte.[8]

Nunmehr konzentrierte sich Willy Flach auf seine Ausbildung im Archivdienst und beendete auch hier die Referendarzeit verkürzt. Bereits im November 1932 war er zur Ablegung der archivarischen Fachprüfung bereit. In der schriftlichen Prüfung vom 6. bis 8. Dezember 1932 mit der Bearbeitung einer Urkunde von 1398, eines Aktenstückes über einen Rechtsstreit von 1618 im Dorf Schleifreisen und einer Anfrage über die Gerechtigkeiten der Gasthöfe in Jena wurde ihm von Tille »seine Vertrautheit mit den ganz verschiedenen geschichtlichen Problemen, der Literatur und der rechten Handhabung aller Hilfsmittel« bescheinigt. Außerdem hob dieser Flachs »Konzentrationsfähigkeit« hervor, »die bei den mannigfaltigen täglichen Aufgaben der Archivverwaltung von ausschlaggebender Bedeutung für erfolgreiche Tätigkeit ist«.[9] Die mündliche Prüfung legte er am 20. Dezember 1932 vor dem Prüfungsausschuß des Ministeriums unter Vorsitz von Oberregierungsrat Friedrich Stier (1886–1966) als dem für die Staatsarchive zuständigen Referenten und den weiteren Mitgliedern, Archivdirektor Tille und Staatsarchivrat Dr. Walter Schmidt-Ewald (1891–1973) aus Gotha, ab. Archivkunde, Urkundenlehre, Territorialgeschichte, Wirtschafts- und Rechtsgeschichte waren die ihm abverlangten Prüfungsgebiete. Als schriftliche Hausarbeit konnte er eine tiefgründige Untersuchung mit dem Titel »Verfassungsgeschichte der Stadt Berga von den Anfängen bis zur Stadtordnung von 1847« vorlegen, deren Darstellung geradezu als Muster für die Bearbeitung anderer kleiner Städte bewertet wurde. Deshalb erschien sie 1934 als Beiheft der Zeitschrift des Vereins für Thüringische Geschichte und Altertumskunde im Druck. Nach der Bewertung der Prüfungsleistungen kam der Prüfungsausschuß zu dem Urteil, »daß Dr. Flach die theoretischen Grundlagen der Archivwissenschaft vorzüglich beherrscht und alle praktischen Aufgaben mit besonderem Verständnis lösen kann, mit den gebräuchlichen Hilfsmitteln Bescheid weiß. Er hat mit der Prüfung

---

6 Zu Wilhelm Engel siehe Volker Wahl, »Mit der Gründlichkeit und der Findigkeit des geschulten Archivars...«. Wilhelm Engel (1905–1964) – Ein Forscherschicksal im 20. Jahrhundert. In: Jahrbuch 2002 des Hennebergisch-Fränkischen Geschichtsvereins 17 (2002), S. 8–36.

7 Personalakte (Volksbildungsministerium) Willy Flach (wie Anm. 4), Bl. 24.

8 Armin Tille an Volksbildungsministerium, 9. 3. 1932, in: Ebenda, Bl. 37.

9 Armin Tille an Volksbildungsministerium, 13. 12. 1932, in: Ebenda, Bl. 46.

seine besondere Eignung zum höheren Archivdienst bewiesen.«[10] Erneut hatte er das Examen »Mit Auszeichnung« bestanden. Daraufhin wurde ihm die Anstellungsfähigkeit für das Amt eines Staatsarchivrates im thüringischen Archivdienst zuerkannt.

Willy Flach hat seinerzeit bekannt, daß die beiden in München und Wien verbrachten Semester entscheidend für seinen weiteren Ausbildungsgang und damit wichtige Etappen auf den Weg in den Archivdienst waren. Die schon im heimischen Jena entwickelte Vorliebe für die historischen Hilfswissenschaften wurde an den beiden auswärtigen Universitäten durch die Teilnahme an Vorlesungen und Übungen zur Diplomatik und Paläographie weiter gesteigert. Im Anschluß daran faßte er den Entschluß, Archivar zu werden, wozu er als erstes ein hilfswissenschaftliches Dissertationsthema wählte und sich mit den erreichten Ergebnissen bestens für den Archivdienst in Thüringen empfehlen konnte. Mit dieser Zielstellung arbeitete er vor allem im Thüringischen Staatsarchiv Greiz, wo nebenbei eine bereits 1930 veröffentliche »Geschichte der reußischen Archive« entstand. Die Vorbereitungszeit im Thüringischen Staatsarchiv Weimar unter Tilles Ausbildung und Leitung bewältigte Flach mit den bestmöglichen Ergebnissen, so daß der Direktor der Staatsarchive unmittelbar nach dessen bestandener Fachprüfung beim vorgesetzten Volksbildungsministerium seine Anstellung mit dem Ziel beantragte, »die durch Erfahrung bewiesene und durch den Ausfall der Prüfung bestätigte ganz besondere Eignung Flachs für die archivarischen Aufgaben [...] unbedingt für die noch immer im Aufbau begriffenen thüringischen Staatsarchive nutzbar« zu machen.[11]

Daraufhin wurde Willy Flach zum 1. Januar 1933 als Archivassessor in den thüringischen Staatsdienst eingestellt und dem Staatsarchiv Weimar zugewiesen, wo zu dieser Zeit als wissenschaftliche Archivare lediglich der Archivdirektor selbst und der vor ihm ausgebildete Staatsarchivrat Wilhelm Engel tätig waren, der von Weimar aus auch das Staatsarchiv in Altenburg leitete. Flach übernahm nunmehr in gleicher Weise ab 1. Februar 1933 die Leitung des Staatsarchivs in Rudolstadt (bisher Wilhelm Engel) und ab 1. April 1933 auch die in Sondershausen (bisher Walter Schmid-Ewald von Gotha aus), so daß die beiden vormals schwarzburgischen Archive nun unter einer gemeinsamen Führung standen. Bereits am 1. September 1933 folgte seine vom Direktor der Staatsarchive beantragte Ernennung zum Staatsarchivrat. Mit diesen Personalentscheidungen hatte Armin Tille ein noch lange fortdauerndes Leitungssystem im staatlichen Archivwesen Thüringens eingeführt, wonach die seiner Oberleitung unterworfenen und nicht hauptamtlich besetzten Staatsarchive durch Staatsarchivräte aus Weimar verantwortlich geleitet wurden, während vor Ort »Archivgehilfen« als geschäftsführende Archivare das »Außenarchiv« verwalteten und die laufenden Dienstgeschäfte versahen. Diese Form der Archivleitung war nicht zuletzt dem geringen wissenschaftlichen Archivpersonal im Landesarchivwesen geschuldet, wo Anfang 1933 in sieben Thüringischen Staatsarchiven gerade einmal sechs Archivare mit Universitätsausbildung, davon nur drei mit spezieller archivarischer Fachausbildung (Walter Schmidt-Ewald, Wilhelm Engel, Willy Flach), vorhanden waren.

Die personelle Konstellation im thüringischen Archivwesen verschärfte sich wenig später, als plötzlich am 21. April 1933 Dr. Walter Müller (1884–1933) als bisheriger Vorstand des Thüringischen Staatsarchivs Meiningen, verstarb. Der Direktor der Staatsarchive, dessen

10 Niederschrift vom 20.12.1932, in: Ebenda, Bl. 52.
11 Armin Tille an Volksbildungsministerium, 21.12.1932. In: Ebenda, Bl. 55.

Pensionierung im folgenden Jahr anstand, wollte die Gelegenheit der Meininger Nachfolge-
regelung nutzen, um mit einem Revirement seine Nachfolge im Amt des Direktors der
Staatsarchive in Weimar vorzubereiten, für das er offenbar schon zu dieser Zeit Willy Flach
ausersehen hatte. Nach Armin Tilles Vorschlägen sollte der bisher als Stellvertreter des Direktors tätige Wilhelm Engel ab 1. September 1933 dauerhaft als hauptamtlicher Vorstand
des Staatsarchivs nach Meiningen berufen werden, während Flach an dessen Stelle als Stellvertreter von Tille aufrücken sollte. »Seine Befähigung, Leistung und Fleiß sowie sein Alter
(er ist 2 Jahre älter als Engel, da er erst 3 Jahre als Volksschullehrer gewirkt hat, ehe er studierte) rechtfertigen die Beförderung in jeder Weise«, hieß es in Tilles Vorschlag vom 7. Juni
1933 an das vorgesetzte Ministerium.[12]

Im Thüringischen Volksbildungsministerium sah man aber aus sachlichen und persönlichen Gründen die Notwendigkeit, Wilhelm Engel in Weimar und als Stellvertreter des Direktors zu belassen, wobei hier durchaus dessen politische Aktivitäten seit der nationalsozialistischen Machtübernahme in Thüringen infolge der Regierungsbildung unter dem
NSDAP-Gauleiter Fritz Sauckel (1894–1946) am 26. August 1932 zu Buche geschlagen
haben können. An der im Oktober 1932 errichteten Gauschule der NSDAP in Egendorf
war dieser seit dem ersten Lehrgang für Junglehrer im Winter 1932/33 mit Vorträgen zu
grenzdeutschen Fragen und zur thüringischen Heimatgeschichte aufgetreten und hatte sich
auf diese Weise dem neuen Regime als erster unter den thüringischen Staatsarchivaren an-
gedient. Nach der Machtübernahme der NSDAP im Deutschen Reich baute er auf diese
Vorleistungen. Es begann nunmehr die Zeit des Aufbruchs und intensiver Bemühungen zur
Neuausrichtung der thüringischen Landesgeschichte im neuen Staat, die im Archivwesen
eine feste Stütze erhalten sollte, nachdem die bisherige historische Kommissionsarbeit
unter dem Dach des Vereins für Thüringische Geschichte und Altertumskunde unbefriedigend geblieben war. Aber das Projekt zur Neugründung einer Historischen Kommission für
Thüringen, das seit Mai 1933 besonders von Wilhelm Engels ehrgeizigen Plänen vorange-
trieben wurde, scheiterte seinerzeit.[13]

Im Herbst 1933 stabilisierten sich die Leitungsverhältnisse im thüringischen Archivwesen
wieder, als die wegen des Gemeinschaftlichen Hennebergischen Archivs für Meiningen mit-
verantwortliche preußische Archivverwaltung einer zeitlich begrenzten kommissarischen Leitung von Weimar aus zustimmte, so daß Wilhelm Engel ab 1. Oktober 1933 die Meininger
Archivleitung übertragen werden konnte, während er weiter in Weimar verblieb. Als im Sommer 1934 die ministerielle Entschließung für die Besetzung der Direktorenstelle der Thüringischen Staatsarchive heranrückte, entschied sich die oberste Archivbehörde auf Grund
nachhaltiger Befürwortung des bisherigen Direktors für den lebensälteren und vielseitiger
ausgebildeten Staatsarchivrat Willy Flach gegenüber dem jüngeren, aber um zwei Jahre
dienstälteren Staatsarchivrat Wilhelm Engel, nachdem die beiden anderen thüringischen
Kandidaten – Friedrich Schneider aus Greiz und Walter Schmidt-Ewald aus Gotha –

---

12 Ebenda, Bl. 72.
13 Vgl. Volker Wahl, Die Neugründung einer Historischen Kommission für Thüringen als »staatspolitische
    Notwendigkeit«. Ein gescheitertes Projekt von 1933. Vortrag auf der von der Historischen Kommission
    für Thüringen veranstalteten Wissenschaftlichen Tagung »Im Spannungsfeld von Wissenschaft und Po-
    litik. 150 Jahre Landesgeschichtsforschung in Thüringen« am 27. September 2002 in Jena; Druckle-
    gung im Tagungsband vorgesehen.

von vornherein nicht in Frage kamen. Im Volksbildungsministerium war es vor allem der
bearbeitende Referent in der Wissenschaftsabteilung, Friedrich Stier, der den erst 31jähri-
gen Flach favorisierte und diesen dem Minister zur Bestätigung vorschlug.

Der »Kampf um das Direktorat der Staatsarchive« in Weimar war 1934 ein spektakulä-
res Ereignis innerhalb des Landesarchivwesens, obwohl er in seiner Zuspitzung auf die Entscheidung zwischen Wilhelm Engel und Willy Flach keineswegs in die Öffentlichkeit
wirkte.[14] Als der politisch agile Engel in einer konspirativen Aktion unter Einschaltung des
Sicherheitsdienstes der SS den Volksbildungsminister zu einer Entscheidung zu seinen
Gunsten zwingen wollte, scheiterte er mit diesem Vorstoß gründlich. Subjektiv für sich erklärte er danach die Beweggründe, die für den jüngeren Freund und Kollegen gesprochen
haben sollten: »Verheiratet und Volksschullehrer a. D.«[15]. Daß Flach die Stelle nur auf
Grund seiner »früheren Schulmeisterei« bekommen habe, zumal der zuständige Minister
Fritz Wächtler (1891–1945) zuvor ebenfalls Volksschullehrer gewesen war, gehörte im
Herbst 1934 zu den Stammtischgesprächen in Engels Geburtsort Meiningen.[16] Aber der
vorherige Direktor wies eine solche Begründung mit Entschiedenheit gegenüber Flach zurück: »Ich habe, ohne die anderen Möglichkeiten rundweg abzulehnen [u. a. auch die Besetzung durch einen Kandidaten von außerhalb – V. W.], von vornherein Sie zu dem
geeignetsten Nachfolger erklärt.«[17] Die Entscheidung fiel im Thüringischen Volksbildungsministerium, alle weiteren Schritte waren nur noch formaler Art. Auf Beschluß des Thüringischen Staatsministeriums wurde der 31jährige Staatsarchivrat Dr. Willy Flach dem Reichsstatthalter als Direktor der Thüringischen Staatsarchive vorgeschlagen und die Ernennung
von diesem am 25. September 1934 vollzogen, so daß er ab 1. Oktober 1934 sein neues
Amt in der Nachfolge von Armin Tille antreten konnte. Nicht lange danach gründete er eine
Familie.[18]

III

Willy Flach übernahm eine Führungsaufgabe im Archivwesen des jungen Landes Thüringen, die mit diesem Zuschnitt erst 1926 unter seinem Vorgänger geschaffen worden war, als
dem Weimarer Staatsarchivdirektor zusätzlich die Oberleitung aller Thüringischen Staatsarchive übertragen wurde. Neben der Leitung des Weimarer Staatsarchivs, wo sich der
Dienstsitz des Direktors der Thüringischen Staatsarchive befand, schloß das auch die Verantwortung für die Staatsarchive in Altenburg, Gotha, Greiz, Meiningen, Rudolstadt und
Sondershausen ein. Die gesetzliche Grundlage bildeten dabei die vom vorgesetzten Volksbildungsministerium erlassene »Thüringische Archivordnung« vom 15. April 1932 und die

---

14 Siehe Volker Wahl, Thüringische Archivgeschichte 1933/34. Der »Kampf« um das Direktorat der
    Staatsarchive. In: Landesgeschichte und Archivwesen. Festschrift für Reiner Groß zum 65. Geburtstag.
    Dresden 2002, S.565–590.
15 Wilhelm Engel an Josef Friedrich Abert, 21. 10. 1934, in: Universitätsbibliothek Würzburg (Handschrif-
    tenabteilung), Nachlaß Wilhelm Engel. Allerdings war Flach zu dieser Zeit noch gar nicht verheiratet.
    Die Eheschließung erfolgte erst einen Monat später.
16 Flach an Armin Tille, 4. 6. 1935, in: Thüringisches Hauptstaatsarchiv Weimar, Nachlaß Willy Flach,
    Korrespondenz.
17 Armin Tille an Flach, 24. 6. 1935, in: Ebenda.
18 Am 27. November 1934 hatte Willy Flach in seiner Heimatstadt Helene geb. Dübler (1905–1978) ge-
    heiratet; aus der Ehe gingen die Kinder Adelheid (geb. 1936) und Dietmar (geb. 1941) hervor.

mit ihr verbundene Geschäftsordnung, die erstmals grundsätzlich die äußere Stellung und den inneren Betrieb der Staatsarchive regelten.[19] Diese wurden darin als »Verwaltungsbehörden und Forschungsanstalten zugleich« bezeichnet, deren Aufgabe es sein sollte, »alle durch den Geschäftsgang bei Staatsbehörden entstandenen Schriftstücke, soweit sie von diesen selbst in der Regel nicht mehr gebraucht werden und dauernd erhalten werden sollen, aufzunehmen, zu ordnen und so bereit zu stellen, daß sie im Bedarfsfalle jederzeit zugänglich sind«. Neben der Benutzung für Behörden und Privatpersonen wurde den Staatsarchiven auch die Aufgabe gestellt, »die Forschungen in der Landesgeschichte zu fördern«.[20] Damit war für den Archivar-Historiker Willy Flach der weitere Weg vorgezeichnet. Für ihn war die »Thüringische Archivordnung«, wie er später bekannte, »Beginn einer neuen Periode des staatlichen thüringischen Archivwesens« und »Aufgabe für die Zukunft«, was nach seiner Meinung bedeutete: »systematischer Ausbau der Staatsarchive, sinnvolle Gestaltung eines unter mancherlei Hemmungen gewachsenen Werkes, Erfüllung äußerlich geschaffener Formen mit sachentsprechendem Inhalt«.[21]

Aber nunmehr war das nationalsozialistische Dritte Reich Realität geworden. Die Staatsarchive blieben im neuen Staat keine unpolitischen Refugien und mußten sich mit den veränderten Bedingungen und den von außen gestellten Forderungen unter den ideologisch motivierten Prämissen von Volkstum und Rasse auseinandersetzen. Die Erwartungen an sie hatte der Minister für Inneres und Volksbildung in dem Archivsonderheft der Monatsschrift »Das Thüringer Fähnlein« im April 1934 formuliert, als er davon sprach, daß an »die Erweckung und Pflege von heimatgeschichtlichem Denken und Volkstumskunde in Thüringen [...] ohne die Benutzung unserer Archive nicht zu denken« ist.[22] Die Aufwertung, die dadurch das thüringische Archivwesen erfuhr, beflügelte auch Willy Flach, der allerdings in politischer Hinsicht bisher kaum in Erscheinung getreten war, sich aber nun mit den neuen Machthabern arrangieren mußte, um seine berufliche Position nicht zu gefährden.

Zusammen mit Wilhelm Engel war Flach zum 1. Mai 1933 als Beamter im thüringischen Landesdienst in die NSDAP eingetreten.[23] Aber beide hatten in ihrer politischen Frühprägung eine völlig unterschiedliche Entwicklung aufzuweisen. Der frühen völkisch-nationalen Betätigung Engels (seit 1920)[24] konnte Willy Flach nichts entgegensetzen. Er hatte lediglich von 1923 bis 1926 dem Thüringer Lehrerverein und von 1931 bis zur Auflösung 1933 dem Verband der deutschen Archivare im Reichsbund der höheren Beamten angehört.[25] Das Defizit in dessen politischer Ausrichtung zeigt auch eine Aussage Engels gegenüber dem Reichsinstitut für Geschichte des neuen Deutschlands: »Politisch ist Dr. Flach vor 1933

---

19 Thüringische Archivordnung vom 15. April 1932. In: Amts- und Nachrichtenblatt für Thüringen Teil I, Nr. 34/1932, S. 174–177. Die am gleichen Tag erlassene Geschäftsordnung ist nicht veröffentlicht.

20 Ebenda, S. 175.

21 Willy Flach, Neue Aufgaben des Ausbaues der Thüringischen Staatsarchive. In: Mitteilungsblatt des Generaldirektors der Preußischen Staatsarchive Nr. 9/1938, S. 156. Im vorliegenden Band S. 68.

22 Geleitwort von Fritz Wächtler, Minister für Inneres und Volksbildung vom 24. April 1934. In: Das Thüringer Fähnlein 3 (1934), S. 287.

23 Engel und Flach hatten die Mitgliedsnummern 2 194 554 und 2 194 555, in: Bundesarchiv Berlin (ehem. BDC), NSDAP-Zentralkartei.

24 Zu Engels politischen Bindungen vor und nach 1933 siehe Volker Wahl, Wilhelm Engel (1905–1964) (wie Anm. 6).

25 Personalakte (Volksbildung) Willy Flach (wie Anm. 4), Bl. 123.

keiner Partei nahegestanden; er ist 1933 der NSDAP beigetreten.«[26] Insofern ist Flachs spätere Selbstaussage aus dem Jahr 1938 auch nur als kalkuliertes Loyalitätsbekenntnis im totalitären Einparteienstaat zu werten: »Parteipolitisch habe ich mich vor der Machtübernahme nie betätigt. Ich vertrat stets den nationalen und völkischen Standpunkt. Am 1. Mai 1933 bin ich aus innerer Überzeugung der Nationalsozialistischen Deutschen Arbeiterpartei beigetreten.«[27] Aber vertrat er auch deren Programmatik?

Willy Flachs Charakter und sein Leistungsbild als Wissenschaftler waren entschieden anders geprägt; politisches Karrierestreben war ihm fremd. Die ungewöhnliche Zuverlässigkeit und Arbeitskraft, die in der bisherigen Tätigkeit und Amtsführung im Staatsarchiv Weimar und in der Verantwortung für die beiden »schwarzburgischen« Staatsarchive, aber auch in der wissenschaftlichen Forschung sowie in seiner Publikationstätigkeit begründet waren, bestimmten 1934 die von Armin Tille ausgesprochene Empfehlung für ihn, der auf ministerieller Ebene gefolgt wurde. Den Beitritt zur NSDAP vollzog er als ein äußeres Bekenntnis für den neuen Staat, nachdem er in den Jahren zuvor der Politik ferngestanden hatte. Dem Erfordernis, als Beamter der staatstragenden Partei anzugehören, folgte er, übte darin aber bis zum Ende des Dritten Reiches kein Amt aus. Mit seiner gegenüber den Institutionen und Personen des nationalsozialistischen Staates und der Partei als loyal zu bezeichnenden Haltung gelang es ihm auch späterhin, die Thüringischen Staatsarchive nicht als nur willfährige Diener der rassenideologisch motivierten Geschichtsschreibung im Dritten Reich erscheinen zu lassen.

Der einflußreiche NS-Funktionär Prof. Dr. Walter Frank (1905–1945) als Präsident des Reichsinstituts für Geschichte des neuen Deutschlands charakterisierte Flach 1938 als »eine im letzten Grunde beschauliche – fast möchte man sagen träge Natur«, an dem er im Hinblick auf die Erforschung und Vermittlung der politische Geschichte starke Zweifel hegte, ihm aber auf dem Gebiet der historischen Hilfswissenschaften kenntnisreiche und methodisch gewissenhafte Arbeit nicht absprechen konnte. »Er scheint ganz in den Verwaltungsaufgaben der Staatsarchive aufgegangen zu sein und hat in diesem Zusammenhang eine Reihe von Werbeaufsätzen für die Staatsarchive veröffentlicht, die sich inhaltlich völlig gleichen.«[28] Wenn man nun allerdings weiß, daß Franks Gewährsmann für diese Aussage Wilhelm Engel gewesen ist[29], der nach einer Zwischenstation in Berlin inzwischen seit 1937 Universitätsprofessor in Würzburg war und doch am besten wissen mußte, daß sein ehemaliger Archivarkollege in Weimar nicht zu den politischen Aktivisten zählte, so relativiert das dessen berufliche Spitzenposition im Staatsarchivwesen Thüringens während der Zeit des Dritten Reiches. Auch im thüringischen NS-Apparat scheint es Vorbehalte gegen Flach gegeben zu haben, dem man seine Mitwirkung bei heimatgeschichtlichen Schulungs-

26 Wilhelm Engel an Reichsinstitut für Geschichte des neuen Deutschlands, 18.11.1938, in: Institut für Zeitgeschichte München ED 108/3.
27 Lebenslauf Willy Flach (undatiert, vorgelegt im Rahmen des Verfahrens der Universität Jena zur Erteilung eines Lehrauftrags für historische Hilfswissenschaften und Archivkunde), in: Universitätsarchiv Jena D 714, Personalakte (Universität) Willy Flach.
28 Walter Frank an Gaudozentenbundführer in Jena, 22.11.1938, in: Ebenda.
29 Wilhelm Engel an Reichsinstitut für Geschichte des neuen Deutschlands, 18.11.1938, in: Institut für Zeitgeschichte München ED 108/3. Die Angaben von Engel wurden wörtlich übernommen für die Stellungnahme des Reichsinstituts gegenüber dem Gaudozentenbundführer in Jena im Rahmen des Verfahrens der Universität zur Erteilung eines Lehrauftrags für historische Hilfswissenschaften und Archivkunde an den Staatsarchivdirektor.

kursen für Pfarrer der evangelischen Landeskirche und bei den Tagungen der Lutherakademie in Sondershausen als »ein Außerachtlassen staatlicher Interessen gegenüber kirchlichen Bestrebungen« ankreidete.[30]

Daß Willy Flach andererseits die Neubestimmung des Wertes historischer Forschungsarbeit durch das Dritte Reich begrüßte, wie erstmals auf dem 34. Thüringischen Archivtag am 23. Mai 1936 in Gotha geschehen, verband sich bei ihm mit der dadurch veränderten Anschauung der Archive in der gesellschaftlichen Wirklichkeit.[31] Flach konstatierte in seinem Gothaer Archivtagsreferat eine Ausweitung des Arbeitsgebietes für die Archive, wie man sie vorher niemals kannte, weil der neue Staat das Verständnis für die in der Geschichte liegenden Werte neu geweckt und gestärkt habe. Zusammengefaßt sind solche Gedanken über die Neubestimmung der Archivarbeit, die er zwischen 1935 und 1938 in verschiedenen Vorträgen geäußert hatte[32], in seinem 1938 publizierten Aufsatz »Die Entwicklung des staatlichen Archivwesens in Thüringen und seine Beziehungen zur Landesgeschichtsforschung«, wo er die »neuen Aufgaben, die den Staatsarchiven allenthalben von außen gestellt werden«, auf deren Tätigkeit »als Staatsverwaltungsbehörden wie auch als wissenschaftliche Anstalten für geschichtliche Forschung« bezog. »Durch Rassengesetzgebung und Forderungen des Abstammungsnachweises in Partei und Staat, durch Erbhofgesetzgebung und Altbauernehrung, durch Verordnungen über das Wappen- und Siegelwesen der Gemeinden, durch Maßnahmen zur Anlage von Chroniken der Gemeinden und ähnliches werden die Staatsarchive, ohne deren reichhaltige Quellenbestände und ohne deren tätige Mitwirkung alle diese neugestellten Fragen nicht gelöst werden können, stärkstens berührt.« Flach konnte gar nicht anders, als diese Aufwertung der Archivarbeit positiv zu bewerten. »Vor allem aber ist durch das in breitesten Kreisen des Volkes geweckte Verständnis für Sippen- und Heimatforschung jeder Art und die Anregung zur eingehenden Beschäftigung mit diesen Gebieten der Benutzerkreis der Staatsarchive in ausgedehntestem Maße erweitert worden, und diese Tatsache schließt in sich eine Ausweitung der auskunftserteilenden und beratenden Tätigkeit, zugleich auch der belehrenden und anleitenden Arbeit« ein.[33]

Um die Stellung und Aufgaben des thüringischen staatlichen Archivwesens aus der jahrhundertelangen Tradition des Bewahrens der archivalischen Überlieferung für die Erforschung der Geschichte heraus mußte es ihm in erster Linie gehen. Einer solchen Haltung

30 Flach an Volksbildungsministerium, 21.5.1937, in: Personalakte (Volksbildung) Willy Flach (wie Anm. 4), Bl. 139. Dazu äußerte sich Kirchenrat Rudolf Herrmann in einer politischen Unbedenklichkeitsbescheinigung für Flach vom 5. Januar 1946, in: Nachlaß Willy Flach (wie Anm. 16), Ordner LDPD.
31 Siehe dazu Willy Flach, Stellung und Aufgaben der Thüringischen Staatsarchive im neuen Staat. In: Das Thüringer Fähnlein 5 (1936), S. 359–365.
32 Die Entwicklung der reußischen Archive im Rahmen der thüringischen Archivgeschichte (Thüringischer Archivtag in Schleiz 25./26. Mai 1935). – Stellung und Aufgaben der Thüringischen Staatsarchive im neuen Staat (Thüringischer Archivtag in Gotha 23./24. Mai 1936). – Die Thüringischen Staatsarchive und die Landesgeschichtsforschung (Hauptversammlung des Vereins für Thüringische Geschichte und Altertumskunde und Thüringischer Archivtag in Rudolstadt 8./9. Mai 1937). – Aufbau und Aufgaben des staatlichen Archivwesens in Thüringen (Deutscher Archivtag in Gotha 20. September 1937). – Neue Aufgaben des Ausbaues der Thüringischen Staatsarchive (Thüringischer Archivtag in Zeulenroda 28./29. Mai 1938).
33 Willy Flach, Die Entwicklung des staatlichen Archivwesens in Thüringen und seine Beziehungen zur Landesgeschichtsforschung. In: Zeitschrift des Vereins für Thüringische Geschichte und Altertumskunde NF 33 (1938), S. 19–20. Im vorliegenden Band S. 82.

und Einstellung eines von seiner Berufsaufgabe besessenen Archivars entsprachen auch
seine Bemühungen von 1935/36, die von der Gestapo in Thüringen beschlagnahmten und
in das Geheime Staatspolizeiamt nach Berlin verbrachten Logenarchive in die Thüringischen Staatsarchive zurückzuholen[34], oder die Verweigerung der Benutzung von »Judenak-
ten« für die publizistische Auswertung im NS-Blatt »Der Stürmer«, die er nicht als wissenschaftliche Forschung anerkannte und deshalb zurückwies.[35] Schließlich hat er auch
mehrfach nationalsozialistischen Parteistellen widerstanden und sich schützend vor Archiv-
mitarbeiter gestellt, die von diesen angegriffen wurden, weil er deren Zuverlässigkeit und
Gewissenhaftigkeit in der Archivarbeit zu schätzen wußte.[36]

Die Fortsetzung des Aufbaus der thüringischen Landesarchivorganisation, die gestalteri-
sche Tätigkeit im Archivwesen, auch über die Staatsarchive hinaus, und die neuen Erfordernisse in der Erforschung der Vergangenheit, aber auch schon bald die Erschwernisse im nationalsozialistischen Staat auf Grund des Konkurrenzverhaltens von Staats- und Parteistellen
bestimmten den Arbeitsalltag bis in die Kriegsjahre hinein. Willy Flach begriff seine Aufgabe
im Anschluß an Armin Tilles Aufbauarbeit bei der Vereinheitlichung des thüringischen Archivwesens als den inneren Ausbau der ihm unterstellten Staatsarchive.[37] Die Steigerung des
Etats, die Behebung der Personalnot und die räumlichen Erweiterungen bei Magazin- und
Geschäftsräumen in fast allen Archiven konnte er sich zugute schreiben. Da unter seiner Anleitung die Vorfeldarbeit intensiviert wurde und mit Nachdruck »Aktenausscheidungen« bei
den Behörden vorgenommen wurden, blieb die Raumnot allerdings latent vorhanden.

Als Willy Flach Ende 1937 die Notwendigkeit und Ausführbarkeit eines Archivneubaus
in Weimar zwecks Zusammenfassung der zahlreichen Aktendepots im Stadtgebiet begründete[38], wurde die Archivverwaltung mit der Entscheidung des Ministerpräsidenten Willy
Marschler (1893–1952) konfrontiert, dafür das geräumte Gebäude des seit 1933 bestandenen Konzentrationslagers in Bad Sulza für die Einrichtung eines Archivs vorzusehen, nachdem die Insassen in das auf dem Ettersberg bei Weimar neu geschaffene KZ Buchenwald
verlegt worden waren. Der Direktor der Staatsarchive mußte sich trotz mehrfacher Eingaben wohl oder übel dieser von wenig Sachkenntnis zeugenden Entscheidung in der Landesregierung beugen, die im Nachruf auf Flach als »nationalsozialistischer Unverstand« kom-
mentiert wurde.[39] Er konnte die eingetretene Erweiterung der Magazinfläche keineswegs

---

34 Siehe dazu Volker Wahl, Archivalien der Freimaurerlogen. In: Mitteilungsblatt ARCHIVE IN THÜRIN-
    GEN 23/2002, S. 19–21.
35 So 1936 die Archivbenutzung des Vertrauensmanns dieser Zeitung Arthur Künne aus Gotha, in: Thü-
    ringisches Hauptstaatsarchiv Weimar, Bestand Direktor der Staatsarchive vl. Nr. 8.
36 Hier vor allem Walter Grünert in Altenburg und Werner Böhm in Gotha. Siehe dazu die Zusammen-
    stellung im Nachlaß Willy Flach (wie Anm. 16), Ordner LDPD.
37 Zu den Aufgaben siehe Armin Tille, Der Aufbau der thüringischen Archivverwaltung. In: Das Thürin-
    ger Fähnlein 3 (1934), S. 290–297; vor allem seine beim Ausscheiden aus dem Archivdienst dem Thü-
    ringischen Volksbildungsministerium überreichte Denkschrift vom 8. September 1934; überliefert in:
    Thüringisches Hauptstaatsarchiv Weimar, Bestand Thüringisches Volksbildungsministerium C 572.
38 Zunächst mit einer »Denkschrift über die Notwendigkeit des Neubaues eines Staatsarchivgebäudes in
    Weimar« an den Thüringischen Finanzminister vom 4. November 1937 und dann mit weiteren Berich-
    ten über das Raumbedürfnis des Staatsarchivs an den Thüringischen Volksbildungsminister vom 10.
    Dezember 1937, 17. und 19. Januar 1938; überliefert in: Thüringisches Hauptstaatsarchiv Weimar, Be-
    stand Thüringisches Volksbildungsministerium C 601.
39 Friedrich Facius, Willy Flach (wie Vorbemerkung *), Sp. 246.

begrüßen, weil sie die Raumfrage in Weimar nicht gelöst hatte, sondern nur vertagte. Nach den notwendigen Umbaumaßnahmen konnte die neue Zweigstelle des Staatsarchivs im etwa 25 km entfernten Bad Sulza im Sommer 1939 bezogen werden. Mit einem Umfang von etwa 5 000 Metern Archivgut, wurde sie im August 1939 in Betrieb genommen, existierte aber nur wenige Jahre bis Kriegsende 1945.

Am 13. April 1945, zwei Tage nach der amerikanischen Besetzung des Ortes, ging das Archivdepot mit den darin eingelagerten jüngeren Beständen des Staates Sachsen-Weimar-Eisenach aus der klassischen Zeit bis zu Beginn des 20. Jahrhunderts, darunter auch die große historische Kartensammlung des Staatsarchivs, in Flammen auf, was angesichts dieses Resultats sicher die bitterste Niederlage für den engagierten Archivar Willy Flach gewesen ist.[40] Der Zustand der Brandstelle und Beobachtungen der Bevölkerung ließen Brandstiftung durch befreite Zwangsarbeiter und Insassen aus dem geöffneten Kriegsgefangenenlager Stalag IX C vermuten, wobei ein im Archivgebäude mit untergebrachtes Versorgungslager der Wehrmacht offenbar das eigentliche Ziel von Plünderung und Brandschatzung gewesen war. Flach erklärte am 8. November 1945 gegenüber der Landesverwaltung, daß keine Notwendigkeit besteht, »den Wiederaufbau des zerstörten Hauses als Archivgebäude vorzuschlagen. Vielmehr werden etwa in der Zukunft auftretende Raumbedürfnisse des Staatsarchivs Weimar zweckmäßig in Weimar selbst, am besten durch einen Erweiterungsbau des Staatsarchivgebäudes, zu befriedigen sein. Nach dieser Richtung hin gingen meine Vorschläge bereits seit 1937. Sie wurden aber damals abgewiesen und, trotz aller sachlich begründeten Einwendungen der Archivverwaltung, dafür von höchster Stelle die Einrichtung der Zweigstelle Bad Sulza angeordnet.«[41]

Es gab aber auch andere innerarchivische Entwicklungen, die positiv zu bewerten sind. Auf dem 36. Thüringischen Archivtag am 28. Mai 1938 in Zeulenroda hatte Willy Flach die ideellen Voraussetzungen für die weitere Vervollkommnung des thüringischen Landesarchivwesens entwickelt, die danach als »Neue Aufgaben des Ausbaues der Thüringischen Staatsarchive« im Mitteilungsblatt der Preußischen Archivverwaltung erschienen waren.[42] Seine Darlegungen sind für die damalige Zeit eine beeindruckende archivwissenschaftliche Programmatik, durch die er, dem Provenienzprinzip folgend, behördengeschichtliche Erkenntnisse in die archivischen Problemstellungen bei der Behandlung des vor 1918 überlieferten Archivgutes sowie der jüngsten Überlieferung aus der 1920 beim Zusammenschluß der thüringischen Einzelstaaten gebildeten neuen Landesverwaltung einfließen ließ: in die Bildung der Tektonik der staatlichen Archive Thüringens, bei ihrer Beständebildung und -abgrenzung sowie bei der Bewertung und Erschließung der aus den Behördenregistraturen übernommenen Akten. Das Akten- und Registraturwesen der lebenden Behörden durfte nach seiner Auffassung für die Archive kein fern stehendes Problem mehr sein. Damit verkörperte er in seinen archivfachlichen Erkenntnissen den modernen Archivar, wie wir ihn erst aus der zweiten Hälfte des 20. Jahrhunderts kennen.

---

40 Dazu ausführlich Volker Wahl, Die Zweigstelle Bad Sulza des Thüringischen Staatsarchivs Weimar und ihr Schicksal bei Kriegsende 1945. In: Apoldaer Heimat. Sonderheft: Die amerikanische Besatzungszeit. Apolda 1996, S. 28–40.

41 Thüringisches Hauptstaatsarchiv Weimar, Bestand Staatsarchiv Weimar vl. Nr. 226.

42 Willy Flach, Neue Aufgaben des Ausbaues der Thüringischen Staatsarchive. In: Mitteilungsblatt des Generaldirektors der Preußischen Staatsarchive 1938, S. 156–166

Mit solchen archivwissenschaftlich begründeten Lösungsvorschlägen wurde Willy Flach nicht nur für die thüringische Archivverwaltung maßstabsetzend, sondern behauptete sich auch im Kreis der älteren Archivarkollegen außerhalb Thüringens. Als Direktor der Staatsarchive beförderte er die Entwicklung der Thüringischen Archivtage zu wissenschaftlichen Foren des Archivwesens und der historischen Landesforschung, war maßgebend an der Vorbereitung des 27. Deutschen Archivtages am 20/21. September 1937 in Gotha beteiligt, welcher der letzte im nationalsozialistischen Deutschen Reich war.[43] Von 1942 bis 1944 nahm er an den auf Anregung des Reichsarchivs einberufenen Arbeitstagungen der deutschen Archivverwaltungen teil, wobei die erste von ihm vom 19. bis 23. Oktober 1942 in Weimar organisiert wurde.[44]

Noch bis in das zweite Kriegsjahr 1941 hinein konnten die Thüringischen Archivtage fortgeführt werden, die seit 1897 stattgefunden hatten und dadurch in einer bemerkenswerten Tradition standen. Seit 1931 war der Thüringische Archivtag mit der Hauptversammlung des Vereins für Thüringische Geschichte und Altertumskunde verbunden, ab 1940 kam dazu noch die Jahresversammlung der 1937 gegründeten Thüringischen Historischen Kommission. Willy Flach war an der Organisation und Durchführung dieser Veranstaltungen verantwortlich beteiligt, nachdem er an der Spitze des thüringischen Landesarchivwesens getreten war und seit 1937 auch den Vorsitz der Thüringischen Historischen Kommission übernommen hatte. Er überwand die alte Form der Archivtage, die früher nur im engsten Fachkreis vor sich gegangen waren, und rückte sie in das Licht der Öffentlichkeit, womit er auch die traditionelle Anschauung vom Beruf des Archivars zwischen »Staatsgeheimnis und Wissenschaft« überwinden und die Öffentlichkeitswirksamkeit der archivarischen Arbeit stärker betonen wollte. Allerdings war mit dem 39. Thüringischen Archivtag am 24./25. Mai 1941 in Weimar diesem Bestreben ein Ende gesetzt. Die Entwicklung nach Kriegsende 1945 ließ es erst nach einem halben Jahrhundert zu, daß sich die Archivare wieder zu einem Thüringischen Archivtag zusammenfinden konnten.[45]

Während Willy Flachs Oberleitung des thüringischen Landesarchivwesens seit 1934 wurde die Stellung der Staatsarchive organisatorisch und personell gestärkt. Es blieb zunächst dabei, daß nur in Weimar, Gotha, Greiz und Meiningen hauptamtliche Vorstände vor Ort eingesetzt waren. Die Leitung der drei anderen Staatsarchive in Altenburg, Rudolstadt und Sondershausen wurde von wissenschaftlichen Archivaren aus dem Weimarer Staatsarchiv übernommen, die aus einem einheitlich ausgerichteten Mitarbeiterstab heraus die Archivarbeit in diesen Außenarchiven dirigierten. Auf Grund der personellen Situation, die sich nach Kriegsausbruch durch die Dienstverpflichtung der meisten wissenschaftlichen Archivare ständig verschärfte, mußte er als nicht zum Kriegsdienst eingezogener Direktor

---

43 Flach hielt am 20. September 1937 den Eröffnungsvortrag zum Thema »Aufbau und Aufgaben des staatlichen Archivwesens in Thüringen«.
44 Nach der ersten Arbeitstagung der deutschen Archivverwaltungen in Weimar fanden die folgenden vom 19. bis 21. Mai 1943 in Dresden, vom 22. bis 24. September 1943 in Würzburg und vom 11. bis 12. Mai 1944 in Wien statt. Danach erlaubte es die Kriegslage nicht mehr, in diesem Kreis zusammenzukommen.
45 Neugründung des Thüringer Archivarverbandes am 20. Oktober 1990 in Weimar, 40. Thüringischer Archivtag am 4. Mai 1991 in Weimar. Siehe dazu Volker Wahl, Thüringer Archivarverband, Fortsetzung und Neubeginn. In: Der Archivar 44 (1991), Sp. 181–182; ders., 40. Thüringischer Archivtag in Weimar. In: Ebenda, Sp. 458–461.

der Staatsarchive zeitweise selbst die direkte Leitung solcher Außenarchive und auch die der Zweigstelle Bad Sulza übernehmen: Altenburg 1935 und 1939 bis 1940, 1943 bis 1949 (danach Hans Patze); Greiz 1941 bis 1947 (danach Rudolf Diezel); Rudolstadt 1933 bis 1950 (danach Hans Eberhardt); Sondershausen 1933 bis 1940, 1944 bis 1950 (danach Hans Eberhardt). Auch für Bad Sulza war er kurzzeitig 1940 nach dem Ausscheiden von Wolfgang Huschke bzw. nachfolgend von Hans Eberhardt ab 1944 verantwortlich tätig. Nach Kriegsende unterstanden ihm auf diese Weise fast alle Thüringischen Staatsarchive direkt, da die meisten der zurückgekehrten Staatsarchivräte wegen der ihnen zur Last gelegten Zugehörigkeit zur NSDAP nicht sofort wieder tätig werden konnten. Neu hinzu kam 1946 nach dem Ausscheiden von Walter Schmidt-Ewald die Leitung des Staatsarchivs Gotha (bis 1952). Nur für Meiningen war er in seiner Amtszeit als Direktor der Thüringischen Staatsarchive nicht persönlich verantwortlich. Das von Schmidt-Ewald seit 1943 mitbetreute Staatsarchiv übernahm nach dessen Ausscheiden Wolfgang Huschke (bis 1953), der aus der Kriegsgefangenschaft 1945 als erster wissenschaftlicher Archivar wieder in das Staatsarchiv Weimar zurückkam, bevor ihm Rudolf Diezel (1946) und danach Hans Eberhardt (1950) folgten.

IV

Unter Willy Flachs Ägide wurde die von Armin Tille begonnene archivfachliche Ausbildung des wissenschaftlichen Nachwuchses konsequent fortgeführt, wobei seine pädagogischen Fähigkeiten in der Vermittlung von archivwissenschaftlicher Theorie und Praxis voll zum Tragen kamen. Er beendete den Dualismus des gekoppelten Vorbereitungsdienstes für Archivar- und Studienreferendare und konzentrierte die Ausbildung im Archivdienst auf den fachlich qualifizierten wissenschaftlichen Archivar. Auf diese Weise sind bis 1949 von ihm sieben studierte Historiker (Friedrich Facius 1935, Martin Naumann 1937, Wolfgang Huschke 1938, Rudolf Diezel 1939, Hans Eberhardt 1940, Alfred Keilitz 1940, Hans Patze 1949) mit zweijähriger Ausbildung in dieser »Thüringer Archivschule« für den Einsatz im Archivdienst vorbereitet worden. Nur Karl Theodor Lauter hatte er 1935 als ausgebildeten Archivar aus dem bayerischen Archivdienst übernommen. Und auch die jüngeren wissenschaftlichen Archivare, die nach 1950 als Archivreferendare die Archivschule in Potsdam, in der er von Anfang an lehrend tätig wurde, durchliefen und dann früher oder später im thüringischen Archivdienst tätig wurden (Karl-Heinz Hahn, Ernst Müller, Werner Querfeld, Heinz Wießner, Gregor Richter), aber auch der von ihm nach Weimar geholte Ulrich Heß, gehörten zu seinem Schülerkreis, der in entscheidenden Jahrzehnten das Leistungsbild des thüringischen Archivwesens prägte.

Die Heranbildung des wissenschaftlichen Nachwuchses auf archivarischem wie auf historischem Gebiet war Willy Flach von Anfang an wichtig. Seine Aufgaben als ausbildender Archivar und Historiker fächerten sich auf, als er Ende der 1930er Jahre für eine nebenamtliche Lehrtätigkeit an der Friedrich-Schiller-Universität Jena gewonnen wurde. Die Bemühungen dazu setzten bereits 1938 ein, als die Philosophische Fakultät den Antrag einbrachte, ihm einen Lehrauftrag für Historische Hilfswissenschaften und Archivkunde zu erteilen, wobei offenbar seine im Jahr zuvor erfolgte Berufung an die Spitze der neu geschaffenen Thüringischen Historischen Kommission den letzten Anstoß dazu gegeben hatte. Begründet wurde er mit dem »Bedarf nach sorgfältiger Ausbildung in den geschichtlichen Hilfswissenschaften für Studierende, die sich später der Archivlaufbahn in Thüringen zuwen-

den wollen«. Anerkannt wurde dabei, daß er seit 1937 als Vorsitzender der Thüringischen
Historischen Kommission »eine auch über die Grenzen Thüringens hinaus anerkannte wissenschaftliche und organisatorische Arbeit leistet. Gerade auf dem Gebiet der landesgeschichtlichen Forschung hat sich für die Fachvertreter der Geschichte an der Universität eine
so ausgezeichnete Zusammenarbeit mit Dr. Flach ergeben, daß auch im Interesse der Geschichtsforschung in Thüringen die Erteilung eines Lehrauftrages an Dr. Flach nur begrüßt
werden kann.«[46] Gemeint war damit vor allem die Zusammenarbeit mit dem 1936 auf das
Ordinariat für Mittlere und Neuere Geschichte berufenen Günther Franz (1902–1992), der
in der Historischen Kommission Flachs Stellvertreter geworden war und in Jena das Institut
für geschichtliche Landeskunde aufgebaut hatte. Der Antrag stieß zwar im Senat auf den
Widerstand des Rasseforschers Karl Astel (1898–1945), weil dieser vor der Erteilung des
Lehrauftrags an Flach die Ernennung von zwei anderen NS-Ordinarien durchgesetzt sehen
wollte, wurde aber am 20. Februar 1939 vom damaligen Rektor Abraham Esau (1884–1955)
dem Thüringischen Volksbildungsministerium befürwortend weitergeleitet.

Nachdem die notwendigen Gutachten – über den Gaudozentenbund auch ein solches
vom Präsidenten des Reichsinstituts für Geschichte des neuen Deutschlands – eingeholt
worden waren, mahnte die Philosophischen Fakultät ein Jahr später die Entscheidung an,
indem sie darauf verwies, »daß die mit dem Lehrauftrag gewährleistete Erschließung der
Archive der Gauhauptstadt [Weimar] für die Friedrich-Schiller-Universität ein nennenswer-
ter Gewinn sein würde«.[47] Nunmehr kam das Verfahren in Gang und wurde am 10. Januar
1940 mit dem Auftrag des Reichsministers für Wissenschaft, Erziehung und Volksbildung
an Willy Flach, an der Philosophischen Fakultät der Universität Jena die Historischen Hilfswissenschaften und die Archivkunde in Vorlesungen und Übungen zu vertreten, abgeschlossen. Seit dieser Zeit gehörte die nebenamtliche Lehrtätigkeit an der Friedrich-Schiller-Universität zu seinen Aufgaben außerhalb der Archivarbeit.

Am 20. Juni 1942 regte das Historische Seminar, vertreten durch die Professoren Erich
Maschke (1900–1982), Johann von Leers (1902–1965) und Hans Haimar Jacobs (1902–
1944), beim Rektor an, dem bisherigen Lehrbeauftragten für Historische Hilfswissenschaften und Archivkunde den Titel eines Honorarprofessors zu verleihen und begründete ihn
mit dem ausgezeichneten Erfolg seiner Lehrtätigkeit: »Er hat in den bisher vergangenen Tri-
bzw. Semestern alle Gebiete der historischen Hilfswissenschaften und der Archivkunde vertreten. Gemessen an der Zahl der Studierenden der Geschichte, sind die Hörerzahlen in
seinen Übungen sehr befriedigend. Flachs frische und anregende, nie spezialistisch enge,
dabei überaus gründliche Art ist bei den Studierenden sehr beliebt. Die methodische Schulung der Studierenden hat, seit Flach seinen Lehrauftrag versieht, ganz ersichtlich zugenommen.«[48] Die Philosophische Fakultät fügte am 16. Juni 1942 in ihrem Antrag an den Rektor noch hinzu, »daß Dr. Flach sich als Lehrbeauftragter in jeder Hinsicht bewährt und für
den historischen Unterricht an der Fakultät geradezu unentbehrlich gemacht hat«. Sie äußerte zugleich die Überzeugung, daß er »im vollen Umfange befähigt ist, eine planmäßige
Professur für Historische Hilfswissenschaften und Archivkunde zu versehen« und wies dar-

---

46 Antragsschreiben der Philosophischen Fakultät vom 21.9.1938, in: Universitätsarchiv Jena, Bestand BB
    2158.
47 Dekan der Philosophischen Fakultät an Rektor, 29.11.1939, in: Universitätsarchiv Jena, Bestand BB
    2158.
48 Universitätsarchiv Jena, Bestand BA 2158, Bl. 132.

auf hin, »daß es allgemein üblich ist, Bibliotheks- und Archivdirektoren, die einen Lehrauftrag erhalten, zu Honorarprofessoren zu ernennen«.[49] Nunmehr war es Karl Astel selbst,
der als Rektor diesen Ernennungsantrag beim Thüringischen Minister für Volksbildung ein-
reichte, in dessen Folge der Reichsminister für Wissenschaft, Erziehung und Volksbildung
am 22. August 1942 Willy Flach zum Honorarprofessor ernannte, was ihm der Rektor am
10. September 1942 mitteilte.[50]

Damit gehörte Willy Flach offiziell zum Lehrkörper des Historischen Instituts und war
in den letzten Semestern vor dem Zusammenbruch zeitweise der einzige noch lehrende
Historiker für mittelalterliche Geschichte in Jena. Die Historikerin Prof. Dr. Irmgard Höß
(geb. 1919) erinnerte sich an diese Situation ihres Jenaer Universitätsstudiums in den letzten Kriegsjahren: »Die mittelalterliche Geschichte war unbesetzt, wurde aber hervorragend
abgedeckt durch Willy Flach, der als Honorarprofessor in Jena tätig war, als hauptamtlicher
Direktor der Thüringischen Staatsarchive aber eigentlich schon voll ausgelastet war. An
Flach orientierte ich mich fortan. Er las zuverlässig und kenntnisreich, gelegentlich auch geradezu mitreißend über Geschichtsschreibung des Mittelalters, führte in die Urkundenlehre
ein und hielt vor allem interessante, wenn auch wegen seiner hohen Anforderungen für die
Teilnehmer bisweilen recht strapaziöse Hauptseminare ab [...].«[51]

Aber Willy Flach war, wie von Irmgard Höß richtig bemerkt, hauptamtlich Direktor der
Thüringischen Staatsarchive in Weimar. Wie kein anderer Archivdirektor vor und nach ihm
war sein Einsatz im thüringischen Archivdienst mit den Belastungen und Schrecknissen des
1939 ausgebrochenen Weltkrieges verbunden. Zu den Schutz- und Verteidigungsmaßnah-
men der Archivverwaltung gehörten ab 1943 die Luftschutzvorkehrungen an den Archivun-
terkünften sowie die Auslagerung besonders wertvoller Bestände. Der totale Verlust der
Zweigstelle Bad Sulza im April 1945 nach erfolgter amerikanischer Besetzung, aber noch
vor dem offiziellen Kriegsende traf ihn schwer. Die Rückführung der ausgelagerten Bestände begann unter seiner Leitung bereits im Juli 1945, zog sich dann aber bis Mitte 1948
hin. Unter den veränderten politischen Bedingungen nach 1945 in der nunmehrigen Sowjetischen Besatzungszone waren die ersten Jahre nach Kriegsende wiederum eine Zeit der
Aufbauarbeit unter den erschwerten Bedingungen von materieller Zerstörung, sozialer Not-
lage und Mangelwirtschaft und nicht zuletzt notwendiger geistiger Umorientierung.

Zu den Folgen der Besetzung Deutschlands durch die Alliierten gehörte auch die Entna-
fizierung als eine Maßnahme zur Überwindung der politischen Fehlentwicklung des deutschen Volkes während der Zeit des Dritten Reiches. Die Zugehörigkeit zur NSDAP wurde
Willy Flach nicht in dem Maße zur Last gelegt, daß er aus seiner Stellung in der Archivverwaltung hätte ausscheiden müssen, zumal er unmittelbar nach Kriegsende der einzige wissenschaftliche Archivar in den Thüringischen Staatsarchiven war. Der neue Landesdirektor des
Landesamtes für Volksbildung, Walter Wolf (1907–1977), der als Kommunist im Konzentra-
tionslager Buchenwald inhaftiert gewesen war, bescheinigte ihm am 30. November 1945, daß
der Eintritt in die NSDAP durch den damaligen Archivdirektor Dr. Tille veranlaßt worden
wäre, um ihn »wegen seiner Tüchtigkeit der thüringischen Archivverwaltung [zu] erhalten«,

---

49 Ebenda, Bl. 131.
50 Ebenda, Bl. 133–136.
51 Irmgard Höß, Studien und Berufsaussichten in turbulenter Zeit. In: Erinnerungsstücke. Wege in die
    Vergangenheit (= Festschrift Rudolf Vierhaus). Wien/Köln/Weimar 1997, S. 107–108.

was nur durch den vollzogenen Parteieintritt für möglich gehalten wurde. »Dr. Flach war, wie meinem Referenten und anderen zuverlässigen Antifaschisten aus vertraulichen Gesprächen seit Jahren bekannt ist, dem Nazismus und dem Krieg gegenüber feindlich eingestellt. Er hat auch die Aufforderung der Partei, ein Amt auszuüben und Vorträge und Reden im Auftrage der Partei zu halten, immer abgelehnt und in seiner wissenschaftlichen und Lehrtätigkeit an der Universität Jena sich von allen faschistischen Irrlehren freigehalten. Dr. Flach wird für die Leitung der Thüringischen Staatsarchive und für die Forschungsarbeit für die Thüringer Geschichte von allen Fachleuten als unentbehrlich angesehen und hat sich auch als Professor an der Universität Jena außerordentlich bewährt. Ich übernehme die persönliche Verantwortung, daß Dr. Flach sich in seiner Arbeit und in seinem Verhalten durchaus im Sinne der neuen Demokratie und im Sinne der Sowjet-Militär-Administration betätigen wird.« Und weiter heißt es in dieser für die russische Besatzungsmacht in Thüringen bestimmten politischen Beurteilung: »Ich bitte zuzustimmen, daß er weiterhin die Leitung der Thüringischen Staatsarchive behalten und als Professor an der Universität Jena tätig sein darf.«[52]

Willy Flach konnte trotz der früheren Zugehörigkeit zur NSDAP in seinem Amt als Direktor der Thüringischen Staatsarchive verbleiben.[53] Dagegen wurde ihm seine Lehrbefugnis an der Friedrich-Schiller-Universität mit Wirkung vom 15. Dezember 1945 wie allen anderen Professoren, die der NSDAP angehört hatten, auf Grund der Entnazifizierungsforderungen der Sowjetischen Militäradministration an den Lehrkörper der wiedereröffneten Universität entzogen.[54] Obwohl sich die Universitätsleitung bereits im Frühjahr 1946 um seine Rehabilitierung und erneute Bestätigung in der früheren Stellung als Honorarprofessor für Historische Hilfswissenschaften und Archivkunde bemühte, war diese zunächst nicht zu erreichen. Sie verfolgte in den nächsten Jahren dieses Ziel nicht mehr, zumal Willy Flach angesichts des reduzierten archivischen Fachpersonals mit der »Aufbauarbeit in den thüringischen Landesarchiven« weitgehend ausgelastet war und selbst keine ernsthaften Bemühungen für eine Wiederaufnahme der Lehrtätigkeit in Jena verfolgte.

Im Frühjahr 1950 regte jedoch der 1946 berufene Neuzeithistoriker Karl Griewank (1900–1953) als Dekan der Philosophischen Fakultät erneut einen Lehrauftrag für Flach an der Friedrich-Schiller-Universität an, der nunmehr für deutsche Landes- und Territorialgeschichte sowie für historische Hilfswissenschaften erteilt werden sollte: »Der Lehrbetrieb auf dem Gebiete der Geschichte bedarf dringend einer Ergänzung auf dem Gebiete der ge-

---

52 Überliefert als vom Landesamt für Volksbildung beglaubigte Abschrift vom 28. Dezember 1945 im Nachlaß Willy Flach (wie Anm. 16), Ordner LDPD. Hier unter den Unterlagen für die Aufnahme in die Liberaldemokratische Partei befindet sich auch eine weitere politische Unbedenklichkeitsbescheinigung des Referenten Bruno Kaensche vom 17. Januar 1946: »Herr Prof. Willy Flach ist als ehemaliges Mitglied der NSDAP der sowjetischen Militäradministration vom Landesamt für Volksbildung zur Rehabilitierung vorgeschlagen worden. Er hat sich nie als aktiver Nazist betätigt und war nur nominelles Mitglied der Partei. Wir sind davon überzeugt, daß sich Prof. Flach in seiner Arbeit und in seinem Verhalten im Sinne der neuen Demokratie betätigen wird.«

53 Eine kritische Situation ergab sich noch einmal 1947, als der sogenannte Reinigungsausschuß des Stadtkreises Weimar am 6. August 1947 nach der Direktive 24 des Alliierten Kontrollrates Flachs Entlassung beschloß, was aber offenbar bereits kurze Zeit danach obsolet wurde, als der SMAD-Befehl 201 vom 16. August 1947 ehemaligen nominellen Mitgliedern der NSDAP die Möglichkeit zur aktiven Teilnahme am demokratischen Aufbau gab.

54 Universitätsarchiv Jena, Bestand BA 2158, Bl. 60.

schichtlichen Hilfswissenschaften und der deutschen Landes- und Territorialgeschichte. Insbesondere tritt dieses Bedürfnis dadurch hervor, daß wissenschaftlich geschulter Nachwuchs für den Archiv- und Bibliotheksdienst in der Fachschaft Geschichte herangebildet wird.« Er sah in Willy Flach, dem Direktor der Thüringischen Staatsarchive, »eine erstklassige Kraft für die genannten Gebiete« und den dafür am besten geeigneten Universitätslehrer. »Professor Dr. Flach ist ein anerkannter Forscher auf dem Gebiete der Landes- und Territorialgeschichte, besonders der thüringischen Geschichte, und ein vorzüglicher Kenner der historischen Hilfswissenschaften. [...] Er ist auch in der Lage, die speziellsten Hilfswissenschaften wie Genealogie, Siegelkunde, Chronologie usw., die für viele historische Spezialisten nicht entbehrlich sind, vorzutragen.«[55]

Aber die Friedrich-Schiller-Universität in Jena konnte Willy Flach aus ganz anderen Gründen künftig nicht mehr zu ihrem Lehrkörper zählen. Nachdem Griewanks Fakultätsantrag erfolglos geblieben war, wiederholte ihn dessen Nachfolger im Dekanat mit der gleichen Begründung am 21. Juli 1952.[56] Als ihm der Jenaer Rektor nunmehr im Oktober 1952 einen Lehrauftrag für deutsche Landes- und Territorialgeschichte sowie historische Hilfswissenschaften mit vier wöchentlichen Vorlesungsstunden erteilte[57], war der Weimarer Archivdirektor inzwischen bereits zu stark in andere Lehrverpflichtungen, allerdings außerhalb Thüringens in Potsdam und Berlin, eingebunden, als daß er einer solchen nebenamtlichen Lehrtätigkeit in Jena wie früher ohne weiteres nachkommen konnte. Seit zwei Jahren wirkte er als Dozent für historische Hilfswissenschaften am neu gegründeten Institut für Archivwissenschaft in Potsdam, das am 1. Juni 1950 den Lehrbetrieb für Archivreferendare in den Räumen des Deutschen Zentralarchivs in Potsdam (Sanssouci-Orangerie) aufgenommen hatte, schließlich seit März 1953 durch die Übertragung einer Professur mit vollem Lehrauftrag für historische Hilfswissenschaften an der Humboldt-Universität zu Berlin bei der Ausbildung des Historikernachwuchses in der DDR.

V

Willy Flachs Position an der Spitze der thüringischen Landesarchivverwaltung nach 1945 war unter den politischen Prämissen, in der nun unter dem Schutz der russischen Besatzungsmacht die »Diktatur des Proletariats« zu dominieren begann, nicht weniger problematisch. Er konnte sich in seiner öffentlichen Stellung als Repräsentant der Thüringischen Staatsarchive nicht ablehnend gegenüber der weiteren Entwicklung verhalten, denn auch das neue Staatswesen verlangte von seinen Bediensteten ein politisches Bekenntnis. So meldete er sich am 8. Dezember 1945 in Weimar zur Aufnahme in eine der neuen bürgerlichen Parteien, in die Liberal-Demokratische Partei (LDPD), an. Um die Zustimmung des Blocks der antifaschistisch-demokratischen Parteien dafür zu erreichen, mußte er Bürgschaftserklä-

55 Universitätsarchiv Jena, Bestand D 714. Der Antrag des Dekans vom 14. April 1950 wurde am 22. April 1950 von der Personalstelle der Universität an die Hochschulabteilung des Ministeriums für Volksbildung in Weimar weitergeleitet.
56 Universitätsarchiv Jena, Bestand D 714.
57 Ebenda.

rungen für seine antinazistische Haltung beibringen.[58] Sie bestätigten übereinstimmend dessen kritische und auch weithin ablehnende Einstellung zu den politischen und rassenfanatischen Zielen der Hitlerpartei, auch »den damals von allen thüringischen Regierungsstellen insbesondere auf die höheren Beamten ausgeübten moralischen Druck, der sich u. a. durch die Auffassung kennzeichnete, daß der Anschluß an die mit der Staatsverwaltung und -verfassung in noch nie dagewesener Form verschränkte Partei als dienstliche Pflicht betrachtet werden müsse«[59], dem Willy Flach wie viele andere junge aufstrebende und sich ihrer beruflichen Aufgabe verpflichtet fühlende Wissenschaftler erlegen war.

Am 30. Januar 1946 wurde Willy Flach von den neuen antifaschistisch-demokratischen Parteien »rehabilitiert« und konnte dadurch in die Liberal-Demokratische Partei Deutschlands aufgenommen werden. Am 15. Juni 1946 trat er dem Kulturbund zur demokratischen Erneuerung Deutschlands bei, der einzigen zugelassenen Kulturorganisation in der Sowjetischen Besatzungszone, die auch als Ersatz für die nicht mehr gestatteten historischen Vereine wirksam werden sollte. Mit den persönlichen Erklärungen von namhaften Thüringer Landeshistorikern und Archivaren, die zum Teil selbst unter den Nationalsozialisten in ihrer beruflichen und sonstigen wissenschaftlichen Tätigkeit Einschränkungen hinnehmen mußten, wurde er auch in seiner bisherigen Stellung im Landesarchivwesen anerkannt. »Die Verdienste, die sich Dr. Flach ganz besonders auf diesem Gebiet erworben hat, weiß nur der richtig zu würdigen, der dieses Gebiet seit langem genau kennt und Gelegenheit hatte, die hingebungsvolle und sachkundige Art zu beobachten, in der Dr. Flach hier leitend und aufbauend tätig gewesen ist und hoffentlich auch weiterhin zum Wohle des Landes Thüringen bleiben wird«, heißt es in der Beurteilung von Dr. Herbert Kühnert (1887–1970) aus Rudolstadt.[60] Willy Flach erwarb sich wegen seiner überragenden Fähigkeiten, die fachliche, wissenschaftliche, pädagogische und menschliche Qualitäten einschlossen, wieder das Vertrauen des Landesamtes und späteren Ministeriums für Volksbildung. Auftretendem politischen Mißtrauen in den vorgesetzten Behörden setzte er Sachkenntnis und den vollen Einsatz seiner Person entgegen, so daß auch unter den veränderten politischen Entwicklungen nach 1945 das thüringische Archivwesen auf der Ebene des Landes und später im DDR-Maßstab unter seiner Leitung Anerkennung erwarb. Er folgte darin einer ganz persönlichen Überzeugung, daß die entscheidende Meßlatte über Erfolg oder Mißerfolg eines in der Wissenschaft verbrachten Lebens nur das fachliche Können und die fachliche Leistung sei.[61]

Auch im Nachkriegsdeutschland, als die Grenzen der Besatzungszonen den fachlichen Austausch zwischen den Archivaren in Ost und West behinderten und zunehmend verhinder-

---

58 Solche politischen Unbedenklichkeitsbescheinigungen liegen vor von Oberregierungsrat Bruno Kaensche im Landesamt für Volksbildung (17.1.1946), dem Kirchenarchivwart der Thüringer evangelischen Kirche Kirchenrat D. Rudolf Herrmann in Weimar (5.1.1946), dem Leiter des Amtes für Volksbildung in Jena Dr. Herbert Koch (3.12.1945), dem Historiker Dr. Ernst Devrient in Jena (16.1.1946), dem Studienrat Dr. Herbert Kühnert in Rudolstadt (18.1.1946), dem Regierungsrat i. W. Dr. Paul Goeths in Weimar (15.12.1945) und dem Stadtarchivar von Gera Ernst Paul Kretschmer (18.1.1946).

59 »Politisches Gutachten« von Studienrat Dr. Herbert Kühnert in Rudolstadt vom 18.1.1946, in: Nachlaß Willy Flach, Ordner LDPD. Zur Person von Herbert Kühnert siehe Katrin Beger/Hans Herz, Herbert Kühnert (1887–1970), in: Lebensbilder Thüringer Archivare (wie Anm. 5), S. 146–149.

60 Ebenda

61 So beschrieben von Dietmar Flach als die entscheidende Maxime im Leben seines Vaters in einem Brief an den Verfasser vom 23. Dezember 2002.

ten, blieb Willy Flach auf Grund seiner früheren kollegialen Beziehungen immerhin darüber informiert, was sich jenseits der Landes- und Zonengrenzen im deutschen Archivwesen tat. Im engeren Umkreis wurden die auf persönliche Initiative zurückgehenden Archivkonferenzen im »wettinischen Dreieck« wichtig, die von 1946 bis 1950 die Leiter der Staatsarchive von Dresden (Sachsen), Magdeburg (Sachsen-Anhalt) und Weimar (Thüringen) zum Informations- und Erfahrungsaustausch zusammenführten.[62] Die Kontaktaufnahme zwischen den großen »mitteldeutschen Archiven« war von Prof. Dr. Hellmut Kretzschmar (1893–1965), dem Direktor des Sächsischen Hauptstaatsarchivs in Dresden, ausgegangen, der im Januar 1946 die Zeit für gekommen hielt, »eine gewisse wechselseitige Fühlungnahme in dem Dreieck der Archive von Weimar, Magdeburg und Dresden aufzunehmen, die durch eine Überlieferung unter sich enger verbunden sind als andere«.[63] In dem zentral gelegenen Freyburg an der Unstrut fand am 15. und 16. Juni 1946 der »erste Archivtag des mitteldeutschen Raumes«[64] statt, dem weitere acht Zusammenkünfte bis 1950 folgten. An allen war Flach im Interesse der allgemeinen Entwicklung des Archivwesens beteiligt.[65]

Der Verbindung unter den Archivverwaltungen dieser drei Länder der Sowjetischen Besatzungszone lag das elementare Bedürfnis zugrunde, sich unter den veränderten gesellschaftspolitischen Bedingungen zu informieren und zu orientieren, wie in den benachbarten Ländern die Aufbauarbeit im Archivwesen bewältigt wurde. Vor allen Archiven standen im Grunde die gleichen Probleme: materielle Sicherung der Archiveinrichtungen, Rückführung der durch den Krieg ausgelagerten Archivalien, Ergänzung des reduzierten Personalbestandes und Bewältigung der an das Archivwesen neu gestellten Anforderungen. Im einzelnen waren es die Auswirkungen neuer Rechtsverordnungen auf das Archivwesen, Haushaltsfragen, Ausbildungsprobleme, Fragen der Archivtechnik und der Archivpflege, die Situation in der historischen Landesforschung, aber auch Beziehungen zu den anderen Zonen und in das Ausland kamen hinzu. Immer spielte auch das Verhältnis zur Besatzungsmacht, zur Landesverwaltung und seit 1948/49 auch zum neuen Zentralarchiv der Sowjetischen Besatzungszone in Potsdam eine Rolle. Von Anfang an wurde die Ungewißheit der verfassungsmäßigen Entwicklung Deutschlands mit bedacht. Die aus den westlichen Besatzungszonen herüber dringenden Informationen fanden jederzeit Interesse, wurden aber auch wegen ihrer ausschließlich auf den Westen gerichteten Einstellung mit Skepsis aufgenommen.[66]

---

62 Volker Wahl, Die Archivkonferenzen im wettinischen Dreieck 1946 bis 1950. In: Mitteilungsblatt ARCHIVE IN THÜRINGEN 11/1996, S. 4–6.
63 Hellmuth Kretzschmar an Flach, 24.1.1946, in: Nachlaß Willy Flach (wie Anm. 16), Handakte Archivkonferenzen.
64 Charlotte Knabe an Flach, 15.4.1946, in: Ebenda.
65 Freyburg war der Wohnort der Archivarin Dr. Charlotte Knabe, die seit 1938 die Archivberatungsstelle der Provinz Sachsen betreut hatte und nunmehr kommissarisch das frühere preußische Provinzialarchiv und spätere Landeshauptarchiv von Sachsen-Anhalt in Magdeburg leitete. Die Zusammenkünfte in Freyburg fanden am 15./16. Juni 1946, 16./17. November 1946, 14./15. Juni 1947, 24./25. Oktober 1947 und 5./6. Juni 1948 statt. Die letzten vier Zusammenkünfte fanden in Naumburg (23./24. Oktober 1948), Leipzig (18./19. Mai 1949), Altenburg (25./26. Oktober 1949) und Dresden (24./25. Juni 1950) statt.
66 Siehe den Brief von Hellmuth Kretzschmar vom 21. November 1946 an den Direktor des Staatsarchivs Düsseldorf, Bernhard Vollmer, der wenig später zum ersten Vorsitzenden des in der Britischen Besatzungszone neu gegründeten Vereins deutscher Archivare gewählt wurde. Auszugsweise abgedruckt bei Volker Wahl, Die Archivkonferenzen im wettinischen Dreieck 1946 bis 1950. In: Mitteilungsblatt ARCHIVE IN THÜRINGEN 11/1996, S. 6.

Die Treffen der für die Archivverwaltung von Sachsen, Sachsen-Anhalt und Thüringen verantwortlichen Archivdirektoren wurden erst »überflüssig«, als nach der Gründung der Deutschen Demokratischen Republik am 7. Oktober 1949 die neu errichtete Hauptabteilung Archivwesen im Ministerium des Innern der DDR in Berlin die zentralistische Vereinheitlichung im staatlichen Archivwesen betrieb und seitdem Anfang der 1950er Jahre mit den neuen Rechtsnormen für das Archivwesen dessen Umstrukturierung in den Ländern Brandenburg, Mecklenburg-Vorpommern, Sachsen, Sachsen-Anhalt und Thüringen einsetzte. Seit November 1948 hatte sich der Leiter des bereits 1946 in Potsdam unter der Deutschen Zentralverwaltung für Volksbildung neu errichteten Zentralarchivs um den Kontakt mit den Landesarchivverwaltungen in der Sowjetischen Besatzungszone bemüht. Noch waren sich diese in der Abwehr von Eingriffen der Zentralverwaltung für Volksbildung in das föderative Archivwesen der Länder einig. Flach artikulierte diesen Standpunkt im Februar 1949 mit Entschiedenheit, riet aber seinen Archivarkollegen in Dresden und Magdeburg aus taktischen Überlegungen, »den Gesichtspunkt unserer Selbständigkeit mehr andeutend als wirklich aussprechend hervorzukehren«.[67]

Nur zwei Monate nach der Gründung der DDR fand am 16. Dezember 1949 die erste von der neuen Hauptabteilung Archivwesen einberufene Konferenz der Archivdirektoren aus den Ländern statt, nachdem das Archivwesen in der DDR dem Ministerium des Innern unterstellt worden war und die gleiche Zuordnung nachfolgend auch in den noch bis 1952 bestehenden Ländern durchgesetzt wurde, wo die Landesarchive bisher dem Kultusbereich – in Thüringen dem Ministerium für Volksbildung – angehört hatten. So wurden auf der Grundlage der Verordnung über das Archivwesen der DDR vom 13. Juli 1950 in den Ländern ab 1. Januar 1951 dem Innenministerium unterstellte Landesarchivverwaltungen eingerichtet, die neben dem staatlichen Archivwesen auch das der Kommunalverwaltung und der »volkseigenen«, d. h. staatlichen, Wirtschaft zu beaufsichtigen hatten. Der Tradition und den Verhältnissen in Thüringen entsprechend wurde Willy Flach als Staatsarchivdirektor in Weimar mit der Leitung der behördlichen Landesarchivverwaltung beauftragt, die als Abteilung Archivwesen (innerhalb der Hauptabteilung Staatliche Verwaltung) im Ministerium des Innern ressortierte. Sie sollte die Anleitung und Kontrolle der mit der neuen Archivgesetzgebung der DDR geschaffenen Archivstruktur außerhalb der Staatsarchive übernehmen. In dem größeren Zusammenhang der Neuordnung des Archivwesens in der DDR änderte sich ab März 1951 auch die Bezeichnung der Staatsarchive in Thüringen. Neben dem Landeshauptarchiv Weimar unterstanden dem Archivdirektor wie bisher die nunmehrigen Landesarchive in Altenburg, Gotha, Greiz, Meiningen, Rudolstadt und Sondershausen.

Nachdem im Sommer 1952 die Länder in der DDR aufgelöst worden waren, wurde die bisherige Landesarchivverwaltung in Weimar als selbständige Archivinspektion für die ab August 1952 gebildeten Verwaltungsbezirke Erfurt, Gera und Suhl fortgeführt, die wegen ihres Sitzes beim Landeshauptarchiv dem Rat des Bezirkes Erfurt unterstellt war, bis deren Funktion 1954 neu geordnet und aus der Verantwortung des Direktors des Landeshauptarchivs herausgenommen wurde.[68] Das Landeshauptarchiv Weimar und die ihm angeschlossenen

---

67 Thüringisches Hauptstaatsarchiv Weimar, Bestand Direktor der Staatsarchive Nr. 87.
68 Vgl. dazu Karl Höhnel, Die Neuorganisation des staatlichen Archivwesens auf der Bezirks- und Kreisebene. In: Archivmitteilungen. 4 (1954), S. 61–62.

Landesarchive Gotha, Greiz, Meiningen und Rudolstadt wurden der 1953 gebildeten Staatlichen Archivverwaltung des Ministeriums des Innern der DDR direkt nachgeordnet.

In diese Zeit zwischen dem Ende des zweiten Weltkrieges und der Auflösung der Länder in der DDR im Juli 1952 fielen wichtige Entscheidungen für die Gesamtstruktur des thüringischen Landesarchivwesens. Mit der Angliederung des bisherigen preußischen Regierungsbezirks Erfurt (einschließlich des 1944 vom Regierungsbezirk Kassel übernommenen Landkreises Schmalkalden) an das Land Thüringen seit Juni 1945 wurde auch das Problem der Übernahme der Archivbestände der Vorgängerterritorien aufgeworfen. Willy Flach formulierte in einer Denkschrift an den Landespräsidenten vom 7. August 1946 den Standpunkt der thüringischen Archivalienhoheit über die historischen Quellen aus den Territorien, die nunmehr das Land Thüringen ausmachten.[69] Zu einer Lösung ist es allerdings nur in Ansätzen gekommen. Wegen der Zonen- und späterer Staatsabgrenzung war der Zugriff auf die Archivalien des Kreises Schmalkalden im nunmehr Hessischen Staatsarchiv Marburg von vornherein ausgeschlossen. Für die zuletzt preußischen Gebiete des Regierungsbezirks Erfurt mit kurmainzischen und kursächsischen Vorgängerterritorien, deren archivalische Überlieferung im Staatsarchiv Magdeburg lag, verweigerte seinerzeit das neue Land Sachsen-Anhalt die Herausgabe. Lediglich die älteren Ablieferungen der preußischen Bezirksregierung in Erfurt und der unteren Verwaltungs- und Gerichtsbehörden seit 1816 gelangten 1949 nach Thüringen. Sie wurden mit den hier verbliebenen Behördenakten schließlich im Thüringischen Staatsarchiv Gotha untergebracht, nachdem Flachs Plan zur Errichtung eines eigenen Staatsarchivs für die preußischen Bestände in Erfurt nicht durchgesetzt werden konnte.

1952 wurden die Archivbestände des nicht mehr weitergeführten Landesarchivs von Sondershausen nach Rudolstadt übernommen und die Vereinigung der beiden »schwarzburgischen Archive« im Staatsarchiv Rudolstadt vollzogen. Für das Landeshauptarchiv Weimar gelang es ihm, nach Auszug des Volksbildungsministeriums aus dem ehemaligen Marstall im Sommer 1951 dieses Gebäude für die Zwecke des Archivs zu erhalten, so daß die thüringische Archivverwaltung die nach der Auflösung des Landes seit August 1952 hereinbrechende Flut geschlossener Akten aus den obersten und oberen Landesbehörden Thüringens von 1920 bis 1952 wenigstens notdürftig aufnehmen konnte. Mit der neuen Verwaltungseinteilung nach der Auflösung der Länder wurde das Landesarchiv Altenburg wegen der nunmehrigen Zugehörigkeit des Landkreises Altenburg zum Bezirk Leipzig von 1952 bis 1965 dem Landeshauptarchiv Dresden angeschlossen.

Willy Flach mußte in dieser Zeit der Neuorientierung nach dem Ende des Krieges seine Aufmerksamkeit auch auf die Gültigkeit der archivgesetzlichen Grundlagen der Archivarbeit richten. Noch galt die Thüringische Archivordnung von 1932 und bestimmte die Zuständigkeit der einzelnen Staatsarchive. Nach einem ersten Erlaß des Landespräsidenten über die Aussonderung und Vernichtung von behördlichem Schriftgut vom 21. Januar 1946[70] konnte er einen zweiten Erlaß vom 6. Juli 1946[71] durchsetzen, wonach die Verordnung über die Ausscheidung von Akten bei staatlichen Behörden vom 15. Dezember 1927 als weiter geltend bestimmt und die Mitwirkung der zuständige Staatsarchive abgesichert

69 Thüringisches Hauptstaatsarchiv Weimar, Bestand Staatsarchiv Weimar vl. Nr. 228.
70 Regierungsblatt für das Land Thüringen, Teil II: Amtsblatt Nr. 5/1946, S. 51.
71 Ebenda, Nr. 24/1946, S. 271.

wurde. Neue Aufgaben brachten die Sicherung der enteigneten Gutsarchive infolge der Bo-
denreformgesetzgebung sowie der Übergang der fürstlichen Haus- und Familienarchive in
Landeseigentum auf der Grundlage des Thüringer Fürstenenteignungsgesetzes vom 11. Dezember 1948 mit sich. Die Mitwirkung der Staatsarchive bei der Durchführung des Gesetzes über die Sondernutzungsrechte von Gemeindeangehörigen oder Klassen von solchen
vom 29. Mai 1947 und nicht zuletzt eine umfangreiche Gutachtertätigkeit im Rahmen der
Richtlinien für die Gestaltung des Wappen- und Siegelwesens der Gemeinden und Kreise
im Land Thüringen vom 25. Februar 1948 setzten weitere Schwerpunkte in der Archivarbeit.

    Schließlich errangen auch wieder die historischen Forschungsarbeiten ihren Platz unter
den Dienstaufgaben der Thüringischen Staatsarchive, wobei die Erfassung des archivalischen Quellenmaterials zur Revolution von 1848 in Thüringen zuerst in den Blick der Forschung geriet. Nach 1950 mußten sich dann die Staatsarchive im staatlichen Auftrag weitgehend auf die Erfassung der archivalischen Quellen zur Geschichte der deutschen
Arbeiterbewegung konzentrieren. Für die thüringische Archivverwaltung und insbesondere
das Staatsarchiv Weimar waren allerdings die Forschungen zur Kulturgeschichte von besonderer Bedeutung, die im Goethejahr 1949 einen ersten Höhepunkt fanden. Unter Leitung
von Willy Flach lieferte das Staatsarchiv in weitem Umfang die wissenschaftliche Fundierung für die große Ausstellung »Gesellschaft und Kultur der Goethezeit« im Residenz-
schloß zu Weimar. Bereits 1947 waren von ihm aber auch die Weichen gestellt worden, um
die editorische und sonstige Veröffentlichungstätigkeit der Staatsarchive wieder anlaufen zu
lassen. Nach einem Beschluß des Thüringer Landtags vom 30. Januar 1947 zur Vorbereitung des 200. Geburtstages von Johann Wolfgang Goethe im Jahr 1949, der die wissenschaftlichen Institute in Thüringen zu Veröffentlichungen über dessen Leben, Werk und
Wirkung verpflichtete, nahm das Staatsarchiv Weimar unter Willy Flach die Sammlung, Bearbeitung und Veröffentlichung von »Goethes Amtlichen Schriften« in Angriff, deren erster
Band 1950 erschien. Im Jahr darauf begann er mit der Herausgabe der »Thüringischen Archivstudien«, der ersten selbständigen Schriftenreihe aus den Thüringischen Staatsarchiven, nachdem erste Bemühungen dazu vor 1945 infolge der Kriegsverhältnisse gescheitert
waren.

    Höhepunkt und Abschied von einer Entwicklung, die von Willy Flach 1951 unter der
Überschrift »Sechs Jahre Aufbauarbeit in den thüringischen Landesarchiven« beschrieben
wurde, flossen in einem Ereignis zusammen, das wegen seines zentralen Charakters und
seiner Nahtstellung eine über das Land Thüringen und sein Archivwesen hinausweisende
Bedeutung hatte. Noch vor Auflösung der Länder der DDR organisierte Willy Flach in Weimar vom 28. bis 30. Mai 1952 den ersten »Kongreß der Archivare der Deutschen Demokratischen Republik«, der ihn, von Friedrich Facius treffend charakterisiert, »nochmals auf
der Höhe als Organisator und Diskussionsleiter zeigte«[72]. In seinem viel beachteten Referat »Die Aufgaben der Landesarchivverwaltung« stellte er aktuelle Erfordernisse archivarischer Tätigkeit in den großen geschichtlichen Zusammenhang der Entwicklung des Archivwesens in der Neuzeit. Aber dieser Archivkongreß, an dem auch einige Archivar- und
Historikerkollegen aus der Bundesrepublik Deutschland teilnahmen, offenbarte bereits die
von den Führungskräften der DDR gewollte Auseinandersetzung mit den »nichtmarxisti-

---

72 Friedrich Facius, Willy Flach (wie Vorbemerkung *), Sp. 249.

schen« bürgerlichen Archivaren und Historikern, an der Willy Flach später zerbrach. Während der langen Zeit der deutschen Trennung blieb er das einzige Forum, auf dem sich in der DDR Archivare aus Ost und West begegnet waren.[73]

VI

Für den Archivar Willy Flach bahnte sich in dieser Zeit neben der Leitung des Thüringischen Landeshauptarchivs eine neue und ihn besonders fordernde Aufgabe an: Übernahme des Direktorates im Goethe- und Schiller-Archiv in Weimar[74], nachdem er bereits 1949 nach dem Ableben des bisherigen Direktors die Verhältnisse in diesem 1885 begründeten Literaturarchiv begutachtet hatte und vom archivwissenschaftlichen Standpunkt her scharf kritisieren mußte. Danach waren es vor allem die Bemühungen der Deutschen Akademie der Wissenschaften zu Berlin, die für die Goetheforschung eine bessere Erschließung der dort vorhandenen archivalischen Überlieferung forderte. Schließlich führte die allgemeine Situation nach der Auflösung der Länder in der DDR zu der 1953 durch Regierungsverordnung erfolgten Zusammenfassung der in Weimar und Thüringen vorhandenen Memorialstätten aus der Goethezeit unter Einschluß dieses Archivs zu den Nationalen Forschungs- und Gedenkstätten der klassischen deutschen Literatur in Weimar – seinerzeit bei deren Gründung der Akademie der Künste der DDR unterstellt – und damit zu grundlegenden Änderungen der bisherigen Struktur- und Unterstellungsverhältnisse der seit 1920 dem Land Thüringen unterstehenden »Kunstsammlungen und Erinnerungsstätten« in Weimar. Als es im Frühjahr 1954 um die Neubesetzung des Goethe- und Schiller-Archivs ging, fiel die Wahl auf Willy Flach, der durch die 1947 aufgenommenen Arbeiten zur Edition der amtlichen Schriften Goethes und durch den unter seiner Leitung geleisteten Beitrag des Thüringischen Landeshauptarchivs für die im Goethejahr 1949 gestaltete Ausstellung »Gesellschaft und Kultur der Goethezeit« als einzig in Frage kommender Archivar und Goetheforscher alle Vorbedingungen für diese Aufgabe erfüllte: die zweckmäßige Erschließung der zahlreichen Nachlässe in diesem Archiv, das damit überhaupt erst zu einem archivwissenschaftlich determinierten Literaturarchiv qualifiziert werden sollte, zu garantieren.

---

73 Zur Vorgeschichte und zum Ablauf siehe ausführlich Volker Wahl, Der Kongreß der Archivare der Deutschen Demokratischen Republik 1952 in Weimar. In: Archiv und Geschichte. Festschrift für Friedrich P. Kahlenberg. Herausgegeben von Klaus Oldenhage, Hermann Schreyer und Wolfram Werner (= Schriften des Bundesarchivs 57). Düsseldorf 2000, S. 115–141.

74 Die Amtszeit als Direktor des Goethe- und Schiller-Archivs Weimar und deren Vorgeschichte ist vom Verfasser in zwei Aufsätzen eingehend untersucht und publiziert worden, eine zusammenfassende Darstellung ist in Vorbereitung. Die erste Untersuchung wurde 1996 in dem Sammelband des Goethe- und Schiller-Archivs Weimar zum 100jährigen Jubiläum des Archivgebäudes publiziert: Volker Wahl, Die Überwindung des Labyrinths. Der Beginn der Reorganisation des Goethe- und Schiller-Archivs unter Willy Flach und die Vorgeschichte seines Direktorats. In: Jochen Golz (Hrsg.), Das Goethe und Schiller-Archiv 1896–1996. Beiträge aus dem ältesten deutschen Literaturarchiv. Weimar/Köln/Wien 1996, S. 71–103. Die Fortsetzung ist in dem 1998 erschienenen Band »Archivistica docet« der Reihe »Potsdamer Studien« enthalten: Volker Wahl, Im Dienste gesamtdeutscher Archivarbeit und Literaturforschung. Willy Flachs Direktorat im Goethe- und Schiller-Archiv Weimar 1954 bis 1958. In: Archivistica docet. Beiträge zur Archivwissenschaft und ihres interdisziplinären Umfelds. Herausgegeben von Friedrich Beck, Wolfgang Hempel und Eckart Henning. Potsdam 1998, S. 205–244.

Nach komplizierten Verhandlungen erhielt Willy Flach am 8. August 1954 das Berufungsschreiben für seine neue Funktion als Direktor des Goethe- und Schiller-Archivs und trat am nächsten Tag diese neue anspruchsvolle Tätigkeit an, die eine besondere Konstruktion in der Leitung und Unterstellung dieses zuvor weitgehend selbständigen Literaturarchivs erforderlich machte. Als Direktor eines nunmehr nachgeordneten Instituts der »Nationalen Forschungs- und Gedenkstätten« (NFG) unter Leitung des bisherigen Kulturpolitikers Helmut Holtzhauer (1912–1973) unterstand er diesem direkt und gehörte dem »Leitungskollektiv« der NFG in Weimar an. Zugleich war er Leiter einer beim Institut für Deutsche Sprache und Literatur der Akademie der Wissenschaften neu geschaffenen Abteilung »Archivalische Bearbeitung der Handschriftenbestände des Goethe- und Schiller-Archivs« und in dieser Funktion den Akademiegremien in Berlin verantwortlich. Diese Kompromißlösung – ausgehandelt zwischen den Akademien der Künste und der Wissenschaften – war in der damaligen Situation auch ein Schutzschild des »bürgerlichen« Archivdirektors gegen den neuen Kurs des »marxistischen« NFG-Direktors, da sich die Konfliktfelder zwischen dem Archivpraktiker wie auch erfahrenen Wissenschaftler und dem ihm vorgesetzten Staatsfunktionär schon bald auftaten.

Mit Willy Flach hatte zum ersten Mal in der mittlerweile fast siebzigjährigen Geschichte des Goethe- und Schiller-Archivs ein Facharchivar die Archivleitung übernommen, der in den folgenden Jahren das professionell geführte Literaturarchiv schuf, wie es die Öffentlichkeit heute kennt. Bis zu seinem Weggang aus Weimar im Januar 1958 füllte er das Amt als Direktor des Goethe- und Schiller-Archivs aus, blieb aber auch als Direktor des Thüringischen Landeshauptarchivs in alle Führungsaufgaben dieses staatlichen Archivs und der angeschlossenen Landesarchive eingebunden. Eine solche Doppelaufgabe, wie sie die Leitung von zwei so unterschiedlichen Archiven darstellte, war nur zu schaffen, indem er fähige Stellvertreter in beiden Archiven an sich band und in die Führungsaufgaben einbezog: Dr. Hans Eberhardt (1908–1999)[75] im Thüringischen Landeshauptarchiv und Dr. Karl-Heinz Hahn (1921–1990)[76] im Goethe- und Schiller-Archiv, die ihn jeweils an dieser Stelle vertreten konnten, wenn er sich anderen Aufgaben zuwenden mußte.

Im Goethe- und Schiller-Archiv wurde nunmehr unter Willy Flachs Leitung die notwendige archivarische Erschließung dieses Literaturarchivs mit seinen überlieferten Nachlässen, Familienarchiven und sonstigen institutionellen Beständen sowie der beträchtlichen Zahl einzelner Autographen in Angriff genommen. Die Ordnungs- und Verzeichnungsarbeiten führten seit 1954 erstmals zu qualifizierten Archivfindmitteln, welche die Voraussetzung für die Erarbeitung der Beständeübersicht bildeten, die wegen des Umfangs der Arbeit allerdings erst nach Flachs Weggang erscheinen konnte. Die Benutzungs- und Auskunftstätigkeit des Archivs wurde auf neue Grundlagen gestellt, die Öffentlichkeitsarbeit mit gehaltvollen Archivalienausstellungen und publizistischen Beiträgen bereichert. 70 Jahre nach Gründung des Goethe- und Schiller-Archivs hatte Flach mit der strikten Anwendung von Archivgrundsätzen, vor allem mit der sinnvollen Übernahme des Provenienzprinzips auf die Bildung und Abgrenzung persönlicher Bestände, zugleich methodisches Neuland im Hinblick auf diese Problemstellung in Literaturarchiven betreten.

---

75 Zur Person siehe Volker Wahl, Hans Eberhardt (1908–1999). In: Lebensbilder Thüringer Archivare (wie Anm. 5), S. 47–54.
76 Zur Person siehe Günter Arnold, Karl-Heinz Hahn (1921–1990). In: Ebenda, S. 96–103.

Der von Willy Flach eingeschlagene Weg zu einer fortgeschrittenen Lehre von der Theorie des Literaturarchivs gründete sich auf die praktische Erprobung bei der Erschließung der Weimarer Bestände. Bereits im folgenden Jahr lieferte er die prinzipiellen Argumente für den Anspruch nach archivarischer Erschließung gegenüber der bisherigen Praxis bibliothekarischer Katalogisierung dichterischer Nachlässe, als er zusammen mit Heinrich Otto Meisner im Juli 1955 für die Akademie der Künste in Berlin ein »Gutachten über das Wesen und die Behandlung schriftlicher Nachlässe von Dichtern, Schriftstellern und Künstlern« abgab. Mit seinem im gleichen Jahr publizierten Aufsatz »Literaturarchive« in der neuen Fachzeitschrift »Archivmitteilungen«, dem Hauptreferat »Wesen und Aufgaben der Literaturarchive« auf einer gesamtdeutschen Arbeitstagung am 24. Januar 1956 in Marbach am Neckar und dem gleichlautenden Vortrag auf der 1. Arbeitstagung der wissenschaftlichen Archivare der DDR am 25. März 1957 in Weimar wird sein Anteil an der wissenschaftlichen Durchdringung und Klärung der Begrifflichkeit vom Literaturarchivgut und den daraus zu ziehenden praktischen Schlußfolgerungen evident. Es muß heute konstatiert werden, daß der auf Willy Flach zurückgehende Vorgang der archivwissenschaftlichen Fundierung der Arbeit im Goethe- und Schiller-Archiv und die daraus abgeleitete Theorie vom Literaturarchivwesen der international bedeutendste Wissenschaftsbeitrag während des Bestehens der Nationalen Forschungs- und Gedenkstätten der klassischen deutschen Literatur, ein bedeutender von Weimar ausgehender Impuls zur Entwicklung des Literaturarchivwesens in der Welt gewesen ist.

In beispielhafter Aufbauarbeit und im zähen Ringen um die Wiedergewinnung der wissenschaftlichen Leistungsfähigkeit des Goethe- und Schiller-Archivs gestaltete sich die Amtszeit Willy Flachs als Archivdirektor dieses größten deutschen Literaturarchivs auch als ein ständiger Konflikt mit den neuen Anforderungen und Bedingungen, die von der Ausgestaltung der Nationalen Forschungs- und Gedenkstätten in Weimar zu einem großen gesellschaftswissenschaftlichen Forschungsinstitut in der DDR ausgingen. Vordergründig wurde er als »Machtkampf« des Direktors dieses Instituts, des Partei- und Staatsfunktionärs Helmut Holtzhauer, gegen den untadeligen und von einer hohen Leistungsbereitschaft geprägten bürgerlichen Wissenschaftler ausgetragen. Willy Flach erwies sich in den Auseinandersetzungen als ein nicht parteikonform agierender Archivfachmann, der zudem den neuen marxistischen Theorien in den von ihm vertretenen Wissenschaftsgebieten fern stand. Die Reibungsflächen ergaben sich nicht nur aus Kompetenzüberschneidungen bei der unmittelbaren Leitungstätigkeit im Rahmen der NFG. Die zwischen Flach und Holtzhauer geführten Auseinandersetzungen hatten auch prinzipiellen Charakter, wenn es um die Inanspruchnahme des bisher im Goethe- und Schiller-Archiv aufgestellten Bibliotheksbestandes der Goethe-Gesellschaft für die im Aufbau befindliche Zentralbibliothek der deutschen Klassik oder um den Anspruch des Archivs auf eine eigene Schriftenreihe und seinen Status im Verwaltungsausschuß der 1940 gegründeten Schiller-Nationalausgabe ging.

Rückblickend muß gesagt werden, daß Willy Flach in den dreieinhalb Arbeitsjahren bis zu seinem Weggang aus Weimar Anfang 1958 einen Großteil seiner Kraft in die Leitung des Goethe- und Schiller-Archivs einfließen ließ. Daß er in einer Zeit verdeckter und offener politischer Konfrontationen an den im Aufbau befindlichen Nationalen Forschungs- und Gedenkstätten in Konflikte hineingetrieben wurde, die seine Arbeitskraft und seine psychische Konstitution auslaugten und ihm mehrfach die Alternative nahe legten, aus dieser Aufgabe wieder auszuscheiden, gehört zu den aufreibenden Momenten in seinen letzten Lebensjahren. Als Wissenschaftler war Willy Flach nicht angreifbar und besaß eine weithin anerkannte fachliche Kompetenz mit den notwendigen Verbindungen in die wissenschaftlichen

Gremien der DDR, nach Westdeutschland und auch in das Ausland. Für die Zeit seines
Wirkens im Goethe- und Schiller-Archiv gilt aber auch, daß seine berufliche Aufgabe in
einer solchen »nationalen« Institution nicht losgelöst von den politischen Entwicklungen in
Deutschland zu sehen ist. Hinter sachlichen Einsprüchen und Kontroversen, aber nicht
minder auch hinter erkennbaren persönlichem Ehrgeiz und Selbstbehauptung stand die
ganze Härte der politisch-ideologischen Gegensätze, die schließlich auch den Ausgang seines Lebens bestimmte.

VII

Willy Flach verließ am 15. Januar 1958 heimlich Weimar und Thüringen und damit »un-
gesetzlich« die DDR, um das ihm bereits im Mai 1957 angebotene Extraordinariat für Historische Hilfswissenschaften und Archivkunde an der Rheinischen Friedrich-Wilhelms-
Universität in Bonn zu übernehmen, wo er eine neue hilfswissenschaftliche Abteilung im
Historischen Seminar aufbauen sollte. Die Vorgeschichte dazu reicht bis in das Jahr 1956
zurück, als sein Name von dem Bonner, zuvor Marburger Mediävisten Helmut Beumann
(1912–1995) bei der Wiederbesetzung dieser Stelle ins Spiel gebracht wurde. Er stützte sich
dabei auf ein Gutachten des zu dieser Zeit an der Freien Universität in Berlin (West) leh-
renden vormals Leipziger Historikers Walter Schlesinger (1908–1984), nach dessen Einschätzung »Willy Flach heute als eine der stärksten Stützen, wenn nicht überhaupt als die
stärkste, einer wirklichen Geschichtswissenschaft in der Sowjetzone zu gelten hat«[77]. Bereits im Juli 1956 wurde Flach von der Berufungskommission des Historischen Seminars in
Bonn ernsthaft für den ersten Platz der Besetzungsliste vorgesehen, obwohl er ein Kandi-
dat aus dem anderen deutschen Staat war. Als die Philosophische Fakultät im November
1956 ihren Vorschlag präsentierte, wurde Willy Flach von ihr tatsächlich an erster Stelle genannt: »Als Forscher vermag er wie heute kein anderer die historischen Hilfswissenschaften in ihrer vollen Breite, sowohl zur mittleren als auch zur neueren Geschichte ebensowohl
wie auch die Archivwissenschaft zu vertreten.«[78] Damit war er von den auf der Vorschlags-
liste genannten Persönlichkeiten eindeutig die am besten qualifizierte Kraft für den zu be-
setzenden Lehrstuhl, so daß ihm vom Kultusministerium des Landes Nordrhein-Westfalen
am 13. Mai 1957 der akademische Ruf an die Universität Bonn erteilt wurde.

Willy Flach war im Kontakt mit Beumann und Schlesinger über das Vorhaben informiert
und hatte angesichts seiner persönlichen beruflichen Situation im Archivwesen der DDR, die
nach einer Verbesserung oder sogar Veränderung drängte, dazu auch seine Bereitschaft sig-
nalisiert. Er ging im Juni 1956 davon aus, »daß ein etwaiger Ruf ganz offiziell an ihn ergehen
könne«[79]. Knapp ein Jahr später erreichte ihn das offizielle Berufungsschreiben des nord-
rhein-westfälischen Kultusministers für die Übernahme eines Lehrstuhls in Bonn. Wie er später mitteilte, war ihm zu dieser Zeit »von Verwaltungs- und akademischen Stellen [in der

---

77 Walter Schlesinger an Helmut Beumann, 23.6.1956, in: Hessisches Landesamt für geschichtliche Land-
    eskunde Marburg, Nachlaß Walter Schlesinger.
78 Zur Wiederbesetzung des Extraordinariats für Historische Hilfswissenschaften und Archivkunde, Ent-
    wurf vom 15. November 1956 im Nachlaß von Helmut Beumann (Marburg). Die Vorschlagsliste der
    Philosophischen Fakultät wurde am 24. November 1956 von der Universität dem Kultusministerium in
    Düsseldorf zugeleitet.
79 Walter Schlesinger an Helmut Beumann, 29.6.1956, in: Nachlaß Walter Schlesinger (wie Anm. 77).

DDR – V. W.] nach den damals üblichen Gepflogenheiten die Genehmigung der legalen Ausreise zur Annahme des Rufes nach Bonn als sicher in Aussicht gestellt worden«[80]. Danach weilte er Anfang Juli 1957 zu Verhandlungen in Bonn und im Kultusministerium in Düsseldorf und setzte diese in den nächsten Monaten schriftlich fort. Die eigentliche Berufungsverhandlung im Kultusministerium fand am 5. Juli 1957 statt, die Unterzeichung der Berufungsvereinbarung erfolgte schließlich am 11. Dezember 1957 bei einem weiteren persönlichen Besuch Flachs in Düsseldorf. Nachdem sich das Verfahren bis Jahresende 1957 hingezogen hatte, wurde nunmehr der Beginn des Jahres 1958 für den Übertritt in die Bundesrepublik ins Auge gefaßt, der allerdings illegal erfolgen mußte, nachdem sich seine ursprünglichen Absichten zur offiziell anerkannten Annahme des Rufes in der DDR und legalen Ausreise in die Bundesrepublik nicht mehr durchsetzen ließen.

Am 9. Dezember 1957 hatte Willy Flach in einer der Staatlichen Archivverwaltung in Potsdam übergebenen ausführlichen »Denkschrift«[81] die Bemühungen um die Sicherstellung seiner weiteren Tätigkeit im Archivwesen der DDR als gescheitert erklärt und angekündigt, den an ihn ergangenen Ruf nach Westdeutschland auf einen Universitätslehrstuhl nunmehr anzunehmen. Seit mehr als einem Jahr hatte er eine Verbesserung seiner beruflichen Situation angestrebt, nachdem er im Interesse des Aufbaus des Archivwesens zu den Aufgaben des Direktors des Landeshauptarchivs Weimar zusätzlich mehrfach Arbeitsgebiete übernommen hatte, die sich aus der Erweiterung des Umfanges und der Hebung des Niveaus staatlicher Archivarbeit ergaben. Dazu gehörten seine regelmäßige Dozententätigkeit am Institut für Archivwissenschaft in Potsdam, die er allerdings im Herbst 1956 eingestellt hatte und seitdem nur noch auf einzelne hilfswissenschaftliche Vorlesungen beschränkte, sowie die wöchentliche Lehrverpflichtung an der Humboldt-Universität zu Berlin, die im weiteren Sinne auch der Ausbildung des archivarischen Berufsnachwuchses diente, nicht zuletzt auch die mit der Notwendigkeit der Einrichtung von Literaturarchiven nach archivischen Gesichtspunkten im Auftrag der Akademie der Wissenschaften übernommene Leitung des Goethe- und Schiller-Archivs in Weimar, die ihn wegen der zu leistenden Aufbauarbeit am meisten forderte. Sein Hauptanliegen war es geworden, von den zahlreichen Anforderungen und Verpflichtungen – vor allem auch denen im Lehramt – mehr für die eigentlichen mit seiner Tätigkeit in Weimar verbundenen wissenschaftlichen Arbeiten auf dem Gebiet der Forschung um den amtlichen Goethe und um Fragen der Literaturarchive freigestellt zu werden, für die ein allgemeines Bedürfnis bestand, wie ihm das internationale Echo auf seine Veröffentlichungen gezeigt hatte.

Daneben bewegte Willy Flach aber auch das ungelöste Problem einer verbesserten Sicherstellung in Besoldung und Altersversorgung des staatlichen Archivwesens, die für wissenschaftlich tätige Archivare gegenüber anderen akademischen Berufen in der DDR seinerzeit völlig ungenügend war und angesichts des Umfanges seiner bisherigen beruflichen Tätigkeit zu Schlußfolgerungen für die Weiterarbeit im Archivwesen führen mußte. Bereits am 4. August 1956 hatte er in einer Unterredung mit dem Leiter der Staatlichen Archivver-

---

80 Abschrift des Schreibens von Flach an die Staatliche Archivverwaltung vom 20. Januar 1958 im Thüringischen Hauptstaatsarchiv Weimar, Materialsammlung zum Ausscheiden von Willy Flach.

81 Flach an Staatliche Archivverwaltung in Potsdam, 9.12.1957 (= »Denkschrift« vom 9. Dezember 1957), überliefert als Abschriften in den Nachlässen von Helmut Beumann (in Marburg) und Hans Tümmler (im Thüringischen Hauptstaatsarchiv Weimar).

waltung auf das Interesse von Universitäten, auch in der Bundesrepublik, an seiner Person als Universitätslehrer hingewiesen. Im November 1956 schlug ihn die Philosophische Fakultät der Martin-Luther-Universität Halle für den Lehrstuhl für mittelalterliche Geschichte vor. Im Mai 1957 erreichte ihn der Ruf der Universität Bonn. Kurze Zeit später Anfang Juni 1957 erhielt er von der Philosophischen Fakultät der Friedrich-Schiller-Universität Jena eine Berufung für die Lehrgebiete historische Hilfswissenschaften und Landesgeschichte. Angesichts dieser Offerten präzisierte er am 31. Juli 1957 gegenüber der Staatlichen Archivverwaltung seine Forderung nach angemessener Vergütung seiner beiden archivischen Leitungsfunktionen in Weimar wie auch seiner universitären Lehrtätigkeit in Berlin, die er im Rang eines Lehrstuhlinhabers ausübte. Noch sah er seinen Platz im Archivwesen und die übernommenen Lehraufgaben als Nebentätigkeit an. Aber er scheute auch nicht die Konsequenz: »Sollte die Aufgabe meiner Archivstellung notwendig werden, so müßte ich um meiner eigenen inneren Ruhe willen die Trennung vollständig vollziehen, den Ruf nach Westdeutschland annehmen und aus der Deutschen Demokratischen Republik ausscheiden.«[82]

Vom Staatssekretariat für Hochschulwesen wie von der Staatlichen Archivverwaltung wurde Willy Flachs Anliegen seitdem mehr oder weniger ignoriert und eine Entscheidung verschleppt, so daß er darin eine ihn kränkende Vernachlässigung seiner Person erblicken mußte. Die Verzögerung in der Behandlung dieses Falles mit dem für ihn völlig ungewissen Ausgang ließen ihn daher »gar keine andere Entscheidung, als das ideell und materiell außerordentlich günstige Angebot der Berufung nach Bonn sehr ernst zu behandeln und schließlich im Prinzip anzunehmen«[83]. Am 29. Oktober 1957 unterrichtete er den Leiter der Staatlichen Archivverwaltung von seinem Entschluß, die Stellung in Weimar aufzugeben und den Lehrstuhl in Bonn zu übernehmen. Als ihm daraufhin am 14. November 1957 vom Staatssekretariat für Hochschulwesen das Angebot unterbreitet wurde, »als Professor mit vollem Lehrauftrag für historische Hilfswissenschaften und Landesgeschichte (mit Einzelvertrag) an die Friedrich-Schiller-Universität Jena zu kommen und das Amt des Archivdirektors [des Landeshauptarchivs – V. W.] in Weimar im Nebenamt (mit Normalgehalt) zu behalten, war es nicht nur zu spät, sondern dieses Angebot ging auch gegen alles, was bisher irgendwie besprochen worden war«[84]. Auch das erweiterte und »äußerlich finanziell nicht ungünstige« Angebot bei der am 22. November 1957 geführten Verhandlung mit der Deutschen Akademie der Wissenschaften, das auf die zusätzliche Beibehaltung der Leitung des Goethe- und Schiller-Archivs im Auftrag der Akademie der Wissenschaften hinauslief, konnte keine Lösung darstellen, »weil es mir nicht nur keine Erleichterung zur Durchführung meiner wissenschaftlichen Arbeiten, um die ich immer wieder gebeten hatte, sondern nur noch eine Erweiterung meiner Aufgaben an der Universität mit sich bringen würde«[85]. Flach wäre demzufolge als Archivdirektor im staatlichen Archivwesen die einem Universitätslehrer vergleichbare Sicherstellung nur unter der Bedingung gewährt worden, »daß er drei (!) Funktionen ausübt. Das hält auf die Dauer kein Mensch aus, auch nicht mit bestem Willen und bei stärksten Nerven!«[86]

---

82 Zitiert nach der »Denkschrift« vom 9. Dezember 1957 (wie Anm. 81).
83 Ebenda.
84 Ebenda.
85 Ebenda.
86 Ebenda.

So konnte er am Schluß seiner »Denkschrift« vom 9. Dezember 1957 lediglich feststellen: »Da mir [...] in der Deutschen Demokratischen Republik eine meinen Wünschen und Fähigkeiten entsprechende Stellung nicht geboten und eine meinen Leistungen angemessene Entlohnung nicht gewährt werden kann, bleibt mir kein anderer Weg, als den an mich ergangenen Ruf nach Westdeutschland, der beide Voraussetzungen mir gegenüber erfüllt, anzunehmen.« Er bat um Verständnis für seine Entscheidung und kündigte in Kürze sein Entlassungsgesuch an die Staatliche Archivverwaltung an, bat aber auch darum, ihm die »Möglichkeit eines legalen Ausscheidens aus meinem Amte und aus der Deutschen Demokratischen Republik und damit die Aufrechterhaltung der Beziehungen zu meinen bisherigen Arbeitsgebieten zu geben«[87]. Wie aus Willy Flachs bereits aus Bonn am 20. Januar 1958 an die Staatliche Archivverwaltung gerichtetem Rechtfertigungsschreiben hervorgeht, wurde ihm kurz vor Weihnachten 1957 die Verwirklichung seiner früher zugesagten legalen Ausreise vom Staatssekretär für Innere Angelegenheiten, zu dieser Zeit Herbert Grünstein (1912–1992), und auch vom Stellvertretenden Staatssekretär für Hochschulwesen, zu dieser Zeit Franz Dahlem (1892–1981), verweigert. Als er sich daraufhin schriftlich an den Ministerpräsidenten der DDR wandte, wurde die Angelegenheit an die zuvor beteiligten Staatssekretariate zurückverwiesen. Auch die von Flach vorgeschlagene Weiterführung der von ihm in Weimar geleiteten und bearbeiteten wissenschaftlichen Unternehmungen – er dachte vor allem an die Herausgabe von Goethes amtlichen Schriften – von seiner neuen Wirkungsstätte in Bonn aus, wurde bei den letzten Unterredungen strikt abgelehnt.

Die Entscheidung war damit gefallen. Am 10. Januar 1958 unterrichtete Willy Flach von Berlin aus den Bonner Ordinarius Helmut Beumann, daß es ihm beim gegenwärtigen Stand der Dinge auf legalem Wege nicht gelingen werde, aus der DDR herauszukommen: »So bleibt also nur der eine Weg, es anders zu versuchen.«[88] Am 15. Januar 1958 benutzte er eine Vorlesung am Institut für Archivwissenschaft in Potsdam zur Fahrt in den »Westsektor« von Berlin, von wo aus er zwei Tage später den Flug von Berlin-Tempelhof nach Bonn antrat.[89] So traf er am 17. Januar 1958, seinem 55. Geburtstag, an dem künftigen Wohn- und Arbeitsort in der Bundesrepublik Deutschland ein. Der Staatlichen Archivverwaltung in Potsdam teilte er am 20. Januar 1958 aus dem Historischen Seminar in Bonn mit, daß er sich gezwungen gesehen habe, die DDR zu verlassen und verwies zur Begründung auf seine ausführliche »Denkschrift« vom 9. Dezember 1957.

In diesem Schreiben faßte Willy Flach noch einmal seine Beweggründe kurz zusammen. Er verwies darauf, daß er nach den ergangenen akademischen Rufen aus Halle, Bonn und Jena immer sofort die Staatliche Archivverwaltung davon unterrichtet habe, daß er im Zusammenhang mit den Berufungsfragen um die Entlastung von zahlreichen Verpflichtungen zugunsten der von ihm in Weimar besonders zu bearbeitenden Aufgaben gebeten sowie die für alle Archivare dringend notwendige Besserstellung hinsichtlich der Alters- und Hinterbliebenenversorgung vorgebracht habe. Die Staatliche Archivverwaltung und das Staatssekretariat für Hochschulwesen hätten aber die Angelegenheit verschleppt und nicht gelöst. Der spätere Rückzug der staatlichen Organe von einer zugesagten Entscheidung und an-

---

87   Ebenda.
88   Flach an Helmut Beumann, 10.1.1958, in: Nachlaß Helmut Beumann (wie Anm. 78).
89   Mit dem Dienstwagen des Landeshauptarchivs waren auch die Ehefrau und der Sohn nach Potsdam gekommen, während die Tochter vom Studienort Leipzig mit der Bahn nach Berlin gefahren war.

dere Erfahrungen mit Partei- und Staatsfunktionären der DDR mußten zu Beginn des Jahres 1958 zu dem Entschluß der illegalen Ausreise führen. »Entscheidend für die Beurteilung meines Falles ist die Tatsache, daß dieser Ruf zu einer Zeit ausgesprochen wurde, als solche Rufe auch in der Deutschen Demokratischen Republik durchaus im Sinne der akademischen Freizügigkeit beurteilt und genehmigt wurden. Politische Entscheidungen meinerseits haben dabei keine Rolle gespielt. Nach den Entwicklungen und Ereignissen der allerletzten Zeit schob man mir aber nun solche Motive unter und rückte damit meinen Fall in gefahrvoller Weise in die Nähe neuester Gesetzgebung.[90] Aus dieser Lage habe ich mich nur lösen können, indem ich die Deutsche Demokratische Republik verlassen habe. Dieser Entschluß ist mir außerordentlich schwer gefallen, da er mich von meinen bisherigen Arbeitsgebieten, Arbeitsplätzen und Mitarbeitern trennt. [...] Dennoch behalte ich meinen bisherigen Arbeitsplatz, dem ich siebenundzwanzig Jahre meines Schaffens gewidmet habe, in treuer Erinnerung und hoffe, daß mir trotz allem eines Tages der Zugang dorthin wieder möglich sein wird.«[91] Den Mitarbeitern des Thüringischen Landeshauptarchivs schrieb er am 21. Januar 1958 aus Bonn, »daß mir der zwangsmäßig herbeigeführte Abgang von der mir ans Herz gewachsenen Tätigkeit und die Trennung von den langjährigen Mitarbeitern den schwersten Entschluß meines Lebens bedeuten. Ich werde alle in lieber Erinnerung behalten.«[92]

VIII

Daß Willy Flach nur zwei Monate später, am 17. März 1958, in Bonn freiwillig aus dem Leben schied, gehört zur Tragik des Lebens im geteilten Deutschland. Er war bereits als ein geschwächter und von den besonderen Umständen in der Auseinandersetzung um seine Berufung nach Bonn hin und her gerissener Mensch an seine neue Wirkungsstätte gekommen. Entgegen seinen früheren Erwartungen hatte er sich auf einen bedingungslosen Konfrontationskurs mit den Staatsorganen der DDR begeben müssen. Die Zuspitzung in den letzten Wochen, als ihm vom Staatssekretariat für Hochschulwesen angedeutet wurde, »ihn als Volksverräter zu behandeln, wenn er den Ruf annehme«[93], wirkte wie ein Schock und lähmte seine Arbeitskraft, obwohl er sich doch durch seine Flucht von solchen Bedrückungen frei gemacht hatte. Bereits am 27. Januar 1958 äußerte er brieflich gegenüber Walter Schlesinger, daß er »von entsetzlichen Skrupeln geplagt« sei, ob er es in seinem neuen Tätigkeitsfeld schaffen werde. »Außerdem nagt der illegale Abgang, der sich wenig in meinen sonstigen norma-

---

90 Gemeint sind zwei von der Volkskammer der DDR am 11. Dezember 1957 erlassene Gesetze: das »Gesetz zur Änderung des Paßgesetzes«, wonach u. a. das Verlassen des Gebietes der DDR »ohne erforderliche Genehmigung« unter Strafe (Gefängnis bis zu drei Jahre oder Geldstrafe«) gestellt wurde, und das »Strafrechtsänderungsgesetz«, mit dem Elemente eines politischen Straftatenkatalogs (u. a. »Staatsgefährdende Propaganda« und »Staatsverleumdung«) eingeführt wurden.
91 Abschrift des Schreibens von Flach an die Staatliche Archivverwaltung vom 20. Januar 1958 (wie Anm. 80).
92 Abschrift des Schreibens von Willy Flach vom 21. Januar 1958 an das Landeshauptarchiv Weimar, überliefert im Thüringischen Hauptstaatsarchiv Weimar (wie Anm. 80).
93 Nach einer Mitteilung von Flach im Kultusministerium von Nordrhein-Westfalen am 11. Dezember 1957, wiedergegeben im Schreiben des Kultusministeriums an den Bundesminister für Gesamtdeutsche Fragen vom 6. Dezember 1958, in: Universitätsarchiv Bonn, Personalakte Willy Flach.

len und wie ich glaube soliden Lebensgang einfügt, doch stärker an mir, als ich dachte.«[94]
»Entscheidend ist nicht der materielle Verlust, sondern die Illegalität«, mußte auch Helmut
Beumann besorgt feststellen, der am 31. Januar 1958 Schlesinger darüber informierte, daß
Flach völlig mit den Nerven herunter sei und nicht mehr schlafe.[95] Anfang Februar wurde
bei ihm zunächst ein Nervenzusammenbruch diagnostiziert. Danach wurde es immer offen-
sichtlicher, daß es sich um eine schon länger vorbereitete Depression handelte, die durch
jahrelangen Druck und Überarbeitung entstanden war und sich bei seiner Sensibilität jederzeit wiederholen konnte. Von einem Zusammentreffen in Bonn mit Georg Winter (1895–
1961) in dieser Zeit ist die tiefe Erschütterung des Gründungsdirektors des Bundesarchivs
in Koblenz über Flachs depressiven Zustand überliefert. »Flach fände nach seinem Übertritt in die Bundesrepublik dort keine Orientierung, keinen Halt. Aus schweren Zweifeln,
ob er mit seinem Weggang aus der DDR die richtige Entscheidung getroffen habe, sei bei
ihm offenbar ein Gefühl tiefer Verzweiflung erwachsen, aus dem er keinen Ausweg sah.«[96]
Der Weg, den er dann einschlug, war der des Freitodes.

Die Willy Flach gewidmeten Nachrufe verschweigen diesen schicksalhaften Aspekt am
Ausgang seines Lebens nicht. »Mit der Berufung auf den Bonner Lehrstuhl für Historische
Hilfswissenschaften wurde ein neuer Lebensabschnitt eingeleitet, der durch ein unbarmher-
ziges Schicksal abgebrochen wurde. Die unselige Grenze, die Deutschland teilt und in der
Welt keinen wahren Frieden aufkommen läßt, hat dieses tapfere Herz zerrissen. Im Augenblick, da er sie überschritt, wurden die Grundlagen erschüttert, die ein Leben der unbeding-
ten und treuesten Pflichterfüllung bis an den Rand der Kräfte getragen hatten.«[97] Dagegen
ganz anders die ersten öffentlichen Verlautbarungen an seinem bisherigen Wirkungsort in
der DDR. »Republikflucht, der sich auch ein Professor Flach schuldig machte, ist gleichzu-
setzen mit einer Verneinung von wahrer Wissenschaft und Kultur«, hieß es am 21. Januar
1958 in der Stadtverordnetenversammlung zu Weimar.[98] Die wenig später offiziell propa-
gierte Stellungnahme der Mitarbeiter der Nationalen Forschungs- und Gedenkstätten der
klassischen deutschen Literatur in Weimar unter der Überschrift »Das hohe Vertrauen miß-
braucht« sprach vom »Verrat an der Deutschen Demokratischen Republik und an allen fortschrittlichen Menschen in ganz Deutschland«. »Prof. Flach wurde in seiner wissenschaftlichen Arbeit jegliche Förderung zuteil«, konnte man in der am 29. Januar 1958 öffentlich
verbreiteten Erklärung lesen. »Durch seine Republikflucht mißachtete er die großen Anstrengungen der Arbeiterklasse, die es ihm ermöglichten, ein materiell sorgenfreies und nur
der Wissenschaft gewidmetes Leben zu führen. In dem gegenwärtigen Ringen um die Erhaltung und Festigung des Friedens bedeutet eine solche Handlungsweise eine Unterstützung
der friedensfeindlichen Adenauer-Politik.«[99]

Aus dem Thüringischen Landeshauptarchiv Weimar waren solche Töne damals nicht zu
hören. Als der bisherige Stellvertreter, Hans Eberhardt, am 29. März 1958 vor dessen Be-

---

94 Flach an Walter Schlesinger, 27.1.1958, in: Nachlaß Walter Schlesinger (wie Anm. 77).
95 Helmut Beumann an Walter Schlesinger, 31.1.1958, in: Ebenda.
96 Briefliche Mitteilung von Dr. Alfred Wagner (Koblenz) vom 30. Januar 2003 an den Verfasser.
97 Gedruckter Nachruf der Rheinischen Friedrich Wilhelms-Universität Bonn (undatiert), überliefert im
    Nachlaß Helmut Beumann (wie Anm. 78).
98 Das Volk (Erfurt) vom 23. Januar 1958.
99 Das Volk (Erfurt) vom 29. Januar 1958.

legschaft der tiefen Erschütterung über den plötzlichen Heimgang des langjährigen Direktors Ausdruck gab, erinnerte er daran, daß bereits die unmittelbar nach der Flucht eingetretene Gewißheit der Nichtrückkehr an seinen Weimarer Arbeitsplatz unfaßbar gewesen war, und schon damals »in unserem Kreis die Meinung geäußert wurde, es sei, als ob Professor Flach gestorben wäre«. »Wir alle, die wir ihn aus seiner langjährigen Tätigkeit, z. T. aus jahrzehntelanger gemeinsamer Arbeit kannten, haben diesen Schritt nie recht verstehen können, wußten wir doch, daß er für ihn weit mehr bedeutete als ein bloßer Wechsel seiner Stellung, war es uns doch allen klar, daß er nur nach schweren inneren Kämpfen sein altes und ihm ans Herz gewachsenes Arbeitsfeld aufgegeben haben konnte. Als uns daher auf Umwegen die ersten Nachrichten erreichten, daß es mit seiner Gesundheit nicht zum Besten stehe, sind viele von uns nachdenklich geworden, und die bange Ahnung erfüllte uns, daß die letzten Monate seines Hierseins Monate einer starken seelischen Belastung gewesen waren und daß die dann doch vollzogene Trennung von seiner alten Tätigkeit nicht spurlos an ihm vorübergegangen war. Keiner aber hat daran gedacht, daß das Ende bereits so nahe war.«[100]

Die politische Propaganda der DDR machte nunmehr aus ihm ein »Opfer« des vom Gesamtdeutschen Ministerium in Bonn geschürten »psychologischen Krieges« gegen die DDR. Dazu gehörten eine im Herbst 1958 entfachte Zeitungskampagne, die am 6. Oktober 1958 mit einem Artikel auf der ersten Seite der Tageszeitung »Junge Welt« über »Das Schicksal eines Professors, der unsere Republik verließ«[101], begann, und die zur gleichen Zeit gestartete öffentliche Plakatierungsaktion »Spionage-Lemmer trieb ihn in den Tod«. Willy Flach sollte als ein Paradebeispiel für die behauptete Abwerbung von Wissenschaftlern aus der DDR durch das von Ernst Lemmer geführte Bundesministerium für Gesamtdeutsche Fragen dienen. Mit der Veröffentlichung in der FDJ-Zeitung »Junge Welt« sollten »Lemmers Abwerber erneut am Pranger« stehen, die in Bonn mit brieflichen Versprechungen die »Flucht« des bekannten Wissenschaftlers vorbereitet hätten. »Wie immer ging es den Abwerbern jedoch nicht um die Fähigkeiten des Wissenschaftlers und die Förderung seiner Arbeit, sondern um die Hetze gegen die DDR, die sich aus solchen ›politischen Flüchtlingen‹ weiter aufblähen ließ.«[102]

Leider war die offizielle Reaktion in Bonn darauf nicht besonders hilfreich, als der Staatssekretär im Bundesministerium für Gesamtdeutsche Fragen, Franz Thedieck, am 11. Oktober 1958 über den Sender RIAS die angebliche Abwerbung zurückwies und den der Flucht vorausgegangenen akademischen Berufungsvorgang klar stellte, ergänzend dazu allerdings verkündete, daß die DDR-Behörden danach Flach den Professorentitel aberkannt und ihn wegen Republikflucht in Abwesenheit zu zwei Jahren Gefängnis verurteilt hätten.[103] Da letztere Be-

---

100 Hans Eberhardt, Nachruf für Professor Dr. Willy Flach vom 29. März 1958; als Manuskript überliefert im Thüringischen Hauptstaatsarchiv Weimar (wie Anm. 80).
101 Das Schicksal eines Professors, der unsere Republik verließ. Eine Todesanzeige und was dahinter steckt. In: Junge Welt. Organ des Zentralrats der Freien Deutschen Jugend vom 6. Oktober 1958, S. 1.
102 Ebenda.
103 Siehe Bulletin der Bundesregierung Nr. 190 vom 14. Oktober 1958, S. 1889, wo die Ausführungen von Thedieck abgedruckt sind. Der Kultusminister des Landes Nordrhein-Westfalen hat später in einem Schreiben an den Bundesminister für Gesamtdeutsche Fragen vom 6. Dezember 1958 den Berufungsvorgang und alle damit im Zusammenhang stehenden Maßnahmen detailliert dargelegt und auf die Notwendigkeit einer vorherigen Abstimmung vor den Äußerungen des Staatssekretärs hingewiesen. Der Rektor der Universität Bonn wurde ermächtigt, »noch aufklärende Angaben vor der Öffentlichkeit zu machen, soweit dies nach Lage der Sache tunlich erscheinen sollte.« In: Universitätsarchiv Bonn, Personalakte Willy Flach.

hauptung nicht stimmte, verstärkte sich daraufhin die Pressekampagne in der DDR[104], weil sie jetzt auch gegen die »über westdeutsche Rundfunkstationen verbreitete Lüge des Bonner Staatssekretärs Thedieck« vorgehen konnte.[105] Eine Presseerklärung der Universität Bonn vom 20. November 1958 richtete sich vor allem gegen die unbegründeten Behauptungen in der DDR-Presse von den nicht realisierten Versprechungen, mit denen Flach in die Bundesrepublik gelockt worden wäre. Demgegenüber wurde festgestellt, daß von der Universität die bei den Berufungsverhandlungen getroffenen Vereinbarungen sämtlich eingehalten worden waren.[106] Einer solchen Richtigstellung und Aufklärung diente auch der am 11. Dezember 1958 vom Bayerischen Rundfunk verbreitete Kommentar »Der Fall des Professor Dr. Flach«, der die in der DDR entfachte politische Pressekampagne zurückwies: »Die wahren Gründe für den Freitod des Professors Flach sind also nicht in dem Bruch von Zusicherung und der Nichteinhaltung von Vereinbarungen zu sehen. Sie liegen vielmehr in jenen Bereichen des menschlichen Seins, die sich unserer Deutung entziehen. Wer aus dieser persönlichen Tragik politisches Kapital zu schlagen sucht, richtet sich selbst.«[107]

Noch einmal wurde in der DDR die Propagandatrommel in den Fachkreisen der Historiker geschlagen, als in der »Zeitschrift für Geschichtswissenschaft« unter der Überschrift »Zu den Zwecklügen des Herrn Thedieck« ein Interview des Chefredakteurs Dieter Fricke vom 17. Oktober 1958 mit Vertretern des Staatssekretariats für Hochschulwesen und der Humboldt-Universität abgedruckt wurde.[108] Dabei wurden die Behauptungen des Bonner Regierungsvertreters über die Sanktionen gegen Flach mit Recht als unwahr zurückgewiesen, aber »die Tatsache der Abwerbung [als] unbestreitbar« hingestellt.[109] »Es war auch in Westdeutschland bekannt, daß Prof. Flach an seiner Thüringer Heimat hing und deshalb auch weiter in Thüringen wirken wollte. Eben aus diesem Grunde hat man ihm sehr viele und weitgehende Versprechungen gemacht, die man nach seiner Republikflucht nicht gehalten hat.«[110] Und an anderer Stelle dieses Interviews heißt es: »Prof. Flach war kein marxistischer Historiker. Er erhielt aber dessen ungeachtet dieselbe Förderung wie jeder andere Wissenschaftler in der DDR [...] Um die Ausbildung unserer jungen Historiker zu desorganisieren, sollte Prof. Flach die Republik verlassen. Darin liegt die wahre Absicht dieser und weiterer ›menschenfreundlichen‹ Berufungen westdeutscher Universitäten, die im Auftrag des Adenauer-Regimes handeln müssen. Daß Prof. Flach diesen Verlockungen nicht widerstanden hat, liegt wohl mit in seiner Vergangenheit begründet. Sein Schicksal, das besonders tragisch ist, sollte ein warnendes Beispiel für alle sein, die den Abwerbungen der westdeutschen Zentralen folgen und dann die Betrogenen sind.«[111] Die Warnung war unüberhörbar.

104 Bonn am Schandpfahl. Die Wahrheit um Professor Flach. In: Volkswacht (Gera) vom 22. Oktober 1958; Das Schicksal des Prof. Dr. Flach. Der Weg nach Bonn war der Weg in den Tod. In: Das Volk (Erfurt) vom 25. Oktober 1958.

105 Warum Thedieck log. In: Neues Deutschland (Berlin) vom 1. November 1958.

106 Erklärung der Nachrichtenstelle der Rheinischen Friedrich Wilhelms-Universität Bonn vom 20. November 1958. In: Nachlaß Helmut Beumann (wie Anm. 78).

107 Abschrift des Manuskriptes vom 11. Dezember 1958 im Universitätsarchiv Bonn, Personalakte Willy Flach.

108 Zu den Zwecklügen des Herrn Thedieck. In: Zeitschrift für Geschichtswissenschaft 6 (1958), S. 1355–1358.

109 Ebenda, S. 1357.

110 Ebenda, S. 1357.

111 Ebenda, S. 1356.

Willy Flach war für eine wie auch immer geartete »Opferrolle« nicht geschaffen. Sein Entschluß, die Welt der Archive in Weimar zu verlassen und sie mit der Gelehrtenstube eines Universitätsprofessors in Bonn einzutauschen, folgte nicht politischer Beeinflussung oder gar materiellen Versprechungen, und er wurde nach schwersten inneren Konflikten gefaßt. Er sah sich in seiner beruflichen Arbeit in der DDR durchaus materiell gefördert und äußerlich geehrt, aber von einem Staat, der die ideellen Grundlagen seiner Tätigkeit als »bürgerlicher« Archivar und Historiker überwinden wollte. »Pflichtbewußtsein, Treue zu Amt, Werk und Mitarbeitern einerseits und die Ablehnung der geistigen Umwelt anderseits gerieten in Willy Flach in einen tragischen Widerstreit«, urteilte sein Schüler und Kollege Hans Patze.[112] Nicht weniger dürfte an seinen Nerven gezehrt haben, daß er von den von ihm für den thüringischen Archivdienst ausgebildeten Archivaren im Laufe der Zeit auch einige verlor, sei es durch den Kriegstod (Karl Theodor Lauter), durch Nichtrückkehr an den bisherigen Arbeitsplatz nach Kriegsende (Friedrich Facius) oder später durch »Republikflucht« (Hans Patze). Auch war es angesichts der ständig steigenden Verpflichtungen die Aufsplitterung seiner Kräfte, die seine letzten Lebensjahre mitprägte. Der Archivar Willy Flach kam ausgelaugt in Bonn an, wo vor ihm große Aufgaben bei der Ausgestaltung des Lehr- und Forschungsapparates für die neue Abteilung Hilfswissenschaften im dortigen Historischen Seminar standen, die ihrerseits viel Kraft erforderten. Dann wurde ihm bewußt, daß er mit dem Weggang aus Weimar die eigentliche Grundlage seiner wissenschaftlichen Lebensarbeit verloren hatte und es kein Zurück für ihn gab.

IX

Willy Flach haben seit jungen Jahren Ämter, Anerkennung und Verpflichtungen in übergroßem Maße begleitet, und es ist erstaunlich, wie er diese Belastungen aushielt, da es keineswegs nur »Ehrenämter« waren, sondern in ihnen auch umfangreiche Arbeit geleistet werden mußte. Bis Kriegsende 1945 war er Mitglied des Ausschusses des Vereins für Thüringische Geschichte und Altertumskunde (seit 1933) und Mitherausgeber der Vereinszeitschrift (seit 1937), Vorsitzender der Thüringischen Historischen Kommission (seit 1937), Förderndes Mitglied der Sächsischen Kommission für Geschichte (seit 1939), Mitglied der Akademie gemeinnütziger Wissenschaften zu Erfurt (seit 1939). Als nach 1945 unter neuen gesellschaftspolitischen Rahmenbedingungen die wissenschaftlichen Gremien wieder tätig wurden, stand Willy Flach nicht abseits und erhielt weiterhin ehrenvolle Berufungen als Archivar und Historiker. Er war Mitglied der Historischen Kommission bei der Sächsischen Akademie der Wissenschaften zu Leipzig (seit 1951), Mitglied der Sektion für deutsche Geschichte bei der Deutschen Akademie der Wissenschaften zu Berlin (seit 1952), Mitglied der Kommission für Landesgeschichte bei der Deutschen Akademie der Wissenschaften zu Berlin (seit 1955), Mitglied des Ausschusses der Deutschen Schillergesellschaft Marbach am Neckar (seit 1955), Vizepräsident der Goethe-Gesellschaft zu Weimar (seit 1955), Mitglied des Wissenschaftlichen Beirates der Staatlichen Archivverwaltung der DDR (seit 1955), darin Vorsitzender der Fachkommission für Publikationsfragen und Mitglied der Fachkommission für Forschung und Lehre (seit 1956), Mitglied des Wissenschaftlichen

---

112   Hans Patze, Willy Flach zum Gedächtnis (wie Vorbemerkung *), S. 361.

Rates des Akademie-Archivs Berlin (seit 1956), Mitglied des Ausschusses des Verbandes der Historiker Deutschlands (seit 1956), Ordentliches Mitglied in der Philologisch-Historischen Klasse der Sächsischen Akademie der Wissenschaften zu Leipzig (seit 1956).

Willy Flachs wissenschaftliche Publikationen auf historischem und hilfswissenschaftlichem Gebiet, insbesondere zur thüringischen Landesgeschichte, auf dem Gebiet des Archivwesens und in der Goetheforschung haben einen beträchtlichen Umfang und sind von bemerkenswerter Qualität, weil sie aus den Quellen heraus erarbeitet worden sind. Er war Herausgeber, Editor, Berichterstatter oder einfach nur Verfasser tiefschürfender Untersuchungen und Studien. Seit der 1930 publizierten Dissertation hat er mit seinen Veröffentlichungen die Brücke von den Quellen des Archivs zum weiten Feld der Geschichtswissenschaft geschlagen. Seine diplomatisch-historische Untersuchung über die Urkunden der Vögte von Weida, Gera und Plauen bis zur Mitte des 14. Jahrhunderts gehört, wie es der Nachruf der Universität Bonn festhält, »zu den besten jener Arbeiten, in denen die seit Theodor Sickel an den Königs- und Kaiserurkunden erprobten Methoden auf andere Urkunden angewandt wurden, führt jedoch schon über die hilfswissenschaftliche Fragestellung im engeren Sinne hinaus. Mit seinen weiteren Arbeiten gehört Flach zu den namhaftesten Vertretern einer Richtung, für die sich der Sinn paläographischer und diplomatischer Untersuchungen erst in enger Verbindung mit anderen Bereichen der Geschichte erfüllt.«[113]

Für den Herausgeber Willy Flach sind die von ihm initiierten und betreuten Schriftenreihen an erster Stelle zu nennen: »Beiträge zur Thüringischen Geschichte« (zusammen mit Wilhelm Engel, 1934, 2 Bände), »Veröffentlichungen der Thüringischen Historischen Kommission« (1944–1957, 6 Bände), »Thüringische Archivstudien« (1951–1971, 10 Bände, davon 8 von ihm herausgegeben), »Goethes Amtliche Schriften« (begonnen 1950, bisher 4 Bände, davon der erste von ihm bearbeitet und herausgegeben); dann die Festschriften: für Valentin Hopf (zusammen mit Wilhelm Engel 1933), für Berthold Rein (1935), für Wolfgang Vulpius (1957), für Friedrich Schneider (1957, zum Druck gegeben von Hans Eberhardt 1958); schließlich das von Erich Keyser herausgegebene »Deutsche Städtebuch« Band 2 Mitteldeutschland (1941) mit Flachs Einleitung über »Land und Städte in Thüringen« und zahlreichen von ihm verfaßten Städteartikeln. Die bereits erwähnte Mitwirkung bei der Herausgabe der »Zeitschrift des Vereins für Thüringische Geschichte und Altertumskunde«, zunächst mit Georg Mentz und Günther Franz (seit 1937), danach mit Günther Franz (seit 1940) und zuletzt mit Hans Haimar Jacobs (seit 1942) rundet diese Tätigkeit ab.

Die Geschichte der Historiographie in Thüringen hat Willy Flach immer interessiert, die Weiterentwicklung der Landesgeschichtsforschung hat er aktiv begleitet und mitbestimmt. Ab dem Jahrgang 1931 übernahm er den Forschungsbericht Thüringen für die »Jahresberichte für Deutsche Geschichte«, 1931 bis 1936 zusammen mit Wilhelm Engel, 1937 und 1938 allein. In gewisser Weise knüpfte er nach 1945 daran an, als er 1956 in den »Blättern für deutsche Landesgeschichte« mit einem weit ausholenden und die veränderten Verhältnisse nach 1945 berücksichtigenden großen Bericht »Entwicklung, Stand und Aufgaben der landesgeschichtlichen Forschung in Thüringen« resümierte. Er enthielt auch eine Bewertung der zwischen 1938 und 1956 erschienenen Veröffentlichungen zur thüringischen Geschichte.[114]

---

113   Gedruckter Nachruf der Rheinischen Friedrich Wilhelms-Universität Bonn (wie Anm. 97).
114   Der Sammelbericht über Thüringen (ab 1956) wurde danach von seinem Schüler und Mitarbeiter Wolfgang Huschke fortgesetzt.

Den klaren Blick und das sichere Urteil über die historische Forschungsarbeit in Thüringen hatte er bereits in seinem Vortrag »Leistungen und Aufgaben der thüringischen Landesschichtsforschung« bei Eröffnung der Thüringischen Historischen Kommission am 12. November 1937 bewiesen.[115] Die seitdem veröffentlichten Tätigkeitsberichte geben ein beeindruckendes Bild von Willy Flach als Wissenschaftsorganisator ab.[116] In diesem Zusammenhang ist auch sein Aufsatz »Die Entwicklung des staatlichen Archivwesens in Thüringen und seine Beziehungen zur Landesgeschichtsforschung« (1938) zu sehen. Die von ihm vorgenommene Analyse landesgeschichtlicher Forschung von 1956 enthält die Erkenntnis, daß von den »Institutionen und Trägern landesgeschichtlicher Arbeit in Thüringen« nach 1945 letztlich nur noch die Archive übrig geblieben waren, »die in ihrer Substanz und der Art ihrer Tätigkeit im wesentlichen unverändert die Zeiten überdauert haben.«[117]

In seinen zahlreichen und vielseitigen Untersuchungen, die zum Teil mit Quellenpublikationen verbunden waren, widmete er sich dem Archivwesen, wobei Archivgeschichte, Aufgaben und Leistungen des Archivwesens, aber auch methodologische Problemstellungen, so bei der Frage nach Begriff, Wesen und Stellung der Literaturarchive, aufgegriffen wurden. Die Geschichtsforschung, mit einem Schwerpunkt in den hilfswissenschaftlich orientierten Arbeiten, konzentrierte sich auf die thüringische Städtegeschichte, griff aber schließlich auch mit wenigen Arbeiten auf die Territorialgeschichte Thüringens aus. Eine Besonderheit ist in seinem Interesse an der kartographischen Arbeit zu sehen. Das gilt sowohl für die von ihm im Rahmen der Arbeit an einem »Thüringischen Historischen Atlas« (Projekt der Thüringischen Historischen Kommission) geförderte Entstehung der Grundkarte (Gemeindegrenzenkarte) als auch für die von ihm entworfenen Karten der städtischen Siedlungsformen und zur politischen Entwicklung Thüringens (1700, 1800, 1918) im »Thüringen-Atlas« der Reichsarbeitsgemeinschaft für Raumforschung (1941/42).

In besonderer Weise beschäftigte ihn als Archivar auch die Behördengeschichte, bis sie ihn schließlich im Zusammenhang mit der Untersuchung von Goethes amtlicher Tätigkeit und der Editionsarbeit an dessen Amtsschriften zur Goetheforschung führte, in die er sich endgültig durch die Eröffnung einer neuen Abteilung von Goethes Werken einführte und seitdem mit akribischen Untersuchungen über Goethes Wirken im weimarischen Staatsdienst bereicherte.[118] Als exemplarisch sah er den Fall des Kindesmordes der Anna Katharina Höhn von 1783 an, den er nach neuen Quellenfunden bereits 1934 durch einen dokumentarischen Aufsatz von bisherigen Fehlschlüssen über Goethes Stellungnahme dazu im

115 Erschienen 1939 in: Bericht über die Gründung und die Tätigkeit der Thüringischen Historischen Kommission 8. Juli 1937 bis 31. März 1939. Weimar 1939, S. 12–23.

116 Gedruckt erschienen bis 1943 in der Zeitschrift des Vereins für Thüringische Geschichte und Altertumskunde bzw. als Separatdrucke der Thüringischen Historischen Kommission, im Manuskript bis 1944 vorhanden.

117 Willy Flach, Entwicklung, Stand und Aufgaben der landesgeschichtlichen Forschung in Thüringen. In: Blätter für deutsche Landesgeschichte 92 (1956), S. 134.

118 Vgl. dazu ausführlich Volker Wahl, »Wir haben es mit einem, wenngleich eindrucksvollen, ja in seiner Art bewundernswerten Torso zu tun«. Zur Editionsgeschichte von Goethes Amtlichen Schriften. In: Leben und Wahrheit in der Geschichte. Festgabe zum 90. Geburtstag von Hans Tümmler (= Sonderschriften der Akademie gemeinnütziger Wissenschaften zu Erfurt 28). Bochum 1996, S. 99–118; ders., Goethes amtliche Schriften als Editionsaufgabe des Thüringischen Hauptstaatsarchivs Weimar. In: Goethe-Philologie im Jubiläumsjahr – Bilanz und Perspektiven (= Beihefte zu editio 16). Tübingen 2001, S. 175–194.

Rahmen seiner Amtspflichten im Geheimen Consilium befreit hatte.[119] 1938 betonte er gegenüber dem Thüringischen Volksbildungsministerium die Notwendigkeit, das Thema »Goethe als Staatsbeamter« zu bearbeiten, was jedoch Wissenschaftler erfordern würde, die sowohl mit den behördlichen und Staatsverhältnissen der damaligen Zeit wie auch mit dem Leben und Werk Goethes vertraut sein müßten. Außerdem wies er daraufhin, daß »die Menge des zu bewältigenden archivalischen Materials ungeheuer umfangreich« sei und zudem ausgedehnte Vorarbeiten verlange.[120] Als der Thüringer Landtag 1947 seinen Beschluß zur Vorbereitung des 200jährigen Geburtstages von Johann Wolfgang Goethe im Jahre 1949 faßte, war der endgültige Anstoß gegeben, im Staatsarchiv Weimar, wo diese Quellen vorzugsweise überliefert sind, mit der Bearbeitung und Herausgabe von dessen Amtsschriften zu beginnen. Die von Flach eingereichte Konzeption einer historisch-kritischen Edition der schriftlichen Überlieferung aus Goethes Amtstätigkeit, die in ihrer bandmäßigen Gliederung den Behörden und Einrichtungen folgen sollte, in denen Goethe von 1776 bis 1832 amtliche Aufgaben erfüllt hatte, wurde am 3. Juli 1947 als ministerieller Auftrag bestätigt und beschäftigte das Staatsarchiv nunmehr in besonderer Weise.

»Goetheforschung und Verwaltungsgeschichte« waren seitdem ein Schwerpunkt der wissenschaftlichen Tätigkeit des Archivs unter Willy Flachs immer weiter in die Problematik einer solchen Quellenedition eindringenden methodischen Anleitung. »Die Aufgabe, die dem Landeshauptarchiv Weimar gestellt ist, Goethes amtliche Schriften zu sammeln und herauszugeben und seine amtliche Tätigkeit in ihrem ganzen Umfang als einen wesentlichen Teil seines Schaffens zu erforschen, verlangt die volle Durchleuchtung der verwaltungsmäßigen, politischen und gesellschaftlichen Gegebenheiten des damaligen weimarischen Staates«, schrieb er 1953 und hob dabei »die auf ein gemeinsames Ziel ausgerichtete Arbeitsgemeinschaft der wissenschaftlichen Archivare des Landeshauptarchivs Weimar« hervor.[121] Mit dem von ihm als Beitrag für das Goethejahr 1949 gedachten, aber erst 1950 gedruckten ersten Band, der die Schriften aus Goethes Tätigkeit im Geheimen Consilium 1776 bis 1786 enthielt, begann die Edition »«Goethes Amtliche Schriften« als Veröffentlichung des Staatsarchivs Weimar unter Willy Flachs Herausgeberschaft. Hans Patze schrieb ihm danach aus Altenburg: »Es wäre zu wünschen, daß die vorgesetzten Behörden wenigstens eine schwache Vorstellung von Ihrer Leistung bekämen und daraus zumindest in bescheidenem Maße die Konsequenz zögen, nämlich nun endlich einmal zu begreifen, daß Archive wissenschaftliche Institute sind und bestenfalls in zweiter Linie Verwaltungsbehörden. Möge man Ihnen die ungestörte Ruhe zu weiteren Arbeiten geben; denn die Wissenschaft wird nun mit Recht von Ihnen in jedem Jahre Ihre Gabe fordern.«[122]

---

119 Willy Flach, Goethe und der Kindesmord. In: Das Thüringer Fähnlein 3 (1934), S. 599–606. Dazu gehört auch die von ihm zusammengestellte und bisher unveröffentlichte Dokumentation von 1948: Der Kindesmord der Anna Katharina Höhn und die grundsätzliche Frage der Strafe bei Kindesmord (Abdruck im vorliegenden Band).

120 Flach an Minister für Volksbildung, 19.10.1938, in: Thüringisches Hauptstaatsarchiv Weimar, Bestand Staatsarchiv Weimar vl. Nr. 1.

121 Im Vorwort zu Karl-Heinz Hahn, Jakob Friedrich v. Fritsch. Minister im klassischen Weimar (= Thüringische Archivstudien 4). Weimar 1953, S. V.

122 Hans Patze an Flach, 15.2.1951, in: Thüringisches Hauptstaatsarchiv Weimar, Nachlaß Willy Flach (wie Anm. 16), Korrespondenz.

Willy Flach hat zu diesem großen wissenschaftlichen Unternehmen aber nur diesen einen Textband beisteuern können. Walter Schlesinger rühmte ihn für dieses Werk im Gutachten für die Berufung nach Bonn als einen »Meister der Editionstechnik«.[123] Nicht weniger bedeutsam bleibt seine Einführung zu dieser Edition, die tief in die Behördengeschichte der Goethezeit eindringt, alle Bereiche von Goethes amtlicher Wirksamkeit durchschaubar macht und den besonderen Charakter seiner amtlichen Schriften erläutert. Sie ist 1952 in erweiterter Form unter dem Titel »Goetheforschung und Verwaltungsgeschichte« erschienen. In seinem letzten Goethe-Aufsatz »Goethe im Februar 1779. Ein Betrag zur Chronik von Goethes Leben« (1957) ist der methodische Ansatz für den noch ausstehenden »Regestenband« zu Goethes Tätigkeit im Geheimen Consilium enthalten.[124] Für die im Entstehen begriffene Neubearbeitung des »Goethe Handbuchs« (herausgegeben in Lieferungen seit 1955 von Alfred Zastrau) steuerte Flach die gehaltvollen Artikel zu »Amtliche Schriften«, »Amtliche Tätigkeit« und »Bergwerkskommission« bei, die allerdings erst nach seinem Ableben (1961) erschienen sind.

Die Forschungen über Goethes amtliche Tätigkeit hatten sich in Willy Flachs letzten Lebensjahren vor dessen landesgeschichtliche Arbeit geschoben, wobei der Einsatz im Goethe- und Schiller-Archiv und der dadurch möglich gewordene direkte Zugriff auf dessen archivalische Quellen die »Verdrängung« der historischen Thüringenforschung begünstigt haben können. Eine schlüssige Erklärung für den Wechsel hat sicher auch die allgemeinen und speziellen Beschränkungen, denen Landesgeschichtsforschung unter den veränderten Bedingungen nach 1945 ausgesetzt war, zu berücksichtigen. Im Hinblick auf die von Willy Flach im Rahmen der Sammlung, Bearbeitung und Herausgabe von Goethes amtlichen Schriften zu leistende Forschungsarbeit zog er jedoch ganz bewußt die Verbindungslinien hin zur landesgeschichtlichen Forschung in Thüringen: »Es ist nicht Verlagerung historischer Interessen auf literaturgeschichtliches Gebiet, die hier zu beobachten wäre; es handelt sich bei diesem Gegenstand vielmehr um eine ausgesprochen historische, verfassungs- und verwaltungsgeschichtliche Arbeit. Denn man kann, was bisher stark übersehen worden ist, Goethe in seinen beamtlichen und staatlichen Funktionen niemals als Einzelperson, mithin niemals von der biographischen Seite her fassen, sondern muß ihn immer als ein Mitglied von Kollegien, d. h. als einen Teilnehmer an kollegialisch arbeitenden Behörden sehen. Das aber läßt sich nur tun, wenn vor Goethe und seiner Tätigkeit zunächst die Geschichte der Behörden bis ins einzelne erforscht wird, bei denen er tätig war. So wird Goetheforschung zur Verwaltungsgeschichte und damit, da diese Verwaltung nun einmal eine thüringische war, zu einem besonderen Arbeitsgebiet landesgeschichtlicher Forschung, einer Forschung allerdings, die zugleich in weltweite Räume der Geistesgeschichte hineinführt.«[125]

Mit der landesgeschichtlichen Forschung in Thüringen vor und nach 1945 bleibt Willy Flachs Name eng verbunden, denn er gestaltete und repräsentierte diese seit seiner Berufung an die Spitze der 1937 gegründeten Thüringischen Historischen Kommission, die nach dem Vorbild moderner landesgeschichtlicher Kommissionen seinerzeit neu geschaffen

123 Walter Schlesinger an Helmut Beumann, 23. Juni 1956. In: Nachlaß Helmut Beumann (wie Anm. 78).
124 Während im ersten Teilband der Schriften aus dem Geheimen Consilium 1776 bis 1786 die von Goethe eigenhändig geschriebenen, verfaßten oder korrigierten Schreiben in vollem Wortlaut ediert wurden, sollten in einem zweiten Teilband alle die Schriftstücke in Regesten aufgenommen werden, an deren Zustandekommen Goethe durch Beratung und Signatur mitgewirkt hatte.
125 Willy Flach, Entwicklung, Stand und Aufgaben der landesgeschichtlichen Forschung in Thüringen. (wie Anm. 117), S. 135–136.

wurde. Sie war trotz staatlicher Gründung durch Erlaß des Reichsstatthalters vom 8. Juli 1937 und ihrer Unterstellung unter das Thüringische Volksbildungsministerium keine staatlich dirigierte Institution, sondern wirkte in ihrer historischen Forschungsarbeit weitgehend autonom, hatte aber den Vorzug, im Landeshaushalt etatisiert zu sein, bis das Land Thüringen 1952 aufgelöst wurde. Die Kommission wurde zwar in einem Staatsakt in Gegenwart des Reichsstatthalters und Gauleiters Fritz Sauckel eröffnet, festzustellen ist allerdings, daß es in ihren geplanten Arbeiten und den bis 1945 tatsächlich erfolgten Veröffentlichungen keine Konzessionen an die nationalsozialistische Geschichtsdoktrin gegeben hat. Auch für die Zusammensetzung und die Verleihung der Mitgliedschaft (Ehrenmitglieder, Ordentliche und Fördernde Mitglieder) war politischer Gehorsam nicht Voraussetzung. In die Thüringische Historische Kommission wurden neben den bedeutendsten Thüringer Landeshistorikern auch hervorragende Fachvertreter aller angrenzenden Territorien aus Sachsen, Sachsen-Anhalt (damals Provinz Sachsen), Bayern (vor allem Franken) und Hessen berufen. Die Kommission mußte von Grund auf neu planen und aufbauen, obwohl es seit 1896 eine ältere Historische Kommission unter dem Dach des Vereins für Thüringische Geschichte und Altertumskunde zu Jena gegeben hatte, deren Kommissionsarbeit aber im Vergleich zu den umliegenden Ländern seit der Landesgründung von 1920 weitgehend wirkungslos geblieben war.

Das Programm der neuen Thüringischen Historischen Kommission wurde von Willy Flach in seinem Eröffnungsvortrag über Leistungen und Aufgaben der thüringischen Landesgeschichtsforschung am 12. November 1937 eingehend begründet.[126] Es war ganz bewußt darauf gerichtet, den eingetretenen Rückstand, den Thüringen auf landesgeschichtlichem Gebiet insgesamt aufzuweisen hatte, aufzuholen und auszugleichen. Das konnte ihr allerdings in der kurzen Zeit der realen Wirksamkeit nur in Ansätzen gelingen.[127] Bis dahin erschienen als Kommissionsveröffentlichungen lediglich die Gemeindegrenzenkarte von Thüringen (1941)[128] und der erste Band der Jenaer Matrikeledition (1944)[129] im Verlag von Gustav Fischer in Jena. In seinem im Juli 1944 verfaßten Geleitwort als Herausgeber der »Veröffentlichungen der Thüringischen Historischen Kommission« verwies Flach auf die Aufgabe der Kommission, »die Geschichte Thüringens in seinen früheren und jetzigen Gebietsstand zu erforschen, nament-

---

126 Willy Flach, Leistungen und Aufgaben der thüringischen Landesgeschichtsforschung (wie Anm. 115), S. 12–23; siehe auch das Arbeitsprogramm der Kommission, S. 25–26. Die erste Veröffentlichung über die Gründung und das Arbeitsprogramm erfolgte 1938 im Heft 1 des Bandes 41 der Zeitschrift des Vereins für Thüringische Geschichte und Altertumskunde, S. 301–304.

127 Die letzte Jahresversammlung fand am 19. Juni 1943 als geschlossene Arbeitssitzung in Weimar statt; der maschinenschriftliche Tätigkeitsbericht für das Geschäftsjahr 1943 (1. April 1943 bis 31. März 1944) war der letzte von Willy Flach offiziell verfaßte Kommissionsbericht.

128 Gemeindegrenzenkarte von Thüringen als Grundlage für geschichtliche und statistische Forschungen (Maßstab 1 : 200 000). Herausgegeben von der Thüringischen Historischen Kommission. Druck von Justus Perthes, Gotha 1941. Siehe dazu Fritz Koerner, Die ›Gemeindegrenzenkarte von Thüringen als Grundlage für geschichtliche und statistische Forschungen‹. In: Zeitschrift des Vereins für Thüringische Geschichte und Altertumskunde NF 36 (1942), S. 275–282.

129 Die Matrikel der Universität Jena Band I (1548 bis 1652). Bearbeitet von Georg Mentz in Verbindung mit Reinhold Jauernig (= Veröffentlichungen der Thüringischen Historischen Kommission. Im Auftrage der Kommission herausgegeben von Willy Flach Band I). Jena 1944. Die Matrikeledition wurde von der Friedrich-Schiller-Universität als Lieferungswerk (erschienen ab 1961) fortgesetzt und ist noch nicht abgeschlossen.

lich Quellen und Hilfsmittel hierfür zu bearbeiten und zu veröffentlichen«[130] und führte dazu aus: »Nach einem reiflich erwogenen Plan hat sie seit ihrem Bestehen die Lösung die ser umfassenden, überall auf neue Grundlagen zu stellenden Aufgabe in dem Bewußtsein aufgegriffen, mit der Erforschung der thüringischen Stammesgeschichte zugleich wertvolle Erkenntnisse für die Geschichte des deutschen Volkes und Reiches zu gewinnen. Zwar ist in den Jahren des Krieges die hoffnungsvoll begonnene und allenthalben weit geförderte Arbeit mannigfach unterbrochen und gehemmt worden. Daß sie trotzdem nicht zum Erliegen gekommen ist, davon legt der jetzt erscheinende erste Band der Veröffentlichung der Kommission, die Matrikel der Universität Jena 1548–1652, Zeugnis ab.«[131] Zwei weitere weit fortgeschrittene Veröffentlichungsprojekte – der erste Band der »Thüringischen Lebensbilder«[132] und ein Band »Das klassische Weimar in Medaillen« von Lothar Frede[133] – konnten kriegsbedingt nicht mehr ausgedruckt werden. Willy Flach war und blieb ihr tatkräftiger Vorsitzender, und das auch noch nach 1945, als die praktische Kommissionsarbeit zwar erloschen war, er aber die Schriftenreihe der Kommission mit Mitteln des neuen Ministeriums für Volksbildung im Land Thüringen und später des Staatssekretariats für Hochschulwesen der DDR fortführen konnte. Sie erschien weiterhin im Gustav Fischer Verlag in Jena unter dem Reihentitel »Veröffentlichungen der Thüringischen Historischen Kommission. Im Auftrage der Kommission herausgeben von Willy Flach«, bis dessen Weggang aus Weimar 1958 auch diesem Werk ein Ende setzte.[134]

»Von den alten landesgeschichtlichen Einrichtungen ist auch die Thüringische Historische Kommission nach 1945 zunächst bestehen geblieben und hat ihre materielle Grundlage, zugleich aber weitergehend auch ihr Arbeitsgebiet fernerhin im Lande Thüringen gehabt«, stellte Flach 1956 rückblickend fest.[135] Als er am 29. November 1948 im Ministerium für Volksbildung zur Lage der Kommission berichtete[136], konnte er auf deren Weiterleben nach Kriegsende – auf die Fortführung verschiedener Arbeiten und die Bewilligung der Mittel dafür – verweisen. Die Kommission existierte also, aber es fehlte ihr bei den veränderten politischen Verhältnissen nach 1945 die formalrechtlichen und satzungsmäßigen

---

130 Abdruck der Satzung in der Gesetzsammlung für Thüringen 1937, S. 49 und im Amtsblatt des Thüringischen Ministers für Volksbildung 1937, S. 107, auch enthalten im Bericht über die Gründung und die Tätigkeit der Thüringischen Historischen Kommission (wie Anm. 115), S. 5–7.

131 Die Matrikel der Universität Jena Band I (wie Anm. 129), S. VII.

132 Die Bearbeitung und Herausgabe von »Thüringischen Lebensbildern« hatte sich die Kommission bei ihrer Gründung zur Aufgabe gestellt. Die Bearbeitung der beiden ersten Bände war erfolgt, als der Krieg die Drucklegung verhinderte. Vom Band I »Thüringische Staatsmänner und Politiker der neueren Zeit« sind noch die Umbruchkorrekturen erhalten. Der 1942 im Manuskript vorliegende zweite Band »Thüringische Erzieher« wurde 1966 von Günther Franz unter Mitwirkung von Wilhelm Flitner im Böhlau Verlag Köln/Graz veröffentlicht.

133 Dieser Band sollte »Herausgegeben von der Thüringischen Historischen Kommission«, aber außerhalb ihrer Veröffentlichungsreihe, 1943 im Insel-Verlag zu Leipzig erscheinen, war bereits gesetzt, als Verlagsgebäude und Druckerei durch die Bombardierung Leipzigs zerstört wurden. Er erschien erst 1959 wiederum im Insel-Verlag in Leipzig, nunmehr aber ohne Bezugnahme auf die frühere Thüringische Historische Kommission.

134 Von 1946 bis 1957 erschienen noch die Bände II bis VI.

135 Willy Flach, Entwicklung, Stand und Aufgaben der landesgeschichtlichen Forschung in Thüringen (wie Anm. 117), S. 129. Im vorliegenden Band S. 243–244.

136 Nach der Niederschrift vom 2. Dezember 1948 über die Besprechung mit dem Leiter der Abteilung Hochschulen und Wissenschaft, Wilhelm Senff; in: Nachlaß Willy Flach (wie Anm. 16), Privatakten Historische Kommission.

Grundlagen, welche neu zu schaffen waren. Außerdem gab es praktisch keine Mitglieder mehr, denn die 1937 bei der Gründung ausgesprochenen Berufungen, die für fünf Jahre galten, waren zwar 1942 und dann für alle Mitglieder bis zum 31. März 1945 verlängert worden, hatten aber damit auch geendet. Nur Willy Flach konnte sich als Vorsitzender behaupten und sah sich weiterhin in der Verantwortung. Die von ihm gegenüber dem Ministerium für Volksbildung angeregte Einberufung einer beratenden Versammlung mit einem Teil der alten Mitglieder und neuen Kandidaten, welche die Erneuerung der Satzungen, die Neuberufung der Mitglieder und die Überprüfung des Programms erörtern sollte, war von der Landesverwaltung nicht gewollt und kam deshalb nicht zustande. Es blieb allerdings bei der finanziellen Unterstützung der noch andauernden Kommissionsarbeiten.

Einen weiteren Einschnitt bedeutete Ende Juli 1952 die Auflösung der Länder in der DDR, da das Land Thüringen die Veröffentlichungen der Kommission bisher finanziell getragen hatte, nunmehr aber als Auftrag- und Geldgeber nicht mehr existierte. Die nunmehr zuständige Bezirksverwaltung von Erfurt lehnte finanzielle Zuwendungen dafür förmlich ab. Flachs danach aufgenommene Bemühungen, die Lage der Thüringischen Historischen Kommission wieder in geordnete Verhältnisse zu bringen, wozu er wiederholt mit der 1950 reaktivierten Sächsischen Kommission für Geschichte, die bei der Sächsischen Akademie der Wissenschaften in Leipzig angegliedert worden war, auch mit der Sektion für deutsche Geschichte bei der Deutschen Akademie der Wissenschaften in Berlin und mit dem Staatssekretariat für Hochschulwesen der DDR verhandelte, brachten zunächst keine Klärung. Alle Stellen waren mehr oder weniger überzeugt, daß die Historischen Kommissionen aus den vormaligen Ländern der DDR bestehen bleiben sollten und daß ihnen eine neue Organisationsform gegeben werden müßte. Zur Lösung dieses Problems wurde seitdem von Leipzig aus die Errichtung einer Kommission für deutsche Landesgeschichte, zu der die bisherige Sächsische (Akademie-)Kommission umgestaltet werden sollte, angestrebt. Sie hatte bereits in ihrem Statut von 1950 eine enge Zusammenarbeit mit den mitteldeutschen Ländern Thüringen und Sachsen-Anhalt vorgesehen. Um aber auch Brandenburg und Mecklenburg einzubinden, wurde im November 1953 im Rahmen der Sektion Geschichte der Deutschen Akademie der Wissenschaften zu Berlin eine Unterkommission für Landesgeschichte eingerichtet. Das führte schließlich 1955 bei der Berliner Akademie zur Schaffung einer zentralen Kommission für Landesgeschichte.

Willy Flach war in alle neuen Initiativen zur Förderung der Landesgeschichte in der DDR als Mitglied der neuen Historischen Kommission bei der Sächsischen Akademie (seit 1951) sowie später als Mitglied in den neu geschaffenen landesgeschichtlichen Gremien bei der Deutschen Akademie der Wissenschaften zu Berlin (seit 1953 bzw. 1955) eingebunden. Bei ihm hatten sich bis dahin die Aktivitäten landesgeschichtlicher Forschungsarbeit, wie sie die Historischen Kommissionen verfolgten, konzentriert. 1954 listete er für die Weiterverfolgung der Kommissionsziele in Thüringen ein Programm der laufenden Arbeiten auf, das seinen weiten Blick für die anzustrebenden und machbaren Aufgaben auf dem Gebiet landesgeschichtlicher Forschungsarbeit zeigt[137]. Er sah wohl ein, daß der bisherigen Thüringischen

---

137 Veröffentlicht nach der im Nachlaß von Willy Flach überlieferten Zusammenstellung für die Sektion Geschichte der Deutschen Akademie der Wissenschaften zu Berlin von Volker Wahl, Vorgeschichte, Gründung und Entwicklung der Historischen Kommissionen in Thüringen, in: Die Historische Kommission für Thüringen 1991–2001, herausgegeben von Matthias Werner, Erfurt 2001, S. 34.

Historischen Kommission »die Grundlage ihrer materiellen Existenz entzogen worden [war], nicht allerdings ihr ideelles Arbeitsgebiet«[138]. Erst mit Willy Flachs Weggang aus Thüringen Anfang 1958 kam die Tätigkeit der seit 1945 von ihm allein repräsentierten Thüringischen Historischen Kommission tatsächlich zum Erliegen. Die 1944 eröffnete Schriftenreihe hatte er »Im Auftrag der Kommission« bis 1957 herausgegeben und darin im Anschluß an die Jenaer Matrikeledition seit 1946 einige bedeutsame Arbeiten zur modernen Wirtschaftsgeschichte und zur Münzgeschichte sowie ein Urkundenbuch veröffentlicht.

Mit der Historischen Kommission hatte Willy Flach dereinst eine ideelle, organisatorische und personelle Basis für die landesgeschichtliche Forschungsarbeit auf hohem Niveau geschaffen. Durch den Einsatz seiner engeren archivischen Mitarbeiter bei der Bearbeitung von Kommissionsaufträgen, von denen er auf diese Weise die wissenschaftliche Erprobung erwartete und forderte, und in Zusammenarbeit mit namhaften Landeshistorikern verband er in der Tätigkeit der Thüringischen Historischen Kommission bewußt Archivwesen und Landesgeschichtsforschung. Es war kennzeichnend für ihn, daß er die Methoden der Kommissionsarbeit auch auf andere Unternehmungen übertrug, wenn es ihm darauf ankam, die Leistungen der Staatsarchive für die historische Landesforschung herauszustellen und die wissenschaftlichen Aufgaben durch deren Archivare vollbringen zu lassen. Diesem Zweck diente auch die von Willy Flach 1951 ins Leben gerufene Schriftenreihe »Thüringische Archivstudien« im Verlag Hermann Böhlaus Nachfolger in Weimar, deren Aufgabe es sein sollte, die Veröffentlichung größerer Forschungsarbeiten von den in den Archiven tätigen wissenschaftlichen Kräften zu ermöglichen. In ihr erschienen Arbeiten zur Sozial- und Gesellschaftsgeschichte, zur Stadt- und Rechtsgeschichte, zur Kulturgeschichte sowie zur Goetheforschung, schließlich auch ein Archivinventar. Im Vorwort zum ersten Band hatte er im Oktober 1950 formuliert: »Wenn mit diesem Bande zugleich eine Reihe von Publikationen aus den thüringischen Landesarchiven eröffnet wird, so mag damit zum Ausdruck kommen, daß die auf archivalischem Material aufgebaute strenge wissenschaftliche Forschung entscheidend zur vertieften Erkenntnis geschichtlicher Vorgänge und Entwicklungen beizutragen vermag.«[139]

An einer anderen Stelle historischer Forschungs- und Editionsarbeit, der Willy Flach seine besondere Aufmerksamkeit zugewandt hatte, scheiterte er auf Grund der politischen Gegensätze zwischen Ost und West. Seine beharrliche Förderung des 1912 begründeten zunächst eigenständigen Forschungsunternehmens des »Carl-August-Werkes«, das 1937 auf die Thüringische Historische Kommission übernommen worden war[140], mußte bitter enttäuscht werden, als der dort seit 1930 zur Herausgabe vorbereitete »Politische Briefwechsel des Herzogs und Großherzogs Carl August von Weimar« aus ideologisch motivierten Gründen nicht im Osten Deutschlands erscheinen konnte. Nachdem das Amt für Literatur und Verlagswesen der DDR am 15. November 1951 die Veröffentlichung sowohl wegen der Einleitung zur Edition als auch wegen der Quellenauswahl abgelehnt hatte, kulminierte das damit verbundene politische Kräftespiel in dem Moment, als sich die in der Bundesrepublik lebenden Herausgeber, Willy Andreas (1885–1967) in Konstanz und Dr. Hans Tümmler

138 Willy Flach, Entwicklung, Stand und Aufgaben der landesgeschichtlichen Forschung in Thüringen. (wie Anm. 117), S. 129. Im vorliegenden Band S. 244.
139 Hans Eberhardt, Goethes Umwelt. Forschungen zur gesellschaftlichen Struktur Thüringens (= Thüringische Archivstudien 1). Weimar 1951, S. 6.
140 Zur Entstehungsgeschichte und zur Entwicklung des Carl-August Werkes seit seiner Begründung durch den damaligen Großherzog Wilhelm Ernst von Sachsen-Weimar und Eisenach im Jahre 1912

(1906–1997) in Essen als der eigentliche Bearbeiter, entschieden hatten, die Edition nunmehr unter Herausgeberschaft der Historischen Kommission bei der Bayerischen Akademie der Wissenschaften erscheinen zu lassen, ohne daß die formal für das Urheberrecht an diesem Werk noch immer zuständige Thüringische Historische Kommission in der Person von Willy Flach gefragt worden wäre.[141]

Wer anschauliche Beispiele über die wissenschaftsfeindlichen Facetten des Kalten Krieges zwischen der Bundesrepublik und der DDR sucht, findet sie auch in einem solch politisierten Vorgang, der nicht der einzige blieb, den Willy Flach im letzten Jahrzehnt seines Lebens durchzustehen hatte. An Willy Andreas hatte Flach am 28. Februar 1953 geschrieben: »Bei der Verschiedenartigkeit der politischen und rechtlichen Standpunkt hier und in der Bundesrepublik kann die Thüringische Historische Kommission nicht verhindern, daß Sie das Werk auf dem von Ihnen nunmehr beschrittenen Wege veröffentlichen; aber sie muß verlangen, daß jede Verbindung ihres Namens mit dieser Veröffentlichung unterbleibt.« Und seinem zur gleichen Zeit verfaßten Brief an den Bearbeiter Hans Tümmler sind Bitternis und Enttäuschung in noch höherem Maße zu entnehmen: »Mit dieser Feststellung schließe ich jene Akten über das Carl-August-Werk. Damit gibt es für die Thüringische Historische Kommission keine Veröffentlichungen des Carl-August-Werkes, die in Westdeutschland erscheinen, und ebenso darf es für Ihr Unternehmen kein Carl-August-Werk und keine Thüringische Historische Kommission geben und gegeben haben. Lediglich in unseren ganz persönlichen Erinnerungen mag hin und wieder der Gedanke an schöne Zeiten gemeinsamen Forschens und Arbeitens lebendig bleiben.«[142]

X

Persönlichkeit und Leistung Willy Flachs hat einer seiner frühesten Schüler, Friedrich Facius, in dessen Nachruf auf die Formel gebracht: »Flachs Leben und Werk verkörpert ein tüchtiges Stück thüringischer Archivgeschichte; seine Prägekraft verlieh diesem Werk Beständigkeit und Fortwirkung.«[143] Ein anderer, Hans Patze, hat ihm nachgerufen: »Aus dem Kreis der Kollegen ist der Hüter der Zeugnisse Martin Luthers, der Reformationskurfürsten und des klassischen Weimar geschieden, der seines Amtes ein Vierteljahrhundert mit einer alle Gebiete des Berufes gleichmäßig umfassenden und vorbildlich durchdringenden Hingabe gewaltet hat.«[144] Wenn wir das lesen, ist daran zu denken, daß für Willy Flach auch der plötzliche Mentalitätswechsel aus dem mitteldeutschen Ursprungsland der Reformation in das katholische Rheinland zu verkraften war. Die tiefe Depression, die ihm am neuen Wirkungsort befiel, hat viele Facetten.

bis zur Angliederung an die Thüringische Historische Kommission 1937 siehe den Bericht über die Gründung und die Tätigkeit der Thüringischen Historischen Kommission (wie Anm. 115), S. 49–53.

141   Politischer Briefwechsel des Herzogs und Großherzogs Carl August von Weimar. Herausgegeben von Willy Andreas, bearbeitet von Hans Tümmler. Erschienen in drei Bänden 1954, 1958 und 1973 in Stuttgart bzw. Göttingen. Im Geleitwort des Herausgebers zum ersten Band geht Andreas als Herausgeber auf die Editionsgeschichte ein.

142   Thüringisches Hauptstaatsarchiv Weimar, Thüringische Historische Kommission, Akten Carl-August-Werk.

143   Friedrich Facius, Willy Flach (wie Vorbemerkung *), Sp. 250.

144   Hans Patze, Willy Flach zum Gedächtnis (wie Vorbemerkung *), S. 363.

Die Deutsche Schillergesellschaft in Marbach am Neckar, in deren Ausschuß er zur Betonung des gesamtdeutschen Charakters als damaliger Direktor des Goethe- und Schiller-Archivs 1955 gewählt worden war, sah in seinem Tod das, was es wirklich war: »ein unersetzlicher Verlust für die Wissenschaft, vor allem auch auf dem uns so verwandten Gebiet der Archivkunde und der Literaturwissenschaft«.[145] Der Historiker Walter Schlesinger sagte rückblickend auf Willy Flachs wissenschaftliche Leistungen von ihm: »Rastlos tätig, unerbittlich in den Anforderungen an sich selbst, von unbedingter Pflichttreue und unbestechlichem Rechtsempfinden, verband er Organisationstalent und Sinn für das Praktische mit ganz ursprünglicher pädagogischer Begabung und echtem wissenschaftlichem Ethos.«[146] Und der Historiker Günther Franz erinnerte an seine Leistungen für das thüringische Archivwesen: »Er hat es verstanden, die thüringische Archivverwaltung zu einem lebendigen Organismus zu machen und einen Stamm kundiger Archivare heranzubilden.«[147] Für den Thüringer Landeshistoriker Friedrich Henning war »unser Landsmann« Willy Flach »einer unserer besten Sachkenner und Sachwalter der thüringischen Vergangenheit und des thüringischen Archivwesens«.[148] Vor der Belegschaft des Thüringischen Landeshauptarchivs Weimar sprach der Nachfolger als Direktor, Hans Eberhardt, nachdem sein Tod im fernen Bonn Gewißheit geworden war: »Was uns aber alle zutiefst erschüttert, ist die große menschliche und persönliche Tragik, die sich mit seinem Abschied von der Welt verbindet: Willy Flach entstammte dem Thüringerland: hier waren seine persönlichen Beziehungen verankert, seine ganze Archivarbeit hatte hier ihre Wurzeln, und sein ganzes wissenschaftliches Streben galt der Geschichte seiner Thüringer Heimat. Nun hat er Abschied nehmen müssen in der Fremde, und keiner von uns, die wir ihm durch Jahre und Jahrzehnte hindurch dienstlich und persönlich nahegestanden haben, konnte ihm die letzte Ehre erweisen.«[149]

Der ehemalige Weimarer Schüler und Kollege Wolfgang Huschke erinnerte 1963 aus Anlaß von Willy Flachs 60. Geburtstag daran, daß sich in seinem Wirken »hohe wissenschaftliche, pädagogische und organisatorische Fähigkeiten und Neigungen mit Pflicht- und Verantwortungsbewußtsein gegenüber Amt und Mitarbeitern« verbunden hatten. »Akribie bei jeder Arbeit war ihm ebenso selbstverständlich wie Objektivität des historischen Forschens.«[150] Erst spät hat sich mit Karl-Heinz Hahn einer seiner jüngeren Weimarer Schüler und der Nachfolger im Direktorat des Goethe- und Schiller-Archivs in seiner Dankrede zur Verleihung des Hansischen Goethe-Preises 1985 in Hamburg über ihn geäußert: »Zu meinen Lehrern zählte auch Willy Flach, Direktor des Staatsarchivs und von 1954 bis 1958 auch Direktor des Goethe- und Schiller-Archivs in Weimar. Ihm verdankt die landesgeschichtliche Forschung viele Anregungen, vor allem aber verdanken wir ihm die Begründung der Edition der Amtlichen Schriften Goethes. Er war ein strenger Vorgesetzter, aber auch ein ausgezeichneter Lehrer; vor allem aber war er ein engagierter Wissenschaftler, der immer ein offenes Ohr für den jungen Partner hatte und ihn an seinen eigenen Forschun-

---

145 Wilhelm Hoffmann, Die Deutsche Schillergesellschaft 1957–1959. In: Jahrbuch der Deutschen Schillergesellschaft 3 (1959), S. 453.
146 Walter Schlesinger, Willy Flach † (wie Vorbemerkung *), S. 486.
147 Günther Franz, (wie Vorbemerkung *), S. 10.
148 Friedrich Henning, Willy Flach, ein großer Sohn unserer Heimat, gestorben (wie Vorbemerkung *).
149 Hans Eberhardt, Nachruf für Professor Dr. Willy Flach vom 29. März 1958; als Manuskript überliefert im Thüringischen Hauptstaatsarchiv Weimar (wie Anm. 80).
150 Wolfgang Huschke, Willy Flach zum Gedenken (wie Vorbemerkung *), S. 105–106.

gen teilhaben ließ. Es gab mitunter auch Spannungen, wenn ihm der Selbständigkeitsdrang der Jüngeren zu weit ging, aber er verstand auch dies und wußte, ihn vorsichtig zu echter Selbständigkeit zu leiten. Sein persönliches Schicksal bedrückt mich heute noch. Er hätte Weimar nie aufgeben dürfen, ging dennoch ins andere Deutschland und erlag hier in kürzester Zeit den seelischen Qualen, die als Folge dieser Entscheidung bei einem rigorosen Moralisten, wie er es war, gar nicht ausbleiben konnten.«[151] Das jüngste Urteil von seinem letzten Thüringer Schüler, dem im Oktober 2002 verstorbenen ehemaligen Präsidenten der Landesarchivdirektion Baden-Württemberg, Gregor Richter (1927–2002), festgehalten in der Rezension zu dem Band »Lebensbilder Thüringer Archivare« (erschienen 2001) im »Neuen Archiv für sächsische Geschichte«, faßt zusammen, was sein Leben ausmachte: »Zu den Großen unter den thüringischen Archivaren zählt schließlich Prof. Dr. Willy Flach. Bereits mit 31 Jahren 1934 [...] Direktor der Thüringischen Staatsarchive geworden, sollte er dieses Amt bis Januar 1958 behalten und in Kriegs- wie Nachkriegsjahren allen erschwerten Verhältnissen unter den beiden Diktaturen zum Trotz tatkräftig, geradlinig, pflichtbewußt, sachverständig und einfallsreich ausfüllen.«[152]
Nach Jahrzehnten des Verschweigens in seiner Thüringer Heimat, das erst mit der politischen Wende in der DDR und der nachfolgenden deutschen Vereinigung aufgebrochen wurde, hatte die 2001 in den vom Thüringer Archivarverband herausgegebenen »Lebensbildern Thüringer Archivare« enthaltene biografische Skizze über Willy Flach erneut versucht, dessen berufliches Wirken als anschauliches Beispiel für die großen Leistungen im thüringischen Archivwesen des vergangenen Jahrhunderts darzustellen.[153] Seine Sicht auf dieses Aufgabenfeld verpflichtet uns heute noch: »Archive sind in der Reihe der wissenschaftlichen Institute Anstalten besonderen Gepräges; sie dienen in gleicher Weise der praktischen Verwaltung wie der wissenschaftlichen Forschung. Alle Archivarbeit ist auf das Ziel gerichtet, die Bestände für vielseitige Zwecke der Benutzung zu erschließen und der eindringenden Auswertung zugänglich zu machen. Der Weg dahin ist lang und dornig; er wird vom Archivar allein und in aller Stille unbemerkt von der Öffentlichkeit, unter ständigen Mühen abgeschritten. An seinem Ende steht das geordnete und verzeichnete, der wissenschaftlichen Forschung sich darbietende und auf sie harrende Archiv.«[154]
Der 100. Geburtstag von Willy Flach im Jahr 2003 war dann ein willkommener äußerer Anlaß, sein Leben und Werk durch die neue Historische Kommission von Thüringen zu würdigen[155], in seiner Person auch den einstigen spiritus rector für die moderne landesgeschichtliche Forschung in Thüringen anzuerkennen, aber auch daran zu erinnern, daß das von ihm für die Kommissionsarbeit aufgestellte anspruchsvolle Arbeitsprogramm aus dem Jahr 1954 mit den allgemeinen Aufgaben sowie den Arbeiten zur mittelalterlichen und neueren Geschichte Thüringens noch längst nicht erfüllt ist.

151 Prof. Dr. Karl-Heinz Hahn, Dankrede zur Verleihung des Hansischen Goethe-Preises 1985. In: Stiftung F. V. S. zu Hamburg. Hansischer Goethe-Preis 1985, S. 33–34.
152 Gregor Richter in: Neues Archiv für sächsische Geschichte 72 (2001), S. 319–323.
153 Volker Wahl, Willy Flach (1903–1958). In: Lebensbilder Thüringer Archivare (wie Anm. 5), S. 72–87.
154 Willy Flach im Geleitwort des Herausgebers zu Fritz Wiegand, Das Stadtarchiv Erfurt und seine Bestände (= Thüringische Archivstudien 5). Weimar 1953, S. 5.
155 Im öffentlichen Abendvortrag des Verfassers »Willy Flach (1903–1958) – Ein Lebensbild« anläßlich der 19. Mitgliederversammlung am 21. März 2003 in Greiz. Das Vortragsmanuskript war Ausgangspunkt für diese erweiterte Darstellung seines Lebens und Wirkens.

Ausgewählte Aufsätze von
1933 bis 1958

Archivwesen

Fünfzig Jahre Staatsarchivgebäude [in Weimar]
1935

Am 18. Mai 1935 jährt sich zum fünfzigsten Male der Tag, an dem das neuerbaute Staatsarchivgebäude am Alexanderplatz [heute Beethovenplatz] in Weimar in Benutzung genommen wurde.

Dieser Tag gibt Veranlassung, rückschauend jener Zeit zu gedenken, in der sich Großherzog Carl Alexander und das Staatsministerium in Weimar, ihrer hohen Verpflichtung für die dauernde Erhaltung der archivalischen Überlieferung des Landes bewußt, tatkräftig für die Schaffung einer geeigneten und sicheren Unterbringung der Archive einsetzten, zugleich aber auch festzustellen, wie weit das damals Geschaffene den veränderten Aufgaben der Gegenwart und Zukunft gerecht zu werden vermag.

Um die Mitte des 19. Jahrhunderts waren die Archive des Großherzogtums Sachsen-Weimar-Eisenach in verschiedenen, voneinander getrennten Gebäuden in der Hauptstadt Weimar untergebracht. Im Schloß lagen die Bestände des weimarischen Gebietes; die Eisenacher Archivalien hatten ein notdürftiges Unterkommen im Kornhaus [ehemaliges Franziskanerkloster] gefunden, und das Gesamtarchiv des Sachsen Ernestinischen Hauses, an dem auch die sächsischen Herzogtümer Altenburg, Coburg-Gotha und Meiningen Anteil hatten, befand sich in einigen Parterreräumen des Bibliotheksgebäudes. Keine dieser Lagerstätten wurde auch nur einigermaßen den vom Standpunkt einer ordnungsgemäß betriebenen Archivalienverwaltung aus zu stellenden Anforderungen auf Zweckmäßigkeit und Sicherheit gerecht; sie alle waren zu klein geworden und boten für Neuzugänge keinen Raum mehr. Das Kornhaus vor allem, das noch andere Behörden und Institute beherbergte, mußte wegen seiner Feuergefährlichkeit beanstandet werden. Und dazu kam, daß auch die Geschäfts- und Verwaltungsräume, die nur einen einzigen hellen Arbeitsplatz aufwiesen, in jeder Hinsicht unzureichend waren. Wiederholt wurden sie durch ärztliche Gutachten als gesundheitsschädlich für die sich ständig darin aufhaltenden Archivbeamten bezeichnet. Es war deshalb notwendig, daß sich die Archivleitung, Oberarchivar Dr. [Carl August Hugo] Burkhardt, immer wieder um ein besseres Unterkommen für die Archive bemühte, und auch der Großherzog und das Staatsministerium sahen die Dringlichkeit der Beschaffung geeigneter Räume ein.

Es entsprach den zu allen Zeiten und auch anderwärts zu beobachtenden Gepflogenheiten, daß man zunächst daran dachte, vorhandene, für andere behördliche Zwecke entbehrliche oder ungeeignete Räumlichkeiten für das Staatsarchiv einzurichten. Nicht weniger als fünf derartige Projekte sind erörtert worden, aber keines führte zu einem brauchbaren Resultat. Das Parterre des Fürstenhauses erwies sich als zu klein, das Bezirksdirektionsgebäude [in der Teichgasse] als in jeder Hinsicht unzulässig, ein Umbau des Kornhauses konnte keine Feuersicherheit schaffen, und auch Teile des Roten und Gelben Schlosses und des Gleichenschen Hofes [zwischen dem Roten und Gelben Schloß] und das Reithaus mußten wegen unzulänglicher Räumlichkeiten und wegen der auftretenden Feuchtigkeit abgelehnt werden. So verfügte denn der Großherzog am 21. September 1873, »daß nunmehr die Erbauung eines neuen Archivgebäudes in Erwägung zu ziehen sei«.

Mit diesem großzügigen Entschluß, der hoffnungsvolle Aussichten eröffnete, begann gleichwohl eine Periode des Pläneschmiedens und Projektemachens, die erst nach einer Reihe von Jahren zum Erfolg führte. Ein erster Entwurf, den der Baukonducteur [Karl] Vent bereits im Dezember 1873 vorlegte und der die Erbauung des neuen Gebäudes an der Hofgärtnerei vorsah, wurde vom Großherzog verworfen, da der Platz von ihm für andere Zwecke bestimmt war. Von 1874 bis 1876 wurden dann, in der Hauptsache von dem Architekten [Karl] Weichardt, einem früheren Schüler der Kunstschule, der das besondere Vertrauen des Großherzogs genoß, eine Anzahl Projekte für ein Archivgebäude entworfen, das an der Stelle der Holzhallen zwischen dem Roten und dem Gelben Schloß stehen sollte. Nachdem diese Lage sowohl von den Bausachverständigen wie von der Archivverwaltung als untragbar abgelehnt worden war, erörterte man, wiederum ergebnislos, von 1876 bis 1877 die Frage, ob der Bergabhang an der Altenburg jenseits der Kegelbrücke [seit 1896 Standort des Goethe- und Schiller-Archivs] ein geeigneter Platz für das Archiv sei, und erst im April 1877 wurde endgültig beschlossen, das neue Gebäude am Alexanderplatz zu errichten.

Aber auch damit war man noch lange nicht am Ziel angelangt; vielmehr begannen noch die Erörterungen über die Art des auszuführenden Baues von neuem, und hier stießen die entgegengesetzten Ansichten aufeinander. Dem Großherzog kam es in der Hauptsache auf ein äußerlich schönes Gebäude, auf eine wirksame Fassade, an, die nach Mustern der italienischen Renaissance gestaltet werden sollte. Damit waren aber die Forderungen der Archivverwaltung nach einem den praktischen Zwecken dienenden Bau nicht ohne weiteres in Einklang zu bringen. Als man endlich am 13. Dezember 1880 eine Vorlage an den Landtag zur Bewilligung von 110 000 Mark einbrachte, waren insgesamt fünf Projekte für den Bau am Alexanderplatz, entworfen von dem Baukonducteur [Bernhard] Wolschner, ausgearbeitet worden, und als die Summe am 1. Februar 1881 bereitgestellt worden war, fing man im Planen von vorn an, denn erst jetzt dachte man daran, die bei neueren Bauten ähnlicher Art gemachten Erfahrungen zu verwerten. Eine Besichtigung der Bibliotheken in Halle und Stuttgart und der Archive in Frankfurt a. M. und Nürnberg führte zu dem Ergebnis, das neue belgische Magazinsystem zur Anwendung zu bringen. Mitte des Jahres 1882 lagen dann endlich brauchbare Pläne, die unter der Aufsicht des Oberbaudirektors [Ferdinand] Streichhan von dem Baukonducteur [Wilhelm] Schlegel geschaffen waren, vor, und die Ausführung des Baues konnte beginnen.

Auch diese hat sich lange hingezogen. Die Erdarbeiten wurden Ende Oktober und Anfang November 1882 ausgeführt, bis Ende 1883 war das Gebäude im äußeren Aufbau ziemlich fertig, das Jahr 1884 wurde mit dem inneren Ausbau zugebracht, und endlich am 3. Februar 1885 konnte der leitende Bauaufseher Schlegel melden, daß das Archivgebäude fix und fertig sei. Die Ausführung der Arbeiten war zumeist an einheimische Firmen übertragen worden, die Maurerarbeiten an den Bauunternehmer Reinhold Röhr, die Zimmer- und

Tischlerarbeiten an Ernst Weyrauch, beide in Weimar, die Eisenarbeiten an die Firma Stieberitz und Müller in Apolda. Ende April und Anfang Mai 1885 wurden dann die Archivalien in das neue Gebäude gebracht und hier aufgestellt. Nachdem der Großherzog und die Großherzogin mit Gefolge das neue Archiv am 17. Mai besichtigt hatten, wurde es Tags darauf, am 18. Mai 1885, der öffentlichen Benutzung zugänglich gemacht. Von einer feierlichen Eröffnung ist aus nicht ganz durchsichtigen Gründen Abstand genommen worden, wie auch keine Grundsteinlegung und kein Richtfest abgehalten worden waren. Bemerkenswert ist, daß die Gesamtbausumme mit 109 990,17 Mark noch knapp unter der bewilligten Summe von 110 000 Mark geblieben ist.

Es besteht kein Zweifel, daß das damals errichtete Archivgebäude in Weimar für seine Zeit ein moderner Bau war, der als Vorbild für eine Reihe späterer Archivbauten des In- und Auslandes gedient hat. Man hat ihn nicht zu Unrecht »die Mutter- und Musteranstalt der deutschen Magazinarchive« [1903 in der Eröffnungsschrift für das nach dem Weimarer Vorbild erbaute Hof- und Staatsarchiv in Wien] genannt. Aber es ist ebenso sicher, daß das Gebäude den neuzeitlichen Ansprüchen in archivtechnischer Hinsicht keineswegs mehr genügt. Ein grundsätzlicher Fehler hat schon dem ganzen Bauprojekt zu Grunde gelegen: der für die Aufstellung der Archivalien bestimmte Raum ist von Anfang an in seinen Ausmaßen zu knapp bemessen gewesen. Schon während des Baues ist zweimal die Frage erörtert worden, umfangreiche Archivbestände von Ministerialbehörden in die Verwaltung des Archivs zu übernehmen, und beide Male sind diese Ablieferungen von der Archivverwaltung wegen Raummangels abgelehnt worden. Das Archivgebäude war in seinen Ausmaßen eben nur auf gelegentlichen Zuwachs von historisch wertvollen Archivalien zugeschnitten worden.

Naturgemäß mußte sich dieser Fehler ganz besonders schwer in den letzten 15 Jahren rächen, die die Archivverwaltung vor völlig neue staatliche und wissenschaftliche Aufgaben gestellt haben. Den Zustrom neuer Akten, namentlich nach 1920, der die Bestände des Staatsarchivs Weimar auf über das Doppelte ihres früheren Umfanges vergrößert hat, konnte das Archivgebäude in keiner Weise fassen. Nach und nach mußten daher wieder Lagerstellen außerhalb des Hauses eingerichtet werden, deren es zur Zeit sechs gibt. Damit aber sind wieder die Zustände erreicht und sogar weit übertroffen, wie sie vor dem Bau des Archivs bestanden haben. Es mußten sogar solche Gebäude als Stapelräume Verwendung finden, die damals wegen ihrer Feuergefährlichkeit und Unzulänglichkeit abgelehnt worden waren. Und wie damals vor fünfzig Jahren kann auch jetzt wieder eine wirksame Hilfe nur geschaffen werden durch einen Neubau, um so mehr, als sich die staatlichen und privaten Anforderungen an die Archive täglich mehren. So harren unser auch in dieser Hinsicht neue Aufgaben.

Stellung und Aufgaben der Thüringischen Staatsarchive im neuen Staat
1936

Nach einem auf dem 34. Thüringischen Archivtag [am 23./24. Mai 1936] in Gotha gehaltenen Vortrag

Es ist eine nicht zu leugnende Tatsache, daß die Thüringischen Staatsarchive trotz ihrer Bedeutung und ihrer Wirksamkeit für die Gesamtheit des Volkes noch weithin unbekannt sind. Zwar hat man im allgemeinen eine unklare Vorstellung davon, daß die Archive Stätten zur Aufbewahrung von Erzeugnissen vergangener Zeiten sind. Aber die häufig begegnende Verwechslung mit Bibliotheken und Museen zeigt doch zugleich mit aller Deutlichkeit, daß eine zutreffende Auffassung von dem Wesen und dem besonderen Aufgabenkreis der Staatsarchive nicht vorhanden ist, selbst dort nicht, wo man sie als gesichert voraussetzen müßte. Mannigfaltig sind die Gründe, die zu dieser Unkenntnis geführt haben, und gewiß ist es nicht zuletzt die früher streng beobachtete Geheimhaltung staatlicher Archive gewesen, die diese Institute dem Volksganzen entfremdet hat. Um so mehr aber müssen wir heute darauf bedacht sein, das Wissen um die Staatsarchive weitesten Kreisen nahezubringen, um einerseits mit jenen Vorstellungen aufzuräumen, die in den Archiven die Angelegenheit kleiner, der Wirklichkeit abgewandter Zirkel sehen wollen, um vielmehr anderseits darzutun, daß die Archive in ihrem Teile und auf ihrem Gebiete seit langem im Dienste des gesamten Volkes stehen. Klare Sicht vom Wesen und von den Aufgaben der Staatsarchive aber läßt sich nur gewinnen, wenn man die Entwicklung dieser Anstalten aus ihren Anfängen heraus bis in unsere Gegenwart betrachtet.

Die Entwicklung des staatlichen Archivwesens in Thüringen ist, wie in allen anderen deutschen Ländern, auf das engste mit der staatlich-politischen Entwicklung und der Entfaltung der staatlichen Behördenorganisation verknüpft. Seine Anfänge fallen in den Ausgang des Mittelalters, als mit fortschreitender Ausbreitung und Durchgliederung der staatlichen Verwaltung und mit dem zunehmenden schriftlichen Verkehr der Behörden untereinander die Notwendigkeit hervortrat, für eine geordnete Aufbewahrung derjenigen Schriftstücke zu sorgen, die nicht mehr im täglichen Geschäftsverkehr gebraucht wurden, die aber aus rechtlichen Gründen dauernd erhalten werden mußten[1] Im 14. und 15. Jahrhundert finden sich bei jenen drei landesherrlichen Geschlechtern, die die politische Gestaltung Thüringens durch die nächsten Jahrhunderte hindurch beeinflußt haben, bei den Wettinern, den Schwarzbur-

---

1 Für das folgende vgl. Woldemar Lippert, Das Sächsische Hauptstaatsarchiv. 2. Aufl. Dresden 1930. – Willy Flach, Die Entstehung der schwarzburgischen Hauptarchive, in: Festschrift Berthold Rein zum 75. Geburtstag. Jena 1935. – Willy Flach, Geschichte der reußischen Archive. Greiz 1930. – Walter Schmidt-Ewald, Der gegenwärtige Stand der sächsisch-thüringischen Archivgeschichtsforschung, in: Archivalische Zeitschrift 41 (1932) S. 290 ff. – Archivsonderheft des »Thüringer Fähnleins« 3 (1934), Heft 5, mit Beiträgen über alle Thüringischen Staatsarchive.

gern und den Reußen, gleichmäßige Ansätze zu einem geordneten Archivwesen; aber die für längere Zeit geltenden Organisationsformen der Archive hat, wiederum gleichmäßig für diese Geschlechter und deren Länder, das 16. und 17. Jahrhundert geschaffen. Wenn im 16. Jahrhundert allenthalben das Bestreben nach Zusammenfassung zerstreuter Archivalien in »gemeinschaftlichen Archiven« erkennbar ist, so haben die besonders im 17. Jahrhundert bei den einzelnen fürstlichen Häusern und Linien dauernd wiederholten Landesteilungen, in die jeweils auch die Archive einbezogen wurden, eine gründliche Zerreißung und Zersplitterung der Archivalien bewirkt und eine große Zahl teils ansehnlicher, teils aber kleiner und kleinster Archive geschaffen.

Die Einrichtung staatlicher Archive im Rahmen der staatlichen Behördenorganisation erfolgte in jenen Zeiten ganz ausschließlich unter dem Gesichtspunkt der Sicherung staatlicher Interessen. Es war die einzige und ausschließliche Aufgabe der Staatsarchive, die schriftlichen Unterlagen für die Aufrechterhaltung und gegebenenfalls für die Verteidigung der Gerechtsame des Staates aufzubewahren und bereitzustellen. Daraus aber folgte, daß nur der Landesherr und seine höchsten Beamten Einblick in das Archiv nehmen durften, daß dieses gegen jeden zudringlichen Blick von unbefugter Seite ängstlich abgeriegelt wurde. Wenn ganz selten einmal von dieser juristischen Auswertung der Archive abgegangen wurde, indem man Archivalien für historische Forschungen zur Verfügung stellte, so wurden durch genaueste Überwachung alle Vorkehrungen hinsichtlich der Person des Benutzers und des ihm vorzulegenden Materials getroffen, damit die Belange des Staates nicht gefährdet wurden. Manche auf Grund von archivalischem Stoff entstandene historische Arbeit ist damals ungedruckt geblieben, da gegen ihre Veröffentlichung Bedenken von seiten des Landesherrn erhoben wurden.

Den allgemeinen Ausdruck hat diese ältere Auffassung vom Wesen und den Aufgaben der staatlichen Archive in der Abhandlung »Von Archiven« des Geheimen Archivars zu Plassenburg Philipp Ernst Spieß (Halle 1777) gefunden, der im § 1 folgendes feststellt: »Die Ruhe eines Staates hanget sehr viel von diesem Kleinod [dem Archiv] als der Brustwehr wider alle Ansprüche widrig gesinnter Nachbarn ab. Ja es ist nur allzu gewiß, daß ein Land unglücklich zu schätzen ist, in welchem nicht auf beständige Ordnung der Archive und Registraturen gesehen wird. Die Gerechtsame des Landes leiden offenbar darunter, weil ohne Urkunden und Akten in Kanzleien nichts gearbeitet werden kann und es hier nicht auf bloßen Witz und Erfindungskraft, sondern auf den wörtlichen Inhalt schriftlich aufgezeichneter Handlungen ankommt. Der größte Theorist muß mit aller zu Hilfe genommenen Sophisterei gegen ein einziges die Sache beweisendes echtes Dokument doch endlich unterliegen, und dies ist es eigentlich, was die sorgfältige und ordentliche Verwahrung der Urkunden und Akten nötig macht, weil sonst der minder witzige oder schwächere Teil gegen den witzigern oder stärkern oft in einer gerechten Sache zu kurz kommen würde.« Auf eine kürzere Formel hat ein anderer älterer Archivar den Begriff des Archivs gebracht[2]: »Archive müssen Behältnisse der Gerechtsamen des Staats und seiner heiligen Rechte sein.« Daß diese allgemeinen Ansichten über Stellung und Aufgaben der Archive damals auch in Thüringen galten, dafür geben uns namentlich die Instruktionen für die älteren Archivare eine deutliche Vorstellung.

Die Auffassung, die in den staatlichen Archiven lediglich aus staatspolitischen und juristischen Gründen geschaffene und unterhaltene Institute sah, hat bis in den Anfang des

---

2 Karl von Eckhartshausen, Über praktisch-systematische Einrichtung fürstlicher Archive überhaupt. München 1786. S. 3.

19. Jahrhunderts hinein gegolten. Sie wurde in ihren Grundfesten erschüttert, als durch die im Gefolge der französischen Revolution in Deutschland stattfindenden staatlichen Umwälzungen und durch die während des 19. Jahrhunderts erfolgende Ablösung und Beseitigung alter aus dem Mittelalter herüberwirkender rechtlicher Bindungen das gesamte Rechtsleben auf eine neue Grundlage gestellt wurde. Die in den staatlichen Archiven ruhenden Archivalien, die Ausdruck und Niederschlag dieser älteren Rechtsformen waren, wurden damit auf weite Strecken ihres rechtlichen Wertes entkleidet. Im gleichen Maße aber, wie ihre Bedeutung dadurch für die juristische Praxis abnahm, wuchs ihr Wert für die historische Betrachtung, der sie nunmehr als Quellen ersten Ranges dienten. Es kam hinzu, daß die Geistesströmung der Romantik das Verständnis für historische Forschung außerordentlich belebte. Und diese Verhältnisse haben zusammengewirkt, um die Archive nunmehr zu wissenschaftlichen Forschungsstätten umzugestalten. Auch in Thüringen wurden die staatlichen Archive im 19. Jahrhundert allmählich der geschichtlichen Forschung geöffnet, und auch hier löste jetzt der Historiker als Archivar den Juristen, der in früherer Zeit der gegebene Betreuer des Archivs gewesen war, ab.[3]

Freilich ist die Umwertung in der Auffassung der Archive von der rein rechtlich bestimmten Einstellung zu der für wissenschaftlich-historische Forschung aufgeschlossenen Richtung nicht mit einem Schlage erfolgt. Es hat langer Auseinandersetzungen bedurft, um neben der alten auch der neuen Auffassung zu ihrem Rechte zu verhelfen[4] Gelegentlich ist diese sogar erheblich über das Ziel hinausgeschossen, indem sie die Archive nur noch als »Sammlungen« schriftlicher Nachrichten gelten lassen wollte, die als »Belege für geschichtliche Verhältnisse« dienen sollten. Aus dem Streit der Meinungen hat sich dann aber allmählich die Begriffsbestimmung für die Archive herausgeschält, die beiden Ansichten zu ihrem Recht verhilft und die heute allgemein angenommen ist: Das Archiv ist eine Anstalt, die den schriftlichen (handschriftlichen und gedruckten) Niederschlag einer Geschäftsführung, soweit er für den täglichen Geschäftsgang nicht mehr benötigt wird, aufbewahrt, ihn ordnet, verzeichnet und damit für die Benutzung für amtliche und private (geschäftliche, wissenschaftliche) Zwecke zugänglich macht. Damit ist die Synthese zwischen der älteren juristischen und der neueren historischen Auffassung vom Wesen des Archivs hergestellt, eine Synthese, die für die Thüringischen Staatsarchive in der Thüringischen Archivordnung vom 15. April 1932 mit folgenden Worten umschrieben ist:

»Aufgabe der Staatsarchive, die Verwaltungsbehörden und Forschungsanstalten zugleich sind, ist es, alle durch den Geschäftsgang bei Staatsbehörden entstandenen Schriftstücke, soweit sie von diesen selbst in der Regel nicht mehr gebraucht werden und dauernd erhalten werden sollen, aufzunehmen, zu ordnen und so bereit zu stellen, daß sie im Bedarfsfalle jederzeit zugänglich sind. Auch Archivalien von Gemeinden, Körperschaften und Privatpersonen werden auf Wunsch nach Möglichkeit in Pflege genommen. Die Staatsarchive dienen in erster Linie den Staatsverwaltungsbehörden, stehen aber auch Privatpersonen für wissenschaftliche und geschäftliche Nachforschungen offen.« [Amts- und Nachrichtenblatt für Thüringen, Teil 1, Nr. 34/1932, S. 174–177]

---

3 Über diesen Wandel im Berufsstand der Archivare vgl. Willy Flach, Rudolstädter Archivare des 17. und 18. Jahrhunderts; in: Archivsonderheft (wie Anm. 1) S. 336 ff.
4 Über den Streit der Meinungen im 19. Jahrhundert vgl. die Darlegungen von L. F. Hoefer, H. A. Erhard und Fr. L. B. v. Medem in der Zeitschrift für Archivkunde, Diplomatik und Geschichte. 2 Bände. Hamburg 1834/36.

Für die Entwicklung des staatlichen Archivwesens in Thüringen bedeutet das Jahr 1920 einen Einschnitt von entscheidender Bedeutung[5]. Durch den Zusammenschluß der sieben früheren Einzelstaaten zum Gesamtstaate Thüringen wurde das neue Land auf dem Gebiete der Verwaltung und der Gesetzgebung vor ganz neue Aufgaben gestellt. Die Zentralbehörden der Einzelstaaten und mit ihnen eine große Reihe von Mittel- und Unterbehörden wurden aufgelöst bzw. umgestaltet. Damit aber wurden außerordentlich große Massen von Akten, die bisher in laufenden oder abgelegten Registraturen der Behörden zusammengefaßt waren, für die laufende tägliche Verwaltungsarbeit entbehrlich, und für diejenigen von ihnen, die aus rechtlichen und geschichtlichen Gründen nicht vernichtet werden durften, mußte nunmehr eine geeignete Unterbringung geschaffen werden. Die gegebenen Stellen dafür waren die in den Hauptstädten der Einzelstaaten vorhandenen staatlichen Archive, und für diese ergab sich damit eine bis dahin ungeahnte Vermehrung ihres Umfanges und ihrer Aufgaben. Denn die Archive, die bis 1920 bestanden, waren keineswegs so ausgebaut, daß sie die archivreifen Archivalien aller Behörden des betreffenden Landes hätten aufnehmen können. Vielmehr verwahrten sie zumeist nur aus älterer Zeit her die Archivalien der obersten Landesbehörde, und nur ganz selten kamen auch Akten anderer Behörden dorthin. Daneben bestanden dann bei den einzelnen Behörden selbst wieder Archive. Jetzt aber wurde den staatlichen Archiven die Aufgabe gewiesen, als Zentralstellen den gesamten schriftlichen Niederschlag einer Staatsverwaltung, soweit er aufhebenswert war, aufzunehmen, sowohl von den Oberbehörden als von Mittel- und Unterbehörden. Durch diese Maßnahme wurden aber erst Staatsarchive im eigentlichen Sinne geschaffen, d. h. eben zentrale Verwaltungsbehörden, die auf ihrem Gebiete für die gesamte Staatsverwaltung zuständig sind.

Die Schwierigkeiten, die sich diesem Aufbau eines thüringischen staatlichen Archivwesens entgegenstellten, sind außerordentlich groß gewesen. Aber sie sind im wesentlichen gemeistert worden, und wenn wir auch heute noch mitten im Aufbau stehen, der auch zunächst unsere Hauptaufgabe bleiben wird, so sind doch die Grundlinien gelegt, auf denen weitergebaut werden kann. Die einheitliche Richtung, die bei der Zahl von sieben Staatsarchiven im Lande [Altenburg, Gotha, Greiz, Meiningen, Rudolstadt, Sondershausen, Weimar] um so bewußter gewahrt werden muß, als daneben jedem einzelnen Archiv seine Sonderart und sein Eigenleben zugestanden wird, ist durch die Einrichtung einer zentralen Oberleitung in der Stellung des Direktors der Staatsarchive geschaffen worden. Sie wird neuerdings noch durch von Zeit zu Zeit jeweils an einem anderen Archivort stattfindende Zusammenkünfte der wissenschaftlichen Archivbeamten unterstrichen. Verschiedene Ordnungen, Niederschläge der praktischen Erfahrung, geben der Arbeit einen sicheren Boden. Die Verordnung über die Ausscheidung von Akten bei staatlichen Behörden vom 15. Dezember 1927 schafft den Staatsarchiven ihre sichere Stellung innerhalb des gesamten staatlichen Behördenapparates und umreißt in aller Deutlichkeit ihren Charakter als Zentralbehörden. Die Ordnung der Ausbildung und Prüfung der wissenschaftlichen Archivbeamten vom 5. November 1928 regelt die Nachwuchsfrage innerhalb des Beamtenkörpers. Die Gebühren- und Kostenordnung vom 13. Februar 1930 klärt das Verwaltungsverfahren, und die Thüringische Archivordnung vom 15. April 1932, mit der eine Geschäftsordnung für die Staatsarchive verbunden ist, umfaßt das gesamte

---

5 Vgl. dazu Armin Tille, Der Aufbau der thüringischen Archivverwaltung, in: Archivsonderheft (wie Anm. 1) S. 290 ff.

Gebiet der Archivarbeit und ist einerseits Ausdruck des in zähem Ringen erreichten Zustandes, andererseits Grundlage alles weiteren Aufstieges.

Von ähnlich einschneidender Bedeutung für die Entwicklung der Thüringischen Staatsarchive wie das Jahr 1920 ist der nationale Umbruch des Jahres 1933 gewesen. War damals ein modernes staatliches Archivwesen überhaupt erst geschaffen worden, so ist jetzt – und das gilt für alle Archive im Reiche schlechthin – eine Ausweitung des Arbeitsgebietes erfolgt, wie man sie vorher niemals gekannt hat. Diese Tatsache ergibt sich einmal daraus, daß der nationalsozialistische Staat das Verständnis für die in der Geschichte liegenden Werte neu geweckt und gestärkt hat; sie folgt zum anderen dann zwangsläufig aus dem Wesen der Archive als derjenigen Stätten, die zu historischer Auswertung sowohl für die praktische staatliche Verwaltungsarbeit als auch für die private wissenschaftliche Forschung geeignetes Quellenmaterial von grundlegender Bedeutung verwahren.

Daß der nationalsozialistische Staat den Wert geschichtlicher Forschungsarbeit wohl zu schätzen weiß, das zeigen nicht nur die immer wiederholten Aussprüche der führenden Männer des Dritten Reiches über die Bedeutung der Geschichte für das Verständnis der Gegenwart, sondern auch die Einrichtung bzw. der Ausbau von Instituten, die der praktischen Forschung dienen, unter ihnen an erster Stelle das Institut für die Geschichte des neuen Deutschlands [Reichsinstitut für Geschichte des neuen Deutschlands] und das für ältere deutsche Geschichtskunde [Reichsinstitut für ältere deutsche Geschichtskunde, zuvor bis 1936 Zentraldirektion der Monumenta Germaniae Historica]. In weitesten Kreisen soll das Interesse für die Beschäftigung mit der Geschichte, namentlich mit der Heimatgeschichte, geweckt werden, denn »ernsthaft betriebene Heimatforschung auf Grund aller erreichbaren geschichtlichen Quellen gibt erst die Möglichkeit, aus der Kenntnis der Vergangenheit die Bedeutung der Gegenwart zu würdigen und für die Zukunft zielbewußt mitzustreben«[6] Zu diesem Zweck hat in Thüringen der Nationalsozialistische Lehrerbund den Gedanken der schon früher bestehenden Arbeitsgemeinschaften für Heimatgeschichte aufgegriffen und solche Arbeitsringe nunmehr über das ganze Land ausgebreitet.

Auch durch die Gesetzgebung des nationalsozialistischen Staates werden die geschichtlichen Bindungen mit voller Klarheit in das Bewußtsein des Volkes gerückt. Das Erbhofgesetz, die damit in Verbindung stehenden Altbauernehrungen und die Arier-Gesetzgebung in ihrer weiten Verzweigung in Partei und Staat stellen den Einzelnen bewußt als Glied in eine geschichtliche Kette. Die Deutsche Gemeindeordnung vom 30. Januar 1935 gibt im § 2 ausdrücklich an, daß die Gemeinden berufen sind, »die geschichtliche und heimatliche Eigenart zu erhalten«; in dem Abschnitt über Wappen, Siegel und Flaggen (§ 11) berührt sie ein überhaupt nur geschichtlich zu verstehendes Gebiet. Aus dieser Einstellung heraus ist es dann auch notwendig, daß sich der Staat dem Schutz der Archivalien zuwendet, die sich in nichtstaatlichem Besitz befinden, und er hat einen ersten Anfang dazu in der Verordnung des Herrn Reichs- und Preußischen Wirtschaftsministers vom 31. Juli 1935 gemacht, die das Innungsschriftgut unter öffentlichen Schutz stellt, eine Anordnung, die nur Vorläufer eines angekündigten und in Kürze zu erwartenden Archivalien-Schutzgesetzes ist.

Schon aus diesen wenigen Andeutungen ergibt sich die einleuchtende Schlußfolgerung, daß das Arbeitsfeld der Staatsarchive durch alle diese Maßnahmen des nationalsozialistischen Staates auf das nachhaltigste berührt und ausgedehnt wird. Denn, um nur kurz an-

---

6 Der Thüringer Erzieher. 1 (1933), S. 23.

zudeuten, Erbhofforschung und in den meisten Fällen auch Ahnenforschung ist ohne Heranziehung des in den Staatsarchiven ruhenden Quellenstoffs ganz unmöglich. Siegel- und Wappenfragen können nur mit Hilfe der Staatsarchive geklärt werden, und infolgedessen bestimmt auch die Erste Anweisung zur Ausführung der Deutschen Gemeindeordnung, daß die Gemeinden sich vor der Aufstellung neuer oder der Änderung bestehender Wappen mit der zuständigen staatlichen Archivbehörde in Verbindung setzen möchten, daß dieser aber vor der Verleihung oder Änderung eines Gemeindewappens in jedem Falle Gelegenheit zur Stellungnahme zu geben sei. Auch für den Schriftgutschutz sind die Staatsarchive die einzigen berufenen Stellen, und ihnen überträgt der Staat daher auch diese Aufgabe, die in Zukunft noch außerordentlichen Umfang aufnehmen wird. Vor allem aber ist, nicht zuletzt im Zusammenhang mit den genannten Fragen, eine Steigerung in der Beschäftigung mit familien- und heimatgeschichtlicher Forschung in breitesten Kreisen eingetreten, die den Staatsarchiven täglich neue Benutzer zuführt.

Es ist ganz natürlich, daß die Arbeit der Staatsarchive diesen ungeheuer gesteigerten Anforderungen Rechnung tragen muß und trägt. Schon für die erste allgemeine Aufgabe der Archive, die Aktenaufbewahrung, ergibt sich die Tatsache eines ständig zunehmenden Umfangs der zu bewältigenden Aktenmassen, die für die Zukunft mehr als bisher, namentlich auch aus Gründen erbbiologischer Forschung, erhalten werden müssen. Auch die Ordnung und Verzeichnung der Archivalien wird immer weiter ausgebildet und verfeinert, um den Quellenstoff für jede Benutzung bei den täglich wachsenden Bedürfnissen bequem zu erschließen. In diese Richtung gehört auch der in Vorbereitung befindliche Plan, durch gedruckte Archivübersichten den Inhalt der Staatsarchive bekanntzumachen. Und endlich verlangt die immer mehr sich steigernde Benutzung der Archive, die insbesondere auch viele mit archivalischen Arbeiten nicht immer vertraute Personen zuführt, eine eingehende Beratung jedes einzelnen Benutzers, ganz abgesehen davon, daß die Zahl der schriftlichen Anfragen ein Vielfaches des in früheren Zeiten üblichen Maßes ausmacht. Darüber hinaus muß auch an die Schulung derjenigen Berufsgruppen, die nach ihrer Stellung ganz besonders für heimatgeschichtliche Arbeiten berufen sind, der Pfarrer und der Lehrer, gedacht werden. Auch auf diesem Gebiet sind, wie auf den anderen genannten, in Thüringen bereits schöne Ergebnisse gezeigt worden.

Die thüringischen Archivare haben die Arbeitsvermehrung, die ihnen die neuen Aufgaben gebracht haben, gern und freudig auf sich genommen. Sie haben dabei freilich den einen Wunsch: daß man ihre Arbeit mehr, als das früher geschehen ist, als eine für das ganze Volk wichtige und fruchtbare ansehen möge. Denn noch gilt bis zu einem gewissen Grade die Klage, die ein deutscher Archivar 1890 vorbringen mußte[7], auch heute: »Im ganzen genommen ist im Vergleich gegen früher außerordentlich viel des Guten und kaum etwas Nachteiliges geschehen, im Vergleich aber zu anderen Staatsanstalten leiden die Archive noch immer an ihrem alten Unglück: sie werden zuletzt bedacht, für sie geschieht von Staats wegen am wenigsten. Und doch könnten wenige andere Anstalten für Volk und Land so glänzende Ehre und der Wissenschaft so schönen Nutzen bringen.« Aber wir haben die zuversichtliche Hoffnung, daß der nationalsozialistische Staat in Zukunft die Staatsarchive, namentlich in personeller und räumlicher Hinsicht, so ausstatten wird, daß sie ihren erweiterten Aufgabenkreis zum Wohle der Gesamtheit auszufüllen vermögen.

---

7 Franz v. Löher, Archivlehre. Paderborn 1890, S. 197.

Neue Aufgaben des Ausbaues der Thüringischen Staatsarchive
1938

Vortrag, gehalten auf dem Thüringischen Archivtag am 28. Mai 1938 in Zeulenroda vom Direktor der Thüringischen Staatsarchive, Dr. [Willy] Flach, Weimar*

Der Aufbau der staatlichen Archivverwaltung Thüringens, der jüngsten unter den deutschen Länderarchivverwaltungen, ist abgeschlossen. Er begann mit dem Zusammenschluß der sieben thüringischen Einzelstaaten zum Lande Thüringen im Jahre 1920, der auf verwaltungsmäßigem Gebiet den Abbau von sieben einzelstaatlichen Landesverwaltungen und an deren Stelle den Aufbau einer neuen Zentrallandesverwaltung mit sich brachte. Er fand seinen ersten Ausdruck in der Schaffung von sieben Staatsarchiven [Altenburg, Gotha, Greiz, Meiningen, Rudolstadt, Sondershausen, Weimar], also eines dezentralisierten Archivwesens, nachdem die Vorschläge für eine vernünftige Zentralisierung am kleinstaatlichen Partikularismus und an der Nichterfüllbarkeit der notwendigen sachlichen Voraussetzungen gescheitert waren. Er wurde fortgesetzt durch die Einrichtung einer einheitlichen Archivverwaltung, d. h. einer verantwortlichen Oberleitung [Direktor der Thüringischen Staatsarchive seit 1926] und durch die von ihr oder auf ihre Anregung hin geschaffenen Ordnungen: die Aktenausscheidungsordnung [1927], die den Staatsarchiven ihren Platz im Rahmen der gesamten staatlichen Verwaltung anwies und ihren Charakter als staatliche Zentralbehörden feststellte; die Ausbildungsordnung [1928], die die Frage des wissenschaftlichen Nachwuchses regelte, und die Gebühren- und Kostenordnung [1930]. Er fand seinen Abschluß in der Veröffentlichung der Thüringischen Archivordnung und der Geschäftsordnung für die thüringischen Staatsarchive vom 15. April 1932, jener beiden Ordnungen, die die äußere Stellung und den inneren Betrieb der Staatsarchive grundsätzlich regeln.

Diese beiden eben genannten Ordnungen sind Abschluß des Aufbaues, zugleich aber Beginn einer neuen Periode des staatlichen thüringischen Archivwesens und damit Aufgabe für die Zukunft. Diese aber heißt: systematischer Ausbau der Staatsarchive, sinnvolle Gestaltung eines unter mancherlei Hemmungen gewachsenen Werkes, Erfüllung äußerlich geschaffener Formen mit sachentsprechendem Inhalt. Diese Aufgabe ist nicht leichter und einfacher als die bisher gelöste, sie ist vielleicht sogar schwieriger und verantwortungsvoller für die Zukunft, da mit ihr die inneren Formen geschaffen werden sollen, die die nächsten Zeiten überdauern. Sie wird nach außen hin weniger in Erscheinung treten als die bisherigen

---

* In der Vorbemerkung zum Abdruck im Mitteilungsblatt des Generaldirektors der Preußischen Staatsarchive schreibt der Direktor des Reichsarchivs Dr. Ernst Zipfel: »Ich verweise auf den in der Beilage unter vorstehendem Titel abgedruckten beachtenswerten Aufsatz des Direktors der Thüringischen Staatsarchive Dr. Flach in Weimar.«

Maßnahmen und bedeutend längere Zeit in Anspruch nehmen als diese. Sie ist aber eine unbedingt notwendige und dankbare Aufgabe.

Es würde im Rahmen dieses kurzen Vortrages zu weit führen, diese Aufgabe in allen ihren einzelnen Punkten zu umreißen. Einiges kann daher hier nur angedeutet werden. Die seit 1920 unter dem Zwang der Verhältnisse getroffene, durch die geschichtliche Entwicklung des Landes bedingte Einrichtung von sieben Staatsarchiven, die sich durchaus bewährt hat, die aber verwaltungsmäßig auch manchen Nachteil mit sich bringt, die endlich gerade in der heutigen Zeit durch ihre Verankerung eines längst überwundenen historischen Zustandes auch ihre politische Seite hat, steht uns zur immer erneuten Prüfung vor Augen. Die Erörterung dieses Problems gehört aber nicht in die Öffentlichkeit und sei daher auch hier nur mit aller Vorsicht berührt. Der Ausbau erstreckt sich ferner auch auf die weitere Vereinheitlichung der Geschäftsführung, auf den weiteren personellen Ausbau, der seit 1935 beachtliche Fortschritte gemacht hat, aber noch nicht am Ende ist, und auf weitere Lösungen in der brennend gewordenen Raumfrage. Er umfaßt endlich zwei Fragen, die die innere Ordnung und Gestaltung der Archivbestände betreffen: die systematische Vervollständigung und Abrundung der Bestände der Staatsarchive und die völlige Neugestaltung der Ordnungsgrundsätze. Diese beiden Fragen sollen uns heute vornehmlich beschäftigen.

Wenden wir uns der ersten Frage, der systematischen Vervollständigung und Abrundung der Archivbestände, zu, so müssen wir dabei von dem alten Zustand ausgehen. Bei der Gründung des Landes Thüringen und bei dem Aufbau einer neuen zentralen Landesverwaltung waren bei den früheren einzelstaatlichen Behörden große Aktenmengen überflüssig geworden, die für die neue Verwaltung im laufenden Betrieb nicht mehr benötigt wurden, die aber aus rechtlichen und geschichtlichen Gründen dauernd aufbewahrt werden mußten und die daher an die im Anschluß an ältere vorhandene Archiveinrichtungen neu errichteten Staatsarchive abgegeben wurden. Diese erhielten damit einen außerordentlichen Zuwachs an Archivgut. Ein großer Teil der Akten der alten einzelstaatlichen Behörden mußte aber auch von den neuen thüringischen Behörden übernommen werden, da diese Akten entweder als Vorakten zunächst unentbehrlich waren oder im laufenden Geschäftsgang noch gebraucht wurden. Dazu kam, daß damals die Ablieferung an die Archive auch zumeist nur von den Behörden erfolgte, die durch den staatlichen Umbau unmittelbar betroffen, d. h. aufgelöst oder umgebildet wurden. Das Ergebnis dieser Maßnahmen ist, daß bei den Behörden noch heute außerordentlich viel an älterem Schriftgut liegt, das für die laufende Verwaltung längst entbehrlich und damit archivreif geworden ist, zumal von den vor 1920 bestehenden einzelstaatlichen Archiven, die alle als »historische Archive« zu bewerten sind, nur jeweils wenige, nach den damaligen Begriffen als besonders wertvoll angesehene Stücke ins Archiv übernommen wurden, und daß heute in den Staatsarchiven fast keine der nach dem Herkunftsgrundsatz als Archivkörper zu betrachtenden Registraturen der Behörden vollständig vorhanden ist. Dieser Zustand hemmt unsere Arbeit und den inneren Aufbau unserer Staatsarchive auf Schritt und Tritt und verlangt energische Abhilfe.

Es war daher notwendig, in der Einleitung und der Durchführung der Aktenausscheidungen ein gegenüber der früheren Praxis verändertes Verfahren einzuschlagen. Mußte bisher, nicht zuletzt wegen des leidigen Personalmangels, der von der einzelnen Behörde kommende Antrag auf Ausscheidung abgewartet werden, so ist jetzt dazu übergegangen worden, das Ausscheidungsgeschäft systematisch vom Staatsarchiv aus einzuleiten und zu betreiben. Ein erster Anfang damit, bei dem es besonders auch auf die Sammlung von Erfahrungen auf diesem Gebiet ankam, wurde im vergangenen Jahr bei den Amtsgerichten des ehemals weimarischen und altenburgischen Gebietes gemacht. Durch planmäßige Bereisung und Besichtigung wurden deren Bestände durchgegangen und erfaßt. Das Ergebnis war geradezu erstaunlich und übertraf bei weitem alle gestellten Erwartungen. Akten und Gerichtsbücher, teilweise bis ins 16. Jahrhundert zurück, lagen noch in großen Mengen bei diesen Behörden, obwohl sich andere Teile der Registraturen bereits im Staatsarchiv befanden. Diese hier fehlenden Teile werden nun ins Staatsarchiv überführt, dessen Bestände damit abgerundet und zu endgültiger Aufstellung vervollständigt werden. Der Forschung aber wird so wertvollstes Material, das ihr bisher entzogen war, erschlossen.

Diese ersten Maßnahmen zur planmäßigen Durchführung von Aktenausscheidungen haben demnach Ergebnisse gezeigt, die zur Fortsetzung durchaus ermutigen und die nunmehr auf alle anderen räumlichen Gebiete des Landes und auf die anderen Verwaltungsbehörden ausgedehnt werden sollen.

Um aber diese Arbeiten im großen Rahmen durchführen zu können, sind Vorarbeiten notwendig, die Grundlage und Rückgrat für alle weitere Ausbauarbeit bilden. Da, wie noch zu zeigen sein wird, als Ordnungsprinzip der thüringischen staatlichen Archivalien die Behördengliederung der ehemaligen Einzelstaaten maßgebend sein muß, so ist es erforderlich, eine genaue Übersicht über alle diejenigen Behörden zu schaffen, die bis zur Bildung des Landes Thüringen im Jahre 1920 bei den Einzelstaaten bestanden haben. Mit dieser Behördenübersicht wird ein genauer Überblick über das erwachsene staatliche Schriftgut gewonnen. Sie muß ferner für jede einzelstaatliche Behörde die thüringische Nachfolgebehörde erkennen lassen, auf die mit der neuen Zuständigkeit auch das ältere Schriftgut der Vorgängerin übergegangen ist, die mithin als abliefernde Stelle gegenüber dem Staatsarchiv in Betracht kommt, d. h. als diejenige Stelle, bei der nunmehr die Maßnahmen des Staatsarchivs in Bezug auf Aktenausscheidungen anzusetzen haben. Da diese Übersicht bisher an keiner anderen Stelle vorhanden ist, so muß sie nunmehr vom Staatsarchiv geschaffen werden, und für einige der ehemaligen Einzelstaaten ist sie auf Grund der Staatshandbücher, der Gesetz- und Verordnungsblätter und archivalischer Unterlagen nach einheitlichem Muster im Staatsarchiv Weimar bereits aufgestellt worden.

Die Behördenübersicht ist und wird weiter in Karteiform aufgestellt. Für jede Behörde gibt ein besonderes Blatt Name, Gründung und Zuständigkeit mit genauer Anführung der einschlägigen gesetzlichen und verordnungsmäßigen Bestimmungen an. In der gleichen Weise werden dazu die thüringische Nachfolgebehörde bzw. die thüringischen Nachfolgebehörden vermerkt. Weitere Spalten des Kartenblattes, die auf Grund der Archivbestände und der Geschäftsakten des Archivs über Aktenablieferungen ausgefüllt werden, geben Auskunft darüber, ob, wann und in welchem Umfang (Ganz- oder Teilablieferung) die Behörde bereits Archivalien an das Staatsarchiv abgeliefert hat, in welchem Zustand der Ordnung und Verzeichnung sich der Bestand befindet, d. h. ob alte, bei der Behörde aufgestellte und benutzte Aktenverzeichnisse vorhanden sind oder ob im Archiv eine Neuverzeichnung vorgenommen wurde, welche Jahre der Bestand umfaßt und wie groß sein Umfang ist.

Mit all diesen Angaben bietet die Behördenübersicht eine sichere Handhabe für die im einzelnen zu ergreifenden Maßnahmen hinsichtlich der Aktenausscheidungen; sie bildet die Grundlage für die eben umrissene erste Hauptaufgabe des Ausbaues der Thüringischen Staatsarchive: die systematische Vervollständigung der Bestände.

Eng verbunden damit ist die zweite nun zu lösende Hauptaufgabe, die völlige Neugestaltung der Ordnungsgrundsätze. Die Geschäftsordnung für die Thüringischen Staatsarchive vom 15. April 1932 befaßt sich in dieser Hinsicht zunächst mit den alten, seit langer Zeit in den Archiven befindlichen Beständen und besagt darüber folgendes: »Die älteren meist nach einem willkürlichen Sachprinzip aufgebauten Archivabteilungen sollen im allgemeinen in ihrer alten Anordnung verbleiben.« Sie begründet diese Maßnahme mit dem großen Zeitaufwand, der bei Neugestaltung nach neueren Grundsätzen an ein im Erfolg ungewisses Unternehmen gesetzt werden müßte und weist ferner auf die bereits massenhaft in die Literatur eingegangenen Verweise hin. Für die neuen Aktenzugänge aber setzt sie folgendes fest.

»Dagegen ist grundsätzlich für neue Zugänge der Herkunftsgrundsatz (Provenienzprinzip) maßgebend, d. h. die Zugänge von einer aufgelösten oder noch bestehenden bestimmten Behörde bilden einen besonderen Archivkörper, und zwar ist für dessen Bildung im allgemeinen der Zustand im Zeitpunkt der Ablieferung maßgebend«. Ist die erste Bestimmung über die alten Bestände eindeutig und auch für unsere weitere Ausbauarbeit zunächst bindend, so sind die Anordnungen über die Neuzugänge ebenso knapp wie mißverständlich und bedürfen daher genauer Interpretation. Wir setzen uns mit ihr auseinander.

Der Herkunftsgrundsatz, das seit dem Ausgang des vorigen Jahrhunderts von allen Archivverwaltungen angenommene Prinzip der Ordnung von Archivbeständen, ist als immer neu zu lösende Aufgabe jeder archivarischen Tätigkeit vorgezeichnet; denn er ist ein rein formales Prinzip, das in jedem einzelnen Falle seiner besonderen Anwendung und Auslegung bedarf, das demnach auch für die thüringischen Archive nach den besonderen thüringischen Verhältnissen zu fassen ist. Wenn nach diesem Herkunftsgrundsatz die Archivalien auch im Archiv in dem Zusammenhang verbleiben, in dem sie bei der Behörde erwachsen sind, wenn der Ausgangspunkt archivalischer Ordnungs- und Verzeichnungsarbeit also immer die Registratur der Einzelbehörde ist, so muß damit für Thüringen ein einschneidender Abschnitt beim Jahre 1920 liegen, das den Zusammenschluß der thüringischen Einzelstaaten die völlige Auflösung oder Umbildung der einzelstaatlichen Behörden und eine ganz neue Behördenorganisation brachte. Dieser alte einzelstaatliche Zustand muß im inneren Aufbau der Staatsarchive seinen Niederschlag finden, die Provenienzen der thüringischen Staatsarchive sind demnach die bis zum Jahre 1920 vorhanden gewesenen einzelstaatlichen Behörden.

Nach der bis 1920 bestehenden Behördengliederung werden also in Zukunft die Archivkörper gebildet und der innere Aufbau der Archive geregelt werden. In diesem Zusammenhang sind auch wieder die an die neuen thüringischen Nachfolgebehörden als Vorakten abgegebenen Bestände der früheren einzelstaatlichen Behörden, sobald sie in das Archiv gelangen, zu verbringen. Für die Gliederung der Archivbestände kann also nicht, wie es die Geschäftsordnung für die thüringischen Staatsarchive vorsieht, »im allgemeinen der Zustand im Zeitpunkt der Ablieferung maßgebend« sein, vielmehr ist entscheidend der Zustand von 1920.

Ein Beispiel wird die theoretischen Erörterungen erläutern. Das bis zum Jahre 1920 für den fünften Verwaltungsbezirk des Großherzogtums Sachsen-Weimar-Eisenach, den Neustädter Kreis, zuständige Schulamt Neustadt an der Orla war bei der Neubildung der thüringischen Verwaltungsorganisation aufgelöst worden. Seine Zuständigkeit war auf die neuen Schulämter in Gera und Schleiz übergegangen. Dorthin waren auch zunächst die vorhandenen Akten gelangt, die indes bald, da sie für den laufenden Geschäftsbetrieb zum größten Teil entbehrlich waren, zusammen mit den bei den ehemals reußischen Schulämtern Gera und Schleiz erwachsenen Akten an das Staatsarchiv abgegeben wurden, und zwar an das für die früheren reußischen Gebiete zuständige Staatsarchiv Greiz. Hier wurden in Anwendung der Vorschrift, daß für die Bildung der Archivkörper im allgemeinen der

Zustand im Zeitpunkt der Ablieferung maßgebend sein solle, zwei Archivkörper gebildet, »Schulamt Gera« und »Schulamt Schleiz«. Auf beide waren nun auch die aus ihrem ursprünglichen Zusammenhang gerissenen Akten des ehemaligen Neustädter Schulamtes verteilt; es waren damit Archivkörper entstanden, die unorganische Gebilde darstellten, denn mit den Registraturen der neuen Schulämter Gera und Schleiz waren diese Neustädter Akten niemals organisch verschmolzen worden. Dieser nicht haltbare Zustand ist jetzt beseitigt worden, die Akten des ehemals weimarischen Schulamtes Neustadt wurden wieder vereinigt und als geschlossener Archivkörper in das für das ehemalige Gebiet des Großherzogtums Sachsen-Weimar-Eisenach zuständige Staatsarchiv Weimar verbracht, so daß nunmehr die Akten der bis 1920 bestehenden einzelstaatlichen Behörden geschlossen zusammenliegen: die der reußischen Schulämter Gera und Schleiz in Greiz, die des weimarischen Schulamtes Neustadt in Weimar.

Mit diese neuen bindenden Festsetzung, daß die Gliederung der Archivbestände nach den bis 1920 bestehenden einzelstaatlichen Behördeneinrichtungen und damit nach der einzelstaatlichen Organisation zu erfolgen hat, erhält auch die beim Aufbau des thüringischen Archivwesens geschaffene Dezentralisation mit sieben Staatsarchiven eine gewisse archivtechnische Rechtfertigung aus dem Herkunftsgrundsatz heraus. Notwendig folgt daraus dann aber weiter, daß für die Archivalien der seit 1920 neugebildeten thüringischen Behörden nur noch das Staatsarchiv Weimar zuständig sein wird, dem auch die thüringische Archivordnung neben seiner Zuständigkeit für das ehemalige Großherzogtum Sachsen-Weimar-Eisenach die Rolle des Landeshauptarchivs für das Land Thüringen zuweist.

Wenn wir so das Jahr 1920 als Stichjahr für die Bildung der Archivbestände annehmen, so soll damit zugleich gesagt sein, daß der einzelne Archivkörper den Umfang haben wird, in dem er sich damals bei der einzelstaatlichen Behörde befand. Es könnte nahe liegen, bei unseren künftigen Ordnungsarbeiten den Herkunftsgrundsatz so anzuwenden, daß jede einmal zu irgend einer Zeit vorhanden gewesene Behörde einen besonderen Archivkörper bildet. In Ländern mit seit Jahrhunderten festgefügter Verwaltungsorganisation mag das angebracht sein; in Thüringen mit seiner häufig wechselnden territorialen und behördlichen Gliederung empfiehlt sich dieses Verfahren, wie die Erfahrung gezeigt hat, nicht. Vielmehr muß hier der Herkunftsgrundsatz seine Grenze und seine Regelung an der übersichtlichen Benutzbarkeit der Bestände finden, und es ist daher ratsam, den Endpunkt der behördlichen Entwicklung, d. h. eben den verwaltungsmäßigen Zustand des Jahres 1920, der Archivgliederung zu Grunde zu legen, wobei während der Verzeichnung alle vorgängigen Provenienzen genau festgestellt und festgehalten werden. Nur da, wo uns Bestände älterer Behörden als geschlossene Einheiten überliefert sind, werden wir sie geschlossen erhalten, sie aber zu den zuletzt bestehenden Behörden in Verbindung setzen.

Auch hier mögen einige Beispiele erläuternd wirken. Das im Jahre 1920 bestehende schwarzburg-sondershäusische Landratsamt Sondershausen ist im Jahre 1913 gebildet worden. Sein Bezirk umfaßte den Kreis der Unterherrschaft des Fürstentums Schwarzburg-Sondershausen. Die Organisation der Verwaltungsbehörden in diesem Gebiet ist außerordentlich wechselnd gewesen. 1851 wurde der Kreis in die drei Bezirksvorstandschaften Sondershausen, Greußen und Ebeleben eingeteilt, die bis 1857 bestanden, 1857 wurde der Bezirk Greußen aufgehoben und es wurden zwei Landratsämter in Sondershausen und Ebeleben eingerichtet, die bis 1881 blieben. Von 1881 bis 1897 wurde das ganze Gebiet in einem Landratsamt Sondershausen vereinigt, 1897 bis 1913 wieder auf die beiden Landratsämter Sondershausen und Ebeleben verteilt, um endlich 1913 wieder zu dem einen

Landratsamt Sondershausen zusammengefaßt zu werden. Es wäre aus praktischen Erwägungen völlig abwegig, alle die seit 1851 nachweisbaren Provenienzen in der Archivgliederung festzuhalten. Vielmehr kann hier nur der im Jahre 1920 bestehende Zustand zur Bildung des einen Archivkörpers »Landratsamt Sondershausen« unter Zusammenfassung aller in ihm aufgegangenen vorherigen Provenienzen führen, zumal die Akten der vorgängigen Behörden von den nachfolgenden teilweise weitergeführt worden sind.

Ganz ähnlich liegt der Fall bei den Akten des weimarischen Minsterial-Departements des Innern. Diese 1851 gebildete Behörde hatte als Vorgängerin die 1815 eingerichtete Landesdirektion und deren Akten samt Vorakten sind mit den eigentlichen Departements-Akten schon kurz nach dessen Gründung zu einer einheitlichen, recht gut verzeichneten Registratur zusammengefaßt worden. In diesem Zustand gelangten sie ins Staatsarchiv und werden hier in dieser Zusammenfassung als ein Archivkörper »Ministerial-Departement des Innern« auch weiter belassen.

Dagegen sind bei der Einrichtung des weimarischen Ministerial-Departements der Finanzen 1851 die sehr gut geordneten und verzeichneten Akten der vorhergehenden Behörde, der Kammer, als gesonderter Bestand getrennt gehalten worden. Daher bilden auch im Staatsarchiv diese beiden Registraturen getrennte Archivkörper.

Bei dieser Arbeit, der Bildung der Archivkörper, leistet wiederum die vorhin näher gekennzeichnete Behördenübersicht vortreffliche Dienste. Sie gibt einmal den Plan für alle Archivkörper, die den Bestand des Staatsarchivs bilden oder künftig bilden werden, und sie gibt zugleich – da diese Übersicht von der Gegenwart aus nach rückwärts alle als Vorgänger der zuletzt bestehenden einzelstaatlichen Behörde zu betrachtenden älteren Behörden jeweils mit aufführt – einen geschichtlichen Überblick über die gesamte Behördenorganisation und den provenienzgemäßen Nachweis des Verbleibs ihrer Registraturen.

Auch in bezug auf die Verzeichnung der Neuzugänge im Archiv zwingen uns die Verhältnisse zu einem gegenüber dem früheren veränderten Verfahren. Es war bisher üblich, jede größere Aktenablieferung im Archiv sofort nach dem Herkunftsgrundsatz zu verzeichnen und zwar in Form eines Band-Repertoriums. Wir müssen jetzt feststellen, daß dieses Verfahren wenig zweckentsprechend war. Denn da es sich in den allermeisten Fällen immer nur um Teilablieferungen von Registraturen handelte, die niemals nach zeitlichen, sondern immer nur nach irgendwelchen sachlichen, den Bedürfnissen der ausscheidenden Behörde entsprechenden Gesichtspunkten, vom Standpunkt des Archivs aus, dessen fertige Archivkörper möglichst immer einen geschlossenen Bestand darstellen sollen, also immer ziemlich willkürlich vorgenommen wurden, so muß dieses Verfahren dazu führen, daß schließlich von jedem Archivkörper mehrere Verzeichnisse vorhanden sind, die sich fortgesetzt überschneiden. Welche Nachteile für die Archivbenutzung dieses Verfahren mit sich bringt, liegt auf der Hand und braucht nicht weiter erörtert zu werden. Ein instruktives Beispiel sei wiederum angeführt.

Im Jahre 1924 lieferte das Thüringische Kreisamt Rudolstadt einen größeren Bestand an Akten der früheren schwarzburg-rudolstädtischen Landratsämter Rudolstadt und Königsee ab, der hier sofort neu verzeichnet wurde. Ganz gleich wurde mit einer zweiten Ablieferung im Jahre 1928 verfahren, so daß nun bereits zwei Bestände und zwei Verzeichnisse vorlagen, die sich vollständig überschnitten. Eine dritte Ablieferung im Jahre 1934 machte die völlige Unmöglichkeit der Fortsetzung dieses Verfahrens deutlich sichtbar. Jetzt wurde vom Staatsarchiv auf die Herausgabe der beim Kreisamt vorhandenen brauchbaren Aktenverzeichnisse gedrängt, und nach diesen, die nun als Repertorien im Archiv verwendet werden, wurden alle drei Ablieferungen wieder zu einem einheitlichen Bestand zusammengefügt.

Dieses eine Beispiel zeigt mit voller Klarheit, daß bei den Aktenausscheidungen der Behörden in erster Linie nach den vorhandenen Aktenverzeichnissen zu fragen ist. Wird der größere Teil der Registratur an das Staatsarchiv abgegeben und verbleibt nur ein kleinerer Teil der Behörde, so müssen auch die Verzeichnisse mit abgeliefert werden. Wenn sie brauchbar sind, wird man sich im Archiv die Neuverzeichnung ersparen und die vorhandenen Verzeichnisse weiter benutzen. Die tatsächlich vorhandenen Akten werden in diesen Verzeichnissen angemerkt, nicht aber, wie das bisher meist üblich war, durch Abhakungen, sondern, da solche bereits meist darin enthalten sind, durch den Stempel »Staatsarchiv«, der jeden Irrtum in Zukunft ausschließt.

Sind aber brauchbare Verzeichnisse bei der Behörde nicht vorhanden, so muß ein anderes Verfahren angewendet werden. Die Verzeichnung der Akten muß dann im Staatsarchiv zunächst in Karteiform erfolgen. Wir sind durchaus der Meinung, daß für den Archivbetrieb das Bandrepertorium gegenüber der Kartei in der Regel den Vorzug verdient. Aber wir müssen im gegenwärtigen Zustand auf diesen Vorteil zugunsten einer geregelten und Umwege ersparenden Tätigkeit zunächst verzichten. Die Verzeichnung in Karteiform erfolgt in der Weise, daß innerhalb des Archivkörpers für jedes Aktenstück ein besonderes Blatt gewählt wird, daß die Akten dabei in willkürlicher Reihenfolge verzeichnet werden, und daß eine systematische Ordnung nach sachentsprechenden Gesichtspunkten zunächst nur in den Karteiblättern hergestellt wird. Jede Neuablieferung kann bei diesem Verzeichnungsprinzip mühelos dem bereits in Teilen im Staatsarchiv vorhandenen Archivkörper eingefügt werden, und erst dann, wenn ein Achivkörper im Archiv geschlossen vorhanden sein wird, kann die Zusammenfassung der Verzeichnung im Bandrepertorium erfolgen. Bis dahin kann freilich in einzelnen Fällen noch sehr lange Zeit vergehen.

Die Vorteile dieses Verfahrens leuchten ohne weiteres ein. Es ist dabei möglich, jeden Neuzugang in kürzester Zeit der Benutzung zugänglich zu machen, alle Teilablieferungen sofort dem Bestand, zu dem sie gehören, einzugliedern und unnötige Umwege der Anlage von Bandrepertorien, die später wieder aufgelöst werden müssen, zu vermeiden.

Wir stehen am Anfang des Ausbaues der Thüringischen Staatsarchive und haben mit der Lösung der beiden soeben gekennzeichneten Hauptaufgaben, der systematischen Vervollständigung und Abrundung unserer Bestände und der völligen Neugestaltung unserer Ordnungsgrundsätze, eben erst begonnen. Aber die Erfahrungen, die wir dabei sammeln konnten, ermutigen uns, auf diesem Wege fortzuschreiten. Denn die Aufgabe ist nicht nur dankbar, sie ist auch reizvoll; sie schließt in sich nicht nur eine archivtechnische Angelegenheit, sondern auch eine wissenschaftliche Frage, die Geschichte der Behördenorganisation in den thüringischen Einzelstaaten, die teilweise erst durch diese neuen archivalischen Arbeiten gelöst werden kann. Am Ende dieser Arbeiten aber steht die Veröffentlichung unserer Archivinventare, die wir mit aller Kraft erstreben.

Die Entwicklung des staatlichen Archivwesens in Thüringen und seine Beziehungen zur Landesgeschichtsforschung*
1938

Für die gesamte landes- und heimatgeschichtliche Forschung, die sich in der Gegenwart steigender Beachtung und Förderung erfreut, sind die staatlichen Archive diejenigen Forschungsstätten, die für die Bereitstellung und Nutzbarmachung der Quellen an erster Stelle stehen. So sehr diese Tatsache im allgemeinen bekannt ist und so lebhaft die Archive für die geschichtlichen Arbeiten aller Gebiete heute benutzt werden, so wenig weiß man, wie die tägliche Erfahrung zeigt, von dem Wesen und den Aufgaben dieser Institute an sich. Es mag das zumeist damit zusammenhängen, daß die Staatsarchive erst in neuerer Zeit allen Kreisen des Volkes zugänglich geworden sind, daß ihre Schätze früher ängstlich geheimgehalten wurden. In Thüringen wird diese allenthalben noch mangelnde Kenntnis auch dadurch bedingt sein, daß die Thüringischen Staatsarchive in ihrer heutigen Gestalt mit ihrem weiten Wirkungskreis erst in jüngster Zeit geschaffen worden sind. Und doch ist gerade die genaue Kenntnis des Zweckes der staatlichen Archive, ihrer Tätigkeit und ihrer Bedeutung auch für den Geschichtsforscher jeder Art von besonderem Wert, da ihm nur auf diese Weise der planmäßige Weg zu den hier liegenden Quellen gebahnt und nur so die Besonderheit des archivalischen Stoffes begriffen werden kann.

Nach der heute allgemein angenommenen Begriffsbestimmung versteht man unter einem Archiv eine Anstalt, die den schriftlichen Niederschlag einer Geschäftsführung, so-

---

* Die hier gegebenen Ausführungen enthalten eine knappe Zusammenfassung der Gedanken, die ich in folgenden Vorträgen weiter ausgeführt habe: Die Entwicklung der reußischen Archive im Rahmen der thüringischen Archivgeschichte (Thüringischer Archivtag in Schleiz 1935). – Stellung und Aufgaben der Thüringischen Staatsarchive im neuen Staat (Thüringischer Archivtag in Gotha 1936. Gedruckt: Thüringer Fähnlein, 5 (1936), S. 359–365 [erneut abgedruckt im vorliegenden Band]). – Die Thüringischen Staatsarchive und die Landesgeschichtsforschung (Hauptversammlung des Vereins für Thüringische Geschichte und Altertumskunde und Thüringischer Archivtag in Rudolstadt 1937). – Aufbau und Aufgaben des staatlichen Archivwesens in Thüringen (Deutscher Archivtag in Gotha 1937). – Neue Aufgaben des Ausbaues der Thüringischen Staatsarchive (Thüringischer Archivtag in Zeulenroda 1938). – Sie beruhen unter Heranziehung der vorhandenen Literatur im wesentlichen auf eigenen Forschungen. Es sei gestattet, noch darauf hinzuweisen, daß der Vortrag in Rudolstadt über die Archive und die Landesgeschichtsforschung einige Monate vor dem Erscheinen des Buches von Georg Mentz, Ein Jahrhundert thüringischer Geschichtsforschung, Jena 1937, gehalten wurde, in dem ein besonderes Kapitel den landesgeschichtlichen Leistungen der thüringischen Archivare gewidmet ist.

Hinzufügung des Herausgebers: Der erneute Abdruck dieses Beitrages erfolgt ohne das dem Erstdruck angefügte Literaturverzeichnis über die einzelnen Staatsarchive.

weit er im täglichen Geschäftsgang nicht mehr benötigt wird und soweit er aus bestimmten Gründen für dauernd aufzubewahren ist, aufnimmt, ordnet, verzeichnet und damit der Benutzung für amtliche und private geschäftliche oder wissenschaftliche Zwecke zugänglich macht. Auf die Staatsarchive angewendet, besagt diese Bestimmung demgemäß, daß sie zur Aufnahme, zur Ordnung und Verzeichnung und zur weiteren Auswertung des in der gesamten staatlichen Verwaltungsarbeit entstehenden und aufzubewahrenden Schriftgutes eingerichtet sind. Nicht zu allen Zeiten haben die staatlichen Archive diesen Zweck und diese Aufgabe gehabt. Vielmehr hat sich ihre umfassende Tätigkeit für staatliche und private Bedürfnisse erst im Laufe ihrer Entwicklung herausgebildet. Der Weg zum Verständnis von Wesen und Aufgabe der Staatsarchive führt also, wie auch sonst häufig, über die Darlegung ihres geschichtlichen Werdegangs.

Die Entwicklung des staatlichen Archivwesens in Thüringen ist auf das engste mit der staatlich-politischen Gestaltung des Landes verknüpft. Seine Ausbildung erfolgte im Zuge der sich allmählich entfaltenden staatlichen Behördenorganisation. Die ersten Anfänge gehen hier, wie in den anderen deutschen Ländern, in das 14. und 15. Jahrhundert zurück. Wenn die Kirche und ihre einzelnen Institute infolge ihrer Seßhaftigkeit schon frühzeitig auf die Sicherung und Aufbewahrung der ihren Besitzstand und ihre Rechte schützenden Aufzeichnungen an einer Stelle Bedacht nehmen konnten, so stand dem bei den weltlichen Verwaltungen zunächst die wandernde Hofhaltung entgegen. Erst mit der allmählichen Seßhaftwerdung und der Herausbildung besonderer Verwaltungsmittelpunkte, mit der Einrichtung eines geordneten Kanzleiwesens und besonders mit der immer weiter zunehmenden und um sich greifenden Schriftlichkeit des amtlichen Verkehrs wurde es möglich und zugleich notwendig, der Aufbewahrung des verwaltungsmäßigen Schriftwerkes mehr Aufmerksamkeit zu schenken. So lassen sich die ersten Anzeichen für eine geordnete Archivalienverwahrung – um hier und weiterhin nur diejenigen landesherrlichen Geschlechter zu nennen, die durch die folgenden Jahrhunderte hindurch bis an die Schwelle der Gegenwart in Thüringen politisch von Einfluß geblieben sind – bei den Wettinern in der ersten Hälfte des 14. Jahrhunderts, bei den Grafen von Schwarzburg um die Mitte des gleichen Jahrhunderts und bei den Vorfahren der Reußen von Plauen, den Vögten von Weida, Gera und Plauen, im Laufe des 15. Jahrhunderts beobachten. Freilich sind diese anfänglichen archivalischen Einrichtungen weit von dem entfernt, was später oder heute den Begriff des Archivs ausmacht. Die geringe Menge des archivalischen Stoffes, ganz überwiegend aus Urkunden bestehend, konnte in einer Truhe oder in einigen Kästen bequem aufbewahrt werden. Entscheidend aber war, daß diese so verwahrten Dokumente aus der laufenden Verwaltungsarbeit herausgezogen und an einer sicheren Stelle, meist in den Schlössern, für dauernd niedergelegt waren. Wenn die Art der Zusammenbringung der Archivalien zunächst auch wenig planvoll erfolgte und wenn man auch innerhalb einer Verwaltung meist mehrere Verwahrungsstellen einrichtete, so waren doch damit die sachlichen und örtlichen Ansatzpunkte gegeben, aus denen sich die späteren organisierten Archive entwickeln konnten und tatsächlich entwickelten.

Deutlich faßbarer treten die staatlichen Archive der thüringischen Länder erst während des 16. und dem Anfang des 17. Jahrhunderts in Erscheinung. Die Menge des archivalischen Stoffes war damals erheblich angewachsen; neben die Urkunden waren die Akten und die Amtsbücher getreten, seit vom Ausgang des 15. Jahrhunderts ab ein vielgestaltiges Aktenwesen entstanden war. Sichtbar trat damals das Bestreben nach einer strafferen Zusammenfassung der Archivalien in Erscheinung. Sie findet für die drei landesherrlichen Geschlechter Thüringens ihren gleichmäßigen Ausdruck in der Einrichtung von »Gemeinschaftlichen Archiven«. Leitend war dabei der Gesichtspunkt, die infolge der früheren mangelhafteren Organisation und der zahlreichen Gebietsaufteilungen zerstreut liegenden, das Gesamthaus und seine Rechte angehenden Archivalien an einer Stelle zu vereinigen, zugleich aber damit für alle Zeiten eine Einrichtung zu treffen, die bei den zukünftigen Landesteilungen unangetastet bleiben sollte. Im Zuge dieser Bestrebungen wurde damals bei den Ernestinern das seit 1547 in Weimar befindliche Gemeinschaftliche Archiv des Sachsen-Ernestinischen Hauses in den Jahren 1574 bis 1583 organisiert und bei den Schwarzburgern in der entscheidenden Landesteilung von 1599 das Archivum commune in Rudolstadt eingerichtet; bei den Reußen aber ist es nach anfänglichen Versuchen der Bildung eines Gemeinschaftsarchivs des Gesamthauses seit 1564 dann am Anfang des 17. Jahrhunderts wenigstens zur Festlegung der getrennten Hauptarchive für die ältere und die jüngere Linie des Hauses in Greiz und in Gera gekommen. Die in jener Zeit geschaffenen Gemeinschaftlichen Archive der regierenden Häuser sind noch heute wesentliche Bestandteile der Thüringischen Staatsarchive. Zu ihnen gehört auch das Gemeinschaftliche Hennebergische Archiv im Staatsarchiv Meiningen, das als Inhalt und umfangreiche archivalische Hinterlassenschaft eines bedeutsamen ausgestorbenen landesherrlichen Geschlechts eine Sonderstellung unter den thüringischen Archivbeständen einnimmt.

Das 17. Jahrhundert, das in der thüringischen Geschichte das ausgesprochene Jahrhundert der Landesteilungen darstellt, mußte auch auf archivalischem Gebiet bei seiner sachbedingten engen Verflechtung mit der staatlich-politischen Entwicklung neue Verhältnisse schaffen. Wohl haben die Gemeinschaftlichen Archive jene ständig wiederholten Landeszerreißungen und -verschiebungen trotz mancher heute bedauerlichen Eingriffe gut überstanden, und wohl ist der Gemeinschaftsgedanke in der zeitweiligen Anstellung von Gemeinschaftlichen Archivaren auch weiterhin lebendig geblieben. Aber mit dem Aufbau von Behördenorganisationen in den immer neu gebildeten kleinen Territorien entstanden allenthalben auch neue Archive der Teillinien, und diese haben dann teilweise trotz der während des 18. Jahrhunderts wieder eingetretenen Ländervereinigungen bis zur Gegenwart ihr Sonderdasein geführt, teilweise sind sie auch in den Archiven der noch verbleibenden Teilstaaten aufgegangen. Jedenfalls war, als sich zu Beginn des 19. Jahrhunderts aus der unübersichtlichen Kleinstaaterei ein staatlicher Zustand mit acht Einzelstaaten herausgebildet hatte, der dann ein Jahrhundert überdauerte, eine außerordentliche Mannigfaltigkeit und Vielgliedrigkeit der Archive entstanden, die bis zur Gründung eines einheitlich organisierten thüringischen Archivwesens tiefgreifende Veränderungen in äußerer Beziehung nicht mehr erlitt.

Dafür aber liegt am Anfang des 19. Jahrhunderts ein Einschnitt in der Auffassung vom Wesen der Archive und ihrer Bewertung, der insbesondere ihre Bedeutung für die geschichtliche Forschung und ihre Stellung innerhalb der geschichtlichen Arbeit zutiefst berührt. Er geht uns deshalb hier besonders an.

Die ältere, bis in den Anfang des 19. Jahrhunderts geltende Auffassung von den staatlichen Archiven ist ganz überwiegend staatspolitisch und staatsrechtlich bestimmt. Ihre Einrichtung und ihre Unterhaltung erfolgte unter dem leitenden Gesichtspunkt der Sicherung staatlicher Interessen, der Erhaltung »der Gerechtsame des Staates und seiner heiligen Rechte«, der Verteidigung landesherrlicher Befugnisse. Für jene Zeiten, deren rechtliche Bindungen seit Jahrhunderten bestanden, war diese Auffassung notwendig. Sie hat ihren klassischen Ausdruck in der Formulierung gefunden, die der Archivar Philipp Ernst Spieß seiner Abhandlung »Von Archiven« (1777) vorangestellt hat: »Die Ruhe eines Staates hanget sehr viel von diesem Kleinod [dem Archiv] als der Brustwehr wider alle Ansprüche widrig gesinnter Nachbarn ab. Ja es ist nur allzu gewiß, daß ein Land unglücklich zu schätzen ist, in welchem nicht auf beständige Ordnung der Archive und Registraturen gesehen wird. Die Gerechtsame des Landes leiden offenbar darunter, weil ohne Urkunden und Akten in Kanzleien nichts gearbeitet werden kann und es hier nicht auf bloßen Witz und Erfindungskraft, sondern auf den wörtlichen Inhalt schriftlich aufgezeichneter Handlungen ankommt. Der größte Theorist muß mit aller zu Hilfe genommenen Sophisterei gegen ein einziges, die Sache beweisendes echtes Dokument doch endlich unterliegen, und dies ist es eigentlich, was die sorgfältige und ordentliche Verwahrung der Urkunden und Akten nötig macht, weil sonst der minder witzige oder schwächere Teil gegen den witzigern oder stärkern oft in einer gerechten Sache zu kurz kommen würde.« Und treffend hat Pütter in seiner »Anleitung zur Juristischen Praxi« die Gründe für die Einrichtung von Archiven und ihre rechtliche Geltung als Institute öffentlichen Ansehens geschildert, wenn er vorschlägt: »Von allen Geschäften, die auf Rechte und Verbindlichkeiten einige Absicht haben, ist ratsam, alle Urkunden und Schriften zum Gebrauch künftiger Zeiten aufzuheben, um auf jeden benötigten Fall sich deren sowohl zu Beweisen als zur Nachricht bedienen zu können. Dieses trifft sowohl Privatpersonen als ganze Staaten, Höfe, Obrigkeiten, Beamten, Gesandtschaften, corpora und collegia. Man nennt aber solche Sammlungen von Urkunden und Schriften, die unter öffentlichem Ansehen (auctoritate publica) angestellt werden, insonderheit Archive.« Nach dieser allgemein herrschenden Ansicht betrachtete man damals auch in den thüringischen Staaten die Archive als ein »bei allen hohen Häusern, Regimentern und Kanzleien nötig und nützliches Werk«.

Wenn es so die Aufgabe der staatlichen Archive war, die schriftlichen Unterlagen für die Aufrechterhaltung und im Falle des Angriffs für die Verteidigung der staatlichen Gerechtsame aufzubewahren und bereitzustellen, so war damit einmal notwendig bedingt, daß der Archivar nur der auch in staatsrechtlichen Verhältnissen bewanderte Jurist sein konnte. Soweit wir daher die Reihe der Archivare in den thüringischen Archiven überblicken – und wir können dies fast lückenlos seit dem Ausgang des 17. Jahrhunderts – sehen wir überall Juristen oder wenigstens Leute aus der Verwaltungspraxis mit der Wahrnehmung archivarischer Geschäfte betraut. Nur selten sind sie Archivare im Hauptberuf, vielmehr üben sie diese Aufgabe zumeist neben einer anderen Tätigkeit in der staatlichen Verwaltung aus. Manchmal scheint es fast, als ob die Wirksamkeit im Archiv als Vorstufe für höhere Verwaltungsstellen angesehen wurde; jedenfalls läßt sich wiederholt beobachten, daß frühere Archivare zu den höchsten Stellen des damaligen Staates aufgerückt sind.

Zum andern aber folgte aus der Bewertung der Archive als staatspolitisch notwendiger Einrichtungen, daß das Archivgeheimnis streng gewahrt werden mußte. Nur den höchsten staatlichen Beamten war es möglich, unbeschränkte Einsicht in das Archiv zu nehmen. Jeder unbefugte Blick von außen aber wurde ängstlich ferngehalten, und durch alle Instruktionen und Anstellungsdekrete für die Archivare zieht sich immer wieder der Satz, daß sie die während ihrer Tätigkeit im Archiv erlangten Kenntnisse »bis in ihre Grube zu verschweigen« hätten. Es ist klar, daß bei solcher Einstellung die Auswertung der Archive für historische Forschungen nur unter Schwierigkeiten und Einschränkungen möglich war. Zwar sind, seit die Fortschritte der historischen Methode, besonders der Urkundenkritik, auf die Heranziehung der unmittelbaren Quellen für die geschichtliche Arbeit drängten, auch in Thüringen wertvolle und teilweise noch heute unentbehrliche Arbeiten, vor allem

Quellenveröffentlichungen, auf Grund des Materials in den staatlichen Archiven entstanden. Man braucht, um aus der Fülle der Namen nur einige zu nennen, nur an Männer wie Friedrich Hortleder und Johann Sebastian Müller, Cyriakus Spangenberg und Johann Adolph (von) Schultes, Wilhelm Ernst Tentzel und Friedrich Rudolphi, Christian Schöttgen, Georg Christoph Kreisig und Johann Burchard Mencken, Paul Jovius und Lebrecht Wilhelm Heinrich Heydenreich, Peter Beckler und Johann Gottfried Büchner, Johann Martin Schamelius und Heinrich Friedrich Otto zu erinnern, um anzudeuten, wie umfangreich die archivalischen Arbeiten für geschichtliche Zwecke damals schon betrieben wurden. Aber man muß dann doch sogleich auch auf Namen wie Caspar Sagittarius und Christian Juncker und das Schicksal ihrer auf archivalisches Material gegründeten Arbeiten hinweisen, um darzutun, daß es nur bevorzugte Geister waren, denen der wissenschaftliche Zutritt zum Archiv gestattet wurde, daß ihre archivalischen Forschungen unter strenger staatlicher Beobachtung standen und daß den Ergebnissen ihrer Arbeit die Veröffentlichung versagt wurde, wenn fürstliche Laune und kleinstaatlicher Partikularismus die staatliche Autorität dadurch gefährdet sahen.

Diese ältere, staatspolitisch und juristisch ausgerichtete Auffassung vom Wesen und vom Zweck staatlicher Archive erlitt einen entscheidenden Stoß, als durch die Französische Revolution und ihre Auswirkungen auf staatlichem und rechtlichem Gebiet auch in Deutschland alte, seit Jahrhunderten bestehende Bindungen beseitigt und neue Grundlagen des Rechtslebens geschaffen wurden. Begriffe wie Bauernbefreiung und Fronablösung, Aufhebung des Lehnsverbandes und der patrimonialen Gerichtsbarkeit deuten an, wie umwälzend diese Maßnahmen gewesen sind. Für die staatlichen Archive und die in ihnen angesammelten Bestände bedeuteten diese Vorgänge aber eine Entwertung nach der rechtlichen Seite hin. Die Dokumente, die den schriftlichen Niederschlag der bisherigen rechtlichen Verhältnisse darstellten, die Beweis und Stütze ihres Bestandes waren, wurden damit weithin ihres rechtlichen Wertes entkleidet. Gleichzeitig aber nahm ihre Bedeutung als geschichtliche Quellen für nunmehr historisch gewordene Zustände und Tatsachen zu, und diese Neubewertung der Archivalien wurde noch besonders gefördert durch das lebhafte Verständnis der romantischen Geistesrichtung für die Geschichtsschreibung, insbesondere des deutschen Mittelalters. So kam es, daß man nun in den Archiven allmählich wissenschaftliche Forschungsstätten erblickte, die das Quellenmaterial für die geschichtlichen Arbeiten lieferten. Diese neue Auffassung vom Wesen der Archive setzte sich zunächst mit so lebhafter Eindringlichkeit in völligen Gegensatz zur älteren Ansicht, daß sich nunmehr der Begriff des »Historischen Archivs« herausbildete, der das Archiv als »eine Sammlung der auf dem Wege der Geschäftsführung entstandener, in sich abgeschlossener und als Belege für geschichtliche Verhältnisse dienender schriftlicher Nachrichten« ansah.

Zwei Seiten dieser Umwertung in der Auffassung von der Stellung der Archive interessieren uns hier wieder besonders, die Auswertung der Archivalien für die geschichtliche, insbesondere die landesgeschichtliche Forschung und die damit eng zusammenhängende Frage des archivarischen Berufsstandes. War es früher der Jurist, der das Archiv beherrschte, so mußte jetzt bei der Hervorkehrung ihres geschichtlichen Wertes der Historiker als Archivar seinen Einzug halten. Auch in Thüringen ist das bald geschehen. Voran gingen hier die Archive in Gotha und Rudolstadt, die gleichzeitig 1836 mit Historikern oder, was damals gleichbedeutend war, mit Philologen und geschichtlich interessierten Männern besetzt wurden, dort durch Johann Heinrich Möller, hier durch den schon lange vorher geschichtlich tätigen Ludwig Friedrich Hesse. Andere Archive folgten ihnen nach, und seit der Mitte des 19. Jahrhunderts kann die Betreuung der staatlichen Archive, soweit überhaupt etwas für sie getan wurde, durch Historiker als die Regel gelten.

Hand in Hand mit dieser veränderten Stellenbesetzung ging nun auch die allgemeinere Öffnung der Archive für die geschichtliche Forschung und insbesondere die Verarbeitung ihres Inhaltes in Quellenpublikationen und Darstellungen aus dem Gebiete der Landesgeschichte. Seit sich von den zwanziger Jahren des vorigen Jahrhunderts ab durch Gründung ortsgeschichtlicher Vereine und seit der Mitte des Jahrhunderts durch den auf das gesamtthüringische Gebiet gerichteten Verein für Thüringische Geschichte und Altertumskunde historisches Interesse und Verständnis in breiteren Kreisen des Volkes kundtat, seit sich durch die Erweiterung und Verfeinerung der Forschungsmethode die geschichtliche Arbeit auf immer weitere Gebiete geschichtlichen Lebens erstreckte, seit demnach neben den früher besonders bevorzugten Urkunden auch die Akten und sonstigen Archivalien zur Auswertung herangezogen wurden, ist eine Fülle von Quellenveröffentlichungen, Urkundenbüchern und Aktenpublikationen, von selbständigen Darstellungen und Zeitschriftenaufsätzen erschienen, die auf der Auswertung des Quellenstoffes der nun allgemein zugänglichen Archive beruht. Sie im einzelnen zu nennen, ist unmöglich. Es sei deswegen nur darauf hingewiesen, daß die Werke zur Landesgeschichte, die dem vorigen Jahrhundert ihr besonderes historiographisches Gepräge geben, die Landeskunden und die Bau- und Kunstdenkmäler, ohne die Schätze der staatlichen Archive in dieser Form nicht möglich gewesen wären. Uneingeschränkt darf man das eine feststellen, daß das Aufblühen der landesgeschichtlichen Forschung im 19. Jahrhundert in erster Linie durch die Neubewertung der Archive als historischer Forschungsstätten und durch ihre aktive Beteiligung an der Forschung selbst begründet ist. Dabei ist die Erschließung des archivalischen Stoffes nicht nur der Landesgeschichte zugute gekommen, sondern auch die allgemeine und die Reichsgeschichte haben wertvolle Grundlagen aus den thüringischen Archiven geschöpft. Man weiß, daß beispielsweise Rankes Deutsche Geschichte im Zeitalter der Reformation im wesentlichen mit auf den wertvollen Beständen des Ernestinischen Gesamtarchivs im Staatsarchiv Weimar beruht.

Die bisweilen völlig einseitige Neubewertung der Archive gegenüber der älteren Auffassung hat sich freilich auch im 19. Jahrhundert nicht durchsetzen können. Neben ihr war die dem Wesen der Archive gerechter werdende Anschauung wirksam, die ihre Bedeutung »als Bedingung einer eigentümlichen Verwaltung« ansah und ihren organischen Zusammenhang mit den Verwaltungsbehörden betonte. Aus beiden Auffassungen entwickelte sich dann am Ende des vorigen und zu Beginn unseres Jahrhunderts die Synthese, die in den Staatsarchiven die Anstalten sieht, die den in der staatlichen Verwaltungsarbeit entstehenden schriftlichen Niederschlag aufnehmen und durch geeignete Bearbeitung sowohl dem amtlichen Gebrauch als auch der privaten Forschung wieder nutzbar machen. Staatspolitisch-rechtliche wie auch wissenschaftliche Zielsetzungen werden dabei in gleicher Weise berücksichtigt, und das Wesen der Staatsarchive als Verwaltungsbehörden, die der Staatsverwaltung dienen, und zugleich als Forschungsanstalten, die der wissenschaftlichen Forschung offenstehen, ist damit, eindeutig festgelegt. Die Archivare für diese Archive sind auch weiterhin die Historiker, die freilich für dieses Amt einer sehr vielseitigen Ausbildung, besonders auch in rechtsgeschichtlichen und staatswissenschaftlichen Fragen bedürfen.

Die neueste Gestaltung des staatlichen Archivwesens in Thüringen ist im Zusammenhang mit der Bildung des Landes Thüringen im Jahre 1920 und mit dem Aufbau einer völlig neuen Behördenorganisation erfolgt. Sie mußte an den damaligen Zustand in der Ver-

fassung und Verteilung der Archive anknüpfen, und diese zeigte, wie auch das politische
Gepräge des Landes, ein vielgliedriges, zerrissenes und uneinheitliches Bild. Für acht Einzelstaaten bestanden 16 Archive an 13 Orten. Teils handelte es sich dabei um abgeschlossene Bestände, teils waren sie für Neuzugänge bestimmt. Meist enthielten sie nur die Archivalien der Oberbehörden, ließen aber die ebenso wichtigen der nachgeordneten Behörden
unberücksichtigt. Nicht alle waren fachmännisch verwaltet; zum guten Teil bildeten sie Anhängsel der Verwaltungsbehörden selbst und waren von deren Registraturen nicht deutlich
getrennt. War es schon eine Notwendigkeit, im Interesse der Einheitlichkeit der Verwaltung
hier Wandel zu schaffen, so waren einschneidende Maßnahmen erst recht dringend geboten durch die im Zuge des Neuaufbaues der thüringischen Landesbehörden sich ergebende
Umgestaltung des Aktenwesens. Denn mit dem Abbau der alten einzelstaatlichen Behörden
und ihrer Auflösung oder Umbildung zu neuen thüringischen Behörden, mit der allmählichen Umgestaltung und Vereinheitlichung der Gesetzgebung und des Verwaltungsrechtes
wurden große Mengen von Akten für den laufenden Geschäftsgang entbehrlich und mußten von den Behörden zur Entlastung abgestoßen werden. Da ein sehr großer Teil aus rechtlichen und geschichtlichen Gründen dauernd zu erhalten war, lag somit die Archivfrage auf
der Hand. In ihrer bestehenden Form konnten die vorhandenen Archive dem ungeheuren
Zuwachs, der ihrer harrte und der ihren bisherigen Umfang um ein Vielfaches übertraf,
nicht gerecht werden. Wohl aber gab ihr Vorhandensein den Ansatzpunkt zu einem völligen Neubau. In den Jahren von 1920 bis 1926 ist er, im wesentlichen das Werk Armin Tilles, aufgerichtet worden. Die anfänglichen Pläne der Einrichtung eines Zentralarchivs für
Thüringen oder wenigstens der Zusammenfassung der geschichtlichen Entwicklung zu-
sammengehörender Archivgruppen, die der Sache am dienlichsten gewesen wären, scheiterten am kleinstaatlichen Partikularismus, wobei nach sachverständigem Urteil »ganz besonders diejenigen Gebiete, die von sich aus für das Archivwesen bisher wenig oder gar
nichts getan hatten, dem Gedanken an eine Verlegung des Archivs sofort kräftig widerspra-
chen«, und an der Nichterfüllbarkeit der notwendigen sachlichen Voraussetzungen, vor
allem an der Raumfrage. So erwuchsen dann in den ehemaligen Hauptstädten der früheren
sieben Einzelstaaten – die beiden Reuß hatten sich bereits vor der Bildung des Landes Thüringen, am 4. April 1919, zum Volksstaat Reuß zusammengeschlossen – in Altenburg,
Gotha, Greiz, Meiningen, Rudolstadt, Sondershausen und Weimar, sieben Staatsarchive
[eigentlich acht; das Staatsarchiv Arnstadt wurde 1929 nach Sondershausen überführt], von
denen jedes zur Aufnahme des Archivgutes eines früheren Einzelstaates bestimmt wurde.
Dieser erste Aufbau konnte, nachdem die auch bei dieser Dezentralisation immer noch
schwierige Raumfrage und die Personalfrage einigermaßen gelöst waren, als abgeschlossen
gelten.

Die zweite Periode des Aufbaues mußte darauf gerichtet sein, dieser Dezentralisation die
Mängel und Gefahren einer weiteren uneinheitlichen Entwicklung des gesamten Archivwesens, die sie in sich schließen konnte, zu nehmen, eine klare Richtung der Arbeit im einzelnen festzulegen und dabei doch jedem Archiv seine geschichtlich bedingte Sonderart und
sein Eigenleben zu lassen. Sie begann mit der Schaffung einer einheitlichen, verantwortlichen Oberleitung der Thüringischen Staatsarchive, die [1926] dem Direktor des Staatsarchivs Weimar übertragen wurde, und sie fand deutlichsten Ausdruck in den aus der praktischen Erfahrung gewachsenen Ordnungen, die das thüringische Archivwesen damals
erhielt. Den Anfang bildete die Verordnung über die Ausscheidung von Akten bei staatlichen Behörden vom 15. Dezember 1927, die die Mitwirkung der Staatsarchive bei den Ak-

tenausscheidungen aller staatlichen Behörden, von den Zentralbehörden bis hinunter zu den kleinsten Unterbehörden, sicherstellte, ihnen damit ihren Platz im Rahmen der gesamten staatlichen Verwaltung anwies und ihren Charakter als Zentralbehörden, den sie trotz der dezentralisierten Organisation haben, festigte. Ihr folgte die Ordnung der Ausbildung und Prüfung der wissenschaftlichen Archivbeamten vom 5. November 1928, durch die die Frage des wissenschaftlichen Nachwuchses mit strengen Anforderungen geregelt wurde. Und nachdem durch die Kosten- und Gebührenordnung für Thüringische Staatsarchive vom 13. Februar 1930 auch die finanzielle Seite der Archivbenutzung geklärt war, wobei die wissenschaftliche Forschung von jeder Gebührenerhebung ausgenommen wurde, konnte die Thüringische Archivordnung vom 15. April 1932 und die mit ihr zusammengehörende Geschäftsordnung für die Thüringischen Staatsarchive vom gleichen Tage den zweiten Teil des Aufbauwerkes beschließen. In diesen beiden Ordnungen ist die äußere Stellung und der innere Betrieb der Staatsarchive nach allen Richtungen hin grundsätzlich festgelegt. Sie bedeuten für uns aber nicht nur Abschluß einer Entwicklung, sondern zugleich Beginn einer neuen Periode des thüringischen Archivwesens, die dem inneren Ausbau des unter mancherlei Hemmungen gewachsenen Werkes gewidmet sein muß.

Dieser innere Ausbau, der in erster Linie zwei Probleme in sich schließt, die planmäßige Vervollständigung und Abrundung der Archivbestände und die völlige Neugestaltung der Ordnungsgrundsätze, ist notwendig bedingt durch die neuen Aufgaben, die den Staatsarchiven allenthalben von außen gestellt werden. Er soll und wird sie befähigen, den an sie gestellten erhöhten Anforderungen gerecht zu werden. Diese sind namentlich durch den nationalsozialistischen Staat, der durch die nationalsozialistische Weltanschauung an sich und durch manche gesetzgeberische Maßnahme das Verständnis für die in der Geschichte unseres Volkes liegenden Werte neu geweckt und gefördert hat, in bis dahin ungeahnter Weise gesteigert worden, und damit ist eine starke Ausweitung des Arbeitsgebietes der Staatsarchive erfolgt, die sich sowohl auf ihre Tätigkeit als Staatsverwaltungsbehörden wie auch als wissenschaftliche Anstalten für geschichtliche Forschung erstreckt. Durch Rassengesetzgebung und Forderung des Abstammungsnachweises in Partei und Staat, durch Erbhofgesetzgebung und Altbauernehrung, durch Verordnungen über das Wappen- und Siegelwesen der Gemeinden, durch Maßnahmen zur Anlage von Chroniken der Gemeinden und ähnliches werden die Staatsarchive, ohne deren reichhaltige Quellenbestände und ohne deren tätige Mitwirkung alle diese neugestellten Fragen nicht gelöst werden können, stärkstens berührt. Ein neues Wirkungsfeld ist ihnen dann weiterhin damit eröffnet worden, daß sich der Staat in Erkenntnis der hohen Bedeutung des Quellenwertes der Archivalien gerade für die eben gekennzeichneten Maßnahmen den Schutz der Archivalien sowohl staatlicher als nichtstaatlicher Herkunft besonders angelegen sein läßt und die Durchführung dieses Schutzes den Staatsarchiven übertragen hat. Vor allem aber ist durch das in breitesten Kreisen des Volkes geweckte Verständnis für Sippen- und Heimatforschung jeder Art und die Anregung zur eingehenden Beschäftigung mit diesen Gebieten der Benutzerkreis der Staatsarchive in ausgedehntestem Maße erweitert worden, und diese Tatsache schließt in sich eine Ausweitung der auskunfterteilenden und beratenden Tätigkeit, zugleich auch der belehrenden und anleitenden Arbeit.

Wenn wir so, um den uns hier besonders interessierenden Gedanken wieder aufzugreifen, feststellen, daß die thüringischen staatlichen Archive zu allen Zeiten neben ihrer sonstigen weitverzweigten Tätigkeit auch im Dienste der Landes- und Heimatgeschichtsforschung gestanden haben, so muß zum Schluß noch die Frage aufgeworfen werden, inwieweit sich ihre Archivare selbst aktiv daran beteiligt haben, d. h. zunächst, in welchem Umfang und in welcher Weise sie mit Veröffentlichungen produktiv hervorgetreten sind. Schon für die ältere Zeit, die, wie wir gezeigt haben, die Aufgabe des Archivs und des Archivars nicht in dieser Richtung sah, ergibt sich dabei eine im Rahmen der Gesamtproduktion beachtliche Tätigkeit auf dem Gebiete der Darstellung und der Quellenpublikation. Statt vieler wollen wir nur zwei Namen und zwei Werke hier nennen, für das 17. Jahrhundert den Weimarer Archivar Johann Sebastian Müller und seine »Sächsischen Annalen«, für das 18. Jahrhundert den Gothaer Archivar Friedrich Rudolphi und sein Werk »Gotha Diplomatica«, um zu zeigen, daß die wissenschaftliche Arbeit der früheren Archivare auch heute zum guten Teil noch unentbehrlich ist. Noch lebhafter gestaltete sich die aktive Teilnahme der Archivare an der landesgeschichtlichen Forschung dann im 19. Jahrhundert, das die Bedeutung der Archive für die geschichtliche Arbeit besonders herausstellte. Die Weimarer Bernhard Röse, Carl August Hugo Burkhardt, Karl Menzel, Ernst Wülcker und Paul Mitzschke, die Gothaer Johann Heinrich Möller und August Beck, die Meininger Ludwig Bechstein, Georg Brückner und Ernst Koch, der Altenburger Ernst von Braun, die Rudolstädter Ludwig Friedrich Hesse und Berthold Anemüller, der Sondershäuser Friedrich Apfelstedt und der Schleizer Berthold Schmidt, sie alle haben, von ganz wenigen Ausnahmen abgesehen, in der landesgeschichtlichen Forschung noch heute einen guten, teilweise hervorragenden Klang. Und auch in der Gegenwart ist die eigene wissenschaftliche Mitarbeit der thüringischen Staatsarchivare an der Landesgeschichte nicht zurückgegangen, sondern eher noch lebhafter geworden, wenn wir aus naheliegenden Gründen auch auf die Anführung von Namen hier verzichten müssen. Nur das sei angeführt, daß die neueste gesamtthüringische Geschichte einen Archivar zum Verfasser hat, Armin Tille, und daß der Vorsitz in der vom Herrn Reichsstatthalter in Thüringen 1937 ins Leben gerufenen staatlichen Thüringischen Historischen Kommission [Vorsitzender Willy Flach] mit dem Archiv verbunden worden ist.

Diese tätige, auch äußerlich sichtbare Mitarbeit der Archivare an der landesgeschichtlichen Forschung ist indes privater Natur, sie berührt ihre dienstliche Wirksamkeit nur indirekt. Aber auch diese ist zu einem großen Teile der Förderung der Landes- und Heimatgeschichte gewidmet. Aus ihrer Kenntnis des Quellenstoffes und des Standes der landesgeschichtlichen Forschung sind zahlreiche Arbeiten anderer angeregt worden, und wieviel Mitarbeit der Archivare durch Auskunftserteilung und Beratung, durch Heranführen an die Quellen und Mithilfe bei deren Auswertung, durch weiterführende Hinweise und Aufklärungen von ihrer Seite in jeder einzelnen auf archivalischem Material beruhenden Veröffentlichung steckt, das läßt sich aus vielen Vorworten zwar ahnen, aus ebenso vielen aber in keiner Weise erkennen. Und doch liegt in dieser entsagungsvollen Tätigkeit des Archivars, die äußerlich kaum in Erscheinung tritt, ein tiefer Sinn: sie ist Dienst am Volk.

So dürfen wir die Beziehungen der thüringischen staatlichen Archive zur Landesgeschichtsforschung dahin zusammenfassen, daß sie innerhalb dieser Forschung einen festgefügten und nicht mehr wegzudenkenden Platz einnehmen. Infolge der in ihnen angesammelten, noch nicht annähernd erschöpften Schätze sind sie die hervorragendsten Vermittler geschichtlichen Quellengutes. Durch die dienstliche und eigene wissenschaftliche Tätigkeit der an ihnen wirkenden Archivare waren sie die Träger der landesgeschichtlichen Forschung, als diese sich innerhalb der zünftigen Geschichtsschreibung noch keines besonderen Ansehens erfreute. Und auch in Zukunft werden sie diese in ihrem Wesen und in ihren Aufgaben bedingte hervorragende Stellung einnehmen.

Staatsgeheimnis und Wissenschaft
1946

Es gibt bestimmt nicht viele Menschen, die auf die Frage was, ein Staatsarchiv eigentlich sei, welche Aufgaben es zu erfüllen habe und zu welchem Zweck es vom Staat unterhalten werde, eine zutreffende Antwort zu geben wissen. Eine allgemeine, reichlich verschwommene Vorstellung von seinem Wesen ist sicher allenthalben vorhanden, und sie drückt sich meist darin aus, daß es in einem Atemzuge mit Bibliothek und Museum genannt wird. Man weiß also wohl, daß im Archiv Schriftgut aufbewahrt wird und daß dieses vergangenen Zeiten angehört. Aber welcher Art dieses Schriftgut ist, aus welchen Gründen man um seine Erhaltung und Bearbeitung sich müht, das ist weithin unbekannt. Über diese Feststellung könnte man zur Tagesordnung übergehen, wenn sie nicht zugleich nachteilige Folgen in sich schlösse. Denn darin, daß man das Archiv nicht genügend gegen die beiden anderen mit ihm verwandten kulturellen Einrichtungen der Bibliothek und des Museums absetzt, daß man dann weiter mit einer verächtlichen Bemerkung über »Altpapier« und dessen Wertlosigkeit die ganze Angelegenheit, ohne sich ernsthaft um sie bemüht zu haben, abtut, liegt die Gefahr der Verkennung einer Einrichtung, die das gesamte Volk und seine staatliche Verwaltung ganz wesentlich angeht und die ein wertvolles Stück unserer Kultur ist.

Der Weg zum Verständnis des Archivs führt, wie auch sonst häufig, am besten über seine Geschichte. Zeigt uns der aus dem Griechischen kommende Name, daß es bereits bei den Griechen und den Römern ein ausgebildetes Archivwesen gab, das auch von der Kirche übernommen wurde, so ist in unserem Zusammenhang die Beobachtung wichtiger, daß das staatliche Archivwesen Deutschlands im ausgehenden Mittelalter und zwar in den deutschen Landesstaaten jener Zeit entstanden ist. Die Anfänge waren recht bescheiden. Mit der Herausbildung besonderer Verwaltungsmittelpunkte und der Einrichtung eines geordneten Kanzleiwesens waren auch die Möglichkeiten einer Verwahrung der im laufenden Verkehr nicht mehr benötigten, aber aus rechtlichen Gründen dauernd zu erhaltenden Urkunden und Dokumente an festen Plätzen, zumeist auf Schlössern gegeben. An diese Ansatzpunkte konnte man, als die Menge des aufzubewahrenden schriftlichen Materials mit der zunehmenden Schriftlichkeit des Verkehrs wuchs und als neben die Urkunden auch die Akten und die Amtsbücher traten, anknüpfen, und so entstanden seit dem 15. und dem 16. Jahrhundert in allen deutschen Ländern immer umfangreicher werdende staatliche Archive, deren Organisation gut durchdacht war und deren Verwaltung nach strengen Maßstäben durchgeführt wurde. Denn im Archiv erkannte der Staat der damaligen Zeit eines seiner kostbarsten Besitzstücke. Die im Archiv verwahrten Dokumente waren ihm Grundlage und Sicherung seiner staatlichen Gerechtsame und dienten ihm im Falle des Angriffs auf diese »heiligen Rechte« zu deren Verteidigung. Die Auffassung vom Wesen des Archivs war also rein staatsrechtlich und staatspolitisch bestimmt, und von dieser Auffassung aus war es dann nur die notwendige Folgerung, daß Archivar nur der auch in staatsrechtlichen Fragen bewanderte Jurist sein konnte und daß die Einsichtnahme ins Archiv nur wenigen hochgestellten Beamten für staatliche Zwecke erlaubt war. Das Archivgeheimnis wurde streng gewahrt, und der Archivar hatte die im Archiv erlangten Kenntnisse »bis in seine Grube verschwiegen« zu halten. Für historische Forschungen war in diesem so bestimmten Archiv kaum oder nur für wenige bevorzugte Geister Raum.

Bis in den Anfang des 19. Jahrhunderts hinein hat diese ältere staatsrechtliche Auffassung vom Wesen des Archivs gegolten. Sie wurde in ihrem Kern erschüttert durch die Auswirkungen der Französischen Revolution, die auch in Deutschland grundlegende staatliche und rechtliche Umwälzung im Gefolge hatte. Die damals überall erfolgende Ablösung und Beseitigung alter, aus dem Mittelalter überkommener Rechte und Bindungen nahm auch den Urkunden und Dokumenten in den Archiven, die diese Rechte verbrieften, ihren rechtlichen Wert, machte sie zugleich aber zu historischen Quellen dieser nunmehr geschichtlich gewordenen Einrichtungen. So wurden die Archive zu Aufbewahrungsstätten geschichtlicher Quellen ersten Ranges, und die damals herrschende Geistesströmung der Romantik, die bedeutende geschichtliche Interessen hatte und die sich namentlich voll Begeisterung dem deutschen Mittelalter zuwandte, erschloß die Archive als bedeutsame historische Forschungsstätten. Diese Umwertung in der Auffassung vom Wesen des Archivs setzte sich dann zunächst in genauen Gegensatz zur älteren Auffassung und bildete den Begriff des »Historischen Archivs« heraus, in dem man nichts weiter als eine »Sammlung von schriftlichen, als Belege für geschichtliche Verhältnisse dienender Nachrichten« sah. Als Archivar zog nunmehr an Stelle des Juristen der Historiker in das Archiv ein, und dessen Pforten öffneten sich nun weit für die wissenschaftliche Forschung.

Aus diesen beiden sich gegensätzlich gegenüberstehenden Auffassungen vom Archiv, der älteren staatsrechtlichen und der jüngeren historischen, entwickelte sich seit dem Ausgang des 19. Jahrhunderts der gesunde Ausgleich. Es setzte sich allgemein die Begriffsbestimmung durch, daß das staatliche Archiv eine Anstalt ist, die den schriftlichen Niederschlag der gesamten staatlichen Geschäftsführung, soweit er im täglichen Geschäftsgang nicht mehr benötigt wird und soweit er aus bestimmten Gründen für dauernd aufzubewahren ist, aufnimmt, ordnet, verzeichnet und damit der Benutzung für amtliche und private Zwecke zugänglich macht, daß die Staatsarchive also Staatsverwaltungsbehörden und wissenschaftliche Forschungsanstalten zugleich sind, die in gleicher Weise der staatlichen Verwaltung und ihren Belangen zur Sicherung und Ermittelung staatlicher Rechte wie der wissenschaftlichen Forschung zur Aufbewahrung und Auswertung geschichtlicher Quellen dienen. Als Archivar wirkt in ihnen der Historiker, der freilich für dieses Amt einer vielseitigen Ausbildung, nicht nur in allen historischen Disziplinen, sondern auch in rechtlichen und staatswissenschaftlichen Fragen bedarf und der an der wissenschaftlichen Forschung selbst lebhaften tätigen Anteil nimmt. Diese so in ihrem Wesen und in ihrem Aufgabenbereich fest bestimmten modernen Staatsarchive haben gegenüber den älteren eine bedeutsame Ausweitung ihres Arbeitsgebietes erfahren. War das ältere Archiv nur ein Anhängsel der zentralen staatlichen Verwaltungsstelle und nahm es nur deren Archivalien auf, so ist das moderne Staatsarchiv die Aufnahmestelle des Schriftgutes aus der gesamten staatlichen Verwaltung, sowohl von den Ober-, wie von den Mittel- und Unterbehörden. Es ist also selbst eine zentrale Verwaltungsbehörde. Und über seine staatlichen Aufgaben hinaus betreut es auch das nichtstaatliche Schriftgut von Gemeinden, Körperschaften und Privaten. Es ist schlechthin die Stelle, die für alle Schriftgutfragen zuständig ist.

Den so im allgemeinen umrissenen Entwicklungsgang haben auch die thüringischen Staatsarchive genommen, und aus der allgemein gekennzeichneten Aufgabenstellung ergibt sich auch ihr Tätigkeitsbereich. In ihrer heutigen Form sind sie nach dem Jahre 1920 entstanden, als mit dem Zusammenschluß der sieben thüringischen Einzelstaaten zum Lande Thüringen auch die feste Organisation eines staatlichen thüringischen Archivwesens notwendig wurde. Damals wurden in den alten Hauptstädten der Einzelstaaten, in Weimar, Altenburg, Gotha, Meiningen, Greiz, Rudolstadt und Sondershausen [und Arnstadt], in Anknüpfung an alte in ihren Anfängen in das 15. und 16. Jahrhundert zurückreichende Einrichtungen neue Staatsarchive errichtet, die seitdem im einzelnen und durch eine einheitliche Oberleitung von Weimar aus zu einer festen Einheit ausgebaut worden sind. Ihren sicheren Platz in der staatlichen Verwaltung haben sie namentlich durch die noch heute unverändert gültige Aktenausscheidungsverordnung von 1927 erhalten, nach der sie bei jeder vorkommenden Aktenausscheidung bei einer staatlichen Stelle mitzuwirken haben. Ihnen obliegt dabei die schwierige und doch so dankbare Aufgabe, zu bestimmen, was von dem ungeheuer umfangreichen staatlichen Schriftgut überhaupt aufhebenswert ist und ins Archiv kommt und was – und das ist das meiste – als für die spätere Forschung wertlos in die Papiermühle wandert. Gerade diese Aufgabe aber ist es, die den Archivar nicht zu jenem Bilde des zeitabgewandten und gegenwartsfernen Träumers werden läßt, das man sich in fernstehenden Kreisen so gern von ihm macht, sondern die vielmehr von ihm verlangt, daß er fest in der Gegenwart steht, um zu bestimmen, was aus dieser Gegenwart einmal an Schriftgut in der Zukunft für Staat und Forschung, wichtig werden wird. Für die wissenschaftliche Forschung des In- und Auslandes aber haben die Thüringischen Staatsarchive mit ihren reichen Beständen wertvollstes historisches Quellenmaterial bereitgestellt, das ihnen für immer einen geachteten Platz unter den wissenschaftlichen Anstalten Deutschlands anweist.

In ernster, aller Tagesmeinung abgerückter Arbeit haben die thüringischen Staatsarchive bisher ihrer Aufgabe für Staat und Wissenschaft gedient, und auch die Gegenwart stellt ihr gerüttelt Maß von neuen Anforderungen an sie, denen sie mit allen Kräften nachkommen werden. Über ihrer Arbeit leuchtet dabei auch heute das Wort des größten aller deutschen Historiker, Leopold von Rankes, der einst für seine Werke die Schätze des Weimarer Staatsarchivs auswertete und der über dieser Arbeit das köstliche Wort sprach: »Man bedaure den nicht, der sich mit diesen anscheinend trockenen Studien beschäftigt und darüber den Genuß manches heiteren Tage versäumt. Es ist wahr, es sind tote Papiere; aber sie sind Überreste eines Lebens, dessen Anschauung dem Geiste nach und nach aus ihnen emporsteigt.«

Sechs Jahre Aufbauarbeit in den thüringischen Landesarchiven
1951

Wenn heute die thüringischen Landesarchive als wieder voll arbeitsfähige Institute sich den Aufgaben widmen können, die ihnen im Rahmen des Archivwesens der Deutschen Demokratischen Republik gestellt sind, so ist das das Ergebnis einer Arbeit, die aus dem völligen Zusammenbruch nach dem zweiten Weltkrieg heraus geleistet werden mußte. Ein Rückblick auf die vergangenen sechs Jahre, die genug der zu meisternden Schwierigkeiten in sich bargen, wird uns den gegenwärtigen Zustand verdeutlichen und den Ausblick auf die vor uns liegenden Aufgaben öffnen.

Kriegsauswirkungen und äußerer Aufbau

Die Gebäude und die Räume der staatlichen Archive in Thüringen sind durch den Krieg in mannigfacher Weise in Mitleidenschaft gezogen worden. Während dies bei den Landesarchiven Altenburg, Greiz, Meiningen, Rudolstadt und Sondershausen, die in den Schlössern dieser Städte untergebracht sind, nur in geringfügigem Maße, etwa durch bauliche Luftschutzmaßnahmen, kleine Bombenschäden u. ä., der Fall war, wurden die Archive Gotha und Weimar außerordentlich spürbar betroffen. In der Nähe des Schlosses Gotha, daß das Landesarchiv beherbergt, gingen im Jahre 1944 Bomben nieder, die fast sämtliche Fenster der Archivräume zertrümmerten. Ähnliches geschah in Weimar; hier wurde ein erheblicher Teil der Fenster des Archivgebäudes im Februar und März 1945 durch Bombenwirkung zerstört und ein Außendepot im Innern der Stadt durch Bomben so angeschlagen, daß die Archivräume selbst zunächst unzugänglich wurden. Die Archivalien und die Findbücher aller genannten Landesarchive haben trotzdem fast ohne jeden Verlust den Krieg überstanden. Dagegen ist das Gebäude der 1938 eingerichteten Zweigstelle des damaligen Staatsarchivs Weimar in Bad Sulza zwei Tage nach Beendigung der Kampfhandlungen in Thüringen am 13. April 1945 durch Brand restlos zerstört worden, und dabei sind auch die dort aufbewahrten Archivalien zugrunde gegangen. Es handelt sich im wesentlichen um folgende Abteilungen: Akten des Sachsen-Weimarischen Staatsministeriums, Abt. Präsidium, und der Ministerialdepartements des Innern, der Justiz, des Kultus und des Großherzoglichen Hauses 19. und 20. Jahrhundert; Akten der Sachsen-Weimarischen nachgeordneten Behörden (Bezirksdirektionen, Land- und Amtsgerichte, Schulämter, Rentämter, Forstämter) meist 18. und 19. Jahrhundert; Separationsakten 19. und 20. Jahrhundert; Kataster 17. bis 19. Jahrhundert; Karten und Pläne 16. bis 20. Jahrhundert; kleinere Bestände thüringischer zentraler und nachgeordneter Behörden seit 1920.

Die Aufbauarbeit nach dem Zusammenbruch konnte in den nur wenig betroffenen Landesarchiven Altenburg, Greiz, Meiningen, Rudolstadt und Sondershausen mit der verhältnismäßig rasch zu bewältigenden Beseitigung der kleineren Kriegsspuren beginnen. Sie hat nach der äußeren Seite hin an den stärker betroffenen Archiven Gotha und Weimar längere Zeit gedauert. Die Wiederinstandsetzung des Archivgebäudes in Weimar war nur in mehreren Etappen zu bewältigen. Das im Innern der Stadt zerstörte Archivdepot konnte dagegen nicht wieder hergestellt werden, sondern verfiel dem Abbruch. Vorher wurden in sehr mühevoller Arbeit während des Jahres 1946 die Bestände dieses Depots in das Archivgebäude überführt. Dazu aber war die Wiederherstellung des Bodengeschosses mit Regalen zur Unterbringung von Beständen notwendig. Dieser Raum, der 1 500 lfm. Akten faßt, war – wie zwei weitere Geschosse des Magazins – während des Krieges aus Luftschutzgründen von Beständen und Regalen völlig freigemacht worden. Er wurde nunmehr im wesentlichen mit dem Altmaterial von Regalen, das nach der Räumung des zerstörte Außendepots im Innern der Stadt gewonnen war, wieder voll ausgebaut. Diese Arbeit ist in der Hauptsache von der Belegschaft des Archivs selbst ausgeführt worden.

Längere Zeit hat die äußere Aufbauarbeit in Gotha gedauert. Es hing dies im wesentlichen damit zusammen, daß 1945 und 1946 mehrfach ausgedehnte Räumlichkeiten des Landesarchivs für andere Zwecke in Anspruch genommen und daher umfangreiche Umlagerungen von Beständen veranlaßt wurden. Das hat die Aufbauarbeiten in Gotha erheblich beeinträchtigt und aufgehalten. Erst nach der Freigabe der Räume konnte 1947 dort der planmäßige Aufbau beginnen. Die zahlreichen, durch Bomben zerstörten Fenster, die zunächst mit Pappe, Holzverkleidung und Igelit geschlossen wurden, konnten 1950 wieder ordentliche Glasfenster erhalten. Umfangreiche Maßnahmen erforderte die Wiederaufstellung der Bestände. Zunächst wurden die abgeschlagenen Regale, die z. T. wieder verwendet werden konnten, durch die Archivbelegschaft selbst nach einem von einem Mitarbeiter des Landesarchivs entwickelten Verfahren mit Hilfe von selbstverfertigten Holznägeln neu aufgebaut. Dann konnten die Bestände wieder in ihren alten, z. T. sogar in einen verbesserten Ordnungszustand gebracht werden.

Wenn es so gelang, durch die Aufbauarbeit nach 1945 den äußeren Zustand der thüringischen Landesarchive zunächst wieder so herzustellen, wie er früher gewesen war, so konnten darüber hinaus in einigen Fällen auch räumliche Verbesserungen erreicht werden. In Altenburg, Greiz und Weimar hat eine bescheidene, in Gotha und Rudolstadt eine beträchtlichere Raumvermehrung stattgefunden. Auch der Aufbau neuer Regale konnte trotz erheblicher Schwierigkeiten in Altenburg, Gotha, Meiningen und Weimar vorgenommen werden. Bei dem dauernden Anwachsen der Bestände wird die Raumfrage für alle Landesarchive weiter ein vordringliches Problem bleiben, ganz besonders aber für das Landeshauptarchiv Weimar.

Rückführung verlagerter Bestände

Zu den Kriegsmaßnahmen der Archivverwaltung hatte außer den Luftschutzvorkehrungen an Gebäuden und Räumen die Verlagerung besonders wertvoller Bestände gehört. Sie war, da mit Ausnahme von Weimar alle Landesarchive in festen und sicheren Schlössern untergebracht sind, nur in geringem Umfang notwendig gewesen. In den außerweimarischen Archiven hatte man sich mit der Umlegung in feste Räume innerhalb des eigenen Hauses begnügen können. Nur für Weimar waren größere Auslagerungen außerhalb der Stadt durchzuführen, und für den wichtigsten Bestand des Landesarchivs Meiningen, das Gemeinschaftliche Hennebergische Archiv, wurde die gleiche Maßnahme noch gegen Kriegsende hin getroffen. Die wertvollsten Bestände aus Weimar wurden in die festen Gewölbe der Schlösser Rudolstadt und Altenburg, in das fernab von allem Verkehr gelegene Schloß »Fröhliche Wiederkunft« bei Stadtroda, in das Bergwerk Dietlas in der Rhön und in die während des Krieges für diesen Zweck ausgebauten Keller des eigenen Hauses gebracht. Die genannten meiningischen Bestände wurden mit in das Bergwerk Dietlas in der Rhön ausgelagert.

Alle ausgelagerten Bestände haben Krieg und Nachkriegszeit verlustlos überstanden und konnten sicher wieder zurückgebracht werden. Die erste Rückführung nach Weimar erfolgte bereits am 2. Juli 1945. Im Juni 1948 waren die Rückführungen, die ganz erheblich durch den Mangel an Transportmitteln aufgehalten worden sind, völlig abgeschlossen und alle rückgeführten Bestände wieder aufgestellt. Dabei haben allerdings die meiningischen Bestände aus besonderem Anlaß von Dietlas aus den Umweg über Weimar nach Meiningen nehmen müssen.

Die Aufstellung der rückgeführten Bestände war beim Landesarchiv Weimar mit einer völligen und vielfach verbesserten Neuaufstellung aller Archivkörper verbunden. Insbesondere ist auf diese Weise eine umfangreiche Rechnungsabteilung des Archivs, eine Zusammenfassung aller, vorher getrennt aufgestellter Rechnungsreihen, gebildet worden, die sich in der praktischen Arbeit und in der Forschung hervorragend bewährt. Ebenso ist in Meiningen der rückgeführte Hennebergische Bestand ganz neu bearbeitet worden.

Neuzugänge an Archivalien

Der nach dem Zusammenbruch von 1945 vorgenommene Neuaufbau der Verwaltung machte erhebliche Mengen von Schriftgut bei den Behörden frei, das in der laufenden Verwaltung nicht mehr benötigt und damit archivreif wurde. Sehr frühzeitig hat die Thüringische Archivverwaltung die ihr damit zufallenden Aufgaben erkannt und aufgegriffen und durch eine Verordnung vom 6. Juli 1946 über die Beteiligung der Archive an jeder Aktenausscheidung, mit der die ältere thüringische Kassationsordnung von 1927 erneuert wurde, den sicheren und reibungslosen Ablauf dieses für Verwaltung und Archiv gleichermaßen wichtigen Geschäftes regeln lassen. Große Aktenbestände sind seitdem allen Landesarchiven zugeflossen, insbesondere durch die Neuabgrenzung der Amtsgerichtsbezirke und die Umbildung der Amts- und Landgerichte. Dem Landeshauptarchiv Weimar fiel besonders die Sicherstellung alter Ministerialbestände zu, die teilweise erheblich gefährdet waren.

Einen außerordentlichen Zuwachs an Archivgut brachte dem Land Thüringen die Tatsache, daß 1945 der frühere preußische Regierungsbezirk Erfurt zum Land Thüringen geschlagen wurde. Bei dem dezentralisierten Aufbau des staatlicher Archivwesens in Thüringen konnte keines der bestehenden Archive zusätzlich die Aufgabe der archivmäßigen Betreuung dieses Gebietes übernehmen. Bereits Ende 1945 regte daher die Archivverwaltung die Einrichtung eines besonderen Landesarchivs für das Gebiet des ehemaligen Regierungsbezirks Erfurt an, die 1946 genehmigt wurde. Da eine Unterbringung dieses Archivs in Erfurt noch nicht möglich war, sind die Erfurter Bestände zunächst in neu zugewiesenen Räumen des Schlosses in Gotha untergebracht worden. Sie setzen sich zusammen aus solchen, die vom Landeshauptarchiv in Magdeburg, das bisher für dieses Gebiet zuständig war, übernommen wurden, und aus solchen, die bei den Behörden des ehemaligen Erfurter Gebietes selbst angefallen sind und anfallen. Die Übernahme von Magdeburger Beständen ist noch nicht abgeschlossen.

Wertvollen Zuwachs haben die thüringischen Landesarchive auch aus der Bodenreform erfahren. Trotz der kurzfristigen Durchführung dieser Maßnahme und trotz des Fehlens einer entsprechenden Bestimmung im Gesetz haben sich die Landesarchive weitgehend eingeschaltet. Dadurch ist es möglich geworden, eine ganze Reihe von Gutsarchiven in den Landesarchiven sicherzustellen und zu erhalten. Die wichtigsten Gutsarchive sind auf diese Weise gerettet worden, zumal die thüringischen Landesarchive seit Jahrzehnten auch die Sicherung der Gutsarchive im Auge gehabt hatten.

Ordnungs- und Verzeichnungsarbeiten

Trotz der in allen Archiven zunächst vordringlichen Arbeiten, die auf die Wiederherstellung des alten, durch den Krieg mannigfach veränderten und über den Haufen geworfenen Zustandes gerichtet waren, konnte dann bald darüber hinaus mit Aufbauarbeiten innerer Art begonnen werden. Umfangreiche Bestände sind in allen Landesarchiven neu geordnet und verzeichnet und damit der Benutzung erschlossen worden. Im Landeshauptarchiv Weimar stehen dabei die Arbeiten an neueren Ministerialbeständen im Vordergrund, an denen zugleich die Frage der äußeren Behandlung moderner Akten im Archiv zu lösen ist. Das hier gefundene Verfahren hat weithin Beachtung gefunden. Jedenfalls haben die Ordnungs- und Verzeichnungsarbeiten in allen Landesarchiven nunmehr wieder den alten Umfang erreicht.

Forschungsarbeiten in den Archiven

Bei der Betrachtung der wissenschaftlichen Arbeit, die in den Landesarchiven in den vergangenen sechs Jahren geleistet worden ist, sind die Aufgaben, die die Archive auftragsgemäß für andere Stellen zu erledigen haben, von solchen zu unterscheiden, die sie in eigener wissenschaftlicher Arbeit selbst bewältigen.

Mehrere sehr umfassende, gleichermaßen wissenschaftlich wie verwaltungsmäßig ertragreiche Arbeitsgebiete erwuchsen durch staatliche Verordnungen, bei deren Durchführung die Landesarchive maßgeblich eingeschaltet sind. An erster Stelle stand zunächst die Mitwirkung bei der Durchführung des Gesetzes über die Sondernutzungsrechte von Gemeindeangehörigen oder Klassen von solchen vom 29. Mai 1947, die eine umfassende gutachtende Tätigkeit des Landeshauptarchivs unter Heranziehung der Landesarchive nötig machte. Ein weiteres fast noch umfangreicheres Tätigkeitsgebiet ist den Landesarchiven durch die vom Landtag beschlossenen »Richtlinien für die Gestaltung des Siegel- und Wappenwesens der Gemeinden und Kreise im Lande Thüringen« vom 25. Februar 1948 erwachsen. Nach diesen Richtlinien obliegt die künstlerische, heraldische und sphragistische Beurteilung der Kreis- und Gemeindesiegel und -wappen im ganzen Lande Thüringen dem Landeshauptarchiv Weimar. Stark wurden in der letzten Zeit die Landesarchive auch für spezielle Fragen des wirtschaftlichen Aufbaues herangezogen. So wurde wesentliches Material der Landesarchive etwa für forstliche Aufgaben und für Fragen des Bergbaues bereitgestellt.

Sehr umfassende Arbeiten hatten die Landesarchive in den vergangenen Jahren auch nach der kulturellen Seite hin im staatlichen Auftrag zu bewältigen. Bei der Vorbereitung und Ausgestaltung des Gedenkens an die Revolution von 1848 hat das archivalische Material eine sehr wichtige Rolle gespielt, und daher wurde bereits 1947 eine vollständige Zusammenstellung des archivalischen Quellenstoffes erarbeitet, die zusammen mit wissenschaftlichen Ausarbeitungen des Landeshauptarchivs allen Forschungen auf diesem Gebiete und den zahlreichen lokalen und überlokalen Ausstellungen zugute gekommen ist.

Ebenso umfassend haben die Landesarchive für die Gestaltung von Ausstellungen und die wissenschaftliche Aufschließung ihres Materials dann 1949 bei der Durchführung des Goethe-Jahres mitgewirkt. Besonders dem Landeshauptarchiv Weimar fiel die Aufgabe der Mitwirkung bei der Ausstellung »Gesellschaft und Kultur der Goethe-Zeit« zu. Es hatte dafür in weitem Umfang die wissenschaftliche Fundierung gewisser Sachgebiete und Gegenstände der Ausstellung zu liefern, und aus seiner Erarbeitung soziologischer Grundlagen und Zusammenhänge der Goethe-Zeit erwuchsen vielbeachtete große Schautafeln und Schaustücke der Ausstellung.

Im Jahre 1950 war es auf diesem Gebiet im wesentlichen der 200. Todestag Bachs, der auch die Archive lebhaft beschäftigt hat. Mehrere Archive, insbesondere Weimar und Rudolstadt, haben durch die Bereitstellung von Material aus ihren Beständen die große Deutsche Bach-Ausstellung in Leipzig beschickt.

Die Privatbenutzung ist neben diesen amtlichen und öffentlichen Aufträgen erst allmählich wieder in Gang gekommen. Ihre Gegenstände sind sehr mannigfaltiger Natur. Wesentlichen Anteil daran haben wieder die Archivbenutzungen für Dissertationen.

In den vergangenen Jahren haben die Landesarchive auch mit eigener wissenschaftlicher Arbeit Grundlegendes und Fortschrittliches geleistet. Hier ist vor allem das Landeshauptarchiv Weimar zu nennen, das nach einem Beschluß des Landtags vom 30. Januar 1947, nach dem die wissenschaftlichen Institute aus Anlaß des 200jährigen Geburtstages Goethes Veröffentlichungen über Goethe herausbringen sollten, mit ministerieller Billigung und Unterstützung die Verwirklichung eines alten Planes in Angriff genommen hat, nämlich die Sammlung, Bearbeitung und Veröffentlichung der »Amtlichen Schriften Goethes". Der 1. Band dieses Unternehmens, der Goethes amtliche Schriften aus dem Geheimen Consilium in den Jahren 1776–1786 enthält, konnte Anfang 1951 im Druck erscheinen und findet in der wissenschaftlichen Welt starke Beachtung, Darüber hinaus wurde eine Veröffentlichungsreihe »Thüringische Archivstudien« begonnen, die Forschungen aus den thüringischen Archiven zugänglich machen wird. Ihr erster Band ist im Sommer 1951 erschienen, zwei weitere sind im Druck. Im Landesarchiv Altenburg ist in den letzten zwei Jahren eine umfassende Quellenpublikation über die Geschichte der Stadt Altenburg im Mittelalter begonnen und fertiggestellt worden. Es ist ein erfreuliches Zeichen ungebrochener Arbeitskraft, daß in den mit zahlreichen Schwierigkeiten angehäuften vergangenen sechs Jahren diese wissenschaftlichen Unternehmungen durchgeführt werden konnten.

Technische Einrichtungen

Das Landeshauptarchiv Weimar besitzt umfangreiche technische Einrichtungen, die zugleich den übrigen Landesarchiven dienen. In der Foto-Abteilung ist ständig an der Verbesserung der Einrichtung und der Leistungen gearbeitet worden. Insbesondere wurde ein hier entwickeltes Verfahren der Siegelfotografie weiter vervollkommnet und Gutes auf dem Gebiete der Restaurierung und Wiederherstellung schadhafter Siegel geleistet. In der Buchbinderei, die im wesentlichen der Ausbesserung, Wiederherstellung und Haltbarmachung schadhafter Archivalien dient, ist mancher Fortschritt erzielt worden. Insbesondere sind hier neue Verfahren für das Heften und Binden von älteren und neueren Archivalien entwickelt worden.

Personelle Besetzung

Während des Krieges war ein sehr großer Teil der Mitarbeiter zum Heeresdienst eingezogen, so daß der Betrieb in den Landesarchiven, die vielfach nur noch mit einer Kraft besetzt waren, nur unter größter Anstrengung aufrecht erhalten werden konnte. Das änderte sich auch nach 1945 nicht, da die meisten der Eingezogenen erst nach und nach aus der Kriegsgefangenschaft zurückkehrten und die Personalschwierigkeiten nach 1945 noch weiter vermehrt wurden durch die im Zuge der Reinigungsgesetze notwendig werdenden Entlassungen. Erst sehr allmählich konnten durch Neueinstellungen die Lücken ausgefüllt werden. Da die Einarbeitung neuer Kräfte im Archiv erfahrungsgemäß längere Zeit dauert, als in jeder anderen Verwaltungsstelle, mußten auch in der Zeit nach 1945 alle Kräfte aufgeboten werden, um einen geordneten Dienstbetrieb durchzufahren. Wenn man bedenkt, daß die in den vorstehenden Abschnitten umschriebenen umfassenden Aufgaben der Landesarchive in den vergangenen sechs Jahren, in denen neben den laufenden Geschäften Kriegsschäden zu heilen und zusätzliche umfangreiche Arbeiten zu erledigen waren, trotz größter Personalschwierigkeiten gemeistert worden sind, so darf man sagen, daß hier mit Bewußtsein und Ausdauer am Neuaufbau mitgearbeitet worden ist.

Ausblick

Die künftige Arbeit der Landesarchive wird weithin bestimmt durch die Tatsache, daß sich im Zuge der Organisation des Archivwesens der Deutschen Demokratischen Republik und der Einrichtung einer Thüringischen Landesarchivverwaltung beim Ministerium des Innern die Aufsicht über das gesamte nichtstaatliche Archivwesen, insbesondere über die kommunalen Archive und die Betriebsarchive, auch die Arbeit der Landesarchive über den staatlichen Archivbereich hinaus wesentlich ausgeweitet hat und noch weiter ausweiten wird. Auch diese neuen Aufgaben sind von den thüringischen Landesarchiven ernsthaft in Angriff genommen worden.

Die Aufgaben der Landesarchivverwaltung[1]
1952

Das Archivwesen in seiner Gesamtheit und die Archive in ihren mannigfaltigen Erscheinungsformen sind im Laufe ihrer langen Geschichte stets Abbild und Ausdruck gesellschaftlicher Entwicklungen gewesen, Spiegelbild politischer und kultureller, wirtschaftlicher, sozialer und rechtlicher Zustände und Ereignisse. Das sind sie auch heute. Sie sind dies sowohl in ihrer bloßen Existenz wie in ihrer Zielsetzung, nach ihrem Inhalt und ihrer Aufgabe; denn sie sind Einrichtungen zur Aufbewahrung und zur Auswertung schriftlichen Niederschlags, der bei Geschäftsführungen der unterschiedlichsten Art entsteht. Der Gegenstand ihrer Betätigung und ihrer Fürsorge ist also solches Schriftgut, das selbst unmittelbares Erzeugnis gesellschaftlichen Lebens und damit fortdauerndes Zeugnis seines Ablaufs ist. Daher sind die Archive bedeutsame Einrichtungen, ihre Bestände hervorragende Quellen zur Erkenntnis des Lebens und Wirkens, des Ringens und Leidens, des Kämpfens und Hoffens der menschlichen Gesellschaft.

Solche Feststellungen sind mehr als programmatische Erklärungen für gegenwärtige Situationen. Sie erfahren die Bestätigung ihrer Allgemeingültigkeit aus der historischen Betrachtung des Archivwesens.[2] Denn solche geschichtliche Besinnung zeigt uns einmal die enge Verknüpfung der archivmäßigen Einrichtungen und ihrer Wirksamkeit mit der Entfaltung und Gestaltung des menschlichen Lebens auf den verschiedenen Stufen seiner fortschreitenden Entwicklung; sie macht zum andern aber unseren gegenwärtigen Entwicklungsstand und unsere besonderen Aufgaben recht eigentlich erst verständlich. Es scheint uns daher notwendig, wenn wir die neuartigen Aufgaben unserer Landesarchivverwaltungen begreiflich machen wollen, der historischen Entwicklung archivischer Verhältnisse kurz Aufmerksamkeit zu schenken.

---

1 Im Zuge der Ausführung des Gesetzes über die weitere Demokratisierung des Aufbaues und der Arbeitsweise der staatlichen Organe in den Ländern der Deutschen Demokratischen Republik vom 23. Juli 1952 wurden die Landesarchivverwaltungen mit Wirkung vom 15. August 1952 in Archivinspektionen umbenannt. Die Funktionen sind die gleichen geblieben. Daher gilt alles, was in diesem am 28. Mai 1952 [auf dem Kongreß der Archivare der DDR vom 28. bis 30. Mai 1952 in Weimar] gehaltenen Vortrag über die Aufgaben der Landesarchivverwaltung gesagt ist, sinngemäß auch für die neuen Archivinspektionen.

2 Über die im allgemeinen übliche Feststellung der Zusammenhänge zwischen politischen Entwicklungen und Archivverhältnissen hinaus regt schon das im ganzen wunderliche, aber in vielem doch immer noch amüsante Buch von Franz von Löher, Archivlehre, Paderborn 1890, zu umfassenderen, in gesellschaftliche Fragestellungen hineinführenden Betrachtungen an (z. B. S. 3f.: Wechsel der vorherrschenden Klassen). – Über den Zusammenhang zwischen Archivaufgaben und Gesellschaftsstruktur vgl. auch Ludwig Dehio, Erfassung von Privatpapieren als Zeugnisse einer untergehenden Gesellschaft, in: Der Archivar 1 (1947/48), S. 91.

Die Anfänge archivartiger Bildungen haben die Tatsache zur Voraussetzung, daß die Geschäftsführung, die Verwaltung, aus dem Zustand der mündlichen Verhandlung zur Schriftlichkeit der Abwicklung ihrer Aufträge und Anliegen übergegangen ist, und je nach dem Grade und der fortschreitenden Ausgestaltung dieser Schriftlichkeit empfangen die Archive ihr besonderes Gesicht. Der Ausbau der Archive zu arbeitsfähigen Institutionen aber ist bedingt durch die Erkenntnis und das Bewußtsein, daß dem aus rechtsgeschäftlichen Erwägungen aufzubewahrenden Schriftgut neben dem praktisch-rechtlichen auch historischer Wert innewohnt, der für geschichtliche Fragestellungen zu nutzen ist. Archivbildung und Archivgestaltung sind also zeitlich und örtlich an die jeweils erreichten Zustände in der gesellschaftlichen Entwicklung gebunden.

In dem so gekennzeichneten weiten Rahmen hat sich im einzelnen die Geschichte der Archive im Abendland abgespielt.[3] War es hier zuerst in ihren weitverzweigten Organisationsformen die Kirche, die in Fortführung antiker Traditionen dem aus ihren besonderen rechtlichen Verhältnissen entstandenen Schriftgut von Anfang an volle Aufmerksamkeit zuwandte, so folgten ihr auf weltlichem Gebiete erst um viele Jahrhunderte später die Städte, nachdem solche seit dem 11. und 12. Jahrhundert als eigene Rechtskörperschaften entstanden waren, und dann kam im ausgehenden Mittelalter auch der Staat zum Aufbau und zur Ausgestaltung seiner Archive. Daneben haben auf dem Lande die Grundherren – teils in Ausübung staatlicher Funktionen, teils als Großgrundbesitzer –, in den Städten die patrizischen Familien das in ihrem Bereiche entstehende Schriftgut archivmäßig aufbewahrt, und so bestanden schon am Ende des Mittelalters und zu Beginn der Neuzeit zahllose und wesensverschiedene Archive größeren oder geringeren, meist sogar äußerst bescheidenen Umfangs nebeneinander.

Die Entstehung des uns hier besonders angehenden staatlichen Archivwesens hat in Deutschland ihr besonderes Gesicht.[4] Deutsches staatliches und politisches Leben hat sich – das ist das besondere Kennzeichen der deutschen Geschichte – von Anfang an als Auseinandersetzung zwischen der zentralen Gewalt und den von ihr wegstrebenden Kräften entwickelt. Gesiegt hat in diesem jahrhundertelangen Ringen, wie man weiß, schließlich der deutsche Territorialstaat, der Landesstaat, nicht das Reich. Deutlich unterstreicht die Ausprägung des Archivwesens in jenen mittelalterlichen Jahrhunderten diese Tatsache staatlicher und gesellschaftlicher Entwicklung. Hat es das Reich damals über dürftige Ansätze hinaus zu einem Archiv der Zentrale, der Königsgewalt überhaupt nicht gebracht[5], so weisen die deutschen Landesstaaten seit dem 13. und 14. Jahrhundert allenthal-

---

3 Daß neuere zusammenfassende Werke über das Archivwesen und seine Geschichte uns immer noch fehlen und daß daher der Forscher auf die ungemein verzweigte Spezialliteratur zurückgehen muß, ist bekannt. Diese hier anzuführen liegt außerhalb des Rahmens unserer Aufgabe. Nur auf einige auch zur Einführung in den Fragenkreis wichtige Schriften soll gelegentlich hingewiesen werden. – Als zusammenfassende Übersicht über die Entwicklung des mittelalterlichen Archivwesens ist immer noch zu empfehlen Harry Bresslau, Handbuch der Urkundenlehre für Deutschland und Italien. 1. Bd. 2. Aufl. Leipzig 1912, S. 149–189. – Eine bequeme Einsicht in Fragen des europäischen Archivwesens bietet Gustav Wolf, Einführung in das Studium der neueren Geschichte. Berlin 1910. S. 665–728. Dazu von demselben, Archivliteratur. In: Deutsche Geschichtsblätter 10 (1909), S. 285–312.

4 Die zusammenfassende Darstellung von Victor Loewe, Das deutsche Archivwesen, seine Geschichte und Organisation, Breslau 1921, ist trotz vieler weiterführenden Einzelforschungen im ganzen noch nicht entbehrlich.

5 Hans Kaiser, Die Archive des alten Reiches bis 1806. In: Archivalische Zeitschrift 35 (1925) S. 204–220.

ben die Anfänge der Entwicklung territorialer Archive auf, und diese Landesarchive entfalten sich seit dem Ausgang des Mittelalters, als die Schriftlichkeit der Verwaltung die Regel wird, zu umfassenderen Gebilden.

Es ist hier nicht der Ort, die Gestaltung des staatlichen Archivwesens durch die neueren Jahrhunderte der Geschichte im einzelnen zu verfolgen. Nur das Ergebnis dieser Entwicklung ist für uns wichtig. Nicht zuletzt durch das politische System des staatlichen Absolutismus, der weite Strecken dieser Jahrhunderte kennzeichnet und der weitgehend in alle Lebensbezüge eingriff, der mit einer geordneten Verwaltung eine vielgliedrige Behördenorganisation aufbaute, sind die staatlichen Archive vor allen anderen die größten, umfangreichsten und wirkungskräftigsten Archive geworden.

Diese Entwicklung schließt notwendig die Frage des Verhältnisses zwischen dem staatlichen Archivwesen einerseits und den Archiven der übrigen archivführenden Institutionen andererseits, d. h. der Kirche, der Städte und Kommunen, des Adels und der Privaten in sich, und diese Frage erweitert sich seit dem Ende des 19. Jahrhunderts auch auf die Archive der Wirtschaft, für deren Entstehung durch die im Zuge der Industrialisierung und Technisierung heranwachsende Großindustrie zwangsläufig die Voraussetzungen geschaffen waren. Deutlicher hat sich die Frage dieses Verhältnisses überhaupt erst im 19. Jahrhundert aufgedrängt; denn in den Jahrhunderten vorher galten die Archive einseitig in erster Linie als Aufbewahrungsstätten von Rechtsdokumenten, die der Sicherung bestehender Rechte des Archivinhabers dienten[6], und wenn auch das geschichtliche Bewußtsein in den Archivalien bereits wichtige Quellen der Geschichte sah, so stand doch der rechtsgeschäftliche Zweck des Archivs durchaus im Vordergrund. Damit aber ist die ängstliche Wahrung des Archivgeheimnisses, das beziehungslose Nebeneinanderbestehen der Archive und die mangelnde Einflußnahme des staatlichen auf das nichtstaatliche Archivwesen in der älteren Zeit durchaus verständlich.

Seit dem 19. Jahrhundert aber wird mit einer veränderten Auffassung vom Wesen des Archivs die Frage des Verhältnisses zwischen staatlichem und nichtstaatlichem Archivwesen dringlicher. Mit den durch die französische Revolution überall, auch in Deutschland, hervorgerufenen Rechts- und Staatsumbildungen gingen große Mengen Archivgutes aus kirchlichem und standesherrlichem Besitz an den Staat über und vergrößerten die staatlichen Archive beträchtlich. Seit dem Beginn des Jahrhunderts erstarkten aber auch geschichtliche Interessen und Fragestellungen. Solcher Stoffzuwachs und solche historischen Bestrebungen mußten die Wertschätzung vor allem der staatlichen Archive heben, denen nunmehr neben ihrer Bedeutung für rechtsgeschäftliche Zwecke auch der Charakter von wissenschaftlichen Forschungsstätten zukam. Als sich die geschichtlichen Interessen im Verlaufe des 19. Jahrhunderts dann von der zunächst vorherrschenden politischen Betrachtungsweise auch den zuständlichen historischen Aufgabengebieten zuwandten und kulturgeschichtliche, rechts- und verfassungsgeschichtliche, sozial- und wirtschaftsgeschichtliche

---

6 Für diese ältere Auffassung vom Wesen des Archivs mögen zwei Beispiele genügen: Philipp Ernst Spieß, Von Archiven, Halle 1777, § 1: Das Archiv ist die »Brustwehr wider alle Ansprüche widrig gesinnter Nachbarn.« – Karl von Eckhartshausen, Über praktisch-systematische Einrichtung fürstlicher Archive überhaupt, München 1786, S. 3: »Archiven müssen Behältnisse der Gerechtsamen des Staats und seiner heiligen Rechte sein.«

Aufgabengebiete erfaßten[7], weiteten sich Ansehen und Wirkungsbereich der Archive, die für solche Studien ungeheuren Quellenstoff bargen, noch mehr aus. Damit rückten neben den staatlichen auch die kirchlichen und die kommunalen, die adligen und die privaten und endlich auch die wirtschaftlichen Archive in das Feld historischer und fachlich-archivarischer Beleuchtung. Allenthalben entstand das Bedürfnis der geschichtlichen Forschung nach Einsichtnahme in die Archive in weitestem Umfang. Es wuchs die Erkenntnis, daß Archive jeder Art der Betreuung bedürfen. Die daraus entstehenden Forderungen der Archivpflege und des Archivschutzes waren besonders lebendig in den Kreisen der damals aufblühenden Geschichtsvereine und historischen Kommissionen[8], an denen die staatlichen Archivare eifrig mitwirkten.

Die Frage, welche Stellung das am kräftigsten entwickelte und entfaltete staatliche Archivwesen zu den an Bedeutung gewachsenen übrigen Archiven einzunehmen habe, wurde nun akut. Aber sie fand sogleich ihre Beantwortung in der Feststellung, daß die Macht des Staates auf archivischem Gebiet über seine eigenen Archive nicht hinausreichte. Diese Archive organisierte der Staat zwar immer besser. Auf die nichtstaatlichen Archive aber ließen die liberalen Ideen des 19. Jahrhunderts keine direkte staatliche Einflußnahme zu. Im kommunalen Bereich war es der sich im 19. Jahrhundert entfaltende und immer kräftiger entwickelnde Gedanke der Selbstverwaltung, der die Macht des Staates an der Schwelle des kommunalen Archivs enden ließ. Im Gebiete des wirtschaftlichen Archivwesens galt der Grundsatz, daß Wirtschaft sich frei vom Staat entfalte und daß daher staatlichem Eingriff das Archivgut der Wirtschaft entzogen sei. Im Gebiet des adligen und des privaten Archivwesens verhinderte die Gültigkeit des Eigentumsgedankens und des Eigentumsrechtes jede direkte staatliche Mitwirkung. So konnte der Staat bei seiner besonderen gesellschaftlichen Struktur die Erfahrungen der staatlichen Archive den übrigen Archiven nur in der Form der Beratung und der Anregung anbieten.

Die staatlichen Archive haben gleichwohl seit dem Ende des 19. Jahrhunderts und in den ersten Jahrzehnten unseres Jahrhunderts immer wieder danach gestrebt, von ihrem Standpunkt aus mit den ihnen zur Verfügung stehenden Mitteln auch das nichtstaatliche Archivwesen in weitestem Umfang zu pflegen, zu schützen und zu organisieren. Was sie in den ihnen gesetzten Grenzen damals erreichen konnten, das haben sie getan, aber in diesen nun einmal engen Grenzen naturgemäß nur mit teilweisem Erfolg.

Es mag diese Entwicklung, die bis an unsere unmittelbare Gegenwart herangeführt, an zwei Beispielen gekennzeichnet sein, zuerst – das wird man dem Vertreter des thüringischen Archivwesens nicht verdenken – an einem solchen aus dem thüringischen Arbeitsbereich. Thüringen ist ein junger Staat, erst 1920 gebildet, und dieser junge Staat hat seinem staatlichen Archivwesen von Anfang an Beachtung geschenkt und seine Existenz und Wirksamkeit durch eine Reihe von Verordnungen in den zwanziger und dreißiger Jahren geregelt. Neben der Einrichtung einer bestimmten Zahl von staatlichen Archiven und einer zentralen Direktion der Staatsarchive waren es vor allem Festsetzungen über Aktenausscheidungen bei staatlichen Behörden, besonders bei den Justizbehörden, und die Regelung des Zugangs der Archivalien

---

7 Reiches Material darüber bei Georg von Below, Die deutsche Geschichtsschreibung von den Befreiungskriegen bis zu unseren Tagen, 2. Aufl. München und Berlin 1924.
8 Willy Hoppe und Gerhard Lüdtke, Die deutschen Kommissionen und Vereine für Geschichte und Altertumskunde, Berlin 1940 (= Minerva-Handbücher 4. Abt. Bd. 1).

in die staatlichen Archive, die Zuständigkeit der staatlichen Archive, die Ausbildung des wissenschaftlichen Nachwuchses, die amtliche und private Archivbenutzung und deren Kosten und Gebühren, endlich die Regelung des inneren Geschäftsbetriebes der staatlichen Archive, die in diesen Verordnungen allgemeingültig und wirksam gefaßt wurden. Aber es ist bemerkenswert, daß diese Maßnahmen ausschließlich dem staatlichen Archivwesen galten, daß staatlicher Wille im Bereiche des nichtstaatlichen Archivwesens nur auf guten Rat und freiwillige Mitarbeit beschränkt blieb.[9]

Das zweite Beispiel aus dem Bereich des ehemaligen preußischen Staates zeigt die gleiche Erscheinung ebenso eindeutig. Der Gedanke der Hilfe, die die staatlichen Archive dem nichtstaatlichen Archivwesen bringen sollten, konnte sich in den preußischen »Richtlinien über die Zusammenarbeit der Staatsarchive und der Einrichtungen der gemeindlichen Selbstverwaltung an den Aufgaben der landschaftlichen Archivpflege«[10] nur im Rahmen von »Archivberatungsstellen« auswirken, die neben dem staatlichen Archivwesen im Bereich der Provinzialverwaltung selbständig waren und die so, wenn sie auch durch die Personalunion mit der Leitung der staatlichen Archive gute Grundlagen für wirkungsvolle Arbeit schufen, doch nicht endgültig den staatlichen Willen auf der anderen Seite durchsetzen konnten.

Es ist nicht zu leugnen, daß mit der von den staatlichen Archiven her unter diesen Voraussetzungen betriebenen Archivpflege und mit den Archivschutzmaßnahmen gute Erfolge erzielt worden sind. Es steht fest, daß wertvolles Archivgut im staatlichen und nichtstaatlichen Bereich erhalten und gesichert wurde. Aber es muß ebenso ausgesprochen werden, daß mit solchen Maßnahmen Durchgreifendes und Endgültiges im gesamten Archivwesen nicht zu erzielen war; denn all solche staatliche Hilfe mußte auf der Gegenseite immer nur günstige Möglichkeiten ergreifen und war weitgehend vom Willen und der Einsicht der anderen Seite abhängig. Gewähr für dauernde Lösungen auf dem Gebiete des gesamten Archivwesens waren so nicht gegeben.

Der in unserem gesellschaftlichen und politischen Leben völlig neue Grundlagen schaffende Einschnitt von 1945 bedeutet auch für unsere Archivarbeit eine Veränderung der Voraussetzungen. Der Umgestaltung der äußeren Verhältnisse folgte notwendig die veränderte Auffassung von den geschichtlichen Kräften und Abläufen. Sie ist mit den Worten und Begriffen des Aufbaues eines demokratischen Staatswesens und der Gestaltung einer neuen Gesellschaftsordnung mehr angedeutet als umschrieben. Sie bedeutet in ihrem Wesen für den Historiker und für den Archivar ein neues Durchdringen und Erforschen der Vergan-

---

9 Besonders deutlich ist diese Tatsache ausgesprochen in Ziffer 6 der Thüringischen Archivordnung vom 15. April 1932 (Amts- und Nachrichtenblatt für Thüringen 1932 I. Teil, S. 174–177) über Hinterlegschaften: »Die Archive sind gehalten, nach Möglichkeit Urkunden und Akten von Körperschaften und Privatpersonen, die deren Sicherung wünschen, als Hinterlegschaft unter Eigentumsvorbehalt des Hinterlegenden (Depositum) in Verwahrung zu nehmen.«

10 Ministerialblatt des Reichs- und Preußischen Ministeriums des Innern 1937, S. 1325 f. – Wichtig darin waren die Bestimmungen, daß die »Betreuung des Archivgutes [...] einen wichtigen Teil der landschaftlichen Kulturpflege« darstellt, »die in Preußen von den Provinzialverbänden wahrgenommen wird«, daß »im Interesse einer zweckmäßigen Zusammenarbeit des staatlichen Archivwesens und der Einrichtungen der Selbstverwaltung in der Pflege für das Archivgut« eine Regelung auf folgender Grundlage anzustreben ist: »Als Leiter der Archivberatungsstelle wird von der Provinzialverwaltung der Direktor des zuständigen Staatsarchivs bestellt; er ist als solcher dem Leiter des Provinzialverbandes verantwortlich.« In den Stadt- und Landkreisen wurden ehrenamtliche Archivpfleger eingesetzt. Die Einrichtung von Archivberatungsstellen wurde hiernach »nach Anhörung des Deutschen Gemeindetags« empfohlen.

genheit in weiterem Umfang und mit anderen Problemstellungen als bisher. Sie bedeutet
vor allem eine Erweiterung des historischen Gesichtskreises über das Politische hinaus in
die Fragen des rechtlichen und wirtschaftlichen, des sozialen und ständischen und damit
des allgemeinen gesellschaftlichen Lebens. Für den Archivar, dessen eine wesentliche Aufgabe in der Sicherung des Quellenstoffes für historische Fragestellungen aller Art besteht,
ist damit eine in ihrem Umfang kaum zu umreißende und kaum abzuschätzende Erweiterung seines Tätigkeitsgebietes gegeben; denn solche veränderte Auffassung von den geschichtlichen Kräften und Abläufen bedeutet die Notwendigkeit der Erhaltung archivalischen Materials aus dem gesamten Lebensbereich, und die archivalische Aufgabe unserer
Zeit ist daher richtig umschrieben, wenn man fordert, daß die Archive »alle Äußerungen
und Erscheinungen des politischen und gesellschaftlichen Lebens, wie sie in ihrer vielseitigen Gestalt in schriftlichen Zeugnissen ihren Niederschlag finden, als die Dokumente ihrer
Zeit der Nachwelt zu erhalten«[11] haben.

Solche Forderungen auf dem Gebiete des Archivwesens sucht die Deutsche Demokratische
Republik mit Ernst zu verwirklichen. Nichts beweist den festen Willen zur endgültigen Lösung
von Archivfragen besser als das ausgedehnte Gesetzgebungs- und Verordnungswerk, das seit
dem Ende des Jahres 1949 auf archivalischem Gebiet bei uns hervorgetreten ist. Gegenüber
früheren Verhältnissen erstrecken sich die staatlichen Anordnungen über das staatliche Archivwesen hinaus auf die Archive der Betriebe und der Wirtschaft, der Kreise und der Städte,
der Verwaltung und der Körperschaften. Sie regeln dieses Archivwesen in seinen äußeren und
inneren Formen, sie klären und bestimmen Fragen der Aktenkassation, Probleme der Ausbildung und Angelegenheiten der Archivbenutzung, und man darf sagen, daß niemals vorher bei
uns in einem so kurzen Zeitraum so einschneidende, umfassende und grundlegende Anordnungen auf archivalischem Gebiet getroffen worden sind. Sie alle laufen hinaus auf das eine
Anliegen der »Aufbewahrung und Sicherung der schriftlichen Zeugnisse des politischen und
gesellschaftlichen Geschehens« als Grundlage umfassender Einsicht und Erkenntnis.[12]

Es ist klar, daß damit in unseren Tagen die Frage des Verhältnisses des staatlichen Archivwesens zum nichtstaatlichen neu gestellt ist. Kann unser neuer Staat infolge seiner ge-
sellschaftlich bedingten veränderten Struktur und Aufgabenstellung das, was der frühere
Staat nicht konnte, nämlich kraft eigenen Rechts dem nichtstaatlichen Archivwesen Vorschriften und Anordnungen geben, so ist damit zugleich die Forderung erhoben, daß er zur
Durchführung dieser Gesetze und Verordnungen ein ausführendes Organ braucht. Hier findet die neugeschaffene Landesarchivverwaltung ihren Platz.

Landesarchivverwaltungen hat es, wenn dafür auch das Wort gefehlt hat, dem Wesen
und der Aufgabe nach auch schon früher gegeben. In jedem deutschen Lande waren von
jeher Archivfragen solche Angelegenheiten, die auch eine verwaltungsmäßige, im Rahmen
der staatlichen Verwaltung irgendwie zu regelnde Seite in sich schlossen. Im ministeriellen
Bereich verlangte das Archivwesen Referate und Dezernate, und auch in der Ebene der Archive war die eigentliche wissenschaftliche Archivarbeit weithin durch zusätzliche verwaltungsmäßige Einrichtungen belastet. Aber solche ältere Archivverwaltung galt immer nur-
dem staatlichen Archivwesen, und in solchem Sinne wird staatliche Archivverwaltung auch
noch heute weitgehend außerhalb unserer Grenzen verstanden.

---

11 Otto Korfes, Unsere Aufgabe. In: Archivmitteilungen 1 (1951), S. 2.
12 Ebenda, S. 1.

An solche Ansätze von Landesarchivverwaltungen der Vergangenheit schließt das Gesetzgebungs- und Verordnungswerk auf dem Gebiete des Archivwesens in der Deutschen Demokratischen Republik deutlich an. Es akzeptiert damit die vorhin historisch erläuterte Tatsache, daß sich staatliches Archivleben in Deutschland innerhalb der Landesstaaten entwickelt hat und daß staatliches Archivwesen zur Angelegenheit der einzelnen Länder geworden war. Unser Staat akzeptiert in seinen Archiv-Verordnungen zugleich aber die Tatsache, daß sich die reichsten Erfahrungen auf dem Gebiete des Archivwesens bei den staatlichen Archiven der Vergangenheit angesammelt haben, und er macht sich den Schatz dieser Erfahrungen für seine erweiterten Archivaufgaben zunutze. Er kann dies und er tut dies in voller Erkenntnis der besonderen Struktur unseres Staates, der sich nach dem Artikel 1 unserer Verfassung[13] als unteilbare demokratische Republik auf den deutschen Ländern aufbaut, der weite Angelegenheiten von den Ländern selbständig entscheiden und der seine Entscheidungen grundsätzlich von den Ländern ausführen läßt.

Ist so den Landesarchivverwaltungen in Fortführung, aber in starker Erweiterung ihrer früheren Stellung und ihrer Aufgaben der Ort im Rahmen des gesamten Archivwesens angewiesen, so ist doch ein wesentlich Neues gegenüber früher hinzugekommen. Das Archivwesen hatte im deutschen Staat der Vergangenheit keine Zusammenfassung in der Spitze. Auch in den Ländern war es in den allgemeinen Aufbau der staatlichen Organe in verschiedener Weise eingeordnet. Diese Ungleichmäßigkeit ist nunmehr bei uns beseitigt. Ist es nach Artikel 1 unserer Verfassung gegenüber den in ihrem Bestand grundsätzlich anerkannten Ländern die Aufgabe der Republik, in allen wesentlichen Angelegenheiten, die den Bestand und die Entwicklung des Volkes in seiner Gesamtheit angehen[14], zu entscheiden, so bedarf das auf Landesgrundlage aufgebaute Archivwesen der Deutschen Demokratischen Republik notwendig der einheitlichen Zusammenfassung einer zentralen Leitung. Diese besteht in der Hauptabteilung Archivwesen im Ministerium des Innern der Regierung der Deutschen Demokratischen Republik in Berlin, und sie ist die Stelle, die das Archivwesen der Deutschen Demokratischen Republik als eine Einheit leitet und entwickelt. Gerade diese einheitliche Leitung aber bedarf zur Durchführung ihrer Aufgaben in der Landesebene der Landesarchivverwaltungen, und diese sind damit das Organ zur tatsächlichen Ausführung, zur Verwirklichung der Gesetze und Verordnungen, die unser Staat auf dem Gebiete des Archivwesens erlassen hat und noch erlassen wird. Die Landesarchivverwaltungen »sind die staatlichen Aufsichtsorgane für die große Zahl verschiedenartiger Archive in den Ländern der Deutschen Demokratischen Republik«[15]. Sie sind gebunden an diese Gesetze und Verordnungen, aber sie sind zugleich ausgestattet mit eigener Initiative und Eigenverantwortlichkeit, die dem Spiel der Kräfte und den Notwendigkeiten landschaftlicher Sonderentwicklungen Raum lassen. Es besteht, wie es die Dienstanweisung umschreibt,[16]

---

13 Verfassung der Deutschen Demokratischen Republik, Artikel 1, in: Gesetzblatt der DDR 1949, S. 6: »(1) Deutschland ist eine unteilbare demokratische Republik; sie baut sich auf den deutschen Ländern auf. – (2) Die Republik entscheidet alle Angelegenheiten, die für den Bestand und die Entwicklung des deutschen Volkes in seiner Gesamtheit wesentlich sind; alle übrigen Angelegenheiten werden von den Ländern selbständig entschieden. – (3) Die Entscheidungen der Republik werden grundsätzlich von den Ländern ausgeführt.«

14 Vgl. Anm. 13.

15 Dienstanweisung für die Landesarchivverwaltungen vom 8. Juni 1951, Ziffer I.

16 Ebenda.

die Forderung, diese neuen Einrichtungen »zu politisch bewußten, operativ tätigen, fachlich
hochqualifizierten, mit allen Fragen der verwaltungsmäßigen und archivalischen Praxis
sowie der Forschung und Lehre vertrauten Institutionen« zu entwickeln.

Knüpft die Einrichtung der Landesarchivverwaltung auch an Entwicklungen der Vergangenheit an, so leuchtet nunmehr ein, daß sie mit dieser gegenwärtigen Aufgabenstellung
etwas völlig Neues ist. Aber diese Aufgabenstellung ist zunächst nur sehr allgemein umrissen. Sie bedarf, damit die Landesarchivverwaltungen arbeitsfähige und erfolgreiche Institutionen werden, der inhaltlichen Bestimmung im einzelnen.

Fragen wir zunächst danach, welchen Platz und welche Aufgaben ihnen die vorhin genannten Verordnungen zuweisen. Bereits die erste Anordnung über die Aufbewahrung im
Geschäftsverkehr nicht mehr benötigter Schriftstücke und Akten vom 28. Dezember
1949 stellt ihnen die Aufgabe, das gesamte Kassationsgeschäft der Behörden innerhalb
des Landes zu überwachen.[17] Nach der Anweisung zur Errichtung von Betriebsarchiven
vom 27. April 1950 sollen die Landesarchivverwaltungen diesen archivtechnische Weisungen erteilen.[18] Das gleiche gilt auch für die durch die Anordnungen vom 26. Februar
1951 geforderten Verwaltungs-[19], Stadt- und Kreisarchive, und für die beiden zuletzt genannten Archivgruppen erweitert sich diese Aufgabe zur regulären Beaufsichtigung.[20]
Am deutlichsten ist die Stellung der Landesarchivverwaltung in der grundlegenden Verordnung über das Archivwesen in der Deutschen Demokratischen Republik vom 13. Juli
1950 umschrieben, wo ihr die Aufgabe zugewiesen wird, den für alles Archivgut prokla-
mierten staatlichen Schutz innerhalb des Landes wirksam werden zu lassen.[21] Zugleich

---

17 Ministerialblatt der DDR 1950, S. 1, Ziffer I: Schriftstücke dürfen »nicht vernichtet werden, auch wenn
    sie wertlos erscheinen, ehe sie nicht [...] in den Ländern von den Landesarchivverwaltungen geprüft
    und zur Vernichtung freigegeben sind.«

18 Ministerialblatt der DDR 1950, S. 43–44, § 4: »Archivtechnische Weisungen erhält der Betriebsar-
    chivar nur von der Hauptabteilung Archivwesen [...] bzw. von der von der Hauptabteilung Archiv-
    wesen beauftragten zuständigen Landesarchivverwaltung (Direktor des Landesarchivs). Diese stel-
    len im Benehmen mit der Betriebsleitung fest, ob ein Betriebsarchiv hauptamtlich verwaltet werden
    muß.«

19 Ministerialblatt der DDR 1951, S. 29, § 4 (2): »Die Verwaltungsarchive der Landesregierungen und
    nachgeordneten Stellen werden durch die Landesarchivverwaltungen oder die Landesarchive mit ent-
    sprechenden fachlichen Weisungen versehen.«

20 Anordnung zur Errichtung von Stadt- und Kreisarchiven vom 26. Februar 1951, in: Ministerialblatt der
    DDR 1951, S. 32, § 3 (2): »Die Minister des Innern bestimmen auf Vorschlag der Landesarchivverwal-
    tungen, ob ein Archiv hauptamtlich oder nebenamtlich durch wissenschaftlich oder archivtechnisch
    vorgebildete oder durch andere Angestellte zu verwalten ist.« – § 5 (1): »In fachlicher Hinsicht werden
    die [...] Archive von den Landesarchivverwaltungen beaufsichtigt; diese geben die erforderlichen Wei-
    sungen und beraten die Leiter der Archive in allen Archivangelegenheiten.« – Weitere Aufgaben für die
    Landesarchivverwaltungen gegenüber den Stadt- und Kreisarchiven in § 5 (2) und (3); § 6 und § 9. –
    Dazu Erste Anordnung zur Durchführung der Verordnung über das Archivwesen in der Deutschen De-
    mokratischen Republik, in: Gesetzblatt der DDR 1950, S. 836, § 4 (4): »[...] die Landesarchivverwal-
    tungen beaufsichtigen und beraten die Tätigkeit der kommunalen und der staatlich anerkannten Ar-
    chive.«

21 Verordnung über das Archivwesen in der Deutschen Demokratischen Republik, in: Gesetzblatt der
    DDR 1950, S. 661, § 4: »Archivgut genießt staatlichen Schutz und ist unveräußerlich.« – Erste Anord-
    nung zur Durchführung der Verordnung über das Archivwesen in der Deutschen Demokratischen Re-
    publik, in: Gesetzblatt der DDR 1950, S. 836, § 4 (3): »Die Durchführung der Aufgaben der Länder
    obliegt den Landesarchivverwaltungen.«

wird sie hier organisatorisch einheitlich in allen Ländern als eine besondere Abteilung in das Ministerium des Innern der Länder eingegliedert.[22]

Aber mit diesen Verordnungen ist der Landesarchivverwaltung nicht mehr als der äußere Rahmen ihrer Tätigkeit gezogen. Es gilt, dieses neue Amt nunmehr mit Inhalt zu füllen, im ganzen und im einzelnen die neue Institution zu einem Instrument zu machen, das die in den Gesetzen und Verordnungen verankerten Forderungen in die Wirklichkeit überführt. Hier erwachsen Aufgaben, die tägliche Bereitschaft voraussetzen, die Einstellung auf die neuen Forderungen verlangen und die ein ständiges Umdenken aus früheren Verhältnissen in gegenwärtige und zukünftige Aufgaben erfordern. Mit diesen Aufgaben haben wir uns nun zu befassen.

Wir nannten vorhin als eines der wesentlichen Kennzeichen der Landesarchivverwaltung die Tatsache, daß sich der Staat in ihr die Erfahrungen zunutze macht, die innerhalb des staatlichen Archivbereichs in Jahrhunderten und Jahrzehnten angesammelt sind, um sie fruchtbar ausstrahlen zu lassen auf die Gestaltung eines umfassenden und arbeitsfähigen Archivwesens. Diese Aufgabe ist mit den Worten der Beaufsichtigung, der Anweisung, der Beratung nur unvollkommen umschrieben. Wir müssen versuchen, diese Aufgabe im einzelnen zu umreißen, und es scheint uns, daß sie sich dann auf drei wesentliche Gebiete erstreckt, einmal auf alle mit der Bildung der Archive in Zusammenhang stehenden Fragen, zum andern auf die Heranbildung qualifizierter Kräfte für die Lösung der Archivaufgaben und endlich auf das weitgespannte Tätigkeitsfeld innerhalb des wissenschaftlichen Bereiches der Archivauswertung.

Betrachten wir zunächst die im Bereiche der Archivbildung liegenden Probleme, so greift das Verordnungswerk der Deutschen Demokratischen Republik, wie wir sagten, weit über das Gebiet des staatlichen Archivwesens hinaus in den Bezirk der Kreis- und Stadtarchive, der Verwaltungsarchive und der Archive der Wirtschaft hinein. In all diesen Sektoren erwachsen der Landesarchivverwaltung umfangreiche Aufgaben.

Es mag scheinen, als ob im Bereich der staatlichen Archive die Landesarchivverwaltung nichts weiter zu tun habe, als alte Traditionen fortzuführen und alte Aufgaben unter neuen Gesichtspunkten zu bewältigen. Das trifft in einem gewissen Umfang zu; denn für den inneren Archivbetrieb der staatlichen Archive werden frühere Grundsätze auch heute weiter gelten. Aber ein wesentlich neues Moment bringt die Landesarchivverwaltung auch hier in die Gestaltung des Archivlebens hinein. Ihre Leitung ist in Personalunion mit der Leitung des Landeshauptarchivs verbunden. Mit dem Leiter des Landeshauptarchivs als Abteilungsleiter ist die fachliche Vertretung des Arbeitsgebietes in das Ministerium des Innern einbezogen. Hier wird eine alte Forderung der Archivare erfüllt, hier kann sich fachliche Erfahrung in verwaltungsmäßigem Rahmen auf alle archivlichen Fragen, auf Fragen des Archivpersonals und des Archivwesens überhaupt auswirken. Hier erhalten die staatlichen Archive im Ministerium ihre eigene fachmännische Vertretung, und hier ist ein Fortschritt erzielt, um den frühere Jahrzehnte vergeblich gerungen haben.

Wesentlich neuer sind die Aufgaben, die die Landesarchivverwaltung im Gebiete der Kreis- und Stadtarchive, das heißt im Bereich des kommunalen Archivwesens im weitesten

---

22 Erste Anordnung zur Durchführung der Verordnung über das Archivwesen in der Deutschen Demokratischen Republik, in: Gesetzblatt der DDR 1950, S. 836, § 4 (2): »Für das Archivwesen der Länder sind die Ministerien des Innern der Länder verantwortlich.«

Sinne zu lösen hat; denn hier kommt sie mit jenem, Gebiet in Berührung, auf dem früher die Grundsätze der Selbstverwaltung unmittelbaren staatlichen Eingriff unmöglich machten. Die veränderte Struktur unseres Staates gibt nunmehr aber der Landesarchivverwaltung diesen Institutionen gegenüber Stellung und Recht der Aufsichtsinstanz in allen archivfachlichen Fragen[23]. Für die Stadtarchive kann die Landesarchivverwaltung dabei an Vorhandenes anknüpfen; denn Stadtarchive hat es, wie wir wissen, immer schon gegeben, mehr oder weniger gut aufgebaut, mehr oder weniger betreut, vielfach auch ungeahnt vernachlässigt und verwahrlost. Nunmehr hat die Landesarchivverwaltung den Stadtarchiven gegenüber das Recht der Bestimmung über haupt- oder nebenamtliche Besetzung und die Pflicht der Mitwirkung in Kassationsfragen und in Angelegenheiten der inneren Einrichtung dieser Archive. Hier kann sich staatliche Archiverfahrung auf vorhandene Institutionen günstig auswirken.

Ganz neuartig aber ist die Aufgabe, die den Landesarchivverwaltungen bei der Einrichtung der Kreisarchive gestellt ist. Man weiß, daß die Stellung der Kreise früher zwei Seiten in sich schloß; sie waren zugleich untere Organe der staatlichen Verwaltung und Organe der Selbstverwaltung, d. h. Kommunalverbände höherer Ordnung. In archivmäßiger Hinsicht bedeutete das, daß der Kreis als Staatsbehörde seine staatlichen Archivalien in das Landesarchiv abgab und daß er die Pflicht gehabt hätte, für die Archivalien seiner Selbstverwaltung selbst zu sorgen. Es braucht nicht besonders hervorgehoben zu werden, daß dies hinsichtlich der staatlichen Archivalien der Kreise im allgemeinen geschehen ist, daß für die Akten der Selbstverwaltung der Kreise aber wenig geschah. Die neue Auffassung von der Gestaltung unserer Verwaltung kennt die scharfe Trennung zwischen staatlicher Verwaltung und Selbstverwaltung nicht mehr. In der an das Volk gebundenen und von ihm ausgehenden Verwaltung stellt der Kreis nunmehr ein unteres Organ der staatlichen Verwaltung dar, und mit und unter ihm wirken die Gemeinden in der gleichen Funktion. Damit ist auch dem Kreisarchiv eindeutig seine neue Stellung zugewiesen; denn das Kreisarchiv wird jetzt in der unteren Ebene der Archivverwaltung eine staatliche Archiveinrichtung, die mit staatlichen Archivaufgaben im Rahmen der Kreisverwaltung betraut ist.[24] Es ist die Aufgabe der Landesarchivverwaltung, die Kreisarchive bei dieser Arbeit anzuleiten, zu beraten und zu beaufsichtigen.

Hier finden nun manche Fragen des früheren Archivschutzes für die Archive der kommunalen Selbstverwaltung, die die Archivare jahrzehntelang beschäftigt haben und die doch zu keinem allseitig befriedigenden Ende geführt werden konnten, ihre klare Lösung. Es ist hinreichend bekannt, wie weit die Archive unserer kleineren Gemeinden, die ein eigenes Archiv zu unterhalten nicht in der Lage sind, vernachlässigt wurden und damit verwahrlosten. Man hat früher versucht, diesem Problem mit Hilfe des Archivpflegersystems beizukommen, und man schätzt dieses System auch heute noch.[25] Man weiß aber auch, daß trotz aller Vorteile, die diese Einrichtung bietet, ihr Funktionieren abhängig war und ist von dem Vorhandensein geeigneter, williger und befähigter Kräfte, und man weiß – wir

---

23 Vgl. oben Anm. 20.

24 Anordnung zur Errichtung von Stadt- und Kreisarchiven vom 26. Februar 1951, § 1 (1): »Die Stadt- und Landkreise sind verpflichtet, Archive zu errichten und zu unterhalten.«

25 Auch in der angezogenen Verordnung ist die Möglichkeit der Einsetzung von Archivpflegern offengelassen. § 5 (2): »Die Landesarchivverwaltungen können zur Durchführung ihrer Aufgaben Archivpfleger einsetzen.«

haben es namentlich nach 1945 erfahren – wie schnell hoffnungsvolle Ansätze und Erfolge zunichte werden, wenn solche Kräfte fehlen. Jetzt hat die Landesarchivverwaltung die Möglichkeit und die Aufgabe, das noch vorhandene Archivgut der Gemeinden mit Hilfe der Kreisarchive zu retten. Damit ergibt sich unter der Aufsicht der Landesarchivverwaltung für die Kreisarchive die doppelte Aufgabe, von 1945 ab – denn bis 1945 wird das Archivmaterial des Kreises an das staatliche Archiv abgeliefert – das entstehende Schriftgut der Kreisverwaltung selbst aufzunehmen und zu verwalten, zugleich aber die Archive aller zur Unterhaltung eines eigenen Archivs nicht befähigten Gemeinden in sich zu vereinigen.[26] Damit wird das Kreisarchiv nach Stellung und Aufgabe ein staatliches Archiv in der unteren Verwaltungsebene, dessen Wirkungsbereich nur in dieser Ebene liegt. Der Archivschutz mündet hier ein in wirkungsvolle staatliche Archivverwaltung im Bereich des Kreises.

Man muß, dies ist wenigstens die Auffassung der thüringischen Landesarchivverwaltung, diesen neuen Kreisarchiven ganz besondere Aufmerksamkeit schenken; denn sie geben uns die Möglichkeit staatlicher Archivmaßnahmen an sonst schwer erreichbaren Stellen. Sie können infolge ihrer größeren räumlichen Nähe weithin Wertvolles leisten auf dem Gebiete des privaten Archivschutzes; sie sind insbesondere in der Lage, etwa noch verschleppte und unbekannte Teile früherer Gutsarchive aufzudecken und sicherzustellen. Wieweit nach 1945 die Kreisarchive Teile ihrer Bestände später an die staatlichen Archive abzugeben haben, diese Frage braucht uns jetzt noch nicht zu beschäftigen. Sorgen wir dafür, daß die Kreisarchive als untere staatliche Archive arbeitsfähig werden, so werden wir alte Wünsche von Archivargenerationen vor uns wirkungsvoll lösen.

Es könnte scheinen, als ob mit diesen Einrichtungen der Kreis- und Stadtarchive zu viel an Einzelarchiven ins Leben gerufen würde. daß dem nicht so ist, beweisen Zahlen. Es möge genügen, wenn dafür wieder thüringische Verhältnisse erläutert werden. Thüringen wird bei dieser Organisation neben 91 Stadtarchiven, die von früher her vorhanden sind und die ihrer Größe und Bedeutung nach eine selbständige, zum Teil hauptamtliche, zum Teil nebenamtliche Aufrechterhaltung notwendig machen, 23 Kreisarchive besitzen, die die oben umrissenen Aufgaben jeweils in ihrem Kreisgebiet zu erfüllen haben.

Neuartige Aufgaben für die Landesarchivverwaltung bringt auch die Einrichtung der Verwaltungsarchive mit sich, d. h. jener Stellen, die mit diesem Wort für den alten Archivar unzutreffend benannt und die ihrem Wesen nach die zentralen Altregistraturen von Verwaltungsstellen sind. Mit der Verordnung über die Einrichtung dieser Verwaltungsarchive bei allen staatlichen Verwaltungsstellen[27] ist der Sache nach ein außerordentlicher Fortschritt in der Richtung des Archivalienzuganges in die staatlichen Archive erzielt. Hier ist der Gang des Aktenstückes von seiner Entstehung an durch die Registratur und die Altregistratur hindurch bis in das Archiv hinein sicher und klar festgelegt. Man weiß, daß die alten und in diesem Falle guten Zustände, die im Vorhandensein von zentralen Altregistraturen bei den Verwaltungsstellen gegeben waren, im Gefolge der seit den zwanziger Jahren üblichen

---

26 Ebenda, § 2 (4): »Gemeinden ohne eigene Archive haben ihr Schriftgut an das Archiv ihres Landkreises abzugeben.«

27 Anordnung zur Errichtung von Verwaltungsarchiven vom 26. Februar 1951, § 1: »Zur Sammlung, Sicherung und Nutzbarmachung des im laufenden Geschäftsgang einer staatlichen Verwaltungsstelle nicht mehr benötigten Schriftgutes haben alle Verwaltungen der Deutschen Demokratischen Republik ein Verwaltungsarchiv (zentrale Altregistratur) zu errichten und zu unterhalten.«

Büroreform vom Archivstandpunkt aus schweren Schaden gelitten hatten. Jetzt greift man auf bewährte alte Einrichtungen zurück. Wir begrüßen es dankbar, daß die nunmehr wieder gesicherte Einrichtung zentraler Altregistraturen den Zugang des Archivgutes von seinen Entstehungsstellen aus zum Archiv erleichtert und regelt. Damit aber erwachsen der Landesarchivverwaltung Aufgaben der Einflußnahme auf die Einrichtung und Gestaltung dieser Altregistraturen in ihrer äußeren und inneren Form bei allen Verwaltungsstellen. Dadurch erhält die Landesarchivverwaltung auch Einfluß in das Gebiet der Registratur hinein. Die Ansichten darüber, wie weit diese Einflußnahme auszudehnen ist, ob sie bis zur Mitwirkung an der Aufstellung des Aktenplans der Behörden zu gehen hat[28], sind nicht eindeutig. Aber soviel steht fest, daß die Landesarchivverwaltung den Altregistraturen als den Zubringern zum Archiv ihre besondere Aufmerksamkeit durch Beaufsichtigung, Anweisung und Beratung schenken muß.

Ein völlig neues, dem staatlichen Archivar bisher weithin fremdes Arbeitsgebiet erwächst der Landesarchivverwaltung durch die Aufgaben, die die Gestaltung des Archivwesens der Wirtschaft mit sich bringt. Hier waren früher die Widerstände der Gegenseite gegen die staatliche Einflußnahme am lebhaftesten. Hier aber ist durch die Gestaltung der volkseigenen Wirtschaft, die keinen Gegensatz zwischen Staat und Wirtschaft kennt, neues Arbeitsfeld geschaffen. Auf diesem Gebiet kann sich die alte archivarische Forderung der Einrichtung von Archiven im einzelnen Betrieb und im Rahmen der wirtschaftlichen Organisation voll auswirken. In diesem Bereich ist allerdings auch die staatliche Mitwirkung am notwendigsten; denn wenn innerhalb des kommunalen Archivwesens und bei den Verwaltungsarchiven Archivfragen schon von früher her wenigstens nicht ganz unbekannt sind, so ist im wirtschaftlichen Sektor die Auffassung von den Archiven und ihrer Notwendigkeit noch wenig entwickelt. Hier gilt es daher, durch immer wiederholte Einflußnahme den Anstoß zur Einrichtung der betrieblichen Archive zu geben und durch Mitwirkung in allen äußeren und inneren Archivfragen der Sache zum Durchbruch zu verhelfen.

Wie umfassend die Landesarchivverwaltung hier anzusetzen hat, das zeigen eindeutig wieder Zahlen. Wenn die Menge der so entstehenden Betriebsarchive innerhalb der Deutschen Demokratischen Republik mit etwa 5 000 angegeben worden ist, so wird die Richtigkeit dieser Schätzung damit unterstrichen, daß im thüringischen Raum durch Einwirkung der Landesarchivverwaltung bisher wenigstens 650 Betriebsarchive erfaßt sind.

Die Landesarchivverwaltung wird sich allerdings gerade bei den Archiven der Wirtschaft stets darüber im klaren sein, daß wir hier auf Neuland stehen. Wir sprechen von Betriebsarchiven und meinen dabei, weil solche in den meisten Fällen wegen des geringen Alters der Betriebe noch gar nicht vorhanden sein können, weithin die betrieblichen Altregistraturen.[29] Auf diese also als die unteren, aber besonders bedeutsamen Keimzellen wirtschaftlichen Archivwesens erstrecken sich zunächst unsere archivischen Maßnahmen. Damit erhebt sich allerdings zugleich die Frage, ob künftige Entwicklung hier nicht weiterführen und von den Altregistraturen und den Archiven der Einzelbetriebe zu größeren Zusammen-

---

28 Vgl. darüber jetzt Rudolf Schatz, Das Wesen des Aktenplanes und seine Bedeutung für die Verwaltungs- und Archivpraxis. In: Archivmitteilungen 2 (1952), S. 5–8.

29 Daß auch die Anweisung zur Errichtung von Betriebsarchiven vom 27. April 1950 nicht klar zwischen Betriebsarchiv und Altregistratur des Betriebs scheidet, zeigt, um nur ein Beispiel herauszugreifen, der § 2 c, wonach »alle nach § 44 des Handelsgesetzbuches zehn Jahre aufzubewahrenden Geschäftspapiere, soweit sie nicht in den Abteilungen verbleiben«, im Betriebsarchiv zu »sammeln« (!) sind.

fassungen wirtschaftlicher Archive fortschreiten muß. Diese Frage beschäftigt uns namentlich in diesen Tagen, wo Umorganisationen innerhalb der volkseigenen Wirtschaft auch ar-
chivmäßige Umstellungen veranlassen. Die Landesarchivverwaltung hat mit der Einflußnahme auf die Archive der einzelnen Betriebe vorderhand genügend Aufgaben zu
bewältigen, Aufgaben, die jeder künftigen Gestaltung erst den sicheren Untergrund geben.
Aber sie wird die höheren Aufgaben der späteren Zusammenfassung, die in der Organisation des staatlichen Archivwesens ihr Vorbild hat, im Auge zu behalten haben.

Mit der Umschreibung der Aufgaben der Landesarchivverwaltung im Bereiche der Archivbildung und ihrer Auswirkung auf die staatlichen Archive, die Kreis- und Stadtarchive,
die Verwaltungsarchive und die Archive der Wirtschaft sind die wesentlichen Archive erfaßt, die wir zu betreuen haben, wenn wir der Erkenntnis der Erscheinungen unseres gesellschaftlichen Lebens die notwendige Quellengrundlage geben wollen. Wir wissen allerdings
auch, daß darüber hinaus noch weiteres Archivgut zu erfassen ist, und wir wissen, daß wir
noch weitere Verordnungen über das Archivwesen von Organisationen und Institutionen
zu erwarten haben. In diesem Zusammenhang mögen kurz nur zwei Gebiete angedeutet
sein, die die Landesarchivverwaltung weitgehend in ihrer Aufgabenstellung zu berücksichtigen hat.

Das sind einmal die Gutsarchive, und das ist zum andern das Archivwesen der Kirche.
Über die im Rahmen des großen Gutsbesitzes entstandenen Adels- und Gutsarchive wurde
bereits vorhin gesprochen. Nach der bei uns durchgeführten Bodenreform gibt es heute solche Güter und solche Archive nicht mehr. Die staatlichen Archive haben bei der Bodenreform an diesem Archivgut übernommen, was ihnen möglich war. Aber manches dieser Archive liegt heute noch versteckt und verstreut draußen, und hier haben unsere Kreisarchive,
wie vorhin bereits angedeutet wurde, wichtige Aufgaben der Aufspürung und Sicherung.
Für das Archivwesen der Kirche aber gilt der Grundsatz, daß sie, die dazu durchaus in der
Lage ist, es selbst organisiert. In Thüringen – und so ist es weithin auch anderwärts – hat
sie mit dem staatlichen Archivwesen immer verständnisvoll zusammengearbeitet und ihr eigenes Archivwesen im Anschluß an das des Staates und nach seinem Vorbild ausgerichtet.
Hier kann die Landesarchivverwaltung bewährte Wege gehen.

Es leuchtet ein, daß diese bereits im Gebiete der Archivbildung gekennzeichneten Aufgaben der Landesarchivverwaltung außerordentlich umfassender Natur sind, daß sie ein Archivwesen umgreifen, dessen Umfang nahe an die alte archivarische Vorstellung von dem
»einheitlichen Aktenfonds im Lande« heranreicht. Hier erhebt sich nun schwerwiegende
Frage, wie wir personell die umfangreichen Aufgaben lösen wollen, die uns gestellt sind.
Damit wenden wir uns der zweiten Hauptaufgabe der Landesarchivverwaltung zu, qualifizierte Kräfte für diese Archivarbeit zu schaffen. Es ist klar, daß uns zur Durchführung dieser Aufgaben zunächst fachlich ausgebildetes Personal nicht zur Verfügung steht, um so weniger, als der Stand der Archivare immer ein eng begrenzter gewesen ist. Das aber macht
zur Notwendigkeit, daß wir uns die Kräfte für die Durchführung dieser Aufgaben heranbil-
den. Damit leisten wir Erziehungs- und Ausbildungsarbeit.

Solche Aufklärungsarbeit hat sich zunächst einmal weit über die Archive und den Kreis
der in ihnen Tätigen hinaus an alle diejenigen zu richten, die durch Stellung und Amt mit
Fragen des Archivwesens in Berührung kommen. Es muß hier allerdings ausgesprochen
werden, daß die alte eingewurzelte Geringschätzung des Archivwesens auch heute noch
weit verbreitet ist, daß dieses Übel trotz unserer schönen und ausgedehnten Verordnungen
nicht mit einem Schlage beseitigt werden kann. Man braucht unter Archivaren nicht be-

sonders davon zu sprechen, wie nebensächlich Archivfragen im Rahmen der staatlichen Verwaltung weithin und erst recht im Gebiete der Wirtschaft behandelt werden. Hier hat jeder von uns, hier hat insbesondere aber die Landesarchivverwaltung die Aufgabe, aufklärend zu wirken und keine Gelegenheit zu versäumen, um bei den verantwortlichen Personen im Staat und in der Wirtschaft das Verständnis für die gesellschaftliche, politische und wissenschaftliche Bedeutung unserer Archive zu wecken.

Die Erziehungs- und Ausbildungsarbeit, die die Landesarchivverwaltung zu leisten hat, muß sich dann aber vor allen Dingen dahin ausdehnen, für die umfassenden Aufgaben auf dem Gebiete des Archivwesens Mitarbeiter und Fachkräfte heranzubilden. Soweit sich die Tätigkeit dieser Kräfte auf den wissenschaftlichen Archivdienst erstreckt, ist diese Ausbildung nicht Sache der Landesarchivverwaltung, sondern des Instituts für Archivwissenschaft beim Deutschen Zentralarchiv in Potsdam. Dafür aber hat die Landesarchivverwaltung im Zusammenwirken mit dem Landeshauptarchiv ihr Augenmerk der Ausbildung von Diplomarchivaren, d. h. von Fachkräften des früheren mittleren Dienstes zu schenken. In zweijähriger Ausbildungszeit werden diese Anwärter zu Fachkräften herangezogen. Ihr Kreis aber kann gegenüber dem Umfang der zu leistenden Arbeit nur klein sein, und aus diesem Kreise können wir noch nicht die Kräfte für die sofort durchzuführenden Aufgaben entnehmen. Daher muß die Landesarchivverwaltung darauf bedacht sein, in besonderen Kurzlehrgängen solche Menschen, die an der Archivarbeit interessiert und für sie geeignet sind, für die Aufgaben in den Kreis- und Stadtarchiven, in den Verwaltungsarchiven und in den Betriebs- und Wirtschaftsarchiven zu schulen. Es braucht hier nicht besonders ausgeführt zu werden, wie diese Lehrgänge allenthalben in unseren Ländern angelaufen sind, welche Erfolge wir damit haben, aber auch, wo uns noch der Schuh drückt. Es mag nur wieder aus Thüringen angeführt sein, daß wir seit Ende des vorigen Jahres in elf fünf- und sechstägigen Lehrgängen siebenmal Betriebsarchivare, dreimal Kreis- und Stadtarchivare und einmal Verwaltungsarchivare ausgebildet haben. Schon die Zahl der sieben Lehrgänge für Betriebsarchivare zeigt, wie überall von den Landesarchivverwaltungen dieses neuartige Aufgabengebiet des wirtschaftlichen Archivwesens ernst genommen und in den Vordergrund gestellt wird. Aber es mag demgegenüber auch betont sein, daß wir bei der besonderen Bedeutung, die den Kreisarchiven im staatlichen Archivbereich zukommt, hier sehr umfassende und gründliche Arbeit zu leisten haben. Wir in Thüringen sind jedenfalls der Meinung, daß die Kreisarchivare, deren Stellen wir zunächst nicht mit Diplomarchivaren besetzen können, von uns in zweijährigem, unterbrochenem, auf Grund- und Wiederholungslehrgänge abgestellten Ausbildungsgang auf einen Stand gehoben werden müssen, der ihre Tätigkeit an die der Diplomarchivare annähert.

Mit diesem zweiten Aufgabenbereich der Ausbildung qualifizierter Kräfte erwächst der Landesarchivverwaltung bedeutsame Aufgaben erzieherischer und schulischer Arbeit in einem Umfang, den man früher innerhalb des Archivwesens nicht gekannt hat. Wir haben erfahren, daß dies eine dankbare Aufgabe ist. Aber wir wissen auch, daß diese Aufgabe auf seiten derjenigen, die für die Bildung und Unterhaltung der Archive verantwortlich sind, mehr Verständnis und Eingehen auf die Notwendigkeiten voraussetzt; denn unsere Arbeit in diesem Bereich kann nur Erfolg haben, wenn es uns gelingt, die noch vielfach zu beobachtende Fluktuation innerhalb der Archivarkreise abzustellen und Menschen zu gewinnen, die in der Lage und gewillt sind, ihre Kraft immer dem Archiv zur Verfügung zu stellen. Archivarbeit kann nun einmal nur gedeihen mit einem festen Kreis von ständigen Mitarbeitern.

Die Verordnungen und Anordnungen der Deutschen Demokratischen Republik auf dem Gebiete des Archivwesens und unsere Maßnahmen zur Verwirklichung dieser gesetzlichen Forderungen sind, wie wir wiederholt betonten, getragen von der Erkenntnis, daß die Archive wertvollstes Quellenmaterial zur Geschichte politischer und gesellschaftlicher Entwicklungen der Vergangenheit und unserer Zeit enthalten. Was für die Archive geschieht, geschieht also zu dem Zweck, das in ihnen angehäufte Quellenmaterial in wissenschaftlicher Forschung auszuwerten und neue Erkenntnisse zu vermitteln. In diesem Bereich liegt nach unserer Auffassung das dritte große Aufgabengebiet der Landesarchivverwaltung Damit übernimmt die Landesarchivverwaltung wissenschaftliche Aufgaben.

Diese Feststellung mag zunächst befremdlich klingen, und es gibt weithin festzustellende Ansichten, daß wissenschaftliche Tätigkeit nicht zum Gebiet der Landesarchivverwaltung gehört. Man täte ihr einen schlechten Dienst, wollte man ihr diese Aufgabe nehmen und sie damit zu einer rein verwaltungsmäßigen Institution herabdrücken.

Schon damit, daß der Leiter der Landesarchivverwaltung zugleich der Leiter des Landeshauptarchivs, d. h. eines wissenschaftlichen Instituts ist, wird die Tatsache unterstrichen, daß wissenschaftliche Aufgabenstellungen auch in den Bereich der Landesarchivverwaltung hineinwirken. Ist es auch nicht ihre Aufgabe, selbst forschend tätig zu sein, so wird sie weiterhin bei der Organisation wissenschaftlicher Arbeit mitzuwirken haben, d. h. bei der Organisation solcher Aufgaben, die heute als umfassende und neuartige Fragestellungen nicht vom einzelnen, sondern nur durch kollektive Leistung zu bewältigen sind. Von hier aus ergeben sich die Beziehungen der Landesarchivverwaltung zu den wissenschaftlichen Institutionen der Historischen Kommissionen, der Museen, Bibliotheken und Akademien, und von hier aus ist beispielsweise auch die Mitwirkung der Landesarchivverwaltung im Rahmen der großen kollektiven Arbeit zur Feststellung der Geschichte der deutschen Arbeiterbewegung unter Einschaltung insbesondere auch der nichtstaatlichen Archive gegeben.

Es wird dabei das besondere Anliegen der Landesarchivverwaltung sein müssen, daß innerhalb der Archive solche Aufgaben bewältigt werden, die spezifisch archivarische Auf gaben sind. Wir meinen die Veröffentlichungen von Quellen zu den verschiedensten geschichtlichen Fragen. Man wird es aussprechen dürfen, daß es sich dabei um Aufgaben handelt, die nach ihrer Gestaltung und Aufmachung wenig populär sind, deren tiefgründiger Ertrag augenblicklicher und oberflächlicher Betrachtung nicht sofort in die Augen springt. Aber wir wissen, daß solche Veröffentlichungen notwendig sind für eingehende geschichtliche Betrachtung und daß wir sie brauchen für die Ausweitung und vielfach für die Umwertung unseres Geschichtsbildes. An dieser Auffassung von der Notwendigkeit der Quellenpublikationen, bei deren Gestaltung die Landesarchivverwaltungen mitzuwirken haben, kann uns auch solche Kritik nicht irremachen, die von falschen Voraussetzungen ausgeht. Unkenntnis der Zusammenhänge und feuilletonistische Begeisterung an der Geschichte lösen diese Probleme nicht. Nur quellenfundierte Forschungen werden in die Zukunft dauern.

Es ist ein ungemein umfassendes Aufgabengebiet, das wir der Landesarchivverwaltung hier abgesteckt haben. Es ist ein Bereich sehr neuartiger Aufgaben, der das Bewußtsein hoher Verantwortung voraussetzt, es ist zugleich, weil es Neuland zu bestellen gilt, ein dankbares Arbeitsgebiet. Wir arbeiten dabei mit an wissenschaftlichen Aufgaben größten Umfanges, denen wir das Quellenmaterial in unseren Archiven bereitstellen, und wir helfen, dieses Quellenmaterial selbst wieder zum Leben zu bringen. Es gilt noch heute das Wort, das ein Großer im Bereiche der Geschichtsforschung gerade auch im Hinblick auf die Quellen des weimarischen Landeshauptarchivs gesprochen hat: »Man bedaure den nicht,

der sich mit diesen anscheinend trockenen Studien beschäftigt und darüber den Genuß
manches heitern Tages versäumt. Es ist wahr, es sind tote Papiere, aber sie sind Überreste
eines Lebens, dessen Anschauung dem Geiste nach und nach aus ihnen emporsteigt.«[30]

Noch sind wir nicht so weit, daß wir alle unsere Archive der Forschung öffnen könnten,
noch sind wir weithin damit beschäftigt, das Material überhaupt erst zu sichten und zu erhalten. Aber das Ziel, dem wir zustreben, liegt klar vor uns. Auf dem Wege dorthin unbeirrt
fortzuschreiten und die Kräfte gemeinsam auf diesem Wege zusammenzufassen, das ist die
Aufgabe der Landesarchivverwaltung, das ist – mit Goethe – unsere Pflicht als die Forderung des Tages.

---

30 Leopold von Ranke, Deutsche Geschichte im Zeitalter der Reformation. Vorrede. Ges.-Ausg. d. Deut-
    schen Akademie, hg. v. Paul Joachimsen, München 1925, Bd. 1, S. 4.

Vom Wesen der Archivwissenschaft
1953

Vorlesung zur Eröffnung des 3. Lehrgangs am Institut für Archivwissenschaft [1. Oktober 1953]

Die Eröffnung des 3. Lehrgangs am Institut für Archivwissenschaft ist ein Augenblick froher Aussicht in die Zukunft und zugleich eine Stunde ernster Besinnung. Denn wir eröffnen einem Kreise junger und hoffnungsvoller, nach der beruflichen Erfüllung ihres Lebens strebender und mit hohen Erwartungen zu uns kommender Kräfte den Weg zu diesem Ziel, und wir fühlen gerade deshalb die tiefe Verpflichtung, ihnen und uns Rechenschaft darüber abzulegen, wohin wir sie führen können und wollen. Es bemächtigt sich unser dabei die gleiche Stimmung der einer unserer Größten im Geiste in ähnlicher Lage klassischen Ausdruck verlieh: »Der Anblick so vieler vortrefflichen jungen Männer« - wir fügen heute noch die jungen Frauen hinzu -, »die eine edle Wißbegierde um mich her versammelt und in deren Mitte schon manches wirksame Genie für das kommende Zeitalter aufblüht, macht mir meine Pflicht zum Vergnügen, läßt mich aber auch die Strenge und Wichtigkeit derselben in ihrem ganzen Umfang empfinden.«

Friedrich Schiller sprach diesen Satz in seiner Jenaer akademischen Antrittsrede, die - wie man weiß - dem Thema »Was heißt und zu welchem Ende studiert man Universalgeschichte?« gewidmet war. Unser heutiges Anliegen ist freilich begrenzter, aber es soll getragen sein von der gleichen hohen Verantwortung gegenüber dem Gegenstande unserer Beschäftigung, und diesen wollen wir daher, ohne vermessen zu sein, mit der abgewandelten Frage umschreiben: »Was heißt und zu welchem Ende studiert man Archivwissenschaft?«

Es scheint, daß die Antwort auf diese Frage leicht zu finden und aus der Zusammensetzung des Wortes einfach abzuleiten sei. Archivwissenschaft ist bei solcher Deutung dann eben die Wissenschaft vom Archiv als Institution und den Archiven als realen, mannigfach abgestuften und variierenden Erscheinungen, die Wissenschaft, die bei der praktischen Tätigkeit im Archiv beherrscht werden muß, eine Summe von Einzelwissen und von Kunstgriffen für die Praxis des Archivars. Die Ausbildung in der Archivwissenschaft läuft bei solcher Einstellung dann hinaus auf das Vermitteln und die Aneignung dieses gehobenen, wissenschaftlichen Handwerks, auf das Abrichten und Zurichten des wissenschaftlichen Archivars auf die Praxis hin und nur für diese.

Aber solche Auffassung rückt die Tätigkeit des Archivars und unser Bemühen um die Heranbildung des wissenschaftlichen archivarischen Nachwuchses doch allzu sehr in die Nähe - um wieder mit Schiller zu sprechen - »des Studierplanes, den sich der Brotgelehrte vorzeichnet«. Und es schrecken uns dann die harten Urteile, die Schiller gegen solches Brotstudium und seine geistige Enge schleudert. Wir können und wollen nicht zu denen gehören, »denen es bei ihrem Fleiß einzig und allein darum zu tun ist, die Bedingungen zu erfüllen, unter denen sie zu einem Amte fähig und der Vorteile desselben teilhaftig werden«, – »die ihren ganzen Fleiß nach den Forderungen einrichten, die von dem künftigen Herrn ihres Schicksals an sie gemacht werden, und alles getan zu haben glauben, wenn sie sich fähig gemacht haben, diese Instanz nicht zu fürchten«, – »die jede wichtige Neuerung aufschreckt, weil sie die alte Schulform, die sie sich so mühsam zu eigen machten, zerbricht«, – »die umsonst nach Wahrheit geforscht zu haben glauben, wenn sich Wahrheit für sie nicht in Gold, in Zeitungslob, in Fürstengunst verwandelt«, – »die im Reiche der vollkommensten Freiheit eine Sklavenseele mit sich herumtragen«. Den Lehrern und Erziehern des archivarischen Nachwuchses aber müssen jene Warnungen Schillers besonders gegenwärtig sein, daß »noch beklagenswerter der junge Mann von Genie ist, dessen natürlich schöner Gang durch schädliche Lehren und Muster auf diesen traurigen Abweg verlenkt wird«, – »der sich überreden ließ, für seinen künftigen Beruf mit kümmerlicher Genauigkeit zu sammeln«, – »den bald seine Berufswissenschaft als ein Stückwerk anekeln wird, weil er den frohen Mut nicht entgegensetzen kann, der nur die helle Einsicht, nur die geahnte Vollendung begleitet«.

Solches Brotstudium kann nicht unser Weg und solche Brotwissenschaft nicht unser Ziel sein. Auch wir streben vielmehr, wie Schiller, nach dem »philosophischen Kopf«, »der sich überzeugt, daß im Gebiete des Verstandes wie in der Sinnenwelt alles ineinander greife«, – »dessen reger Trieb nach Übereinstimmung sich mit Bruchstücken nicht begnügen kann«, »bei dem alle Bestrebungen auf Vollendung seines Wissens gerichtet sind«, – »der alles, was um ihn geschieht und gedacht wird, in sein Eigentum zu verwandeln weiß«, – »bei dem sich der Enthusiasmus, den die Wahrheit allein das Recht hat zu erwecken, an Betrug und Täuschung nicht unwürdig verschwendet«.

Das alles bedeutet: Wir erstreben den weit und tief gebildeten, sein Fachgebiet wirklich umgreifenden und in den Zusammenhang der Wissenschaften stellenden gelehrten Archivar; dem seine Wissenschaft echte Wissenschaft, Suchen nach Erkenntnis und Streben nach Wahrheit ist.

Mit diesen Feststellungen haben wir zunächst – und das ist schon viel – die wissenschaftliche Haltung im ganzen, noch nichts aber für die inhaltliche Bestimmung unserer speziellen Wissenschaft, eben die Archivwissenschaft gewonnen. Wollen wir hier zur Klarheit kommen, so gilt es, daß wir uns über das Wesen des Archivs, seine Stellung unter anderen Institutionen und seine Aufgaben in der Gegenwart verständigen.

Archive – Stätten, an denen die aus praktischer Verwaltungs- und Geschäftstätigkeit stammenden schriftlichen Aufzeichnungen aufbewahrt und der Nachwelt überliefert werden – gibt es, seitdem die schriftliche Form geschäftlicher und verwaltungsmäßiger Erledigungen üblich war, d. h. seit alters. Die Auffassung von ihrem Wesen und ihren Aufgaben aber hat oft gewechselt, bedingt durch veränderte ökonomische und gesellschaftliche, politische und kulturelle Zustände und Verhältnisse. Die im feudalen Zeitalter durch Jahrhunderte festgehaltene Einschätzung, nach der das Archiv eine zu nur politischen Zwecken und nur zugunsten des Archivbesitzers unterhaltene Aufbewahrungsstelle von Rechtsdokumenten war, ängstlich gehütet und vom Juristen betreut und genutzt, wurde im 19. Jahrhundert, als mit der französischen Revolution und der Beseitigung der feudalen Ordnungen und Bindungen die archivalischen Dokumente ihren Rechtswert einbüßten und zu historischen Quellenzeugnissen wurden, abgelöst durch die Bewertung des Archivs als einer historischen Institution, die nur vom Historiker sachgerecht verwaltet und ausgewertet werden kann. Aus diesen beiden gegensätzlichen Auffassungen, von denen jede nur einen Teil der

Wahrheit in sich schließt, hat unsere Zeit den Ausgleich geformt, daß das Archiv sowohl eine den praktischen Bedürfnissen des Archivträgers dienende Geschäfts- und Verwaltungseinrichtung wie eine der historischen Betätigung dienende Forschungsinstitution ist. Es macht in jedem Falle sein Wesen aus, daß dem in ihm verwahrten Material geschichtlicher Wert zukommt, daß dieses Material historischer Quellenstoff ersten Ranges ist. Soweit das Archiv seine Funktion als Verwaltungsstelle ausübt, ist es daher, gestützt auf dieses Quellenmaterial, eine mit wissenschaftlichen, historischen Methoden arbeitende Verwaltung; soweit es der Forschung dient, ist es eine mit den gleichen Methoden arbeitende, unmittelbare wissenschaftliche Einrichtung. Die Doppelstellung, die das Archiv einnimmt und die ihm im Rahmen der übrigen wissenschaftlichen Institute seinen besonderen Platz zuweist, findet ihr gemeinsames Band in dem Charakter seines Materials als historischen Quellengutes und in der diesem Material allein gerecht werdenden historischen Methode. Damit ist das Archiv eindeutig in die Reihe der historischen Institute gerückt.

Der Stoffkreis, den das Archiv zu bewältigen hat, ist im Laufe der Zeiten immer mehr angewachsen, und er vermehrt sich in unseren Tagen ständig. Das liegt nicht nur in der Tatsache, daß die schriftliche Erledigung aller geschäfts- und verwaltungsmäßigen Vorgänge im Laufe der Jahrhunderte immer mehr um sich gegriffen hat; das ist vor allem auch darin begründet, daß der Kreis der Archivträger sich immer mehr vergrößert, nicht zuletzt deswegen, weil die historische Forschung mit ihren sich verfeinernden Methoden und mit ihren vorwärts- und tiefer dringenden Fragestellungen zur Bildung neuer Archive anregt. Zu den kirchlichen, städtischen und staatlichen Archiven der älteren Zeit, zu denen dann die gemeindlichen, privaten und Familienarchive traten, gesellen sich in unseren Tagen die Archive der Wirtschaft, der Körperschaften und Organisationen, und die staatliche Fürsorge, die allem Archivgut heute zuteil wird, gewährleistet das zutreffende archivalische Abbild unseres gesellschaftlichen Zustandes. Damit wird das Archivwesen in seinem gesamten Umfang die unerschöpfliche, jeder wissenschaftlichen Fragestellung aufgeschlossene und auf sie antwortende Institution zur Aufbewahrung, Bereitstellung und Auswertung schriftlichen historischen Quellenmaterials. Und es ist, da die schriftlichen Quellen noch immer die vornehmsten der Geschichtsforschung sind, eine der hervorragendsten Stätten historischer Quellenforschung, ein bedeutsames historisches Forschungsinstitut schlechthin.

Von solcher Erkenntnis aus können wir nunmehr die Frage erneut stellen und beantworten, was Archivwissenschaft eigentlich sei, welcher Art Wissenschaft im Archiv zu Hause ist. Aufgabe des Archivs und damit des Archivars ist es, historisches Quellenmaterial der Forschung zu erhalten, bereitzustellen und aufzuschließen, und zwar der historischen Forschung in ihrem gesamten Umfang. Archivwissenschaft ist damit historische Wissenschaft; Archivwissenschaft ist Pflege besonderer Disziplinen in der weit verzweigten und stark differenzierten historischen Wissenschaft, und zwar Pflege aller der Disziplinen, die der Aufbereitung und Erschließung schriftlichen historischen Quellenmaterials dienen. Man weiß, daß alle historische Quellenforschung mit der Frage zu beginnen hat, wieweit eine bestimmte Überlieferung überhaupt als Quelle geschichtlicher Erkenntnis dienen kann. Archivwissenschaft hat demnach die Frage zu stellen und zu beantworten, wieweit die im Archiv verwahrten archivalischen Überlieferungen als historisches Quellenmaterial verwertbar sind. Archivwissenschaft ist daher, weil das archivalische Quellengut ungemein ausgedehnt und vielseitig ist, ein weit gespanntes Unternehmen.

Sie hat auszugehen von der Beschäftigung mit dem Archiv als einer Einrichtung politischen und gesellschaftlichen Lebens und wird in dem besonderen Zweig der Archivkunde, unterstützt durch Verwaltungs- und Behördengeschichte, die Theorie und die Entwicklung und Bedeutung des Archivwesens klären. Sie hat dann weiter die im Archiv lagernden archivalischen Quellen auf ihren Quellenwert zu untersuchen und muß daher alle jene Sonderdisziplinen historischer Arbeit pflegen, die der Beschäftigung mit den schriftlichen Quellen gewidmet sind: Paläographie, Diplomatik und Aktenlehre, Chronologie und Numismatik, Heraldik und Sphragistik und bestimmte Zweige der Philologie. Sie wird sich unterstützend endlich zu beschäftigen haben, um die archivalischen Quellen ganz zum Sprechen zu bringen, mit der Geschichte jener Erscheinungen, aus deren Bereich diese Quellen stammen: dem Recht und der Verfassung, der Wirtschaft und der sozialen Struktur.

Man umschreibt den Charakter solcher Sonderdisziplinen der Geschichtsforschung gern mit dem Begriff der Hilfswissenschaften, der umstritten ist. Wir wollen ihn hier gelten lassen, wenn damit gesagt sein soll, daß all unser wissenschaftliches Tun im Archiv nicht Selbstzweck ist, daß die Archivwissenschaft nicht zum Gegenstand welt- und lebensferner Beschäftigung eines kleinen Berufskreises werden soll, daß sie vielmehr ein Beitrag – und ein nicht unwichtiger – zur Gesamtheit unserer historischen Forschung ist, daß sie sich einordnet in das große und umfassende Werk zur Ergründung historischer Wahrheit.

Mit der Pflege solcher historischen Forschung kommt in der Gegenwart unserem Unternehmen der Heranbildung wissenschaftlichen Nachwuchses im Gebiete der Archivwissenschaft allerdings eine besondere Bedeutung bei. In einer Zeit, wo sich an der Universität, der Stätte von Lehre und Forschung, das Schwergewicht der Arbeit – wie uns scheinen will – mehr und in fast beunruhigender Weise nach der Seite der Lehre und der Stoffvermittlung verschiebt, wird es zur unabweislichen Notwendigkeit, an den Stätten historischer Forschung diese Forschung und ihre Methoden nachdrücklich zu pflegen und zu entfalten. Hier wächst den Archivaren aus der Pflicht der Bewahrung forschungsmäßiger Tradition dann von selbst die weitere Aufgabe zu, auch ferner wie bisher und noch verstärkt an der historischen Forschung selbst tätigen und fördernden Anteil zu nehmen.

So wird uns die Archivwissenschaft zu einem zwar besonderen und speziellen, aber sehr umfassenden, weitgespannten und bei aller Spezialisierung immer das Ganze im Auge behaltenden Teil der historischen Wissenschaft schlechthin. Das Institut für Archivwissenschaft aber ist uns dann keine spezielle Fachschule, sondern die Bildungsstätte zu einer umfassend und auf weite Gesichtspunkte eingestellten historischen Forschung. Was wir hier erstreben, das ist nicht der für sein Fach berufsmäßig abgerichtete und sein Handwerk treibende Archivar, sondern das ist der wahrhaft gebildete historische Archivar und archivarische Historiker.

Die Erörterungen, die uns bisher beschäftigten, galten dem Anliegen, uns und unserer Arbeit den Platz im System der Wissenschaften, im Bereich der historischen Wissenschaften zu bestimmen. Aber wir sind nicht nur Archivare, wir sind auch Menschen unserer Gegenwart und Bürger unseres Staates, und es drängt sich uns auch hier und gerade hier die gewichtige Frage »vom Nutzen und Nachteil der Historie für das Leben« auf, die Frage, wie sich unser berufliches und wissenschaftliches Tun in das tätige Leben unseres Volkes und unserer Gegenwart einordnet.

Allzuleicht verbindet sich in der allgemeinen Vorstellung der Begriff des Archivs mit einer weltfernen Angelegenheit und die Vorstellung vom Archivar mit einem nur nach rückwärts gewandten Zeitgenossen. Nichts ist verkehrter als solche Anschauung. Denn das Archiv ist mit dem gegenwärtigen Leben eng verflochten. Es erhält seinen Zugang als diejenige Stelle, die den schriftlichen Niederschlag von Verwaltungs- und Geschäftsarbeit zur dauernden Aufbewahrung aufnimmt, damit aus dem tätigen Leben selbst; und wenn – um mit Goethe zu sprechen – in den Akten das Leben auch nur durch den »Filtriertrichter der Expeditionen läuft«, so eröffnen sie doch immerhin den Blick auf die Bestrebungen und Erfolge, die Sorgen und Nöte unserer Zeit. So wird der Archivar ständig dazu angehalten, mit wachen Sinnen und klarem Verstande seine Zeit bewußt zu erleben, das Neue in ihr zu spüren und das Zukunftsträchtige zu erfassen, um aus dem schriftlichen Niederschlag unserer Tage der Nachwelt das zu erhalten, was ihr Kunde von diesem Leben unserer Gegenwart gibt.

Alles, was unsere deutschen Archive heute verwahren, ist einmal solche lebendige Gegenwart gewesen, Gegenwart deutscher Menschen und Gegenwart des deutschen Volkes. Und daher geben uns die deutschen Archive, auch wenn sich im einzelnen Archiv immer nur ein Teil spiegelt, in ihrer Gesamtheit die Quellen zur deutschen Geschichte. Sie zeigen uns über Jahrhunderte und ein Jahrtausend hinweg das Hauptanliegen der deutschen Geschichte, das Ringen um die nationale Einheit aus der Zersplitterung und der Vereinzelung heraus. Sie bieten uns die Quellen für diesen Kampf, der sich in den verschiedenen Zeiten verschiedenartig gestaltete, als Kampf der Stämme gegen den König, als Ringen der Territorien mit dem Reich, als Verteidigung absolutistischer Souveränität gegen kaiserliche Hoheit und schließlich als Aufrechterhaltung bundesstaatlicher Gerechtsame gegen zentrale Macht.

Dieses wesentliche Anliegen der deutschen Geschichte ist wieder das Anliegen unserer Zeit, und mit diesem Anliegen sind wiederum die Archive auf das engste verbunden. Denn die in unseren deutschen Archiven liegenden Quellen sind die Geschichtsquellen des einen und untrennbaren deutschen Volkes und Landes. Die deutschen Archive verkörpern in ihrem Quellenmaterial, das die gemeinsame deutsche Kultur und die Gemeinsamkeit geschichtlichen Erlebens beredt verkündet, die Einheit Deutschlands. Hier erhebt sich die wissenschaftliche Aufgabe der deutschen Archive und der deutschen Archivare zur nationalen Aufgabe. Diese Quellen zu pflegen, zu erschließen und auszuwerten und aus der deutschen Geschichte Kraft zur Tat und Glauben an die Zukunft unseres Volkes zu schöpfen und zu wecken, das ist der Beitrag der Archive zum Ringen unseres Volkes um seine nationale Einheit.

Nach dieser grundsätzlichen Besinnung gehen wir nunmehr getrosten Mutes an unsere Arbeit im neuen Lehrgang des Instituts für Archivwissenschaft. Auf die Frage, was Archivwissenschaft sei und zu welchem Zwecke man sie studiert, lautet nunmehr unsere Antwort: Wir erstreben den in seiner Wissenschaft, der Wissenschaft von der Geschichte, tief und vielseitig gebildeten, in ihr helfend und fördernd schaffenden und mit seinem Volke und dessen nationaler Aufgabe eng und tätig verbundenen wissenschaftlichen Archivar.

Das Thüringische Landeshauptarchiv [Weimar]
1954

Das Thüringische Landeshauptarchiv in Weimar ist das zentrale Archiv des ehemaligen Landes Thüringen. Hier wird das gesamte auf dem Wege der Geschäftsführung in den ehemals thüringischen Verwaltungseinheiten entstandene Schriftgut, soweit es archivreif und archivwürdig ist, nach wissenschaftlichen Gesichtspunkten und Methoden geordnet und aufbewahrt. Als Verwaltungseinrichtung dient das Archiv zunächst der gegenwärtig laufenden Verwaltung, indem es die dort für die Geschäftsführung benötigten Archivalien jeweils zur Verfügung stellt und sich selbst gutachtlich zu Verwaltungsaufgaben verschiedenster Art äußert. Darüber hinaus stellt das Archiv jedoch ein bedeutendes geschichtswissenschaftliches Institut dar, dessen Aufgabengebiet durch die Zusammenarbeit mit den Universitäten und den übrigen historischen Forschungseinrichtungen bestimmt wird.

Das Landeshauptarchiv Weimar birgt Schriftgut aus den letzten 1 000 Jahren. Seine älteste Urkunde entstammt dem Jahre 944. Nachdem es im 15. Jahrhundert bereits mehrfach Ansätze zu Archivbildungen in Weimar gegeben hatte, wurde hier, nachdem die ernestinische Linie des Hauses Wettin Kurlande und Kurwürde im Verlaufe des Schmalkaldischen Krieges verloren hatte und Weimar als Residenz wählte, endgültig ein Hauptarchiv gegründet. Fast hundert Jahre lang blieb es zuständig für ganz Thüringen, soweit es von den Ernestinern beherrscht wurde. Erst als die wiederholt erfolgten Teilungen seit dem Jahre 1641 dazu führten, daß sich die thüringischen Einzelstaaten ausbildeten, entstanden auch in den neuen Residenzen (wie Gotha, Meiningen, Altenburg) Archive, die nunmehr das Schriftgut der für diese neuen Territorien zuständigen Behörden aufnahmen. Das bis dahin im Weimarer Archiv gesammelte Schriftgut des ernestinischen Gesamthauses blieb jedoch zum überwiegenden Teil hier und bildet noch heute einen geschlossenen Teil des Landeshauptarchivs, nämlich das Ernestinische Gesamtarchiv. Seit den Teilungen war das weimarische Archiv dann nur noch zuständig für die zentralen Verwaltungsbehörden des Herzogtums Sachsen-Weimar, seit 1741 Sachsen-Weimar-Eisenach. Dieser Zustand hielt an, solange Thüringen in eine Vielzahl von Staaten aufgegliedert war. Als im Jahre 1920 der Einheitsstaat Thüringen entstand, wurde das Weimarer Archiv zum zentralen Archiv dieses Staates, und das Schriftgut, das in den Thüringer Verwaltungen enthalten war, gelangte nach dort zur dauernden Aufbewahrung. Um eine Vorstellung von der Fülle des Materials zu bekommen, braucht man sich nur klar zu machen, daß hier 16 000 Urkunden und ca. 4 000 laufende Meter Akten lagern.

Seit neuester Zeit ist dem Landeshauptarchiv noch das Marstallgebäude zugewiesen worden, um die Akten, die infolge der Verwaltungsreform im Juli 1952 an das Archiv übergeführt wurden – etwa 5 000 laufende Meter – sachgemäß aufbewahren zu können.

Über den außerordentlichen geschichtlichen Wert des Schriftguts besteht kein Zweifel, waren doch die Ernestiner die Kurfürsten, die im 16. Jahrhundert die Entwicklung der Reformation am meisten gefördert haben. In ihren Behörden entstanden die für diese Bewegung wichtigsten Schriftstücke. Ob es sich um Schreiben Luthers, Melanchthons, Lucas Cranachs u. a. m. handelt, sie sind hier zu finden. Außerdem dienen diese ernestinischen Akten aber noch als äußerst wichtige Quellen für die Sozial- und Wirtschaftsgeschichte dieser Zeit, vornehmlich auch für die Geschichte des deutschen Bauernkrieges; erwähnt seien nur zahlreiche Briefe Thomas Müntzers.

In den zentralen Behörden des Herzogtums Sachsen-Weimar-Eisenach war im 18. und 19. Jahrhundert Goethe tätig. Alles, was er als Beamter schrieb, wird hier im Archiv aufbewahrt. Dazu kommen die vielen Quellen zur Wirtschaftsgeschichte dieser Zeit, ebenso wie für das kulturelle Leben des Goetheschen Weimar. Fast von allen bedeutenden Männern dieser Zeit finden sich eigenhändige Zeugnisse.

Zu erwähnen sind schließlich noch die zahlreichen Quellen zur Geschichte der deutschen Revolution von 1848 und zur Geschichte der deutschen Arbeiterbewegung. Leider hat das Landeshauptarchiv im letzten Krieg sehr wertvolle Bestände für die Geschichte des 19. Jahrhunderts verloren, da man diese in einem Außenarchiv in Bad Sulza untergebracht hatte und die dort durch Kriegseinwirkungen vernichtet wurden.

Das Gebäude des Landeshauptarchivs wurde von 1883 bis 1885, von vornherein für Archivzwecke gedacht, erbaut. Es stellte den ersten Archivzweckbau in Deutschland dar und ist ohne komplizierteste und kostspieligste Umbauarbeiten auch nicht für andere Zwecke nutzbar zu machen. In seiner äußeren Form gleicht das Gebäude einem italienischen Palazzo, den der damalige Großherzog während einer Italienreise gesehen hatte und in Weimar nachgebildet zu sehen wünschte.

Gegenwärtig arbeitet das Archiv unter der Leitung von Professor Dr. Willy Flach. Außer der Lösung von Verwaltungsaufgaben werden hier wichtige wissenschaftliche Arbeiten zur Goetheforschung betrieben. Erwähnt seien die Veröffentlichung der Amtsschriften Goethes (Goethes Amtliche Schriften, herausgegeben. von Willy Flach, Band 1, Weimar 1950) sowie die Vorarbeiten zum Aufbau des Goethezeit-Museums (vgl. Hans Eberhardt, Goethes Umwelt, Weimar 1951). Ferner werden gegenwärtig wichtige Untersuchungen zur Sozial- und Wirtschaftsgeschichte Thüringens und Mitteldeutschlands im 16. Jahrhundert vorgenommen, die in kurzer Zeit ebenfalls zur Veröffentlichung gelangen werden. Schließlich müssen die Vorbereitungen zu einer Publikation der Quellen zur Geschichte der deutschen Arbeiterbewegung erwähnt werden. Das Landeshauptarchiv Weimar stellt demnach ein bedeutendes wissenschaftliches Institut dar, dessen Mitarbeit bei der Pflege unseres nationalen Kulturerbes nicht zu entbehren ist.

Führungen durch das Archiv können aus Sicherheitsgründen nicht durchgeführt werden.

Die Bedeutung des Landeshauptarchivs Weimar
für die Geschichtsforschung
1954

Unter den Kulturinstituten in der Stadt Weimar ist das Thüringische Landeshauptarchiv die älteste, weit über 400 Jahre alte wissenschaftliche Anstalt; trotzdem ist es hinsichtlich seiner Zweckbestimmung, seiner allgemeinen und besonderen Aufgaben und seines Inhalts eine in breiten Kreisen der Bevölkerung zweifellos noch wenig bekannte Einrichtung. Dieses Schicksal teilte und teilt es mit allen anderen großen und kleinen Archiven. Denn eine zutreffende Vorstellung von den Archiven gehört weit weniger zur allgemeinen Bildung wie etwa eine solche von den Bibliotheken und den Museen, mit denen sie so häufig verwechselt und gleichgesetzt werden. Aber gerade heute, wo durch staatliche Maßnahmen den Archiven eine ständig wachsende Bedeutung beigemessen und ein immer breiterer Wirkungsbereich bis in die Kommunen und in die Wirtschaft hinein zugewiesen wird, ist es nötig, darauf hinzuweisen, daß auch das Landeshauptarchiv in Weimar ein wesentlicher Bestandteil des mit dem Namen Weimar untrennbar verknüpften deutschen Kulturerbes ist.

Es macht das Wesen eines Archivs aus, daß es nicht, wie Bibliothek und Museum, aus einer auf bestimmte Ziele gerichteten Sammeltätigkeit entstanden ist, sondern daß es organisch aus der täglichen Arbeit von Geschäftsführungen wächst. Staatliche Archive verwahren den schriftlichen Niederschlag der staatlichen Verwaltungtätigkeit aus vielen Jahrhunderten, und zwar jenes Schriftgut, das seinem Inhalt und seinem Wert nach dauernde Aufbewahrung notwendig macht. Damit sind die staatlichen Archive die Aufbewahrungsstätten für historisches Quellenmaterial ersten Ranges, das als unmittelbares Erzeugnis von Vorgängen der Vergangenheit und damit als Quellenmaterial von außerordentlicher Beweiskraft uns überliefert ist.

Jedes staatliche Archiv enthält in seinen Beständen die Quellen für die Geschichte des Landes, als dessen Archiv es erwuchs. Das Thüringische Landeshauptarchiv Weimar spiegelt damit in seinen Beständen die thüringische Landesgeschichte und ihre Beziehungen zur Geschichte des deutschen Volkes während eines Jahrtausends wider. Von der ältesten Urkunde aus dem Jahre 944 bis zu den Vorgängen unserer Tage läuft die fast ununterbrochene Kette wertvollsten historischen Quellenstoffes. Er ist im Ganzen gesehen eine unerschöpfliche Fundgrube für historische Forschungen nach allen Seiten hin.

Jedes Archiv und vor allem jedes staatliche Archiv hat nach der in den verschiedenen Zeiten wechselnden geschichtlichen Bedeutung des Gebietes, dessen Quellen es verwahrt, bestimmte Schwerpunkte, die es über landesgeschichtliche Bezüge hinaus zu allgemeiner Bedeutung erheben. Das gilt in ausgesprochenem Maße auch für das Thüringische Landeshauptarchiv Weimar. Mehrmals im Laufe der Jahrhunderte sind Weimar und Thüringen von hervorragender Bedeutung für die deutsche Entwicklung gewesen, und für jene

Zeiten ist daher das weimarische Archiv eine hervorragende Fundgrube für Geschichtsforschung schlechthin.

Das gilt zunächst für die Reformationszeit, in der die Landesherren Weimars die Kurfürsten von Sachsen waren, jene Männer, in deren Territorium und unter deren Schutz Luther die Reformation durchführen konnte, in deren Territorium die großen sozialen Bewegungen des 16. Jahrhunderts tobten und von deren Territoriums aus damals deutsche Politik geführt wurde. Das Archiv dieser Kurfürsten, das im Landeshauptarchiv Weimar verwahrt wird, ist damit das bedeutendste Archiv für die Geschichte der Reformation schlechthin und eine von der deutschen und internationalen Wissenschaft immer wieder befragte Quelle für diese Zeit. Es gibt keine Persönlichkeit der Reformationszeit und keinen entscheidenden Vorgang jener Jahrzehnte, der hier nicht einen schriftlichen Niederschlag gefunden hätte. Insbesondere sind Luther und seine Mitarbeiter hier mit zahlreichen Handschriften vertreten, und hier liegen jene großen protestantischen Urkunden, die der ganzen Bewegung Halt und Fundament geben, die Speyerer Protestation, die Augsburgische Konfession und die Schmalkaldischen Artikel.

Auch für das 17. Jahrhundert besitzt das Landeshauptarchiv Weimar Bestände, die über den territorialen Rahmen hinausreichen. Damals standen die Landesherren auf protestantischer Seite mit Gustav Adolf gegen den Kaiser und nahmen in der protestantischen Partei hervorgehobene Stellungen ein. Zugleich aber wurde damit das Land den Bedrückungen und Verwüstungen des Krieges ausgesetzt, und in den aus jener Zeit vorhandenen staatlichen schriftlichen Quellen drücken sich alle diese Ereignisse mit lebhafter Anschaulichkeit aus. Wiederum geben uns damit die weimarischen Quellen ein Bild von größeren historischen Entwicklungen, und das gilt auch für die kulturellen Vorgänge des 17. Jahrhunderts, für die die Akten der Fruchtbringenden Gesellschaft, einer der deutschen Sprachgesellschaften jenes Jahrhunderts, hier verwahrt werden, weil der weimarische Herzog Führer jener Gesellschaft war.

In die politische deutsche Geschichte hat Weimar, das ein immer kleinerer Staat wurde, im 17. Jahrhundert kaum noch eingegriffen. Aber auf geistigem Gebiet hat es Wirkungen entfalten können, die seinen Namen untrennbar in die Geschichte des deutschen Volkes und der Menschheit eingefügt haben. Alle jene kulturellen Vorgänge seit dem Ende des 17. Jahrhunderts haben Niederschlag auch in den Akten der Zeit gefunden, und die entsprechenden Akten werden im Landeshauptarchiv Weimar heute noch verwahrt. Hier liegen also die amtlichen Unterlagen über das Wirken Bachs in Weimar, und hier liegen vor allem alle amtlichen Niederschläge und Aufzeichnungen auch aus der klassischen Zeit Weimars. Diese Bestände bilden neben den Beständen zur Geschichte der Reformation dann den zweiten Schwerpunkt des Landeshauptarchivs Weimar.

Es leuchtet ohne weiteres ein, daß in dem aus der klassischen Zeit stammenden staatlichen Aktenmaterial die ganze Umwelt jener allzuoft nur von den geistigen Beziehungen her gesehenen Zeit eingefangen ist, die wirtschaftlichen und sozialen Verhältnisse ebenso wie die politischen, verwaltungsmäßigen und rechtlichen Zustände, und es wird daher ohne weiteres verständlich, daß ein zutreffendes Bild jener Zeit nur aus dem Quellenmaterial des Landeshauptarchivs Weimar gewonnen werden kann. Aber es bedarf dann doch, weil es allzu leicht übersehen wird, besonderer Hervorhebung, daß der archivalische Niederschlag jener Zeit auch die führenden geistigen Kräfte Weimars unmittelbar betrifft. Denn jede dieser Persönlichkeiten hat Beziehungen auch zum Staate Weimar gehabt, und wenn es nur die Beziehung war, daß sie als Bürger jenes Staates gelegentlich die Staatsverwaltung beschäftigte. Weit darüber hinausgehend aber sind gerade die Großen Weimars weit enger an jenen

Staat und sein Fürstenhaus gebunden gewesen. Wieland war Prinzenerzieher, Herder Generalsuperintendent, Schiller Professor und Goethe Minister dieses Staates. Alle solche Tätigkeit hat ständigen und bleibenden Niederschlag in den staatlichen Akten der klassischen Zeit gefunden, die als kostbares Vermächtnis jener Zeit hier verwahrt werden.

Auch für das 19. Jahrhundert ist Weimar weit über seinen Bereich hinaus bedeutsam geworden in geistigen und kulturellen Zusammenhängen, die sich in den Beständen des Landeshauptarchivs deutlich sichtbar und greifbar spiegeln; Namen, um nur wenige zu nennen, wie Hebbel, Wagner und Liszt, begegnen häufig in den Archivalien des Landeshauptarchivs.

Es ist eine der Aufgaben jedes Archivs, seine Bestände der Forschung zu erschließen, und so erhält von hier aus die Forschung jederzeit in sehr weitem Umfange archivalisches Quellenmaterial zur Verfügung gestellt. Aber es ist auch die Aufgabe jedes Archivs, an dieser Forschung selbst mitzuwirken, und auch das geschieht im Landeshauptarchiv Weimar in umfänglichem Sinne. Entsprechend den besonderen Schwerpunkten seiner Bestände hat sich das Archiv selbst die Ziele gesetzt. Für die Reformationszeit werden insbesondere soziale und wirtschaftliche Zustände auf solcher Quellengrundlage bearbeitet, so etwa die Steuerkraft der Bevölkerung und die wirtschaftlichen Handelswege in und durch Mitteldeutschland. Vor allem aber hat sich das Landeshauptarchiv Weimar die Aufgabe gestellt, zur Geschichte der klassischen Zeit jenen Beitrag zu leisten, der wohl nur von hier aus geleistet werden kann: die Erforschung der amtlichen Tätigkeit Goethes. Denn um diese zutreffend zu erkennen und darzustellen, darf man Goethe nicht als Einzelmenschen und Privatperson sehen, sondern muß ihn hineinstellen in die Beziehungen, in denen er amtlich gewirkt hat, d. h. in die amtlichen und behördenmäßigen Organisationsformen des damaligen weimarischen Staates. Die vom Landeshauptarchiv Weimar in Angriff genommenen Veröffentlichungen der amtlichen Schriften Goethes wird, das darf man aus der internationalen Resonanz auf die bisherigen Veröffentlichungen entnehmen, dem Bild Goethes neue und wesentliche Züge beifügen.

Die Arbeit des Archivars ist eine Tätigkeit, die sich vielfach unbemerkt von der Öffentlichkeit im Stillen abspielt und die zum wesentlichsten Teil Dienst für die Forschung und Dienst für andere ist. Denn der Archivar kennt nur ein Ziel, die ihm anvertrauten Bestände so zu ordnen, zu verzeichnen und aufzuschließen, daß sie auf jede von der Forschung gestellte Frage antworten können. Die archivarische Methode ist eine seit Jahrzehnten bewährte und festgefügte Arbeitsweise. Es ist eine Anerkennung dieser bewährten Methode, wenn jetzt dem Direktor des Landeshauptarchivs noch eine archivarische Aufgabe gestellt ist, die an Umfang und Bedeutung ihresgleichen sucht, nämlich die archivalische Bearbeitung des Goethe- und Schiller-Archivs. Durch Vereinbarung zwischen der Akademie der Künste, den Nationalen Forschungs- und Gedenkstätten in Weimar und der Akademie der Wissenschaften hat die letztere, weil es sich um eine hervorragende wissenschaftliche Aufgabe handelt, die archivalische Ordnung der Handschriftenbestände des Goethe- und Schiller-Archivs in ihren Arbeitsbereich aufgenommen, dafür eine besondere Abteilung gegründet und zum Leiter dieser Abteilung den Direktor des Thüringischen Landeshauptarchivs Weimar berufen. Diesen einmaligen Kulturbesitz des deutschen Volkes, das Goethe- und Schiller-Archiv, in seinen Beständen nach den bewährten archivalischen Methoden zu bearbeiten, zu ordnen und zu verzeichnen und damit eigentlich erst der Forschung richtig zu erschließen, das ist eine Aufgabe, die aller Anstrengung wert ist. Sie soll durchgeführt werden mit der ernsten Auffassung, die archivarische Arbeit beherrschen muß, im Sinne des Dienstes für die Wissenschaft und die Erforschung der Wahrheit.

Weimar und seine Archive. Papiere, die das Leben spiegeln
1955

Daß Weimar eine Stadt der Gedenkstätten ist, daß weiß man nicht nur in Weimar selbst, sondern in aller Welt, und hier wie dort pflegt und schätzt man die Fülle der Örtlichkeiten, an die unvergängliche, noch immer wirkende und zu neuen Taten beflügelnde Erinnerungen geknüpft sind. Sie alle wurden durch Goethes Wort geadelt:

> Die Stätte, die ein guter Mensch betrat,
> ist eingeweiht, nach hundert Jahren klingt
> sein Wort und seine Tat dem Enkel wieder.

Daß Weimar aber auch eine Stadt der Archive ist, daß weiß man mehr in der Welt als in Weimar selbst; doch weder dort noch hier besteht eine erschöpfende Vorstellung von dem Reichtum, den Weimar in dieser Hinsicht birgt. Auch den weimarischen Archiven, vor allem aber den in ihnen verwahrten Dokumenten von Persönlichkeiten der Vergangenheit, hat Goethe die Weihe gegeben. Als er 1822 ein ihm vorgelegtes schadhaftes Schreiben des preußischen Königs Friedrich II. restaurierte, knüpfte er daran die Bemerkung:

> Das Blatt, wo seine Hand geruht, [...]
> ist herzustellen fromm und gut.

Er hat damit nicht nur auf die historische Bedeutsamkeit der in den Archiven überlieferten Schriftstücke, die sie historischen Örtlichkeiten gleichsam an die Seite stellt, ja sie vielleicht sogar zu historischen Schauplätzen macht, hingewiesen, er hat vielmehr zugleich damit auch die besondere archivarische Aufgabe und Leistung des Aufbewahrens und Sicherns, des Erhaltens und Wiederherstellens geschichtlich und kulturell wertvollen Schriftgutes gerechtfertigt und gefordert.

Aber noch in einem ganz anderen Sinn hat Goethe für die Archive gewirkt und die Entwicklung von Weimar zu einer Archivstadt gefördert: er hat, was man bisher kaum weiß, sein eigenes Archiv selbst begründet. Denn als er 1822 daran ging, die letzte Ausgabe seiner Werke zu planen, hat er die Fülle seiner Papiere ordnen und verzeichnen und zu einem »Archiv des Dichters und Schriftstellers« zusammenfassen lassen, zu jenem Archiv, das 1885 nach dem Tode des letzten Goethe-Enkels als Goethe-Archiv der Ansatzpunkt zur Vereinigung zahlreicher wertvollster dichterischer Nachlässe im Goethe- und Schiller-Archiv wurde, dem bedeutendsten Literaturarchiv, das die Welt besitzt. »Das Blatt, wo seine Hand geruht«, vielmehr die Blätter, die der Niederschlag geistigen Ringens und Schaffens sind, die finden sich nun in diesem Archiv nicht nur von Goethe selbst und von Schiller, die sind von allen geistig schaffenden Männern und Frauen der klassischen und weithin auch der nachklassischen Zeit in solcher Fülle vorhanden, daß sich auf diesem knappen Raum die Anführung von Namen verbietet. Wahrlich ein schier unübersehbares, für den einzelnen nicht abzuschreitendes Feld geistigen Besitzes unserer Nation. Auf den hier vereinigten Blättern hat die Hand, so darf man mit Goethe sagen, geistiger Persönlichkeiten Europas im 18. und 19. Jahrhundert geruht. Damit ist auch das Goethe- und Schiller-Archiv eine Örtlichkeit historischen Gedenkens von unerhörtem Ausmaß.

Anders als das Goethe- und Schiller-Archiv haben die staatlichen Archive Weimars, heute im Landeshauptarchiv vereinigt, ihre Stellung zu Goethe. Zwar haben sie sich seiner Fürsorge nicht zu erfreuen gehabt, aber auch ihnen hat er mit dem Hinweis auf »das Blatt, wo seine Hand geruht«, den historischen Ort angewiesen und den historischen Wert bestätigt.

Auch das Landeshauptarchiv ist in diesem Sinne eine unvorstellbar reiche Schatzkammer. Hier beginnen die historischen Dokumente um viele Jahrhunderte früher, als im Goethe- und Schiller-Archiv, schon vor über tausend Jahren. Aus dem Mittelalter finden sich hier Pergamente, auf denen die Hand von Kaisern und Königen, von Päpsten und Kardinälen, von geistlichen und weltlichen Fürsten, von Bürgermeistern und Ratsherren geruht. Aus der Reformationszeit sind hier, weil die weimarisch-sächsischen Fürsten damals eine führende, sie mit allen Persönlichkeiten ihrer Zeit verbindende Rolle spielten, Schriftstücke vorhanden, auf denen die Hand aller dieser Persönlichkeiten geruht hat, von Kaiser Karl V. angefangen über die Fürsten der Zeit hinweg bis hin zu allen, aber auch allen geistig bedeutsamen Menschen jenes aufgewühlten Jahrhunderts. Da finden sich neben den eigentlichen Reformatoren, neben Luther und Melanchthon und allen ihren Mitarbeitern, auch die Handschriften der Revolutionäre dieser Zeit, etwa von Müntzer und von Karlstadt.

Was für die Reformation gilt, das setzt sich im Landeshauptarchiv Weimar auch für die folgenden Jahrhunderte fort. Aus dem 17. Jahrhundert gibt es da, um nur wenige Namen zu nennen, Schriften von Wallenstein, Gustav Adolf und Tilly, aber auch von den mit dem Palmenorden in Weimar verbundenen Dichtern der Zeit. Zu Beginn des 18. Jahrhunderts taucht Johann Sebastian Bach auf; vor allem ist in der klassischen Zeit wiederum kein Name zu denken, der nicht auch hier seinen schriftlichen Niederschlag gefunden hätte, und auch aus dem 19. und 20. Jahrhundert sind hier außerordentlich viele Schriftstücke politisch und geistig bedeutsamer Menschen vorhanden. Das alles sind Blätter, auf denen jeweils die Hand von Menschen geruht, die ihrer Zeit und vielfach auch der Nachwelt etwas bedeuteten: eine Fülle historischen Materials, ehrfurchtgebietend und erinnerungsträchtig zugleich, ist so im Landeshauptarchiv vereinigt.

Aber Archive sind mehr als nur Aufbewahrungsstätten solcher Dokumente, die von bedeutenden und überragenden Persönlichkeiten geschrieben wurden. Daher findet sich im Landeshauptarchiv neben jenen Dokumenten auch das ungemein weitschichtige Material, das uns von den alltäglichen Vorgängen der vergangenen Zeiten berichtet, das uns die Menschen breitester Schichten in ihren Kämpfen, Erfolgen und Mißerfolgen zeigt, jenes schriftliche Material, auf dem, als es entstand, auch die Hand von Menschen, wen auch uns nunmehr unbekannten Menschen, geruht hat. Durch alle schriftliche Überlieferung hindurch fühlen wir an jedem Blatt menschliches Schaffen und Wirken der Vergangenheit und dringen durch die schriftliche Überlieferung hindurch zu den Fragen des damaligen Lebens vor. Gerade aus solcher Betrachtung begreifen wir den tiefen Gehalt des Wortes, das der größte Benutzer des Landeshauptarchivs Weimar, der Historiker Leopold von Ranke, von unserem Archiv gesagt hat: daß diese Papiere nicht tote Papiere sind, sondern »Überreste eines Lebens, dessen Anschauung dem Geiste nach und nach aus ihnen emporsteigt«. Die Blätter, wo die Hand von Menschen geruht, erwachen so zu neuem Leben.

Unerschöpflich sind die Fundgruben, die Weimar in seinen Archiven besitzt. Sie immer mehr der Forschung zugänglich zu machen und aufzuschließen, das ist die Aufgabe, die den Archivaren auch in Weimar täglich neu gestellt ist und an deren Lösung sie arbeiten.

Literaturarchive
1955

Vorbemerkung: Die nachstehenden Ausführungen entstammen einem von der Akademie der Künste angeregten und ihr im Juli 1955 von H.[einrich] O.[tto] Meisner und mir erstatteten Gutachten über das Wesen und die Behandlung schriftlicher Nachlässe von Dichtern, Schriftstellern und Künstlern.[1] Veröffentlicht werden hier nur die von mir stammenden Teile; sie stützen sich weitgehend auf die von mir seit dem Sommer 1954 bei der Leitung der Ordnungsarbeiten im Goethe- und Schiller-Archiv gesammelten Erfahrungen. Die Drucklegung, die nur geringfügig von der ursprünglichen Fassung abweicht, erfolgt mit Genehmigung der Abteilung »Forschung und Publikationen« bei der Akademie der Künste. Nach der Abfassung dieses Gutachtens erschienene Arbeiten, wie etwa H.[einrich] O.[tto] Meisner »Archive, Bibliotheken, Literaturarchive«[2] oder Wolfgang Mommsen »Die schriftlichen Nachlässe in den zentralen deutschen und preußischen Archiven«[3], sind hier nicht berücksichtigt worden.

I. Die geschichtliche Entwicklung der Anschauungen vom Literaturarchiv

Wenn man betrachtet, was bisher im Hinblick auf die Bewahrung und Behandlung literarischer und künstlerischer Nachlässe geschehen ist, so ergibt sich ein wenig einheitliches und durchaus nicht immer erfreuliches Bild, obwohl bereits zu Ende des vorigen Jahrhunderts Wilhelm Dilthey in einem im Januar 1889 zur Eröffnung einer Gesellschaft für deutsche Literatur gehaltenen Vortrag in dieser Frage außerordentlich beachtliche Gesichtspunkte entwickelt und brauchbare Vorschläge unterbreitet hatte. Er forderte in jenen Ausführungen, die dann unter dem Titel »Archive für Literatur«[4] veröffentlicht und in einem weiteren Artikel »Archive der Literatur in ihrer Bedeutung für das Studium der Geschichte der Philosophie«[5] unterstrichen wurden, um die historische Forschung auf den Gebieten der Literatur und der Philosophie zu vertiefen und zu bereichern, eine möglichst ausgiebige Benutzung der handschriftlichen Überlieferung und folgerte unter Hinweis darauf, daß die gegenwärtigen Einrichtungen dafür nicht genügen, dies: »Nur Archive ermöglichen die Erhaltung der Handschriften, ihre angemessene Vereinigung und ihre richtige Verwertung. Wir

---

1 Das Gutachten befindet sich im Nachlaß von Willy Flach und ist enthalten im Anhang zu Volker Wahl, Das Goethe- und Schiller-Archiv Weimar 1949 bis 1958 (= Schriften der Akademie gemeinnütziger Wissenschaften zu Erfurt). Erfurt 2003 (im Druck).
2 In: Archivalische Zeitschrift 50/51 (1955), S. 167–183.
3 Als Manuskript gedruckt in den Schriften des Bundesarchivs, Band 1, Koblenz 1955.
4 Im 58. Band der Deutschen Rundschau (März 1889), S. 360–375.
5 Archiv für Geschichte der Philosophie 26 (1889), S. 343–367; wieder abgedruckt in: Gesammelte Schriften, Bd. 4, 1921, S. 555–575.

müssen also einen weiteren Schritt in der Organisation unserer Anstalten für historische Forschung tun. Neben die Staatsarchive, auf deren Verwertung jetzt alle politische Historie beruht, müssen Archive für Literatur treten. – Was in Familienarchiven vorhanden ist, was sich auf Bibliotheken gerettet hat und was Sammler besitzen: von diesem allen muß so viel als möglich in großen Archiven der Literatur gesammelt werden, deren Charakter dem der Staatsarchive ähnlich ist. Wieder muß sich auf diesem literarischen Gebiet derselbe Vorgang vollziehen, den wir auf dem politischen beobachteten: Zusammenlegen des Zusammengehörigen, Ordnen und mit Vorsicht Aufschließen. Die Entwicklung drängt zu solchen selbständigen, von den Bibliotheken getrennten Anstalten hin.« Eingehend befaßte sich Dilthey auch mit der möglichen Organisation solcher Archive.

Diltheys Aufruf hat damals und späterhin wenig Gehör gefunden. Insbesondere hat sich der Staat dieser Forderung verschlossen; er hat keine Literaturarchive errichtet. Man überließ solche Angelegenheiten privater Initiative, und daher entsprang der Diltheyschen Anregung unmittelbar nur die 1891 gegründete Literaturarchiv-Gesellschaft in Berlin, die sich das Ziel setzte, »Handschriften und Briefe deutscher Schriftsteller entweder als Eigentum zu erwerben oder als Deposita der Eigentümer in Verwahrung zu nehmen, um sie der allgemeinen Benutzung zugänglich zu machen«, »die aber bei ihren geringen Mitteln auf Schenkungen« angewiesen war und keine zentrale Bedeutung gewinnen konnte«[6]. Sie hat in ihrem Literaturarchiv, das heute unter der Verwaltung der Akademie der Wissenschaften steht, vieles Wertvolle gesammelt, im wesentlichen Nachlässe von Gelehrten.

Wie die Diltheyschen Anregungen von mancher privaten Seite verständnisvoll beachtet, von staatlicher Seite her aber ignoriert wurden, dafür gibt es sprechende Beispiele. Dilthey hatte 1889 vorgeschlagen: Mit dem Goethe-Archiv in Weimar »muß zuerst unser hiesiger (d.h. in der Berliner Staatsbibliothek ruhender) Herder-Nachlaß verbunden werden. Möchte dann bald die Familie Schillers diesem Archiv ihre Schätze überlassen und dort beide Freunde vereinigen. Sie erwäge, wer ohne Zögern gibt, gibt doppelt. Dann wird die in Weimar vereinigte Masse auch kleinere Nachlässe an sich ziehen.« Schillers Enkel und Urenkel, die Freiherren Ludwig und Alexander von Gleichen-Rußwurm, haben noch im gleichen Jahre 1889 schon im Mai ihren Besitz dem seit 1885 bestehenden Goethe-Archiv geschenkt, das seinerseits ebenfalls eine auf dem Testament des letzten Goethe-Enkels beruhende private Gründung und Einrichtung der Großherzogin Sophie von Sachsen-Weimar-Eisenach war, und dieses wurde so zum Goethe- und Schiller-Archiv erweitert. Aber große Teile des Herder-Nachlasses gehören noch heute zum Besitz der Deutschen Staatsbibliothek. Das heißt also: An den offiziellen staatlichen Stellen, die sich bis dahin, wenn zunächst auch nur zögernd, mit der Behandlung dichterischer und künstlerischer Nachlässe abgegeben hatten, bei den Bibliotheken, rührte sich auch nach Diltheys Aufruf nichts im Sinne seiner Vorschläge.

Wohl aber bildete sich zu Ende des vorigen und zu Beginn unseres Jahrhunderts noch eine andere Form der Pflege dichterischen und künstlerischen Nachlaßschriftgutes aus, wobei in meist kleineren, auf einen einzelnen Dichter oder Schriftsteller abgestellten und dann in der Regel musealen Charakter annehmenden Gedenkstätten neben gegenständlicher Überlieferung auch Teile des schriftlichen Nachlasses verwahrt wurden. Archivalische und museale Gesichtspunkte gingen dabei nebeneinander her, und noch heute ist das

---

6   Julius Petersen, Die Wissenschaft von der Dichtung, 2. Auflage, Berlin 1944, S. 71.

an mancher großen und bedeutenden Gedenkstätte dieser Art der Fall. Eindrucksvoll zeigt
sich das etwa in den Ausführungen, die 1930 Ernst Beutler, ein in vorderster Linie stehen-
der Hüter, Mehrer und Pfleger geistigen Kulturbesitzes unserer Nation, über »Die literarhistorischen Museen und Archive, ihre Voraussetzung, Geschichte und Bedeutung«[7] gemacht hat. Er spricht beispielsweise davon, daß dichterische Handschriften in Bibliotheken
nicht »museal zur Geltung kommen«, weil die Bibliotheken »eben ganz andere als museale
Aufgaben« haben; er verlangt eine »schärfere Präzisierung« des »Verhältnisses der literarischen Institute zu den Galerien und Bibliotheken«, er will das »Sammeln von Autographen
des 18. und 19. Jahrhunderts [...] den literarischen Archiven« vorbehalten wissen; er erklärt
Wilhelm Dilthey geradezu zum »Wortführer und Kronzeugen der literarischen Archive und
Museen« und meint, daß dessen »Programm« nur insoweit erfüllt worden sei, »als durch
die neuentstandenen Museen« »Sammelbecken für den Zustrom von Nachlässen geschaffen worden« seien. Hier ist der Gedanke der Pflege des handschriftlichen Nachlasses in der
von Dilthey geforderten Form des literarischen Archivs, das in allererster Linie der Forschung dienen soll, sehr stark erweitert zugunsten einer auf Schau und Erinnerung abgestellten Pflege der literarischen Überlieferung überhaupt.

Man kann zusammenfassend nur sagen, daß Diltheys Vorschläge zur Errichtung von
staatlichen Literaturarchiven weithin unbekannt oder unbeachtet geblieben sind; jedenfalls
sind solche Archive nicht errichtet worden, und daher ist es auch nicht zu jener von Dilthey
geforderten einheitlichen archivalischen Behandlung handschriftlicher dichterischer Nachlässe gekommen.

Wir sagten bereits, daß sich die staatlichen Bibliotheken bisweilen für literarische Nachlässe interessierten, und wir können nun hinzufügen, daß sie solches Schriftgut, nachdem
dessen Wert für die Forschung immer mehr erkannt wurde und im Ansehen stieg, in star-
kem Umfang in ihre Handschriftenabteilungen aufgenommen haben. Es galt daher als ausgemacht, daß dichterische und künstlerische Nachlässe Bibliotheksgut seien. Maßgebend
für solche Bestimmung war die Festsetzung, daß es sich um Schriftgut mit literarischer
Zweckbestimmung handle, für das nur Bibliotheken zuständig sein könnten.

Auch von archivarischer Seite aus ist solche Entscheidung mehrfach gutgeheißen worden. So hat sich vor allem Jvo Striedinger in seinem Vortrag »Was ist Archiv-, was Bibliotheksgut?«[8], der in archivarischen Kreisen fast kanonisches Ansehen genießt, auch mit der
Behandlung von Nachlässen beschäftigt. Er hat dabei – ausgehend von der weiter unten zu
erörternden Unterscheidung, daß Bibliotheksgut für literarische Zwecke, Archivgut aber
für rechtliche oder geschäftliche Zwecke entstanden sei – deklariert, daß Nachlässe von
Staatsmännern, Politikern, Diplomaten, Beamten und hohen Militärs, weil bei ihnen die
»begründete Vermutung dafür« bestehe, »daß das Rechtliche überwiege, das Rechtliche im
weitesten Sinne mit Einschluß des Politischen und der Kriegsführung«, in die staatlichen Archive gehörten. Über literarische Nachlässe hat er dagegen ausgeführt: »Auch Dichter, Ge-
lehrte und Musiker haben ihre Registraturen, und es läßt sich sehr wohl denken, daß einzelne unter ihnen ihren geschäftlichen Briefwechsel sorgfältig von ihrem freundschaftlichen
gesondert und die Schreiben von Verlegern, Theateragenten, Ministerien, Universitäten

7 In: Forschungsinstitute, ihre Geschichte, Organisation und Ziele, hrsg. von L. Brauer, A. Mendelssohn-
   Bartholdy und A. Meyer, Hamburg 1930, S. 227–259.
8 In: Archivalische Zeitschrift 36 (1926), S. 151–163.

fein säuberlich zu ihren Zeugnissen, Reisepässen, Prozeßakten gelegt haben. So eine Privat-registratur eignet sich – rein theoretisch – unbedingt zum Aufgehen in ein Archiv.« Prak-tisch aber sei es meist anders, da sei das Geschäftliche vom Persönlichen schwer zu tren-nen, und das Geschäftliche stelle gegenüber dem Literarischen meist nur einen kleinen Bruchteil dar. Daher, so folgert Striedinger, werde kein Archivar etwas dagegen haben, wenn der Nachlaß von Dichtern, Gelehrten und Musikern unzerrissen beisammenbleibe, daß die Nebensache der Hauptsache folge und das Ganze einer Bibliothek einverleibt werde. »Nur soll der Archivar damit nicht seinen grundsätzlichen Standpunkt opfern, [...] daß alle Arten von Zeugnissen, Verlags- und Aufführungsverträgen, Anstellungsdekreten, Prozeßakten und Geschäftsbriefen eigentlich Archivgut wären.«

Wenn Striedinger so das Schaffen und Wirken eines Dichters, Gelehrten und Künstlers um der Theorie willen in einzelne isoliert nebeneinander stehende Sparten zerlegt und die schriftliche Hinterlassenschaft, einer theoretischen Fiktion zuliebe, gar nicht mehr als eine organische archivische Einheit zu sehen vermag, so wird es begreiflich, wenn auch nicht verständlich, daß er sich sogar zu folgender Erklärung versteigen konnte: »daß das Goethe-und das Nietzsche-Archiv und ähnliche Gründungen keine Archive in unserem Sinne sind, ist einleuchtend: denn sie wären, wenn nicht selbständig, einer Bibliothek mit Fug und Recht anzugliedern.«

Solche seitdem in archivarischen Kreisen weitgehend übernommenen Ansichten sind auch in die neueste zusammenfassende wissenschaftliche Darstellung vom Archivwesen, in die »Archivkunde« von Adolf Brenneke, bearbeitet von Wolfgang Leesch (1953), eingegan-gen. Dort wird die Striedingersche Ansicht, lehrbuchmäßig überspitzt formuliert, folgender-maßen vorgetragen: »Literarische Nachlässe von Dichtern, Musikern, Künstlern und Ge-lehrten werden, auch mit ihren geschäftlichen Teilen, der Bibliothek überlassen, die von Staatsmännern, Politikern, hohen Verwaltungsbeamten und Militärs dagegen von den Ar-chiven in Anspruch genommen, da das Rechtliche oder Geschäftliche in ihnen zu überwie-gen pflegt. Als Grundsatz gilt eben: die Nebensache folgt der Hauptsache. [...] Das Goethe-und Schiller-Archiv und das Nietzsche-Archiv in Weimar stellen nur Handschriftensamm-lungen dar und sind als Teile von Bibliotheken anzusehen; wenn sich darin auch Schriftstü-cke geschäftlicher Art befinden, so überwiegen doch der Schriftwechsel zu Mitteilungszwe-cken und die literarischen Manuskripte.«[9]

Gegen solche von archivarischer Seite her beinahe fahrlässig erfolgte Freigabe literari-scher Nachlässe an Bibliotheken hätte schon die von bibliothekarischer Seite her aufge-stellte Definition der Bibliothek, ihres Wesens und ihrer Aufgabe stutzig machen sollen. Wenn man, um eine der neuesten Definitionen zu gebrauchen unter Bibliothek »eine Sammlung von Literaturdenkmälern zur Benutzung durch einen mehr oder weniger großen Benutzerkreis« versteht, und wenn man es danach als die »Funktion« der Bibliothek be-zeichnet, »die wertvollen Bücher aller Nationen den Lesern aller Stände zugänglich zu ma-chen«, so wirkt es angesichts solcher Feststellungen wenig überzeugend, literarische Nach-lässe schlechtweg als Bibliotheksgut erklären zu wollen.[10] Es ist schon richtig, wenn Dilthey

9 Adolf Brenneke, Archivkunde. Ein Beitrag zur Theorie und Geschichte des Europäischen Archivwe-sens. Nach Vorlesungsnachschriften und Nachlaßpapieren bearbeitet und ergänzt von Wolfgang Leesch. Leipzig 1953, S. 34–35.
10 Joris Vorstius, Grundzüge der Bibliotheksgeschichte, 5. Aufl. 1954, S. 1.

bereits 1889 anregte: »Die Bibliotheken müßten im Bewußtsein ihrer eignen, immer wachsenden Aufgaben neidlos den neuen Schwesteranstalten (d. h. den Literaturarchiven) Aufgaben überlassen, für deren Abtrennung von den ihren nun einmal die Zeit gekommen ist.«

Daß es zu solchen eben gekennzeichneten falschen Auffassungen und Verlautbarungen
über die Behandlung und die Zuweisung literarischer Nachlässe hat kommen können, ist
im Hinblick auf die Ausführungen Diltheys, der die dichterischen Nachlässe als eine besondere Kategorie neben Bibliotheksgut und Archivgut und die für sie geforderten Literaturarchive als neue Einrichtungen neben Bibliotheken und Staatsarchiven aufgefaßt wissen
wollte, unverständlich. Es erklärt sich vor allem daraus, daß in archivarischen Kreisen die
Ausführungen Diltheys unbekannt geblieben sind. Es gilt daher für uns, die ganze Archivtheorie unter Hereinnahme der Diltheyschen Forderung nach Literaturarchiven erneut zu
durchdenken und zu prüfen, ob die bisherige Theorie der Praxis standhält. Nimmt man solche Prüfung aber vor, so zeigt sich, um das Ergebnis vorwegzunehmen, daß die von archivarischer Seite geäußerten Ansichten über dichterisches und künstlerisches Schriftgut unhaltbar sind und auf einseitigen definitorischen Bestimmungen über das Wesen der Archive
und des Archivgutes beruhen.

Die von Striedinger ausgehende, bis zur Gegenwart gültige Bestimmung über das Wesen
der Archive und des Archivgutes bewegt sich in folgenden Gedankengängen: Archive sind
Stätten der Aufbewahrung von Registraturen und Registraturbestandteilen, und zwar von
solchen, die für laufende Geschäfte nicht mehr regelmäßig benötigt werden, aber aufbewahrungswürdig sind. Registraturen stellen den gesammelten Niederschlag einer privaten oder
einer amtlichen Geschäftsverwaltung dar. Archivgut geht mithin aus Registraturgut hervor,
sein Erkennungsmerkmal ist also die Registraturfähigkeit, d. h. die Tatsache, daß es Bestandteil einer Registratur war oder daß es zum mindesten zur Aufnahme in eine Registratur geeignet war. Registraturgut hat den Nachweis oder die Ordnung von Rechtsverhältnissen zum Ziel, also ist auch der Zweck des Archivgutes ein rechtlicher im allerweitesten Sinn
des Wortes, und der rechtliche Endzweck, die geschäftliche, rechtliche Zweckbestimmung,
ist daher entscheidendes Wesensmerkmal für das Archivgut und für dessen Unterscheidung
vom Bibliotheksgut, zu dem alles gehört, was literarischen, d. h. belletristischen, mitteilenden und belehrenden Zweck hat. Durch die Registraturfähigkeit ist für das Archivgut dann
als weiteres Wesensmerkmal die eindeutig feststehende Zuordnung zu einem bestimmten
Archiv, also die territorial oder sachlich oder persönlich genau umgrenzte Zuständigkeit
des Archivs gegeben, während Bibliotheksgut grundsätzlich in aller Welt gesammelt werden
kann. Registraturfähigkeit, rechtlicher und geschäftlicher Endzweck und archivische Zuständigkeit, das sind danach die Begriffe, die nach archivarischer Ansicht das Wesen des Archivgutes ausmachen.

Diese Striedingersche Definition erscheint bei genauem Zusehen als zu eng. Zweifellos
richtig ist zunächst die Erklärung, daß Archivgut aus Registraturgut hervorgeht, daß Archivgut mithin Registraturfähigkeit besitzt; es ist also schriftlicher Niederschlag einer im weitesten Sinn gefaßten und zu verstehenden geschäftlichen Tätigkeit, es ist gesammelter schriftlicher Niederschlag solcher Tätigkeit und Wirksamkeit, aus der überhaupt schriftlicher
Niederschlag hervorgehen kann. Bestimmt richtig ist an dieser Definition auch das Merkmal der archivischen Zuständigkeit, d. h. die Zuordnung des aus einer Geschäftstätigkeit
hervorgegangenen Schriftgutes zur Registratur, die aus dieser Tätigkeit erwächst, und
damit zu dem Archiv, in dem diese Registratur zwangsläufig aufgehen muß. Wenn dann
aber weiter in dieser Definition für alles Archivgut der rechtliche Endzweck deklariert wird,

so wird hier ein an behördlichem, institutionellem, verwaltungsmäßigem Archivgut gewonnener Gesichtspunkt apodiktisch zur Allgemeingültigkeit erhoben. Registratur und Registraturfähigkeit wird hier mit rechtlichem und geschäftlichem Endzweck gleichgesetzt. Es wird übersehen, daß es Tätigkeiten mit schriftlichem, in Registraturen sich verdichtenden schriftlichen Niederschlag gibt, die keinen rechtlichen oder geschäftlichen Zweck verfolgen, daß es Registraturen gibt, die einfach als schriftliches Ergebnis einer Tätigkeit und Wirksamkeit anfallen und zum Zeugnis dieser Tätigkeit und ihrer Fortwirkung ohne jeden geschäftlichen und rechtlichen Zweck dienen. Die rechtliche und geschäftliche Zweckbestimmung des Archivgutes gilt also nur für einen Teil des Archivgutes; sie ist eine Forderung an das Archivgut, die viel zu eng gefaßt ist.

Daß wir uns mit solcher Auffassung nicht allein befinden, zeigt die Tatsache der Übereinstimmung unserer Überlegungen etwa mit der Definition vom Archiv, wie sie der Italiener Casanova 1928 gegeben hat: »Das Archiv ist die geordnete Sammlung der Schriftstücke, die sich bei einer Institution oder Einzelperson im Verlauf ihrer Tätigkeit gebildet hat und zur Erreichung der politischen, rechtlichen und kulturellen Zwecke der betreffenden Institution oder Einzelperson aufbewahrt wird«, eine Definition, von der Brenneke behauptet, sie sei zu blaß, denn sie könne auch auf literarische Produktion angewandt werden, von der wir aber sagen möchten, sie sei gerade darum schon immer geeignet gewesen, zur Überprüfung von Archivtheorien anzuregen.[11]

Bei solcher Überlegung ist für Archivgut dann überhaupt nicht mehr entscheidend die Frage der Zweckbestimmung, sondern die Tatsache der Entstehung allein. Archivgut ist dann ehemaliges Registraturgut, Schriftgut also, das als schriftlicher Niederschlag aus einer geschäftlichen Tätigkeit im weitesten Sinne, einer Tätigkeit schlechthin, hervorgegangen ist. Registraturfähigkeit und daraus entspringende archivische Zuständigkeit sind also Wesensbestimmung genug, um Archivgut von anderem Schriftgut zu unterscheiden.

Aus solcher Betrachtung geht nun hervor, daß auch der gesamte handschriftliche Nachlaß von Dichtern, Schriftstellern, Künstlern und Musikern, d. h. der schriftliche Niederschlag aus der gesamten geschäftlichen oder besser noch schaffenden Tätigkeit dieser Männer im weitesten Sinn, registraturfähiges Schriftgut darstellt. Es gibt also Registraturen der Dichter, Schriftsteller und Künstler, und diese sind keineswegs jene sehr einseitig, dürftig ausgestatteten Sammlungen von Geschäftspapieren im engsten Sinne nach Striedingerscher, oben gekennzeichneter Auffassung, sie sind vielmehr der gesammelte schriftliche Niederschlag ihrer Tätigkeit in jeder Beziehung; sie enthalten ebensogut die schriftlichen Aufzeichnungen ihres Schaffens wie ihre gesamte private und geschäftliche Korrespondenz, ihre tagebuchmäßigen Aufzeichnungen und ihre wirtschaftlichen und rechtlichen Niederschriften. Diese Registratur spiegelt den Dichter und Künstler als eine Person in allen ihren Äußerungen; sie will nicht den geschäftlich tätigen Menschen vom schaffenden Künstler trennen, sie will vielmehr die Einheit der Persönlichkeit im schriftlichen Niederschlag fassen. Diese Registratur ist nach dem Tode der schriftliche Nachlaß des Dichters und Künstlers, und dieser dichterische Nachlaß ist damit das aus der gesamten schaffenden und geschäftlichen Tätigkeit der Persönlichkeit organisch erwachsene, in der Registratur dieser Persönlichkeit zusammengefaßte, mithin provenienzmäßig geschlossene Schriftgut. Diesem Schriftgut kommen mithin alle Wesensmerkmale des Archivgutes zu, die Registra-

---

11 Brenneke-Leesch, Archivkunde (wie Anm. 9), S. 94.

turfähigkeit und die archivische Zuständigkeit, und es steht daher fest, daß solche Nachlässe als Archivgut zu betrachten und zu behandeln sind. Der bisher für literarische Nachlässe übermäßig betonte literarische Endzweck ist bei solcher Betrachtung lediglich eine Zusatzbestimmung zur Definition dieses Schriftgutes als Archivgut, eine Zusatzbestimmung,
die dieses literarische Archivgut vom behördlichen und institutionellen Archivgut unterscheidet. Die allgemeine Definition, daß das Archivgut Niederschlag einer geschäftlichen
Tätigkeit im weitesten Sinn ist, gilt also auch für das Literaturarchivgut, also auch für den
dichterischen und künstlerischen Nachlaß, und daher können dichterische und künstlerische Nachlässe nur Archivgut, niemals aber Bibliotheksgut sein.

Solche aus der kritischen Betrachtung von Praxis und Theorie gewonnenen Erkenntnisse
erfahren die Bestätigung ihrer Richtigkeit noch an einem bedeutsamen historischen Beispiel. Der Gedanke des Literaturarchivs, den nach bisheriger Annahme erst Dilthey, weithin ungehört, am Ende des vorigen Jahrhunderts aufgebracht hat, ist wesentlich älter, als
man bisher annahm. Er führt über Dilthey, was dieser wohl selbst kaum wußte, obwohl er
zutreffend feststellte, daß die »Handschriften Goethes schon zu seinen Lebzeiten mit einer
Sorgfalt verwaltet wurden, die vielleicht in der Geschichte der Literatur einzig ist«, zurück
auf Goethe. Goethe hat, wie durch neueste Untersuchungen soeben festgestellt worden
ist[12], sein Archiv, das Goethe-Archiv selbst begründet. Als er 1822 eine neue Gesamtausgabe seiner Werke ins Auge faßte, hat er im Sommer jenes Jahres alle seine vorhandenen
Handschriften und Papiere, nach seiner eigenen Formulierung »was jemals Gedrucktes und
Ungedrucktes von Werken, Schriften, Arbeiten und Vorarbeiten von mir ausging, [...] alle
Tagbücher zu Haus und in der Fremde, alle Fragmente und, was mehr wert ist, seit gewissen Jahren sämtliche an mich erlassene Briefe und die bedeutendsten von mir ausgegangenen«, zusammenbringen, ordnen und in einem »Repertorium über die Goethesche Repositur« durch seinen Sekretär Friedrich Theodor Kräuter verzeichnen lassen. Er hat sich über
die geleistete Arbeit und den erreichten Erfolg Anfang 1823 in einem Aufsatz »Archiv des
Dichters und Schriftstellers«[13] eingehend geäußert, und er hat seitdem in den folgenden
Jahren immer wieder auf die Wichtigkeit dieser Leistung hingewiesen, wobei er ständig in
innigstem Zusammenhang von Nachlaß und Archiv sprach. Er hat dabei hervorgehoben,
daß dieses Archiv ihm das Material für die Herausgabe seiner Werke liefere, daß es ebensogut aber anderen die Möglichkeit schaffe, schon zu seinen Lebzeiten und erst recht nach
seinem Tode diese Arbeit für ihn zu leisten, und er hat weiter darauf hingewiesen, daß dieses Archiv mit seinen Manuskripten, ausgegangenen und eingegangenen Briefen, Tagebüchern und sonstigen Papieren künftiger Forschung das Quellenmaterial zu einer Darstellung seines Lebens und Werkes liefere. Goethe hat damit also selbst die aus seiner gesamten
Tätigkeit als eine Einheit erwachsene Registratur zum Archiv erhoben, das mit der Aufbewahrung aller Zeugnisse seiner Tätigkeit und seines Daseins zugleich eine Stätte der Forschung über sein Leben und Werk werden sollte, und er hat darum auch in seinem Testament für die Erhaltung dieses Archivs die notwendigen Bestimmungen getroffen. In ganz

---

12 Willy Flach, Betrachtungen Goethes über Wissenschaften und Künste in den weimarischen Landen. In:
    Archivalische Zeitschrift 50/51 (1955), S. 463–484. – Willy Flach, Goethes literarisches Archiv. In: Ar-
    chivar und Historiker. Studien zur Archiv- und Geschichtswissenschaft. Zum 65. Geburtstag von Hein-
    rich Otto Meisner. Berlin 1956, S. 45–71.
13 Johann Wolfgang Goethe, Archiv des Dichters und Schriftstellers. In: Werke WA I, 41 II, S. 25–28.

modernem Sinn hat somit Goethe den Gedanken des aus seiner Tätigkeit organisch erwachsenen und damit eine geschlossene Provenienz darstellenden, die Gesamtheit seiner Papiere enthaltenden Archivs verwirklicht. Die Forderungen der Registraturfähigkeit und der eindeutigen Zuständigkeit sind an diesem Archiv wirklich erfüllt und zugleich leuchtet hier besonders ein, daß die Forderung des rechtlichen und geschäftlichen Endzwecks entweder in viel größerem Umfang gesehen werden muß als bisher oder, wie wir zeigten, als nicht konstitutiv für den Archivbegriff zu betrachten ist. Goethes Auslassungen über sein Archiv können nun zugleich auf die Papiere jedes Dichters, Schriftstellers und Künstlers übertragen werden. Der Begriff des Literaturarchivs ist also wirklich von Goethe geschaffen, und mit dem Begriff ist damit zugleich das Muster für die Bewahrung und Behandlung eines solchen Archivs von ihm aufgestellt worden.

II. Die praktische Behandlung dichterischer und künstlerischer Nachlässe als Literaturarchivgut

Dürfen wir aus den vorstehenden Ausführungen das Ergebnis ableiten, daß nach theoretischer und historischer Betrachtung Nachlässe von Dichtern, Künstlern und Schriftstellern Archivgut sind, Archivgut von besonderer Beschaffenheit und besonderem Rang, nämlich Literaturarchivgut, so sind solche Nachlässe mithin nach archivarischen, nicht nach bibliothekarischen Gesichtspunkten zu behandeln. Schon Dilthey hat nach dieser Richtung hin einsichtig folgendes erkannt: »Wie aus der Natur der politischen Papiere das Staatsarchiv seinen Charakter und den besonderen in ihm wirkenden Geist erhielt, so wird in diesen neuen Räumen gleichsam ein genius loci sich ausbilden; aus der Natur des Nachlasses bedeutender Schriftsteller wird der Charakter und das Gesetz der Archive sich entwickeln, die ihnen gewidmet sind. Das ist eben der Begriff von Archiven, daß die eigentümliche Natur der Handschriften, die Lebensbedürfnisse derselben dem Beamten, dem Reglement, der Anordnung und Benutzung einen bestimmten Charakter aufdrücken.« Da es die Aufgabe eines Archivs ist, das Archivgut aufzunehmen, zu ordnen und zu verzeichnen und der Benutzung zu erschließen und zugänglich zu machen, so hat also auch die Behandlung dichterischer Nachlässe diese archivischen Aufgaben zu erfüllen. Wir befassen uns mit den einzelnen Punkten dieses Geschäftes im Hinblick auf literarisches Archivgut, wobei in diesem Rahmen und auf diesem Raume nur die Grundlinien gezogen werden können.

1. Die erste und wichtigste archivarische Aufgabe ist die Aufnahme ins Archiv, die gesicherte Erhaltung oder gegebenenfalls die Wiederherstellung der geschlossenen Provenienz des einzelnen Nachlasses. Diese Aufgabe hat ohne jeden Nebenzweck zu erfolgen, einfach aus der archivischen Notwendigkeit der Erhaltung literarischen Handschriftengutes auf die Dauer. Um den literarischen Nachlaß provenienzmäßig geschlossen zu erhalten, ist gegebenenfalls auch die Rückerwerbung von entfremdetem oder sonst irgendwie aus dem Nachlaß entfernten Schriftgut ins Auge zu fassen. Es geht bei dieser Erhaltung des literarischen Nachlasses also ausschließlich darum, historisch und kulturell wertvolles Schriftgut als nationales Kulturerbe für die Zukunft zu erhalten. Jede Form der Übernahme ins Archiv ist dabei anwendbar: Schenkung, testamentarische Verfügung, Ankauf, Hinterlegung unter Eigentumsvorbehalt.

2. Auch die äußere und innere Aufbewahrung des literarischen Nachlasses muß nach Grundsätzen und Erfahrungen der Archive erfolgen. Das gilt sowohl für die Lagerung des ganzen Nachlasses wie der einzelnen Schriftstücke, das gilt für etwa notwendig werdende

Faszikelbildung, und das gilt vor allem auch für die bei der Aufbewahrung zu beachtende archivische Sicherheit.

3. Ordnung und Verzeichnung des literarischen Nachlasses müssen nach archivarischen Vorstellungen und Gepflogenheiten erfolgen, d. h. nach den im Material selbst liegenden Gesichtspunkten, nicht nach Fragestellungen, die von außen an den Stoff herangetragen werden. Vor dieser Gefahr, die mit jeder Bearbeitung literarischen Schriftgutes immer erneut auftaucht, kann nicht eindringlich genug gewarnt werden. Es gibt bedeutende und schreckende Beispiele dafür, daß man gerade akute Fragestellungen, wie etwa eine geplante oder durchgeführte Edition, zum Maßstab der Ordnung des literarischen Nachlasses genommen hat. Solche Ordnungsprinzipien ergeben für die Behandlung des Nachlasses selbst stets unbefriedigende Lösungen, da man auf solche Weise den im Stoff liegenden Gesichtspunkten nicht gerecht wird. Auch hier sollte Goethe Mahner sein, der über die Herausgabe seiner Werke im Verhältnis zur Ordnung seines Archivs sagte (28. Juni 1824): »Die Vorbereitungen zu einer neuen Ausgabe meiner Werke gehen ununterbrochen fort, wobei mir mehr um die Sicherung meines literarischen und biographischen Nachlasses für künftige Zeiten und um die Brauchbarkeit desselben, auch ohne mein Zutun, besorgt bin als um ein eiliges Hervortreten.«[14]

Für die Bildung von Abteilungen innerhalb des literarischen Nachlasses empfehlen sich, wenn man den archivalischen Stoff selbst zu Rate zieht, etwa folgende Gesichtspunkte:

1. Abteilung: Werke des Dichters und Schriftstellers, evtl. nach Gattungen oder in chronologischer Anordnung.
2. Abteilung: Briefe, geordnet nach eingegangenen und ausgegangenen Briefen in chronologischer Folge, oder nach Adressaten und Absendern, nach Briefwechseln, gegebenenfalls auch nach der Materie.
3. Abteilung: Tagebücher und sonstige biographische Aufzeichnungen.
4. Abteilung: Geschäftspapiere, Akten, Rechnungen usw.

Das sind nur große Gesichtspunkte für etwa zu bildende Abteilungen, die im einzelnen aber vermehrt oder vermindert werden können, die sich in jedem Falle nach dem Stoff zu richten haben, der zu bearbeiten ist.

Für die Verzeichnung des literarischen Nachlasses gelten, da er Archivgut ist, mithin archivische Grundsätze. Er darf nicht im Sinne von Bibliotheksgut katalogisiert werden, »nicht wie mancher Handschriftenkatalog die Manuskripte nach Folio, Oktav und Quart trennen« (Dilthey), sondern er muß als Archivgut repertorisiert und regestiert werden.

Archivgrundsätze müssen auch angewendet werden hinsichtlich der Bearbeitung und Veröffentlichung von Bestandsverzeichnissen und Inventaren über den literarischen Nachlaß.

4. Auch im Hinblick auf die Nutzbarmachung sind an den literarischen Nachlaß archivische Maßstäbe anzulegen. Wie es die Aufgabe des Archivs ist, die Archivbestände für jede Forschung zu erschließen, so muß auch der literarische Nachlaß nicht einseitig nur für eine, sondern er muß für jede nur denkbare Forschung, die in ihm Quellenmaterial findet, aufgeschlossen werden. Damit ist eindringlich genug darauf hingewiesen, daß literarische Nachlässe nicht der Forschung entzogen und für einseitige Auswertung abgeschlossen verwahrt werden dürfen, sondern daß jeder Forschungszweck offenen Zugang auch zum literarischen Nachlaß haben muß.

---

14 Goethes Werke, WA IV, 38, S. 183.

Wenn diese Forderung vom Standpunkt des Archivs her ausgesprochen wird, so ist selbstverständlich auch nach der rechtlichen Seite hin zu beachten, daß bei jungen Nachlässen zunächst die Schutzfrist für literarisches Schriftgut von 30 Jahren zu respektieren ist. Es wird also bei der Erwerbung von Nachlässen immer darauf ankommen, durch besondere Vereinbarung mit den Erben und den Verlegern die Frage der sonstigen Benutzung des Nachlasses zu klären. Selbstverständlich sind immer auch die Wünsche der Familie oder der Erben hinsichtlich der Benutzung zu achten und festzulegen.

Jede wissenschaftliche Arbeit, die aus dem Bestand heraus vorgenommen wird, auch jede Edition aus dem literarischen Nachlaß, also auch jede Gesamtausgabe, hat den archivalischen Bestand als solchen und in seiner archivalischen Ordnung unangetastet und unverändert zu belassen.

5. Die archivalische Bearbeitung des literarischen Nachlasses und die wissenschaftliche, aus ihm gespeiste Forschung wird allerlei Material hinzubringen, das nicht eigentliches Archivgut ist, sondern das als Sammlungsmaterial zur besseren Auswertung des literarischen Nachlasses dient, wie etwa Abschriften von Werken und Briefen, die an anderer Stelle aufbewahrt werden, Photokopien und Photographien solchen Schriftgutes und dazu Bücher und sonstiges bibliothekarisches Material. Solcher Stoff ist vom eigentlich literarischen Nachlaß getrennt aufzustellen und nicht mit ihm zu verquicken. Der literarische Nachlaß als solcher muß archivisch rein erhalten werden. Die bisweilen beliebte Bezeichnung »Archiv« für Sammlungen von Abschriften, Photographien oder Photokopien dichterischer Handschriften, die zu Forschungs- und Editionszwecken angelegt werden, ist eine mißbräuchliche Verwendung des Archivsbegriffs.

6. Schon der einzelne literarische Nachlaß ist, wie theoretisch aufgezeigt wurde und wie es die Behandlung von Goethes Archiv durch ihn selbst gezeigt hat, ein literarisches Archiv, das, wie wir vorstehend ausgeführt haben, nach archivischen Richtlinien zu bearbeiten ist. Dabei ist es gleichgültig, ob dieses literarische Einzelarchiv als Einzelstätte oder in anderem archivischen Zusammenhang aufbewahrt wird. Im Sinne des Archivgedankens aber liegt es, über die archivalische Pflege des Einzelnachlasses hinaus die Zusammenfassung von einzelnen Nachlässen zu wirklichen Literaturarchiven anzustreben. Wir besitzen in der Deutschen Demokratischen Republik das bedeutendste Literaturarchiv, das die Welt kennt, das Goethe- und Schiller-Archiv. Auch in Westdeutschland wird jetzt mit besonderem Nachdruck der Ausbau des Schiller-National-Museums in Marbach zu einem Literaturarchiv von gesamtdeutscher Bedeutung, insbesondere zur Erfassung von freiwerdenden literarischen Nachlässen und von einzelnen Handschriften, angestrebt. Jedenfalls liegt in der Deutschen Demokratischen Republik der Gedanke außerordentlich nahe – und man sollte ihn daher immer wieder und gründlich überlegen und fördern –, statt der Einrichtung aller möglichen literarischen Einzelarchive das Goethe- und Schiller-Archiv weiter zu einem Literaturarchiv von Weltrang auszubauen. Daneben bliebe zu überlegen, ob nicht ähnliche Einrichtungen für Musiker- und Künstlernachlässe zu schaffen wären. Es bleibt auch die Frage zu prüfen, ob und inwieweit die in der Sowjetunion geschaffenen Lösungen auf unsere Verhältnisse übertragbar sind. Dort ist nach der Oktober-Revolution ein einheitlicher staatlicher Archivfonds gebildet und diesem im Jahre 1941 auch das literarische Schriftgut eingegliedert worden, indem damals das »Zentrale Staatliche Literaturarchiv« in Moskau »zur Aufbewahrung der Literaturfonds der Staatsarchive und des entsprechenden dokumentarischen Materials der Museen, Bibliotheken, wissenschaftlichen und Forschungs-Institute und anderer Institutio-

nen begründet worden« ist.[15] Jedenfalls gilt auch in der Sowjetunion literarischer Nachlaß als Archivgut.[16]

Fassen wir die Ergebnisse unserer Betrachtung zusammen, so läßt sich sagen, daß die schriftlichen Nachlässe von Dichtern, Schriftstellern, Künstlern und Musikern literarisches Archivgut sind, das als solches zu behandeln ist. Schon der einzelne Nachlaß ist ein Literaturarchiv, erst recht aber die Zusammenfassung von mehreren oder vielen Nachlässen. Der gegenwärtig an manchen Stellen aufgenommene und erörterte Gedanke, literarische und künstlerische Nachlässe zu pflegen und als Archivgut zu behandeln, verdient alle Förderung und systematische Weiterentwicklung.

---

15 Vgl. Das Archivwesen der Sowjetunion (= Schriftenreihe des Instituts für Archivwissenschaft, Heft 1). Berlin 1952, S. 19 und 23–24. Deutsche Übersetzung aus der Großen Sowjetischen Enzyklopädie (Moskau 1950).
16 Vgl. auch Seite 20 dieses Heftes [Archivmitteilungen 5 (1955), d. i. Helmut Lötzke, Das sowjetische Archivwesen. Bericht über eine Reise nach Moskau]. Die Redaktion.

Das Thüringische Landeshauptarchiv Weimar und seine Landesarchive
1956

Wie das deutsche Archivwesen entsprechend der territorialstaatlichen historischen Entwicklung Deutschlands von jeher, so baut sich auch das Archivwesen der Deutschen Demokratischen Republik ganz wesentlich auf den Archiven der Länder auf, in die das Staatsgebiet bis zum Jahre 1952 administrativ gegliedert war. Fünf Landeshauptarchive [Dresden, Magdeburg, Potsdam, Schwerin, Weimar] mit den zu ihnen gehörenden Landesarchiven – sie führen diese Bezeichnung seit 1951 – stehen daher hier gleichberechtigt nebeneinander und verwahren die archivalische Überlieferung, in der die Verwaltungsarbeit jeweils eines Landes ihren schriftlichen Niederschlag gefunden hat. Ihrem Wesen nach und in ihrer Bedeutung für die gegenwärtigen Aufgaben sind diese staatlichen Archive also durchaus von einer Art. In der geschichtlich gewordenen inneren Struktur aber hat jedes einzelne dieser Archive gemäß der Vergangenheit des Landes, dessen archivalische Tradition es birgt, sein besonderes Gesicht und damit seine besondere Note für die allgemeine Geschichtsforschung. Jeder Bericht über Entwicklung und Tätigkeit eines unserer Landeshauptarchive ist daher sowohl ein Beitrag zur Geschichte des deutschen Archivwesens schlechthin wie zugleich eine Aussage über Besonderheiten archivischer Gestaltungen in einem bestimmten territorialen Raum.

Daß sich die Landeshauptarchive der Deutschen Demokratischen Republik ihrer Struktur nach erheblich voneinander unterscheiden, ergibt sich schon aus der Überlegung über Geschichte und Charakter der einzelnen Länder, deren archivalisches Material in diesen Landeshauptarchiven liegt. Sehr jungen Datums als Landeshauptarchive sind Magdeburg für das Land Sachsen-Anhalt und Potsdam für das Land Brandenburg, denn beide waren bis 1945 preußische Provinzialarchive und sind erst Landeshauptarchive geworden, als durch die Aufhebung Preußens aus den preußischen Provinzen Länder wurden. Demgegenüber sind die Landeshauptarchive Dresden für das Land Sachsen und Schwerin für das Land Mecklenburg solche Archive, die den Charakter von Landeshauptarchiven schon seit Jahrhunderten tragen, indem sie die archivalische Überlieferung von Ländern verwahren, die ihre wesentliche Prägung seit dem Ausgang des Mittelalters erfahren haben. Neben und unter diesen Landeshauptarchiven, die für die genannten Länder zentrale Bedeutung haben, wurden nach 1945 zusätzlich staatliche Archive mit begrenzteren Aufgabenbereichen, Landesarchive, eingerichtet, insbesondere für die Aufnahme von archivischen Sonderbildungen und von Archivalien nachgeordneter Behörden in umschriebenen örtlichen Bereichen. Unter ihnen hat das Landesarchiv Oranienbaum als dasjenige Archiv, das die Archivalien des früheren Staates Anhalt verwahrt, eines Landes von hohem Alter und von Dauer bis in die jüngste Gegenwart, einen Platz inne, der dieses Archiv in die Nähe solcher mit zentralem Charakter rückt.

Zwischen den beiden alten Landeshauptarchiven Dresden und Schwerin und den beiden jungen Landeshauptarchiven Potsdam und Magdeburg nimmt das Thüringische Landeshauptarchiv Weimar mit seinen Landesarchiven eine besondere Stellung ein, die es einerseits den alten Landeshauptarchiven zuordnet, die es andererseits an die Seite der jungen Landeshauptarchive rückt, die endlich seine Landesarchive von den übrigen Landesarchiven abhebt. Das Land Thüringen war im Gefüge der deutschen Länder ein junges Land; denn es hatte sich 1920 aus bis dahin selbständigen Einzelstaaten zu einem Gesamtstaat zusammengeschlossen. Die Einzelstaaten aber, die sich damals zum Land Thüringen vereinigten, waren sehr hohen Alters. Archivalisch gesehen brachten sie alle ihre mehr oder weniger ausgebildeten staatlichen Archive dem neuen Lande Thüringen zu. In den nun entstehenden staatlichen Archivaufbau im Lande Thüringen ging mithin jedes einzelne staatliche Archiv zunächst als das Zentralarchiv eines ehemals selbständigen Einzelstaates ein, das im wesentlichen also den Charakter des Landeshauptarchivs eines deutschen Staates hatte. Durch das Zusammenwachsen dieser staatlichen Archive in einem einheitlichen Archivwesen des Landes Thüringen erhielten sie innerhalb des neuen Staates die geminderte Funktion eines Teilarchivs, in moderner Terminologie eines Landesarchivs, und aus ihrer Zahl hob sich Weimar, das zunächst auch nur das Archiv eines Einzelstaates war, dem aber die Aufgabe des Zentralarchivs für die im neuen Staat Thüringen erwachsenden Archivalien zufiel, als Thüringisches Landeshauptarchiv heraus.

Bei dieser besonderen Entwicklung und Stellung der staatlichen Archive Thüringens ist es angebracht, die Vorgänge, die sich bei der Herausbildung eines besonderen thüringischen Archivwesens in den letzten dreieinhalb Jahrzehnten abspielten, einmal gesonderter Betrachtung zu unterziehen. Man darf das um so mehr tun, als bei dem Aufbau der staatlichen Organisation des Landes Thüringen nach 1920 archivalische Aufgaben zu lösen waren, die in so konzentrierter Form anderwärts kaum jemals gestellt worden sind.

Der mit dem Zusammenschluß von sieben thüringischen Einzelstaaten zum Lande Thüringen im Jahre 1920 notwendig gewordene Aufbau eines staatlichen thüringischen Archivwesens mußte an den Zustand anknüpfen, den die geschichtliche Entwicklung der Archive in Thüringen geschaffen hatte. Diese Archivgeschichte war das getreue Spiegelbild der politischen Entwicklung im thüringischen Raum. Sie zeigt uns etwa folgendes Bild: Von den zahlreichen politischen Gewalten im Lande, die im Mittelalter vorhanden waren, hatten die Wettiner, seit 1485 der Zweig der Ernestiner, die Vorrangstellung errungen, und neben ihnen hatten sich nur die Grafen, späteren Fürsten von Schwarzburg und die Herren, dann Grafen und Fürsten Reuß als Landesherren halten können. Diese drei Geschlechter hatten seit dem 16., vor allem aber im 17. Jahrhundert durch fortgesetzte Landesteilungen ihre Gebiete zersplittert und damit neben der Vielzahl der Länder auch eine Vielzahl von Archiven gebildet, wobei sich zum Segen späterer Archiventwicklung auch der Gedanke an gemeinschaftliche Archive erhielt. Der Verminderung der Zahl von staatlichen Gebilden durch Aussterben und erblichen Zusammenfall im 18. und 19. Jahrhundert entsprach zwar in der Regel auch eine Zusammenfassung der Archivalien; aber die Fürsorge für die gemeinschaftlichen und die neben ihnen entstehenden Spezialarchive der einzelnen Linien ist räumlich und zeitlich sehr verschieden gewesen. daß solche Maßnahmen nicht immer glücklich waren, zeigt der Zustand, den die staatlichen Archive in Thüringen etwa zu Beginn unsere Jahrhunderts aufwiesen.

Damals gab es in Weimar zwei Archive, die zwar im gleichen Hause untergebracht waren, die aber getrennten Verwaltungen unterstanden, nämlich das Sachsen-Ernestinische

Gesamtarchiv, an dem alle ernestinischen Staaten Thüringens teilhatten, und das spezielle Geheime Haupt- und Staatsarchiv für das Großherzogtum Sachsen-Weimar-Eisenach. In Gotha bestand ein Haus- und Staatsarchiv des Herzogtums Gotha, und das gleiche gab es in Coburg für das mit Gotha zu einem Staat zusammengeschlossene Herzogtum Coburg. Zwei Archive beherbergte auch Meiningen, nämlich das Gemeinschaftliche Hennebergische Archiv, das die Archivalien der im Jahre 1583 ausgestorbenen und von den Ernestinern und Albertinern beerbten Grafen von Henneberg enthielt, an dessen Verwaltung daher alle ernestinischen Staaten und in der Nachfolge der Albertiner auch Preußen beteiligt waren, und daneben bestand das spezielle Geheime Archiv für das Herzogtum Sachsen-Meiningen. Dieses unterhielt auch noch ein besonderes Archiv auf der Veste Heldburg, so daß also im Land Meiningen mit drei Archiven zu rechnen war. Ebenso stand es im Herzogtum Sachsen-Altenburg, wo es in der Landeshauptstadt Altenburg zwei, getrennten Verwaltungen unterstehende Archive, das Geheime Archiv und das Regierungsarchiv, gab, neben denen in Eisenberg noch ein von einem früheren Teilstaat stammendes Archiv, Schloßarchiv genannt, lag. Die beiden schwarzburgischen Fürstentümer Schwarzburg-Rudolstadt und Schwarzburg-Sondershausen unterhielten ebenfalls drei Archive, Schwarzburg-Rudolstadt ein Geheimes Archiv in Rudolstadt, in dem als besonderer Bestand eines Archivum commune die den beiden Fürstentümern gemeinsam gehörenden Urkunden lagen, Schwarzburg-Sondershausen ein Landesarchiv in Sondershausen und ein Regierungsarchiv in Arnstadt. Drei Archive gab es auch in den reußischen Fürstentümern, ein Gemeinschaftliches Archiv in Gera, ein Hausarchiv in Schleiz und ein Hausarchiv in Greiz. Dem Zustand staatlicher Zersplitterung im thüringischen Raum mit acht Einzelstaaten entsprach also durchaus der archivische Zustand mit 16 staatlichen Archiven in 13 verschiedenen Orten.

All diesen Archiven war eigentümlich, daß sie dem Begriff des historischen Archivs, wie er sich im 19. Jahrhundert herausgebildet hatte, unterlagen, daß in ihnen zumeist nur Archivalien von Zentralbehörden – aber durchaus nicht von allen – verwahrt wurden und daß nur wenige von ihnen ausgesprochen fachmännisch und hauptamtlich verwaltet waren, nämlich nur Weimar, Meiningen mit dem Hennebergischen Archiv und Schleiz mit seinem Hausarchiv. Die anderen Archive wurden entweder nebenamtlich, wie etwa Sondershausen, oder in Personalunion mit Bibliotheken, wie etwa Gotha und Rudolstadt, verwaltet, der Rest aber fungierte als Anhängsel von zentralen Verwaltungsbehörden und war über den Charakter von Behördenarchiven nicht wesentlich hinausgediehen. Es gab mithin noch außerordentlich viele, längst archivreife und archivwürdige Bestände, die archivisch noch gar nicht erfaßt waren.

In diesem Zustand sind nach der Revolution von 1918 im Jahr 1920 die staatlichen Archive – ohne Coburg, da sich dieses Land an Bayern anschloß – an das neue Land Thüringen übergegangen. Von den Möglichkeiten, die für den Aufbau eines thüringischen Archivwesens im Rahmen einer neuen Landesverwaltung ins Auge gefaßt werden konnten – entweder eine straffe Zentralisation aller staatlichen Archive in einem einzigen Zentralarchiv oder wenigstens die Zusammenlegung mehrerer Archive in größere Einheiten nach geschichtlichen Gesichtspunkten, zum mindesten aber die Schaffung einer einheitlichen Verwaltung und Oberleitung –, ist vieles an dem trotz aller Einheitsbestrebungen unüberwindlichen kleinstaatlichen Partikularismus gescheitert. Aber bis 1926 wurde erreicht, daß in der Hauptstadt jedes früheren Einzelstaates – neben Weimar in Altenburg, Gotha, Meiningen, Rudolstadt, Sondershausen und Greiz, in letzterem für die seit 1919 vereinigten beiden Reuß – im Anschluß an die bestehenden Archiveinrichtungen ein besonderes Staatsarchiv errichtet wurde [bis 1929 auch ein Staatsarchiv in Arnstadt] und daß das so dezentralisiert aufgebaute, dem Thüringischen Volksbildungsministerium unterstellte staatliche Archivwesen seine einheitliche Spitze und seine verantwortliche Oberleitung, mithin seine ideelle organisatorische und wissenschaftliche Einheit in der Stellung des Direktors der Thüringischen Staatsarchive erhielt. So war in sechs Jahren der äußere Rahmen für eine staatliche Archivorganisation geschaffen, die auf der historischen Entwicklung des Landes fußte. Jedem der sieben Archive fiel die Aufgabe zu, die beim Aufbau der neuen Landesverwaltung und bei der Auflösung der alten einzelstaatlichen Behörden in beträchtlichem Umfang anfallenden Archivalien eines früheren Einzelstaates aufzunehmen; für Weimar, das die Fürsorge für die Archivalien des ehemaligen Großherzogtums Sachsen-Weimar-Eisenach übernahm, erwuchs dazu noch die besondere Aufgabe, die Archivalien des neuen Landes Thüringen zu betreuen.

In dieser äußeren Organisation haben die thüringischen staatlichen Archive bis zum Jahre 1945 bestanden. Danach traten mannigfache Veränderungen ein. Sie betrafen vor allem die Einordnung des Archivwesens in die zentrale Staatsverwaltung. Bis 1950 blieben die thüringischen Archive im Lande Thüringen dem Volksbildungsministerium unterstellt; dann kamen sie nach Gründung der Deutschen Demokratischen Republik unter die zentrale staatliche Archivverwaltung im Ministerium des Innern. Immer aber blieb die besondere Stellung des Weimarer Archivs gegenüber den anderen staatlichen Archiven Thüringens gewahrt.

Veränderungen gab es nach 1945 auch bei den Archiven selbst. Zunächst weitete sich der Bereich des thüringischen Archivwesens aus, als das Land Thüringen 1945 um den früheren preußischen Regierungsbezirk Erfurt, d. h. um etwa ein Drittel seines bisherigen Raumes erweitert wurde. Bei der besonderen Struktur des staatlichen Archivwesens in Thüringen mußte nun auch für dieses archivisch vorher durch Magdeburg betreute Gebiet ein neues staatliches Archiv eingerichtet werden, zumal hier bei nachgeordneten Behörden jetzt große Mengen von Archivgut frei wurden, das nach preußischer Archivpraxis bisher weithin ohne archivarische Fürsorge geblieben war. Aus räumlichen Gründen konnte diese 1946 geschaffene Einrichtung nicht, wie es nahegelegen hätte, in Erfurt erfolgen, sondern in Verbindung mit dem staatlichen Archiv in Gotha.

Nach dieser Erweiterung schränkte sich der Wirkungsbereich des thüringischen Archivwesens aber wenige Jahre später ein. Bei der Verwaltungsreform in der Deutschen Demokratischen Republik 1952, bei der aus dem Gebiet des Landes Thüringen die drei Bezirke Erfurt, Gera und Suhl geschaffen wurden, ist der Kreis Altenburg mit dem in ihm liegenden Landesarchiv Altenburg aus dem alten historischen thüringischen Verband herausgenommen und dem Bereich des Bezirkes Leipzig, der archivisch vom Landeshauptarchiv in Dresden betreut wird, eingegliedert worden. Eine weitere Verminderung der Zahl der thüringischen Archive trat im gleichen Jahre durch eine Zusammenlegung ein. Der alte Wunsch der thüringischen Archivverwaltung, über die Vielzahl von staatlichen Archiven hinaus zu einer stärkeren Zusammenfassung auf historischer Grundlage zu kommen, konnte 1952 für die ehemals schwarzburgischen Gebiete verwirklicht werden, indem das Landesarchiv Sondershausen aufgelöst und seine Bestände mit denen des Landesarchivs Rudolstadt vereinigt werden konnten.

Der Zustand der äußeren Organisation der thüringischen Archive stellt sich nach mannigfachen Entwicklungen also jetzt so dar, daß unter dem Landeshauptarchiv Weimar die

Landesarchive Gotha (mit dem im Aufbau befindlichen Landesarchiv Erfurt), Meiningen, Rudolstadt und Greiz stehen. Es hat immer wieder viel Unterhaltungen darüber gegeben, ob nicht eine ganz straffe zentrale Zusammenfassung in einem Archiv die beste Lösung sei. Gewiß hat eine solche zentrale Gestaltung des Archivwesens ihre Vorteile. Aber es hat auch sonst bei den deutschen Archiven der Gedanke an Boden gewonnen, daß namentlich bei immer intensiverer Ausgestaltung der archivischen Institutionen die Dezentralisation wesentliche Vorzüge aufweist, und es ist zweifellos eine Rechtfertigung der thüringischen Archiventwicklung, wenn heute in den Ländern der Deutschen Demokratischen Republik neben den Landeshauptarchiven überall auch Landesarchive bestehen.

Die ersten Jahre des Aufbaues des thüringischen Archivwesens nach 1920 hatten, wie wir sahen, dem Aufbau der äußeren Organisation gegolten und dem Bestreben, die bei der Zusammenlegung der Einzelstaaten freiwerdenden umfassenden Aktenmengen den neugebildeten Archiven zuzuführen. Nun mußten diese neuen staatlichen Archive Thüringens unter einer einheitlichen Leitung auch zu einer einheitlichen archivmäßigen Arbeit geführt werden. Diesem Anliegen galten eine Anzahl von Verordnungen, die seit 1927 für den Bereich des thüringischen Archivwesens erlassen worden sind. Die erste dieser Verordnungen galt 1927 der Ausscheidung von Akten bei staatlichen Behörden, durch die die Mitwirkung der staatlichen Archive bei jeder Aktenausscheidung festgelegt, mithin die Stellung der staatlichen Archive im Rahmen der gesamten Staatsverwaltung gefestigt wurde. 1928 folgte eine Ordnung der Ausbildung und Prüfung der wissenschaftlichen Archivbeamten, durch die, weil bei der besonderen Landesstruktur des deutschen Archivwesens seitens anderer Landesarchivverwaltungen den thüringischen Archivbelangen nicht immer das nötige Verständnis entgegengebracht worden war, nach strengen Maßstäben die Heranbildung wissenschaftlicher Kräfte für die besonderen thüringischen Archivaufgaben gesichert wurde. daß diese thüringische Ausbildung anderen Archivausbildungen gleichwertig war, beweist unter anderem die Tatsache, daß in Thüringen ausgebildete Kräfte mehrfach an andere, außerthüringische Landesarchive in West und Ost berufen worden sind. Nach einer Gebührenordnung von 1930 wurden dann endlich die besonderen Aufgaben und die besondere Stellung der thüringischen staatlichen Archive in der Thüringischen Archivordnung vom 15. April 1932, die mit einer Geschäftsordnung für die thüringischen Staatsarchive verbunden war, zusammengefaßt. So war in einem weiteren sechsjährigen Aufbau des thüringischen Archivwesens von 1927 bis 1932 auch die innere gleichmäßige Gestaltung der Archivarbeit wenigstens angebahnt und verordnungsmäßig festgelegt.

Die folgenden Jahre mußten nun dem Bestreben dienen, auf der so geschaffenen Grundlage nach dem äußeren Aufbau den inneren Ausbau des staatlichen thüringischen Archivwesens vorzunehmen. Er hatte sich nach vielerlei Richtungen hin zu erstrecken, so etwa auf die planmäßige Vermehrung des Personalstandes und die sachlich bedingte Ausweitung des Etats, vor allem auch auf die Seite der räumlichen Erweiterung und Durchgestaltung der Staatsarchive, ihrer inventarmäßigen Ausstattung und des Regalbaues. Alle diese Fragen sind bis zum Beginn des Krieges, die Raumfragen sogar noch in den ersten Jahren des Krieges verhältnismäßig glücklich gelöst worden, und alle staatlichen Archive haben damals neue Stapelräume, der größte Teil von ihnen auch neue Verwaltungsräume erhalten. Nur für Weimar, für das trotz aller Bemühungen und Anstrengungen zunächst an einen Neubau des Archivgebäudes, der so dringend nötig gewesen wäre, nicht zu denken war, mußte trotz aller Gegenvorstellungen der Archivleitung eine Zweigstelle außerhalb Weimars in Bad Sulza eingerichtet werden. Wohl ist das Haus dort archivmäßig gestaltet und äußerlich re-

präsentativ aufgemacht worden. Aber diese Lösung, für die die Archivleitung alle Verantwortung abgelehnt hatte, hat sich als unglücklich erwiesen, denn diese Zweigstelle, die am
Ende des Krieges einem Brand zum Opfer fiel, ist der einzige, aber schwere Verlust, den
das thüringische Archivwesen während des Krieges an seinen Beständen erlitten hat. Nach
der Einrichtung der Staatlichen Archivverwaltung der Deutschen Demokratischen Republik ist der Ausbau der thüringischen Archive besonders in bezug auf Etat und Personal weiter entscheidend gefördert worden; aber die Raumfrage, namentlich in Weimar, bleibt mit
einem Neubau auch heute noch zu lösen.

Die Aufgaben des Ausbaues des thüringischen Archivwesens hatten sich seit 1932
neben dem äußeren Rahmen aber vor allem auch auf die Lösung innerer Probleme der
Archivarbeit zu erstrecken. Bei der Durchführung der in den genannten thüringischen
Verordnungen festgelegten Maßnahmen zur Behandlung der Bestände, zu ihrer Ordnung
und Verzeichnung zeigte sich, daß besonders zwei Problemkreise vordringlich einer Lösung bedurften, die Vervollständigung der Bestände der Archive und die Klärung des Provenienzprinzips für den besonderen thüringischen Fall.

Was das erste Problem anging, so hatte sich immer wieder gezeigt, daß bei der Neubildung der thüringischen Behörden nach 1920 die alten einzelstaatlichen Aktenbestände zum
Teil von diesen übernommen, zum Teil den Archiven zugewiesen, also zerrissen worden
waren, daß mithin die Ordnungsarbeiten an diesen Beständen an beiden Stellen, sowohl bei
den Behörden wie vor allem aber in den Archiven, ungünstig verlaufen mußten. Es ist daher
in den Jahren seit 1934 von der Archivleitung bewußt darauf hingearbeitet worden, durch
systematische Feststellung aller bei den Behörden noch lagernden Bestände an älteren Archivalien eine genaue Übersicht über das Archivgut des Landes zu erhalten, zugleich aber
durch systematische Einleitung von Aktenausscheidungsverfahren seitens der Archive diese
Bestände den Archiven zuzuführen. Solche Maßnahmen sind in den Jahren vor Beginn des
zweiten Weltkrieges glücklich angelaufen, und dieses Verfahren hat sich bei der Vervollständigung und Abrundung der Archivbestände gut bewährt.

Zu lösen war in diesem Rahmen aber zugleich die Frage der eindeutigen Anwendung
des Provenienzprinzips in allen thüringischen Archiven. Dieser Grundsatz, der an sich
eine immer wieder neu gestellte und im einzelnen Fall neu zu klärende Aufgabe ist, war
in den thüringischen Archivordnungen allzu summarisch gehandhabt worden, indem
unter Provenienz im wesentlichen die abliefernde Behörde verstanden worden war. Dieses Verfahren konnte sich in der Praxis nicht bewähren, und so ist dann nach eingehenden Untersuchungen festgelegt worden, daß das Provenienzprinzip hier auf der Grundlage der alten einzelstaatlichen Verhältnisse zu entwickeln war. Alle einzelstaatlichen
Bestände wurden dem jeweils zuständigen Landesarchiv überwiesen, und damit wurden
diese Archive zu geschlossenen Archiven der ehemaligen Einzelstaaten. Der Aufbau dieser
Archive erfolgte dann im wesentlichen nach der Behördenorganisation der Einzelstaaten,
wie sie zuletzt bis 1920 bestanden hatten. Diese Maßnahme hat sich als glücklich erwiesen,
weil sie den Landesarchiven klar das Gebiet umreißt, das sie archivalisch zu bewältigen
haben. Wir haben damals geglaubt, die Fürsorge für alle thüringischen Bestände nach 1920,
wie das vorher festgelegt worden war, auch weiterhin dem Landeshauptarchiv Weimar überlassen zu können, die Außenarchive also zu geschlossenen historischen Archiven der Einzelstaaten auszugestalten. Wir haben diese Auffassung nach 1945 revidieren müssen, insbesondere unter den Einwirkungen der damals vordringlich an uns herantretenden Aufgaben
bei der Übernahme neuerer und neuester Bestände, und wir haben dabei die Lösung gefun

den, daß die Landesarchive nunmehr auch die in ihrem Bereich nach kreismäßig festgelegten Zuständigkeiten anfallenden Archivalien nachgeordneter thüringischer Behörden übernehmen, die Stellung des Landeshauptarchivs Weimar aber darin gewahrt bleibt, daß es die Betreuung der Archivalien der thüringischen Zentralbehörden bis 1952, d. h. bis zur Überleitung der bis dahin von der thüringischen Landesregierung wahrgenommenen Aufgaben auf die Organe der neu geschaffenen Bezirke, übernimmt. Entgegen der älteren Anordnung, die Landesarchive zu historisch geschlossenen Archiven zu machen, sind sie nunmehr wieder lebende Archive, deren jedes einzelne die Archivalien eines ehemaligen Einzelstaates und die Archivalien nachgeordneter Behörden aus der Zeit nach 1920 betreut.

Der innere Ausbau des thüringischen Archivwesens ist durch den Krieg unterbrochen und aufgehalten worden. Luftschutzmaßnahmen und Verlagerung von Beständen an Sicherungsorte bedeuteten Abbau, und nach dem Kriege mußte bis 1948 hin gegen viele Widerstände äußerer und materieller Art mühsam der Wiederaufbau dessen vollzogen werden, was wir im Kriege selbst hatten zerstören müssen. Aber seitdem sind die alten Anliegen des Innenausbaues der Archive wieder tatkräftig in Angriff genommen worden, jetzt vor allem noch in wesentlich erweitertem Umfang gegenüber früher. Denn das Jahr 1952 hat mit der Aufhebung einer zentralen thüringischen Landesverwaltung und mit der Bildung eines ganz neuen Behördenaufbaues die alten Probleme erneut lebendig werden lassen. Diesen Arbeiten kommen jetzt die neuen Archivverordnungen zugute, die die Deutsche Demokratische Republik seit 1949 erlassen hat.

Der Aufbau des thüringischen Archivwesens nach 1920 hat die Archive stets auch vor die Fragen der Behandlung moderner und modernster Akten gestellt, Fragen, die seit 1952 noch umfangreicher geworden sind. Damit sind ganz besonders auch technische Angelegenheiten vordringlich geworden. Schon seit den [19]20er Jahren war in Weimar den Fragen der Archivtechnik besondere Aufmerksamkeit geschenkt worden durch Verbesserung der hier immer schon gepflegten Archivalienrestaurierung und -konservierung und durch Anwendung der Fotografie. Der Ausbau dieser technischen Einrichtungen zu einer Restaurierungswerkstatt und zu einem Fotolabor konnte namentlich im letzten Jahrzehnt wesentlich gefördert werden. So sind es neben den alten Restaurierungs- und Konservierungsmethoden gerade im Hinblick auf die uns zugefallenen neueren und neuesten Bestände die Probleme der Behandlung modernster Akten und der Dokumentation und Verfilmung, die uns hier beschäftigen.

Von Anfang an hat beim Aufbau des thüringischen Archivwesens der Gedanke der wissenschaftlichen Auswertung der Archive eine ganz wesentliche Rolle gespielt, und wenn gegenüber den staatlichen Verwaltungsstellen naturgemäß auch die Bedeutung der Archive als Verwaltungsbehörden stark betont blieb, so ist doch stets der Gesichtspunkt vordringlich gewesen, daß die Archive zugleich wissenschaftliche Forschungsanstalten sind. Diese wissenschaftliche Auswertung der thüringischen Archive spielt sich, wie überall, zunächst zu einem ganz wesentlichen Teil in der Benutzung der Archive für die wissenschaftliche Forschung ab und wird durch den Inhalt der thüringischen Archive bestimmt. Wie bei anderen Archiven steht dabei auch hier die Benutzung für landesgeschichtliche Forschungen und Zusammenhänge stark im Vordergrund, und nach dieser Richtung hin bieten alle thüringischen staatlichen Archive ein so ungeheuer reichhaltiges Material, daß es erst zu einem sehr kleinen Teile ausgeschöpft ist. Die sehr umfassenden und wertvollen Urkundenbestände des Mittelalters, die bis in das 10. Jahrhundert zurückreichen, sind ebenso bedeutsame Materialien für die Geschichte des Mittelalters wie der ständig anwachsende Strom von Akten seit dem Ausgang des Mittelalters und der Neuzeit für die entsprechenden historischen Forschungen.

Aber über solche landesgeschichtlichen Arbeiten hinaus enthalten die thüringischen Archive historisches Quellenmaterial, das für die deutsche und vielfach für die internationale Geschichtsforschung von einmaliger Bedeutung ist. Im Landeshauptarchiv Weimar, in dem das Wittenberger Archiv der Ernestiner aus der Reformationszeit verwahrt ist, findet die große reformationsgeschichtliche Forschung immer neue quellenmäßige Grundlagen; hier bieten die Archivalien aus der Zeit des Dreißigjährigen Krieges bei der lebhaften Beteiligung der Weimarer Herzöge an den großen politischen Vorgängen ständig neue Forschungsgrundlagen; hier ist weiter im Archivmaterial der klassischen Zeit ein bisher erst zart berührter Quellenstoff von größter Ergiebigkeit vorhanden, und hier liegt für das 19. Jahrhundert infolge der internationalen Verbindungen des weimarischen Fürstenhauses noch mancher ungehobene Schatz. Ähnlich wertvolles Material, das in größere Zusammenhänge hineinführt, vermögen auch die Landesarchive zu bieten, so daß ihre Archivalien auch von der großen historischen Forschung immer wieder als Quellengrundlage herangezogen werden, so etwa Rudolstadt für die Zeiten des deutschen Königs Günther, Meiningen für die Zeiten des um das internationale Theater verdienten Herzogs Georg II im 19. Jahrhundert, Gotha für die Wirksamkeit Ernsts des Frommen im 17. Jahrhundert, die Wirkung der Französichen Revolution im 18. Jahrhundert und die internationalen Verflechtungen des Herzogshauses im 19. Jahrhundert, sogar Greiz für die Wirkung des Partikularismus unter einer so markanten Erscheinung wie dem Fürsten Heinrich XXII. Solche Beispiele ließen sich weit vermehren. Die fortschreitende allgemeine historische Forschung ist eben ohne Archive, auch ohne die thüringischen Archive, nicht denkbar. daß dabei ständig sich verfeinernde historische Fragestellungen auch neues Quellenmaterial in Bewegung setzen und aufschließen, wird besonders deutlich durch die ganz aktuelle Behandlung der archivalischen Bestände auch der thüringischen Archive für die Geschichte der deutschen Arbeiterbewegung.

Die wissenschaftliche Seite der Archivarbeit beruht aber nicht nur auf der entsagungsvollen wissenschaftlichen Hilfeleistung des Archivars für die Tätigkeit anderer Forscher, sie besteht auch in der eigenen historisch-wissenschaftlichen Arbeit. Zunächst ist diese Tätigkeit auf die Bestände der Archive selbst gerichtet, die der Archivar der Forschung zu erschließen versucht. Daher haben schon immer alle Bemühungen der thüringischen Archivarbeit der Anfertigung eines Archivinventars gegolten, und daher wird es möglich sein, ein Bestandsverzeichnis über den Inhalt aller thüringischen staatlichen Archive in Kürze der wissenschaftlichen Öffentlichkeit vorzulegen.

Die eigene wissenschaftliche Arbeit der Archivare hat dann weiter vornehmlich immer dem Gebiete der Landesgeschichte gegolten, die, noch längst ehe sie anerkanntes Universitätslehrfach war, ihre besondere Pflegestätte in den Archiven gefunden hat. Auch die wissenschaftlichen Leistungen der thüringischen Landesgeschichte sind seit dem 17. Jahrhundert zu einem wesentlichen Teile von den thüringischen Archivaren vollbracht worden, und so ist es bis in die neueste Zeit hinein geblieben. Die Neugründung einer Thüringischen Historischen Kommission im Jahre 1937 und die Personalunion zwischen ihrem Leiter und dem Direktor der Thüringischen Staatsarchive war Anerkennung und Ausdruck dieser Tatsache. So sind die Veröffentlichungen dieser Kommission zu einem wesentlichen Teil zugleich Leistungen der thüringischen Archive und Archivare gewesen, wie diese auch die tragenden Kräfte der landesgeschichtlichen Forschung waren, die früher von den landesgeschichtlichen Vereinen betrieben wurde. Da deren Wirksamkeit nach 1945 aufhörte, entstand für die Archive geradezu die neue Verpflichtung, solche Forschungen fortzuführen und zu publizieren, ein Anliegen, das in Thüringen seinen Niederschlag in den »Thüringischen Archivstudien« gefunden hat, von denen bisher sechs Bände mit größeren wissenschaftlichen Arbeiten erschienen sind.

Endlich aber hat die wissenschaftliche Arbeit der thüringischen Archive, insbesondere des Thüringischen Landeshauptarchivs, neuerdings noch ein Thema aufgegriffen, das, von der Forschung bisher allzu sehr vernachlässigt und vereinseitigt, wohl nur von hier aus, wo die entsprechenden archivalischen Quellen verwahrt werden, vielleicht auch nur durch die Archivare, bearbeitet werden kann, nämlich die Sammlung und Herausgabe von Goethes amtlichen Schriften als Beitrag zu einem neuen Goethe-Bild. In sehr umfassender Weise ist dieses Thema in Angriff genommen worden, nicht von der Seite der Goethe-Biographie her, sondern auf der Grundlage der Verwaltungsgeschichte, in die Goethe als Mitglied kollegialisch arbeitender Behörden eingebaut war. Der Neuartigkeit und zugleich Richtigkeit dieser Betrachtungsweise wird durch die internationale Forschung überzeugend und aufmunternd zugestimmt.

Die besondere archivische Situation Weimars hat schließlich neuerdings noch dazu geführt, daß hier auch die von der Fachwelt bisher stiefmütterlich behandelte Frage der Literaturarchive zur Erörterung gestellt worden ist. Die Notwendigkeit, das seit 1885 bestehende Goethe- und Schiller-Archiv, das einer archivalischen Ordnung und Verzeichnung bisher entbehrte, sachgemäß bearbeiten zu lassen und die Übertragung der Leitung dieser Aufgabe seitens der Deutschen Akademie der Wissenschaften und der Nationalen Forschungs- und Gedenkstätten der klassischen deutschen Literatur in Weimar an den Direktor des Landeshauptarchivs Weimar haben grundsätzliche Überlegungen zu diesem Problem notwendig gemacht, die zu der Erkenntnis geführt haben, daß dichterische Nachlässe Archivgut besonderer Art, nämlich Literaturarchivgut sind. Nach diesen Grundsätzen wird in enger Verbindung zum Landeshauptarchiv nunmehr das Goethe- und Schiller-Archiv archivarisch betreut.

So zeigt sich bei dieser kurzen Darstellung der Entwicklung des staatlichen thüringischen Archivwesens in den letzten Jahrzehnten, daß es mit der Entwicklung der deutschen Landeshauptarchive und Landesarchive viele gemeinsame Züge aufweist, daß es aber doch durchaus sein eigenes Gesicht hat. In dieser seiner Stellung leistet es seinen besonderen Beitrag zur Entwicklung des deutschen Archivwesens und damit der deutschen Geschichtswissenschaft.

Thüringische Landesgeschichte

Heimatgeschichte und Urkundenforschung
1933

Es ist eine bekannte Tatsache, daß sich im letzten Jahrzehnt in allen Volksschichten eine lebhafte Hinneigung zur Heimatgeschichte entwickelt hat. Gilt dieses Interesse in erster Linie den tatsächlichen Ergebnissen, die durch geschichtliche Forschung gewonnen und weitesten Kreisen mitgeteilt werden, so muß daneben eine Besinnung in bezug auf die Quellen angestrebt werden, aus denen die geschichtlichen Tatsachen abgeleitet werden können. Unerläßlich sind solche Überlegungen für jeden, der sich aktiv und darstellend mit Heimatgeschichte befaßt. Aber auch demjenigen, der sich nur aufnehmend und genießend heimatgeschichtlichen Gegenständen zuwendet, kommt eine solche Betrachtung, die Maßstäbe für die notwendige historische Kritik an die Hand gibt, zustatten. Denn diese Kritik ist nicht eine weltfremde wissenschaftliche Angelegenheit, sie tritt vielmehr auch im praktischen Leben gegenüber mündlichen und schriftlichen Berichten aus dem alltäglichen Geschehen immer wieder an uns heran.

Die Zahl der Quellen, die die Geschichtswissenschaft zur Gewinnung historischer Erkenntnisse verwertet, ist unermeßlich groß. Als Quelle kann alles aus einer früheren Zeit Überlieferte gelten, sofern es nur methodisch richtig verwertet wird. Mannigfach sind die Versuche, die Quellen in verschiedenen Gruppen und Untergruppen einzuteilen. Für die Geschichtspraxis haben solche Unternehmungen geringen Wert. Wichtig aber ist der Unterschied im Hinblick auf die Entstehung der Quellen, der unbedingt festgehalten werden muß: neben den Quellen, die in der bestimmten Absicht entstanden, historische Tatsachen der Nachwelt zu überliefern, stehen solche, die als Teile von Vorgängen der Vergangenheit selbst auf uns gekommen sind, die also ohne erkennbare Absicht Zeugnis von geschichtlichem Geschehen ablegen. Der historische Wert dieser letzten Quellenart ist naturgemäß größer als der der ersten, da dort sehr leicht subjektive Ansichten und Meinungen eine Trübung in der Bestreitung der tatsächlichen Geschehnisse herbeiführen können.

Unter den Quellen, die nicht mit der bestimmten Absicht der Geschichtsüberlieferung entstanden sind, nehmen die Urkunden eine hervorragende Stellung ein. Im gewöhnlichen Sprachgebrauch wird das Wort Urkunde - entsprechend seiner ursprünglichen Bedeutung - im weitesten Sinne für »Zeugnis« schlechthin gebraucht. Die Geschichtswissenschaft schränkt die Begriffsbestimmung der Urkunde stark ein. Sie bezeichnet als Urkunden Schriftstücke rechtlichen Inhalts, die in einer bestimmten, nach Zeit und Persönlichkeit, Ort und Sache wechselnden Form abgefaßt sind, um sie beweiskräftig zu machen. Entscheidend für die Wesensbestimmung sind also der rechtliche Inhalt und die beweiskräftige Form. Damit ist die Urkunde in ihrem Wesen und von den Akten, die beide manches mit ihr gemeinsame Merkmal haben, deutlich unterschieden. Zwar hat auch der Brief bestimmte, traditionsmäßig gebundene Formen; aber sein Inhalt ist nicht rechtlicher Natur, sondern besitzt nur Mitteilungscharakter. Andererseits können die Akten gewissen Rechtszwecken dienen; aber ihre Ausfertigung erfolgt nicht in der Form von Urkunden. Sie sind vielmehr schriftliche Aufzeichnungen, die bei dem Geschäftsverkehr von Behörden entstehen. Seit dem Ende des Mittelalters sind solche Akten infolge der zunehmenden Schriftlichkeit der Verwaltung und des Rechtslebens in immer größerem Umfange entstanden und durch die wachsende archivalische Fürsorge auch erhalten geblieben. Unter den Geschichtsquellen für die Neuzeit spielen daher die Akten eine wesentlich größere Rolle als die Urkunden; für das Mittelalter aber haben die Urkunden eine kaum zu überschätzende Bedeutung.

So mannigfach wie die Rechtsgeschäfte selbst ist auch der Inhalt der Urkunden, die über solche Rechtsvorgänge ausgefertigt wurden. Käufe und Verkäufe, Tauschgeschäfte, Schenkungen, Schuldverschreibungen, Rentenkäufe, Stiftungen verschiedenster Art, Verleihungen von Rechten, Lehnsvorgänge, politische Abmachungen haben – um nur einige wichtige Gruppen zu nennen – ihren urkundlichen Niederschlag gefunden. Daraus erhellt, daß jeder Zweig der Geschichtswissenschaft aus der Auswertung der Urkunden größten Nutzen ziehen wird, die politische Geschichte ebenso wie die Kulturgeschichte, die Kirchengeschichte, die Rechts- und Verfassungsgeschichte, die Wirtschafts- und Sozialgeschichte, endlich auch die Orts- und Familiennamenforschung, die in den Urkunden die ältesten schriftlich überlieferten Namensformen finden. Insbesondere muß die Heimatgeschichtsforschung, die, methodisch gesehen, keinen selbständigen Zweig der Geschichtswissenschaft darstellt, sondern nur eine sachliche Begrenzung auf den engen Rahmen der Heimat anstrebt, die Urkunden in verstärktem Maße berücksichtigen, zumal hier, meist für das Mittelalter, andere schriftliche Überlieferungen – wie Chroniken, Annalen u. ä. – gänzlich fehlen.

Die Formen, in denen die Urkunden aufgezeichnet wurden, haben, wie wir bereits bei der Wesensbestimmung der Urkunde feststellten, in den verschiedensten Zeiten gewechselt, d. h. die Urkunde selbst hat eine wechselvolle Geschichte durchlaufen. Sie ist, wie so viele Erscheinungen unseres Kulturlebens, aus dem klassischen Altertum auf uns gekommen. Die Römer haben sie von den Griechen übernommen, und auf italienischem Boden entwickelte sich ein gut durchgebildetes Urkundenwesen, das auch besondere Urkundsbeamte kannte. Von den Römern übernahmen die Germanen, die in das Römische Reich eingedrungen waren, die Urkunde, und durch die Franken kam sie dann auch in die Gebiete der Bayern und Alemannen. Aber schon im Laufe des 9. Jahrhunderts wandten sich die Gebiete des Deutschen Reiches, die sich allmählich vom Frankenreich loslösten, auffallend rasch von der Beurkundung der Rechtsgeschäfte ab. Der Grund für diese Erscheinung lag vorzugsweise in der Tatsache, daß die germanischen Volksrechte den lebendigen Zeugenbeweis viel höher bewerteten als den Urkundenbeweis. So dienten in den folgenden Jahrhunderten die knappen schriftlichen Aufzeichnungen bei Rechtsgeschäften nur noch dazu, die Augen- und Ohrenzeugen, die bei einer Rechtshandlung zugegen gewesen waren, festzuhalten, um sie gegebenenfalls zum Zeugnis wieder aufrufen zu können. Die urkundenähnlichen Niederschriften selbst, die bisweilen auch zu Büchern zusammengefaßt wurden, hatten keinerlei Beweiskraft.

Eine Neubelebung des Urkundenwesens im allgemeinen Rechtsverkehr erfolgte erst, als es gelang, ein Beglaubigungsmittel von höchster Autorität mit der Urkunde in Verbindung

zu bringen: das Siegel. Seit dem Ende des 12. Jahrhunderts wurden auch die Privaturkunden, d. h. alle nichtköniglichen und nichtpäpstlichen Urkunden, um ihnen volle Beweiskraft
im Rechtsleben zu verschaffen, mit Siegeln versehen, wie diese schon von jeher bei Königs-
und Papsturkunden im Gebrauch gewesen waren. Erst durch die Anhängung des Siegels erhielt nunmehr die Urkunde volle Glaubwürdigkeit. Von dieser Zeit an galt sie als reines Beweismittel für das in ihr beurkundete Rechtsgeschäft, und damit nahm naturgemäß die Zahl
der ausgefertigten Urkunden, namentlich gegen das Ende des Mittelalters, ins Ungemessene
zu.

Einen weiteren Schritt der Entwicklung zur Neuzeit hin stellt das Aufkommen öffentlicher Notare in Deutschland dar. Einflüsse von Italien her wirkten über Frankreich und
Tirol nach Deutschland, wo seit dem 14. Jahrhundert Urkundsbeamte mit öffentlichem
Glauben auftraten. Die von ihnen ausgefertigten Urkunden, die Notariatsinstrumente, bedurften zur Erlangung der Glaubwürdigkeit nicht mehr des Siegels, das freilich unterstützend immer noch hinzutreten konnte. Sie trugen dafür aber ein jedem Notar eigentümli-
ches Zeichen, das Notariatssignet, und die eigenhändige Unterschrift des Notars. Auf
diesem Standpunkte der Entwicklung ist die Urkunde stehen geblieben; denn noch heute
genügt zur Herstellung der Beweiskraft die eigenhändige Unterschrift des Ausstellers der
Urkunde, die durch das Siegel oder den an dessen Stelle tretenden Stempel noch besonders
bekräftigt sein kann, die diese Beigabe aber nicht unbedingt enthalten muß. Bei der großen
Bedeutung, die die Urkunden als Quellen der Geschichtsforschung haben, ist es leicht begreiflich, daß sich ein besonderer Zweig der Geschichtswissenschaft entwickelte, der sich
mit den Urkunden befaßt: die Urkundenwissenschaft oder Diplomatik. Ihre Aufgabe ist es,
die Urkunden nach ihren Merkmalen, ihrer Entstehung und ihrer Echtheit zu untersuchen
und damit zu prüfen, wie weit die einzelne Urkunde überhaupt als Geschichtsquelle, als
Zeugnis für geschichtliche Vorgänge, verwendet werden kann. Vom Standpunkt der darstellenden Geschichtswissenschaft aus kommt der Urkundenwissenschaft also nur vorbereiten-
der Wert zu, sie ist historische Hilfswissenschaft. Neuerdings aber erstrebt die Diplomatik
eine selbständige Stellung; durch die Erforschung der Urkundsverhältnisse in den verschiedensten Zeiten trägt sie nicht unbedeutende Bausteine zu einer allgemeinen Geistes- und
Kulturgeschichte bei.

Die Urkundswissenschaft hat, wie die Urkunde selbst, eine sehr wechselvolle Geschichte. Bereits im Mittelalter begegnen wir mannigfachen Versuchen der Kritik an einzelnen Urkunden, um für das praktische Rechtsleben echte von gefälschten Stücken unterscheiden zu können. Papst Innocenz III. (1198 bis 1216), der große Jurist auf dem
päpstlichen Stuhl, hat genaue Anweisungen für die Prüfung der Echtheit von Urkunden gegeben; aber diese Versuche blieben vereinzelt, und zu einem durchschlagenden Erfolg gelangte man nicht, denn außerordentlich zahlreich sind die Fälschungen, die das Mittelalter
für echt angesehen hat. Ja, es scheint, daß die zur Urkundenkritik aufgestellten Richtlinien
von den Fälschern als Gebrauchsanweisung zur Herstellung neuer Fälschungen ausgebeutet wurden. Neue Antriebe zur Urkundenkritik brachte die Zeit der Renaissance und des
Humanismus mit dem aufgeschlossenen Sinn für geschichtliche Dinge; 1440 wies der Italiener Laurentius Valla die Unechtheit der konstantinischen Schenkung nach und Mathias
Flacius und die Magdeburger Zenturiatoren entdeckten die Fälschung der Isidorischen De-
kretalien. Im 17. Jahrhundert wurden viele Rechtsstreitigkeiten, namentlich staatsrecht-
licher Art, ausgetragen, in deren Verlauf ältere Urkunden als Beweismittel herangezogen
wurden. Die von der einen Seite behauptete, von der anderen Seite bestrittene Echtheit

dieser Zeugnisse veranlaßte eine ganze Reihe von urkundenkritischen Schriften und Gegenschriften, die diesen Rechtshändeln den Namen »bella diplomatica« eingetragen hat. Die eigentliche Begründung der Urkundenwissenschaft, die Ausstellung und Durchführung ihrer Methode erfolgte aber erst durch das 1681 erschienene Werk des Franzosen Jean Mabillon »De re diplomatica libri VI.«. Hier wurden zum erstenmal die Grundfragen der Urkundenkritik in wissenschaftlichem Geist erörtert und an zahlreichen Beispielen durchgeführt. Seit Mabillon war die Diplomatik eine auch von den Universitäten anerkannte Wissenschaft, und sie erschien von nun an in den Lehrplänen der Hochschulen. Das 18. Jahrhundert hat an dem von Mabillon geschaffenen Fundament ständig weitergebaut; aber die immer wiederholten Versuche, durch Aufstellung allgemeiner Regel, Richtlinien und Systeme Anweisungen für einzelne Fälle zu geben, brachten die ganze Diplomatik in Mißkredit, da die Systematik beim konkreten Beispiel doch stets versagte.

Es ist bezeichnend, daß die Diplomatik bis zum Ende des 18. Jahrhunderts immer als eine Disziplin der Rechtswissenschaft erschien. Die Urkunden waren die Rechtstitel für die aus dem Mittelalter herüberwirkenden Einrichtungen und Ordnungen, und als eine Hauptaufgabe der praktischen Diplomatik galt es, die Urkunden juristisch anwenden zu lehren. Diese Voraussetzungen wurden mit einem Schlage beseitigt durch die Französische Revolution und die in ihrem Gefolge auftretenden Umwälzungen aller bisher geltenden Zustände auch in Deutschland. Die Urkunden verloren dadurch ihre Eigenschaft als Rechtstitel; aber in dem Maße, in dem sie an juristischem Wert einbüßten, nahm ihr Ansehen als Geschichtsquellen zu. Der Ausdruck dieser Umwertung und die Folge eines durch die geistige Strömung der Romantik bedingten neuen Aufschwungs des Verständnisses für historische Studien ist die in der ersten Hälfte des 19. Jahrhunderts durchgeführte Sammlung und Herausgabe der deutschen Kaiserurkunden in Regestenform durch Johann Friedrich Böhmer und die seit der Mitte des Jahrhunderts durch Theodor von Sickel erfolgte Neubegründung der Diplomatik, die nun nicht mehr auf allgemeine Lehrsätze und Regeln abzielte, sondern als einzig mögliche, durch die Art des Stoffes bedingte Lösung die Spezialdiplomatik, d. h. die Untersuchung und Erforschung einzelner Urkundenarten, ansah. Sickel selbst hat ein hervorragendes Beispiel solcher Spezialdiplomatik in der Bearbeitung der Urkunden der Karolinger geschaffen. Er ging dabei von dem Gedanken aus, daß man, um die Urkunden kritisch beurteilen zu können, ihre Entstehung untersuchen müsse, und er fand dieses Kriterium im Begriffe der Kanzleimäßigkeit: alle Urkunden, die aus einer bestimmten Kanzlei hervorgegangen sind, zeigen sowohl in ihren äußeren (Schreibstoff, Schrift, graphische Ausstattung, Besiegelung) wie in ihren inneren Merkmalen (Textgestaltung, Diktat, Formeln) die gleiche Beschaffenheit, die sie als Erzeugnisse dieser bestimmten Kanzlei und der in ihr tätigen Personen erkennen lassen. Diese Untersuchung aber verlangt, daß man niemals nur die einzelne Urkunde für sich betrachten darf, sondern daß sich die Forschung stets auf Urkundengruppen zu erstrecken hat.

Die an den Kaiserurkunden gewonnenen Resultate wurden dann sinngemäß auch auf die Papst- und auf die Privaturkunden angewandt. Wurden sie bei den Papsturkunden, die in der bestorganisierten Kanzlei des Mittelalters überhaupt entstanden waren, durchaus bestätigt, so mußten sie bei der Untersuchung der Privaturkunden stark abgewandelt werden. Der Begriff der Kanzleimäßigkeit versagte hier zunächst vollkommen, da bei den geistlichen und weltlichen Fürsten und bei den Dynasten bis in das Ende des 13. Jahrhunderts keine ausgebildeten Kanzleien vorhanden waren. Vielmehr wurden in diesen wesentlich kleineren Verhältnissen die Urkunden lange Zeit nicht durch die Aussteller, sondern durch die Empfänger oder durch Gelegenheitsschreiber ausgefertigt. Daher muß bei der Untersuchung der Privaturkunden die Fragestellung auf die Erforschung der Schrift- und Diktatprovenienz gerichtet sein. Das Verdienst, diese Verhältnisse an größeren Gruppen von Privaturkunden nachgewiesen zu haben, gebührt G.[ustav] Buchwald, der in seinem, teilweise allerdings von Absonderlichkeiten nicht freien, Werk »Bischofs- und Fürstenurkunden des 12. und 13. Jahrhunderts« norddeutsche Urkunden untersuchte, und Otto Posse, der in seiner »Lehre von den Privaturkunden« thüringisch-sächsische Schriftprovenienzen vorführte. Die durch solche grundlegenden Arbeiten geschaffenen Richtlinien sind dann in zahlreichen Spezialuntersuchungen vertieft und erweitert worden, so daß die durch die Spezialdiplomatik gewonnenen Ergebnisse nunmehr auch wieder zu einer Gesamtdiplomatik zusammengearbeitet werden konnten, die heute in dem vortrefflichen »Handbuch der Urkundenlehre« für Deutschland und Italien« von Harry Breßlau vorliegt.

Es unterliegt keinem Zweifel, daß die für die Heimatgeschichte wichtigste Urkundengruppe die der Privaturkunden ist; denn nur selten wird es vorkommen, daß für kleinere Orte Kaiser- oder Papsturkunden ausgestellt und erhalten sind. Dagegen ist die Zahl der Privaturkunden, die auch die bescheidensten Verhältnisse berühren, unermeßlich groß. Diese Tatsache aber verpflichtet dazu, die Privaturkunden vor ihrer Verwendung als Quellen kritisch zu untersuchen. Namentlich für Thüringen ist dabei noch vieles zu tun; es gilt, die von Posse geschaffenen Grundlagen zu überprüfen und zu erweitern und dadurch das Quellenmaterial erst für die Auswertung zu geschichtlichen Forschungen vorzubereiten.

Der Gang einer solchen Untersuchung hat von der Sammlung des ganzen überlieferten Urkundenbestandes einer Aussteller- und Empfängergruppe auszugehen. Zunächst muß dann die Schrift dieser Urkunden untersucht werden. Urkunden, die die gleiche Schrift aufweisen, werden zu Gruppen zusammengeordnet. Finden sich gleichhändige Urkunden eines Ausstellers für verschiedene Empfänger, so liegt Ausstellerausfertigung vor. Wenn dagegen mehrere Urkunden mit gleicher Schrift von verschiedenen Ausstellern für einen Empfänger gegeben sind, so erfolgte die Ausfertigung durch den Empfänger, man spricht dann von Empfängerausfertigung. Die Schriftuntersuchung muß durch die Diktatuntersuchung unterstützt werden. Auch hier ist zu prüfen, ob das Diktat, die Gestaltung des Textes, durch den Aussteller oder durch den Empfänger erfolgte.

Mit der genauen Erforschung dieser Entstehungsverhältnisse der Urkunden wird die Grundlage für die Beurteilung ihrer Echtheit geschaffen. Erst dadurch ergibt sich die Möglichkeit, die Fälschungen zu erkennen und sie aus der Zahl der Geschichtsquellen in Betracht kommenden Urkunden auszuscheiden. Im Mittelalter sind zahlreiche Urkunden, besonders in den Klöstern, aus den verschiedensten Gründen gefälscht worden: zur Durchsetzung von rechtmäßig unbegründeten Forderungen, zur besseren Stütze von unklaren Rechtsansprüchen, zur Erhöhung des Ruhmes der Klöster und Kirchen durch Rechtstitel möglichst hohen Alters. Strafrechtliche Bestimmungen, die dem modernen Menschen naheliegen, dürfen an diese Fälschungen nicht angelegt werden, denn niemals handelte es sich dabei um Vorteile des einzelnen, sondern immer galten sie dem Nutzen einer größeren Gemeinschaft. Zwei thüringische Beispiele mögen das erläutern.

Unter den Urkunden des Klosters Reinhardsbrunn befinden sich dreizehn Originalstücke, deren Unechtheit von Albert Naudé 1883 einwandfrei nachgewiesen worden ist. Es sind zehn Kaiserurkunden aus der Zeit von 1039 bis 1114, eine Papsturkunde von 1100 und zwei Mainzer Erzbischofsurkunden von 1105 und 1116. Alle dreizehn Urkunden sind von einem Mönch des Klosters Reinhardsbrunn in einer späteren als der in den Daten angegebenen Zeit geschrieben. Zwar versuchte er, zeitgemäße Urkunden in Schrift und Wortlaut nachzuahmen. Aber er wußte doch gewisse, ihm eigentümliche Schriftzeichen nicht zu verbergen, und diese kehren daher in allen von ihm gefälschten Stücken wieder. Auch das Diktat der Urkunden zeigt trotz der starken Anlehnung an echte, zeitgemäße Vorlagen die spätere Abfassung. Naudé vermutete, daß die Fälschungen um 1227 entstanden seien, um angezweifelte oder ungewisse Rechte des Klosters gegenüber nachbarlichen Angriffen durch Rechtstitel von höchster Autorität zu schützen. Zwar wurde diese Annahme durch H.[einrich] Heß, der ihre Anfertigung in die Mitte des 12. Jahrhunderts legte, bezweifelt; die Tatsache der Fälschung aber steht unerschütterlich fest.

Ganz ähnlich liegen die Verhältnisse auch bei einer Fälschungsgruppe der Deutschordensballei Thüringen, die erst in allerneuester Zeit aufgedeckt worden ist.[1] Es handelt sich um etwa 20 Urkunden für die Deutschen Häuser in Reichenbach und Plauen im Vogtland, Altenburg, Saalfeld, Nägelstedt und Halle aus der Zeit von 1214 bis 1360. Alle Stücke zeigen, obwohl auch hier der Fälscher zeitgemäße Schriften nachzuahmen versuchte, die gleichen Schrifteigentümlichkeiten, und auch hier wurden für die Abfassung der Fälschungen echte Urkunden zugrunde gelegt. Es ist ein selten günstiger Umstand, daß wir in diesem Falle Zeit und Zweck der Fälschungen genau nachweisen können. Die Deutschordensballei Thüringen war um die Mitte des 15. Jahrhunderts in eine äußerst schwierige wirtschaftliche Lage gekommen, durch die ihr Bestand schlechterdings bedroht schien. Es galt daher, den Besitz der Ballei auf alle Fälle zu sichern und die wirklichen oder vermeintlichen Rechte des Ordens zu schützen. Soweit keine Rechtstitel dafür vorhanden waren, mußten sie geschaffen werden. Deshalb beauftragte der damalige Landkomtur Eberhard Hoitz in der Zeit um 1460 den Egerer Notar Gregor Wernher mit der Anfertigung der Fälschungen, und mit Hilfe dieser unechten Urkunden ist es dem Orden in verschiedenen Prozessen gelungen, Angriffe auf seine Rechte und Besitzungen abzuwehren.

Untersuchungen über die Entstehung und die Echtheit von Urkunden gehören zu den schwierigeren Aufgaben der Geschichtsforschung und erfordern die Beherrschung der ganzen modernen Urkundenkritik. Der Heimatforscher wird daher kaum in der Lage sein, die Urkunden, die er für seine Forschungen verwenden muß, im Sinne der Diplomatik zu untersuchen. Im Interesse einer sicher begründeten Heimatgeschichte muß aber gefordert werden, daß er wenigstens eine allgemeine Kenntnis von den Zielen und Aufgaben moderner Diplomatik besitzt und die von der Urkundenwissenschaft gewonnenen Ergebnisse bei seiner Arbeit berücksichtigt.

---

1 Willy Flach, Urkundenfälschungen der Deutschordensballei Thüringen im 15. Jahrhundert. In: Festschrift Valentin Hopf zum 80. Geburtstag 27. Januar 1933. Herausgegeben von Wilhelm Engel und Willy Flach. Jena 1933, S. 86–136.

Die wirtschaftliche Entwicklung Thüringens
1935

Die wirtschaftliche Entwicklung des thüringischen Lebensraumes, dessen Grenzen in geographischer, kultureller und wirtschaftlicher Beziehung auf weite Strecken über die willkürlich gezogenen politischen hinausgehen, ist in der Hauptsache von zwei Faktoren nachhaltig beeinflußt worden: Die eigentümlichen natürlichen Verhältnisse der Bodengestalt, der Bewässerung und der geologischen Beschaffenheit bedingten in stärkstem Maße die wirtschaftliche Gütererzeugung durch eine Reihe bodenständiger Gewerbe, und die zentrale Lage inmitten des deutschen Gebietes begünstigte von jeher den Austausch wirtschaftlicher Güter in jeder Hinsicht. Der Vielgestaltigkeit der Landschaft, die durch die geographischen Begriffe des Thüringer- und Frankenwaldes mit dem vogtländischen Bergland und dem südlichen fränkischen Vorland, des hügeligen Thüringer Beckens bis zum Südrand des Harzes und des Anteils an der Halle – Leipziger Flachlandbucht umrissen wird, entspricht ein in der Gliederung zu allen Zeiten ebenso vielgestaltiges Wirtschaftsleben, das durch ein Straßennetz von weiter Verzweigung mit den benachbarten und weiter entfernt liegenden Landschaften in Verbindung treten konnte.

Naturgemäß läßt sich über die wirtschaftliche Tätigkeit der ältesten Bewohner Thüringens nur wenig ermitteln. Immerhin tritt eines von Anfang an deutlich hervor: die Eigenart Thüringens als eines ausgesprochenen Durchgangslandes. Mannigfache Völkerwellen überfluteten seit der Steinzeit bis in die ersten nachchristlichen Jahrhunderte dieses zentrale Gebiet; bereits in der jüngeren Steinzeit sind Handelsbeziehungen nach der Nord- und Ostsee (Hamburg und Schleswig; Odermündung, West- und Ostpreußen) und nach dem Untermain- und Neckargebiet nachzuweisen. Auch für die Bronzezeit lassen sich aus Bodenfunden einzelne Strecken von Handelswegen, namentlich für die Saalelinie, aber auch im Gebirge, erkennen. Manche der in geschichtlicher Zeit deutlich sichtbar werdenden Hauptstraßenzüge dürften ein weit höheres Alter aufzuweisen haben. Es war namentlich das an verschiedenen Stellen Thüringens gewonnene Salz, das den Verkehr schon frühzeitig an und über die Grenzen des Landes zog, und die von Tacitus für das Jahr 58 n. Chr. überlieferte Schlacht zwischen Hermunduren und Chatten um die Salzquellen beweist, wenn sich der umkämpfte Ort auch nicht einwandfrei feststellen läßt (Salzungen, Kissingen oder Sooden), die Bedeutung dieses Naturproduktes für das damalige thüringische Wirtschaftsleben.

In frühgeschichtlicher Zeit ist ein politisches Ereignis von ausschlaggebender Bedeutung für die wirtschaftliche Entwicklung Thüringens geworden: die Vernichtung des Königreichs Thüringen durch die Franken im Jahre 531. Anderthalb Jahrhunderte lang hatte dieses politische Gebilde die Landschaften vom Harz bis zum Main und von der Werra bis zur Mulde und Elbe vereinigt; bei seinem Untergang wurde der Norden des Gebietes abgetrennt und kam zum Stamme der Sachsen, der ganze Osten von der Saale ab aber wurde allmählich von slawisch-sorbischen Völkerschaften in Besitz genommen. Seitdem bildete die Saale die Grenze zwischen dem großen fränkischen Reich, zu dem der Rest Thüringens als Provinz geschlagen wurde, und seitdem gingen der Westen und der Osten des thüringischen Landes für die folgenden Jahrhunderte auch wirtschaftlich getrennte Wege. Das in das Franken-reich einbezogene westliche Gebiet kam damit in einen großen Staatsverband mit straffer zentraler Leitung, die sich auch auf die Entfaltung des wirtschaftlichen Lebens günstig aus-wirkte. Die in jener Zeit als Organisationsform der Landwirtschaft – d. h. des damaligen Wirtschaftslebens überhaupt – sich durchsetzende Grundherrschaft hat auch in Thüringen festen Fuß gefaßt, und namentlich die Kirche hat dabei eine einflußreiche Rolle gespielt. Die Klöster Fulda und Hersfeld haben schon im 8. Jahrhundert ausgedehnten Güterbesitz in Thüringen erworben und neben anderen kirchlichen und weltlichen Gewalten durch leb-hafte und erfolgreiche Kolonisationstätigkeit den Kulturboden im Innern des Landes we-sentlich erweitert. Daß das vorherrschende wirtschaftliche Gepräge Thüringens schon zu Zeiten des Königreichs die Landwirtschaft war, zeigt auch die Tatsache, daß die fränki-schen Könige den unterworfenen Thüringern einen Schweinezins auferlegten, der erst 1002 beseitigt wurde.

Das östlich der Saale gelegene, von Thüringen abgerissene und von Slawen besetzte Land wurde für die folgenden Jahrhunderte der deutschen Wirtschaft und Kultur entzogen; es blieb infolge der geringeren Leistungskraft der Slawen auf niederer Kulturstufe stehen. Seine Bewohner galten als Feinde, und die Stellung Thüringens als einer Grenzmark im fränkischen Reich fand auch wirtschaftlich ihren Ausdruck. Unter Karl dem Großen wurde 805 eine äußerste östliche Linie festgelegt, bis zu der die fränkischen Kaufleute mit den Sla-wen friedlichen Handel, ausgenommen Waffenhandel, treiben durften; unter den wenigen Orten, an denen der Warenaustausch stattfinden konnte, war auch Erfurt genannt, ein frü-her Beleg für die überragende Stellung Erfurts im thüringischen Wirtschaftsleben.

Es ist eine der Großtaten des deutschen Volkes aller Schichten im Mittelalter, daß die von den Slawen eingenommenen Gebiete dem Deutschtum und damit der deutschen Wirt-schaft zurückgewonnen wurden, und an dieser Leistung hat auch Thüringen seinen bedeu-tenden Anteil. Seit dem Ende des 11. Jahrhunderts wurden im Zuge der ostdeutschen Kolonisation in den ostsaalischen Gebieten neben anderen auch thüringische Ritterge-schlechter ansässig, die eine militärische und politische feste Basis für die herbeigerufenen thüringischen, fränkischen und sächsischen Bauern schufen, und diese brachten dem Sla-wenland im Verein mit kirchlichen Orden deutsche Kultur, so daß nunmehr die Gebiete öst-lich der Saale ihren wirtschaftlichen Rückstand gegenüber dem westsaalischen Thüringen in der Folgezeit aufholen konnten. Neben dieser bewundernswerten kolonisatorischen Lei-stung in den slawischen Ländern wurde aber die schon in fränkischer Zeit begonnene Ro-dungsarbeit im thüringischen Mutterland fortgesetzt, die von weltlichen (Landgrafen von Thüringen, Grafen von Käfernburg und Schwarzburg, Orlamünde, Henneberg, Herren von Lobdeburg) und geistlichen (Klöster Reinhardsbrunn, Georgenthal, Paulinzella, Saalfeld) Grundherren gefördert wurde. Es ist bemerkenswert, daß bereits im 12. Jahrhundert die heute fruchtbarsten, früher sumpfigen Strecken Nordthüringens in der Goldenen Aue von sachkundigen Flamen, die von den Klöstern Walkenried und Sittichenbach herbeigerufen worden waren, urbar gemacht wurden. So darf man als Ergebnis jener Kolonisationszeit, die bis zum Ende des 13. Jahrhunderts dauerte, feststellen, daß entsprechend der wachsen-den Bevölkerungszahl neues Land westlich und östlich der Saale der Landwirtschaft erschlossen wurde und daß damals die seit dem Untergang des Thüringerreichs auch in wirtschaftlicher Hinsicht verschieden gearteten Landeshälften wieder zu einem einheitlichen Wirtschaftsgebiet von wesentlich gleicher Struktur zusammenwuchsen.

Trotz mancher gewerblichen Ansätze im einzelnen ist das Wirtschaftsleben Thüringens bis in das Hochmittelalter hinein vorwiegend landwirtschaftlich eingestellt gewesen. Der Anbau der gewöhnlichen Getreidearten in der seit dem 8. Jahrhundert üblichen Dreifelderwirtschaft und Viehzucht (Schweine, Schafe, Pferde, Rinder) waren die vorwiegenden Nahrungsquellen. Daneben waren schon damals und in den folgenden Jahrhunderten der Hopfenbau und der Weinbau über alle Teile Thüringens verbreitet, und erst seit dem 17. Jahrhundert ist dieser auf wenige, noch heute bebaute Strecken im Saale- und Unstruttal eingeengt worden. Im allgemeinen dienten die landwirtschaftlichen Erzeugnisse bei der nicht besonders gesegneten Landesnatur nur zur Befriedigung örtlicher Bedürfnisse, wenn auch der Viehhandel schon in älteren Zeiten eine gewisse Rolle gespielt haben mag. Ein Erzeugnis der Landwirtschaft aber hat Thüringen lange Zeit ein hervorragendes Handelsprodukt geliefert: der Waid. Für den Anbau dieser Farbpflanze, die auf tiefgründigem, gutgelockertem und nicht zu schwerem Boden am besten gedeiht, war die Umgebung der Städte Erfurt, Gotha, Langensalza, Arnstadt und Tennstedt besonders geeignet, und hier läßt sich bereits im 13. Jahrhundert ein hochentwickelter Waidbau nachweisen. Dabei ist bemerkenswert, daß die Waidwirtschaft eine besondere Stellung in der damaligen Landwirtschaft einnahm, insofern der Anbau im Brachfeld erfolgte, also eine Durchbrechung der sonst bis ins 19. Jahrhundert streng beachteten Dreifelderwirtschaft darstellte und eine von der im allgemeinen extensiv betriebenen Landwirtschaft abweichende intensive Bearbeitung des Bodens verlangte.

Mit dem 13. Jahrhundert setzt auch in Thüringen jene Epoche der Wirtschaftsentwicklung ein, die man im allgemeinen als Stadtwirtschaft bezeichnet. Aus dem platten Land hoben sich die Städte, vielfach von den Landesherren gegründet und gefördert, als geschlossene Gebiete eigenen Rechtes heraus, und in wirtschaftlicher Beziehung hatten sie mit einem ihrer wesentlichen Kennzeichen, dem Markt, die Aufgabe, innerhalb eines wirtschaftlichen Systems die Funktion von Handel und Verkehr auszuüben. Wenn dieser in den meisten Fällen auch nicht mehr als die gewerblichen Erzeugnisse der städtischen Bevölkerung umfaßte und nicht weit über die Bannmeile der einzelnen thüringischen Städte hinausreichte, so genügte er doch immerhin, ihnen bis ins 16. Jahrhundert hinein eine Zeit wirtschaftlicher Blüte zu gewährleisten. Daß Thüringen in jener Zeit aber auch an dem großen deutschen Handel teilnehmen konnte, dafür sorgte ein recht gut entwickeltes Straßennetz. Von West nach Ost wurde es von der alten Hohen oder Königstraße durchzogen, die von Eisenach über Gotha nach Erfurt und von dort über Buttelstedt, Eckartsberga, Freyburg an der Unstrut und Merseburg, seit dem Ende des 14. Jahrhunderts über Kösen und Naumburg nach Leipzig führte, im Westen den Anschluß nach Frankfurt und dem Rheingebiet, im Osten nach Schlesien, Polen und Rußland gewann. Über Langensalza und Mühlhausen stand Thüringen mit dem Niederrhein und den Niederlanden in Verbindung. In der Nord-Süd-Richtung war das thüringische Gebiet durch mehrere gute Handelswege einerseits an die Seestädte, andererseits an Nürnberg und die süddeutschen Handelsplätze angeschlossen. Die von Nürnberg über Bamberg - Coburg - Eisfeld - Schleusingen kommende Straße führte in drei Verzweigungen (Suhl - Oberhof; Frauenwald - Ilmenau; Kahlert - Neustadt a. R. - Gehren) über den Thüringer Wald nach Erfurt, von dort über Sachsenburg nach Sangerhausen und weiter nach Norden. In der Saalerichtung war die alte Judenstraße, die

von Coburg über Neustadt – Judenbach – Gräfenthal – Saalfeld und weiter die Saale ent-
lang nach Leipzig zog, von größter Bedeutung; von ihr zweigte sich in Rudolstadt die Kup-
ferstraße ab, die über die Ilmplatte hinweg das Mansfelder Kupfergebiet mit Nürnberg verband. Im Osten Thüringens führten mehrere Straßenzüge von Nürnberg und Hof aus durch
das Vogtland nach Leipzig. Zahlreiche Bei- und Nebenstraßen verteilten den sich auf diesen
Hauptwegen abspielenden Verkehr noch weiter auf das Land. Die verschiedensten Einfuhr-
artikel kamen auf ihnen nach Thüringen, die gewerblichen Erzeugnisse des Landes gingen
hinaus ins Reich und teilweise auch ins Ausland.

   In jener Zeit der Stadtwirtschaft blühten in Thüringen auch allerorten die Gewerbe
mächtig empor; sie waren bedingt durch die im Lande vorhandenen Bodenschätze, Natur-
produkte und Naturkräfte, also rohstoff- und kraftstofforientiert und damit bodenständig.
Die zahlreichen und ergiebigen Eisenerzlager des Gebirges und des Vorlandes wurden ab-
gebaut und verhüttet. Im Anschluß daran entwickelte sich namentlich in der Gegend von
Suhl und Zella-Mehlis und im heutigen Kreis Schmalkalden seit dem 15. Jahrhundert aus
der Waffenschmiederei das Kleineisengewerbe und die Schußwaffenindustrie, die ihren Höhepunkt im 16. und in der ersten Hälfte des 17. Jahrhunderts erlebten. Die Ausbeute der
Kupfererzlager, die sich seit dem 13. Jahrhundert nachweisen läßt, war nicht so groß; dafür
entstanden am Ende des 15. und in der ersten Hälfte des 16. Jahrhunderts an vielen Orten
des Gebirges Kupfersaigerhütten und Messingwerke, die, gestützt auf Nürnberger Kapital,
meist mansfeldisches Kupfer verarbeiteten; ihr Bestand gründete sich auf den Wasser- und
Holzreichtum des Waldes. Der Glashüttenindustrie, die sich, von einzelnen Vorläufern im
12. Jahrhundert abgesehen, seit dem 14. Jahrhundert fast ausschließlich im Thüringer- und
Frankenwald ansiedelte, standen im Quarzsand und im Holzbestand unbegrenzte Mengen
von Roh- und Brennstoff zur Verfügung, und auch die Spielwarenindustrie, die im 14. Jahrhundert von Nürnberger Kaufleuten im Bezirk Sonneberg angeregt wurde, war auf das
Holz angewiesen. Der Abbau des Schiefers, der für Lehesten seit dem 15. Jahrhundert bezeugt ist, lieferte wie alle eben genannten Wirtschaftszweige einen bedeutenden Ausfuhrar-
tikel. In den Städten, namentlich im Orlagebiet und im Vogtland, blühten seit der Mitte des
15. Jahrhunderts die Tuchweberei und die mit ihr zusammenhängenden Gewerbe, für die
durch die verbreitete Schafzucht das nötige Rohmaterial beschafft wurde.

   Die Gründe dafür, daß der blühende Handel und eine Reihe der bodenständigen Gewerbe Thüringens seit dem 17. Jahrhundert zurückgingen, sind mannigfacher Natur. Die
Entdeckung neuer Handelswege, die auch dem Handel in Deutschland neue Bahnen wiesen, die wirtschaftliche Überlegenheit des Auslandes, das Emporkommen Leipzigs als
Messestadt, die verheerenden Wirkungen des Dreißigjährigen Krieges, die allmähliche Er-
schöpfung mancher Rohstoffquellen, vor allem aber die Tatsache, daß die Zeit und die
wirtschaftsgestaltende Kraft der Städte vorüber waren und die Bedeutung der Territorien
sich mehr in den Vordergrund schob, das alles wirkte zusammen, um dem Wirtschaftsleben Thüringens empfindliche Schläge zu versetzen, ihm aber gleichzeitig neue Wege zu
zeigen. In jener Zeit wird die Stadtwirtschaft abgelöst von der Territorialwirtschaft, die
wirtschaftlichen Anschauungen des Merkantilismus, die auch das folgende Jahrhundert
noch beherrschen, bestimmen die Wirtschaftsentwicklung Thüringens, die damit wieder
einmal in starke Abhängigkeit von der Politik gerät. Denn die politische Gestaltung hatte
durch immer wiederholte, fast bis zur Selbstpreisgabe fortgesetzte Teilungen innerhalb
der einzelnen Fürstenhäuser aus Thüringen das klassische Land der deutschen Kleinstaaterei gemacht, und wenn in jener Zeit der Gedanke der wirtschaftlichen Autarkie des Ter-

ritoriums sich durchsetzte, wenn jedes kleine Land – soweit das bei seinem geringen Umfang überhaupt möglich war – einen geschlossenen Wirtschaftsbereich zu bilden suchte, so mußte das die Zerstörung einer einheitlichen gesamtthüringischen Wirtschaft bedeuten. Auf der anderen Seite erhielt im Zeitalter des Merkantilismus das Wirtschaftsleben innerhalb der einzelnen thüringischen Territorien neue Impulse. In dem Bestreben nach Auffindung neuer Wirtschaftsquellen, die wirtschaftliche Unabhängigkeit von außen gewährleisten und durch einen regen Ausfuhrhandel Geld ins Land bringen sollten, sind damals einige Industrien geschaffen worden, die heute noch eine beherrschende Stellung in Thüringen einnehmen. Die schon im 16. Jahrhundert im Vogtland bodenständige Kammgarnweberei ist durch den 1596 in Gera eingewanderten und vom Landesherrn entscheidend geförderten Holländer Nikolaus de Smit zur Blüte gebracht worden; die seit etwa 1600 in Apolda betriebene Strumpfwirkerei hat um 1700 neue Antriebe u. a. von den nach Deutschland eingewanderten Hugenotten erhalten; vor allem aber ist die Porzellanindustrie, die zunächst eine ausgesprochene Luxusindustrie war, ein echtes Kind des Merkantilismus. Es ist bezeichnend, daß das 1709 von Böttger erfundene Porzellan unabhängig von ihm in Thüringen zum zweiten Mal erfunden worden ist. Der Gründung der ersten thüringischen Porzellanfabrik in Sitzendorf-Volkstedt 1760 folgten bis zum Ende des Jahrhunderts elf weitere. Im allgemeinen hat aber die Einengung der Wirtschaft auf kleine und kleinste Territorien in der Zeit des Merkantilismus die Verhältnisse unerträglich gestaltet.

Das wirtschaftliche Streben des 19. Jahrhunderts ist daher zunächst auf die Beseitigung der die freie Entfaltung beschränkenden Grenzen gerichtet gewesen. Schon in den zwanziger Jahren setzen in Thüringen Versuche ein, den Verkehr innerhalb des Landes durch Verträge zu erleichtern, und wenn auch diese Versuche zunächst an dem Egoismus der Einzelstaaten scheiterten, wenn auch infolgedessen der 1828 gegründete Mitteldeutsche Handelsverein den Keim des Verfalls von vornherein in sich trug, so gelang doch schließlich 1833 unter dem Druck Preußens der Zusammenschluß der thüringischen Einzelstaaten unter Beitritt preußischer Gebietsteile zu einer Zollprovinz und deren Aufgehen im Deutschen Zollverein, der die Grenzen öffnete und den Handel belebte. Ganz entscheidende Anregungen und Umwälzungen für die thüringische Wirtschaft brachte dann weiter die im 19. Jahrhundert mit ungeheurer Kraft und Schnelligkeit fortschreitende Technik auf allen Gebieten mit der in ihrem Gefolge auftretenden Industrialisierung aller nur möglichen Wirtschaftszweige. Und endlich hat der Bau von Eisenbahnen, die in den meisten Fällen dem Zuge der alten, seit Jahrhunderten festliegenden Verkehrsstraßen folgten, ungeahnte neue Verkehrsmöglichkeiten erschlossen. Durch diese umwälzenden Ereignisse hat die thüringische Wirtschaft ein gegenüber den älteren Zeiten vielfach verändertes Gesicht bekommen. Nicht mehr gebunden an die im Lande nur noch in geringem Maße vorhandenen Rohstoffe, die von auswärts zugeführt werden können, unabhängig gemacht von der Kraftstoffsorge, die durch Einfuhr der im Inneren kaum zu findenden Steinkohle behoben wird, hat sich die thüringische Industrie, vielfach im Anschluß an die alten bodenvererbten Gewerbe, zu einer außerordentlich vielseitigen, arbeitsorientierten Fertigindustrie hochwertiger Erzeugnisse entwickelt. Die Industrie bestimmt den Wirtschaftscharakter des Landes in erster Linie, daneben aber spielen auch Handel und Verkehr eine gewisse Rolle, und vor allem hat sich die Landwirtschaft von den ältesten Zeiten her eine ansehnliche Stellung in Thüringen erhalten.

Die staatliche Entwicklung Mitteldeutschlands
1938

An dem geographischen Raum Mitteldeutschland, den neuere wissenschaftliche Forschung auch als den obersächsisch-thüringischen bezeichnet, haben heute staatlich im wesentlichen vier deutsche Länder Anteil. Im Norden liegt die preußische Provinz Sachsen, deren Gebiet das ostwestlich sich erstreckende Land Anhalt umschließt. Im Südwesten breitet sich das jüngste der deutschen Länder, Thüringen, aus, und den Südosten nimmt das Land Sachsen ein. Mit starker Verzahnung und Verflechtung stehen diese staatlichen Gebilde nebeneinander, und vielfach liegen Teile des einen eingesprengt mitten im Bereich des anderen. In dieser Bildung ist Mitteldeutschland kein altes staatliches Gefüge; es hat dieses politische Gesicht erst am Anfang des vorigen Jahrhunderts und in seinem südwestlichen Teile sogar erst vor noch nicht ganz zwei Jahrzehnten erhalten. Daß es aber gerade zu dieser staatlichen Gliederung gekommen ist und daß diese Länder so und nicht anders geformt sind, das läßt sich nur geschichtlich begreifen, ist nur zu verstehen aus den Schicksalen, die deutsches Land und deutsches Volk auf diesem Raume erlebt haben.

In die deutsche Geschichte tritt das Gebiet Mitteldeutschland, das von der Natur als eine Einheit vorgeformt ist, auch als ein politisch einheitliches Gefüge ein. In den weiten Freilandschaften, die sein Boden von Natur aus menschlicher Ansiedlung zur Verfügung stellte, hatte der germanische Stamm der Hermunduren seine Niederlassungen ausgebreitet, und seit Beginn des 5. Jahrhunderts war hier das Königreich der Thüringer ein in der germanischen Staatenwelt angesehenes Glied. Auf hermundurischer Grundlage unter Mitwirkung anderer germanischer Stämme erwachsen, lag sein Kerngebiet im heutigen Thüringen westlich der Saale. Fränkische Macht aber, die sich auch nach Osten ausdehnte, brachte das thüringische Reich zu Fall und bereitete ihm in der Schlacht von 531 den Untergang. Die Folgen dieses Ereignisses haben die völkische und staatliche Aufspaltung Mitteldeutschlands für die nächsten Jahrhunderte schicksalhaft bestimmt. Die weiteren Landstrecken, die sich östlich von Saale und Elbe dehnen und die wohl schon vorher siedlungsarm geworden waren, wurden den von Osten anrückenden Slawen preisgegeben, und vom Beginn des 7. Jahrhunderts ab bildeten Saale und Elbe die Grenze zwischen germanischem und slawischem Gebiet. Mitteldeutschland war völkisch in zwei Teile zerrissen, seine westliche Hälfte war germanisches Grenzland geworden, die östliche Hälfte aber volksfremder Boden. Dazu kam, daß auch der Westen eine weitere Aufteilung in staatlicher Hinsicht erfuhr; sie erfolgte auf stammesmäßiger Grundlage. Der thüringische Stamm wurde auf den südlichen Teil vom Thüringer Wald bis zum Vorland des Harzes eingeschränkt und geriet unter fränkischen Einfluß, der vom Maine her wirkte, behielt aber trotz allem und durch alle folgenden Zeiten hindurch seine Geschlossenheit. Der nördliche Teil von der Unstrut und vom Harz an wurde von nun ab sächsisches Stammesgebiet, und auch die kleineren Stämme, die sich in der Übergangszone ansiedelten, standen unter seiner Gewalt.

Seit dem Aufkommen des großfränkischen Reiches unter den Karolingern wurden die mitteldeutschen Gebiete vom 8. Jahrhundert ab stärker in den Rahmen der Staatsorganisation und der außenpolitischen Maßnahmen dieses umfassenden Machtgebildes einbezogen, zuerst und ohne erkennbare Widerstände Thüringen, dann auch unter Anwendung kriegerischer Zwangsmittel Sachsen. Fränkische Verwaltungseinrichtungen und Wirtschaftsgründungen hielten mit Grafschaftsverfassung und Staatskolonisation, Königsgut und Großgrundherrschaft ihren Einzug. Hand in Hand damit ging fränkische Christianisierungsarbeit und kirchlicher Organisationsaufbau, der sich auch politisch, teilweise unheilvoll für die Zukunft, auswirkte. Wichtiger war, daß innerhalb des fränkischen Reiches das thüringisch-sächsische Land nun seiner militärpolitischen Bedeutung entsprechend als Grenzland bewertet und gesichert wurde. Die Anlage einer festen Grenzschutzlinie, die aus Burgen bestand, bedeutete nicht nur Abwehr nach außen, sondern bildete zugleich die Basis für den Vorstoß in die dem Germanentum entfremdeten östlichen Gebiete, deren Rückgewinnung damals bereits eingeleitet wurde. Diese Vorpostenstellung Thüringens und Sachsens wirkte auf ihre innere politische Entwicklung zurück und wurde der Anlaß für das Aufkommen der stammesgebundenen Herzogsgewalt im Lande. Wenn diese Macht in Thüringen über gewisse Ansätze und zeitlich begrenzte Wirkungen nicht hinausgekommen ist, so hat dafür Sachsen in den Liudolfingern ein Herzogsgeschlecht hervorgebracht, das nicht nur die Geschicke Mitteldeutschlands, sondern die des ganzen Reiches kraftvoll gestaltet hat.

Als dieses Geschlecht, das von Sachsen aus seinen überragenden Einfluß auch in Thüringen geltend gemacht hatte, im 10. Jahrhundert den deutschen Königsthron bestieg, bildete Mitteldeutschland die eigentliche Grundlage seiner Macht. Sachsen und Thüringen waren Kraftfeld des Reiches. Das Gesicht dieser Landschaft war nach dem Osten gekehrt. Auf diesem Boden wurden die Reichsfeinde, die Ungarn, abgewehrt und geschlagen. Von hier aus wurde die militärische Rückgewinnung der slawischen Gebiete durchgeführt. Deutsche Macht schob sich über Saale und Elbe hinaus vor und legte sichernd vor das Mutterland einen breiten Gürtel von Marken. Thüringen und Sachsen hörten damit auf, Grenzland zu sein. In diesen Marken wirkte sich thüringischer und sächsischer Einfluß aus, und insbesondere ist das eingeengte thüringische Stammesgebiet von der Saale bis zur Mulde hinüber durch thüringisches Neuland vergrößert worden. Als dann vom 12. Jahrhundert an neben die bisherige vorwiegend militärisch bestimmte Rückgewinnung der slawischen Lande auch die planmäßige Kolonisation und Eindeutschung trat, als neben den deutschen Herrengeschlechtern auch der deutsche Bauer sein Bestes gab, um ehemals germanische Lande dem Deutschtum wieder einzugliedern, da sind neben anderen deutschen Stämmen auch der thüringische und der sächsische Stamm maßgebend beteiligt gewesen, und thüringisches Volkstum hat im Osten Mitteldeutschlands und weit darüber hinaus in einem Umfange kulturbildend gewirkt, der sich heute mehr ahnen als erkennen läßt. Ergebnis dieser Entwicklung war, daß die seit dem Untergang des Thüringer Reiches aufgerichtete Völkerscheide von Saale und Elbe ihren Grenzcharakter vollständig verlor, daß deutsches politisches und kulturelles Leben Verbindungen hinüber und herüber schlugen, daß Mitteldeutschland wieder ein nur dem Deutschtum gehörender Boden war.

In jenen eben umrissenen Zeiten vollzog sich aber innerhalb Mitteldeutschlands auf staatlichem Gebiete ein Vorgang, der erst in unsicheren Anfängen nur andeutungsweise erkennbar, seit dem Ende des 12. Jahrhunderts aber deutlicher sichtbar ist: die Bildung von Territorien und die Entfaltung fürstlicher Landeshoheit. Ausgehend vom Altlande, wo die

Entwicklung an die alten gräflichen Machtbefugnisse anknüpfen konnte, ergriff sie gleicherweise auch das Neuland, auf dessen Boden die selbständigere Stellung der Markgrafen den Ausgangspunkt bildete, und recht zur Entfaltung gelangten diese Ansätze, als sinkende deutsche Königsgewalt nicht mehr imstande war, die Rechte des Reiches machtvoll zu wahren. Eine bunte Fülle und vielgliedrige Mannigfaltigkeit staatlicher Gebilde ist um die Mitte des 13. Jahrhunderts über den mitteldeutschen Raum ausgebreitet, von der hier nur die markantesten Striche gezeichnet seien. In Thüringen haben sich die ludowingischen Landgrafen eine Vorrangstellung aus kleinen Anfängen heraus geschaffen, aber neben ihnen behaupten einzelne Grafengeschlechter, vor allem die Henneberger und die Schwarzburger, ihre Selbständigkeit, und die in der Mitte des Landes liegende Herrschaft des Bistums Mainz setzt sich jeder straffen politischen Zusammenfassung hindernd entgegen. Auf sächsischem Boden mit dem ihm vorgelagerten Kolonialland sind das welfische Haus Braunschweig und das askanische Sachsen, dazu das von ihm abgezweigte Anhalt, die hervorragendsten weltlichen Gewalten, neben denen die geistlichen Territorien Magdeburg, Halberstadt und Quedlinburg eine beachtliche Stellung einnehmen. In der Mark Meißen sind die Wettiner die Herren des Landes, und das zwischen dieser Mark und Thüringen gelegene Gebiet stellt einen auf kleinere Herrengeschlechter verteilten Raum dar, unter denen vor allem die Vögte, die Vorfahren der späteren Reußen, hervorragen.

Für die folgenden Jahrhunderte kam in dieses aufgelockerte bunte staatliche Gefüge ein Zug politischen Willens, der auf Zusammenfassung und Abrundung gerichtet war. Seine Träger waren die Wettiner, die von der Mark Meißen aus dem mitteldeutschen Raume ein völlig neues Gesicht gaben und damit hier, wie auch sonst in Deutschland, den Schwerpunkt staatlichen Lebens für jene Zeiten nach dem Osten verschoben. Der Anfall der Landgrafschaft Thüringen an die Wettiner nach dem Aussterben des ludowingischen Geschlechts 1247 ist der Beginn dieser Ausdehnungs- und Erwerbspolitik gewesen, die auf friedlichem und kriegerischem Wege wesentliche Teile des Raumes dem wettinischen Territorium einfügte oder in Abhängigkeit angliederte. Die beachtenswerteste und entscheidendste Erwerbung aber erfolgte 1423, als nach dem Aussterben des askanischen Hauses Sachsen-Wittenberg dieses Land, an dem der hohe Rang der Kurfürstenwürde haftete, den Wettinern zufiel. Als Markgrafen von Meißen im Südosten des mitteldeutschen Gebietes und Landgrafen von Thüringen im Südwesten waren sie nun als Herzöge zu Sachsen auch Herren des Nordens und haben Rang und Namen von dort auf ihre übrigen Besitzungen übertragen. Welche Möglichkeiten politischer Machtentfaltung in dieser Zusammenfassung einzelner Länder unter einer Hoheit lagen, das läßt sich nur ahnen, wenn man den Umfang wettinischer Herrschaft in den kurzen Jahren 1483 bis 1485 betrachtet, die den Höhepunkt in dieser Hinsicht darstellen. Von der Werra im Westen bis über die Elbe im Osten und von den Höhen des Thüringer Waldes und des Erzgebirges im Süden bis in die brandenburgerische Niederung im Norden erstreckte sich unmittelbares wettinisches Hoheitsgebiet. Dessen Umfang wurde noch dadurch vergrößert, daß im Erzbistum Magdeburg und im Bistum Halberstadt ein Wettiner als Bischof und zugleich als Territorialherr wirkte. Was bedeuteten demgegenüber kleinere in dieses weite Gebiet noch eingestreute Gewalten! Niemals wieder war Mitteldeutschland eine solche politische Einheit wie damals, als es wettinischer Machtbereich in einer Hand war.

Man muß freilich, wenn man die Verhältnisse zutreffend zeichnen will, dieser allmählichen und zielsicheren politischen Ausdehnung der Wettiner sofort ein zweites entgegenstellen: die für alle deutsche Territorialgeschichte charakteristische Erscheinung der Landesteilung, die auch in Mitteldeutschland frühzeitig in Aufnahme kam. Wie schon vorher, so hat sie auch nach jener eben geschilderten kurzen Spanne wettinischer Einheit wieder verhängnisvoll das Schicksal des Landes bestimmt. Denn 1485 wurde in Leipzig jene Teilung in ein ernestinisches und ein albertinisches Gebiet vollzogen, die für die nächsten Jahrhunderte Bestand hatte und deren Grenzziehung sich noch in den heutigen politischen Grenzen auswirkt. Nicht auf landschaftliche Gesichtspunkte und nicht auf stammesmäßige Bindungen wurde dabei Rücksicht genommen. Vielmehr erfolgte die Teilung nach verwaltungsmäßig gebildeten Ämtern und Herrschaften und ihrem Ertrag, und gerade für Thüringen wurde damals jene ostwestliche Grenzlinie festgelegt, die heute noch einheitliches Stammesgebiet politisch zwei verschiedenen Ländern zuweist. Immerhin blieben beide Linien der Wettiner zunächst noch stark genug, um politisch eine Rolle zu spielen, die Ernestiner, denen mit dem Kurland Sachsen auch die Kurwürde zufiel, in Thüringen, und die Albertiner im Gebiet der früheren Mark Meißen. Namentlich das ernestinische Kurfürstentum ist mächtig genug gewesen, der deutschen Reformation, die in seinem Gebiete ihren Ursprung nahm, politische Rückendeckung gegen Kaiser, Reich und kirchliche Mächte zu gewähren, ihre Entwicklung zu schützen und ihren Bestand zu sichern.

Gerade diese Reformation aber und ihre Folgen haben dann Mitteldeutschland wieder grundlegend staatlich umgestaltet. Durch den unglücklichen Ausgang der Schlacht auf der Lochauer Heide bei Mühlberg verloren die Ernestiner 1547 Kurland und Kurwürde an die Albertiner, die von nun an unbestritten die Vorherrschaft in Mitteldeutschland führten. Durch weitere Ländererwerbungen vergrößerten sie ihr Territorium, insbesondere drangen sie am Ende des 16. Jahrhunderts weit nach Westen in das ernestinische Gebiet vor, und im 17. Jahrhundert griffen sie nach Osten aus und gewannen die Ober- und Niederlausitz, so daß nunmehr der ganze Osten Mitteldeutschlands albertinisch war. Neben der äußeren Ausweitung Kursachsens ging gleichlaufend die innere Festigung des Staates, die ein territorium clausum schuf, ein »bezirktes und beraintes« Gebiet mit straff organisierter, vorbildlich gewordener Landesverwaltung. Nur einmal noch, von der Mitte des 17. bis an den Anfang des 18. Jahrhunderts, haben auch in Kursachsen Teilungstendenzen durch Einrichtung von Nebenlinien die Oberhand gewonnen; dem Gesamtansehen des Staates haben sie nicht geschadet. Vielmehr konnte dieser um jene Zeit als bestimmender Faktor in die europäische Politik eingreifen.

Ganz anders verlief die politische Entwicklung seit der Mitte des 16. Jahrhunderts im mitteldeutschen Südwesten, in Thüringen. Auf dieses Land waren die Ernestiner nach der Mühlberger Katastrophe zurückgedrängt worden und mußten auch nachdem weitere Einschränkungen hinnehmen. Obwohl diese starke Beschränkung eine politische Straffung und einheitliche Zusammenfassung des überkommenen Besitzstandes hätte veranlassen sollen, ging man hier zum Gegenteil über. Fortgesetzte Landesteilungen von der Mitte des 16. bis zum Ende des 17. Jahrhunderts, fast von Jahrzehnt zu Jahrzehnt wiederholt, hielten die Lande »in ewiger Bewegung wie die walzenden Grundstücke einer Dorfflur« und zerteilten das im ganzen lebensfähige Land in eine Unzahl kleiner ohnmächtiger Territorien. Da diesem Beispiel auch die Schwarzburger und die Reußen folgten, die einzigen Dynastengeschlechter, die sich neben den Wettinern in Thüringen selbständig gehalten hatten, so entstand hier jene Buntscheckigkeit der Landkarte, die für die deutsche Kleinstaaterei Musterbeispiel geworden ist.

Der Norden des mitteldeutschen Gebietes ging seit der Mitte des 17. Jahrhunderts ganz ähnliche Bahnen wie der Osten in der Richtung auf eine straffere Zusammenfassung. Hier schob sich die im Aufsteigen begriffene brandenburgisch-preußische Macht ein und wurde zunächst in den ehemals geistlichen Territorien Halberstadt und Magdeburg, zu dem auch das Gebiet um Halle gehörte, seßhaft. Damit war die Entwicklung angebahnt, die dann 1815 die letzte große staatliche Umwälzung in Mitteldeutschland brachte. Damals mußte Kursachsen, erst kurz vorher Königreich geworden, infolge seiner schwankenden und irrigen Politik in der Zeit der deutschen Befreiung in eine Gebietsabtretung beträchtlichen Umfanges willigen, die Preußen zugute kam. Dieses faßte den alten Besitzstand und die neuen Erwerbungen in der neuen Provinz Sachsen zusammen und war damit die ausschlaggebende Macht in Mitteldeutschland geworden.

Für Thüringen brachte das Jahr 1815 nur geringe Veränderungen. Zwar erhielt der weimarische Staat einigen Zuwachs und den Rang eines Großherzogtums. An dem Charakter des ganzen Landes aber änderte sich nichts, auch dann nicht, als ein Jahrzehnt später die letzte Landesteilung den Gebietsstand festlegte, der bis 1918 galt. Erst der Ausgang des Weltkrieges hat hier unter eine jahrhundertealte Entwicklung den Schlußstrich gezogen und einer lange empfundenen staatlichen Notwendigkeit zur beschleunigten Durchführung verholfen. Im Jahre 1920 schlossen sich die thüringischen Einzelstaaten zum Lande Thüringen zusammen.

In dieser Gliederung ist Mitteldeutschland in das nationalsozialistische Reich eingegangen, das die Ländergrenzen ihrer alten Bedeutung völlig entkleidet hat. Gerade hier, wo die Schwächen früheren partikularistisch gebundenen Lebens mit Nachdruck erlebt wurden, ist man heute für neue staatliche Notwendigkeiten besonders aufgeschlossen. Mitteldeutschland ist eingeordnet in die Gesamtheit unseres Reiches und Volkes und nimmt tätig und bewußt teil an den Aufgaben unserer Zeit.

Stamm und Landschaft Thüringen im Wandel der Geschichte
1938

So lebhaft Thüringen als das grüne Herz Deutschlands besungen wird und so eindringlich man seine Schönheit und seine landschaftlichen Vorzüge zu schildern weiß, ebenso ungewiß sind die Grenzen des Raumes, dem dieser Sang und dieser Lobpreis gelten. Zwar weiß man im allgemeinen, daß das heutige Land Thüringen den thüringischen Raum nicht im entferntesten ausfüllt und daß es neben dem politischen auch noch jenes »andere Thüringen« gibt, das wesentliche Teile der thüringischen Landschaft umfaßt. Aber man ist dann doch in einiger Verlegenheit, wenn man das thüringische Gebiet mit festeren Grenzen umreißen soll.

Zieht man deshalb zunächst die geographische Wissenschaft zu Rate, so bietet sie für den thüringischen Raum mehrere im wesentlichen übereinstimmende Umgrenzungen an. Fritz Regel, dessen grundlegendes Werk die neuere geographische Forschung in Thüringen einleitet, ordnet es als den östlichen Hauptabschnitt der mitteldeutschen Gebirgsschwelle in die deutschen Landschaften ein und legt seine Grenzen durch folgende geographische Erscheinungen fest: im Westen die Göttinger Senke, das Werratal und die nördliche Rhön, im Süden das Vorland an der Südwestseite des Thüringer Waldes bis zu den deutlich erkennbaren vorgelagerten Höhen und das obere Maintal, im Osten die Trennungslinie zwischen Fichtelgebirge und Frankenwald, die obere Elster, die Pleiße bis zum Eintritt ins Tiefland, die Linie von da bis zur Saale und diese abwärts bis Halle, und im Norden den Mansfelder See, den Südrand des Harzes und die Linie bis Northeim. Nach den Oberflächenformen bezeichnet, besteht demnach Thüringen in diesem Umfang aus dem Thüringer- und dem Frankenwald, dem Vogtländischen Bergland, dem südwestlichen Vorland des Thüringer Waldes, dem Lande zwischen Thüringer Wald und Harz und aus einem Anteil an der thüringisch-sächsischen Tieflandsbucht. In politischen Begriffen ausgedrückt wird der geographisch gefaßte thüringische Raum Regels ausgefüllt von dem heutigen Land Thüringen und von wesentlichen Teilen der preußischen Provinzen Hannover, Sachsen und Hessen-Nassau, des bayerischen Kreises Oberfranken und des Landes Sachsen.

Diese Umgrenzung der thüringischen Landschaft ist im wesentlichen auch von der neuesten geographischen Gesamtdarstellung Thüringens, der Landeskunde Ernst Kaisers, übernommen worden. Er zieht nur im Rhöngebiet seine Grenzlinie südlicher als Regel, nimmt also für Thüringen mehr in Anspruch; dagegen scheidet er im Nordwesten alle Gebiete außerhalb des oberen Eichsfeldes aus. Zeigt schon diese Gegenüberstellung, daß rein geographische Begriffsbestimmungen nicht zu einer eindeutigen linearen Umgrenzung und Festlegung des Begriffes Thüringen führen können, so wird diese Auffassung noch mehr bestärkt durch die gerade von geographischer Seite geäußerte Bemerkung, daß dieser so umrissene Raum mehr Kulturprovinz als geographische Einheit sei. Der anscheinend so festgefügte geographische Begriff Thüringen ist bei eingehender Betrachtung mit begründeter Sicherheit nicht zu fassen.

Diese Erkenntnis wird unterstützt durch die Beobachtung, daß der Begriff Thüringen im geographischen Sinne im Laufe der Zeiten Wandlungen unterworfen gewesen ist. Seit sich die Wissenschaft der Betrachtung des thüringischen Raumes zugewendet hat, d. h. im wesentlichen seit dem 16. Jahrhundert, hat sie bis in den Anfang und bis in die Mitte des 19. Jahrhunderts hinein unter Thüringen ganz vorwiegend das Gebiet verstanden, dessen Grenzen im Süden durch den Thüringer Wald und im Norden durch den Harz, im Westen durch die Werra und im Osten durch die Saale gesetzt sind. Im Verlaufe des 19. Jahrhunderts aber beginnt sich der Begriff Thüringen auszuweiten und über diese engen Grenzen hinauszuwachsen. Im Süden werden das frühere Henneberger Land und das Coburger Gebiet, d. h. die damaligen Herzogtümer Sachsen-Meiningen und Sachsen-Coburg mit einbezogen, und im Osten wird das ganze Gebiet östlich der Saale bis zur Elster und Pleiße mit dem Herzogtum Sachsen-Altenburg und den reußischen Fürstentümern hinzugerechnet. Diese Ausweitung des Begriffes aber erfolgt in einer Zeit, als auch die geschichtlichen Ereignisse diese Randgebiete mehr und mehr mit dem thüringischen Kernland verbinden, als Thüringen auch politisch an Gestalt gewinnt.

Das alles aber macht deutlich, daß Thüringen überhaupt kein geographischer Begriff ist, daß die Landschaft Thüringen vielmehr ein durch seine Geschichte geformtes Gebilde darstellt, daß Thüringen als Landschaft überhaupt nur geschichtlich begriffen werden kann. Stamm und Landschaft, Volk und Raum sind hier innigste Verbindung eingegangen. Nicht »Gesetze des Raumes« haben Thüringen geformt, sondern der thüringische Raum hat Sinn und Bedeutung erst durch die Geschichte des thüringischen Stammes erhalten. Thüringen ist ein historischer, nicht ein geographischer Begriff.

Zu dieser ersten Erkenntnis kommt sogleich ein Zweites hinzu. Wenn sich Thüringen als geographische Einheit nicht fassen läßt, so liegt der tiefere Grund darin, daß es in dieser Hinsicht Teil eines größeren Ganzen ist, daß es ein wesentliches Glied des noch in der jüngsten Gegenwart politisch und wirtschaftlich stark umworbenen, neuerdings auch wissenschaftlich eindringlich untersuchten Gebietes Mitteldeutschland, des thüringisch-sächsischen Raumes darstellt. Geschichtlich gesehen aber ist es nur selten im Laufe der Zeiten ganz darin aufgegangen; es hat vielmehr seine eigene Rolle gespielt, die freilich vielfach von diesem größeren Ganzen aus bestimmt worden ist.

Die Anfänge thüringischer Geschichte führen hinein in diesen größeren Raum. Sie zeigen uns ein machtvolles politisches Gebilde, das sich über die von der Natur menschlicher Ansiedlung vorgezeichneten Offenlandschaften Mitteldeutschlands ausgebreitet hat, das Königreich der Thüringer. Aus dem suebischen Stamm der Hermunduren, der seit den ersten Jahrhunderten unserer Zeitrechnung hier ansässig war, und aus Stämmen, die seit der Mitte des 3. Jahrhunderts von Norden her zugewandert waren und die wir nach der geltenden Ansicht als Angeln und Warnen ansprechen dürfen, hatte sich der Stamm der Thüringer gebildet, der am Ende des 4. Jahrhunderts zum erstenmal namentlich genannt wird. Seine politische Ausprägung als Königreich tritt kurz danach zu Beginn des 5. Jahrhunderts in Erscheinung, und dieses Reich ist von weitgespanntem Umfang. Main und Thüringer Wald im Süden, Ohre, Aller und Oker im Norden, Werra, Kaufunger- und Seulingswald im Westen und Mulde und Elbe im Osten umreißen etwa die fließenden Grenzen seiner Herrschaft. Sogar bis an die Donau sind streifende Scharen der Thüringer vorgedrungen, ohne indes hier seßhaft zu werden. Trotz dieser weiten Ausdehnung aber scheint das Kerngebiet des Thüringerreiches schon damals westlich der Saale gelegen zu haben; denn hier lassen sich die Hauptsiedlungen und Residenzen des Stammes, allen voran Weimar, noch heute sichtlich nachweisen.

Das politische Ansehen, das das Königreich der Thüringer damals unter den germanischen Stammesreichen genoß, zog es hinein in die europäische Politik der Zeit. In der gegen das aufstrebende Frankenreich gerichteten Bündnispolitik Theoderichs des Großen bildete es ein wichtiges Glied, das durch Ehepolitik an die Pläne des großen Ostgoten gefesselt wurde. Nach dessen Tod war die Auseinandersetzung mit den ständig vordringenden Franken unvermeidlich geworden; sie ist dem thüringischen Königreich verhängnisvoll gewesen. In der Schlacht an der Unstrut 531 hat mit dem königlichen Geschlecht die politische Größe und Selbständigkeit des Landes ihren Untergang gefunden.

Dreierlei ist an diesem Ereignis für die Geschichte des thüringischen Stammes bedeutsam. Zunächst einmal wurde der Norden des thüringischen Gebietes der Herrschaft des Stammes entzogen. Es kann dahingestellt bleiben, ob die Sachsen sich an dem fränkischen Kampfe gegen die Thüringer tatsächlich beteiligt haben oder nicht. Tatsache ist jedenfalls, daß die nördlichen Landstriche bis zur unteren Unstrut und Helme herab von nun an zum Bereich des sächsischen Stammes gehörten und daneben von mehreren Kleinstämmen besiedelt wurden. Zum andern erfuhr das thüringische Land auch im Osten eine wesentliche Einschränkung. Das ganze östlich der Saale liegende Gebiet, das schon zu Zeiten des Königreichs siedlungsarm geworden sein muß, wurde nunmehr von rassefremden wendisch-sorbischen Scharen, die von Osten her andrangen, allmählich, nicht schlagartig, eingenommen, und seit dem Beginn des 7. Jahrhunderts galt die Saale als Grenzlinie zwischen Germanen und Slawen, die teilweise sich sogar westlich davon festsetzten. Und endlich geriet der dem thüringischen Stamm als Siedlungsraum verbleibende Rest der Landschaft unter fränkische Hoheit. Zwar behielt Thüringen seine kulturelle und rechtliche Selbständigkeit und war wohl auch, wie das vorübergehende Auftreten einzelner Herzöge erkennen läßt, politisch noch eine Zeitlang wenig gebunden. Dann aber wurden seine Geschicke von Franken aus bestimmt. Ergebnis dieser ganzen Entwicklung war die für die Folgezeit entscheidende Tatsache, daß die thüringische Landschaft nun östliches Grenzland wurde, daß der thüringische Stamm auf den Raum zwischen Thüringer Wald und Harz-Unstrut-Linie, zwischen Werra und Saale eingeengt war, daß er aber auf diesem beschränkten Raume als Stamm mit selbständigem Stammesbewußtsein trotz aller politischen Abhängigkeit seine Geschlossenheit durch die folgenden Zeiten bewahrte.

Das blieb auch so, als Thüringen nun im 8. Jahrhundert seit dem Aufstieg des fränkischen Reiches unter den Karolingern fester in dessen Gefüge eingegliedert wurde. Die erhöhte politisch-militärische Bedeutung, die ihm in diesem Staatsverband als einem Grenzland zukam, mußte eine straffere politische Zusammenfassung und Organisation im Gefolge haben. Sie fand ihren Ausdruck in der Einführung der fränkischen Grafschaftsverfassung, deren Träger zumeist dem einheimischen Adel entnommen wurden, deren Organisation sich aber nicht durchweg auf die natürliche Untergliederung der Gaue stützte, in der Schaffung von Königsland und Königshöfen, die neben wirtschaftlichen auch militärische Zwecke verfolgte und die mit fränkischer Staatskolonisation Hand in Hand ging, in der Einrichtung von Grundherrschaften, deren Hauptstützen in Hersfeld und Fulda, vor allem aber in Mainz lagen, und endlich in der planmäßig betriebenen Christianisierung, die Thüringen für kurze Zeit ein eigenes Bistum in Erfurt brachte, es aber schließlich dem Mainzer Bistum unmittelbar unterstellte.

In dieser Zeit, die dem Lande im Innern seine festgefügte politische Form gab, liegen zugleich auch die Anfänge der Wirkung nach außen. Es war dem allgemeinen Bewußtsein nicht entschwunden, daß auch rechts der Saale germanisches Land lag, und so begannen damals bereits die auch von Thüringen getragenen Vorstöße nach dem Osten über die Saalelinie hinaus, die auf die Wiedergewinnung dieses Bodens gerichtet waren. Hatten diese Vorgänge im Rahmen des gesamtgeschichtlichen Ablaufs gesehen zunächst auch nur vorbereitenden Wert, so zeigte sich doch schon damals die Bedeutung, die dem thüringischen Raume und dem thüringischen Stamme bei seiner Lage an der Ostgrenze des Reiches in diesem Unternehmen zukamen. Unter den wenigen Orten, die nach fränkischem Gebot für Handelsbeziehungen mit den Slawen zugelassen waren, ist Erfurt genannt.

Diese außenpolitischen Maßnahmen hatten nun aber wiederum eine Rückwirkung auf die inneren Geschehnisse im Lande zur Folge. Die Aufgabe des Grenzschutzes fügte den Stamm noch fester zusammen und gab ihm ein dem Ganzen gegenüber verantwortliches Selbstbewußtsein. Es ist daher nur natürlich, daß wir in jenen Zeiten, besonders gegen das Ende des 9. Jahrhunderts hin, wieder eine Herzogsgewalt im Lande aufkommen sehen, die die eigene Vertretung des Stammes darstellt. Bedeutete der Tod des letzten Herzogs von Thüringen 908 auch den endgültigen Abschluß dieser angebahnten Entwicklung und blieb dieser damit Festigung und Dauer auch versagt, so steht doch das eine fest, daß der Stamm als solcher trotz aller Einbeziehung in das Fränkische Reich sein Eigenleben führte. Beim Beginn einer neuen Epoche deutscher Geschichte, bei der Wahl König Heinrichs I., konnte er ebenbürtig neben den anderen deutschen Stämmen auftreten. Die Thüringer fühlten sich als selbständiger Stamm und wurden als solcher betrachtet.

Der Regierungsantritt Heinrichs I. bedeutete wie in der deutschen so auch in der thüringischen Geschichte eine Neuorientierung. Das sächsische Haus der Liudolfinger, aus dem der neue König stammte, besaß bereits vordem auch in Thüringen, besonders im Norden der Landschaft, ansehnliche Güter und hatte damit politisches Ansehen im Lande. Dieses wuchs, als das sächsische Herzogshaus nun für ein Jahrhundert die Geschicke des Reiches in seine Hand nahm. Es war eine unausbleibliche Folge dieser Entwicklung, daß Thüringen jetzt ganz in den Kreis des von Norden her wirkenden sächsischen Einflusses gezogen wurde, daß es fast als ein Anhängsel des sächsischen Herzogtums erschien und mit diesem unmittelbar unter dem König stand. Aber diese Verbindung war ihm kein Nachteil, denn damals waren Sachsen und Thüringen das eigentliche Kraftfeld des Reiches. Hier lag der Kern deutscher Königsmacht, hier wurde deutsche Politik gestaltet, die nach dem Osten gerichtet war, und hier wurden Kämpfe ausgetragen, die den Bestand des Reiches sicherten. An alledem hatte auch der thüringische Stamm seinen vollen Anteil. Er hat mitgewirkt, die Feinde des Reiches, die Ungarn, abzuwehren; auf seinem Boden wurden sie vernichtend geschlagen. Er hat teilgenommen an der nun in verstärktem Maße einsetzenden militärischen Eroberung des Slawenlandes. Und ihn berührte es unmittelbar, daß vor die Ostgrenze des Reichs, die zugleich seine Grenze war, ein schützender Gürtel von Marken gelegt wurde. Kaum jemals wieder wie damals stand Thüringen im Mittelpunkt deutscher Reichspolitik.

Für das Land selbst hatte diese Stellung die Wirkung, daß es von nun an aufhörte, Grenzland zu sein. Mit den neugeschaffenen östlichen Marken war ihm vor seinen Toren, von der Unstrutmündung bis hinüber zur Mulde, ein Einflußgebiet geschaffen, auf dem der Stamm in den Folgezeiten seine Kräfte einsetzen konnte und eingesetzt hat. Wenn in den späteren Jahrhunderten dieses Gebiet so recht eigentlich thüringisches Neuland wurde, wenn der thüringische Stamm über seine ursprüngliche Ostgrenze, die Saale, hinausgewachsen ist, so sind die Grundsteine dieses Baues damals gelegt worden.

An dem im Innern festgefügten Stammesverband der Thüringer hat auch das Jahrhundert des starken sächsischen Einflusses nichts ändern können. Trotz der Angliederung an

Sachsen ist es auch damals zu steten Versuchen einer Herausstellung eigenstämmiger Führergeschlechter gekommen. Eckardiner und Grafen von Weimar haben um die Macht und die Anerkennung der Führerschaft gerungen, ohne dauernden Erfolg. Aber es war ein sichtbares Zeichen für die nicht mehr zu verändernde Geschlossenheit des Stammes, daß sich Thüringen, nachdem das sächsische Haus seine Rolle als deutsches Königsgeschlecht ausgespielt hatte, nun wieder von Sachsen löste und selbständig blieb, daß Graf Wilhelm von Weimar als Führer des thüringischen Volkes Heinrich II. als deutschen König begrüßen konnte.

Das Ringen der Geschlechter im Innern des Landes um eine klare Führerstellung hat auch in der folgenden Zeit, im 11. Jahrhundert, noch angedauert, ja, es ist durch die Parteibildungen, die im Gefolge innerdeutscher unruhiger Reichspolitik auch auf Thüringen übergriffen, noch verstärkt worden. Wiederholt zeigt sich dabei, daß wertvolle Ansatzpunkte zur Herrschaft im Lande dann gegeben waren, wenn eine Verbindung mit den östlichen Marken erreicht war, wenn politische Machtstellung von dort in das Stammland zurückwirken konnte. Zu einer Festigung haben alle diese Versuche nicht geführt, diese wurde vielmehr von anderer Seite erreicht. Diese Betrachtung aber führt uns mitten hinein in den Vorgang der Territorienbildung.

Über die Vielzahl der Gewalten im Lande, die sich nach der Auflösung der fränkischen Grafschaftsverfassung herausgebildet hatte, hat sich im Laufe des 11. und 12. Jahrhunderts allmählich das vom Mittelmain her kommende fränkische Geschlecht der Ludowinger emporgeschwungen. Durch Erwerbung von Besitz, der über das ganze Land verstreut war, durch Einheirat in ausgedehnte hessische Gebiete legte es die Grundlage seiner Macht, und die Verleihung der Landgrafenwürde im Jahre 1130 war die Anerkennung der Führerstellung im thüringischen Stamm. Freilich mußte dieser neuen Würde, die der Herzogsstellung ähnlich war und die die mit dem Königsbann verbundene höchste Gerichtsbarkeit, den Vorsitz im Landgericht, den allgemeinen Friedensschutz und die Aufsicht über Straßen und Geleit in sich schloß, der rechte Inhalt erst gegeben werden. In zähem Ringen, unterstützt durch das hohe Ansehen, das ihnen die mit ihrem Stand verbundene Reichsfürstenwürde gab, die einzige in Thüringen, zu der sie 1180 durch die Erlangung der Pfalzgrafschaft Sachsen noch eine zweite hinzuerwarben, haben sie das landgräfliche Amt zur unbestrittenen Führerschaft des Stammes erhoben. Wenn ihnen das Streben, darüber hinaus die landgräflichen Befugnisse auch zu einer wirklichen Landeshoheit auszubauen, nur in beschränktem Umfang gelungen ist, wenn sich neben ihnen auch noch bedeutende Sondergewalten im Lande halten konnten, die ihre Oberhoheit nie anerkannten – etwa die Grafen von Henneberg, von Käfernburg und Schwarzburg, von Mansfeld und die Mainzer Hoheit unterstehenden Gebiete um Erfurt und im Eichsfeld, von denen sich die letzteren einer straffen Zusammenfassung besonders hindernd entgegensetzten –, so haben sich doch die landgräfliche Stellung im Umfang des Gebietes zwischen Thüringer Wald und Harz, zwischen Werra und Saale so festigen können, daß sie seit dem Beginn des 13. Jahrhunderts nicht mehr ernstlich angegriffen werden konnte, auch nicht durch die Ausbildung der Landeshoheit bei den kleineren Herrengeschlechtern, die gleichzeitig mit dieser Entwicklung vor sich ging.

Der Territorienbildung im Innern des Landes entsprach, wie in den vorhergehenden Perioden, auch in dieser Zeit eine Wirkung nach außen, das Hinübergreifen Thüringens in das rechtssaalische Gebiet. Hatte die karolingische Zeit die Rückgliederung dieser Landschaften vorbereitet und die sächsische Zeit sie durch militärische und politische Maßnahmen eingeleitet, so wurde jetzt durch planmäßige Kolonisation die Rückgewinnung für das

Deutschtum gesichert. Auch daran hatte der thüringische Stamm seinen hervorragenden Anteil. Einzelne seiner Herrengeschlechter sind führend an dieser Aufgabe beteiligt gewesen und haben ihre besondere geschichtliche Sendung dabei erfüllt. Die Orlamünder, die Schwarzburger und die Lobdeburger haben sich um die Eindeutschung des Orlagaues verdient gemacht, die letzteren und vor allem die Vögte von Weida, Gera und Plauen sind die hauptsächlichsten Träger der Kolonisation an der Elsterlinie und ihrem Vorland von Gera bis nach Hof gewesen. Mit ihnen aber haben thüringische Siedler hier ihr Bestes gegeben, um mutterländische Kultur hinüberzutragen in das erschlossene Neuland. Wie stark an dieser gesamtdeutschen Leistung gerade auch der Anteil des thüringischen Stammes gewesen ist, dem man lange neben dem ostfränkischen und sächsischen diesen Ruhm hat streitig machen wollen, das haben neuere Forschungen eindringlich bewiesen. Daß der thüringische Stamm dann dabei sein Siedlungsgebiet nach Osten erweitert hat, daß die Saale ihre Bedeutung als Grenzlinie völlig verlor, daß außer den Territorien nun auch thüringisches Volkstum auf diesem Boden heimisch wurde, das ist in allererster Linie das Verdienst dieser Männer aus dem Volke. Das gilt, auch wenn kein unmittelbares schriftliches Zeugnis diese Leistung der Nachwelt ausdrücklich überliefert hat.

Die im thüringischen Stammland angebahnte und erfolgreich gewesene Entwicklung der politischen Zusammenfassung des Gebietes unter den Landgrafen ist jäh unterbrochen worden durch das Aussterben des landgräflichen Geschlechts im Jahre 1247. Man braucht keineswegs der Meinung zu sein, daß dieses Ereignis als tragischer Wendepunkt der thüringischen Geschichte gelten müsse; man kann sogar dem entgegenhalten, daß damals wie sonst nie wieder die günstige Voraussetzung gegeben war, die thüringische Landschaft und den thüringischen Stamm in ein großes mitteldeutsches Machtgebiet einzubauen, in dem auch für seine Weiterentwicklung und für die rechte Auswirkung seiner Kräfte die höchste Gewähr gegeben war. Denn von Osten her, von der Mark Meißen, rückten nun die Wettiner auch nach Thüringen ein und vereinigten damit in ihrer Hand einen wenn auch vielfach unterbrochenen und durchlöcherten, so doch immerhin zusammenhängenden breiten Gebietsstreifen von der Werra bis an die Elbe, den sie später durch die Erwerbung des Kurlandes Sachsen 1423 beträchtlich nach Norden erweiterten. Es ist bekannt, daß diese günstigen politischen Möglichkeiten auf die Dauer nicht verwirklicht worden sind, einmal, weil dieser ausgedehnte Länderbesitz nicht in einer Hand zusammengehalten wurde, zum andern aber vielleicht deswegen, weil für ein wirkliches Zusammenwachsen damals schon jeder einzelne Teil in sich zu fest gefügt war.

Für Thüringen hat der 1247 eingetretene Anfall an die Wettiner zunächst zweierlei zur Folge gehabt. Das Land wurde aus seinen westlichen Beziehungen, in die es seit der Erwerbung hessischen Besitzes durch die Landgrafen verflochten gewesen war, gelöst, und dann verschob sich hier wie auch sonst in Deutschland damals der Schwerpunkt staatlichen Lebens immer mehr nach dem Osten, so daß die Zeiten für eine eigene politische Rolle Thüringens vorbei waren. Die Mark Meißen wurde jetzt hier der entscheidende Faktor. Innerhalb des gesamtwettinischen Ländergebietes stand Thüringen auch für die folgenden Jahrhunderte als geschlossene Landschaft in ihren bisherigen Grenzen da, im Osten erstreckte sich ebenso festgefügt die Mark Meißen. Zwischen beiden Gebieten aber lagen Landstriche, die politisch zunächst wenig klar zugeordnet waren, über deren Zukunft erst noch zu entscheiden war.

Das Streben der Wettiner, die in die von den Landgrafen in Thüringen geschaffene Position in ihrem vollen Umfang eintraten, ist von Anfang an in Fortsetzung der landgräflichen

Politik auf Abrundung ihres Territoriums, auf Erweiterung ihrer Machtsphäre gerichtet gewesen. Das Ziel war Landgewinn, und dabei war es gleichgültig, ob dieser durch Kauf, Heirat oder politischen Druck gelang, ob er zu unmittelbarem Besitz oder in Lehnsabhängigkeit erfolgte. Er war die dauernd betriebene, meist im stillen vor sich gehende Politik, und Grafenkrieg und Vogtländischer Krieg in der Mitte des 14. Jahrhunderts waren nur laute Ausdrucksformen dieser Wirksamkeit. Die Beseitigung der störenden Herrschaften im Innern des Landes ist in zähem Ringen durch Jahrhunderte hindurch schließlich geglückt; von allen weltlichen Sondergewalten haben sich auf die Dauer nur die Schwarzburger und die Reußen selbständig halten können. Aber auch über die Grenzen des Landes hinaus sind die Wettiner vorgedrungen, über den Thüringer Wald hinweg haben sie im Süden und Südwesten ehemals hennebergisches Gebiet in großem Umfang erworben. Die von den ludowingischen Landgrafen begonnene Entwicklung haben so die Wettiner als neue Landgrafen Thüringens vollendet. Sie haben allmählich das thüringische Stammesgebiet bis auf verschiedene Reste ihrer Botmäßigkeit und ihrer Landeshoheit untergeordnet.

Aber dieses soeben entworfene Bild wäre falsch, würde man dieser Gesamtbetrachtung wettinischer Politik in Thüringen nicht sogleich eine zweite Erscheinung entgegenstellen, die sich diesem einheitlichen Zug hinderad widersetzt hat: die fortgesetzten Landesteilungen. Zwar ist die thüringische Landgrafschaft bei der Erwerbung durch die Wettiner 1247 in ihrem ganzen Umfang unter selbständige Verwaltung gestellt worden, und auch die gesamtwettinischen Teilungen am Ende des 14. und am Anfang und in der Mitte des 15. Jahrhunderts haben dieses Gebiet im wesentlichen unangetastet gelassen. Östlich der Saale wurden sogar weite Landstriche bis zur Elster und Pleiße hin nun auch politisch zu Thüringen gezogen und mit diesem vereinigt. Die unglückselige Leipziger Teilung von 1485 aber, die das wettinische Gebiet in ein ernestinisches und ein albertinisches zerlegte, hat dann eine völlig neue Situation geschaffen, die vom stammesgeschichtlichen Standpunkt aus nur beklagt werden kann, zumal sie als die verhängnisvollste zugleich auch die beständigste gewesen ist. Wohl ließ sie die zu Thüringen zugewachsenen Teile östlich der Saale auch jetzt im wesentlichen bei Thüringen. Aber mitten durch das thüringische Stammland hindurch legte sie eine westöstliche Teilungslinie, die tausendjähriges einheitliches Stammesgebiet bis zur Gegenwart in zwei Hälften zerriß. Nordthüringen fiel an die Albertiner, Südthüringen kam an die Ernestiner, die es zunächst noch mit dem Kurland Sachsen verbanden, es dann 1547 aber nach dem unglücklichen Ausgang der Mühlberger Schlacht als einziges Restgebiet behielten.

Man weiß, daß der wesentliche Inhalt der politischen Geschichte der thüringischen Landschaft seitdem bis in das 19. Jahrhundert hinein bestimmt worden ist durch fortgesetzte Landesteilungen. Weder staatlich-politische noch stammesmäßige Rücksichten haben dabei Beachtung gefunden. Nach rein privatrechtlichen Gesichtspunkten, nach mengen- und ertragsmäßiger Abschätzung der einzelnen Gebietsstücke und Länderfetzen sind die Aufteilungen vorgenommen worden. Fast von Jahrzehnt zu Jahrzehnt haben sie, vornehmlich vom Ausgang des 16. bis in den Anfang des 18. Jahrhunderts hinein, das äußere Gesicht des Landes verändert. Man kann als zusammenfassende Wertung dieser Vorgänge nur mit vollem Recht das harte Wort Treitschkes wiederholen: »Die thüringischen Lande sind in ewiger Bewegung wie die walzenden Grundstücke einer Dorfflur.« Wie ein unabwendbares Unheil haben diese Teilungen über dem thüringischen Lande gelegen. Nicht nur die Ernestiner haben sich ihnen voll hingegeben, auch die Schwarzburger und die Reußen sind diesem Beispiel in gleichem Ausmaß gefolgt. Und sogar die Albertiner, die ihre

Länder seit der Leipziger Teilung im wesentlichen zusammengehalten haben, sind diesem Zwang zeitweise nicht ganz entgangen, als sie am Ende des 17. und zu Beginn des 18. Jahrhunderts Sekundogeniturfürstentümer einrichteten, die gerade die thüringischen Besitzungen am stärksten erfaßten. Im allgemeinen aber hat der abgetrennte Norden des thüringischen Stammesgebietes politisch ein günstigeres Geschick gehabt. Er war eingeordnet in ein geschlossenes Staatsgebiet von deutscher Bedeutung. Der Süden Thüringens aber war zu politischer Ohnmacht verurteilt, er zerfleischte sich selbst. Als in dieses bunte Gewirr von Ländern und Ländchen endlich der Gedanke des Erstgeburtsrechtes seinen Einzug hielt, da war nichts mehr zu retten, da konnte der bestehende Zustand der Zersplitterung nur noch sanktioniert werden. Auch die letzte große Flurbereinigung in Thüringen, die Landesteilung und Gebietsverschiebung des Jahres 1826 im ernestinischen Hause, ist ganz unter den Voraussetzungen der vergangenen Jahrhunderte erfolgt. Sie hat die Neuverteilung des Landes für das folgende Jahrhundert festgelegt. War von den früheren Regentenfamilien inzwischen auch eine ganze Reihe ausgestorben, so blieben bis zur Gründung des Landes Thüringen im Jahre 1920 immerhin noch zehn, seit 1848 acht Einzelstaaten übrig, deren Gebiete in buntgewürfelter Streulage, untermischt mit Teilstücken außerthüringischer Staaten, die Grundlage für eine farbenfreudige Landkarte abgaben.

Im gesamtthüringischen Raum aber war zu Beginn des 19. Jahrhunderts eine Kräfteverschiebung eingetreten, die für die weitere Entwicklung von grundlegender Bedeutung wurde. Seit dem 17. Jahrhundert war die aufstrebende brandenburgisch-preußische Macht auf dem Vormarsch nach Mitteldeutschland begriffen und hatte sich zunächst vor den Nordtoren Thüringens festgesetzt. Im Jahre 1803 stieß sie in den Kern Thüringens vor, wurde in Erfurt seßhaft und dazu im Eichsfeld, in Mühlhausen und Nordhausen. Bei der großen Umgruppierung des Jahres 1815 befestigte sich dieser Zustand, und dazu vergrößerte Preußen sein Gebiet um das gesamte bis dahin albertinische Nordthüringen. Seitdem war es unbestritten die stärkste Macht im thüringischen Raum und beeinflußte damit die gesamte Politik der thüringischen Kleinstaaten. Es ist bezeichnend, daß man bereits 1814 in verantwortlichen politischen Kreisen des Landes die künftige deutsche Vormacht in Preußen sah.

Man hat sich zu fragen, welchen Einfluß diese ganze unheilvolle politische Entwicklung der thüringischen Landschaft seit dem Ende des 15. Jahrhunderts auf das Stammesbewußtsein der Thüringer gehabt hat. Dabei fällt zunächst das eine auf, daß der Name Thüringen überhaupt aus der amtlichen Sprache allmählich verschwunden ist. Er hat sich nur in dem thüringischen Kreis des Kurfürstentums Sachsen gehalten. Im amtlichen Sprachgebrauch wurden, seit sich der Name Sachsen nach der Erwerbung des Kurfürstentums 1423 durch die Wettiner über die Mark Meißen auch nach Thüringen verpflanzt hatte, die ernestinischen Herzogtümer als sächsische bezeichnet, und diese Auffassung wurde noch bestärkt durch die Tatsache, daß das thüringische Gebiet bei der Kreiseinteilung Deutschlands dem obersächsischen Kreis zugeteilt wurde.

Nicht verlorengegangen aber war trotz dieser amtlichen Regelungen und trotz der zerrissenen politischen Lage, die jedem Gemeinschaftsgefühl bewußt und unbewußt entgegenarbeitete, das Bewußtsein der Zusammengehörigkeit Thüringens im Volke. Wissenschaftliche und volkstümliche Betrachtungen der Geschichte und der Geographie Thüringens, wie sie seit dem 16. Jahrhundert neben und trotz aller kleinstaatlichen Betrachtungsweise üblich wurden, und besonders die seit dem Ende des 18. und Anfang des 19. Jahrhunderts immer mehr in Aufnahme kommenden Unterhaltungs- und Belehrungsblätter mit den wohlklingenden Namen »Thüringische Vaterlandskunde«, »Thüringisches Magazin«, »Thüringischer Volksfreund« u. ä. zeigen deutlich, daß im Volk der Begriff Thüringen noch lebte und bestimmte Vorstellungen und Gefühle erweckte. Aber es ist bezeichnend, daß sie zumeist unter Thüringen auch jetzt noch das Gebiet verstanden, das seit dem Untergang des Thüringer Königreiches bis in die Landgrafenzeit hinein den Begriff Thüringen ausgemacht hatte, die Lande zwischen Werra und Saale, Thüringer Wald und Harz. Schwankend ist die Ausdehnung dieses Begriffes auf die südwestlichen Vorlande des Thüringer Waldes und auf die östlich der Saale liegenden Gebiete, und darin kommt zweifellos zum Ausdruck, daß einmal im Süden politische Zugehörigkeit und gleiche politische Schicksale durch Jahrhunderte hindurch die Empfindung einer stammesmäßigen Andersartigkeit nicht hatten verhindern können, daß zum andern aber im Osten das dem thüringischen Stamm erschlossene Neuland nicht in allen Fällen zum Stammesgebiet gerechnet wurde, da es politisch seit dem 16. Jahrhundert teilweise von diesem wegführende Wege gegangen war. daß aber die Auffassung in diesen Randgebieten durchaus schwankend war, dafür ist nichts so bezeichnend wie die Tatsachen, daß der in Meiningen wirkende Ludwig Bechstein der begeistertste Thüringer seiner Zeit war, und daß die entscheidenden Impulse zur Zusammenfassung der thüringischen Städte zum thüringischen Städteverband im 19. Jahrhundert aus dem Osten, aus Gera, kamen.

Freilich, man darf nicht verschweigen, daß auch die ganze kleinstaatliche Vergangenheit Thüringens nicht spurlos an der Auffassung des Volkes vorübergegangen ist. Zwei Herzen trug der Thüringer in seiner Brust, neben dem thüringischen das kleinstaatliche, das besonders für sein angestammtes Land und Herrscherhaus schlug. Man kennt die Reuß-Greiz-Schleiz-Lobensteiner, die nur für ihr Land des Herrgotts Regen und Sonnenschein erbaten, die Schwarzburg-Sondershäuser, die sich in der Treue zu ihrem Fürsten nicht schrecken ließen durch Pulver und Blei, und die Meininger, die in den bewegtesten Tagen deutscher Einheitskämpfe 1866 mit Überzeugung und Anklang singen konnten:

> Laß die Politiker nur sprechen,
> Ob Brandenburg, ob Östreich siegt,
> Wir sind nicht Preußen, sind nicht Tschechen,
> Wir sind neutral, wenn auch bekriegt.

> Wir wollen Meininger stets bleiben,
> Dies ist gewiß das beste Teil.
> Mag Nord und Süden sich zerreiben,
> Bei Meiningen ist unser Heil.

Es ist bitter, aber es trifft auf weite Strecken zu, was der Freiher von Stein-Kochberg 1867 über den kleinstaatlichen Geist des thüringischen Volksstammes schrieb, »der staatlich zersplittert sich wohl fühlt in seiner Zersplitterung, bei Bratwurst und Bier über sein kleinstaatliches Elend scherzt, aber dasselbe über alles liebt; dem das Ungestörtsein im engen Kreise der Inbegriff glücklicher Existenz ist, der in echt germanischem Geist individuell fühlt bis zur Vernichtung nationalen Bewußtseins«.

Nur aus beiden Wurzeln, aus dem kleinstaatlichen Denken auf der einen Seite und aus dem, wenn auch unklar, so doch bestimmt empfundenen Gefühl der Zusammengehörigkeit des thüringischen Stammes auf der andern Seite ist die Entwicklung zu verstehen, die im 19. und 20. Jahrhundert zu einer neuen thüringischen Einheit hingeführt hat. Sie ging zunächst von der politischen Seite aus. Schon 1806 wurde unter den thüringischen Staaten,

d. h. den ernestinischen Herzogtümern, den Schwarzburgern und den Reußen, die Möglichkeit eines Zusammenschlusses untereinander und mit dem benachbarten Sachsen erörtert, und 1814 wurden von dem weimarischen Minister von Gersdorff die klaren Sätze formuliert: »Die Teilung Thüringens in neun verschiedene Staaten lähmt die geistigen und mechanischen Kräfte, die hier zur Entfaltung kommen könnten. Thüringens Verfassung ist von einer mit den wahren Bedürfnissen der Nationalwohlfahrt nicht genugsam harmonierenden Beschaffenheit. Man muß sich darum bedeutend günstiger durch freiwillige Verbindung machen, als man von Natur ist. Dies ist der beste Weg, um durch selbstgewollte Mittel die fremdhergebotenen Fesseln zu vermeiden.«

Zu Resultaten haben diese Überlegungen zunächst nicht geführt. Greifbare Ergebnisse zeitigten erst die das Zollwesen betreffenden Verhandlungen, die von den Arnstädter Besprechungen 1822 über den Mitteldeutschen Handelsverein 1828 hin zum 1833 erfolgten Zusammenschluß der thüringischen Staaten einschließlich der preußischen Gebiete im Thüringischen Zollverein und zu dessen Anschluß an den Deutschen Zollverein führten. Aber die in den Sturmjahren 1848/49 aufs Ganze gehenden politischen Reformpläne haben dann wiederum zu nichts geführt, sondern den alten kleinstaatlichen Zustand bestehen lassen. Lediglich einige Verwaltungsgemeinschaften thüringischer Staaten untereinander hat die nächste Zeit zustande gebracht.

Neben diese politischen, vielfach von den Dynastien ausgehenden, aber an ihnen auch ihre Schranken findenden thüringischen Einigungsbestrebungen traten Stimmen des Volkes, die auf Einigung hinzielten. Vereine und Verbände gesellschaftlicher, kultureller und wirtschaftlicher Art bildeten über kleinstaatliche Grenzen hinweg eine thüringische Gemeinschaft. Und wenn man diesen Einrichtungen auch nicht überragende und vorwärtstreibende Wirkungen wird zugestehen können, so haben sie doch das Verdienst gehabt, das Gefühl für eine gesamtthüringische Zusammengehörigkeit wachgehalten und gestärkt zu haben. Die Notwendigkeit des Zusammenschlusses vom wirtschaftlichen Standpunkt aus hat dann besonders der Krieg 1914/18 deutlich vor Augen gestellt, und was man in weiten Kreisen des Volkes hinsichtlich des Zusammenschlusses wünschte, das legte die Denkschrift der Nationalliberalen Partei in Thüringen vom Sommer 1918 dar.

Die Revolution von 1918 hat den Zusammenschluß der thüringischen Staaten in die Wirklichkeit überführt. Er ist nicht ihr Verdienst; sie hat vielmehr nur durch das Wegräumen bis dahin bestehender Schranken und Hindernisse dem lange vorbereiteten Plan zum schnellen Siege verholfen. Die Lösung, die man damals fand, ist vom stammesgeschichtlichen Standpunkt aus nicht restlos befriedigend gewesen. Nur Teile des thüringischen Stammesgebietes fanden sich zur Einheit zusammen, die Gebiete, die den Kleinstaatenjammer durch Jahrhunderte hindurch am stärksten erlebt hatten. Preußen, das seit dem Anfang des 19. Jahrhunderts auch thüringische Macht geworden war, versagte sich der thüringischen Einigung, und so ist die Landschaft Thüringen, der Raum, der seine Einheit durch die Geschichte des thüringischen Stammes empfängt, noch heute in zwei Teile zerrissen. Doch neue Bildungen zeichnen sich bereits deutlich am Horizont ab, die die künftige Gestaltung Thüringens im Sinne des thüringischen Stammes als eines »gottgewollten Bausteins unseres Volkes« ahnen lassen.

Es ist ein dorniger Weg, den der thüringische Stamm auf seinem geschichtlichen Gang zu gehen hatte. Aber er war nicht fruchtlos. Gewiß, politisch gesehen hat Thüringen als Glied des deutschen Volkes ihm und seinem Reich wenig oder nichts bieten können. Aber es hat in seiner politischen Zerrissenheit und vielfach gerade durch sie auf kulturellem Gebiet Leistungen vollbracht, die zu dem höchsten Gut geistigen Lebens in Deutschland gehören. An die Namen Wartburg, Gotha, Erfurt, Weimar und Jena knüpfen sich Erinnerungen und Werte, die der thüringische Stamm dem deutschen Volk für immer geschenkt hat. Kulturelle Leistungen aber, das verstehen wir heute wieder, sind im höchsten Sinne auch politische Leistungen. Und daher darf trotz allem von der Geschichte des thüringischen Stammes und der thüringischen Landschaft gelten: Thüringen, das schlagende Herz Deutschlands.

Leistungen und Aufgaben der thüringischen Landesgeschichtsforschung
1937/39

Nach dem zur Eröffnung der Thüringischen Historischen Kommission am 12. November 1937 gehaltenen Vortrag

Es ist eine ernste Frage, ob in einer Zeit wie der unseren, die über alle bisher trennenden Schranken hinweg die Einheit des deutschen Volkes als höchstes politisches Ziel kennt und erstrebt, eine Fortführung, ja gar eine Neubelebung landesgeschichtlicher Forschung ihren Sinn hat. Man darf diese Frage bei eingehender Prüfung durchaus bejahen. Denn wenn die nationalsozialistische Weltanschauung, die die in der Geschichte liegenden Werte voll anerkennt und ihnen einen wesentlichen Einfluß auf die schöpferische Gestaltung der Gegenwart einräumt, zunächst auch dabei in erster Linie den Blick auf das ganze Volk richtet und die Pflege und Bearbeitung der deutschen Volksgeschichte als die Aufgabe der von ihr geförderten Geschichtswissenschaft betrachtet, so ist doch auch die Erkenntnis nationalsozialistisches Eigentum, daß die deutsche Volkwerdung über die deutschen Stämme ging. Diese Auffassung, die gegründet ist in der Tatsache, daß sich entscheidende Vorgänge des Lebens der Vergangenheit unseres Volkes in den Stämmen abgespielt haben, daß jeder Stamm seinen vollen Anteil am festgefügten Bau des Reiches hat, läßt den Wunsch nach wissenschaftlicher Erforschung deutscher Stammesgeschichte nicht nur völlig gerechtfertigt erscheinen; sie stellt diese Forderung geradezu erneut auf, gibt ihr aber zugleich die klare Richtung, Landesgeschichte nicht um ihrer selbst willen zu betreiben, sondern sie einzugliedern in den Rahmen der Geschichte des gesamten deutschen Volkes.

Der neuen Thüringischen Historischen Kommission ist von diesen allgemeingültigen Erwägungen aus die besondere Aufgabe gestellt, die Geschichte Thüringens in seinem früheren und jetzigen Gebietsbestand zu erforschen, namentlich Quellen und Hilfsmittel hierfür zu bearbeiten und zu veröffentlichen. Die planvolle Gestaltung dieser Aufgabe und ihre inhaltliche Bestimmung setzen am Anfang eine Besinnung auf die Frage voraus, wo wir heute mit der bisherigen landesgeschichtlichen Arbeit in Thüringen stehen, welche Leistungen die vergangenen Jahrhunderte auf diesem Gebiet hier hervorgebracht haben.

Die thüringische Geschichtsforschung ist als eine Teilerscheinung des geistigen Lebens der Vergangenheit aufs engste verknüpft mit der politischen Entwicklung, die das Land selbst genommen hat. Man weiß, daß die Geschichte des thüringischen Landes und des thüringischen Volkes nicht geradlinig verlaufen ist, daß sie über Höhen und Tiefen führt und daß auch Katastrophen ihr nicht erspart geblieben sind. Am Anfang dieser Geschichte steht ein starkes, über den ganzen mitteldeutschen Raum ausgebreitetes Königreich der Thüringer, das aber bald durch die anstürmende fränkische Macht zerschlagen wurde. Damals ist der thüringische Stamm eingeschränkt worden auf die Landschaft zwischen Werra und

Saale, zwischen Thüringer Wald und Harz, an der durch die Folgezeiten hindurch der Name Thüringen vorzugsweise haftete. Die Landgrafschaft Thüringen war auf diesem Raum die politische Ausdrucksform des thüringischen Stammes, der jedoch in den Zeiten der Kolonisation des Ostens sein Gebiet erweiterte und thüringisches Neuland östlich der Saale erschloß.

Das Aussterben der Landgrafen von Thüringen brachte um die Mitte des 13. Jahrhunderts die Wettiner als neue Herren in das Land, und damit wurde Thüringen ein Teil des umfassenden wettinischen Machtblockes, der im Westen Thüringen, im Osten die Mark Meißen umschloß und der unter den Wettinern nicht nur an innerlicher Festigung und Ausgleichung, sondern auch an äußerem Umfang gewann. Die in dieser Anhäufung politischer Macht liegenden Möglichkeiten sind ungenutzt geblieben. Neben die straffe Zusammenfassung der Länder trat sogleich die fortgesetzte Zerschlagung durch Landesteilungen, deren verhängnisvollste und beständigste die Leipziger Teilung von 1485 war. Nachdem sie die Landschaft Thüringen in eine nördliche albertinische und eine südliche ernestinische Hälfte zerrissen hatte, nachdem dann durch die Katastrophe von Mühlberg den Ernestinern das sächsische Kurland und die Kurwürde verloren gegangen waren, seitdem gab es kein Aufhalten mehr in ständig wiederholter Teilung des thüringischen Gebietes. Nicht nur die Ernestiner als die vornehmsten Landesherren, sondern auch die in allem politischen Ringen neben ihnen selbständig gebliebenen Schwarzburger und Reußen zerschlugen ihre Länder ohne jede Rücksicht auf staatspolitische Notwendigkeiten lediglich nach dem Gesichtspunkt des privaten Nutzens. Thüringen wurde seit dem 16. Jahrhundert das Land der deutschen Kleinstaaterei; und wenn auch die schärfsten Ausprägungen dieser Zersplitterung allmählich wieder verschwanden, so hat die Zerreißung einheitlichen Stammesgebietes doch Bestand gehabt bis in unsere Tage.

Diese politische Gestaltung des Landes ist von nachhaltigstem Einfluß auf die Entwicklung der Landesgeschichtsschreibung und der landesgeschichtlichen Forschung gewesen, die sich seit dem 16. Jahrhundert herausbildete. Wie alles Leben der damaligen Zeit, auch das kulturelle, an den Kleinstaat gefesselt war, so schränkte sich auch die geschichtliche Betätigung auf seine Grenzen ein und wurde von obrigkeitswegen in ihnen festgehalten. Das gilt sowohl von der zunächst rein genealogisch auf die regierenden Geschlechter eingestellten Historiographie, als auch von ihrer allmählichen Ausweitung auf die Gebiete der Kultur, der Wirtschaft, des Rechtes und der Verwaltung. Auf diese Weise hat jeder Kleinstaat während des 17. und 18. Jahrhunderts bis in den Anfang des 19. Jahrhunderts hinein seine besondere Geschichtsdarstellung erhalten. Wertvolle Ergebnisse sind dabei erzielt worden, die uns heute noch teilweise unentbehrlich sind; aber sie zeigen zugleich, wie sehr der Blick für das Ganze der thüringischen Geschichte damals getrübt war. Einige wenige Namen, die zum Teil heute noch einen guten Klang haben, mögen dies zeigen. Für Weimar hat Gottfried Albin de Wette eine Lebensgeschichte der Herzöge verfaßt. Gotha hat neben der Gotha diplomatica des trefflichen Friedrich Rudolphi Beschreibungen des Kirchen- und Schulenstaates von Johann Georg Brückner und Johann Heinrich Gelbke, dazu außerdem eine Geschichte und Beschreibung des Herzogtums von Johann Georg August Galletti erhalten. Für Altenburg hat Johann Friedrich Meyner Nachrichten historischen und statistischen Inhalts gesammelt. Das Coburger Land ist durch die Historie von Georg Paul Hönn, die historisch-statistische Beschreibung von Johann Gerhard Gruner und die Landesgeschichte von Johann Adolph von Schultes, das Meininger Gebiet durch die Werke von Ernst Julius Walch und Johann Werner Kraus geschichtlich bearbeitet worden. Die schwarzburgische Grafengeschichte hat in Paul Jovius und Lebrecht Wilhelm Heinrich Heydenreich ihre Darsteller gefunden, das schwarzburgische Land ist von Andreas Toppius erfaßt worden; und für die Reußen und ihre Länder haben Peter Beckler und Johann Gottfried Büchner Veröffentlichungen herausgebracht.

Daß aber trotz dieser Einstellung der geschichtlichen Arbeit auf den Kleinstaat das Verständnis für den Zusammenhang der thüringischen Geschichte nicht verloren gegangen war, daß man trotz aller einzelstaatlichen Interessen auch das Bewußtsein für die gesamtthüringische Einheit nicht vergessen hatte, das lehren eine große Zahl von Arbeiten aus jenen Jahrhunderten. Die um das Jahr 1600 erschienenen, mit allen Mängeln ihrer Zeit behafteten Thüringischen Chroniken von Zacharias Rivander, von Friedrich Schmid, von Joachim Becherer und Johannes Binhard sind dafür ebenso Zeugnis wie etwa im 17. Jahrhundert Georg Michael Pfefferkorns Geschichte der Landgrafschaft Thüringen oder die verschiedenen Abhandlungen des Caspar Sagittarius zur Geschichte der alten Thüringer und im 18. Jahrhundert die Sammlungen von Johann Christoph Olearius, die Thüringische Chronik von Johann Heinrich von Falkenstein oder die Geschichte Thüringens von Johann Georg August Galletti. Zum Teil behandeln diese Werke jene ältesten Zeiten, da die thüringische Geschichte als Gesamtheit im Rahmen der thüringischen Landschaft verlief und der Stamm seine Geschlossenheit noch bewahrt hatte. Viele von ihnen aber begreifen auch das neuere Thüringen über alle Kleinstaaterei hinweg als eine landschaftliche und stammesmäßige Einheit. Wenn sich somit diese Arbeiten auf die Vorstellung von der Zusammengehörigkeit der thüringischen Einzelstaaten gründen, so haben sie zugleich auch an der Aufrechterhaltung und Stärkung dieses Bewußtseins ihren Anteil gehabt.

Das 19. Jahrhundert hat für die landesgeschichtliche Arbeit auch in Thüringen in methodischer Hinsicht eine Neuorientierung gebracht; es hat die Grundlagen der historischen Forschung verändert und erweitert. Die von der romantischen Geistesrichtung ausgehende Hinwendung zu den verschütteten Quellen deutschen Volkstums und das damit geweckte geschichtliche Verständnis, vor allem aber die in der allgemeinen Geschichtsforschung sich durchsetzende Forderung, zu den ursprünglichen Quellen hinabzusteigen und nur auf ihnen die geschichtliche Darstellung zu begründen, haben auch auf die Landesgeschichtsforschung eingewirkt. Das erweiterte Interesse zeigte sich seit dem Anfang des Jahrhunderts in der Gründung einer ganzen Anzahl von örtlichen Geschichtsvereinen, die in breite Schichten des Volkes hinein wirkten, und die Vertiefung der Forschung prägte sich in immer stärkerer Heranziehung der primären Quellen aus. Damals wurden die staatlichen Archive Thüringens mit ihren unerschöpflichen Quellenschätzen den landesgeschichtlichen Aufgaben erschlossen, und seit jenen Tagen stehen die staatlichen Archivare in der Landesgeschichtsforschung in vorderster Front. Vor allem aber setzte die Erarbeitung und Veröffentlichung von Quellen zur Landesgeschichte seit der Mitte des 19. Jahrhunderts auch in Thüringen lebhafter ein. Zwar hatte es auch schon früher umfangreiche Quelleneditionen zur thüringischen Geschichte gegeben – man braucht nur an die fleißigen und fruchtbaren Editoren des 18. Jahrhunderts zu erinnern, etwa an Christian Schöttgen und Georg Christoph Kreysig, an Johann Burkhard Mencken und Heinrich Friedrich Otto, an Friedrich Rudolphi und Johann Adolph von Schultes, um anzudeuten, wie umfangreich diese Tätigkeit bereits war -, jetzt aber erfolgte diese Arbeit mit der sich immer mehr verfeinernden Methode der historischen Hilfswissenschaften und sicherte damit der Geschichtsschreibung gut vorbereitetes, gediegenes Material.

In ihrer Einstellung zu den historischen Gegenständen ist die thüringische Geschichtsforschung auch im 19. Jahrhundert wie vorher zunächst einzelstaatlich orientiert gewesen.

Ihre letzte Ausprägung fand die auf den Kleinstaat eingestellte geschichtliche Arbeit in den Landeskunden, die, selbst für ihre Zeit schon von ungleichmäßiger Güte, die Zusammenfassung der geschichtlichen Nachrichten für jeden Staat und jeden Ort brachten und von denen insbesondere die nun allenthalben in immer breitere Kreise dringende Beschäftigung mit der Heimatgeschichte, nicht immer glücklich, angeregt und gefördert wurde.

Daneben aber wandte sich die Arbeit auf geschichtlichem Gebiet nun auch mehr gesamtthüringischen Aufgaben zu, zumeist in dem Sinne, der der Auffassung des Begriffes Thüringen, wie er sich seit dem Anfang des 19. Jahrhunderts herausbildete, entsprach. Denn wenn bis dahin im allgemeinen die Landschaft Thüringen im Osten an der Saale und im Süden am Thüringer Wald begrenzt wurde, so führte jetzt die in manchen politischen und verwaltungsmäßigen Vorgängen zu Tage tretende Zusammenarbeit der ernestinischen, schwarzburgischen und reußischen Länder dazu, diese Staaten als thüringische zu betrachten und demgemäß die Grenzen im Osten und Süden endgültig vorzuschieben. Dafür ist dann als Thüringen aber meist nur das Gebiet jener genannten Länder betrachtet worden, so daß im alten Stammland eine Verengung des Begriffes eintrat. Die geschichtliche Forschung hat also, soweit sie sich gesamtthüringischen Interessen widmete, nicht ein eindeutig bestimmtes Gebiet im Auge gehabt. Wie weit die Auffassungen auseinandergingen, das zeigt auf der einen Seite das große landeskundliche Werk über Thüringen von Fritz Regel mit seinem aus geographischen Gesichtspunkten heraus aufgestellten weitgesteckten räumlichen Umfang, auf der anderen Seite die im Auftrag der thüringischen einzelstaatlichen Regierungen bearbeitete und herausgegebene Reihe der Bau- und Kunst-Denkmäler Thüringens.

Von den Einrichtungen zur Förderung landesgeschichtlicher Bestrebungen, die im Laufe des 19. Jahrhunderts in Thüringen geschaffen wurden, ist der im Jahre 1852 gegründete und 1877 neu aufgezogene Verein für thüringische Geschichte und Altertumskunde in Jena, dessen Arbeitsgebiet von Anfang an Gesamtthüringen war, bei weitem die wichtigste. Durch die von ihm herausgegebene Zeitschrift samt den ihr später angegliederten besonderen Beiheften sind wertvollste Ergebnisse der Arbeit auf dem Gebiete der Landesgeschichte der Allgemeinheit zugänglich gemacht worden. Daneben aber – und das geht uns hier am meisten an – ist der Verein auch sehr frühzeitig durch die Veröffentlichung von Quellen hervorgetreten und hat damit die Aufgaben übernommen, die von den damals allenthalben in Deutschland gebildeten Historischen Kommissionen zu lösen waren. Mit seinen Leistungen auf diesem Gebiet haben wir uns daher an dieser Stelle, da er als der Vorläufer unserer neuen staatlichen Kommission zu betrachten ist, besonders zu befassen. Nachdem der Verein im ersten Jahrzehnt nach seiner Gründung ausschließlich die Herausgabe von erzählenden Geschichtsquellen betrieben und die Annalen von Reinhardsbrunn, die Chronik des Nikolaus von Siegen und die Thüringische Chronik von Johannes Rothe veröffentlicht hatte, steht die Zeit nach seiner Neugründung völlig im Zeichen der Bearbeitung von Urkundenbüchern. Auf stadt- und stadtrechtsgeschichtlichem Gebiet kamen die Urkundenbücher von Arnstadt und Jena und die Stadtrechte von Eisenach, Gotha und Waltershausen heraus; territorialgeschichtlich wurde im Urkundenbuch der Vögte von Weida, Gera und Plauen das Vogtland berücksichtigt, und in den Urkundenbüchern des Klosters Paulinzella und der Deutschordensballei Thüringen wurden die Quellen zweier bedeutsamer geistlicher Institutionen erschlossen. Die Veröffentlichung von Akten ist nur bis zu einem Bande der Ernestinischen Landtagsakten gediehen. Das Hauptwerk aber, das der Verein herausgebracht hat, sind die von Otto Dobenecker bearbeiteten Regesten zur thüringischen Geschichte, eine kritische Bearbeitung des Inhalts aller in Drucken bekannt gewordenen thüringischen Urkunden des Mittelalters.

Eine im Jahre 1896 gegründete Thüringische Historische Kommission, die als Verband des Vereins für thüringische Geschichte und anderer örtlich begrenzter Geschichtsvereine einzelner Gebiete Thüringens gedacht war, hat ihre Aufgabe weniger in der Veröffentlichung von Quellen als vielmehr in der Bearbeitung von Darstellungen auf dem Gebiete der neueren Geschichte, der Wirtschaftsgeschichte und der Kunstgeschichte gesehen, eigentliche Kommissionsaufgaben also nicht gelöst und infolge ihrer innerlich gegen den Verein kaum abgegrenzten Tätigkeit ihr Sonderdasein neben diesem auch bald aufgegeben.

Zieht man aus diesem knappen, nur die Hauptlinien berücksichtigenden Überblick über die bisherigen Leistungen der landesgeschichtlichen Forschung in Thüringen das Resultat und versucht die Ergebnisse zu würdigen, insbesondere für den nunmehr der neuen Kommission zugewiesenen Aufgabenbereich der Herausgabe von Quellen und Bearbeitung von Hilfsmitteln, so darf man zunächst das eine feststellen, daß im einzelnen manche tüchtige Arbeit vollbracht worden ist, daß auch aus der älteren Zeit neben vielen gänzlich überholten Dingen manches Werk von uns heute noch nicht entbehrt werden kann. Insbesondere ist durch die Quellenpublikationen, die der Verein für thüringische Geschichte herausgebracht hat, so unterschiedlich sie im Werte und in der Zuverlässigkeit der Bearbeitung sind, wertvoller Stoff erschlossen worden, auf den die weitere historische Forschung aufbauen kann. Vor allem werden die Dobeneckerschen Regesten, die als Werk eines der Wissenschaft gewidmeten Menschenlebens stets größte Achtung einflößen, ein Ruhmestitel des Vereins bleiben, wenn inzwischen die Methoden der Bearbeitung auch andere geworden sind.

Man wird bei dieser Gesamtwürdigung der bisherigen landesgeschichtlichen Arbeit allerdings auch nicht verschweigen dürfen, daß vieles von dem, was getan wurde, besser hätte vollbracht werden können, daß vor allem aber zahlreiche Aufgaben überhaupt noch nicht in Angriff genommen wurden und nunmehr dringend der Lösung harren, daß, im Ganzen gesehen, hinter aller betriebsamen Arbeit der einheitliche Plan, das große Ziel gefehlt hat. Freilich kann und soll damit kein Vorwurf gegen diejenigen erhoben sein, die die landesgeschichtliche Arbeit gefördert und getragen haben und deren wir auch an dieser Stelle dankbar gedenken. Indem wir uns der Mängel ihrer Arbeit bewußt sind, bringen wir zugleich das Verständnis dafür auf, daß diese bei der Arbeit des forscherischen Betriebs nicht ausbleiben konnten. Denn alles, was bisher geleistet wurde, ist im wesentlichen durch private Initiative und insofern mit unzureichenden finanziellen Mitteln geschaffen worden. Planvolle Arbeit in großem Ausmaße aber, wie sie der neuen Kommission vorschwebt, läßt sich bei der besonderen Struktur unseres Landes nur mit großzügiger staatlicher Hilfe vollbringen. Daß die neue Kommission durch den Herrn Reichsstatthalter in Thüringen und den Herrn Thüringischen Minister für Volksbildung als staatliche Einrichtung geschaffen wurde, eröffnet für die Zukunft besonders auch in dieser Hinsicht hoffnungsvolle Ausblicke und läßt uns mit dem Gefühl herzlicher Dankbarkeit an unsere große und schöne Aufgabe gehen, die sich aus dem soeben umrissenen jetzigen Stand der landesgeschichtlichen Forschung in Thüringen ergibt.

Für diese Aufgabe sind zunächst zwei Grundgedanken entscheidend. Einmal muß das Arbeitsgebiet der neuen Thüringischen Historischen Kommission das ganze Thüringen sein, d. h. der Boden, auf dem sich die thüringische Geschichte abgespielt hat. Dieses Gebiet ist nicht nur das heutige Land Thüringen, es wird auch durch den Bau Thüringen nicht völlig erfaßt. Es greift vielmehr im Süden darüber hinaus und bezieht das mit Thüringen durch Jahrhunderte verbunden gewesene Coburger Land ein, und es hat im Nordosten eine

Grenzzone in einer Reihe preußischer Kreise, die an das Land Thüringen stoßen. Und zum anderen kann die geschichtliche Betätigung der Kommission nicht in der Bearbeitung solcher Themen bestehen, die nur einen kleinen Kreis wissenschaftlich Interessierter angehen. Vielmehr wird sich die Wirksamkeit an dem Maßstab der Allgemeingültigkeit und der Bedeutsamkeit für das ganze Volk zu orientieren haben. Bei aller Arbeit wird stets das Endziel im Auge zu behalten sein, Bausteine zu schaffen für eine Geschichte des thüringischen Stammes und seiner Entwicklung im Rahmen des deutschen Volkes.

Wenden wir uns nunmehr von diesen allgemeinen Feststellungen den einzelnen Aufgaben zu, so stehen einige voran, deren Lösung nicht länger aufgeschoben werden kann. Aus der Erkenntnis, daß das umfassende Schrifttum zur thüringischen Geschichte vom einzelnen heute nicht mehr zu übersehen ist, ergibt sich die Notwendigkeit, eine längst vermißte Thüringische historische Bibliographie zu schaffen. Das heute nicht nur bei geschichtlich eingestellten Personen, sondern auch in der praktischen Verwaltungsarbeit immer wieder auftretende Bedürfnis, über den einzelnen Ort des Landes knapp, aber zuverlässig aufgeklärt zu sein, verlangt die Erarbeitung und Herausgabe eines Thüringischen historischen Ortslexikons. Die bunte Mannigfaltigkeit der staatlichen Gebilde auf thüringischem Boden in der Vergangenheit kann restlos nur durch das Kartenbild verstanden werden, und da auf historisch-geographischem Gebiet in Thüringen bisher so gut wie nichts vorliegt, muß ein Atlas zur Geschichte Thüringens eine der vornehmsten Aufgaben der neuen Kommission sein. Zu den notwendig dafür zu leistenden Vorarbeiten gehört die Bearbeitung von historischen Grundkarten. Von dem Reichtum der thüringischen Geschichte an bedeutenden Persönlichkeiten aller Richtungen aber soll eine Veröffentlichungsreihe von Lebensbildern einen Eindruck vermitteln.

Auf dem Gebiete der mittelalterlichen Geschichte klaffen bei dem jetzigen Stande der Forschung noch große Lücken, die nur durch die Erschließung neuen und unbekannten Quellenstoffes beseitigt werden können. Hier muß namentlich die Bearbeitung von Urkundenbüchern und Regestenwerken eifriger und planvoller als bisher betrieben werden. Die Fortsetzung des Dobeneckerschen Regestenwerkes wird dabei an der Spitze zu stehen haben. Allerdings wird sie in veränderter Form erfolgen müssen; denn es geht bei der fortgeschrittenen Editionstechnik heute schlechterdings nicht mehr an, die Bearbeitung nur auf die bekannten Drucke zu gründen, vielmehr muß die archivalische Überlieferung Grundlage der Arbeit sein. Daneben werden dann Urkundenbücher nur noch für solche Gegenstände notwendig sein, denen im Rahmen der gesamtthüringischen Geschichte ein besonderer Wert zukommt. Als solche sind Urkundenbücher der Grafen von Schwarzburg, der Klöster Reinhardsbrunn, Georgenthal und Jechaburg und geschichtlich bedeutsamer Städte, wie etwa Altenburg und Saalfeld, zu nennen. Über die Urkundenbücher hinaus müssen die für die südthüringische Geschichte äußerst aufschlußreichen Lehnbücher der Grafen von Henneberg und die thüringischen Stadtrechte, vor allem von Saalfeld und von den schwarzburgischen Städten, bearbeitet werden. Ferner besteht ein lebhaftes allgemeines Bedürfnis nach der Bearbeitung und Veröffentlichung der thüringischen Städtesiegel, und endlich ist die Förderung münzgeschichtlicher Arbeiten anzustreben.

Aber auch im Bereich der neueren Geschichte harren der Kommission dankbare Aufgaben. In erster Linie ist hier die Sammlung, Bearbeitung und Herausgabe der ländlichen Rechtsquellen, der Weistümer und Dorfordnungen, jener aufschlußreichen Zeugnisse bäuerlichen Gemeinschaftslebens, zu fördern. Auf dem Gebiet des innerstaatlichen Lebens warten die thüringischen Landesordnungen seit langem auf die Veröffentlichung. In politischer Hinsicht ist die Erschließung des Quellenmaterials für die Themen Carl Alexander und die deutsche Politik und die thüringische Einigungsbewegung im 19. und 20. Jahrhundert von allgemeiner Bedeutung. Und aus der Geschichte der Landesuniversität bedarf die Matrikel der Universität Jena dringend der längst erhofften Ausgabe, wie auch ein Urkundenbuch der Universität Jena die in den Anfängen steckende Universitätsgeschichte mannigfach befruchten kann.

Es ist ein außerordentlich umfangreicher Kreis von Aufgaben, die die neue Thüringische Historische Kommission zu lösen hat. Wir treten in unsere Arbeit ein im vollen Bewußtsein der hohen Verantwortung, die uns mit der Berufung zu Mitgliedern dieser Kommission auferlegt ist, zugleich aber in der freudigen Überzeugung, daß wir ein fruchtbares Tätigkeitsfeld zu bestellen haben. daß uns das Vertrauen und die tatkräftige Unterstützung der Förderer dieses Unternehmens erhalten bleibe und daß uns die Kräfte zur Lösung der Aufgaben nicht mangeln mögen, das ist der Wunsch, den wir uns zur Eröffnung der Thüringischen Historischen Kommission selbst aussprechen.

In rebus historicis
Betrachtungen
1940

Wenn man regelmäßig jahraus jahrein die Neuerscheinungen auf dem Gebiete der landesgeschichtlichen Arbeit zu beachten und zu beurteilen hat und neben der Wertung der Einzelschrift dabei vor allem auch die Frage nach Förderung und Fortschrift des Gesamtgegenstandes dieser wissenschaftlichen Tätigkeit im Auge behält, so hat man reichlich Gelegenheit, Beobachtungen von grundsätzlicher Bedeutung anzustellen. Sie sind teils erfreulicher, teils bedenklich stimmender Art.

Eine Beobachtung, die sich gerade in den letzten Jahren immer wieder aufdrängt und die an die Wurzel unserer geschichtlichen Arbeit rührt, ist die Tatsache, daß innerhalb der zünftigen Wissenschaft – nur diese haben wir hier im Auge – die Beschäftigung mit geschichtlichen Gegenständen offenbar nicht mehr als das ausschließliche Tätigkeitsfeld des Historikers betrachtet wird. Es ist nämlich seit langem üblich geworden, daß man von den der Geschichte mehr oder weniger benachbarten Disziplinen aus, z. B. von der Wirtschaftskunde, der Siedlungsgeographie, der Volkskunde, der Sprachforschung oder der Anthropologie her, auch in das eigentlich historische Arbeitsgebiet vorstößt und die Untersuchungen dieser Art mit geschichtlichen Darlegungen besonderer Prägung ausschmückt, angeblich, um für das Verständnis und die Deutung des der eigenen Wissenschaft angehörenden Forschungsergebnisses den Boden zu bereiten. Da kann man dann in solchen Arbeiten ganze Abschnitte finden, die »Angaben« aus der Orts-, Stadt-, Territorial- oder Landschaftsgeschichte bringen. Sofern in solchen Fällen der mit den Methoden seiner speziellen Wissenschaft arbeitende Forscher die notwendige historische Schulung besitzt, ist ein solches Unternehmen auch vom Historiker nur zu begrüßen, da es zur Erweiterung unseres Geschichtsbildes beiträgt. Wenn man man aber dabei jetzt vielfach eine geradezu beängstigende Sorglosigkeit im Umspringen mit historischen Gegenständen, den gänzlichen Mangel an einigermaßen ausreichenden historischen Vorstellungen und an jedem Verständnis für die Besonderheiten der historischen Methode in weitestem Umfange festzustellen hat, so muß der Historiker gegen ein solches Verfahren entschieden Stellung nehmen. So wie er den anderen Wissenschaften und ihrer Forschungsmethode die nötige Achtung entgegenbringt, so muß auch er verlangen, daß man seiner Wissenschaft, ihrer Methode und ihren Ergebnissen mit Ernst und Ehrfurcht gegenübertritt. Geschichte, auch Landes- und Ortsgeschichte, ist kein Tummelplatz für dilettantische Versuche, und auch die Geschichtsforschung hat wie jede Wissenschaft, ihre Methode, die man gelernt haben muß, wenn man ernsthaft mitreden will. Gerade jetzt, wo in Arbeiten der gekennzeichneten Art die gänzlich unwissenschaftliche Haltung der Geschichte gegenüber Mode zu werden scheint, hat der Historiker die Aufgabe, den

Schaden immer wieder aufzudecken und an der Wurzel anzupacken. Das ist er sich, seiner verantwortungsvollen Arbeit und seiner ernsten Wissenschaft schuldig. Die anderen Wissenschaften aber vergeben sich nichts von ihrer selbständigen Stellung, wenn sie bei historischen Fragen den Historiker zu Rate ziehen, denn ihre eigenen Forschungen werden dann um so gesicherter sein.

Land und Städte in Thüringen
1941

1. Landesgeschichte

Nach dem Untergang des Königreichs Thüringen, das zur Zeit seiner Blüte im 5. und am Anfang des 6. Jahrhunderts den gesamten mitteldeutschen Raum zwischen Main und Thüringer Wald im Süden, Ohre, Aller und Oker im Norden, Werra, Seulingswald und Kaufungerwald im Westen und Mulde und Elbe im Osten ausgefüllt hatte, das aber dem Ansturm der Franken in der Schlacht an der Unstrut 531 erlegen war, wurde der thüringische Stamm auf das Gebiet zwischen Thüringer Wald und Harz, Werra und Saale eingeschränkt. Im Osten rückten die Slawen bis an die Saale vor, und im Norden wurden die Sachsen die Nachbarn der Thüringer. Das Land selbst, das Grenzland geworden war, geriet in Abhängigkeit vom Fränkischen Reich, die besonders seit dem Erstarken dieses Reiches unter den Karolingern im 8. Jahrhundert fühlbarer wurde. Um die Mitte dieses Jahrhunderts wurde die fränkische Grafschaftsverfassung im Lande eingeführt, deren Amtsträger zumeist aus den einheimischen Edelfreien genommen wurden. Damit ging fränkische Siedlung Hand in Hand, und zu gleicher Zeit erfolgte auch die planmäßige Christianisierung der Thüringer, die für kurze Zeit (741 bis 746) ein eigenes thüringisches Bistum in Erfurt schuf, das Land aber dann unmittelbar unter das Bistum Mainz stellte. Durch die ebenfalls in jener Zeit entstandenen Grundherrschaften mit ihren Immunitäten, deren größte von den Klöstern Hersfeld und Fulda abhingen, wurde aber die straffe Verwaltungsorganisation der Grafschaften bereits durchbrochen. Während des 9. Jahrhunderts sind dann mannigfache Ansätze zu einer eigenen politisch-militärischen Führung des thüringischen Stammes durch einen Herzog zu beobachten, namentlich in den gegen die Slawen geführten Kämpfen. Aber diese angebahnte Entwicklung hat zu keinem dauernden Erfolg geführt; der Tod des Herzogs Burchard 908 bedeutete zunächst nicht nur ihren Abschluß, sondern zugleich die Lösung des Landes aus der bisherigen Bindung an Franken.

Mit dem Anfang des 10. Jahrhunderts trat dann Thüringen in engste Beziehungen zu Sachsen. Das sächsische Herzogshaus der Liudolfinger, das auch ausgedehnte Besitzungen und Amtsbefugnisse im nördlichen Thüringen innehatte und neue dazu erwarb, war jetzt das mächtigste Geschlecht in Thüringen. Es festigte seine Stellung, als es 919 mit Heinrich I. den deutschen Königsthron bestieg. Der sächsische Herzog galt nun zugleich als Herzog in Thüringen. Das Land spielte in den Maßnahmen Heinrichs I. zur Abwehr der Ungarn eine beachtliche Rolle; auf thüringischem Boden wurden sie 933 entscheidend geschlagen, und an den von Heinrich geschaffenen festen Plätzen brach sich ihr Ansturm. Unter den sächsischen Königen war Thüringen zusammen mit Sachsen das Kraftfeld des Reiches. Die königlichen Pfalzen am Harz und an der Unstrut sind Zeugnisse dafür, wie sehr die Ottonen diese Gegenden bevorzugten.

Schon in der fränkischen Zeit waren Maßnahmen getroffen worden, um die slawischen Lande rechts der Saale zurückzugewinnen. Aber erst im Verlaufe des 10. Jahrhunderts war diesen Unternehmungen dauernder Erfolg beschieden. Die dem Mutterlande östlich vorgelagerten Marken nahmen festere Gestalt an, seit sich mit ihnen durch die Gründung des Bistums Merseburg, Zeitz und Meißen (968) die kirchliche Organisation verband. Thüringens Stellung als Grenzland wurde damit beseitigt. In den Marken, besonders in der Zeitzer, konnte sich thüringischer Einfluß auswirken. Wenn sich später Thüringen über die Saale hinüber bis an die Elster und die Pleiße ausdehnte, so sind dafür die Grundlagen in jener Zeit geschaffen worden.

Im Innern Thüringens, das trotz aller Bindung an Sachsen seinen eigenen Stammescharakter wahrte, sind auch während der sächsischen Zeit kräftige Geschlechter am Werk gewesen, die um die Führerschaft des Stammes rangen, vor allem die Eckardiner und die Grafen von Weimar (später von Orlamünde), die, als sich mit dem Regierungsantritt König Heinrichs II. (1002) die enge Verknüpfung zwischen Sachsen und Thüringen wieder löste, die mächtigsten Herren im Lande waren. Während des 11. Jahrhunderts aber, das durch innere, mit den Vorgängen der Reichspolitik vielfach verquickte Kämpfe und Fehden ausgefüllt wurde, hat sich das aus Franken stammende Geschlecht der Ludowinger, das von der Schauenburg bei Friedrichroda aus immer mehr Fuß im Lande gefaßt hatte, zu solchem Ansehen emporgearbeitet, daß 1130 Kaiser Lothar dem Grafen Ludwig III. die Landgrafenwürde für Thüringen verlieh.

Diese neue Stellung, die im wesentlichen die höchste Gerichtsbarkeit im Lande, den Vorsitz im Landgericht, den Schutz des Friedens, die Aufsicht über Straßen und Geleit in sich schloß, sicherte den ludowingischen Landgrafen die Vorherrschaft im Lande. Von ihren ursprünglichen Besitzungen am westlichen Teil des Thüringer Waldes aus, wo sie bereits am Ende des 11. Jahrhunderts die Wartburg erbaut und das Kloster Reinhardsbrunn gegründet hatten, erwarben sie Güter im Norden und Osten Thüringens (Sangerhausen, Neuenburg bei Freyburg a. d. Unstrut, Goseck, Eckartsberga). Nach Westen erweiterte sich ihre Macht, als sie 1137 den Gudensbergischen Besitz in Hessen erbten, und 1180 fiel ihnen mit der Pfalzgrafschaft Sachsen ein zweites Reichsfürstentum zu. Ihr Streben, die landgräflichen Befugnisse zu einer wirklichen Landeshoheit auszubauen, ist ihnen freilich nur teilweise gelungen; aber ihre landgräfliche Stellung konnte ihnen bis zu ihrem Aussterben 1247 von keiner der anderen neben ihnen bestehenden Gewalten mehr streitig gemacht werden.

In die gleiche Zeit, als die Landgrafen in Thüringen regierten, fällt die Entwicklung der Landeshoheit auch bei den anderen Geschlechtern Thüringens. Südlich des Thüringer Waldes, zum großen Teil außerhalb des eigentlichen thüringischen Gebietes, kamen die seit 1096 urkundlich genannten Grafen von Henneberg empor, deren Grafschaft nie zum Amtsbereich der Landgrafen gehört hat. Im Innern des Landes brachten es die Grafen von Käfernburg-Schwarzburg (urkundlich seit dem 11. Jahrhundert bezeugt), die Grafen von Weimar-Orlamünde (seit 949 genannt) und die Grafen von Tonna-Gleichen (seit 1099) zu ansehnlichen territorialen Bildungen, und im nördlichen Teil des Gebietes entfalteten die Grafen von Beichlingen (nach 1088 bezeugt), von denen sich die Grafen von Rothenburg und Lohra abzweigten, und die Grafen von Hohnstein (Anfang des 12. Jahrhunderts) ihre Macht. Neben diesen bedeutenderen Geschlechtern entstanden auch Herrschaftsgebilde kleinerer Dynastenfamilien; so waren südwestlich des Thüringer Waldes die Herren von Frankenstein (seit 1137 bezeugt) ansässig und im Innern die Grafen von Berka (seit 1154), die Herren von Blankenhain (seit Anfang des 12. Jahrhunderts), die Herren von Kranichfeld (seit 1143) und die Herren von Tannroda (seit 1174), die Burggrafen von Kirchberg (seit 1149) und die Schenken und Vitztume von Apolda (seit 1123). Diese Mannigfaltigkeit der Herrschaftsgebiete wurde noch vermehrt durch das im Lande liegende Reichsgut und die Besitzungen geistlicher Gewalten, namentlich des Erzstiftes Mainz und der Klöster Hersfeld und Fulda; von ihnen hat es allerdings nur Mainz zur Ausbildung eines bedeutenden Territoriums in Thüringen gebracht, das sich im Eichsfeld ausbreitete.

In die Zeit der landgräflichen Herrschaft fällt aber auch die Ausweitung Thüringens nach dem Osten über die Saale hinaus, die durch die Markenbildung in früherer Zeit begonnen worden war und die jetzt durch planmäßige Kolonisation gesichert wurde. Von den auch im Stammland ansässigen Geschlechtern haben sich um diese Aufgabe besonders die Grafen von Schwarzburg verdient gemacht, die ihr Territorium in das seit dem Ende des 11. Jahrhunderts vom Stift Saalfeld kolonisierte, dann an das Reich gefallene und 1208 an sie übergebene Orlaland vorschoben. Hier wirkten auch die aus Franken kommenden, seit 1133 an der Saalelinie bezeugten Herren von Lobdeburg, die ihre Besitzungen dann weiter nach der Elsterlinie hin ausdehnten, und im Gebiet dieses Flusses hat das aus der Gegend um Mühlhausen stammende Geschlecht der Vögte von Weida, Gera und Plauen, das 1122 zuerst urkundlich auftritt, ein bedeutendes Territorium aufgebaut.

Das Geschlecht der ludowingischen Landgrafen ist 1247 mit Heinrich Raspe, der kurze Zeit die unrühmliche Rolle eines Gegenkögigs gespielt hatte, erloschen. Für den Fall seines söhnelosen Todes hatte bereits 1243 der Wettiner Heinrich der Erlauchte, Markgraf von Meißen, als Sohn der ältesten Schwester Heinrich Raspes die Anwartschaft auf die Landgrafschaft Thüringen erhalten. Er hat im thüringischen Erbfolgekriege von 1247 bis 1264 sein Recht gegen die Ansprüche anderer durchsetzen müssen. Der hessische Besitz ging verloren und bildete fortan die Landgrafschaft Hessen; in Thüringen aber hat sich Heinrich der Erlauchte behauptet, und seitdem sind bis zur staatlichen Umwälzung 1918 die Wettiner die bedeutendsten Herren des Landes gewesen.

Obwohl Thüringen mit den Anfall an die Wettiner in ein ausgedehntes mitteldeutsches Territorium einbezogen wurde, hat es doch seine Selbständigkeit weiter behauptet. Heinrich der Erlauchte übertrug 1265 die Verwaltung der Landgrafschaft seinem Sohne Albrecht, der sie nach des Vaters Tod 1288 behielt. Seine unglückliche und unverantwortliche Herrschaft entzweite ihn mit seinen Söhnen, die den Verkauf der Landgrafschaft an das Reich (1291) und die Ansprüche der Könige Adolf und Albrecht auf die wettinischen Lande abwehren und den Vater zum Verzicht auf die Regierung bringen mußten (1307). Friedrich der Freidige († 1323), seit 1307 der alleinige Herr aller wettinischen Länder, hat die landgräfliche Macht wieder aufgerichtet. Er dehnte ferner das landgräfliche Territorium durch die Erheiratung der Besitzungen der Herren von Lobdeburg-Arnshaugk (1300) und durch die Erwerbung des Reichsgutes im Pleißenland mit der Stadt Altenburg (1312) aus. Unter seinem Sohne Friedrich dem Ernsthaften († 1349) und dessen Söhnen Friedrich dem Strengen († 1381), Balthasar († 1406) und Wilhelm († 1407), die bis 1379 gemeinschaftlich regierten, erfolgte eine sehr ausgedehnte Erweiterung der Besitzungen und Rechte und eine stetige Abrundung des landgräflichen Territoriums, namentlich während des Grafenkrieges (1342 bis 1346), in dem Friedrich der Ernsthafte die Grafen und Herren unterwarf, insbesondere Orlamünde durch Kauf erwarb und die orlamündische Herrschaft Weimar zum landgräflichen Lehen machte, das 1372/73 den Wettinern heimfiel. Kurze Zeit danach mußten auch die Grafen von Schwarzburg zahlreiche Besitzungen den Landgrafen überlassen oder als Lehen übergeben, und das gleiche Schicksal widerfuhr den Vögten. Über den

Thüringer Wald hinüber griffen die Wettiner durch die Heiratserwerbung der hennebergischen Herrschaft Coburg (1353) und weiterer hennebergischer Ämter (1374).

Durch die Örterung von 1379 und die auf ihrer Grundlage erfolgte Chemnitzer Teilung von 1382 wurde der Hauptteil Thüringens wieder verselbständigt und dem Landgrafen Balthasar zugeschlagen; das Osterland, zu dem auch einzelne Stücke des thüringischen Stammgebietes und vor allem die östlich der Saale liegenden Teile Thüringens gehörten, fiel an die Söhne Friedrichs des Strengen, Friedrich den Streitbaren († 1428), Wilhelm den Reichen († 1425) und Georg († 1401). In Thüringen folgte auf Balthasar sein Sohn Friedrich der Friedfertige, der nach dem Tod des Markgrafen Wilhelm von Meißen (1407) dessen vogtländischen Besitz erbte, 1440 aber kinderlos starb. Nunmehr gelangte Thüringen an die ehemalige Osterländer Linie der Wettiner, die inzwischen mit Saalfeld (1389), der Leuchtenburg (1395), Pößneck (1418) und Gräfenthal (1428) noch wertvolle Besitzungen erworben hatte, der es aber vor allem gelungen war, für Friedrich den Streitbaren 1423 nach dem Aussterben der Askanier das Herzogtum Sachsen und die Kurwürde zu erlangen. In der 1445 zwischen den Söhnen Friedrichs des Streitbaren, Friedrich dem Sanftmütigen († 1464) und Wilhelm dem Tapferen († 1482), erfolgten Teilung des gesamtwettinischen Besitzes fiel Thüringen mit Teilen des Osterlandes, auf die nunmehr der Name Thüringen ausgedehnt wurde, und mit den fränkischen Besitzungen an Wilhelm. Das Land hatte zunächst unter dem im Anschluß an diese Teilung entstandenen Sächsischen Bruderkrieg (1445 bis 1451), der durch die Räte Wilhelms, Apel und Busso Vitzthum, geschürt wurde und für sie mit der Einziehung ihrer Beziehungen endete, schwer zu leiden, erlebte dann aber unter Wilhelm die Segnungen einer gut geordneten staatlichen Verwaltung, die sich namentlich in der Einrichtung von Ämtern zeigte.

Nach dem söhnelosen Tode Wilhelms fiel sein Land an seine Neffen Ernst († 1486) und Albrecht († 1500), die nunmehr den wettinischen Gesamtbesitz wieder in ihrer Hand vereinigten und damit das mächtigste Territorium im Reich besaßen. Gerade der Erwerb Thüringens gab aber den Anstoß zur Leipziger Teilung von 1485, die nicht nur die wettinischen Länder, sondern durch eine ost-westliche Trennungslinie auch Thüringen unglücklich in zwei Teile zerriß. Der ältere Bruder Ernst erhielt mit dem Herzogtum Sachsen und der Kurwürde die größere südliche Hälfte Thüringens, große Teile des Osterlandes, das gesamte Vogtland und die fränkischen Gebiete. Das nördliche Thüringen fiel mit den übrigen wettinischen Besitzungen an Albrecht. Die Teilungslinie, die damals quer durch das thüringische Stammesgebiet gelegt wurde, die den Süden den Ernestinern, den Norden den Albertinern zuwies, hat, nachdem das albertinische Gebiet 1815 preußisch geworden ist, bis in die jüngste Gegenwart Bestand gehabt. Sie ist der Anlaß dafür gewesen, daß man sich gewöhnte, Nordthüringen überhaupt nicht mehr als thüringisches Gebiet zu betrachten. Anderseits wurde nun, seitdem die Wettiner Herzöge zu Sachsen geworden waren und diesen Titel ihren übrigen voranstellten, mit dem Herzogstitel auch der Name Sachsen auf die thüringischen Lande übertragen, und die alte Bezeichnung der Landgrafen von Thüringen erscheint fortan nur noch als Nebentitel. Für unsere weiteren Darlegungen scheidet an dieser Stelle der albertinische Norden Thüringens aus der Betrachtung aus.

In der Verbindung mit dem Kurland Sachsen hat dann Thüringen unter den Kurfürsten Friedrich dem Weisen († 1525), Johann dem Beständigen († 1532) und Johann Friedrich dem Großmütigen († 1554) die Zeit der Reformation miterlebt, die sich hier frühzeitig, unterstützt durch Kirchenvisitationen seit 1528, restlos durchsetzte und das Land evangelisch machte. Durch die Reformation aber verloren auch die Ernestiner nach der unglücklichen Schlacht von Mühlberg und der Wittenberger Kapitulation 1547 das Kurland Sachsen und die Kurwürde, die vogtländischen und meißnischen Besitzungen und waren fortan, nachdem ihnen durch den Naumburger Vertrag von 1554 einige Ämter wieder herausgegeben worden waren, ganz auf Thüringen östlich und westlich der Saale eingeschränkt. Einen nochmaligen Länderverlust erlitten sie, als sie die vier Ämter Weida, Arnshaugk, Ziegenrück und Sachsenburg zur Deckung der Feldzugskosten, die Kurfürst August von Sachsen bei der Vollstreckung der Reichsacht gegen den in die Grumbachschen Händel verstrickten Herzog Johann Friedrich den Mittleren aufgewendet hatte, 1567 an die Albertiner abtreten mußten.

Es war das Streben der Wettiner gewesen, seit sie die Landgrafschaft Thüringen um die Mitte des 13. Jahrhunderts übernommen hatten, ihren thüringischen Besitz immer mehr abzurunden und die im Lande vorhandenen Sondergewalten zu beseitigen. Dieses Streben ist ihnen im weitestem Umfange geglückt. Seit das südlich des Thüringer Waldes mächtige Haus der Grafen von Henneberg, das sich 1274 in die drei Linien Schleusingen, Aschach (ausgestorben 1549) und Hartenberg (ausgestorben 1378), wobei der Besitz an die Linie Aschach fiel, die sich nach dem Verkauf von Aschach an Würzburg nach Römhild nannte, geteilt und mit Berthold VII. aus der Schleusinger Linie 1310 den gefürsteten Grafenstand erlangt hatte, 1583 endgültig erloschen war und seine Lande, zunächst unter gemeinsamer Verwaltung bis 1660, zu $5/12$ an die Albertiner, zu $7/12$ an die Ernestiner fielen, gab es neben den ernestinischen Herzogshäusern in Thüringen nur noch zwei Geschlechter, die sich im wesentlichen selbständig gehalten hatten und die sich in der Folgezeit ebenbürtig neben ihnen entfalten konnten: die Grafen von Schwarzburg und die Herren Reuß. Mit den Ländern dieser drei Familien hat es also die thüringische Geschichte vom 16. Jahrhundert ab in der Hauptsache zu tun.

Die Grafen von Käfernburg-Schwarzburg, die urkundlich seit dem 11. Jahrhundert genannt werden und sich zu Beginn des 13. Jahrhunderts in die Häuser Käfernburg (ausgestorben 1385) und Schwarzburg schieden, waren ursprünglich am Nordost-Abhang des Thüringer Waldes (Burgen Käfernburg bei Arnstadt, Schwarzburg und Blankenburg) und an der unteren Unstrut (Herrschaften Wiehe und Rabenswald) ansässig. Sie breiteten ihr Territorium zunächst am Thüringer Wald aus, erwarben 1208 das Reichsgut Saalfeld (1389 an die Wettiner abgetreten) mit Teilen des Orlagaues, 1334 Rudolstadt von den Grafen von Orlamünde. Ihr Vordringen abwärts der Saale wurde von den Wettinern aufgehalten. Seit der Mitte des 14. Jahrhunderts gewannen sie bedeutenden Besitz in Nordthüringen um den Kyffhäuser, vor allem 1340 Frankenhausen von den Grafen von Beichlingen, 1356 Sondershausen von den Grafen von Hohnstein. Nach der Teilung des Hauses Schwarzburg 1275 in die Linien Schwarzburg-Schwarzburg (ausgestorben 1564) und Schwarzburg-Blankenburg und zahlreichen Unterteilungen wurden Mitte des 16. Jahrhunderts die gesamten schwarzburgerischen Besitzungen wieder in der Hand der vier Söhne Günthers XL. vereinigt.

Die Vögte von Weida, die aus der Gegend um Mühlhausen in die Elstergegend gekommen waren und dort zuerst 1122 urkundlich bezeugt werden, arbeiteten sich als Reichsministerialen in die Höhe. Sie erwarben ausgedehnten Besitz von Gera bis nach Hof, der nach ihnen den Namen Vogtland erhielt, und teilten sich um 1240 in die Linien der Vögte von Weida, von Gera und von Plauen, von der sich 1306 noch die Linie der Reußen von Plauen abzweigte. 1329 erhielten alle Linien durch Kaiser Ludwig von Bayern die Anerkennung der Landeshoheit. Von den ursprünglich umfassenden Besitzungen der Vögte, die sich noch in zahlreiche Unterlinien geteilt hatten, verblieben den Reußen nach Aussterben der Linien

Weida (1531), Gera (1550) und Plauen (1572) nur die Herrschaften Gera, Greiz und Schleiz mit ihrem Zubehör.

Von der Mitte des 16. Jahrhunderts ab, die bei den drei politisch selbständigen Regentenfamilien, den Ernestinern, den Schwarzburgern und den Reußen, die Vereinigung der Gebiete in einer Hand gebracht hatte, verläuft die thüringische Geschichte durch die nächsten Jahrhunderte hindurch ganz gleichmäßig als eine Fortsetzung und ständige Wiederholung von Landesteilungen, die Thüringen zum klassischen Beispiel der deutschen Kleinstaaterei machten.

Bei den Ernestinern erfolgte die erste Teilung 1572, die eine Linie Sachsen-Weimar und eine Linie Sachsen-Coburg-Eisenach schuf. Das Gebiet dieser Linie wurde 1596 untergeteilt in einen Coburger und einen Eisenacher Anteil, die Linie Weimar spaltete sich 1603 in Sachsen-Weimar und Sachsen-Altenburg. Nach dem Aussterben der Coburger (1633) und der Eisenacher Linie (1638) fiel deren Gebiet zum größten Teil an Altenburg, zum kleineren an Weimar. In der Linie Weimar erfolgte daraufhin 1641 eine neue Teilung in die Linien Sachsen-Weimar, Sachsen-Eisenach und Sachsen-Gotha, von denen Eisenach 1644 bereits wieder erlosch, wobei der Besitz auf Weimar und Gotha verteilt wurde.

Als 1672 die Linie Sachsen-Altenburg ausstarb, fiel der Hauptteil des Erbes an Gotha, der Rest an Weimar. In dieser Linie erfolgte daraufhin sofort eine neue Teilung in die Linien Sachsen-Weimar, Sachsen-Eisenach und Sachsen-Jena, doch wurde der gesamte Besitz, nachdem die Linie Jena 1690 und die Linie Eisenach 1741 ausgestorben und 1724 die Erstgeburtsfolge eingeführt worden war, als Herzogtum Sachsen-Weimar-Eisenach wieder in einer Hand vereinigt. Unter der Regierung Karl Augusts (1775–1828) wurde das Land 1815 Großherzogtum und erfuhr durch die Erwerbung des Neustädter Kreises, von Teilen des Erfurter Gebietes und von Ämtern in der Rhön eine erhebliche Vergrößerung.

In der Gothaer Linie erfolgte die Teilung des um die Altenburger Erbschaft vergrößerten Gebietes erst 1680/81. Es entstanden dabei die sieben Linien Gotha-Altenburg, Coburg, Meiningen, Römhild, Eisenberg, Hildburghausen und Saalfeld, von denen nach dem Aussterben von Coburg (1699), Eisenberg (1707) und Römhild (1710) und mannigfachen Streitigkeiten und Gebietsverschiebungen die vier Linien Gotha-Altenburg (Erstgeburtsfolge 1685 eingeführt), Meiningen (1803), Hildburghausen (1715) und Coburg-Saalfeld (1746) übrigblieben. Als 1825 die Linie Gotha-Altenburg erlosch, fiel Gotha an die Linie Coburg, die Saalfeld an Meiningen abtrat. Das Altenburger Gebiet wurde dem bisherigen Herzog von Hildburghausen gegeben, dessen Land zum größten Teil ebenfalls an Meiningen, zum kleineren an Coburg fiel, und so bestanden seit 1826 bei den Ernestinern neben dem Großherzogtum Sachsen-Weimar-Eisenach (seit 1877 Großherzogtum Sachsen) die drei Herzogtümer Sachsen-Coburg und Gotha, Sachsen-Meiningen und Sachsen-Altenburg.

Auch bei den Grafen von Schwarzburg und bei den Reußen erfolgte die grundlegende Landesteilung Ende des 16. Jahrhunderts Nachdem die Schwarzburger 1571 eine Oberherrschaft und in der Unterherrschaft einen Sondershäuser und einen Frankenhäuser Teil gebildet, 1574 die Oberherrschaft in einen Arnstädter und einen Rudolstädter Teil zerschlagen, 1584 den Arnstädter Teil auf Sondershausen und Rudolstadt verteilt hatten, teilten sie 1599 endgültig: es entstanden die beiden Linien Schwarzburg-Rudolstadt und Schwarzburg-Sondershausen. Die Sondershäuser Linie teilte erneut 1642 (Arnstadt, ausgestorben 1681, und Sondershausen) und 1681 (Arnstadt, ausgestorben 1716; Sondershausen), und auch in der Rudolstädter Linie kam es vorübergehend zu Teilungen. Beide Linien erhielten 1697 die Reichsfürstenwürde, die Rudolstadt aber erst 1710 annahm, und führten 1713 das Erstgeburtsrecht ein.

Die Reußen, die von 1451 bis 1615 auch die Herrschaft Oberkranichfeld besaßen, teilten ihre Besitzungen 1564 in eine ältere Linie (Untergreiz), eine mittlere (Obergreiz), die 1616 erlosch, und eine jüngere (Gera). Die ältere Linie teilte sich 1583 in zwei Untergreizer Linien, 1596 in die Häuser Untergreiz und Burgk, 1616 (nach dem Anfall von Obergreiz aus dem Besitz der ausgestorbenen mittleren Linie) bzw. 1625 in die Häuser Obergreiz, Untergreiz, Burgk und Dölau (die beiden letzten ausgestorben 1639 und 1636). Vom Haus Untergreiz spalteten sich 1668 die Zweige Burgk (ausgestorben 1697) und Rothenthal (ausgestorben 1698) ab. Obergreiz hatte, obwohl 1690 die Primogenitur im Gesamthaus Reuß eingeführt worden war, von 1694 bis 1698 einen Ableger im Zweige Dölau. Nachdem 1768 das Haus Untergreiz ausgestorben war, vereinigte Obergreiz den gesamten Besitz der älteren Linie Reuß in einer Hand. Die jüngere Linie Reuß zerfiel bei der Teilung von 1647 in die vier Speziallinien Gera, Schleiz (ausgestorben 1666), Lobenstein und Saalburg, 1666 in die Linien Gera (ausgestorben 1802), Schleiz (mit Paragium Köstritz seit 1693) und Lobenstein. Die Linie Lobenstein bildete 1678 die Zweige Lobenstein (ausgestorben 1805) mit dem Ast Lobenstein-Selbitz (1715–1824), Hirschberg (ausgestorben 1711) und Ebersdorf (Abdankung 1848). Der gesamte Besitz der jüngeren Linie Reuß war seit 1848 in der Hand des Hauses Schleiz. Das Gesamthaus Reuß wurde 1673 in den Reichsgrafenstand erhoben; den Reichsfürstenstand erlangten die ältere Linie 1778, Reuß-Lobenstein 1790, Reuß-Schleiz, Reuß-Lobenstein-Selbitz und Reuß-Ebersdorf 1806.

Seit dem Anfang des 19. Jahrhunderts zeigten sich in Thüringen Bestrebungen, die durch die Kleinstaaterei verursachten Schäden auf dem Gebiete der Verwaltung und der Wirtschaft durch Zusammenschlüsse der thüringischen Staaten, d. h. der ernestinischen, schwarzburgischen und reußischen Länder, zu beheben. Der erste sichere Erfolg wurde auf dem Gebiete der Zollpolitik erreicht; nachdem der Arnstädter Vertrag von 1822 und der Mitteldeutsche Handelsverein von 1828 nur kurzen Bestand gehabt hatten, schlossen sich die thüringischen Staaten 1833 zu einem Zoll- und Handelsverein zusammen, dem auch die preußischen Kreise Erfurt, Suhl und Ziegenrück beitraten, und dieser Verein schloß sich sofort dem Deutschen Zollverein an. Die 1848 und 1849 lebhaft erörterten Fragen der politischen Einigung Thüringens scheiterten völlig, nur einige Verwaltungsgemeinschaften, insbesondere durch Bildung gemeinsamer Gerichte, kamen in der Folge zustande. Erst die Revolution von 1918 hat durch die Beseitigung der Dynastien die letzten Hindernisse für den lange vorbereiteten politischen Zusammenschluß aus dem Wege geräumt. Eine großthüringische Lösung unter Einbeziehung der preußischen Gebietsanteile an Thüringen gelang allerdings nicht, aber 1920 vereinigten sich die sieben Einzelstaaten Sachsen-Weimar-Eisenach, Sachsen-Gotha, Sachsen-Altenburg, Sachsen-Meiningen, Schwarzburg-Rudolstadt, Schwarzburg-Sondershausen und Reuß (1919 durch Verschmelzung von Reuß ä. L. und Reuß j. L. gebildet) zum Lande Thüringen, nachdem sich Coburg 1919 an Bayern angeschlossen hatte. Dem neuen Einheitsstaat waren in der Überwindung der kleinstaatlichen Zustände große Aufgaben gestellt, die er durch die Vereinheitlichung der Gesetzgebung und Verwaltung gelöst hat. Am 26. August. 1932 erhielt das Land Thüringen die erste nationalsozialistische Landesregierung in Deutschland.

2. Die Städte

Die Anfänge des Städtewesens in Thüringen fallen in das 12. Jahrhundert Neben den drei landgräflichen Städten Eisenach, Gotha und Creuzburg (Werra) wird vor 1200 die fuldaische Stadt Vacha genannt, und im Kolonisationsgebiet sind die Städte Altenburg und Weida zweifellos noch im 12. Jahrhunderts gegründet worden. Die Hauptzahl der thüringischen Städtegründungen, bei 63 von insgesamt 101 Städten, erfolgte indes im Verlaufe des 13. und 14. Jahrhunderts. Dabei ist kein Unterschied zwischen dem Mutterland westlich der Saale und dem östlich davon liegenden Kolonisationsland festzustellen; der Vorgang spielte sich in beiden Gebieten gleichmäßig und zu gleicher Zeit ab. Als Städtegründer betätigten sich alle namhaften landesherrlichen und grundherrlichen Geschlechter Thüringens, die Landgrafen von Thüringen aus dem ludowingischen Hause und ihre Nachfolger, die Wettiner, diese auch als Markgrafen von Meißen, die Grafen von Käfernburg und Schwarzburg, von Beichlingen, von Hohnstein, von Gleichen, von Orlamünde und von Henneberg, die Herren von Frankenstein, von Lobdeburg und von Schlotheim, die Vögte von Weida, Gera und Plauen und die Reußen, die Schenken und Vitztume von Apolda und andere. Nach 1400 folgte eine Reihe von Erhebungen vorhandener Orte zu Städten, wobei vorher vielfach die Entwicklung vom Dorf zum Marktflecken bzw. Stadtflecken zu beobachten ist, d. h. also, die wirtschaftliche Entwicklung die Orte allmählich zu Gemeinden mit städtischem Charakter werden ließ. Im 15. Jahrhunderts sind Allstedt, Berka, Blankenhain, Tanna, Tannroda und Zeulenroda Städte geworden oder werden zuerst als solche genannt, ins 16. Jahrhunderts fällt die Stadtwerdung von Friedrichroda, Großenehrich und Ostheim, im 17. Jahrhunderts wurden Kranichfeld und Lehesten, im 18. Jahrhunderts Gößnitz und Zella, im 19. Jahrhunderts Berka (Werra), Gehren, Großbreitenbach, Langewiesen, Mehlis, Meuselwitz und Ruhla zu Städten erhoben, und auch noch im 20. Jahrhunderts erhielten die Gemeinden Ebeleben, Hohenleuben, Kaltennordheim, Köstritz, Langenberg, Münchenbernsdorf, Neuhaus am Rennweg, Oberlind, Oberweißbach, Steinach, Tambach-Dietharz, Triebes und Wurzbach das Recht, die Bezeichnung Stadt zu führen.

Im Hinblick auf die städtische Verfassung und das Stadtrecht ist Thüringen kein einheitliches Gebiet; hier zeigt sich, wie auch sonst in den thüringischen rechtlichen Verhältnissen, vornehmlich die Teilung in eine sächsische und eine fränkische Rechtssphäre. Im Süden des Landes hat sich das Schweinfurter Stadtrecht stark ausgebreitet, das unmittelbar oder mittelbar auf die Städte Wasungen (1308), Hildburghausen (1331), Eisfeld (1342), Meiningen (1344), Sonneberg (1349), Schalkau (1362), Ummerstadt (1394), Römhild (1411), Heldburg (1423) und Themar übertragen wurde. Von Westen her wirkte das Fuldaer Stadtrecht auf Vacha, Salzungen (Anfang des 14. Jahrhunderts), Stadtlengsfeld und Geisa (Mitte des 14. Jahrhunderts), das Hersfelder auf Arnstadt (1266). Für die nördlichen Städte Frankenhausen, Sondershausen und Greußen waren lange Zeit die Reichsstädte Nordhausen und Mühlhausen Oberhof. In Thüringen selbst bildete sich die Stadtrechtsfamilie der landgräflichen Städte, deren Recht als Verarbeitung älteren thüringisch-fränkischen Rechts mit sächsischem Recht von Eisenach ausging und von dort auf Gotha und Waltershausen und weiter auf Jena (1332) und Orlamünde und über Weißensee (1265) auf Weimar (1410) und Buttelstedt (1454) übertragen wurde. Besonders eng waren auch die rechtlichen Beziehungen zwischen den schwarzburgischen Städten, deren Recht wohl vielfach auf das Saalfelder zurückging. Von Norden her übte Goslar Einfluß aus, z. B. auf Altenburg, und wohl auch Magdeburg. Bei den meisten Städten ist allerdings eine förmliche Verleihung von Stadtrecht nicht urkundlich belegt. Die Kodifikation des in den Städten geltenden Rechts ist sehr häufig erst bei späteren Gelegenheiten erfolgt.

Die Entwicklung der städtischen Selbstverwaltung ist im allgemeinen gleichmäßig verlaufen. Nach anfänglich stärkerer Abhängigkeit der Städte von den Stadtherren, die sich zumeist in dem Vorhandensein eines Schultheißen als stadtherrlichen Beamten zeigt, gewannen die Städte die völlige Selbstverwaltung durch die Ausbildung des Rates, die wohl in den meisten Fällen während des 14., spätestens während des 15. Jahrhunderts gelungen ist. Im 15. und 16. Jahrhundert tritt neben dem Rat die Gemeindevertretung deutlich in Erscheinung. Zu Auseinandersetzungen zwischen beiden Einrichtungen ist es öfters gekommen; lebhafter sind diese nur in seltenen Fällen geworden. Gegenüber der Landesherrschaft nahmen die Städte eine verschiedene Stellung ein. Neben den kanzleischriftsässigen Städten, die unmittelbar unter dem Landesherrn bzw. seiner Kanzlei als staatlicher Zentralbehörde standen, gab es die amtssässigen Städte, deren übergeordnete Instanz das landesherrliche Amt war, und mehrfach waren Städte auch einer Grundherrschaft untergeordnet. Es läßt sich wiederholt beobachten, daß amtssässige Städte danach strebten, in die Kanzleischriftsässigkeit aufzurücken (z. B. Lucka, Themar).

Bei der Betrachtung der wirtschaftlichen Entwicklung der thüringisch Städte darf vor allem nicht übersehen werden, daß auch von den Bürgern stets Landwirtschaft betrieben worden ist, so daß in dieser Beziehung kein Unterschied gegen das platte Land bestand. Die Landwirtschaft überwog namentlich in den kleineren Städten jede andere Tätigkeit so stark, daß diese Städte bis in die neuere Zeit hinein ausgesprochene Ackerbürgerstädte gewesen sind. Daneben ist der Betrieb der städtischen Kleingewerbe das hervorstechendste wirtschaftliche Kennzeichen der thüringischen Städte gewesen, dessen Erzeugnisse nicht für den großen Handel, sondern zur Befriedigung der Bedürfnisse der städtischen Bevölkerung und der der umliegenden Dorfschaften bestimmt waren. Auf die beiden Erscheinungen des in der Landwirtschaft begründeten Braurechts und des in den Zünften und Innungen organisierten Handwerks gründete sich von Anfang an bis in das ausgehende 18. Jahrhunderts das Bannmeilenrecht der Städte, das in erster Linie ihren wirtschaftlichen Bestand sicherte und daher zäh gegen etwaige Anmaßungen der in der Bannmeile gelegenen Dörfer verteidigt wurde. Allerdings hat sich in vielen thüringischen Städten auch frühzeitig ein umfassenderer Gewerbebetrieb und ein mit diesem verbundener weitreichenderer Handel entwickelt. Im Innerthüringen ist bis in das 16. Jahrhundert der Waidbau und der Waidhandel lebhaft im Gange gewesen (z. B. besonders in Gotha und Arnstadt). Die mineralischen Schätze des Landes wurden ausgebeutet und verarbeitet (z. B. Eisen: Königsee, Ruhla, Steinach, Zella-Mehlis; Silber und Kupfer: Blankenburg, Ilmenau, Königsee, Saalfeld; Schiefer: Lehesten, Steinach; Salz: Frankenhausen, Salzungen). Ferner ist die Weberei als Tuchmacherei weit verbreitet gewesen (z. B. Gera, Hildburghausen, Meuselwitz, Neustadt a. O., Pößneck, Ronneburg, Schmölln, Themar, Wasungen), ebenso die Gerberei (z. B. Neustadt, Pößneck).

Seit dem 16. Jahrhunderts ist die städtische Selbständigkeit durch den sich immer mehr abrundenden und seine Rechte wahrenden Territorialstaat stark beschnitten worden. Das zeigt sich deutlich in einer Einschränkung der polizeilichen Befugnisse der Stadträte und vor allem in den während des 16. und 17. Jahrhunderts allenthalben von den Landesherren verliehenen städtischen Statuten. Für Thüringen hatte die landesherrliche Einflußnahme auf die Städte ihr besonderes Gesicht durch die gerade in jenen Jahrhunderten um sich greifende Kleinstaaterei, die einerseits die Städte und ihre Bürger in den kleinsten, den Blick einengenden Rahmen spannte, anderseits aber durch die über das ganze Land verbreiteten Residenzen auch manchen Vorteil für sie brachte, namentlich in kultureller, noch heute spürbarer Beziehung. Die damalige Wirtschaftsrichtung des Merkantilismus hat einige neue Industrien in thüringischen Städten eingeführt oder belebt, die sich weiter verbreiteten und dauernden Bestand hatten, so die Kammgarnweberei in Gera, die Strumpfwirkerei in Apolda und die Porzellanindustrie. Im allgemeinen aber läßt sich sagen, daß die Zeit vom 17. Jahrhunderts bis in den Anfang des 19. Jahrhunderts hinein einen allmählichen, aber ständigen Rückgang des städtischen Wirtschaftslebens und der städtischen Selbständigkeit bedeutete. Insbesondere haben auch kriegerische Ereignisse, der Dreißigjährige Krieg, der Siebenjährige Krieg und die Napoleonischen Kriege, durch Zerstörungen, Einquartierungen und finanzielle Belastungen den Städten schwere Rückschläge verursacht.

Das 19. Jahrhunderts hat dem Lande und auch den Städten zunächst wirtschaftlich ein vollkommen anderes Gesicht gegeben. Die in der fortschreitenden Technik begründete Industriealisierung, die durch die freie Zollpolitik bedingte Erweiterung des Handels und der seit den 1840er Jahren erfolgende Ausbau eines thüringischen Eisenbahnnetzes haben eine auf hochwertige Fertigwaren eingestellte, gegenüber dem früheren bodenständigen Gewerbe arbeitsorientierte Industrie entstehen lassen, die ihren Sitz vornehmlich in den Städten des Landes hat.

Vor allem aber brachte das 19. Jahrhundert eine völlig veränderte Gestaltung des städtischen Verfassungslebens. Die Steinschen Reformen in Preußen wirkten auch in Thüringen als Vorbild, und es bestand überall das Verlangen, die städtische Selbstverwaltung, die in den letzten Jahrhunderten fast völlig beseitigt worden war, wiederherzustellen. Von diesen Gesichtspunkten aus sind in der ersten Jälfte des 19. Jahrhunderts die städtischen Statuten, die im wesentlichen den Zustand des 16. und 17. Jahrhunderts festgehalten hatten, revidiert worden, und fast jede Stadt hat damals eine neue Stadtordnung erhalten. Seit der Revolution von 1848 ging das Bestreben aber dahin, den seit jeher bestehenden Unterschied zwischen Stadt und Land durch die Schaffung einheitlicher Gemeindeordnungen zu beseitigen und die Verschiedenheiten zwischen den einzelnen Landesteilen auszugleichen. Bahnbrechend in dieser Richtung wirkte ein 1849 von einer Konferenz von Landtagsabgeordneten der thüringischen Staaten aufgestellter Entwurf einer thüringischen Gemeindeordnung. Im Anschluß an ihn brachten in der Folgezeit die thüringischen Einzelstaaten für ihr Gebiet Gemeindeordnungen heraus, die für alle Gemeinden in gleicher Weise galten und zwischen Städten und Landgemeinden nur einen tatsächlichen, keinen rechtlichen Unterschied bestehen ließen, zuerst 1850 Sachsen-Weimar-Eisenach (revidiert 1854, neu herausgegeben 1874 mit Nachtrag 1883, dann 1895; vorher Landgemeindeordnung 1840, nach der auch einzelne Stadtordnungen ausgearbeitet wurden), Reuß j. L. (revidiert 1874) und Schwarzburg-Rudolstadt (revidiert 1858, neu 1876, mit manchen Unterschieden zwischen städtischen und ländlichen Gemeinden; vorher Gemeindeordnung für Dörfer 1827), dann Sachsen-Gotha 1858, Reuß ä. L. 1871 (abgeändert 1884) und Schwarzburg-Sondershausen 1876 (neu 1912; vorher Landgemeindeordnung 1857), zuletzt Sachsen-Meiningen 1897. Sie alle beseitigten den bis dahin bestehenden Dualismus zwischen Stadt und Land. Nur in Sachsen-Altenburg wurde 1897, nachdem bis dahin landesherrlich bestätigte Städteordnungen für die einzelnen Städte gegolten hatten, eine allgemeine Städteordnung erlassen, die neben einer besonderen Landgemeindeordnung galt.

Nach der Vereinigung der thüringischen Einzelstaaten zum Land Thüringen 1920 sind die Verhältnisse im Sinne eines Ausgleichs zwischen Stadt und Land für alle thüringischen

Städte gleichmäßig neu geregelt worden durch die Thüringischen Gemeinde- und Kreisordnungen von 1922 und 1926, die durch die Deutsche Gemeindeordnung vom 30. Januar 1935 erledigt worden sind.

3. Die Städteforschung in Thüringen

Die Erforschung der thüringischen Städtegeschichte beginnt im 16. Jahrhundert; sie erstreckte sich zunächst auf einzelne Städte. So hat beispielsweise Friedrich Myconius im Anhang seiner Geschichte der Reformation 1542 auch Nachrichten zur Geschichte von Gotha mitgeteilt, und 1569 verfaßte Johannes Wolf seine Annalen von Weimar. Seit dem Beginn des 17. Jahrhunderts und besonders im 18. Jahrhunderts dringt die Städteforschung tiefer, indem sie einerseits die Geschichte einzelner Städte ausführlich behandelt, anderseits die einzelne Stadt in größeren Zusammenhängen erfaßt. An einzelnen Stadtgeschichten entstanden damals, um nur wieder besondere Beispiele zu nennen, die Saalfeldographia des Sylvester Liebe (1625) und die Saalfeldische Chronik von Caspar Sagittarius (1690), die ausgedehnten Arbeiten von Adrian Beyer zur Jenaer Geschichte (seit 1641), die Geraische Stadt- und Landchronik von Johann Caspar Zopff (1692), die Historia Gothana von Caspar Sagittarius (1700) und die Gotha diplomatica von Friedrich Rudolphi (1717), das berühmteste Werk thüringischen Stadtgeschichte der älteren Zeit, die Historia Arnstadiensis von Johann Christoph Olearius (1701), die Historischen Nachrichten von Weimar von Albin de Wette (1737), die zahlreichen Arbeiten von Johann Friedrich Müldener zur Geschichte von Frankenhausen (Mitte des 18. Jahrhunderts) und viele andere. Die neben diesen Einzelarbeiten seit der Mitte des 17. Jahrhunderts auftretenden zusammenfassenden städtegeschichtlichen oder geographischen Veröffentlichungen stellen einmal die thüringischen Städte in landschaftliche und überterritoriale Zusammenhänge wie etwa die Werke von Martin Zeiller, Topographia Superioris Saxoniae, Thuringiae, Misniae et Lusatiae (1650, Merian), Johann Christoph Olearius, Syntagma rerum Thuringicarum (1704-1707), die anonyme Alte und neue Thüringische Chronicka oder Beschreibung der Städte in der Landgrafschaft Thüringen (1715, 1725, 1729), Caspar Schneider, Saxonia vetus et magna in parvo (1727), Anton Friedrich Büsching, Neue Erdbeschreibung Obersächsischer Kreis (1771), Friedrich Gottlob Leonhardi, Erdbeschreibung der Churfürstlichen. und Herzoglichen Sächsischen Lande (1788, 1790); oder sie zeigen das hervorstechende Merkmal der thüringischen Geschichtschreibung der damaligen Zeiten, den kleinstaatlichen Rahmen, wie etwa die Werke von Andreas Toppius, Beschreibung der Städte und Flecken der Grafschaft Schwarzburg (1658), ferner die damals beliebten landeskundlichen Beschreibungen, z. B. Johann Georg Brückner, Sammlung verschiedener Nachrichten zu einer Beschreibung des Kirchen- und Schulenstaates im Herzogtum Gotha (1753-1760) und Johann Heinrich Gelbke, Kirchen- und Schulenverfassung des Herzogtums Gotha (1790-1799), Christian Juncker, Ehre der gefürsteten Grafschaft Henneberg (1705) und Johann Adolph Schultes, Historisch-statistische Beschreibung der gefürsteten Grafschaft Henneberg (1794-1796), Johann Werner Krauß, Beiträge zur Erläuterung der Sachsen-Hildburghausischen Kirchen-, Schul- und Landeshistorie (1750-1754) und Christian Friedrich Keßler von Sprengseysen, Topographie des Sachsen-Coburg-Meiningschen Anteils an dem Herzogtum Coburg (1781). Seit dem Ende des 18. Jahrhunderts befaßten sich auch die Juristen eingehender mit der Frage der Stadtrechte; damals veröffentlichte Carl Friedrich Walch in seinen Vermischten

Beiträgen zu dem deutschen Recht (1771–1793) eine größere Reihe stadtrechtlicher Ordnungen aus Thüringen, und Johannes Schmidt stellte in seinen Gesetzen, Ordnungen und Circularbefehlen für das Fürstentum Weimar (Band 7, 1803) die städtischen Statuten dieses Gebietes zusammen.

Das 19. Jahrhunderts setzte die Städteforschung nach allen vorher begonnenen Richtungen fort. In geographisch weitem Rahmen erfaßte das Staats-, Post- und Zeitungslexikon von Sachsen von August Schumann (1814–1833) die thüringischen Städte, und nach der kleinstaatlichen Seite hin fand die zusammenfassende Städtegeschichte ihren Niederschlag in den von 1851 bis 1902 erschienenen Landeskunden der einzelnen thüringischen Staaten und in den von 1888 bis 1917 herausgekommenen, im Auftrag der Landesregierungen bearbeiteten Bau- und Kunstdenkmälern Thüringens. Daneben hat sich die städtegeschichtliche Arbeit dann bis in unsere Tage vornehmlich auf dem Gebiet der Einzelforschung betätigt, und zwar einmal in der Richtung auf die einzelne Stadt. Zunächst sind die quellenmäßigen Grundlagen durch eine Reihe städtischer Urkundenbücher gesichert worden, so etwa für Arnstadt, Bürgel, Jena, Kahla, Salzungen, Schleiz, Weimar und Zeulenroda, während für die Städteforschung im allgemeinen noch heute die Quellenveröffentlichungen zur Landesgeschichte heranzuziehen sind. Neuerdings sind dann eine Anzahl guter und brauchbarer Stadtgeschichten entstanden, entweder durch die Leistungen einzelner Personen oder durch Gemeinschaftsarbeit von Fachkundigen (so etwa Gotha und Weida). Zum anderen befaßte sich die Einzelforschung mit bestimmten Erscheinungen städtischen Lebens. Für städtische rechts- und verfassungsgeschichtliche Fragen brachte Andreas Ludwig Jakob Michelsen in seinen Rechtsdenkmalen aus Thüringen (1863) mannigfachen Quellenstoff für eine Reihe thüringischen Städte, Julius Alberti behandelte und veröffentlichte die ältesten Stadtrechte der reußischen Städte (50.–55. Jahresberichte des Vogtländischen Altertumsforschenden Verein zu Hohenleuben 1880–1884), Karl Friedrich von Strenge und Ernst Devrient gaben mit der Quellenpublikation Die Stadtrechte von Eisenach, Gotha und Waltershausen (1909) das Beispiel für die Bearbeitung von Stadtrechtsfamilien, und Alfred Günkel zeigte mit seiner Arbeit Die Städte des ehemaligen Herzogtums Sachsen-Meiningen (1934) die Entwicklung der städtischen Verfassung innerhalb eines Einzelstaates. Für die Rechts- und Verfassungsgeschichter Städte sind etwa die Arbeiten von Erich Stopfkuchen über Neustadt a. O., Willy Flach über Berga an der Elster (grundherrliche Stadt) und Friedrich Facius über Allstedt zu nennen. Die städtische Siedlungsgeschichte ist neuerdings von Gerhard Unger für Gräfenthal (1938) und von Arno Wagner für Schlotheim (1932) behandelt worden. Mit Fragen der städtischen Siegel- und Wappenkunde in Thüringen befaßte sich im ganzen und im einzelnen Wilhelm Engel.

Zusammenfassend läßt sich über den Stand der stadtgeschichtlichen Forschung in Thüringen sagen, daß diese Arbeit noch stark in den Anfängen steckt. Kaum ein Drittel der 101 Städte des Gebietes hat eine wirkliche Darstellung der Stadtgeschichte, und auch diese Veröffentlichungen sind von ungleichmäßigem Wert. Dieser Zustand muß naturgemäß auch seinen Niederschlag finden bei der Behandlung der Städte im vorliegenden Werk.

[4. Das wichtigste Schrifttum zur Landesgeschichte Thüringens, hier nicht mit abgedruckt.]

Die staatliche Entwicklung Thüringens in der Neuzeit[1]
1941

Die thüringische Geschichte beginnt im Zeichen der politischen Einheit des Stammes; an ihrem Anfang steht zu Beginn des 5. Jahrhunderts nach der Zeitwende das Königreich der Thüringer. Inmitten des weiten Siedlungsraumes der deutschen Stämme breitete sich damals der Stamm der Thüringer über die Gebiete Mitteldeutschlands zwischen dem Thüringer Wald im Süden und der Ohre und Aller im Norden, der Werra im Westen und der Elbe im Osten unter der Führung einheimischer Könige aus. Aber dieses starke Königreich hat nur kurzen Bestand gehabt; im Jahre 531 bereiteten ihm die Franken, wohl vereint mit den Sachsen, in der Schlacht an der Unstrut den Untergang.

Die Zerschlagung des thüringischen Königreiches ist für die gesamte weitere politische Entwicklung des Stammes und des Landes von einschneidender Bedeutung geworden. Sie führte in erster Linie zu einer starken Einengung des thüringischen Stammesraumes, dessen Grenzen im Norden unter Überlassung alten Stammesbodens an die Sachsen auf den Südrand des Harzes und die untere Helme und Unstrut, im Osten gegen die vordringenden Sorben auf die Saale zurückverlegt werden mußten. Sie brachte weiter dieses wesentlich verkleinerte Gebiet zunächst unter fränkische Botmäßigkeit, die sich nach dem Erstarken des Frankenreiches besonders vom 8. Jahrhundert an deutlicher fühlbar machte, dann vom Beginn des 10. Jahrhunderts ab in sächsische Abhängigkeit. Sie hat aber trotz allem das Stammesbewußtsein der Thüringer nicht dauernd unterdrücken können, auf dessen Grundlage sich immer wieder Ansätze und Versuche zur Herausstellung einer eigenstämmigen politischen Führung entwickelten, denen aber nur einmal Erfolg für längere Dauer beschieden war. Denn in diesem Ringen der zum Führertum befähigten Geschlechter um die Anerkennung ihrer Vorrangstellung im Lande hat sich über andere Kräfte das ludowingische Haus emporgearbeitet, das zu Beginn des 12. Jahrhunderts die Landgrafenwürde für sich erlangen

---

1 Diese Abhandlung ist entstanden aus einem Vortrag, den ich im I. Trimester 1940, am 14. Februar, im Rahmen einer Vortragsreihe der Anstalt für geschichtliche Landeskunde an der Friedrich-Schiller-Universität Jena über »Thüringen, Land und Volk« und am 26. Oktober 1940 auf der Tagung der Westthüringischen Geschichtsvereine in Neudietendorf gehalten habe. Dem vielfach geäußerten Wunsch, diesen Vortrag im Druck erscheinen zu lassen, habe ich mich nicht verschließen wollen, da es eine befriedigende zusammenfassende Betrachtung der staatlich-politischen Entwicklung Thüringens für die letzten Jahrhunderte nicht gibt. Denn die bisher vorliegenden Darstellungen sind entweder ganz und gar auf den Blickpunkt des einzelnen Kleinstaates eingestellt, oder sie geben, wenn sie Thüringen im Auge haben, im wesentlichen eine Geschichte der Ernestiner und ihrer Länder. So darf angenommen werden, daß diese Abhandlung eine gewisse Lücke ausfüllt. Ich habe davon abgesehen, die einzelnen Tatsachen quellenmäßig zu belegen, verweise vielmehr deswegen auf das am Ende beigegebene Schrifttumsverzeichnis [hier nicht mit abgedruckt]. Aber auch dieses bringt nur eine kleine Auswahl aus der Fülle der herangezogenen Literatur.

und damit die erste Stellung im Lande einnehmen konnte, die es bis zu seinem Erlöschen 1247 behauptete und ausbaute. Der thüringische Stammesraum hat sich dabei im 12. und 13. Jahrhundert wieder ausgedehnt, als im Zuge der ostdeutschen Kolonisation aus den seit 531 verloren gegangenen Gebieten östlich der Saale nun unter Führung thüringischer Herrengeschlechter auch von Angehörigen des thüringischen Stammes ein thüringisches Neuland bis zur Elster und Pleiße hin geschaffen wurde.

Das Aussterben des Geschlechtes der Ludowinger bedeutete das Ende der Bemühungen um die politisch selbständige Gestaltung des thüringischen Stammes aus sich selbst heraus. Die Nachfolger der ludowingischen Landgrafen wurden die wettinischen Markgrafen von Meißen, denen Thüringen nur ein Glied in dem Streben um den Ausbau eines weitgespannten mitteldeutschen Territoriums war. Zwar konnte diese politische Entwicklung, die durch die nächsten beiden Jahrhunderte im wesentlichen glücklich verlief, auch dem Stamm und dem Lande Thüringen neue Aussichten einer erfolgreichen Entfaltung im Rahmen eines größeren politischen Ganzen eröffnen, um so mehr, als es den Wettinern gelang, die Grenzen ihres Territoriums nach vielen Seiten hin erheblich zu erweitern und damit ihr Ansehen zu vergrößern – insbesondere durch die Erlangung des Herzogtums Sachsen und der mit ihm verbundenen Kurwürde, wodurch später mit dem Herzogstitel auch der Name Sachsen auf die thüringischen Länder der Wettiner überging, innerhalb ihres Territoriums aber solche Kräfte, die ihrem Machtstreben widerstanden, zu beseitigen oder ihrer Oberherrschaft unterzuordnen, auch in Thüringen, das sich damals immer mehr zu einem vorwiegend wettinischen Lande entwickelte.

Aber diese politischen Möglichkeiten sind auf die Dauer ungenutzt geblieben. Denn nur vorübergehend, durch mehrere Menschenalter während des 14. Jahrhunderts und in den kurzen Spannen 1440 bis 1445 und 1482 bis 1485, die den wettinischen Länderbesitz in seiner größten Ausdehnung zeigten, ist dieses große Landgebiet in einer Hand vereinigt gewesen. Vielmehr setzte sich auch hier, wie allenthalben in den deutschen Ländern, der Grundsatz der Landesteilung seit dem Ende des 14. Jahrhunderts beherrschend durch. Thüringen blieb dabei zunächst im allgemeinen nach seiner stammesmäßigen Verfassung auch landschaftlich ein geschlossenes Gebiet mit der Aussicht auf einheitliche politische Führung. Die Teilung aber, die dauernden Bestand gehabt hat, die Leipziger Teilung von 1485, zerriß das thüringische Land in eine nördliche und eine südliche Hälfte und teilte jene dem wettinischen Zweige der Albertiner, diese dem der Ernestiner zu. Sie zerschlug damit nicht nur für immer den Gedanken des umfassenden wettinischen Staates in Mitteldeutschland, sondern sie trennte zugleich für die folgenden Jahrhunderte bis zur Gegenwart den thüringischen Stammesraum und unterstellte ihn politisch verschiedenen Gewalten. Mit dieser Teilung endet die mittelalterliche Geschichte Thüringens, die im wesentlichen, wenn in den einzelnen Zeiten auch unter veränderten Vorzeichen, ein Ringen um die einheitliche politische Führung des Stammes war; mit ihr beginnt die Neuzeit der thüringischen Geschichte. Sie beginnt im Zeichen der Landesteilung, und diese Tatsache hat der gesamten neueren Geschichte Thüringens das Gesicht gegeben. Denn diese ist eine Geschichte der fortgesetzten, bis zur Selbstaufgabe betriebenen politischen Zersplitterung, und erst das letzte Jahrhundert hat sich wieder bemüht, die ärgsten Schäden aus dieser unheilvollen Entwicklung zu heilen.

In der Leipziger Teilung vom 26. August 1485, die die Söhne des Kurfürsten Friedrich II., des Sanftmütigen († 1464), nach längerer Zeit gemeinsamer Regierung und nach dem Anfall des Besitzes ihres 1482 söhnelos verstorbenen Oheims Wilhelm III. von

Thüringen, des Tapferen, vornahmen, erhielt der ältere Ernst († 1486) mit dem Herzogtum Sachsen und der Kurwürde den größeren Teil Thüringens und des Osterlandes, die fränkischen Besitzungen südlich des Thüringer Waldes und das Vogtland zugewiesen, während der jüngere Albrecht († 1500) im wesentlichen die Mark Meißen, das nördliche Osterland und das nördliche Thüringen für sich wählte. Das thüringische Stammesgebiet kam dabei südlich der noch heute gültigen Grenze zwischen dem Lande und dem preußischen Thüringen östlich und westlich der Saale, also zum überwiegenden Teil, an Ernst, nördlich dieser Linie in einem breiten Streifen von Leipzig bis an die Werra an Albrecht. Zwar besaß keiner der beiden Wettiner in seinem thüringischen Gebiet die ausschließliche Herrschaft, keiner beherrschte ein geschlossenes Territorium. Denn eingestreut in ihrem Besitz, diesen stellenweise völlig zersprengend, saßen andere Herrschgewalten im Lande: von den größeren Dynasten im Osten die Herren von Gera und die Reußen von Plauen, in der Mitte und im Norden die Grafen von Schwarzburg und im Süden des Waldes die Grafen von Henneberg, von den minder begüterten die Grafen von Gleichen, von Hohnstein, von Mansfeld, von Stolberg und von Beichlingen, die Burggrafen von Kirchberg und die Schenken von Tautenburg. Dazu kamen die selbständigen Gebiete der Reichsstädte Mühlhausen und Nordhausen und der Stadt Erfurt. Von außen her hatten fremde Mächte Einfluß in Thüringen, vor allem geistliche, das Erzbistum Mainz im Eichsfeld und das Erzbistum Magdeburg mit seinen Bistümern Merseburg und Naumburg im Nordosten, das Bistum Würzburg im Süden, im Westen die Abteien Hersfeld und Fulda, und hier wirkte auch landgräflich-hessischer Anspruch auf thüringisches Land. Aber trotz allem waren die Wettiner doch die anerkannten Oberherren des Landes, in deren Abhängigkeit die meisten anderen politischen Kräfte standen – seit 1483 auch die Stadt Erfurt – und insbesondere überragte der Ernestiner als sächsischer Kurfürst sie alle an Ansehen und Macht.

In dieser politischen Verfassung hat Thüringen die Reformation erlebt, die das Land geistig aufwühlte, die es zugleich aber politisch erschütterte und umgestaltete. Seine drei ernestinischen Landesherren der damaligen Zeit gehören gleichermaßen der Landesgeschichte wie der deutschen Reformationsgeschichte an. Friedrich der Weise († 1525), der Schützer Luthers, hat durch seine bedächtige und ruhige Haltung Entstehung und Wachstum der Reformation überhaupt erst ermöglicht. Sein Bruder Johann der Beständige († 1532), unter dessen Mitwirkung im Reich die großen Bekenntnisse und Bündnisse der Protestanten zustande kamen, führte die neue Lehre durch Visitationen seit 1526 im Lande ein, und dessen Sohn Johann Friedrich der Großmütige († 1554), der den neuen Glauben verteidigte und ihm seine Freiheit opferte, führte das Werk des Vaters fort und schuf durch Visitation und Säkularisation der neuen Kirche eine sichere Grundlage. Im albertinischen Thüringen konnte die Reformation erst nach dem Tode ihres grimmigen Gegners, des Herzog Georgs des Bärtigen († 1539), durch seinen Bruder Heinrich den Frommen († 1541) und dessen Sohn Moritz († 1553) eingeführt werden. Das übrige Thüringen aber schloß sich teils freiwillig, teils gedrungen – und gerade darin zeigt sich die beherrschende politische Stellung der Ernestiner – deren Vorgehen an und reformierte die Kirche.

Haben schon diese religiös-kirchlichen Vorgänge auch ihre politischen Auswirkungen gehabt, indem sie die im Lande liegenden Bistümer Naumburg und Merseburg in der Form der Administration unter die Hoheit der Wettiner brachten und deren Territorium vergrößerten, so haben die eigentlichen politischen Ereignisse der Zeit das Gesicht des Landes grundlegend verändert. In der unglücklichen Schlacht bei Mühlberg an der Elbe am 24. April 1547 verlor Johann Friedrich seine Freiheit an den Kaiser und in der Wittenberger Kapitulation vom 19. Mai 1547 die Kurwürde, das Kurland Sachsen und seine übrigen Besitzungen an seinen mit dem Kaiser gegen die Protestanten verbündeten Vetter Moritz von der albertinischen Linie, konnte aber seinen Söhnen Johann Friedrich dem Mittleren († 1595), Johann Wilhelm († 1573) und Johann Friedrich dem Jüngeren († 1565) wenigstens die thüringischen Ämter bis zur Saale und im Orlagebiet retten. Nach seiner Rückkehr aus der Gefangenschaft 1552 übernahm er die Regierung in diesem gegenüber einstiger Größe bescheidenen Rest seines Herrschaftsgebietes selbst wieder und konnte es sogar in den beiden folgenden Jahren abrunden und vergrößern; denn 1553 fiel ihm die Pflege Coburg, die er 1542 seinem Bruder Johann Ernst übergeben hatte, nach dessen Tod wieder zu, und im Naumburger Vertrag vom 24. Februar 1554 überließ ihm der nach dem Tode des Kurfürsten Moritz 1553 zur Herrschaft gelangte Albertiner August († 1586) die 1547 verlorengegangenen thüringischen Ämter Altenburg, Eisenberg, Herbsleben und Sachsenburg. Die Kurwürde aber, nach deren Wiedererlangung er strebte, blieb ihm verloren; auf sie mußte er im Naumburger Vertrag endgültig verzichten. Als der Augsburger Religionsfriede 1555 die Anerkennung der Reformation gewährleistete, da war der 1485 festgelegte Besitzstand der Ernestiner in Thüringen zwar im allgemeinen wieder gesichert; ihre Stellung nach außen aber war durch den Verlust der Kur und ihrer außerthüringischen Besitzungen empfindlich geschwächt. Die Politik der Reformationszeit, unter deren Führern sie mit in erster Linie gestanden, hatte ihnen lediglich Verluste eingebracht und ihr Haus zu einem ausschließlich thüringischen gemacht, hatte ihr politisches Blickfeld auf Thüringen eingeengt und hatte die politische Führung im wettinischen Hause von den Ernestinern zu den Albertinern verlagert. Diese Tatsachen haben sich in der thüringischen Geschichte der Folgezeit entscheidend und verhängnisvoll ausgewirkt.

Das zeigte sich schon bald, als Johann Friedrich der Mittlere, starrsinnig und unklug, verblendet durch die Hoffnung auf Rückgewinnung der Kur, sich mit dem fränkischen Ritter Wilhelm von Grumbach einließ, der seine Schwäche für eigensüchtige Zwecke zu nutzen verstand, und dadurch 1566 die Reichsacht auf sich zog. Mit ihrer Vollstreckung wurde Kurfürst August beauftragt, den Johann Friedrichs Bruder Johann Wilhelm bei dieser Aufgabe, bei der Belagerung der Festung Gotha, unterstützte. Diese im Namen des Reiches ausgeübte Tätigkeit Augusts hat den Ernestinern einen erneuten Gebietsverlust eingetragen. Denn zur Deckung der von ihm aufgewendeten Kriegskosten mußte ihm Johann Wilhelm, dem die Besitzungen des älteren Bruders nach der Ächtung zugefallen waren, die Ämter Arnshaugk, Weida und Ziegenrück im Orlaland und das Amt Sachsenburg, die seitdem den Namen der »vier assekurierten Ämter« führten, 1567 als Pfand setzen. Sie sind 1571 dem Albertiner tatsächlich überlassen und 1660 gegen Erlaß der noch nicht gezahlten Schuldsumme endgültig an Kursachsen abgetreten worden.

Und noch ein zweites Mal machte sich in dieser Zeit die Schwäche der Ernestiner und das politische Übergewicht der Albertiner bemerkbar, als mit dem zu erwartenden Erlöschen des Hauses der Grafen von Henneberg den Ernestinern die Aussicht auf beträchtlichen Landgewinn erwuchs. 1554 hatten Johann Friedrich der Mittlere und seine Brüder mit dem Henneberger Wilhelm IV. († 1559) und seinen Söhnen Georg Ernst († 1583) und Poppo († 1574) einen Erbschaftsvertrag abgeschlossen, mit dem sie die Anwartschaft auf deren Grafschaft erwarben. Die Vormundschaft aber, die Kurfürst August über die minderjährigen Söhne des geächteten Herzogs Johann Friedrich des Mittleren und nach dem Tode Johann Wilhelms auch über dessen Söhne führte, die seinem Einfluß also seit 1573 das gesamte ernestinische Gebiet unterstellte, benutzte er dazu, um sich einen Anteil an dem in Aussicht stehenden Erbe zu sichern; fünf Zwölftel des Gebietes ließ er sich in einem kaiserlichen Exspektanzbrief zusprechen, sieben Zwölftel gönnte er seinen Mündeln. Als 1583 das hennebergische Haus mit dem Grafen Georg Ernst ausstarb, wurden diese Regelungen zwar nicht sogleich wirksam, da man über den entstehenden Streitigkeiten zunächst nur zu einer gemeinsamen Regierung kam; aber es war damit für die endgültige, erst 1660 erfolgte Verteilung des Erbes den Ernestinern bereits jetzt ein gutes Stück entzogen.

Dieser Landgewinn aus der hennebergischen Erbschaft ist der letzte größere Zuwachs gewesen, den die Ernestiner erringen konnten. Er schließt damit eine durch mehrere Jahrhunderte glücklich betriebene Politik des wettinischen Hauses in Thüringen ab, die es seit dem Ende des 13. Jahrhunderts beharrlich verfolgt hatte und mit der es ihm gelungen war, zahlreiche Sondergewalten zu beseitigen, das eigene Territorium aber immer mehr zu vergrößern. Nur bei zwei Dynastengeschlechtern ist den Wettinern dieses Streben bis zum 16. Jahrhundert im wesentlichen nicht geglückt, bei den Grafen von Schwarzburg und den Herren Reuß von Plauen. Zwar konnten sie auch ihnen bedeutsame Teile ihrer Herrschaftsgebiete gänzlich abringen, andere unter ihre Lehnsherrlichkeit beugen. Ganz zu beseitigen aber vermochten sie die beiden Gewalten nicht. Diesen dagegen kam seit der Mitte des 16. Jahrhunderts die geschwächte Stellung der Ernestiner für ihre weitere Entwicklung zustatten; denn von deren Seite aus, die nun zu sehr mit ihren eigenen Angelegenheiten beschäftigt waren, konnten dem Selbständigkeitsstreben der Schwarzburger und der Reußen ernstliche Schwierigkeiten nicht mehr bereitet werden. Sie entfalteten sich seitdem, wenn auch auf kleinerem Raum, in ihrer Stellung fast ebenbürtig neben den Ernestinern. Die thüringische Geschichte ist daher seit dem Ende des 16. Jahrhunderts fast ausschließlich von den vier Geschlechtern der Ernestiner, der Albertiner, der Schwarzburger und der Reußen gestaltet worden.

Um die Mitte des 16. Jahrhunderts befanden sich die Besitzungen dieser Geschlechter jeweils in einer Hand. Die ernestinischen Länder wurden von Johann Friedrich dem Großmütigen regiert, nach seinem Tode 1554 zunächst von Johann Friedrich dem Mittleren und nach dessen Ächtung 1566 von Johann Wilhelm. Bei den Albertinern folgte auf den Kurfürsten Moritz 1553 sein Bruder August. Im Hause der Grafen von Schwarzburg war nach zahlreichen Landesteilungen der vorausgehenden Jahrhunderte in den Jahren 1537 und 1538 der gesamte Besitz der Linie Blankenburg auf Günther XL. »mit dem fetten Maule« († 1552) gefallen, und seinen zunächst gemeinsam regierenden Söhnen wuchs beim Aussterben der Leutenberger Linie 1564 auch deren Gebiet zu, so daß die gesamte Grafschaft wieder vereinigt war. Und auch bei den Reußen bahnte sich ein solcher Zusammenfall an, da hier seit 1529 zunächst die vorher geteilten reußischen Besitzungen unter Heinrich (XIII.) († 1535) vereinigt waren, dem 1534 auch noch die Aussicht auf die erbliche Erwerbung des Gebietes der im Aussterben begriffenen Herren von Gera (ausgestorben 1550), einer verwandten Linie, zugesichert wurde. Indes ist diese Möglichkeit größerer Zusammenfassung der Gebiete hier zunächst in anderer Weise wirksam geworden, da die Reußen wegen der Ächtung, die ihnen die Teilnahme am Schmalkaldischen Krieg auf protestantischer Seite eintrug, ihre vogtländischen Besitzungen an die Burggrafen von Meißen aus dem verwandten Hause der Herren von Plauen verloren, denen 1550 auch die Herrschaften der Herren von Gera zufielen. So schien sich um die Mitte des 16. Jahrhunderts für Thüringen ein politischer Zustand zu entwickeln, der das Land auf wenige Herrengeschlechter verteilte. Dieser Zustand hat sich aber kurz nach der Mitte des Jahrhunderts –

abgesehen vom albertinischen Thüringen, das fest in den Verband des straff geleiteten und zentral verwalteten kursächsischen Staates eingegliedert blieb – grundlegend geändert. Die seit Jahrhunderten in den regierenden Familien geltende Anschauung über die Behandlung staatlichen Besitzes nach privatrechtlichen Grundsätzen war zu fest eingewurzelt; sie setzte sich gegenüber den die Macht zusammenfassenden Tendenzen und gegenüber staatspolitischer Klugheit durch und führte in der zweiten Hälfte des Jahrhunderts zu Landesteilungen bei den Ernestinern, den Schwarzburgern und den Reußen, die den Grund für die künftige politische Gestaltung des Landes legten.

Zeitlich am Anfang stehen dabei die Reußen. Nachdem ihnen durch kaiserliches Urteil 1560 ihr Stammland, die Herrschaft Greiz, aus den Händen der meißnischen Burggrafen zurückgegeben und von diesen 1562 aus dem Erbe der Herren von Gera die Herrschaft Gera überlassen worden war, schritten sie zur Teilung ihres Landes und bildeten 1564 drei Linien – eine ältere mit Untergreiz, eine mittlere mit Obergreiz und eine jüngere mit Gera –, deren äußerst bescheidene Territorien auch durch den Zuwachs des Erbes der 1572 ausgestorbenen burggräflichen Linie von Plauen nicht nennenswert vergrößert wurden, zumal das Teilungsprinzip sich hier bereits nach kurzer Zeit innerhalb der einzelnen Linie fortsetzte und 1583 die Linie Untergreiz in zwei Zweige zerfallen ließ, die sich 1596 nach Untergreiz und Burgk benannten. Das Ende des 16. Jahrhunderts sah demnach bei den Reußen schon vier einzelne Teillinien nebeneinander bestehen. An diesem zerrissenen Zustand änderte auch nichts die Tatsache, daß 1616 die mittlere Linie Reuß ausstarb, deren Besitz Obergreiz an die ältere, Schleiz an die jüngere Linie fiel; denn in der älteren Linie entstanden durch diesen Anfall nun sogar vier Zweige mit den Sitzen Burgk, Dölau, Obergreiz und Untergreiz, die beiden letzteren seit 1625 geschieden. Mit diesen vier Zweigen der älteren Linie und mit der in sich ungeteilten jüngeren Linie bestand das Haus Reuß am Anfang des 17. Jahrhunderts bereits aus fünf Teillinien. Am Gesamtbesitz der älteren und der jüngeren Linie Reuß hat sich seitdem nichts wesentlich geändert.

Nicht minder zersplitternd wirkte der Teilungsgrundsatz im Hause der Grafen von Schwarzburg. Nach anfänglicher Gemeinschaftsregierung der Söhne Günthers XL., die den gesamten schwarzburgischen Besitz in ihrer Hand vereinigten, begannen bei ihnen die Teilungsbestrebungen 1567 und führten zunächst zur Teilung von 1571, die für die gemeinsame Regierung der beiden Brüder Günther XLI., des Streitbaren († 1583), und Albrecht VII. († 1605) die Oberherrschaft, in der Unterherrschaft aber für die beiden anderen Brüder Johann Günther I. († 1586) und Wilhelm († 1598) den Sondershäuser und den Frankenhäuser Teil schuf. 1574 wurde auch die Oberherrschaft in einen Arnstädter und einen Rudolstädter Teil zerschlagen, wobei Günther der Streitbare Arnstadt und Albrecht VII. Rudolstadt erhielt, und nach eingetretenen Todesfällen wurden 1584 das Arnstädter Gebiet und 1599 die Herrschaft Frankenhausen auf die überlebenden Linien Rudolstadt und Sondershausen verteilt. Am Ende des 16. Jahrhunderts schuf hier der Stadtilmer Vertrag von 1599 die politischen Verhältnisse, die in dem Bestand der beiden Linien Schwarzburg Rudolstadt und Schwarzburg-Sondershausen bis zur staatlichen Umwälzung von 1920 fortdauerten.

Genau in den gleichen Jahren wie bei den Reußen und den Schwarzburgern setzten die Teilungsabsichten auch bei den Ernestinern ein. Nach dem Tode Johann Friedrichs des Jüngeren († 1565), des jüngsten der drei Söhne Johann Friedrichs des Großmütigen, die zunächst gemeinsam regierten, seit 1557 aber die Regierung dem ältesten, Johann Friedrich dem Mittleren, allein übertragen hatten, kam es zwischen diesem und seinem Bruder Johann Wilhelm 1566 zu einer Mutschierung, die aber infolge der erwähnten Ächtung Johann

Friedrichs nur kurzen Bestand hatte. Als aber 1570 dessen Söhne Johann Casimir († 1633) und Johann Ernst († 1638) wieder in die väterlichen Lande eingesetzt worden waren, teilte Johann Wilhelm mit ihnen 1572 die ernestinischen Besitzungen. Er erhielt dabei die im mittleren Thüringen und östlich der Saale gelegenen Ämter mit den Kernstücken Weimar und Altenburg, während seinen Neffen das westliche und das südliche Thüringen mit den Hauptpunkten Gotha, Eisenach und Coburg überlassen wurde. Bei dieser Teilung in die Linien Sachsen-Weimar und Sachsen-Coburg blieb man aber auch hier nicht stehen, sondern ging weiter zur Unterteilung innerhalb der einzelnen Linien. Johann Casimir und Johann Ernst schieden ihre Besitzungen 1596 in einen Coburg-Gothaer und einen Eisenacher Teil, die Nachkommen Johann Wilhelms schritten 1603 zur Teilung, wobei Sachsen-Altenburg an die Söhne Friedrich Wilhelms I. († 1602), Sachsen-Weimar an Johann († 1605) kam. So bestanden um die Wende des 16. zum 17. Jahrhundert also vier ernestinische Linien nebeneinander. Im ganzen gesehen hatten sich aus den um die Mitte des 16. Jahrhunders einheitlich regierten ernestinischen, schwarzburgischen und reußischen Ländern im Verlauf eines halben Jahrhunderts nicht weniger als elf Teillinien gebildet, fünf bei den Reußen, zwei bei den Schwarzburgern und vier bei den Ernestinern.

Man fragt sich, wie es in so kurzer Zeit zu einer so weitgehenden Zersplitterung hat kommen können. Gewiß haben dabei die bereits vorhin angedeuteten, seit langem eingewurzelten Teilungstendenzen ein starkes Gewicht ausgeübt; sie erklären die geschichtlichen Vorgänge aber nicht restlos. Vielmehr hat zweifellos, nachdem sich seit 1547 das politische Schwergewicht vom ernestinischen Thüringen nach dem albertinischen Sachsen verlagert hatte, gefördert durch mehrfache Vormundschaften albertinischer Fürsten über ihre ernestinischen Vettern, das Gefühl politischer Schwäche nach außen in den thüringischen Regentenhäusern jede Notwendigkeit straffer Zusammenfassung der Kräfte im Innern aufgehoben und damit den Boden für die Landesteilungen weitgehend aufgelockert. Diese Teilungen haben dann in den thüringischen Staaten die politische Ohnmacht nur noch vergrößert. Die mit der Leipziger Teilung von 1485 eingeleitete neuere Periode der thüringischen Geschichte, die im Zeichen der Schwächung zentral zusammengefaßter Macht beginnt, schreitet nach einem halben Jahrhundert immerhin noch gehaltener Stellung am Ende des 16. Jahrhunderts fort zu einer Auflösung der Kräfte und zu einer Aufgabe aller Positionen.

Das 17. Jahrhundert hat in der thüringischen Geschichte diesen Auflösungsprozeß beschleunigt und zu Ende gebracht. Er wirkte sich bei allen Regentenfamilien Thüringens gleichmäßig in einer immer weitergehenden Zerschlagung und Zerreißung der bereits am Ende des 16. Jahrhunderts geschaffenen Teillinien aus, und man darf zusammenfassend wohl sagen, daß die Teilungspolitik die einzige mit Konsequenz betriebene Form der damaligen thüringischen Politik überhaupt war. Jede Hemmung, die in der Regung staatlichen Denkens und politischer Klugheit hätte gefunden werden können, war beseitigt, und der Vergleich, daß sich damals die thüringischen Lande »in ewiger Bewegung wie die walzenden Grundstücke einer Dorfflur« befanden, kennzeichnet am deutlichsten die schrankenlose Herrschaft privatrechtlicher Grundsätze in der staatlichen Sphäre. Den zweifelhaften Ruhm, das Musterland deutscher Kleinstaaterei zu sein, hat sich Thüringen im 17. Jahrhundert erworben.

Wie im 16. Jahrhundert die wenigen Jahre von 1564 bis 1567 den Beginn der Teilungen im ernestinischen, im schwarzburgischen und im reußischen Haus eingeleitet hatten, so fallen auch im 17. Jahrhundert die wesentlichen Anfänge der Teilungsgeschichte zunächst in das eine Jahrzehnt von 1640 bis 1650, um sich von da aus über das ganze Jahrhundert fortzusetzen.

Im ernestinischen Gesamthause hatten die dreißiger Jahre des 17. Jahrhunderts zwei erbenlose Todesfälle gebracht, die größere Gebietsverschiebungen im Gefolge hatten. 1633 starb der Begründer der Linie Sachsen-Coburg, Johann Casimir, kinderlos und hinterließ seinen Besitz seinem Bruder Johann Ernst von Eisenach, der für die kurzen Jahre von 1633 bis 1638 nun nochmals die Gebiete in seiner Hand vereinigte, die beiden Brüdern in der Teilung von 1572 gemeinsam zugewiesen worden waren. Als auch Johann Ernst 1638 ohne Hinterlassung direkter Erben starb, war das 1572 begründete, seit 1603 in die Linien Weimar und Altenburg gespaltene Haus der einzige Anwärter. Bei der Verteilung dieses Anfalls erhielt auf Grund früherer Abmachungen und einer Einigung vom 13. Februar 1640 die Linie Weimar zwei Drittel des Erbes mit dem Gothaer und dem Eisenacher Landesteil, Altenburg dagegen nur ein Drittel mit dem Coburger Gebiet. In der Linie Weimar veranlaßte dieser beträchtliche Landgewinn sofort eine neue Teilung des Besitzes unter die drei Brüder Wilhelm, Albrecht und Ernst, die von den zwölf Söhnen des Begründers dieser Linie, Johann († 1605), damals noch am Leben waren. In den darüber abgeschlossenen Verträgen vom 9. April 1640 und 12. September 1641 erhielt Wilhelm († 1662) das Gebiet um Weimar und Jena, Albrecht († 1644) den Eisenacher Teil und Ernst († 1675) das Gothaer Land. Hatten die Todesfälle von 1633 und 1638 zwei ernestinische Linien beseitigt, so erwuchsen jetzt neben den fortbestehenden, in ihrem Besitzstand aber geänderten Linien Weimar und Altenburg zwei neue, die Linien Sachsen-Eisenach und Sachsen-Gotha. Die Verteilung des ernestinischen Landes war im Innern wieder grundlegend verschoben, aber wiederum nur auf kurze Zeit. Denn als mit dem Tode Albrechts 1644 die Eisenacher Linie bereits wieder erlosch, fiel ihr Gebiet nach einem Teilungsvertrag vom 30. März 1645 zu gleichen Teilen den Linien Weimar und Gotha zu.

Für die nächsten drei Jahrzehnte trat damit im ernestinischen Thüringen eine gewisse Beharrung des politischen Zustandes ein. Zwar hatten die vier Söhne Wilhelms von Weimar sich nach dessen Tod 1662, gestützt auf das väterliche Testament, vier verschiedene Residenzen in Weimar, Eisenach, Marksuhl und Jena zugelegt und die Einkünfte des Landes geteilt, auch jedem in seinem Gebiet eine Reihe von Rechten und Befugnissen zugestanden. Eine regelrechte Landesteilung ist diese Maßnahme gleichwohl nicht gewesen, da die Landesregierung unter Führung des ältesten Bruders Johann Ernst II. gemeinsam blieb; sie wurde auch von den Brüdern selbst nicht als solche aufgefaßt, sondern als »freundbrüderliche Gemeinschaft« bezeichnet.

Erst das Erlöschen der 1603 gegründeten Linie Sachsen-Altenburg mit Friedrich Wilhelm III. 1672 hat das Teilungsgeschäft wieder in Fluß gebracht. Der zwischen den Linien Weimar und Gotha darum ausbrechende Streit über Lineal- oder Gradualerbfolge wurde schließlich, nicht zuletzt wegen der durch innere Streitigkeiten geschwächten Stellung der Linie Weimar, zugunsten des Herzogs Ernst von Gotha entschieden, dem der größere Teil der Altenburger Erbschaft zufiel, der aber einen kleinen Teil davon der weimarischen Linie überlassen mußte, und zwar einige an deren Land angrenzende Ämter. Gotha vergrößerte sein 1640 und 1645 erworbenes Gebiet damit in ansehnlichem Umfang, Weimar dagegen nur bescheiden, so daß Sachsen-Gotha jetzt die ganz eindeutige Vorrangstellung im ernestinischen Hause erlangte.

Dennoch hat der geringe Gebietszuwachs von 1672 den seit 1662 in der weimarischen Linie immer wieder hervorbrechenden Teilungstendenzen zum endgültigen Siege verholfen. In Verträgen vom 25. Juli 1672 und 15. November 1673 teilten die drei Söhne Wilhelms, Johann Ernst II. († 1683), Johann Georg I. († 1686) und Bernhard († 1678) – der vierte Adolf Wilhelm war bereits 1668 gestorben, ebenso sein Sohn Wilhelm August 1671 – ihr väterliches und das erworbene Altenburger Erbe unter sich auf. Der erste erhielt Weimar, der zweite Eisenach und der dritte Jena. Die 1640 und 1645 geschaffene Linie Sachsen-Weimar war damit endgültig in drei Teillinien zerschlagen.

Die Linie Sachsen-Gotha hat es dagegen vermocht, ihre Einheitlichkeit noch fast um ein Jahrzehnt länger als die weimarische zu erhalten. Es gereichte ihr zum Vorteil, daß ihr Begründer, Ernst der Fromme, die Regierung durch fast dreieinhalb Jahrzehnte selbst und allein führen konnte. Nach seinem Tod aber holten seine sieben ihn überlebenden Söhne das, was ihnen die weimarischen Vettern an Teilung voraus hatten, schnell und weit gründlicher nach als diese. Hatte der Vater in seinem Testament bestimmt, daß sie unter dem Direktorium des Ältesten gemeinsam das Land regieren sollten, hatte er aber daneben auch die Möglichkeit vollständiger Landesteilung offen gelassen, wenn die Landesteile zur Wahrung eines wirklich fürstlichen Standes beschaffen seien und für sie die Reichsstandschaft erlangt werden könne, so fällte brüderliche Uneinigkeit die Entscheidung in dem für das Interesse des Landes und für staatliche Notwendigkeiten ungünstigsten Sinn. In den Verträgen vom 24. Februar 1680 und vom 8. Juni und 24. September 1681 teilten die sieben Brüder ihren Besitz und bildeten die sieben Linien Gotha-Altenburg (Friedrich I., † 1691), Coburg (Albrecht, † 1699), Meiningen (Bernhard, † 1706), Römhild (Heinrich, † 1710), Eisenberg (Christian, † 1707), Hildburghausen (Ernst, † 1715) und Saalfeld (Johann Ernst, † 1729). Die drei Fürstentümer Gotha-Altenburg, Coburg und Meiningen waren vollkommen selbständig und unabhängig voneinander; jedes besaß die Reichsstandschaft und volle Landeshoheit. Für die vier Fürstentümer Römhild, Eisenberg, Hildburghausen und Saalfeld aber, die der Reichsstimme entbehrten, behielt Gotha die Verwaltung aller Hoheitsrechte; sie blieben auch sonst fester an Gotha gebunden. So bestanden also am Ende des 17. Jahrhunderts innerhalb des ernestinischen Thüringen zehn voneinander gesonderte Linien, drei im weimarischen und sieben im gothaischen Hause.

Auch bei den Grafen von Schwarzburg wurde, wie bei den Ernestinern, der Gesamtbesitz seit den vierziger Jahren des 17. Jahrhunderts weitergehend zerschlagen. Mit den beiden Linien Schwarzburg-Rudolstadt und Schwarzburg-Sondershausen waren sie in das Jahrhundert eingetreten. In der Sondershäuser Linie nahmen die drei Brüder Christian Günther II. († 1666), Anton Günther I. († 1666) und Ludwig Günther II. († 1681) 1651 eine seit 1643 vorbereitete Teilung vor, in der der ältere den Besitz in der Oberherrschaft, d. h. den Arnstädter Landesteil, der mittlere in der Unterherrschaft das Gebiet um Sondershausen und der jüngere dort die Ämter um Ebeleben erhielt. Von den drei so geschaffenen Teillinien Schwarzburg-Arnstadt, Schwarzburg-Sondershausen und Schwarzburg-Ebeleben starb Arnstadt mit dem Sohne des Gründers bereits 1669 wieder aus, und Ebeleben erlosch 1681, worauf die beiden Söhne des Begründers der Linie Sondershausen, Christian Wilhelm († 1721) und Anton Günther II. († 1716), denen nun der ganze Besitz der Sondershäuser Linie im Umfang von 1599 wieder zugefallen war, 1681 erneut teilten. Christian Wilhelm erhielt die Unterherrschaft, mit Ausnahme der Ämter Schernberg und Keula, und begründete eine neue Linie Schwarzburg-Sondershausen. An Anton Günther II., der die neue Linie Schwarzburg-Arnstadt begann, wurden die Oberherrschaft und die beiden genannten Ämter der Unterherrschaft gewiesen.

In der 1599 geschaffenen Linie Schwarzburg-Rudolstadt ist es zu eigentlichen Landesteilungen während des 17. Jahrhunderts nicht mehr gekommen; vielmehr hatten die Söhne des Begründers der Linie, Albrechts VII. († 1605), Karl Günther († 1630), Ludwig Günther I.

(† 1646) und Albrecht Günther († 1634) nur vorübergehende Absonderungen bestimmter Residenzen in Rudolstadt, Stadtilm und Frankenhausen vorgenommen, die Landesregierung aber immer unter dem Direktorium des in Rudolstadt regierenden Bruders gemeinschaftlich behalten. So kam es, daß das Gesamthaus Schwarzburg am Ende des 17. Jahrhunderts nur in drei Teillinien zerfiel: Rudolstadt, Sondershausen und Arnstadt.

Ganz im Gegensatz zu den Grafen von Schwarzburg hat sich bei dem im Gebietsumfang wesentlich bescheideneren Hause der Herren Reuß das Teilungsprinzip im 17. Jahrhundert bis zur Selbstpreisgabe ausgetobt. Waren sie schon im Beginn des Jahrhunderts bei fünf Teillinien angekommen, so haben sie es bis zum Ende des Jahrhunderts auf zehn Linien und Zweige gebracht, deren einzelne Länder kaum noch ein Territorium darstellten. Dieser Mißstand wurde auch durch die Standeserhöhung des gesamten reußischen Hauses im Jahre 1673, in der es die Reichsgrafenwürde erlangte, in keiner Weise aufgewogen.

In der älteren Linie Reuß gab es, wie wir sahen, im Jahre 1625 vier Teillinien: Burgk, Dölau, Untergreiz und Obergreiz. 1636 erlosch die Linie Dölau, 1640 die Linie Burgk, und dieser Besitz fiel nun den Häusern Obergreiz und Untergreiz zu, die ihn in neuer Teilung je zur Hälfte übernahmen und ihrem Gebiet einfügten. Das Haus Untergreiz führte eine neue Zerreißung seines Ländchens 1668 durch, wobei die Linien Burgk, Untergreiz und Rothenthal gegründet wurden. Im Haus Obergreiz kam es erst am Ende des Jahrhunderts 1694 zu einer vorübergehenden Abspaltung der Linie Dölau. Immerhin zerfiel in dieser Zeit die ältere reußische Linie in fünf Herrschaftsgebiete, deren jedes kaum über den Umfang einer großen Gutsherrschaft hinausging.

Die jüngere Linie Reuß, die 1596 und 1616 größeren Gebietszuwachs erhalten hatte, war seit ihrer Begründung 1564 bis weit in die erste Hälfte des 17. Jahrhunderts hinein nacheinander von nur zwei Herren regiert worden, von Heinrich (XVI.) († 1572) und seinem Sohne Heinrich Posthumus († 1635). Sie hat in dieser Zeit Teilungen nicht erfahren. Nach dem Tode Heinrichs Posthumus 1635 regierten seine vier ihn überlebenden Söhne gemäß dem väterlichen Rat, um die auf dem Lande haftenden Schulden zu tilgen, zunächst gemeinsam. Dann aber ließ sich auch in der jüngeren Linie der Gedanke an eine vollständige Landesteilung nicht mehr zurückdrängen. Die Verhandlungen darum begannen 1643 und waren 1647 beendet. Vier Teillinien in der jüngeren Linie Reuß waren ihr Ergebnis: Gera, Schleiz, Lobenstein und Saalburg. Sie haben in dieser Form bis 1666 bestanden. Beim Aussterben des Hauses Schleiz mit seinem Gründer in diesem Jahre wurde das Haus Saalburg nach Schleiz versetzt, sein Gebiet aber auf die überlebenden drei Linien verteilt. Im Hause Lobenstein, das 1664 die Pflege Hirschberg käuflich erworben hatte, ging 1678 eine neue Teilung vor sich, bei der die Linien Lobenstein, Hirschberg und Ebersdorf entstanden. Das Ende des 17. Jahrhunderts sah so in der jüngeren Linie Reuß, ebenso wie in der älteren, fünf selbständige Teillinien nebeneinander bestehen, und dazu kam noch das Paragium Köstritz, eine große Gutsherrschaft mit den Mittelpunkten Köstritz und Hohenleuben, das Heinrich I. von Schleiz 1692 seinem Sohne Heinrich XXIV. als Apanage errichtete, in dem der Inhaber zwar alle Einkünfte genoß und alle Rechte ausübte, dessen Landeshoheit aber weiter beim Hause Schleiz verblieb.

Es ist in ganz besonderer Weise kennzeichnend für die politische Entwicklung Thüringens im 17. Jahrhundert, daß damals der Teilungsgedanke auch auf dem Boden des bis dahin zentralistisch regierten kursächsischen Staates in der besonderen Form der Errichtung von Sekundogeniturfürstentümern seine Ausprägung fand. Sie verdanken ihre Entstehung dem Testament des Kurfürsten Johann Georg I. von 1652, der seine nicht zur Regierung im Kurstaate bestimmten Söhne nach absolutistischer Staatsanschauung mit zwar selbständigen, in politischen und militärischen Fragen aber von der Hauptlinie abhängigen Fürstentümern abzufinden bestimmte. So sind 1657 die drei Fürstentümer Sachsen-Wei-ßenfels, Sachsen-Merseburg und Sachsen-Zeitz ins Leben getreten, von denen wesentliche Bestandteile gerade auf thüringischem Boden, im albertinischen Gebiet nördlich der Scheidelinie von 1485, im Neustädter Kreis und im Vogtland lagen. Auf thüringischem Raum gehörten zum Fürstentum Weißenfels die meisten Ämter und Städte im nördlichen albertinischen Thüringen, zum Fürstentum Zeitz das Stiftsland Naumburg-Zeitz, einige Ämter im mittleren Thüringen, der Neustädter Kreis und osterländische und vogtländische Gebiete, während das Fürstentum Merseburg an das Gebiet des alten Bistums Merseburg gebunden war. Neben den Sekundogeniturfürstentümern behielt aber auch der Kurstaat Sachsen selbst noch Rechte und Besitz in Thüringen, so daß am Ende des 17. Jahrhunderts neben die ungemein zergliederten ernestinischen, schwarzburgerischen und reußischen Länder auch Kursachsen mit vier getrennten Herrschaftsgebieten trat.

Man kann den politisch zerrissenen Zustand Thüringens, in den das Land durch den Teilungswahnsinn seit der Mitte des 17. Jahrhunderts versetzt worden war, voll erst dann begreifen, wenn man in der Betrachtung der geschichtlichen Entwicklung einen Augenblick innehält und zusammenfassend die Gestaltung betrachtet, die Thüringen etwa um das Jahr 1690 gefunden hatte. Im ernestinischen Hause waren aus den 1640 bzw. 1645 gegründeten Häusern Sachsen-Weimar und Sachsen-Gotha durch die Teilung von 1672 im ersten die drei Linien Weimar, Eisenach und Jena, von 1680/81 im anderen die sieben Linien Gotha-Altenburg, Coburg, Meiningen, Römhild, Eisenberg, Hildburghausen und Saalfeld entstanden. Das albertinische Land war außer dem Kurstaat selbst mit den drei Sekundogeniturfürstentümern Weißenfels, Merseburg und Zeitz vertreten. Die Schwarzburger regierten in den drei Linien Schwarzburg-Rudolstadt, Schwarzburg-Sondershausen und Schwarzburg-Arnstadt, und bei den Reußen endlich war das an sich schon kleine Territorium in der älteren Linie auf die Zweige Obergreiz (seit 1694 dazu noch Dölau), Untergreiz, Burgk und Rothenthal, in der jüngeren Linie auf die Zweige Gera, Schleiz, Lobenstein, Hirschberg und Ebersdorf aufgeteilt. Siebenundzwanzig selbständige Staaten bestanden also nebeneinander, regiert von siebenundzwanzig fürstlichen oder gräflichen Familien, die alle miteinander, dem Zuge der Zeit folgend, danach strebten, das Ideal des absoluten Staates zu verkörpern, ein nach großen Vorbildern ausgerichtetes Hofleben zu führen und ihren Residenzen durch kostspielige Bauten Glanz und Ansehen zu verleihen. Die Verwirklichung solcher Ideale aber stand zur Kleinheit ihrer Länder und Ländchen in einem schreienden Mißverhältnis.

Gab die Landkarte Thüringens schon mit diesen allzu vielen staatlichen Gebilden, deren Besitzungen keineswegs immer geschlossen zusammen, sondern vielfach weit zerrissen voneinander entfernt lagen, ein äußerst farbenreiches Bild, so wurde die Buntheit noch wesentlich erhöht durch andere politische Gewalten, die auch Anteil am thüringischen Raum hatten. Im Innern des Landes saßen auf ehemaligem Gebiet der Grafen von Gleichen die Grafen von Hohenlohe in der Grafschaft Obergleichen mit Ohrdruf, die sie 1631 erworben hatten, und die Grafen von Hatzfeld in der Herrschaft Blankenhain. Im Norden Thüringens stellten die Gebiete der Reichsstädte Mühlhausen und Nordhausen, wenn auch unter sächsischem Schutz, besondere Territorien dar, und hier lag am Südrand des Harzes die Herrschaft der Grafen von Stolberg. Von außen her wirkten ferner politische Kräfte auf den thüringischen Raum ein, am stärksten das Erzbistum Mainz mit seinem ausgedehnten Besitz im Eichsfeld und im Erfurter Gebiet. Im westlichen Grenzgebiet hatten die Landgrafen von Hessen, denen aus der hennebergischen Erbschaft auch die Herrschaft Schmalkalden zugefallen war, und die Abtei Fulda thüringische Gebiete inne, und hier lag auch manches kleine, unter der Herrschaft von Reichsrittern stehende Stück; im Süden spielten Einflüsse der Bistümer Würzburg und Bamberg und die Markgrafschaft Bayreuth herein, und im Norden waren Braunschweig und Brandenburg auf thüringischen Boden vorgerückt. Weiter konnte die politische Aufteilung eines Raumes wahrhaftig nicht getrieben werden.

Die Wirkungen, die diese politische Zerschlagung Thüringens im 17. Jahrhundert zeitigte, waren verheerend. Eine selbständige Politik nach außen zu führen war keines der thüringischen Ländchen imstande; vielmehr waren sie nur noch Objekte der Politik, die von anderen betrieben wurde. Das zeigte sich namentlich während des Dreißigjährigen Krieges, der die ernestinischen Herzöge in stärkster Abhängigkeit von Kursachsen sah. Das Land hatte dadurch entsetzliche Verwüstungen und stärkste Bedrückungen zu erdulden, insbesondere auch, nachdem die ernestinischen Staaten unter Verzicht auf weitere Mitwirkung an diesem Schicksalskampf 1635 dem Prager Frieden beigetreten waren, den Kursachsen mit dem Kaiser geschlossen hatte; es wurde zum Durchmarschgebiet und Ausbeutungsobjekt beider Kriegsparteien, denen im Lande kein Widerstand entgegengesetzt werden konnte, und es hat langer Zeit und großer Anstrengungen bedurft, bis es sich von diesem Elend wieder erholt hat.

Wie sehr die Kleinstaatlichkeit die politischen Kräfte lähmte, das trat während des 17. Jahrhunderts noch einmal deutlich in Erscheinung bei dem Kampf, den der Erzbischof von Mainz gegen die Stadt Erfurt führte, um sie nach den von ihr unternommenen Versuchen, selbständige Reichsstadt zu werden, ganz seinem Territorium einzugliedern. Er hat dabei 1664 die Stadt mit Unterstützung französischer Hilfstruppen eingenommen und sie zur mainzischen Landstadt herabgedrückt. Die Wettiner aber, die Schutzherren Erfurts, auf deren Beistand man in der Stadt ernstlich rechnete, haben dabei vollständig versagt. Der Kurfürst von Sachsen stellte sich schließlich feindlich gegen sie ein, die Ernestiner dagegen kämpften nur mit Worten, sie waren weder geneigt noch in der Lage, dem Erzbischof Widerstand zu leisten. Sie haben ihr Verhalten zwar 1665 mit kleinen Gebietsabtretungen aus dem Besitze Erfurts belohnt gesehen, dabei aber endgültig auf die Schutzherrschaft über die Stadt verzichtet und damit das Herauswachsen Erfurts aus Thüringen endgültig besiegelt.

Bei solcher Zerrissenheit des Landes konnten auch Gebietserwerbungen, die einzelnen landesherrlichen Geschlechtern beim Aussterben anderer während des 17. Jahrhunderts gelangen, keinen nennenswerten Erfolg bedeuten. Sie waren entweder an sich so bescheiden, daß sie nicht ins Gewicht fielen, wie etwa der Anfall der Grafschaft Untergleichen an die Grafen von Schwarzburg-Sondershausen 1631, oder sie gingen, wenn sie ansehnlicher waren, sogleich in mehrere Teile. Das war namentlich bei der endlichen Verteilung der hennebergischen Erbschaft im Jahre 1660 der Fall. Wäre nach dem 1554 abgeschlossenen Erbvertrag und nach der Ächtung Johann Friedrichs des Mittleren, dessen Söhne 1570 in die Anwartschaft auf dieses Erbe nicht restituiert worden waren, dieser Gebietsanfall allein dem Hause Weimar zugute gekommen, so hatte sich inzwischen auch Kursachsen unter dem Kurfürsten August seinen Anteil an diesem Gewinn zu sichern gewußt, und als man nach jahrzehntelanger gemeinschaftlicher Verwaltung den Besitz teilte, da waren aus dem alten Hause Weimar inzwischen drei Linien geworden – Weimar, Gotha und Altenburg –, die sich mit dem Sekundogeniturfürstentum Sachsen-Zeitz in den Erwerb teilten. Von den hennebergischen Ämtern erhielt Sachsen-Weimar Ilmenau und Kaltennordheim und die großen Waldungen von Wasungen, Sand und Zillbach, Sachsen- Gotha Wasungen, Sand und Frauenbreitungen, Sachsen-Altenburg Themar, Maßfeld und Meiningen und Sachsen-Zeitz Schleusingen, Suhl und Kühndorf.

Wo sich in dieser kleinstaatlichen Enge der damaligen Zeit politische Kräfte noch regten, da haben sie sich den inneren Leben des Staates zugewendet und auf diesem Gebiete immerhin Leistungen hervorgebracht, die geschichtlich bedeutsam geworden sind. In dem kleinen reußischen Gebiet der jüngeren Linie hat zu Anfang des 17. Jahrhunderts Heinrich Posthumus seine ganze Kraft auf die planmäßige Förderung der Rechtspflege, die Organisation der Landesverwaltung, die Verbesserung der Finanzen, die Hebung der Wirtschaft und den Ausbau des Schulwesens verwendet. In Weimar hat Wilhelm IV. nach den Schäden des Dreißigjährigen Krieges sich vielseitig bemüht, die Landeswohlfahrt zu heben. Unter allen anderen aber steht Ernst der Fromme von Gotha an der Spitze derer, die um den Wohlstand von Land und Volk ernstlich gerungen haben. Er hat während seiner langen Regierungszeit durch umfassende Maßnahmen auf den Gebieten der Landesverwaltung und Behördenorganisation, der Rechtspflege und des Polizeiwesens, der Wirtschaft und der Finanzen aus dem losen an ihn gefallenen ernestinischen Erbe einen Musterstaat aufgebaut, der seinem Mitarbeiter Veit Ludwig von Seckendorff das Vorbild zu dem berühmten und für das nächste Jahrhundert in ganz Deutschland wirksam gewordenen »Teutschen Fürstenstaat« abgab, und er hat auf pädagogischem Gebiet handelnd und anregend weit über die Grenzen seines Landes hinaus gewirkt. Man kann es rückschauend betrachtet nur bedauern, daß solchen Kräften in ihren Kleinstaaten enge Grenzen der Wirksamkeit gezogen waren. Für solche Persönlichkeiten aber, deren politischer Gedankenflug über die Enge des Kleinstaates hinausging, war in Thüringen damals kein Wirkungsfeld gegeben. Sie verließen das Land. Bernhard von Weimar, wohl die bedeutendste Gestalt unter den thüringischen Fürsten des 17. Jahrhunderts, hat sein Leben im Kampfe für Deutschland gelassen.

Gegenüber der Zerrissenheit, die die Teilungspolitik des 17. Jahrhunderts in Thüringen geschaffen hat, stellt die Entwicklung des 18. Jahrhunderts einen gewissen Ausgleich und das Streben nach einer Beseitigung der schlimmsten Mißstände dar. Die Erkenntnis, daß die Teilungsabsichten keine weitere Durchführung vertrügen, wenn man nicht die Stellung der einzelnen fürstlichen Familie und das Wohl der Untertanen gefährden wolle, und die tatsächliche Lage, die bei der Kleinheit mancher Territorien eine weitere Teilung überhaupt nicht zuließ, haben während dieses Jahrhunderts dazu geführt, daß in den regierenden thüringischen Häusern nach und nach das Erstgeburtsrecht eingeführt wurde, das jeder weiteren Zerschlagung des angestammten Besitzes den Riegel vorschob. Schon am Ende des 17. Jahrhunderts sind solche rechtlichen Bindungen in einigen Häusern festgesetzt worden. Den Anfang machte die kleine reußische Linie Schleiz 1679; ihr folgten 1685 Sachsen-Gotha und 1690 das Gesamthaus Reuß. Im 18. Jahrhundert wurde die Primogenitur zuerst 1713 im Gesamthause Schwarzburg eingeführt, dem von den ernestinischen Linien 1714 Sachsen-Hildburghausen, 1724 Sachsen-Weimar und 1733 Sachsen-Saalfeld folgten. Zuletzt von allen thüringischen Fürstenhäusern hat sich 1803 Sachsen-Meiningen zur Einführung des Erstgeburtsrechtes entschlossen.

Hand in Hand mit diesen vernünftigen Erwägungen entsprungenen Regelungen zur Vermeidung weiterer politischer Zersplitterung des thüringischen Landes hat das Schicksal an der Beseitigung der allzu vielen Länder und Ländchen gearbeitet. Eine große Zahl der regierenden Häuser starb im Verlaufe des letzten Jahrzehnts des 17. Jahrhunderts und während des 18. Jahrhunderts aus, und ihr Besitz wurde von den überlebenden Verwandten aufgesogen.

Die stärkere Zusammenfassung begann im Hause Sachsen-Weimar, als das 1672 gegründete Herzogshaus Sachsen-Jena bereits 1690 mit dem Sohn des Gründers, Johann Wilhelm, wieder erlosch. Sein Gebiet wurde 1691 auf die verwandten Linien Sachsen-Weimar und Sachsen-Eisenach verteilt. 1741 starb auch Sachsen-Eisenach mit dem Herzog Wilhelm Heinrich aus, und nun kam Weimar allein wieder in den Besitz des Landes, das 1672 unter drei Linien gespalten worden war.

Im Hause Sachsen-Gotha verschwanden von den 1680/81 geschaffenen sieben Linien drei schon nach kurzem Bestand; sie starben mit ihren Gründern, die keine männlichen Nachkommen hatten, aus: Coburg 1699, Eisenberg 1707 und Römhild 1710. Das Eisenberger Gebiet ging an Gotha-Altenburg über, um das Erbe von Coburg und Römhild aber entbrannte, besonders wegen des Fürstentums Coburg, mit dem von Anfang an die Reichsstandschaft verknüpft war, zwischen den vier überlebenden Linien des Gothaischen Hauses ein jahrzehntelang geführter Streit. Er wurde schließlich dahin entschieden, daß der Hauptteil des Coburgischen Erbes mit allen Hoheitsrechten an die Linie Saalfeld kam, die sich seitdem Coburg-Saalfeld nannte, daß ein kleiner Teil davon an Sachsen-Meiningen fiel und daß das Land Römhild an alle vier Linien ungleichmäßig aufgeteilt wurde. So bestanden seit dem Anfang des 18. Jahrhunderts vom Gothaischen Hause noch vier Linien, Gotha-Altenburg, Coburg-Saalfeld, Meiningen und Hildburghausen, alle vier gleichberechtigt, seitdem Hildburghausen 1702 die volle Landeshoheit erlangt hatte.

Bei den Albertinern hat das 18. Jahrhundert wieder zu strafferer Zusammenfassung des Staatsgebietes in einer Hand geführt, als die 1657 eingerichteten Sekundogeniturfürstentümer erloschen. Sachsen-Zeitz starb 1718, Sachsen-Merseburg 1738 und Sachsen-Weißenfels 1746 aus. Ihr Besitz fiel jeweils an das Kurhaus zurück.

Im schwarzburgischen Gesamthause hat sich die Zahl der regierenden Linien zu Anfang des 18. Jahrhunderts von drei auf zwei vermindert, da die 1681 gestiftete Linie Arnstadt mit ihrem Gründer Anton Günther II. 1716 erlosch. Das Erbe kam im ganzen an die Linie Schwarzburg-Sondershausen.

Bei den Reußen ist vom Ausgang des 17. Jahrhunderts an eine erhebliche Verringerung in der Zahl der Häuser eingetreten. In der älteren Linie erloschen von den Zweigen des Hauses Untergreiz 1697 Burgk und 1698 Rothenthal, und vom Haus Obergreiz starb der Zweig Dölau nach nur vierjährigem Bestand 1698 bereits wieder aus, so daß in der ersten Hälfte des 18. Jahrhunderts noch die beiden Häuser Obergreiz und Untergreiz nebeneinander standen. Als dieses 1768 erlosch, vereinte das Haus Obergreiz den gesamten Besitz der älteren Linie wieder in einer Hand. In der jüngeren Linie erlosch nur der Zweig Hirschberg des Hauses Lobenstein 1711, der von den Zweigen Lobenstein und Ebersdorf beerbt wurde. Das ganze 18. Jahrhundert hindurch blieben hier also immer noch vier Häuser bestehen, Gera, Schleiz, Lobenstein und Ebersdorf, und von Lobenstein zweigte sich 1715 sogar noch ein Nebenast Lobenstein-Selbitz ab. Erst am Anfang des 19. Jahrhunderts hat auch in der jüngeren Linie Reuß eine weitere Verminderung in der Zahl der regierenden Häuser stattgefunden, als das Haus Gera 1802 und das Haus Lobenstein 1805 ausstarben, ohne daß damit eine wesentliche Vereinfachung in der politischen Gestaltung des Landes eingetreten wäre. Denn Erbe von Lobenstein wurde das Haus Lobenstein-Selbitz, während die Herrschaft Gera von den drei übrig bleibenden Linien Schleiz, Lobenstein (-Selbitz) und Ebersdorf gemeinsam regiert wurde. Es entsprach dem Zuge der Zeit, die auf eine straffere Zusammenfassung der staatlichen Gebilde hinausging, daß sie Rang und Ansehen der regierenden Häuser auch äußerlich hob. Das 18. Jahrhundert ist daher in der thüringischen Geschichte auch das Jahrhundert der Standeserhöhungen geworden. Bereits 1697 wurden die Grafen von Schwarzburg in den Reichsfürstenstand erhoben, wovon Sondershausen und Arnstadt sofort, Rudolstadt aber erst nach einer zweiten 1710 erfolgten Verleihung im Jahre 1711 Gebrauch machten. Im reußischen Hause erlangte die ältere Linie 1778 und das Haus Lobenstein 1790 die Reichsfürstenwürde, während das Haus Gera nie, die Häuser Schleiz, Lobenstein-Selbitz und Ebersdorf erst 1806 in deren Genuß kamen.

So hat das 18. Jahrhundert das politische Bild des Landes Thüringen straffer gezeichnet und übersichtlicher gestaltet. Den Zug des kleinstaatlichen Gepräges aber hat es ihm nicht nehmen können. Wohl sind von den siebenundzwanzig selbständigen Ländern, die am Ende des 17. Jahrhunderts die Geschicke Thüringens bestimmten, im Verlaufe des 18. mehr als die Hälfte verschwunden. Aber am Beginn des 19. Jahrhunderts, als sich Deutschland zum Kampf für die Befreiung von der Fremdherrschaft rüstete, zerfiel Thüringen immer noch in zwölf Einzelstaaten. Bei den Ernestinern blühten die Linien Weimar-Eisenach, Gotha-Altenburg, Coburg-Saalfeld, Meiningen und Hildburghausen, denen auf albertinischer Seite der Kurstaat Sachsen geschlossen gegenüberstand; die Schwarzburger waren durch die beiden Linien Rudolstadt und Sondershausen vertreten, die Reußen durch die einheitlich zusammengefaßte ältere Linie und in der jüngeren durch die Häuser Schleiz, Lobenstein (-Selbitz) und Ebersdorf.

Wie sehr auch noch im 18. Jahrhundert der kleinstaatliche Geist an den thüringischen Höfen und in den thüringischen Ländern sein Unwesen trieb, dafür ist ein lehrreiches Beispiel die Gestalt des Herzogs Anton Ulrich von Sachsen-Meiningen, der sein Leben ohne höhere staatliche Interessen im Kampf gegen seine Verwandten verbrachte und unter dessen Regierung über einem Rangstreit zweier Hofdamen 1746 der Wasunger Krieg zwischen Meiningen und Gotha ausgefochten wurde, der als Tragikomödie in die Geschichte eingegangen ist. Daß aber auch vom kleinen Staat aus nun wieder eine Einwirkung auf die deutsche Politik möglich war, das zeigt die Persönlichkeit Carl Augusts von Weimar, den die politische Tätigkeit innerhalb seines kleinen Landes nicht auszufüllen vermochte. Daß sich zudem an seinem Hofe ein geistiges Zentrum bilden konnte, dessen Wirken nicht mehr auf kleinstaatliche Enge beschränkt war, dessen Leistung vielmehr gemeindeutsches Eigentum wurde, das wird für alle Zeiten ein Ruhmestitel auch des kleinstaatlichen Thüringens im 18. Jahrhundert bleiben.

Die ersten Jahrzehnte des 19. Jahrhunderts haben Thüringen noch einmal, und nun für ein Jahrhundert lang, politisch grundlegend umgestaltet. Gleich zu Beginn ließen sie das Vordringen einer Macht im thüringischen Raume sichtbar werden, die seit dem Ende des 17. Jahrhunderts sich vor seine nördlichen Tore geschoben hatte und die in Zukunft der politisch-kräftigste Faktor des Landes werden sollte: Preußen. 1680 hatte es nach dem Tod des sächsischen Administrators das Herzogtum Magdeburg und das mit ihm verbundene hallische Gebiet erworben und war 1699 in den Besitz eines Teils der Grafschaft Hohnstein gelangt. Jetzt erhielt es nach dem Frieden von Luneville als Entschädigung für die ihm auf dem linken Rheinufer an Frankreich verloren gegangenen Landesteile 1802 die mainzischen Besitzungen in Thüringen, Erfurt, das Eichsfeld und die nach dem Aussterben der Grafen von Hatzfeld 1794 an Mainz heimgefallene Herrschaft Blankenhain, dazu die Reichsstädte Mühlhausen und Nordhausen. Freilich waren diese Erwerbungen Preußens zunächst nur von kurzen Bestand. Denn nach den unglücklichen Ereignissen des Jahres 1806, nach den verhäng-

nisvollen Kämpfen Preußens mit Napoleon, die wesentlich auf thüringischem Boden ausgefochten wurden, gingen die preußischen Besitzungen in Thüringen verloren. Erfurt wurde in
unmittelbare französische Verwaltung genommen, die anderen Teile dem neugebildeten Königreich Westfalen eingegliedert. Die kleinen thüringischen Staaten, die nach der Auflösung
des alten Deutschen Reiches souverän geworden waren, an deren äußerer Gestalt sich aber
sonst nichts änderte, traten dem Rheinbund bei.

Der Wiener Kongreß hat 1815 diesem kurzen Zwischenspiel ein Ende gemacht. Seine
für die politische Gestaltung Thüringens wichtigste Bestimmung war die, daß Kursachsen,
dessen Umfang wegen seiner verfehlten äußeren Politik der vorhergehenden Jahre ganz erheblich beschnitten wurde, aus Thüringen vollständig verschwand. Der größte Teil seiner
Besitzungen, d. h. das ganze nördliche Thüringen, aus dem Neustädter Kreis das Amt Ziegenrück und im Thüringer Wald der Kreis Schleusingen, fielen an Preußen, dem auch seine
1802 erworbenen und 1806 verloren gegangenen thüringischen Bestandteile, Erfurt, das
Eichsfeld, Mühlhausen und Nordhausen, wieder zugesprochen wurden. Es wurde damit zur
stärksten politischen Macht im thüringischen Raum, an dem es ein halbes Jahrhundert später 1866 auch noch die hessische Herrschaft Schmalkalden, das hannöversche Hohnstein
und die bayerische Exklave Kaulsdorf an der Saale gewann. Aus dem kursächsischen Gebiet erfuhr auch Sachsen-Weimar-Eisenach eine Vergrößerung durch die Übergabe des Neustädter Kreises (ohne Ziegenrück), der Herrschaft Tautenburg und der Besitzungen der
Deutschordensballei Thüringen; ihm wurden auch an seiner westlichen Grenze einige ehemals fuldaische Ämter überlassen und von den früheren Mainzer Besitzungen die Herrschaft Blankenhain. Dazu trat Preußen noch den östlichen Teil des Erfurter Gebietes ab.
Weitergehende Ansprüche konnte Weimar nicht durchsetzen, nur den Titel eines Großherzogs brachte Carl August von Wien nach Hause, eine zwar nur äußerliche Rangerhöhung,
die aber doch seiner Familie und seinem Lande für die Zukunft ein Übergewicht gegenüber
den anderen Ernestinern gab.

Die kleineren Gebietsverschiebungen, die dann in den nächsten Jahren zwischen einzelnen thüringischen Ländern vor sich gingen, so etwa zwischen Preußen und den beiden
Schwarzburg oder zwischen diesen und Sachsen-Gotha, haben an der politischen Gliederung des Landes wenig geändert. Diese wurde erst 1826 endgültig festgelegt. Im Jahr 1825
war im Herzogtum Sachsen-Gotha-Altenburg der letzte Regent Friedrich IV. ohne Kinder
gestorben, und zum letzten Male war damit die Neuverteilung eines größeren Landgebietes
notwendig geworden. Sie erfolgte nach längerem Streit 1826 unter den drei noch blühenden Linien, die 1680/81 mit Sachsen-Gotha aus dem Stamm Ernsts des Frommen erwachsen waren. Die Linie Coburg-Saalfeld erhielt aus dem Erbe das Land Gotha und gab dafür
Saalfeld an die Linie Meiningen ab; an Meiningen fiel auch der größere Teil von Hildburghausen, dessen kleinerer an Coburg kam; der Herzog von Hildburghausen aber rückte als
neuer Landesherr in das Herzogtum Altenburg ein. Drei umgebildete ernestinische Linien
mit stark verschobenen Territorien waren also das Ergebnis dieser letzten thüringischen
Landesteilung: Sachsen-Coburg und Gotha, Sachsen-Meiningen und Sachsen-Altenburg.

Hatte sich so die Zahl der Staaten bei den Ernestinern wieder um einen verringert, so hat
die erste Hälfte des 19. Jahrhunderts auch bei den Reußen der jüngeren Linie die noch im
18. Jahrhundert starke Zersplitterung beseitigt. 1824 war die Linie Lobenstein (-Selbitz) ausgestorben und das Lobensteiner Land an das Haus Ebersdorf gefallen; dessen letzter Regent, Heinrich LXXII., dankte 1848 zugunsten des einzigen noch übrig bleibenden Hauses
Schleiz ab, so daß dieses nunmehr das gesamte Gebiet von Reuß jüngerer Linie in einer

Hand vereinigte. Von der Mitte des 19. Jahrhunderts ab standen also im thüringischen Raum noch vier ernestinische Länder (das Großherzogtum Sachsen-Weimar Eisenach, die Herzogtümer Sachsen-Coburg und Gotha, Sachsen-Meiningen und Sachsen-Altenburg), zwei schwarzburgische (die Fürstentümer Schwarzburg-Rudolstadt und Schwarzburg-Sondershausen) und zwei reußische (die Fürstentümer Reuß ä. L. und Reuß j. L.) neben dem sie an Bedeutung alle zusammen überragenden Preußen. Die Vielzahl der an Thüringen Anteil habenden Kräfte war so auf neun zusammen geschmolzen. An diesem Zustand hat sich bis zur gänzlichen Umwälzung der bestehenden Verhältnisse in den Jahren 1918 bis 1920 nichts mehr geändert. Denn auch der Tod des letzten regierungsfähigen Fürsten von Reuß ä. L. 1902, Heinrichs XXII., und das Aussterben der Linie Schwarzburg-Sondershausen 1909 haben diese beiden Staaten nicht aufgehoben. Sie blieben vielmehr selbständig bestehen. In Reuß ä. L. führte das Fürstenhaus der jüngeren Linie die Regentschaft, und Schwarzburg-Sondershausen wurde mit Schwarzburg-Rudolstadt in Personalunion verbunden.

Trotz aller gebietlichen Vereinigungen und allen staatlichen Zusammenfalls ist auch das 19. Jahrhundert in der thüringischen Geschichte noch durchaus kleinstaatlich ausgerichtet gewesen. Wenn auch die Zahl der Staaten gegenüber den vorhergehenden Jahrhunderten ganz wesentlich vermindert worden war, so stellten ihre Gebiete doch keine abgerundeten Körper dar, sie waren vielmehr alle, gerade wegen des erblichen Zusammenfalls, in einzelne Teile zerrissen, die vielfach weit voneinander entfernt lagen. Überall schoben sich Glieder des einen zwischen die des anderen, so daß gegenüber dem früheren Zustand nicht viel gewonnen war und die Mißstände in politischer, verwaltungsmäßiger und wirtschaftlicher Beziehung immer offener zutage traten.

Es ist daher ganz natürlich, daß sich bereits zu Beginn und dann im Verlauf des 19. Jahrhunderts immer wieder Bestrebungen zeigten, die, wie im damaligen Deutschland auf die Einigung der deutschen Stämme und Länder, so in Thüringen auf die Herstellung der politischen Einheit im Lande gerichtet waren. Sie hatten zur Voraussetzung, daß das Gefühl für die Zusammengehörigkeit der thüringischen Bevölkerung, das Stammesbewußtsein, trotz aller kleinstaatlichen Entwicklung der vergangenen Jahrhunderte nicht verloren gegangen war. daß es lebte, obwohl der Name Thüringen aus der amtlichen Sprache fast ganz verschwunden war, das zeigen z. B. die wissenschaftlichen und volkstümlichen Darstellungen der Geschichte und Geographie Thüringens seit dem 16. Jahrhundert oder die um die Wende des 18. zum 19. Jahrhundert beliebten Unterhaltungs- und Belehrungsblätter, der »Volksfreund«, das »Magazin«, die »Vaterlandskunde«, die sich alle als »Thüringisch« bezeichneten. Aber die Vorstellung, was Thüringen eigentlich sei, beharrte noch durchaus in den Grenzen, die der Untergang des thüringischen Königreichs dem Stamme der Thüringer gewiesen hatte: man verstand darunter bis ins 19. Jahrhundert hinein das Land zwischen Werra und Saale, zwischen Thüringer Wald und Harz. Im 19. Jahrhundert aber hat sich der Begriff geweitet. Wesentlich unter politischen Einfluß rechnete man nun auch die Lande östlich der Saale, die einst vom thüringischen Stamm kolonisiert worden waren, und die Gebiete südlich des Thüringer Waldes, die seit Jahrhunderten an der Geschichte Thüringens teilgenommen hatten, mit zu Thüringen.

Aber man darf neben diesem Stammesgefühl doch nicht vergessen, daß die Bevölkerung Thüringens auch durch die kleinstaatliche Vergangenheit in ihren Anschauungen und Auffassungen nachhaltig beeinflußt worden war und daß, wenn sich der thüringischen Einigung Hindernisse in den Weg stellten, diese nicht nur in der Eigensucht der Dynasten, sondern auch in dem kleinstaatlichen Patriotismus zu suchen waren, der für sein angestammtes

Herrscherhaus lebte und starb, der in »Reuß-Greiz-Schleiz-Lobenstein« des Hergotts »Regen und Sonnenschein« nur für sich erbat, in Schwarzburg-Sondershausen nicht »durch Pulver und durch Blei« zu schrecken war und in Meiningen nur »Meininger stets bleiben« wollte. Dieser kleinstaatliche Geist, »der staatlich zersplittert sich wohl fühlt in seiner Zersplitterung, bei Bratwurst und Bier über sein kleinstaatliches Elend scherzt, aber dasselbe über alles liebt, dem das Ungestörtsein im engen Kreise der Inbegriff glücklicher Existenz ist«, auch er ist aus der thüringischen Geschichte des 19. Jahrhunderts, die eine Geschichte der Einheitsbewegung geworden ist, nicht wegzudenken. Und wie im Volk, so zeigte er sich, noch verstärkt, in den thüringischen Fürstenhäusern. Wenn das 19. Jahrhundert unter den thüringischen Herrschern auch Gestalten von überterritorialer Bedeutung hervorgebracht hat, wie Carl Alexander von Weimar († 1901) und Ernst II. von Coburg-Gotha († 1893), die ihren Platz in der Geschichte der deutschen Einigung haben, wenn es auch das Haus Coburg weit verzweigt in die europäische Politik hineinwachsen ließ, so gehört ihm doch auch der extremste Vertreter des kleinstaatlichen Partikularismus, Heinrich XXII. von Reuß ä. L. († 1902), an, der die Rechte des souveränen Landesherrn nicht nur in seinem kleinen Gebiet, sondern auch gegen das Reich verteidigen zu müssen glaubte und dessen Haltung, wenn sie auch in ihrer Konsequenz des geschlossenen Eindrucks nicht entbehrt, doch Symbol einer abklingenden Zeit war, die auch die thüringische Einigung nicht aufzuhalten vermochte.

Schon am Anfang des 19. Jahrhunderts, in den Tagen des Kampfes gegen napoleonische Bedrückung, taucht der Gedanke an einen Zusammenschluß der thüringischen Staaten, d. h. der ernestinischen, schwarzburgischen und reußischen Fürstentümer, untereinander und mit Kursachsen auf. Dieser Gedanke wurde 1814 von dem weimarischen Staatsmann Freiherrn v. Gersdorff klar dahin formuliert, daß die Teilung Thüringens in neun verschiedene Staaten »die geistigen und mechanischen Kräfte, die hier zur Entfaltung kommen könnten«, lähme und daß Thüringens Verfassung »von einer mit den wahren Bedürfnissen der Nationalwohlfahrt nicht genugsam harmonierenden Beschaffenheit« sei; man müsse »sich darum bedeutend günstiger durch freiwillige Verbindungen machen, als man von Natur ist«.

Diese Gedanken sind zunächst nicht verwirklicht worden; aber wenige Jahre später wurden durch Druck von außen die Fragen einer wirtschaftlichen Einigung Thüringens brennend, als allenthalben in Deutschland auf dem Gebiet des Zollwesens Vereinigungen und Zusammenschlüsse erfolgten. 1822 fanden sich die Vertreter der ernestinischen Herzogtümer und der schwarzburgischen und reußischen Fürstentümer zur Arnstädter Verabredung zusammen, um durch »gemeinsame Mittel gegen drückende Mautsysteme und Beförderung des freien Kommerzes« eine thüringische Wirtschaftsprovinz zu schaffen. Diese Abmachungen hatten keinen Erfolg, denn sie wurden schon ein Jahr später abgesagt. 1828 traten die thüringischen Staaten in enger Verbindung mit Sachsen dem Mitteldeutschen Handelsverein bei, an dem ferner die Staaten Hannover, Braunschweig, Oldenburg, Bremen, Kurhessen, Hessen-Homburg, Nassau und Frankfurt beteiligt waren. Aber auch diese Vereinigung hatte keinen Bestand, denn schon im nächsten Jahr schlossen Coburg-Gotha und Meiningen zunächst geheim gehaltene Abkommen mit Preußen, das an den im Besitz dieser Herzogtümer befindlichen Straßen über den Thüringer Wald lebhaft interessiert war, und durchbrachen so die aufgerichtete Einheit. Erst die Aussicht auf Bildung eines allgemeinen deutschen Zollbundes hat auf wirtschaftlichem Gebiet bleibende Einrichtungen in Thüringen geschaffen. Auf Preußens Druck, das Verhandlungen mit den einzelnen thüringischen Ländern ablehnte, schlossen sich diese unter Einbeziehung der preußischen Kreise Erfurt, Suhl und Ziegenrück am 10. Mai 1833 zum Zoll- und Handelsverein der thüringischen Staaten zusammen, und am nächsten Tage trat dieser Verband dem Deutschen Zollverein bei. Brachte dieser zunächst auch nur wirtschaftliche Erleichterungen, so hat er doch zweifellos auch den Gedanken der politischen Einigung befruchtet und wach gehalten, ebenso wie die in seinem Gefolge abgeschlossene Dresdener Münzkonvention von 1838, die die Währungseinheit schuf.

Die Fragen einer politischen Einigung Thüringens sind dann in der Revolution von 1848/49 recht lebendig geworden. Der Bestand der thüringischen Kleinstaaten ist damals gefährdet gewesen. Einmal waren es radikale Kreise in diesen Staaten selbst, die für Thüringen die Bildung einer Einheitsrepublik forderten, und zum anderen drohte von der Frankfurter Nationalversammlung her der Ruf, die Kleinstaaten wegen ihrer Leistungsunfähigkeit zu mediatisieren. Verschiedene Möglichkeiten der thüringischen Einigung sind damals erörtert worden, die seitdem immer wieder die Überlegungen zur thüringischen Einheitsfrage beschäftigten, die Bildung eines Einheitsstaates durch die Zusammenfassung der einzelnen Länder, der Anschluß an einen benachbarten großen Staat und die Erhebung zum Reichsland. Über das Stadium der Erörterung sind diese Probleme nicht hinaus gediehen, denn es gab zu viele Interessen, die einander widerstritten. Unter den Dynasten war es namentlich die Furcht vor weimarischen Hegemoniebestrebungen. Aber auch das Volk war für eine solche Einigung noch nicht reif. So versank alles, als die Bewegung abklang, in den alten Zustand zurück. Die kleinstaatliche Welt Thüringens blieb bestehen.

Immerhin hat die Bewegung von 1848/49 den Erfolg gezeitigt, daß sich unter den thüringischen Staaten nun einige Verwaltungsgemeinschaften herausbildeten, die die thüringischen Länder innerlich einander annäherten. Dem seit 1817 in Jena bestehenden Oberappellationsgericht für die ernestinischen und die reußischen Länder traten nunmehr 1849 auch die beiden Schwarzburg bei. Sie bildeten mit Sachsen-Weimar-Eisenach auch einige Gerichtsgemeinschaften durch Errichtung gemeinschaftlicher Kreisgerichte in Sondershausen und Arnstadt und gemeinschaftlicher Justizämter in Ilmenau und Frankenhausen. Sie beteiligten sich ferner seit 1850 auch am weimarischen Appellationsgericht in Eisenach. Die Planung eines einheitlichen Strafgesetzbuches für alle thüringischen Staaten ist nicht zum endgültigen Abschluß gekommen, denn die einzelnen Länder haben es 1868 mit Abweichungen eingeführt. Bei der vom Reich geschaffenen Gerichtsverfassung entstanden 1879 wiederum mehrere Gerichtsgemeinschaften unter thüringischen Staaten und mit Preußen. Das gemeinschaftliche Landgericht in Gera war für den zu Sachsen-Weimar gehörenden Neustädter Kreis und für Reuß jüngerer Linie zuständig, dem gemeinschaftlichen Landgericht in Meiningen wurden außer den thüringischen Ländern Meiningen und Coburg auch die preußischen Kreise Schleusingen und Schmalkalden unterstellt, und das gemeinschaftliche Landgericht in Rudolstadt betreute außer Schwarzburg-Rudolstadt auch den meiningischen Kreis Saalfeld und den preußischen Kreis Ziegenrück. Dem 1910 geschaffenen Oberverwaltungsgericht in Jena gehörten nicht alle thüringischen Staaten an; Meiningen hatte sein eigenes Oberverwaltungsgericht, und die beiden Reuß hatten sich dem sächsischen Oberverwaltungsgericht in Dresden angeschlossen. Zur Herstellung einer angeglichenen Verwaltung der einzelnen Staaten untereinander fanden, allerdings nur mit gegenseitigem Meinungsaustausch, Verwaltungskonferenzen der thüringischen Regierungen statt. Gemeinschaftlich wurde auch die statistische Arbeit des Landes organisiert durch die Gründung eines Statistischen Bureaus vereinigter Thüringer Staaten 1864, von dem sich jedoch Meiningen 1872 und Coburg-Gotha 1876 durch Einrichtung eigener statistischer Ämter ausschlossen. Eine vollkommene Verwaltungsgemeinschaft aller Staaten war erst das Thüringische Kriegsernährungsamt, das während des Weltkrieges 1916 gebildet und zu einer wirklich lebens- und arbeitsfähigen Behörde organisiert wurde. Neben diese von staatlicher Seite ausgehenden Ansätze zu einem engeren Zusammenschluß der thüringischen Staaten traten dann bald auch Unternehmungen aus dem Volke selbst, die durch vereins- und verbandsmäßige Vereinigung über die kleinstaatliche Zerrissenheit hinweg eine thüringische Einheit auf wirtschaftlichem und kulturellem Gebiet erstrebten. Besonders förderlich war dabei die Gründung des Thüringer Städteverbandes, die 1869 von Gera aus erfolgte, denn dieser Verband griff bald auch auf das preußische Thüringen über. Am Anfang unseres Jahrhunderts ist die Frage der thüringischen Einheit schließlich von den politischen Parteien aufgegriffen worden. 1907 erschien die sozialdemokratische Schrift »Thüringer Kleinstaatenjammer. Weckruf an alle Thüringer ohne Unterschied der Parteizugehörigkeit« von Artur Hofmann. Sie war im wesentlichen abgestellt auf die finanzielle und steuerliche Auswirkung der staatlichen Zerrissenheit Thüringens, hatte aber den einen Erfolg, daß im Anschluß an die durch sie veranlaßten Erörterungen 1912 zwischen Sachsen-Weimar und Sachsen-Meiningen ein kleiner Gebietsaustausch stattfand, bei dem das vorher zweiherrige Kranichfeld ganz meiningisch, Hohenfelden, Lichtenhain und Mosen aber weimarisch wurden. Viel umfassender und sachlicher als in der Hofmannschen Schrift ist die Frage des Zusammenschlusses der thüringischen Staaten 1918 von der Nationalliberalen Partei behandelt worden. Nach einem Beschluß des Landesausschusses dieser Partei, in dem als dringend wünschenswert »eine Vereinheitlichung in Gesetzgebung und Verwaltung der thüringischen Staaten als Vorläufer für einen organischen Zusammenschluß der gesamten Staatsverwaltung« festgestellt war, erschien Mitte des Jahres 1918, vom gleichen Ausschuß herausgegeben, die Schrift »Die thüringische Frage. Denkschrift über Vereinheitlichung in Gesetzgebung und Verwaltung der thüringischen Staaten«. Sie verlangte Reformen auf allen Gebieten, sowohl der räumlichen Gestaltung wie der inneren, der Finanz- und der Justiz-Verwaltung der Staaten, des Schulwesens und der Kirche, des wirtschaftlichen Lebens und des Verkehrswesens und schließlich der Politik. Gerade diese Denkschrift zeigt, daß der seit dem Beginn des 19. Jahrhunderts immer wieder erörterte Gedanke der Einigung Thüringens trotz aller Hemmungen und Hindernisse doch den Boden für die Verwirklichung solcher Fragen gelockert und die Zeit dafür reif gemacht hatte.

Die äußeren Voraussetzungen für die praktische Lösung der Frage schuf die Revolution vom November 1918, die die thüringischen Fürstenthrone stürzte. Am 9. November dankte der Großherzog von Sachsen ab, am 10. der Herzog von Meiningen und der Fürst Reuß, am 13. der Herzog von Altenburg, am 14. der Herzog von Coburg-Gotha und am 22. November der Fürst von Schwarzburg. Damit war die Bahn für den Zusammenschluß der Staaten frei, der freilich erst nach vielen Vorschlägen, nach längeren Erörterungen und weitschichtigen Verhandlungen zustande kam. Viele Möglichkeiten waren gegeben. Von ihnen wäre eine Zusammenfassung aller Staaten und Landesteile im ganzen thüringischen Raum zu einem großthüringischen Einheitsstaat nicht nur wirtschaftlich die beste Lösung gewesen; sie hätte vielmehr auch der geschichtlichen Entwicklung am meisten entsprochen. Denn nur die großthüringische Lösung konnte, wenn man schon an die Beseitigung des kleinstaatlichen Elends der Vergangenheit ging, den Fehler wieder gut machen, der am Beginn der neuzeitlichen Geschichte Thüringens dieses in die kleinstaatliche Laufbahn hineingestoßen hatte: die Trennungslinie von 1485. Einer solchen großthüringischen Lösung aber hat sich Preußen versagt, das thüringisches Gebiet aus seinem Staatsverband nicht freigab. Nach einer Bekanntmachung der preußischen Regierung vom 10. Dezember 1918, daß alle Versuche, Teile von Preußen loszutrennen, mit allen zu Gebote stehenden Mitteln zu bekämpfen seien, da sie das Gemeinwohl gefährdeten, blieb für die Einigung Thüringens nur die kleinthüringische Lösung übrig, d. h. der Zusammenschluß der ernestinischen, schwarzburgischen und reußischen Länder. Nachdem sich die beiden Reuß, die ältere und die jüngere Linie, bereits am 4. April 1919 zum Volksstaat Reuß vereinigt hatten, wurde ein im Mai 1919 vorgelegter Entwurf eines Gemeinschaftsvertrages während des Sommers 1919 von allen thüringischen Ländern mit Ausnahme von Coburg und Meiningen angenommen. Praktisch trat die Einigung sogleich in Erscheinung durch einen Volksrat, der aus Mitgliedern der Einzellandtage gebildet war, und durch einen Staatsrat als ausführendes Organ. Coburg schloß sich nach einer Volksabstimmung vom November 1919 im März 1920 an den Freistaat Bayern an, schied also aus Thüringen aus. Meiningen aber trat im Dezember 1919 dem Gemeinschaftsvertrag bei, und damit war der äußere Zusammenschluß der sieben thüringischen Einzelstaaten Sachsen-Weimar-Eisenach, Sachsen-Gotha, Sachsen-Altenburg, Sachsen-Meiningen, Schwarzburg-Rudolstadt, Schwarzburg-Sondershausen und Reuß zum Lande Thüringen vollendet. Am 23. April 1920 nahm die in Weimar tagende Nationalversammlung das Gesetz über den Zusammenschluß mit Wirkung vom 1. Mai 1920 an, und am gleichen Tage trat auch die Verfassung des Landes Thüringen in Kraft. Das Land Thüringen war geschaffen.

So erfreulich an dieser Schöpfung die Überwindung des kleinstaatlichen Zustandes war, so bedauerlich bleibt auf der anderen Seite die Tatsache, daß die Bildung des Landes Thüringen auf dem Wege zur thüringischen Einheit nur eine halbe Maßnahme war. Denn das heutige politische Thüringen umfaßt nur einen Teil des Raumes, den der thüringische Stamm bewohnt, des Raumes, auf dem sich die Geschichte dieses Stammes abgespielt hat. Das thüringische Land auch politisch zu dieser stammesmäßigen Einheit zu führen, bleibt die Aufgabe unserer Zeit. Mit ihrer Lösung wird dann am Ende einer Jahrtausende langen Entwicklung wieder stehen wie an ihrem Anfang ein auf stammesmäßiger Grundlage politisch geeintes Thüringen.

Thüringen und die Thüringer.
Landschaft, Volk und Staat im Herzen Deutschlands –
Wandlungen und Grenzen eines Stammesbegriffes
1947

In unseren Tagen hat innerhalb des thüringischen Raumes, den meisten wohl unbewußt, eine historische Entwicklung einen gewissen Abschluß gefunden, deren Ursprung in die Anfänge der thüringischen Geschichte überhaupt zurückreicht und die sich als immer wieder gestellte und doch ungelöst gebliebene Frage durch ihren ganzen Ablauf hindurchzieht: die staatlich wirklich zutreffende Abgrenzung des Gebietes, das Thüringen genannt wird.

Wenn man fragte, was Thüringen eigentlich sei, dessen landschaftliche Schönheiten so oft aufgesucht und besungen werden, dessen Gewerbefleiß und Industrie weithin bekannt sind und dessen kulturelle Leistungen zu allen Zeiten einen hervorragenden Anteil am deutschen Geistesleben ausmachten, so wird man eine allgemeingültige Antwort nirgends erhalten. Am wenigsten kann man von der geographischen Seite her, wie die eingehende Betrachtung der geographischen wissenschaftlichen Literatur immer wieder zeigt, dem Begriff Thüringen eindeutig beikommen, denn die von da angebotenen höchst verschiedenartigen Umgrenzungen des Raumes Thüringen geben keine befriedigende Lösung der Frage. Diese Unsicherheit hat ihren tiefsten Grund in der Tatsache, daß die thüringische Landschaft überhaupt nur von der Geschichte des thüringischen Stammes her begriffen werden kann, daß sie der Raum ist, auf dem der Stamm der Thüringer seine Kräfte im geschichtlichen Ablauf ausgewirkt hat, daß Thüringen also ein historischer und kein geographischer Begriff ist. Dieser Begriff ist aber im Laufe der Zeiten mannigfachen Wandlungen unterworfen gewesen, die sich aus der jeweiligen geschichtlichen Konstellation ergaben und die uns zugleich zeigen, daß auch in Thüringen – wie sonst allenthalben – die Stammesbildung ein nie abgeschlossener Vorgang des geschichtlichen deutschen Lebens ist.

Die erste Nachricht von den Thüringern überhaupt, die uns erhalten geblieben ist, hebt um das Jahr 400 n. Chr. ihre Pferde lobend hervor, und die spärlichen Quellen des 5. und 6. Jahrhunderts, die sich daran reihen und die uns die damals erfolgende Entstehung des thüringischen Stammes und seine politische Zusammenfassung in einem Königreich zeigen, lassen den Umfang des thüringischen Raumes in weiter Ausdehnung über das ganze mitteldeutsche Gebiet von der Werra bis zur Mulde und Elbe und von der Ohre und Aller bis zum Main hin, sogar bis an die Donau erkennen. Aber nach der Vernichtung des thüringischen Königreiches 531 n. Chr. engt sich das Gebiet des thüringischen Stammes außerordentlich ein; nur noch an der Landschaft, die im Westen durch die Werra, im Osten durch die Saale, im Norden durch den Südrand des Harzes, die Helme und die untere Unstrut und im Süden durch den Thüringer Wald gebildet wird, haftet nun der Name Thüringen, und eine eindringende Durchforschung des gesamten historischen Quellenstoffes an erzählender und urkundlicher Überlieferung ergibt die eindeutige Feststellung, daß das auch das gesamte Mittelalter hindurch so bleibt.

Hat in diesen Jahrhunderten der Begriff Thüringen immerhin noch eine politische Bedeutung, die vor allem in der diesen Raum umspannenden thüringischen Landgrafschaft liegt, so ändert sich dies grundlegend in den folgenden Zeiten vom 16. Jahrhundert ab. Denn nun verschwindet der Name Thüringen in der amtlichen Sprache fast völlig, als durch die bis zur Selbstpreisgabe betriebenen Landesteilungen der Wettiner, der Schwarzburger und der Reußen der thüringische Raum in kleinste Territorien zerrissen wird. Aber er hält sich in der wissenschaftlichen Literatur jener Zeit und in volkstümlichen Äußerungen mannigfacher Art, auch etwa bei der Herkunftsbezeichnung von Personen, und diese Tatsache lehrt eindeutig, daß ein thüringisches Zusammengehörigkeitsgefühl in der Bevölkerung über alle staatliche Trennung hinweg lebt und daß der Begriff Thüringen trotz allem lebendig bleibt. Dabei ist erstaunlich, daß auch in diesen neueren Jahrhunderten der Name Thüringen nur an dem Raum haftet, der seit dem Untergang des Thüringerreiches dem Stamm verblieben war, an der Landschaft zwischen Werra und Saale, zwischen Harz und Thüringer Wald. Erst im 19. Jahrhundert wächst der Begriff über diese Grenzen hinaus. Politische und wirtschaftliche Vorgänge, insbesondere der Zusammenschluß kleiner Staaten im thüringischen Zollverein 1833, dehnen den Namen Thüringen nun auch auf die Gebiete östlich der Saale bis zur Elster und Pleiße und über den Thüringer Wald hinüber aus, so daß die Kleinstaaten dieses Raumes sich nun als die thüringischen Staaten bezeichnen und 1920 im Lande Thüringen zusammenschließen. Unterstützt wurde diese Ausweitung des Begriffes Thüringen durch wirtschaftliche, kulturelle und verbandsmäßige Zusammenschlüsse innerhalb weitester Schichten der Bevölkerung, durch die das thüringische Gesamtbewußtsein gefestigt wurde. Die neue Abgrenzung, die das Land Thüringen am 1. September 1945 durch die Vereinigung des alten Thüringen mit dem Regierungsbezirk Erfurt und dem Kreis Schmalkalden erfuhr, hat dann endlich auch – wenn auch noch nicht ganz vollständig – dem geschichtlichen Begriff Thüringen seine angemessene staatlich-politische Ausdrucksform geschaffen.

Entwicklung, Stand und Aufgaben der
landesgeschichtlichen Forschung in Thüringen
1956

Alle landesgeschichtliche Forschung hat von Zeit zu Zeit die Notwendigkeit und Verpflichtung gefühlt, sich klar zu werden über Sinn, Weg und Erfolg ihrer Bemühungen, und sie hat die Ergebnisse solcher Überlegungen in verschiedener Form, in grundsätzlichen Erwägungen, in zusammenfassenden Darstellungen oder in bibliographischen Zusammenstellungen niedergelegt. Erst recht wird solche Rechenschaft notwendig, wenn die Grundlagen, auf denen die Forschung beruht hat, sich ändern, sei es in geistig-ideeller oder in materieller Art. Vor solcher Notwendigkeit steht heute die landesgeschichtliche Forschung in Thüringen, denn mit der völligen Neugestaltung staatlicher und gesellschaftlicher Verhältnisse nach 1945 ist nicht nur der Raum unsicher geworden, auf den sich die bisherigen landesgeschichtlichen Bemühungen erstreckten, sondern es sind weithin auch die Träger der Arbeit auf dem Gebiete der Landesgeschichte verschwunden, und zu solchen Schwierigkeiten tritt sogar noch die ab und zu auftretende hinderliche Meinung, daß landesgeschichtliche Forschung in der heutigen Zeit ihre Daseinsberechtigung verloren habe.[1]

Bei solcher Sachlage, die zu einer Neuorientierung der landesgeschichtlichen Arbeit und einer Neugestaltung ihrer Arbeitsmöglichkeiten zwingt, sind Überlegungen über den Weg, den die landesgeschichtliche Forschung bisher gegangen ist, und über den Stand des Erreichten angebracht. Das soll hier geschehen. Dabei kann es naturgemäß im Rahmen eines der Betrachtung der Geschichtsforschung und Geschichtsschreibung gewidmeten Aufsatzes von nur geringem Umfang nicht unsere Aufgabe sein, eine vollständige Historiographie oder eine lückenlose Bibliographie der thüringischen Landesgeschichte zu liefern oder den einzelnen Beitrag zur Forschung zu werten. Es kann sich vielmehr nur darum handeln, den wesentlichen Leistungen auf diesem Gebiet im ganzen nachzugehen, die Hauptlinien der Entwicklung aufzuzeigen, den erreichten Stand, zugleich aber auch die vorhandenen Lü-

---

1 Wir gehen der Widerlegung solcher Auffassungen hier nicht weiter nach, verweisen dagegen auf einige neuere Rechtfertigungen landesgeschichtlicher Arbeit wie etwa Herbert Schlenger, Die Geschichtliche Landeskunde im System der Wissenschaften. In: Festgabe für Hermann Aubin, 1950, S. 25–45. – Franz Schnabel, Der Ursprung der vaterländischen Studien. In: Blätter für deutsche Landesgeschichte 88 (1951), S. 4–27. – Walter Schlesinger, Verfassungsgeschichte und Landesgeschichte. In: Hessisches Jahrbuch für Landesgeschichte 3 (1953), S. 1–34. – Friedrich Uhlhorn und Walter Schlesinger, Die deutschen Territorien. In: Gebhardt, Handbuch der deutschen Geschichte II, 8. Aufl. 1955, S. 437 ff. (mit weiterer Literatur). – Die hier und im folgenden zu einzelnen Problemen und Gegenständen genannte Literatur kann jeweils immer nur eine beispielhafte Auswahl aus der Fülle der Veröffentlichungen darstellen; man darf eine solche Übersicht, wie sie hier versucht wird, nicht im Hinblick auf etwa auch nur annähernde Vollständigkeit überfordern.

cken erkennen zu lassen und daraus die Folgerungen für weitere Aufgaben zu ziehen. In erster Linie sind dabei jene Leistungen und Ergebnisse zu berücksichtigen, die im thüringischen Gebiete selbst vollbracht worden sind. Aber wir werden auch genötigt sein – und dazu zwingt uns die Mittellage Thüringens immer wieder –, gelegentlich den Blick über Thüringen hinaus in die Nachbargebiete zu werfen, um einerseits Vergleichsmöglichkeiten zu finden, andererseits festzustellen, was von dorther für Thüringen und seine Geschichte tätig oder anregend geleistet worden ist.

Wenn irgendwo, dann ist in Thüringen die Landesgeschichtsforschung und die Landesgeschichtsschreibung abhängig gewesen von der Entwicklung des Landes, d. h. des Raumes, der historisch betrachtet wird. Eine Besinnung auf diesen thüringischen Raum muß daher unseren Ausführungen vorangestellt werden.[2]

Wenn bis vor kurzem noch vom Lande Thüringen als einem politischen Gebilde und einem Verwaltungsgebiet die Rede war und wenn heute noch von der thüringischen Landschaft gesprochen werden kann, so geht diese Tatsache zurück auf das alte, seit dem 5. nachchristlichen Jahrhundert genannte Volk der Thüringer und auf das thüringische Königreich, das sich zu Beginn des 6. Jahrhunderts über weite Gebiete Mitteldeutschlands ausbreitete. Dieses thüringische Volks- und Stammesgebiet ist nach der Zerschlagung des Königreichs im Jahre 531 auf einen gegenüber dem früheren Umfang wesentlich verkleinerten Raum zwischen Thüringer Wald und Harz und zwischen Werra und Saale eingeengt worden.

An dieser Landschaft haftete der Name Thüringen dann im wesentlichen bis in den Anfang des 19. Jahrhunderts hinein. Er hatte zunächst noch politische Bedeutung, solange Thüringen fränkische Provinz, Herzogtum und später Landgrafschaft war. Aber er wurde dann ein landschaftlicher Begriff, als dieser thüringische Raum seit der Mitte des 13. Jahrhunderts in das große mitteldeutsche Machtgebiet der Wettiner einbezogen und bei der Herausbildung der Landesherrschaft und der Territorialstaaten in staatliche Einzelgebilde zerschlagen wurde. Das geschah in zunehmendem Maße seit dem Ende des 15. Jahrhunderts durch die fortgesetzten Landesteilungen, die im wettinischen Hause, besonders im 16. und 17. Jahrhundert, durchgeführt, die in gleicher Weise auch von den neben den Wettinern stehenden landesherrlichen Häusern der Schwarzburger und der Reußen nachgeahmt wurden und die Thüringen in viele Kleinstaaten auflösten. Trotz dieser Zerreißungen ist der Name Thüringen erhalten geblieben, ja man darf sogar sagen, daß er sich gerade infolge dieser Zerreißungen im Verlauf des 19. Jahrhunderts ausgeweitet und insbesondere über die Saale hinüber bis in die Elster- und Pleißegegend und über den Thüringer Wald nach Süden ausgedehnt hat. Denn das Hinübergreifen der im eigentlichen Thüringen ansässigen Staaten in das rechtssaalische

---

2 Über den thüringischen Raum vgl. zusammenfassend Willy Flach, Stamm und Landschaft Thüringen im Wandel der Geschichte. In: Blätter für deutsche Landesgeschichte 84 (1938), S. 171–187. – Ferner neuerdings von geographischer Seite Joachim H. Schultze, Begriff und Gliederung geographischer Landschaften. In: Forschungen und Fortschritte 29 (1955), S. 291–297. Darin S. 293 Abb. 1 und 2: Der Thüringer Raum, gegliedert nach naturbedingten Landschaften (1955), desgl. gegliedert nach Kulturlandschaften (1948). – Eine quellenmäßig unterbaute Untersuchung über den Begriff Thüringen von den Anfängen bis ins 19. Jahrhundert hoffe ich demnächst vorzulegen. – Ausgeschlossen von unserer Betrachtung müssen naturgemäß bleiben die Leistungen der Vorgeschichte, die in Thüringen verhältnismäßig frühzeitig gepflegt wurde und die hier einen guten Stand erreicht hat. Hingewiesen sei nur auf die im Erscheinen begriffene Bibliographie zur Vor- und Frühgeschichte Mitteldeutschlands, hrsg. von Martin Jahn, von der Band 1, Teil 1 (Sachsen-Anhalt und Thüringen vom 16. Jahrhundert bis zur Mitte des 19. Jahrhunderts, bearbeitet von Walter Schulz), 1955, vorliegt.

und in das südlich des Waldes gelegene Gebiet, gemeinsame politische Aktionen der kleinen und einzeln wenig wirkungsfähigen Landesstaaten der Ernestiner, der Schwarzburger und der Reußen seit dem Beginn des 19. Jahrhunderts, ihre wirtschaftliche Vereinigung im Zollverein, ferner gewisse verwaltungsmäßige Zusammenschlüsse unter diesen Staaten haben es im wesentlichen veranlaßt, daß man sich daran gewöhnte, diese Staaten als thüringische und ihr Gebiet als Thüringen zu bezeichnen. Daß sich diese Staaten 1920 zum Land Thüringen vereinigten, hat den Namen Thüringen wieder politisch gefestigt, und als 1944 und 1945 auch weite Gebiete des bis dahin zu Preußen gehörenden thüringischen Raumes diesem Lande Thüringen zugeordnet wurden, war dieses politische Gebilde Abschluß einer Entwicklung, die eine Landschaft auch staatlich-verwaltungsmäßig zusammenfaßte.

Deutlich ergibt sich aus diesen Darlegungen, daß Thüringen weniger ein geographischer als ein historischer Begriff ist, daß dieser Raum durch die Geschichte geformt wurde, daß thüringischer landesgeschichtlicher Forschung also immer die Geschichte dieses Raumes als Gegenstand gesetzt sein wird. Die historische Landschaft, die Kulturlandschaft[3] Thüringen also ist es, mit der sich die thüringische Landesgeschichte oder – umfassender gesprochen – die geschichtliche Landeskunde zu beschäftigen hat.

Gehen wir nun der Frage der Entwicklung der Landesgeschichtsforschung und Landesgeschichtsschreibung Thüringens in dem eben gekennzeichneten Sinn nach, so sind zunächst die wissenschaftlichen Bestrebungen und Ergebnisse vor dem 19. Jahrhundert, d. h. vor der Begründung landesgeschichtlicher Arbeit moderner Richtung, zu betrachten, weil auch aus dieser älteren Zeit noch manches Bleibende und Wertvolle zu uns herüberwirkt. Wir lassen dabei allerdings die mittelalterliche Geschichtsschreibung in Thüringen auf sich beruhen; wir fassen die thüringische Historiographie vielmehr von dem Zeitpunkt ab ins Auge, wo man sie als wissenschaftlich im Sinne ihrer Zeit ansehen kann, d. h. vom 16. Jahrhundert ab, und wollen sie bis zum 18. Jahrhundert und vielfach bis in den Anfang des 19. Jahrhunderts hinein als eine Einheit nehmen. Wir sind uns klar darüber, daß jene Jahrhunderte bei intensiver historiographischer Durchdringung einer stärkeren sachlichen und zeitlichen Gliederung bedürften, um die einzelnen Stufen der Geschichtsschreibung jener Zeiten zu charakterisieren, jene genealogischen, landesbeschreibenden, polyhistorischen, kirchen- und schulgeschichtlichen und politischgeschichtlichen Bemühungen, wie sie damals allenthalben in deutschen Landen zu finden waren. Für unseren Zweck genügt die diese Jahrhunderte als eine Einheit überschauende Betrachtung, da wir Grundlagen für die neuere landesgeschichtliche Arbeit gewinnen wollen.

An den Anfang sind dabei die Untersuchungen und Darstellungen zu setzen, die sich auf die thüringische Geschichte als Ganzes bezogen. Sie galten zunächst vor allem jenen Zeiten, in denen Thüringen als Königreich, Herzogtum und Landgrafschaft noch eine politische Einheit war, und sie umfaßten gleichzeitig neben der Landgrafschaft auch die mit ihr verbundene Pfalzgrafschaft Sachsen[4]. Darüber hinaus betrieb man thüringische Geschichte

---

3 Für den Begriff Landschaft im historischen Sinn vgl. etwa zuletzt Fritz Timme, Probleme der Kulturlandschaft. In: Blätte für deutsche Landesgeschichte 90 (1953), S. 176 ff. – Hermann Overbeck, Die Entwicklung der Anthropogeographie (insbesondere in Deutschland) seit der Jahrhundertwende und ihre Bedeutung für die geschichtliche Landesforschung. Ebenda 91 (1954), S. 182–244. – Friedrich Uhlhorn und Walter Schlesinger 1955 (s. Anm. 1).

4 Caspar Sagittarius, Epistola de antiquo statu Thuringiae sub Indigenis, Francorum Germaniaeque regibus ut et ducibus, comitibus, marchionibus usque ad ortum landgraviorum. 1675. – Derselbe, Antiquitates Regni Thuringici. 1685. – Derselbe, Antiquitates Ducatus Thuringici. 1688. – Derselbe, Antiquitates

aber auch für die Jahrhunderte, in denen es politisch ein Thüringen gar nicht mehr gab, man beschäftigte sich also mit der Geschichte des alten thüringischen Raumes als einer geschichtlichen oder geographischen Einheit bis zu der jeweiligen Gegenwart des Autors hin. Es sind da zwar die aus dem Ende des 16. und dem Anfang des 17. Jahrhunderts stammenden thüringischen Chroniken mehr fabulöse als geschichtliche Leistungen[5], aber seit dem Ende des 17. Jahrhunderts erscheinen historische Arbeiten zur thüringischen Geschichte von zuverlässigerer und methodisch tieferdringender Art.[6] Alle jene sowohl auf die alten wie auf die jeweils gegenwärtigen Zeiten der thüringischen Geschichte gerichteten Arbeiten zeigen uns, daß man eine feste Vorstellung vom Raum Thüringen hat, um dessen Geschichte zu bemühen sich lohnt. Es ist in den genannten Werken, soweit man also ausgesprochen thüringische Geschichte treibt, immer der thüringische Raum, den wir in seiner Umgrenzung seit 531 kennen, das Gebiet zwischen Thüringer Wald und Harz, zwischen Werra und Saale, das man historisch durchforscht.

Von unvergleichlich größerem Umfang und wesentlich intensiver war in jenen Jahrhunderten aber die Beschäftigung mit der Geschichte der Einzelstaaten, in die Thüringen und das ihm östlich vorgelagerte Gebiet seit dem 16. Jahrhundert in zunehmendem Maße zerfiel. Sehen wir im allgemeinen von den einzelne historische Gegenstände und Persönlichkeiten oder kurze Zeiträume behandelnden Arbeiten solcher Art ab und betrachten im wesentlichen nur diejenigen, die die Geschichte des dargestellten Landes als Ganzes im Auge haben, so stehen dabei voran die wettinischen, d. h. die ernestinischen Länder, auf die seit dem 15. Jahrhundert der Begriff Sachsen ausgedehnt worden war und von denen man als von sächsischen Herzogtümern oder von den fürstlich sächsischen Landen – im Gegensatz zu den kurfürstlichen – sprach. Vornehmlich im 17. und 18. Jahrhundert ist für diese Länder zusammenfassend Wesentliches geleistet worden. Allenthalben bemühte man sich damals um quellenmäßige Grundlegung und Fundierung der historischen Forschung, die sich weitgehend auch schon auf urkundliche Überlieferung stützte, und von solchen Bestrebungen geben uns die

---

Gentilismi et Christianismi Thuringici. 1685. – Thüringische Geschichte. Aus den Handschriften D. Caspar Sagittarius gezogen. 1772. – Chr. Aug. Heinrich Heydenreich, Entwurf einer Historie deren Pfalzgrafen zu Sachsen. 1740.

5   Zacharias Rivander, Düringische Chronica von Ursprung und Herkommen der Düringer, auch allen ihren fürnehmsten Geschichten und Thaten. 1581, 1596. – Friedrich Schmidt, Thüringische Chronik oder Geschichtbuch. 1599. – Johann Becherer, Neue Thüringische Chronica. 1601. – Johann Binhard, Neue vollkommene thüringische Chronica von Christi Geburt an bis 1613. 1613.

6   Johann Adolf Pfefferkorn, Merkwürdige und auserlesene Geschichte von der berühmten Landgrafschaft Thüringen. 1684, 1685. – Johann Christoph Olearius, Rerum Thuringicarum Syntagma. Allerhand denkwürdige thüringische Historien und Chroniken. 1704 und 1707. – Johann Gottfried Gregorii, Das jetzt florierende Thüringen in seinen durchlauchigsten und ruhmwürdigsten Häuptern. 1711. – Johann Heinrich von Falckenstein, Thüringische Chronicka. 1738. – Joh. Friedr. Müldener, Historisch-diplomatische Nachrichten von einigen Bergschlössern in Thüringen. 1752. – Christian Wilhelm Schneider, Sammlungen zu der Geschichte Thüringens, besonders der Stadt Weimar. 1771-1772. – Johann Georg August Galletti, Geschichte Thüringens. 6 Bände. 1782-1785. – Als Ausläufer alter Historiographie im 19. Jh.: Karl Herzog, Geschichte des Thüringischen Volkes. 1827. – Karl Limmer, Entwurf einer urkundlich-pragmatischen Geschichte von Thüringen. 1837. – Heinrich Döring, Der Thüringer Chronik. 1842. – Den Historikern an die Seite zu stellen sind die Geographen vom Ende des 18. Jhs.: A. F. Büsching, Neue Erdbeschreibung. 9. Teil (=Obersächsischer Kreis). 1771. - M. F. G. Leonhardi, Erdbeschreibung der churfürstlichen und herzoglichen Sächsischen Lande. 1788, 1790. – August Schumann, Vollständiges Staats-, Post- und Zeitungs-Lexikon von Sachsen. Bd. 1-13 + 5 Suppl. 1814-1833.

umfassenden, neben dem ernestinischen, dem fürstlichen, auch das albertinische, das kurfürstliche Sachsen vielfach im Auge habenden Quellensammlungen Kunde, und dafür zeugen auch manche »Nützlichen Sammlungen«, »Kuriösen Nachlesen«, »Beiträge« und »Neue Beiträge«, d. h. Quellen und Darstellungen vereinigende Sammlungen.[7]

Hatten diese Sammlungswerke den gesamten ernestinischen und vielfach den ganzen wettinischen Raum im Auge, so hat in jenen Jahrhunderten auch jedes einzelne ernestinische Territorium seine historische Bearbeitung erfahren. Nicht sehr überzeugend geschah das für die am Ende des 17. Jahrhunderts aus dem weimarischen Hause abgesonderten Linien Sachsen-Weimar, Sachsen-Eisenach und Sachsen-Jena.[8] Tiefer dringend waren die geschichtlichen Anstrengungen und Erfolge in den zu Ende des 17. Jahrhunderts aus dem Hause Gotha entstandenen Teillinien. Der Stammstaat Sachsen-Gotha selbst hat von 1700 bis 1800 nicht weniger als fünf umfassende, zum Teil für ihre Zeit als Muster anzusprechende historische Bearbeitungen erfahren.[9] Das beste in landesgeschichtlicher Beziehung ist zu Beginn des 19. Jahrhunderts im Gebiet von Sachsen-Coburg geleistet worden.[10] Sachsen-Hildburghausen hat im 18. Jahrhundert seine Kirchen-, Schul- und Landeshistorie erhalten, Sachsen-Meiningen seine historische und geographische Beschreibung[11], und auch in

---

7   Quellen-Sammlungen: Christ. Schöttgen, Inventarium dipl. historiae Saxoniae superioris. 1747. – Fr. Burch. Mencken, Scriptores rerum Germanicarum praecipue Saxonicarum. I–III. 1728–1730. – Christ. Schöttgen u. Ge. Christoph Kreysig, Diplomataria et scriptores historiae Germanicae medii aevi. 3 Teile. 1753–1760. – Joh. Sebast. Müller, Des Hauses Sachsen Ernestin- und Albertinischer Linien Annales. 1700. – Sammlungen, Darstellungen und Quellen: Joh. Gottl. Horn, Nützliche Sammlungen zu einer Historischen Handbibliothec von Sachsen und dessen incorporirten Landen. 9 Teile. 1728. – Christ. Schöttgen u. Ge. Christoph Kreysig, Diplomatische und curieuse Nachlese der Historie von Obersachsen und angrenzenden Ländern. 1730–1732. – Ge. Christoph Kreysig, Beyträge zur Historie derer chur- und fürstlichen Sächs. Lande. 6 Teile. 1754–1764. – Heinrich Gottlieb Francke, Neue Beyträge zu den Geschichten, Staats-, Lehn- und Privat-Rechten der Lande des Chur- und Fürstl. Hauses Sachsen. 1767. – Gottfr. Imm. Grundig und Joh. Friedr. Klotzsch, Sammlung vermischter Nachrichten zur Sächsischen Geschichte. 12 Bde. 1767–1777. – Gottfr. August Arndt, Archiv der Sächsischen Geschichte. 3 Teile. 1784–1786. – Derselbe, Neues Archiv usw. 1804. – B. von Hellfeld, Beyträge zum Staatsrecht und der Geschichte von Sachsen. 2 Teile. 1785–1788.

8   Gottfried Albin de Wette, Kurzgefaßte Lebensgeschichte der Herzoge zu Sachsen, welche von Churfürst Johann Friedrich an bis auf Herzog Ernst August Constantin zu Weimar regiert haben. 1770. – M. C. W. Schumacher, Vermischte Nachrichten und Anmerkungen zur Erläuterung und Ergänzung der Sächsischen, besonders aber der Eisenachischen Geschichte. 1.-6. Sammlung. 1766–1772. – Joh. Aug. Christian von Hellfeld, Geschichte der erloschenen Jenaischen Linie Herzog Bernhards II. 1828.

9   Caspar Sagittarius und Wilhelm Ernst Tentzel, Historia Gothana. Hauptteil 1700, Supplementa 1701f., 1716. – Friedrich Rudolphi, Gotha Diplomatica oder Ausführliche historische Beschreibung des Fürstentums Sachsen-Gotha. I–V. 1715–1717. – Johann Georg Brückner, Sammlung verschiedener Nachrichten zu einer Beschreibung des Kirchen- und Schulenstaates im Herzogthum Gotha. Teil I–III. 1753–1768. – Johann Georg August Galletti, Geschichte und Beschreibung des Herzogstums Gotha. Bd. 1–5. 1779–1781, 1825. – Johann Heinrich Gelbke, Kirchen- und Schulenverfassung von Gotha. Bd. 1–3. 1790–1799.

10 Georg Paul Hönn, Sachsen-Coburgische Historia. 1700. – Johann Gerhard Gruner, Historisch-statistische Beschreibung des Fürstentums Coburg Sachsen-Saalfeldischen Anteils. Teil I–II. 1783–1784. Neu herausgegeben und um 2 Teile vermehrt von Johann Ernst Gruner. 1793. – Johann Adolph von Schultes, Coburgische Landesgeschichte des Mittelalters. 1814. – Johann Adolph von Schultes, Sachsen-Coburg-Saalfeldische Landesgeschichte. Bd. I–III. 1818–1822.

11 Johann Werner Krauß, Beyträge zur Erläuterung der Hochfürstlich Sachsen-Hildburghausischen Kirchen-, Schul- und Landeshistorie. Bd. I–IV. 1750–1754. – Chr. Friedr. Keßler von Sprengseysen, Topographie des Herzoglich Sachsen-Koburg-Meiningischen Anteils an dem Herzogtum Koburg. 1781. –

und für Sachsen-Altenburg sind zu Ende des 18. und zu Beginn des 19. Jahrhunderts brauchbare landesgeschichtliche Arbeiten erschienen[12].

Diesen kleinstaatlichen geschichtlichen Leistungen im ernestinischen Thüringen entsprachen gleichgerichtete Bestrebungen bei den anderen landesherrlichen Geschlechtern, teilweise sind diese anderen Geschlechter und Länder – Henneberg, Schwarzburg und Reuß – den Wettinern zeitlich sogar vorangegangen. An erste Stelle sind die Bemühungen um die hennebergische Geschichte zu setzen, d. h. die Arbeiten über die Geschichte des im Jahre 1583 ausgestorbenen Geschlechtes der Grafen von Henneberg und ihrer ehemaligen Länder. In diesem Gebiet hat sich eine besonders gut entwickelte Historiographie hervorgetan, die einen besonders regen geschichtlichen Sinn in diesem Raum zeigt, der um so beachtlicher ist, als diese Leistungen alle nach dem Aussterben des Herrschergeschlechtes selbst vollbracht wurden zu einer Zeit, da das hennebergische Gebiet längst politisch unter die Albertiner und die Ernestiner aufgeteilt war. Vom Ende des 16. bis zum Ende des 18. Jahrhunderts erstrecken sich solche Arbeiten zur hennebergischen Geschichte.[13]

Auch für die Grafen und Fürsten von Schwarzburg und ihre Länder setzt die geschichtliche Arbeit und Darstellung schon im 16. Jahrhundert ein und geht bis zur zusammenfassenden Regenten- und Landesgeschichte im 18. und zu Beginn des 19. Jahrhunderts[14], und ähnliches trifft auch für die Reußen zu[15].

So ergibt sich bei einer zusammenfassenden Würdigung der das Staatsganze im Auge habenden kleinstaatlichen Historiographie im thüringischen Gebiet während des 16., 17. und 18. Jahrhunderts, daß jedes dieser kleinen Länder und sein Regentenhaus eine Gesamtdar-

---

Ernst Julius Walch, Historische und geographische Beschreibung der churfürstlich und herzoglich sächsischen Lande überhaupt, und der Sachsen-Coburg-Meiningischen Lande insonderheit. 1792 (= 1. Aufl.). 2. Aufl. unter dem Titel: Historisch-statistisch-geographische und topographische Beschreibung der Königl. und Herzogl. Sächsischen Häuser und Lande überhaupt und des Sachsen-Coburg-Meiningischen Hauses und dessen Lande insonderheit. 1811.

12 Johann Friedrich Meyner, Nachrichten von Altenburg (Stadt und Land) historischen und statistischen Inhalts. 1786. – Derselbe, Zeitschrift für das Fürstentum Altenburg. Altenburg 1795/96. – Johann Friedrich v. Beust, Jahrbücher des Fürstentums Altenburg. 3 Teile. 1800. – Hans v. Thümmel, Historische, statistische, geographische und topographische Beiträge zur Kenntnis des Herzogtums Altenburg. 1818. – Karl Limmer, Geschichte des Markgrafthums Osterland. 1834. – Karl Limmer, Entwurf einer urkundlich-pragmatischen Geschichte des gesamten Pleisnerlandes. 2 Bde. 1830/31.

13 Cyriacus Spangenberg, Hennebergische Chronica. 1599. Neuauflage 1755. – Sebastian Glaser, Wahrhaftige Genealogie der gefürsteten Grafen und Herrn zu Henneberg. 1568. Neuauflage 1583. – Joh. Conr. Geisthirt, Schmalkaldia Literata. 1720. – Christian Juncker, Ehre der gefürsteten Grafschaft Henneberg. 1705 (ungedruckt). – Joh. Michael Weinrich, Kirchen- und Schulen-Staat des Fürstentums Henneberg alter und mittlerer Zeiten. 1720. – Joh. Adolph Schultes, Diplomatische Geschichte des Gräflichen Hauses Henneberg. 1788-1791. – Derselbe, Historisch-Statistische Beschreibung der Gefürsteten Grafschaft Henneberg. 6 Abt. 1794-1815.

14 A. Toppius, Beschreibung der Städte und Flecken der Grafschaft Schwarzburg. 1688. – Lebrecht Wilh. Heinrich Heydenreich, Historia des ehemals Gräflichen, nunmehr Fürstl. Hauses Schwarzburg. 1743. – Joh. Christian Hellbach, Archiv von und für Schwarzburg. 1787. – Joh. Wilh. Treiber, Vom Ursprung des alten Herrn Grafen von Kefernburg und jetzigen Fürsten von Schwarzburg. 1787. – Joh. Christian August Junghans, Geschichte der schwarzburgischen Regenten. 1821.

15 Peter Beckler, Illustre stemma Ruthenicum. 1684. – Joh. Casp. Zopf, Reußisch Geraische Stadt- und Land-Chronika. 1692. – Friedrich Majer, Chronik des Fürstl. Hauses der Reußen von Plauen. 1811. – J. C. Klotz, Beschr. der Herrschaft u. Stadt Gera. 1816. – Karl August Limmer, Entwurf einer urkundlichen Geschichte des gesammten Voigtlandes. Bd. 1-4. 1825-1828.

stellung erhalten hat, die zwar nach dem Leistungsvermögen des Autors und nach dem jeweiligen Zeitgeschmack, vielfach auch beeinflußt von dem landesherrlichen Auftraggeber,
verschieden wertvoll ausgefallen ist, die aber doch in den meisten Fällen so beschaffen war,
daß die heutige Forschung noch auf sie zurückgreifen muß.

Daß neben solcher überschauenden territorialstaatlichen historischen Betrachtung auch
viel Einzelforschung mit mannigfacher Einstellung und Blickrichtung betrieben worden ist,
davon soll hier nur kurz wenigstens andeutungsweise gesprochen werden, um zu zeigen,
daß über hofhistoriographische, über rein politische und fürstlich-genealogische Angelegenheiten hinaus der Blick der damaligen Geschichtsarbeit weitergerichtet war. Da sind etwa
eine ganze Reihe beachtlicher Arbeiten zur Stadtgeschichte, d. h. zur Geschichte einzelner
Städte, zu nennen[16], da muß zusammenfassend für Stadtgeschichte, insbesondere städtische Rechtsgeschichte, hingewiesen werden auf für uns noch unentbehrliche Sammlungen
von Rechtsquellen[17], neben denen dann sogleich Sammlungen zum Dorf- und Bauernrecht
anzuführen sind[18]. Aus dem Gebiete des Rechts etwa ist hinzuweisen auf eine Arbeit zur
Geschichte des Hofgerichts in Jena[19], für kirchengeschichtliche Bemühungen sprechen
zahlreiche Arbeiten über thüringische Klöster und vor allem das umfassende, quellenmäßig
unterbaute Sammelwerk der Thuringia Sacra[20], und auch die Münzgeschichte ist umfassend gepflegt worden[21].

Das Ergebnis dieser historischen Bestrebungen und Bemühungen des 16. bis 18. Jahrhunderts sowohl um eine thüringische, wie um einzelstaatliche Geschichte war eine sehr
ausgedehnte und vielseitige Literatur historischer Art, die am Ende dieses Zeitraums eindrucksvoll in Bibliographien, immer neben Thüringen den ganzen sächsischen Raum umfassend,. dargestellt ist.[22] Diese Literatur ist – wir deuteten es schon an – von ungleichem
Wert, vieles darunter so beschaffen, daß wir noch heute nicht darauf verzichten können.
Charakteristisch an der Gesamtleistung der Historiographie im thüringischen Gebiet während des 16. bis 18. Jahrhunderts aber ist die Tatsache, daß diese Geschichtsschreibung
zwei Blickrichtungen hat, eine thüringische und eine einzelstaatliche, zwei Blickrichtungen,
die sich aus den besonderen politischen Verhältnissen Thüringens und seiner historischen
Entwicklung ergaben und die von da an der thüringischen landesgeschichtlichen Forschung
auch in die folgenden Zeiten hinein eigen geblieben sind.

Und noch ein Weiteres ergibt sich aus einer zusammenfassenden Würdigung der Arbeiten zur thüringischen Landesgeschichte des 16. bis 18. Jahrhunderts, nämlich die Beobach-

---

16 Zu nennen sind hier außer den bereits angeführten Arbeiten von Olearius (Anm. 6), Tentzel und Rudol-
    phi (Anm. 9) und Zopf (Anm. 15) etwa die stadtgeschichtlichen Arbeiten von Adrian Beyer für Jena ab
    1641, von Sagittarius für Saalfeld 1690, von Olearius für Arnstadt 1701, von de Wette für Weimar 1737,
    für Frankenhausen von Müldener Mitte 18. Jahrhundert. – Vgl. dazu Willy Flach, Die Städteforschung
    in Thüringen. In: Deutsches Städtebuch, herausgegeben von Erich Keyser, Bd. 2, 1941, S. 260 f.
17 Carl Friedrich Walch, Vermischte Beyträge zu dem deutschen Recht. 1–8. 1771–1793.
18 J. G. Klingner, Sammlungen zum Dorf- und Bauernrechte. 1749–1755.
19 Bernhard Gottlieb Huldreich Hellfeld, Versuch einer Geschichte der landesherrlichen höchsten Ge-
    richtsbarkeit und derer Hofgerichte in Sachsen, besonders des gesamten Hofgerichts zu Jena. 1782.
20 Heinrich Friedrich Otto, Thuringia sacra sive historia monasteriorum, quae olim in Thuringia floru-
    runt. 1737.
21 Wilhelm Ernst Tentzel, Sächsisches Medaillen-Cabinet. 1705 ff.
22 Burcard Gotthelf Struve, Bibiotheca Saxonica. 1736. – Benjamin Gottfried Weinart, Versuch einer Li-
    teratur der Sächsischen Geschichte und Staatskunde. 2 Bände. 1790 und 1791.

tung, daß zwar sehr vieles im Lande selbst hervorgebracht worden ist, daß aber manches und gerade Bedeutendes von außen her wirkte, d. h. von Verhältnissen, die für geschichtswissenschaftliche Betätigung größer und glücklicher waren als die thüringischen. Es war namentlich Kursachsen, das in seine Historiographie vielfach den thüringischen Raum einbezog[23], und auch vom Westen her ist damals schon manche Anregung gekommen[24]. Auch diese besonders im 18. Jahrhundert sich festigende Forschungsrichtung ist für die Folgezeit erhalten geblieben.

Wenn wir uns nun der Betrachtung der thüringischen Geschichtsforschung vom Anfang des 19. Jahrhunderts ab zuwenden, so wollen wir hier in einem Zuge den Zeitraum bis zum Jahre 1945 betrachten. Es mag merkwürdig erscheinen, eine so lange Zeitspanne als Einheit zu fassen, aber sie läßt sich einigermaßen als solche rechtfertigen.

Dieser Zeitraum beginnt mit der romantischen Strömung und ihrer Hinwendung zur Geschichte, ihrer Leistung zur Belebung der vaterländischen Studien[25], also mit dem Aufkommen und Aufblühen moderner Geschichtswissenschaft, insbesondere auch auf den Gebieten der Heimat- und Landesgeschichte. In seinem Verlauf schließt dieser Zeitabschnitt, allgemein gesehen, in sich die methodische Erweiterung und Verfeinerung der Geschichtsforschung, die Ausweitung ihres Gesichtskreises, namentlich in Stoffgebiete, die bis dahin historischen Bemühungen nicht zugänglich waren, und das Tieferdringen der methodischen Fragestellungen und Forschungsunternehmungen. Es ist also die Entwicklung und Ausbildung der modernen landesgeschichtlichen Arbeit, ihre Ausdehnung und Festigung zur geschichtlichen Landeskunde, die sich in diesem Zeitraum stetig und fließend vollzieht.

Auch vom thüringischen Blickpunkt aus bestätigt sich die Richtigkeit der Annahme dieses Zeitraumes vom Beginn des 19. Jahrhunderts ab bis 1945 als einer Einheit. Denn hier fällt der Beginn dieser Periode zusammen mit der neuen und endgültigen Landesteilung im ernestischen Thüringen 1826, durch die ein staatlicher Bestand geschaffen wurde, der für ein Jahrhundert lang bis zur Revolution 1918 von Dauer war und Thüringen sein politisches Gesicht gab. In diesem Zeitraum, der also durch das Fortbestehen der thüringischen Kleinstaaterei gekennzeichnet ist, erweitert und festigt sich aber der Begriff Thüringen, und in diesem Zeitraum schließen sich, mit bewirkt durch die Festigung des Begriffes Thüringen, die thüringischen Kleinstaaten 1920 zum Land Thüringen zusammen. Man könnte vermuten, daß dieser Zusammenschluß nicht nur ein bedeutender Einschnitt in der thüringischen Geschichte, sondern ebenso spürbar auch sogleich in der thüringischen Historiographie gewesen sei. Das trifft nicht zu; denn die landesgeschichtliche Arbeit nahm nach 1920 zunächst den gleichen Fortgang wie vorher. Erst allmählich hat sich das politische Ereignis auch in Tatsachen ausgewirkt, die für die Geschichtsforschung bedeutsam wurden, besonders in der Neugründung der Thüringischen Historischen Kommission und der Schaffung eines Institutes für geschichtliche Landeskunde an der Universität Jena im Jahre 1937. Die Existenz und Wirkung dieser beiden Institutionen bis zum Jahre 1945 ist aber zu kurz gewesen, um damit eine selbständige Periode der thüringischen Geschichtsarbeit einzuleiten. Es ist aus alledem zweckmäßig, den ganzen Zeitraum von etwa 1826 bis 1945 als eine einheitliche Entwicklung zu betrachten.

---

23 Vgl. oben Anm. 7.
24 Für die von Fulda her wirkende Historiographie vgl. die Arbeiten von Johann Friedrich Schannat. Über
    diesen Wilhelm Engel. In: Archivalische Zeitschrift 44 (1936), S. 24–103.
25 Vgl. dazu Franz Schnabel (s. Anm. 1).

Was in dieser Zeit geleistet worden ist, das zeigen uns eindringlich die vielen bibliographischen Zusammenfassungen und Übersichten, die wir für die thüringische Geschichte besitzen. Sie sind uns zugleich auch Zeichen dafür, daß man sich schon früher und immer wieder zu verschiedenen Zeiten und auf verschiedenen Gebieten besinnend nach Stand und Leistung der historischen Bemühungen gefragt hat. Diese bibliographischen Hilfsmittel waren zunächst solche, die laufend unterrichteten.[26] Größere Zusammenfassungen bibliographischer Art für die ganze thüringische Geschichte sind während unseres Zeitraumes überhaupt nicht erschienen; Ersatz dafür waren von außen her auf Thüringen einwirkende Arbeiten[27] und einige bescheidene thüringische Leistungen am Ende dieser Periode, keineswegs vollständig, aber nützlich[28]. Fehlt es so in der Übersicht über die Gesamtleistung der thüringischen Geschichtsarbeit an einem abschließenden bibliographischen Werk – eine Tatsache, die die Thüringische Historische Kommission 1937 zur Aufnahme dieses Themas in ihr Arbeitsprogramm veranlaßte –, so ist auf dem Gebiete der speziellen Bibliographie Wesentlicheres geleistet worden. Da haben in territorialer Hinsicht die reußischen, schwarzburgischen und nordthüringischen Gebiete jeweils ihre eigene Bibliographie erhalten[29]; da ist örtlich etwa die Geschichte von Städten wie Erfurt, Mühlhausen, Langensalza und Gotha durch Bibliographien erschlossen worden[30]; da wurden weiter sachlich die in Thüringen vorhandenen Zeitschriften und heimatkundlichen Beilagen der Zeitungen, die Literatur zur thüringischen Musikgeschichte, die thüringischen Verwaltungsdrucksachen und die thüringische Militärgeschichte in z. T. ausgezeichneten Bibliographien erfaßt[31]. Abschließend aber läßt sich nur sagen, daß es bei diesem Stand der bibliographischen Hilfsmittel zur thüringischen Geschichte schwer ist, eine Übersicht über die Leistung der Geschichtsforschung Thüringens in jenem Zeitraum vom Beginn des 19. Jahrhunderts bis in unsere Tage hinein zu gewinnen, und daß es der ständigen Verbindung mit der Arbeit an der Landesgeschichte bedarf, um diese Materie in ihrem ganzen Umfang zu übersehen.

---

26 Laufende bibliographische Berichte enthielten die Zeitschrift des Vereins für Thüringische Geschichte und Altertumskunde seit 1887 und die Thüringisch-Sächsische Zeitschrift für Geschichte und Kunst seit 1911; dazu kamen die jährlichen Berichte in den Jahresberichten der Geschichtswissenschaft bzw. den Jahresberichten für deutsche Geschichte.

27 Rudolf Bemmann, Bibliographie der Sächsischen Geschichte. 1–3. 1918 ff. Vor allem Bd. 2 (Geschichte der Landesteile) 1923. – Siegfried Berger, Schriftenverzeichnis der Verwaltung des Provinzialverbandes der Provinz Sachsen. 2. Aufl. 1939.

28 Georg Mentz, Ein Jahrhundert thüringischer Geschichtsforschung. 1937. – Friedrich Bamler, Bibliographie der Sippenkunde in Thüringen. 1942 (äußerst fehlerhaft!). – [Friedrich Schneider], Thüringische historische Literatur. Als Manuskript gedruckt. [Jena] 1950.

29 Alfred Auerbach, Bibliotheca Ruthenea. Die Literatur zur Landeskunde und Geschichte des Fürstentums Reuß j. u. ä. L. 1892–1907. – Oskar Vater, Versuch einer schwarzburgischen Bibliographie. 1915 (Mschr.). – Schwarzburgische Landesbibliothek zu Sondershausen, Verzeichnis der Schwarzburgica. 1917. – Die landeskundliche Literatur für Nordthüringen, hrg. vom Verein für Erdkunde zu Halle. 1883.

30 Für die genannten Städte sind Bibliographien bearbeitet worden von Herrmann für Erfurt 1863, für Mühlhausen von Wetterling 1935, für Langensalza von Dietrich 1939 und für Gotha von Schmidt 1939.

31 Theodor Lockemann und Wilhelm Schmitz, Thüringischer Zeitschriftenkatalog. 1931. – Wilhelm Schmitz, Die heimatkundlichen Beilagen der thüringischen Zeitungen. In: Zeitschrift des Vereins für Thüringische Geschichte und Altertumskunde 44 (1942), S. 253–274. – Curt Rücker, Thüringens Musikkultur im Schrifttum. 1938. – Friedrich Facius, Die Verwaltungsdrucksachen der thüringischen Staaten vom 18. Jh. bis 1922. In: Zeitschrift des Vereins für Thüringische Geschichte und Altertumskunde 41 (1939), S. 190–232. – Derselbe, Thüringische Truppengeschichte. Bibliographie. Ebenda 45 (1943), S. 149–217.

Noch ungünstiger als mit der Bibliographie steht es mit der Geschichte der thüringischen Historiographie, denn auf dem Gebiet der Geschichte der thüringischen Geschichtsschreibung sind wir über Anfänge und Ansätze nicht hinausgediehen. Wir besitzen einige Untersuchungen dieser Art für das hennebergische Gebiet[32]; daneben sind zu nennen die für die Geschichte der Geschichtswissenschaft an der Universität Jena angestellten und auch der thüringischen Landesgeschichtsschreibung zugute kommenden historiographischen Studien[33], endlich noch einige gesonderte Betrachtungen über einzelne Geschichtsschreiber oder besondere Materien[34]. Bei solchem Stand bibliographischer und historiographischer Bemühungen kann man sich, wenn man eine Übersicht über die landesgeschichtliche Arbeit in Thüringen geben will, also weithin nur an deren Leistungen selbst halten.

Es ist aufschlußreich, und es erklärt vieles an der Entwicklung und am Stand der thüringischen Landesgeschichtsforschung, wenn man zuerst nach den Kräften und nach den Einrichtungen fragt, die sich während unseres Zeitraumes um die Landesgeschichte bemüht haben, also nach den Trägern der landesgeschichtlichen Forschung in Thüringen. Dabei sind am Anfang die Geschichtsvereine zu nennen, deren Aufkommen genau mit dem Beginn unseres Zeitraumes zusammenfällt. Denn vom Jahre 1825 ab, in dem der Vogtländische Altertumsforschende Verein in Hohenleuben begründet wurde, bis hin zu dem im Jahre 1936 geschaffenen Heimat- und Geschichtsverein in Zeulenroda erstreckt sich eine fortlaufende Kette solcher Vereinsgründungen[35], erstreckt sich aber auch die Wirksamkeit dieser Vereine. Ihnen allen war die Tatsache eigentümlich, daß ihr Wirkungsbereich vielfach über den Rahmen einer Stadt, in keiner Weise aber über das Gebiet einer engeren Landschaft oder bestenfalls eines ehemaligen Territorialstaates hinausging. Was uns an diesen Vereinen in unserem Zusammenhang einzig interessiert, ist die Tatsache, daß sie fast alle Veröffentlichungen herausgebracht haben[36], in der Regel Zeitschriften oder Jahrbücher, gelegentlich auch Quellen. Man darf zusammenfassend von diesen Vereinen und Veröffentlichungsorganen sagen, daß sie das geschichtliche Interesse in ihrem Gebiet geweckt, die geschichtliche Arbeit gefördert und die historische Forschung und Erkenntnis erweitert haben, auch wenn sich ihre Bemühungen nur auf einen engen Kreis erstreckten. Ohne diese Vereine, in deren Veröffentlichungsorganen naturgemäß auch manches Eintagserzeugnis Platz gefunden hat, wären viele historische Tatsachen unerforscht geblieben. Das muß immer als eine positive Leistung gewertet werden, auch wenn sich die Auffassung über örtliche Geschichtsvereine schon seit Beginn unseres Jahrhunderts vielfach gewandelt hatte.

---

32 Zusammenfassend darüber Wilhelm Engel, 400 Jahre hennebergische Geschichtsschreibung. In: Sachsen und Anhalt 9, 1933, S. 199–230.

33 Hermann Kappner, Die Geschichtswissenschaft an der Universität Jena vom Humanismus bis zur Aufklärung. In: Zeitschrift des Vereins für Thüringische Geschichte und Altertumskunde Beiheft 14, 1931. – Lotte Hiller, Die Geschichtswissenschaft an der Universität Jena in der Zeit der Polyhistorie. Ebenda 18, 1937.

34 Wilhelm Engel über Schannat (s. Anm. 24). – Derselbe, Zur Geschichte der Landeskunde von Thüringen. In: Thüringer Fähnlein 3 (1934), S. 1–7. – Willy Flach, Georg Spalatin als Geschichtsschreiber. In: Zur Geschichte und Kultur des Elb-Saale-Raumes. Festschrift für Walter Möllenberg, 1939, S. 211–230.

35 Die thüringischen Geschichtsvereine und ihre Veröffentlichungen sind übersichtlich dargestellt von Georg Mentz (s. Anm. 28); ferner (nicht vollständig) in: Die deutschen Kommissionen und Vereine für Geschichte und Altertumskunde (= Minerva-Handbücher Abt. 4 Bd. 1). 1940.

36 Die Veröffentlichungen der thüringischen Vereine sind neuerdings, aber nicht vollständig, erfaßt von Heinrich Kramm, Bibliographie historischer Zeitschriften 1939–1951. 1. Lieferung. 1952.

Unter den Geschichtsvereinen in Thüringen ist einer besonders bedeutsam geworden, weil er mit seiner Arbeit über den örtlichen Rahmen hinaus auf ganz Thüringen zielte, der Verein für thüringische Geschichte und Altertumskunde, der im Jahre 1852 in Jena gegründet und dem von vornherein das Ziel gestellt wurde, »die Geschichte Thüringens in allen seinen früheren und jetzigen Bestandteilen allseitig zu erforschen und zu erweitern«[37]. Wenn oft auch in seiner Zeitschrift Dinge veröffentlicht worden sind, die einem örtlichen Verein hätten vorbehalten bleiben können, so ist doch viel Wertvolles und Förderndes zur thüringischen Geschichte insgesamt erschienen, das wir nachstehend an entsprechenden Stellen nennen werden.

Was dem Verein für thüringische Geschichte und Altertumskunde über seine Zeitschrift hinaus aber weiter gesamtthüringische Bedeutung gegeben hat, war die Tatsache, daß er von Anfang an auch die Veröffentlichung von Quellen ins Auge gefaßt und durchgeführt hat. Er hat damit die Verpflichtung auf sich genommen, die anderswo Historischen Kommissionen zukam. So dankenswert Absicht und Unternehmen waren, so schwach mußte der Erfolg ausfallen, weil die Mittel und die Kräfte des Vereins zu gering waren, um Quellenveröffentlichungen in größerem Umfang betreiben zu können. Das aber wird man dennoch diesem Verein immer hoch anrechnen müssen, daß er zu einer Zeit, als öffentliche Mittel in Thüringen nur im kleinstaatlichen Rahmen zu erhalten waren, auf landesgeschichtlichem Gebiet gesamtthüringische Interessen im Auge gehabt und gepflegt hat. Nach seinem Vorbild hat die 1929 gegründete Gesellschaft für thüringische Kirchengeschichte ihre kirchengeschichtlichen Bemühungen mit ihren »Beiträgen« auf ganz Thüringen erstreckt.

Sind so wesentliche Leistungen geschichtsforschender und geschichtsschreibender Art durch den thüringischen und die örtlichen Geschichtsvereine Thüringens vollbracht worden, so haben auf diesem Gebiet auch die um Thüringen herum in den Nachbarländern und -provinzen erscheinenden, ebenfalls in der Regel von Geschichtsvereinen getragenen historischen Zeitschriften[38] förderlich gewirkt. Manche Anregung ist von da her nach Thüringen gekommen; mancher Stoff ist dort behandelt worden, der auf thüringischem Quellenmaterial beruhte und die thüringische Geschichte aufhellte.

Außer den Zeitschriften der Geschichtsvereine sind dann weiter Zeitschriften zu nennen, die sich, meistens verlagsgetragener Art, an ein landesgeschichtlich und landeskundlich interessiertes breites Publikum wandten[39], und ferner sind in der gleichen Richtung die nach dem Ende unseres Zeitraums hin in zunehmender Zahl erscheinenden Heimatbeilagen zu den Zeitungen des Gebietes[40] anzuführen. Zum mindesten ist durch diese Unternehmungen geschichtliches Interesse gepflegt und geweckt, gelegentlich sogar die Forschung durch einen wertvollen, anderswo an wissenschaftlicher Stelle nicht unterzubringenden Beitrag gefördert worden. Endlich läßt sich, was periodische Veröffentlichungen angeht, auch darauf hinweisen, daß in den Schulprogrammen manches Nützliche zur

---

37 Statuten des Vereins 1852. In: Zeitschrift des Vereins für Thüringische Geschichte und Altertumskunde 1 (1852), S. 17.
38 Auch für diese vgl. Heinrich Kramm (s. Anm. 36).
39 Der Pflüger, später Thüringer Monatshefte, hrsg. von Bernhard Klett. 1924-1932. - Thüringen, hrsg. von Fritz Koch. 1925-1931. - Bauernspiegel bzw. Heimatspiegel, hrsg. von Walter Tröge. 1924-1935. - Das Thüringer Fähnlein, hrsg. von Reinhold Vesper. 1932-1943.
40 Zusammengestellt von Wilhelm Schmitz 1943 (s. Anm. 31).

zur thüringischen Geschichte gesagt worden ist, ein Zeichen dafür, wie stark in jenen Zeiten die Lehrerschaft des Landes an der landesgeschichtlichen Forschung aus innerer Verbindung mitgearbeitet hat.

Mit den Geschichtsvereinen und ihrer Arbeit dienten der Förderung der landesgeschichtlichen Studien seit dem Beginn des 19. Jahrhunderts in wachsendem Maße auch die staatlichen Archive.[41] Sie machten damals jene allgemeine Entwicklung mit, die aus bis dahin ängstlich gehüteten und verschlossen gehaltenen staatspolitischen Einrichtungen historische Institute schuf. Auch einige thüringische Archive wurden damals mit Historikern als Archivaren besetzt, und der Inhalt der Archive wurde der Forschung als historische Quelle in weitem Umfang zugänglich gemacht. Fortschreitend stützten sich landesgeschichtliche Arbeiten auf archivalische Quellenstudien. Die thüringischen Archivare haben das Ihre getan, um diese allgemeine Bewegung in Thüringen fruchtbar zu gestalten. Sie gründeten Ende des 19. Jahrhunderts einen »Thüringischen Archivtag«, der den ganzen thüringischen Raum umfaßte, um durch jährliche Zusammenkünfte die Archivarbeit fortschrittlich einzurichten. Es erschienen, mit angeregt durch diesen Archivtag, nunmehr Übersichten über die thüringischen Archive, die den Inhalt der breiteren Öffentlichkeit erschlossen. Durch archivgeschichtliche Studien wurde das Verständnis für die Eigenart der einzelnen Archive und ihren Quelleninhalt geweckt und gefördert. Vor allem aber arbeiteten die thüringischen Archivare selbst intensiv an der landesgeschichtlichen Forschung mit[42], und man darf es getrost aussprechen, daß sich bis zu den ersten Jahrzehnten unseres Jahrhunderts die staatlichen thüringischen Archive zu Mittelpunkten der landesgeschichtlichen Forschung entwickelt hatten, eine Tatsache, die dann ihren Ausdruck in der Verbindung des Vorsitzes der Historischen Kommission mit der zentralen Archivleitung fand.

Neben dem, was von den Geschichtsvereinen und von den Archiven geleistet worden ist, muß das, was während des 19. und zu Beginn unseres Jahrhunderts von Seiten der Universität zur landesgeschichtlichen Forschung beigetragen wurde, zurückstehen.[43] Allenthalben machte sich bemerkbar, daß der Landesuniversität Jena ein besonderes landesgeschichtliches Institut fehlte und daß das, was auf dem Gebiete der Landesgeschichte durch die Professoren und durch die Doktoranden gearbeitet wurde, mehr persönlicher Initiative und privatem, oft sehr zufälligem Interesse entsprang. Sehr deutlich drückt sich das in den Dissertationen aus, die seit der Mitte des vorigen Jahrhunderts dort angefertigt worden sind.[44] Nur gelegentlich läßt sich dabei eine gewisse Systematik der Forschung erkennen. So sind etwa eine Zeitlang die einzelnen Landgrafen von Thüringen, dann einzelne thüringische Herrengeschlechter und weiter einzelne Ämter in Thüringen näher untersucht worden; für die Geschichte der Neuzeit hat das Jahr 1848 in Thüringen zeitweise stark im Vordergrund gestanden, und von den Teillandschaften Thüringens haben sich das Vogtland und die reu-

41 Zusammenfassend darüber mit Literatur-Übersicht Willy Flach, Die Entwicklung des staatlichen Archivwesens in Thüringen und seine Beziehungen zur Landesgeschichtsforschung. In: Zeitschrift des Vereins für Thüringische Geschichte und Altertumskunde 41 (1939), S. 6–26.

42 Die landesgeschichtliche Leistung der thüringischen Archivare ist übersichtlich zusammengestellt bei Georg Mentz 1937 (s. Anm. 28), ferner herausgestellt von Willy Flach (s. Anm. 41).

43 Das wird auch von Georg Mentz 1937 (s. Anm. 28) S. 15 f. nachdrücklich bestätigt.

44 Vgl. dazu im einzelnen die Zusammenstellung der historischen Jenaer Dissertationen von 1895 bis 1937 bei Georg Mentz (s. Anm. 28). – Weitere Übersichten ab 1937 im Jahresverzeichnis der deutschen Hochschulschriften 53 (1938) und in den folgenden Bänden.

ßischen Herrschaften immer der Erforschung erfreut[45]; von historischen Randgebieten sind die Finanzen und Steuern in Thüringen und die thüringischen Mundarten in Serienuntersuchungen behandelt worden. Aber sonst stellen die Dissertationen zur Landesgeschichte zufällige Einzelabhandlungen dar. Man sieht deutlich, daß hier ein Ziel und eine systematische Ordnung der landesgeschichtlichen Arbeit gefehlt haben, und man erkennt das ganz besonders dann, wenn man es vergleichsweise betrachtet mit dem, was seit Beginn unseres Jahrhunderts in der Nachbarschaft Thüringens vor sich ging, was etwa in Leipzig am Seminar für Landes- und Siedlungskunde und am Germanistischen Seminar und im Zusammenwirken der beiden Institute miteinander, was ferner am Institut für geschichtliche Landeskunde in Marburg an systematischer Aufarbeitung eines Landesgebietes oder bestimmter historischer Gegebenheiten geleistet worden ist. Immerhin soll nicht vergessen werden, daß die große Zahl von Jenaer Dissertationen viele Einzelfragen der thüringischen Landesgeschichte geklärt hat, daß dadurch vor allem aber der landesgeschichtlichen Forschung die Kräfte zugeführt worden sind, die sich ihr dann auch weiterhin aus Beruf und Neigung widmeten.

Es ist im wesentlichen also, wenn wir das vorstehend Ausgeführte überschauen, private Initiative gewesen, die in Thüringen die landesgeschichtliche Forschung betrieben und den Fortschritt auf diesem Gebiete herbeigeführt hat. Der Staat selbst hat sich, sowohl in der Form des Einzelstaates bis 1920 wie in der Gestalt des Landes Thüringen seit 1920, an der landesgeschichtlichen Arbeit wenig beteiligt. Immer mehr brach sich daher die Erkenntnis Bahn, daß hier ein Wandel eintreten müsse, und nicht zuletzt waren es die Vergleiche mit dem, was in den umliegenden Ländern auf diesem Gebiet geschah, die deutlich machten, daß die landesgeschichtliche Forschung dringend der Unterstützung durch den Staat bedürfe. Praktisch gesprochen hieß das, daß Thüringen wie diese anderen Länder eine Historische Kommission und ein Universitäts-Institut für Landesgeschichte erhalten müsse. Beide Forderungen sind erst im Jahre 1937 erfüllt worden.

Wir sprachen oben schon davon, daß der 1852 gegründete Verein für thüringische Geschichte und Altertumskunde durch seine Quellenpublikationen zugleich gewisse Aufgaben einer Historischen Kommission für Thüringen mit erledigt hat, und darüber hinaus war sogar im Jahre 1896 von diesem Verein aus nominell als Verband »zwischen den der Erforschung der Geschichte einzelner Gebiete Thüringens sich widmenden Vereinen und dem das ganze Stammesgebiet nebst Vorlanden umfassenden Verein für Thüringische Geschichte und Altertumsurkunde zu Jena« auch eine »Historische Kommission« ins Leben gerufen worden, deren Aufgabe es sein sollte, insbesondere Darstellungen zur neueren Geschichte, zur Wirtschafts- und Kunstgeschichte zu veröffentlichen.[46] Sie hat einiges hervorgebracht, aber sie ist doch bald wieder ganz im Verein aufgegangen. Beide Institutionen aber waren bei ihrer Struktur gar nicht in der Lage gewesen, Aufgaben dieser Art in größerem Stile zu erledigen. Die am 8. Juli 1937 gegründete staatliche Kommission mußte daher

---

45 Die vogtländische und reußische Forschung geht wesentlich auf die Anregungen zurück, die Friedrich Schneider als Archivar in Greiz und akademischer Lehrer in Jena in reichstem Maße gegeben hat. Vgl. auch dessen Schriftenreihen: Veröffentlichungen des Thüringischen Staatsarchivs Greiz. Heft 1–11. 1924–1930. – Beiträge zur mittelalterlichen, neueren und allgemeinen Geschichte. Bd. 1–25. 1932–1955.

46 Über Gründung und Tätigkeit dieser alten thüringischen historischen Kommission vgl. Zeitschrift des Vereins für Thüringische Geschichte und Altertumskunde 18 (1897), S. 612–621.

von Grund auf neu planen und bauen. Sie übernahm von Anfang an die umfassende Aufgabe, »die Geschichte Thüringens in seinem früheren und jetzigen Gebietsstand zu erforschen, namentlich Quellen und Hilfsmittel hierfür zu bearbeiten und zu veröffentlichen«.

Das Programm, das diese Kommission bei ihrer Gründung aufstellte, ging daher ganz bewußt darauf aus, den Rückstand aufzuholen und auszugleichen, den Thüringen auf landesgeschichtlichem Gebiet – bei aller Anerkennung dessen, was durch den Verein für thüringische Geschichte hervorgebracht worden war, und trotz mancher ausgezeichneten Leistung, wie etwa der Doberneckerschen Regesten zur thüringischen Geschichte – im ganzen aufzuweisen hatte. Von vornherein hat sich die Kommission, in die zum Zwecke einer fruchtbaren Gestaltung ihrer Arbeit neben thüringischen Landeshistorikern auch hervorragende Fachvertreter aller angrenzenden Kommissionen berufen worden waren, daher durch den Grundgedanken leiten lassen, vornehmlich solche Arbeiten in Angriff zu nehmen, die das ganze thüringische Gebiet, d. h. den ganzen in eingehender Untersuchung damals als thüringisch festgelegten Raum[47] erfaßten, in diese zugleich aber das Ergebnis aller auf vielen Gebieten noch dringend nötigen Sonderforschung räumlicher oder sachlicher Art als Beitrag zu einem Gesamtbild der Geschichte des thüringischen Raumes einmünden zu lassen.[48] Daher übernahm die Kommission von den alten Arbeiten des Vereins für thüringische Geschichte nur die Fortsetzung des Doberneckerschen Regestenwerkes, das diesen Vorstellungen entsprach. Sonst aber suchte sie neue Grundlagen. Eine große thüringische historische Bibliographie sollte den Stand der Forschung aufzeigen, ein thüringisches historisches Ortslexikon und ein Atlas zur Geschichte Thüringens sollten diese Geschichte im Ablauf und in ihren örtlichen Auswirkungen anschaulich sichtbar machen. Daneben waren Gesamtbearbeitungen der thüringischen Stadtrechte, der ländlichen Rechtsquellen (Weistümer und Dorfordnungen), der thüringischen und einzelstaatlichen Landesordnungen, der thüringischen kirchlichen Subsidienregister, der thüringischen Städtesiegel, des thüringischen Münz- und Geldwesens in Mittelalter und Neuzeit und der thüringischen Einigungsbestrebungen im 19. und 20. Jahrhundert geplant. Naturgemäß wurden neben diesen jeweils ganz Thüringen umfassenden Unternehmen auch Bearbeitungen von Quellen zu historischen Teilgebieten üblicher Art, wie Urkundenbücher für Territorien und Dynasten, für Klöster und Städte und für die Universität Jena, die Matrikel der Universität und Aktenpublikationen zur neueren Geschichte ins Auge gefaßt.

Die zur gleichen Zeit mit der Historischen Kommission, am 26. Oktober 1937, an der Friedrich-Schiller-Universität Jena errichtete Anstalt für geschichtliche Landeskunde[49], der die Aufgabe der »Erforschung der geschichtlichen Grundlagen des thüringisches Raumes und seiner Nachbargebiete« gestellt war, trat sofort in engste Arbeitsgemeinschaft mit der Kommission. Durch das nunmehr enge Zusammenwirken zwischen dem Verein für thürin-

---

47 Das Arbeitsgebiet der Kommission wurde folgendermaßen festgelegt: Land Thüringen, Regierungsbezirk Erfurt, die preußischen Enklaven Schmalkalden und Suhl, im Nordosten die preußischen Kreise Sangerhausen, Querfurt, Eckartsberga, Weißenfels, Naumburg und Zeitz, im Süden das Land Coburg.

48 Das Programm der Kommission ist eingehend begründet von Willy Flach, Leistungen und Aufgaben der thüringischen Landesgeschichtsforschung. In: Bericht über die Gründung und die Tätigkeit der Thüringischen Historischen Kommission (als Manuskript gedruckt 1939). S. 12–23. – Dort auch S. 24ff. die ausführliche Darstellung des Programms im einzelnen.

49 Die Anstalt gab folgende Schriftenreihe heraus: Arbeiten zur Landes- und Volksforschung. Bd. 1–10. 1938–1941. Übersicht im einzelnen in: Thüringische historische Literatur (s. Anm. 28) S. 20.

gische Geschichte, dem jetzt die Herausgabe seiner Zeitschrift als einzige weiter von ihm
wirklich zu meisternde und fortan vorzüglich gelöste Aufgabe blieb, der Anstalt für Landeskunde, die neben eigenen Vorhaben die Durchführung gewisser Arbeiten der Kommission
übernahm, den thüringischen Archiven, die durch Quellenbereitstellung und Mitarbeit die
Forschung förderten, und allen sonstigen geschichtlich interessierten Institutionen mit der
neuen Kommission, die mehr und mehr zum Mittelpunkt und Träger der landesgeschichtlichen Forschung in Thüringen wurde, war eine Entwicklung eingeleitet, die schon in den wenigen Jahren, die ihr zur wirklichen Wirksamkeit blieben, deutliche Früchte einer systematisch betriebenen landesgeschichtlichen Forschung erkennen ließ. Leider ist der Zeitraum des
Wirkens zu kurz gewesen, als daß Erfolge größeren Umfangs hätten eintreten können. Denn
bald wurde die Arbeit dieser neuen Institutionen durch den Krieg gehindert, und 1945 ist sie,
wie wir noch sehen werden, auf weite Strecken zunächst zum Stillstand gekommen.

Wenn wir nunmehr nach dem Überblick über die Träger der landesgeschichtlichen Forschung danach fragen, was von ihnen und sonst in der landesgeschichtlichen Forschung im ganzen und auf einzelnen Gebieten während des 19. Jahrhunderts und in der Zeit bis 1945 geleistet worden ist, so stellen wir voran die Quellenveröffentlichungen, die in jener Zeit für die
thüringische Geschichte herausgebracht wurden. Dabei fällt auf, daß an erzählenden Quellen
zur mittelalterlichen Geschichte in Thüringen hier wenig publiziert worden ist. Gewiß hängt
das wesentlich damit zusammen, daß Thüringen auf diesem Gebiete im Mittelalter nicht viel
erzeugt hat. Aber mit den Ausgaben, die seit der Mitte des 19. Jahrhunderts von solchen Quellen erschienen, hat man hier wenig Glück gehabt.[50] Sie erfüllten schon in jener Zeit nicht alle
Anforderungen, die man hätte stellen können. Es war daher für die thüringische Geschichte
sehr glücklich, daß die Bearbeitung der bedeutsamen thüringischen Geschichtsquellen des
Mittelalters, die Reinhardsbrunner und die Erfurter Überlieferung, von den Monumenta Germaniae Historica durchgeführt wurde.[51] Die Geschichtsschreibung des ausgehenden Mittelalters in Erfurt dagegen ist in guten Editionen durch die Historische Kommission der Provinz
Sachsen vorgelegt worden[52], und in Thüringen selbst hat man sich zuletzt erneut mit der für
die thüringische Landesgeschichte bedeutsamen Legenda Bonifacii beschäftigt.[53]

Wesentlich wichtiger und bedeutsamer waren die Quellenveröffentlichungen, die an Urkundenbüchern und Regestenbearbeitungen herausgebracht wurden. Solche Ausgaben erstreckten sich auf die Geschichte von Geschlechtern und ihrer Besitzungen[54], dann vor allem

---

50 Thüringische Geschichtsquellen, hrsg. vom Verein für Thüringische Geschichte und Altertumskunde.,
    Bd. 1–3: Annales Reinhardsbrunnenses (ed. Franz X. Wegele) 1854. – Chronicon ecclesiasticum Nico-
    lai de Siegen (ed. derselbe) 1855. – Düringische Chronik (ed. R. v. Liliencron) 1859. – Dazu ferner Si-
    gebotos vita Paulinae, hrsg. von Paul Mitzschke. 1889.

51 Vgl. Oswald Holder-Egger, Studien zu thüringischen Geschichtsquellen. In: NA XX, XXI, XXV, 1895–
    1900. – Von demselben die Ausgaben der Monumenta Erphesfurtensia saec. XII. XIII. XIV. in den
    Schulausgaben der MGH 1899, die Cronica Reinhardsbrunnensis 530–1338 und die Genealogia prin-
    cipum Reinhardsbrunnensis MGH, SSXXX, S. 490–658. Dort S. 909–938 auch die Neuausgabe der
    Vita Paulinae durch J. R. Dieterich.

52 Es handelt sich um folgende Quellen: Die Chronik Hartung Cammermeisters (ed. R. Reiche) 1896. –
    Memoriale (thüringisch-erfurtische Chronik) von Konrad Stolle (ed. R. Thiele) 1900. – Erphurdianus
    Antiquitatum variloquus incerti auctoris (ed. derselbe) 1906.

53 Alfred Keilitz, Die thüringische Bonifatiuslegende. Überlieferung und Text. 1941 (ungedrucktes Ma-
    nuskript im Thüringischen Hauptstaatsarchiv Weimar).

54 In Anbetracht der Fülle des Stoffes wollen wir, um eine Überladung zu vermeiden, hier und auch viel-
    fach weiterhin auf ausführliche bibliographische Angaben verzichten und uns mit verkürzten, in jedem

aber auf die Geschichte verschiedener Klöster[55] und bestimmter Städte[56]. Die Bearbeitungen sind im einzelnen ihrem Wert nach recht unterschiedlich. Aber das läßt sich nicht verkennen, daß seit ihrem Erscheinen viele auf diesem Material beruhende Forschungen angeregt worden sind. Vor allem aber hat das vom Verein für thüringische Geschichte und Altertumskunde seit dem Ende des vorigen Jahrhunderts herausgebrachte, für seine Zeit vorbildliche und allgemein anerkannte, ebenso in der Reichs- wie in der Landesgeschichte benutzte thüringische Regestenwerk von Otto Dobenecker[57] die thüringische Geschichtsforschung über das Mittelalter in nachhaltigster und entscheidendster Weise angeregt, ermöglicht und beeinflußt.

Zu dem, was Thüringen selbst an Urkundenbüchern hervorgebracht hat, trat dann, dem Umfang nach wesentlich größer, noch all das an Urkundenpublikationen, was von außen her die thüringische Geschichte quellenmäßig aufschloß, entweder die Randgebiete Thüringens berührte oder in den Kern des Landes vorstieß: die Urkundenveröffentlichungen der Historischen Kommission der Provinz Sachsen[58]; aus dem Lande Sachsen das große Unternehmen des Codex diplomaticus Saxoniae und einiger urkundenähnlicher Veröffentlichungen der Historischen Kommission des Landes Sachsen[59]; Urkundenveröffentlichungen über das Vogtland[60]; die Editionen der Hessischen Kommission[61]; die Regesten der Erzbischöfe von Mainz und das Mainzer Urkundenbuch[62]; von Franken her Würzburger und Bamberger Arbeiten[63] und endlich auch einige spezielle Urkundenveröffentlichungen der Monumenta Germaniae Historica[64].

Falle aber verständlichen Titeln begnügen. – An Urkundenbüchern für Geschlechter und Gebiete sind zu nennen: Hennebergisches Urkundenbuch. I-VII. 1842-1877. – Urkundliche Nachrichten des Kreises Weißensee. 1867. – Regesten der Grafen von Orlamünde. 1869-1871. – Urkundenbuch von Stadt und Herrschaft Gera. 1881. – Urkundenbuch der Vögte von Weida, Gera und Plauen. I-II. 1885-1892. – Regesten des fränkischen Geschlechtes von Schaumberg. I-II. 1930-1939. – Neben den eigentlichen Urkundenbüchern sind noch zu nennen: Otto Franke, Das rote Buch von Weimar. 1891. – Ernst Koch, Das Lehenbuch des Abtes Georgius Thun zu Saalfeld. 1913.

55 An Urkundenbüchern für Klöster und geistliche Institutionen erschienen in Thüringen: Capelle 1854; Ettersburg, Ichtershausen, Heusdorf und Heyda (= Thuringia sacra) 1863-1865; Paulinzelle 1889-1905; Bürgel 1895; Deutschorden 1936.

56 An städtischen Urkundenbüchern wurden in Thüringen bearbeitet: Arnstadt 1883; Weimar 1885; Jena 1888-1936; Bürgel 1895; Kahla 1899; Schleiz 1908; Zeulenroda 1935; Nordhausen 1936-1939.

57 Otto Dobenecker, Regesta diplomatica necnon epistolaria historiae Thuringiae. I-IV. 1895-1939. – Vgl. dazu Willy Flach, Zur Vollendung der Regesta. In: Zeitschrift des Vereins für Thüringische Geschichte und Altertumskunde 42 (1940), S. 433-440.

58 Folgende Urkundenbücher kommen für Thüringen in Frage (genaue Titel bei Berger, s. Anm. 27): Stadt Mühlhausen 1874; Erfurter Universität, I-III, 1881-1899; Päpstliche Urkunden, I-II, 1886-1889; Stadt Erfurt, I-II, 1889-1897; Kloster Pforta, I-II, 1893-1915; Hochstift Merseburg 1899; Hochstift Naumburg 1925; Erfurter Klöster, I-III, 1926-1934; Eichsfeld 1933; Erzstift Magdeburg 1937.

59 Urkunden der Markgrafen von Meißen und Landgrafen von Thüringen. A: 948-1234. I-III. 1882-1898. B: 1381-1427. I-IV. 1899-1941. – Lehnbuch Friedrichs des Strengen 1349. 1903. – Registrum 1378. 1933.

60 Zuletzt C. v. Raab, Regesten. I-II. 1893-98, und E. Wild, Regesten. 1929.

61 Codex dipl. Fuldensis 1850. – Urkundenbuch Fulda 1913-1956. – Klöster der Landschaft an der Werra 1916. – Regesten der Landgrafen von Hessen 1929. – Urkundenbuch Hersfeld 1936.

62 Regesta archiepiscoporum Maguntinensium (bis 1288). I-II. 1877-1886. – Regesten der Erzbischöfe von Mainz. 1289-1328. 1913. – Desgl. 1328-1353. 1932-1935. – Desgl. 1354-1374. 1913/14. – Mainzer Urkundenbuch 1932.

63 Regesten der Bischöfe von Bamberg 1932 ff.

64 Die Urkunden Heinrichs des Löwen 1941-1949. – Die Reinhardsbrunner Briefsammlung 1952.

Nimmt man diese Urkunden- und Regestenwerke als eine Einheit zusammen, so kann man sagen, daß vieles für die Aufschlüsselung des urkundlichen Materials zur thüringischen Geschichte getan wurde. Aber kritischer Wertung kann die Tatsache nicht entgehen, daß das meiste noch zu tun ist. In zeitlicher Hinsicht ist das ausgehende Mittelalter, dem sich unser Interesse jetzt stärker zuwendet, noch sehr unbeachtet geblieben, und bei sachlicher und gebietsmäßiger Betrachtung ist zu sagen, daß etwa ein so bedeutendes Geschlecht wie das der Grafen von Schwarzburg und ihr Territorium urkundenmäßig gar nicht berührt worden sind – ein Mangel, der es erklärt, daß innerhalb der territorialgeschichtlichen For- schungen in Thüringen die Grafen von Schwarzburg gegenüber den anderen Geschlechtern und Ländern auffallend zurückstehen –, daß neben den meisten kleinen gerade auch un- sere größten und bedeutendsten Klöster, wie etwa Reinhardsbrunn und Georgenthal, quel- lenmäßig nicht bearbeitet sind und daß auch Urkundenbücher für die meisten, wiederum gerade bedeutenderen Städte fehlen. Daher hatte, wie wir schon sagten, die Thüringische Historische Kommission bei ihrer Gründung 1937 in ihr Programm vor allem solche bisher fehlenden Arbeiten aufgenommen und neben der Fortsetzung des Dobeneckerschen Rege- stenwerkes in die späteren Zeiten hinein vorerst die Bearbeitung von Urkundenbüchern für große Klöster und Städte und für die Grafen von Schwarzburg, ferner die Herausgabe der Lehnbücher der Grafen von Henneberg geplant und in Angriff genommen.

Im Gegensatz zur Urkundenbearbeitung ist auf dem Gebiet der Aktenpublikationen zur neueren Geschichte in Thüringen herzlich wenig geschehen. Im strengen Sinne sind es nur die Ernestinischen Landtagsakten, herausgegeben durch die alte Historische Kommis- sion[65], die man hier nennen, zugleich aber als ein verunglücktes Unternehmen bezeichnen muß. Manches ist auch hier wieder von außen her gekommen, so zur Geschichte der Refor- mation durch die Historischen Kommissionen des Landes[66] und der Provinz Sachsen[67] und durch Hessen[68]. Gerade wenn man bedenkt, wie problematisch an sich Aktenpublika- tionen überhaupt sind und wie viele großangelegte Reihen dieser Art anderswo stecken blie- ben, wird man den Mangel solcher Veröffentlichungen in Thüringen nicht gerade als drü- ckend empfinden, zumal für reine Aktenpublikationen die neuere Geschichte Thüringens kein sehr dankbares Feld ist. Das Fehlen solcher Editionen wird weitgehend dadurch aus- geglichen, daß viele neuere Darstellungen und Bearbeitungen mit Quellenanhängen verse- hen worden sind, die solche spezifischen Quellenpublikationen ersetzen.

Betrachtet man im Anschluß an die vorstehend genannten Quellenveröffentlichungen überschauend das, was auf dem Gebiete der sogenannten historischen Hilfswissenschaften in Thüringen geleistet wurde, so fällt auf, daß im Bereiche der Urkundenlehre, obwohl auf diesem Gebiete gearbeitet worden ist[69], keine spezielle Arbeit jeweils im Zusammenhang

---

65 Ernestinische Landtagsakten I: 1487–1532. Bearb. von C. A. H. Burkhardt. 1902.
66 Berichte des Hans v. d. Planitz 1521–23. 1899. – Kirchenpolitik Herzog Georgs. I-II. 1905–1917. – Po-
    litische Korrespondenz des Kurfürsten Moritz. I–II. 1900–1904. – Melchior von Osse. 1922. – Bau-
    ernkrieg in Mitteldeutschland. I–II. 1923–1942. – Briefwechsel Thomas Müntzers 1930.
67 Briefwechsel Justus Jonas 1884/85. – Briefwechsel Conradus Mutianus 1890.
68 Politisches Archiv des Landgrafen Philipp. I–III. 1904–1955.
69 Nur einiges sei genannt: Otto Posse, Die Lehre von den Privaturkunden. 1887. – Albert Naudé, Die
    Fälschung der ältesten Reinhardsbrunner Urkunden. 1883. – H. Grumblat, Die Urkundenfälschungen
    des Landkomturs Eberhard Hoitz. In: Zeitschrift des Vereins für Thüringische Geschichte und Alter-
    tumskunde 26 (1908), S. 307–328. – Aloys Schmidt, Die Kanzlei der Stadt Erfurt. 1921. – Willy Flach,
    Die Urkunden der Vögte von Weida, Gera, Plauen bis zur Mitte des 14. Jahrhunderts. 1930. – Der

etwa mit der Veröffentlichung eines Urkundenbuches erschien. Trotz Posses Lehre von den Privaturkunden von 1887, die gerade weitgehend auf thüringischem Material beruhte und eine besondere Forschung in Thüringen hätte anregen können, sind die Urkundenpublikationen hier nicht auf den sicheren Boden diplomatischer Untersuchung gestellt worden, was manche nachträgliche Berichtigung notwendig gemacht hat. Für die Thüringische Historische Kommission aber war es bei dem fortgeschrittenen Stand der Hilfswissenschaften eine Selbstverständlichkeit, für ihre Urkundenbücher die Forderung zu stellen, mit der Edition zugleich eine diplomatische Bearbeitung des Stoffes vorzunehmen, eine Forderung, wie sie inzwischen in dem durch die Kommission herausgebrachten Altenburger Urkundenbuch verwirklicht worden ist.[70]

Auf dem Gebiet der Münzgeschichte liegen aus unserem Zeitraum eine ganze Reihe von wertvollen Veröffentlichungen vor[71] sowohl über Münzfunde wie über Einzelgegenstände und territorial zusammenfassende Darstellungen, aber auch hier zeigen sich sofort die Lücken. Denn es haben zwar die ehemaligen Häuser und Länder der Reußen und der Schwarzburger ihre Münzgeschichte erhalten, die Schwarzburger sogar zweimal; für die wettinischen Gebiete aber war, außer gelegentlichen und dann meist noch von außen kommenden Veröffentlichungen, fast nichts geschehen, und daher war auch hier die Planung und Inangriffnahme sowohl einer zusammenfassenden Bearbeitung der Funde wie eine Münz- und Geldgeschichte des Mittelalters und der Neuzeit für Thüringen durch die Thüringische Historische Kommission nötig.

Für die Siegel- und Wappenkunde waren die außerordentlich großangelegten und umfassenden Editionen von Otto Posse über die Siegel der Wettiner und die Siegel des Adels der Wettiner Lande auch für Thüringen von unschätzbarem Wert. Darüber hinaus hat man sich seit der Mitte des 19. Jahrhunderts in Thüringen auch für Gemeindesiegel interessiert, und dieses Interesse hat sich in den ersten Jahrzehnten unseres Jahrhunderts verstärkt[72], so daß die Thüringische Historische Kommission in Aufnahme dieser Bestrebungen und zur Schließung von Forschungslücken die Herausgabe eines Werkes über die thüringischen Städtesiegel ins Auge gefaßt hatte.

selbe, Urkundenfälschungen der Deutschordensballei Thüringen. In: Festschrift Valentin Hopf, 1933, S. 86–136. – Hans Hirsch, Reinhardsbrunn und Hirsau. In: MÖJG 54, 1942, S. 33–58.

70 Vgl. unten Anm. 156.

71 Wir nennen nur einige neuere davon: Ernst Fischer, Die Münzen des Hauses Schwarzburg. 1904. – B. Schmidt und C. Knab, Reußische Münzgeschichte. 1907. – H. Buchenau, Der Brakteatenfund von Gotha. 1928. – Berthold Rein, Schwarzburger Münzen und Medaillen. 1930. – Berendt Pick, Aufsätze zur Numismatik und Archäologie. 1931. – E. Mertens, Der Brakteatenfund von Nordhausen. 1929. – Walter Hävernick, Raum und Beziehungen des mittelalterlichen Thüringens im Lichte numismatischen Materials. In: Blätter für deutsche Landesgeschichte 84 (1938), S. 91–107. – Lothar Frede, Geld- und Münzwesen im Herzogtum Sachsen-Jena. 1942. – Für die Zwecke der Historischen Kommission hat Kurt Metius eine handschriftliche numismatische Bibliographie erarbeitet.

72 Otto Posse, Die Siegel der Wettiner. I–II. 1888–1893. – Derselbe, Die Siegel des Adels der Wettiner Lande. I–V. 1903–1917. – K. B. Stark, Bericht über die Gemeindesiegel des Großherzogtums Weimar. In: Zeitschrift des Vereins für Thüringische Geschichte und Altertumskunde. 2 (1856), S. 134–156. – Wilhelm Engel, Wappen und Siegel der thüringischen Städte. In: Thüringen, Monatsschrift 3 (1927/28), S. 161–170. – Derselbe, Wappen und Siegel thüringischer Dörfer. Ebenda 5 (1929/30), S. 181–191. – Derselbe über die Wappen der Städte Schmölln, Eisenberg, Lucka, Kahla und Gößnitz im Altenburgischen Hauskalender 1930 bis 1934.

So zeigt sich auch auf dem Gebiet der Quellenbearbeitung und der hilfswissenschaftlichen Untersuchungen in dem Zeitraum von 1826 bis in die 30er Jahre unseres Jahrhunderts hinein wiederum die schon vorher festgestellte Tatsache, daß der Forschungsbetrieb im ganzen mehr zufällig verlaufen ist.

Gehen wir bei unserer Betrachtung nunmehr von der Arbeit an den Quellen zu den Darstellungen historischen Stoffes über, so sprechen wir zunächst von denen, die auf die Geschichte des ganzen Thüringen abzielen. Daß das Verlangen nach zusammenfassenden Darstellungen dieser Art gerade für das gesamtthüringische Gebiet in weiten Kreisen schon früh rege war, beweisen solche Sammelwerke wie etwa »Thüringen und der Harz«, »Thüringen in Wort und Bild« oder die Darstellung im Rahmen von Velhagens Monographien zur Erdkunde, die es auf mehrere Auflagen und dann zu einer Neubearbeitung gebracht hat.[73] Auf wissenschaftlichem Gebiet ist dieser allgemein verbreitete Wunsch am Ende des vorigen Jahrhunderts durch die bewundernswürdige Leistung von Fritz Regel erfüllt worden, der als einzelner vom geographischen Standpunkt her, aber unter Einschluß, unter Berücksichtigung und in Zusammenfassung auch der historischen Forschungen, eine Gesamtdarstellung über Thüringen geboten hat, die noch heute für uns in manchem unentbehrlich ist.[74] Ist dieses Werk auch nicht ein eigentlich historisches, so bedeutete es doch auch für die thüringische Geschichte eine epochemachende Leistung, denn es umriß in vollem Umfang den Stand der geschichtlichen Landeskunde in Thüringen, wie er damals erreicht war. Zu eigentlichen Darstellungen der thüringischen Geschichte in übersichtlicher Form sind in der Folgezeit immer wieder Versuche gemacht worden, aber sie sind über kleineren Umfang nicht hinausgediehen und hatten ganz bestimmte Fragestellungen zum Ausgangspunkt.[75] Auch das, was wir heute an Zusammenfassendem immer wieder benutzen, die Thüringische Geschichte von Ernst Devrient aus der Sammlung Göschen und die Gemeinschaftsarbeit von Armin Tille und Friedrich Schneider[76], stellen, so wertvoll sie für uns sind, nicht mehr als Einführungen dar. Der in den [19]30er Jahren von geographischer Seite her noch einmal unternommene Versuch einer Zusammenfassung läßt historisch alle Wünsche offen[77], dagegen ist auch für den Historiker wertvoll die »Thüringische Volkskunde« von Martin Wähler[78]. Dem thüringischen Historiker förderlich waren stets auch die zusammenfassenden Arbeiten von Darstellungen zur Landesgeschichte der an Thüringen angrenzenden Länder[79]. Im ganzen zeigt eine solche Übersicht über Gesamtdarstellungen

73 Thüringen und der Harz, mit ihren Merkwürdigkeiten, Volkssagen und Legenden. Bd. 1-8. 1839-1844. – A. Scobel, Thüringen (= Land und Leute. Monographien zur Erdkunde). 1. Aufl. 1898, 2. Aufl. 1902, 3. Aufl. 1910, 4. Aufl. 1923, dann Neubearbeitung von Paul Quensel 1933. – Thüringen in Wort und Bild. Hrsg. von den Thür. Pestalozzivereinen 1900. 2. Aufl. 2 Bde. 1902-1910. – Hugo Kühn, Quellen und quellenmäßige Berichte aus Thüringen zur Belebung und Ergänzung des Geschichtsunterrichts. 1910. – Derselbe, Kulturgeschichtliche Bilder aus Thüringen. 1914.
74 Fritz Regel, Thüringen. Ein geographisches Handbuch. I-III. 1892-1896. – Derselbe, Thüringen. Ein landeskundlicher Grundriß. 1897.
75 Eine Zusammenstellung in: Thüringische historische Literatur (s. Anm. 28) S. 27.
76 Ernst Devrient, Thüringische Geschichte. 1. Aufl. 1907, 2. Aufl. 1921. – Friedrich Schneider und Armin Tille, Einführung in die thüringische Geschichte. 1931.
77 Ernst Kaiser, Landeskunde von Thüringen. 1933.
78 Martin Wähler, Thüringische Volkskunde. 1940.
79 Eduard Jacobs, Geschichte der in der Preußischen Provinz Sachsen vereinigten Gebiete. 1883. – W. Friedensburg, Die Provinz Sachsen, ihre Entstehung und Entwicklung. 1919. – Rudolf Kötzschke und Helmut Kretzschmar, Sächsische Geschichte. I-II. 1935.

der thüringischen Geschichte, daß die Forschung im einzelnen bis in unsere Tage hinein noch nicht so weit gediehen war und ist, daß an eine wirklich umfassende und befriedigende Geschichte Thüringens gedacht werden könnte.

Was an zusammenfassender Darstellung größeren Stils im 19. Jahrhundert weiter geleistet worden ist, galt den thüringischen Einzelstaaten und ihrer Landeskunde.[80] Beginnend mit Sachsen-Meiningen 1851 hat jeder einzelne thüringische Staat mit Ausnahme von Reuß ä. L. bis zum Ende des Jahrhunderts eine seine Vergangenheit und Gegenwart gleichermaßen berücksichtigende, historisch beschreibende Landeskunde erhalten, aus der Generationen ihr Wissen bezogen haben und auf die wir heute noch weitgehend uns stützen müssen. Von gleicher allgemeiner historischer Bedeutung wie diese Landeskunden waren auch über ihren eigentlichen Zweck hinaus die denkmalpflegerischen Veröffentlichungen, die seit den [18]80er Jahren unter dem Titel der »Bau- und Kunstdenkmäler Thüringens« im Auftrage der Regierungen der thüringischen Einzelstaaten herausgegeben wurden und deren letzter Band gerade kurz vor dem Ende dieser Einzelstaaten, im Jahre 1917, erschien.[81] Denn hier erfolgte für jedes Land, jeden Bezirk und jeden Ort auch eine Bearbeitung und Darstellung des eigentlich historischen Stoffes. Zwar waren diese historischen Nachrichten – wie übrigens auch die kunstgeschichtlichen Darbietungen selbst – recht unterschiedlicher Art und sind erst mit Fortschreiten des Unternehmens zuverlässiger geworden, aber es ist nicht zu verkennen, daß viel brauchbarer historischer Stoff dabei zusammengetragen und festgehalten wurde. Wie viel Wünsche allerdings solche historische Darstellung einzelstaatlicher Geschichte in den Landeskunden und den Bau- und Kunstdenkmälern offen ließ, zeigt etwa ihr Vergleich mit neueren zusammenfassenden Darstellungen der ganzen oder abschnittsweisen Geschichte thüringischer Einzelstaaten[82], deren es bis in unsere Tage hinein eine ganze Reihe gegeben hat und weiter geben wird, weil nun einmal der Einzelstaat ein konstitutives Element auch der thüringischen Geschichte war und die Kenntnis seiner Geschichte unentbehrlich für die gesamtthüringische Geschichte ist.

Zusammenfassende Darstellungen der thüringischen Geschichte als einer Einheit sind, wie wir sahen, schon vor dem 19. Jahrhundert und dann auch im 19. Jahrhundert gegeben worden. Der Wunsch danach ist nach 1920, nach der Gründung des Landes Thüringen, noch lebhafter geworden.[83] Aber ihm an die Seite trat sogleich seit jener Zeit auch das Stre-

---

80 Eine gute bibliographische Zusammenstellung der Landeskunden bei Wilhelm Engel, Zur Geschichte der Landeskunde von Thüringen. In: Thüringer Fähnlein 3 (1934), S. 1–7.

81 Bau- und Kunstdenkmäler Thüringens, bearbeitet von P. Lehfeldt und G. Voß. 1888 bis 1917 (Übersicht zuletzt in: Thüringische historische Literatur, s. Anm. 28, S. 21–23). – Dazu H. F. Th. Apfelstedt, Beschreibende Darstellung der älteren Bau- und Kunstdenkmäler des Fürstentums Schwarzburg-Sonderhausen. I–II. 1886–87. – Von den Bau- und Kunstdenkmälern der Provinz Sachsen (vgl. Berger, s. Anm. 27, S. 33ff.) kommen für Thüringen in Frage die Kreise und Städte Zeitz 1879, Langensalza 1879, Weißenfels 1880, Mühlhausen 1881, Sangerhausen 1882, Weißensee 1882, Eckartsberga 1883, Nordhausen 1888, Grafschaft Hohenstein 1889, Erfurt 1890, Ziegenrück und Schleusingen 1901, Naumburg 1903 und 1905, Querfurt 1909, Heiligenstadt 1909; aus der neuen Reihe Erfurt 1929–1932.

82 Vgl. etwa Berthold Schmidt, Geschichte des Reußenlandes. I–II. 1923–1927. – Fritz Hartung, Das Großherzogtum Sachsen unter der Regierung Carl Augusts. 1923. – Georg Mentz, Weimarische Staats- und Regentengeschichte. 1936. – Eilhard Zickgraf, Die gefürstete Grafschaft Henneberg-Schleusingen. 1944.

83 Das zeigt beispielsweise die Anm. 75 genannte Literaturübersicht.

ben nach noch größerer Zusammenfassung historischer Betrachtung auf der Grundlage eines über Thüringen hinausgehenden Raumes, nämlich Mitteldeutschlands. Die in den Zeiten der Weimarer Republik aufkommenden Fragen der Reichsreform haben den Begriff Mitteldeutschland lebhaft propagiert, dem von politischer und wirtschaftlicher Seite her ganz verschiedene Auslegungen gegeben worden sind.[84] Gewiß haben solche Überlegungen auch die wissenschaftliche Forschung angeregt, aber diese hat sich bald von solchen Voraussetzungen gelöst und ist eigene Wege gegangen. In Zusammenschau geographischer, historischer, sprachwissenschaftlicher und volkskundlicher Betrachtungsweise ist der mitteldeutsche Raum eindringend untersucht[85] und die Leistung dieses Raumes für die gesamtdeutsche Entwicklung, namentlich auf dem Gebiet der Sprachbildung, aufgezeigt worden. Für Thüringen hatten solche Studien den doppelten Gewinn, daß es damit zwar als ein Glied dieser größeren Landschaft, aber als ein Glied mit eigener Entwicklung und Bedeutung aufgezeigt wurde. Man darf sagen, daß gerade diese mitteldeutschen Forschungen für die thüringische Landesgeschichtsforschung von ganz besonderer Wirkung gewesen sind.

Zusammenfassende historische Darstellung hat seit dem 19. Jahrhundert immer wieder danach gestrebt, neben das Wort die bildliche Vorstellung zu setzen und die geschichtliche Entwicklung kartographisch anschaulich zu machen. Solche Unternehmungen haben für Thüringen besondere Bedeutung; denn das Kennzeichen der thüringischen politischen Entwicklung durch Jahrhunderte hindurch, die Kleinstaaterei, läßt sich in ihrem ganzen Umfang und in ihrer ganzen Ausprägung überhaupt nur kartographisch anschaulich erfassen. Daher gab es schon seit dem Ende des 18. Jahrhunderts Darstellungen der ernestinischen Landesteilungen in Kartenform[86], und daher sind die in Sachsen und Thüringen vorgenommenen Gebietsveränderungen seit der Mitte des 19. Jahrhunderts auch mehrfach in Karten und Atlanten dargestellt worden.[87] Mit Mitteln fortgeschrittener Kartographie sind Querschnitte des thüringischen Raumes in dem von der Provinz Sachsen bearbeiteten »Mitteldeutschen Heimatatlas« und in dem aus landesplanerischen Interessen herausgekommenen »Thüringen-Atlas« erschienen.[88] Das alles war und ist für eine eingehende kartographische Erfassung des thüringischen Raumes unzureichend, und daher gehörte ein Atlas zur thüringischen Geschichte zu den Hauptanliegen der Thüringischen Historischen Kommission.

---

84 Mitteldeutschland auf dem Wege zur Einheit. Merseburg 1927. – Leipzig und Mitteldeutschland. 1928. – Johannes Müller, Thüringen und seine Stellung in und zu Mitteldeutschland. 1929. – Ernst Jahn, Kann das Land Thüringen seine Eigenstaatlichkeit behaupten? 1929. – Hermann Brill, Reichsreform, eine thüringische Schicksalfrage. 1932.

85 Aus der Fülle der wissenschaftlichen Literatur über Mitteldeutschland nennen wir nur: Kulturräume und Kulturströmungen im mitteldeutschen Osten. Von W. Ebert, Th. Frings, K. Gleißner, R. Kötzschke, G. Streitberg. 1936. – Die geschichtlichen Grundlagen des mitteldeutschen Volkstums. Eine Vortragsreihe, hrsg. von Günther Franz. In: Thüringer Fähnlein 7 (1938), S. 361–405.

86 Geographische Übersicht der in dem Herzogl. Sächsischen Hause Ernestinischer Linie vorgegangenen Landesteilungen (mit Karten von F. L. Güssefeld). 1796.

87 Wir nennen nur A. Brecher, Darstellung der Gebietsveränderungen in den Ländern Sachsens und Thüringens vom 12. Jh. bis heute. 1880.

88 Im mitteldeutschen Heimatatlas, herausgegeben von der Historischen Kommission der Provinz Sachsen, hat Fritz Koerner mehrere politische Karten bearbeitet, nämlich Thüringen 1350, 1540 und 1680, und im Thüringen-Atlas der Reichsarbeitsgemeinschaft für Raumforschung, herausgegeben von Johannes Müller (1942), hat Willy Flach die politische Entwicklung Thüringens bis 1919 durch die 3 Karten Thüringen im Jahre 1700, 1800 und 1918 veranschaulicht.

Viel ist dafür nach 1937 an Vorarbeit geleistet worden, so vor allem auch als Grundlage die Schaffung einer Grundkarte für Thüringen, die es bis dahin im Gegensatz zu den umliegenden Landschaften nicht gegeben hatte[89]. Die umfassende, in einer leider ungedruckt gebliebenen Denkschrift begründete Planung dieses Atlas[90], der die historische Landschaft Thüringens nach modernen Fragestellungen vielseitig durchdringen und darstellen sollte, hat in der kurzen Zeit, in der sich diese Gedanken auswirken konnten, viel an fruchtbarer Forschungsarbeit angeregt und zum Teil auch vollenden lassen.[91]

Nicht mit gleicher Intensität und Ausführlichkeit können wir, nachdem wir so zusammenfassende Darstellungen und Bearbeitungen der Geschichte der thüringischen Landschaft und ihrer Einzelteile vorgeführt haben, nun auch die Bemühungen der einzelnen Zweige der Geschichtsforschung um die thüringische Geschichte dartun; dazu ist unser Raum zu beschränkt, der Stoff aber zu groß. Wir müssen uns deswegen damit begnügen, aus solchen Gebieten nur sehr Wesentliches aufzuzeigen. Auch dabei wird sich ergeben, daß, wie bei den Gesamtdarstellungen, thüringische und einzelstaatliche Gesichtspunkte nebeneinander hergehen.

Wenden wir unser Augenmerk zunächst der Bearbeitung und Darstellung der politischen Geschichte zu, jener Geschichte, die gerade im 19. Jahrhundert und vielfach noch bis in unsere Tage hinein für die eigentliche Geschichte gehalten wurde, so ist als ein Grundzug dieser auf den Einzelstaat sich erstreckenden thüringischen Geschichtsarbeit deutlich zu erkennen, wie man mit Vorliebe Fürstengeschichte trieb, wie man sich einmal bemühte, für jedes der thüringischen herrschenden Geschlechter eine Genealogie aufzustellen, die Herrscherhäuser also als Ganzes zu erfassen[92], wie zum anderen aber immer wieder bedeutendere Persönlichkeiten aus diesen Geschlechtern Gegenstand der Untersuchung und Darstellung waren[93]. Das gilt in ähnlicher Weise auch für die anderen Herrengeschlechter.[94]

Sieht man die politische Geschichte Thüringens dann in ihrem zeitlichen Ablauf, so ist festzustellen, daß das Interesse sich zu verschiedenen Zeiten verschiedenen Abschnitten solches historischen Ablaufs zugewendet und je nach dem Gegenstand einzelstaatliche oder thüringische Gesichtspunkte im Auge gehabt hat. Es läßt sich bei der Fülle des Stoffes hier nur im Vorübergehen andeuten, daß am Ende des vorigen Jahrhunderts die Geschichte des

---

89 Über die von der Thüringischen Historischen Kommission bearbeitete und herausgegebene Grundkarte berichtet Fritz Koerner, Die Gemeindegrenzenkarte von Thüringen als Grundlage für geschichtliche und statistische Forschungen. In: Zeitschrift des Vereins für Thüringische Geschichte und Altertumskunde 44 (1942), S. 275–282.

90 Der Plan des Atlas zur thüringischen Geschichte ist näher dargelegt in dem Anm. 48 angeführten Bericht S. 31–34.

91 Über die im Zusammenhang mit den Arbeiten der Thüringischen Historischen Kommission entstandenen Veröffentlichungen geben Aufschluß die Jahresberichte der Kommission in der Zeitschrift des Vereins für Thüringische Geschichte und Altertumskunde 42 (1940) bis 45 (1943).

92 H. F. Th. Apfelstedt, Das Haus Kevernburg-Schwarzburg (Stammtafeln). 1890. – Oskar Vater, Das Haus Schwarzburg. 1894. – Otto Posse, Die Wettiner. 1897. – Berthold Schmidt, Die Reußen. 1903. – Robert Hänsel, Reußische Genealogie. 1940.

93 Es ist unmöglich, aus der Fülle dieses Stoffes auch nur eine knappe Auswahl zu geben, um aber zu zeigen, wie stark Landesgeschichte auch von Thüringen aus in die Reichsgeschichte hineinführt, nennen wir nur das Werk von Georg Mentz, Johann Friedrich der Großmütige. I.–III. 1903–1908.

94 Auch hier muß auf Einzelangaben verzichtet werden unter Hinweis auf die in Anm. 28 genannte Bibliographie von Bamler.

thüringischen Königreichs lebhaft erörtert worden ist[95], während die Untersuchungen über Gau und Grafschaft in Thüringen erst den letzten Jahrzehnten angehörten[96]; die fränkische und die sächsische Zeit haben bald schon eine Zusammenfassung erfahren[97], während die Zeit der Landgrafen von Thüringen zu immer erneuter Untersuchung anregte[98]. Wenig gepflegt war das ausgehende Mittelalter.[99] Um so intensiver beschäftigte man sich mit der Reformation, die für Thüringen und in der Thüringen und seine Landesherren eine bedeutende Rolle gespielt hatten[100], und auch der Dreißigjährige Krieg und seine Folgen wurden wiederholt untersucht.[101] Bei der Behandlung der Geschichte des 19. Jahrhunderts interessierten lebhaft sowohl der Anteil Thüringens an der deutschen Politik wie die Einheitsbestrebungen Thüringens[102], ferner als von allgemeiner Bedeutung die Geschichte des Thüringischen Zollvereins[103] und die deutsche Revolution von 1848[104]. Für die thüringische Geschichte aufschlußreich waren bei dem hervorragenden Anteil der Universität Jena außerdem die Untersuchungen zur Geschichte der deutschen Burschenschaft.[105]

Kleinstaatliche Geschichte kann, wie uns Thüringen zeigt, von allgemeiner Bedeutung werden. Aus einzelstaatlichen Gesichtspunkten heraus, nämlich getragen vom Großherzogtum Sachsen-Weimar-Eisenach und um der Geschichte seines Regentenhauses willen, ist einst auch, 1912, jenes Werk begonnen worden, das in seiner Bedeutung weit über Sachsen-Weimar und Thüringen hinausreicht in die deutsche Geschichte, das Carl-August-

---

95 Die Literatur zur Geschichte des thüringischen Volkes und Königreichs ist zusammengefaßt bei Willy Flach, Stamm und Landschaft Thüringen im Wandel der Geschichte. In: Blätter für deutsche Landesgeschichte 84 (1938), S. 185; fener bei Walter Schlesinger, Die Entstehung der Landesherrschaft, I, 1941, in den Anmerkungen zu S. 16–32. Dazu ist jetzt noch zu nennen die Arbeit von K. Voretzsch, Das Ende des Königreichs Thüringen im Jahre 531 in Geschichte, Sage und Dichtung. 1943. – Hinzuweisen ist auf die Untersuchungen von Martin Lintzel zur Geschichte des sächsischen Stammes (jetzt übersichtlich zusammengestellt bei Hans Haussherr in dem Nachruf auf Martin Lintzel in der Wissenschaftlichen Zeitschrift der Universität Halle 5 (1956), S. 519–525, von Annerose Schneider).

96 Zusammenfassend Schlesinger (s. Anm. 95), S. 150.

97 Theodor Knochenhauer, Geschichte Thüringens in der karolingischen und sächsischen Zeit. 1863; dazu Flach, Stamm und Landschaft, S. 185.

98 Theodor Knochenhauer, Geschichte Thüringens zur Zeit des ersten Landgrafenhauses, hrsg. von Karl Menzel. 1871. – Die seitdem erschienene Einzelliteratur auch nur annähernd hier vorzuführen, würde den Rahmen sprengen. Wir verweisen jedoch auf die oben in Anm. 44 erwähnten Dissertationen zur Geschichte einzelner Landgrafen.

99 Auch hier müssen wir uns begnügen, etwa folgendes zu nennen: Herbert Koch, Der sächsische Bruderkrieg. 1910. – W. Wintruff, Landesherrliche Kirchenpolitik in Thüringen am Ausgang des Mittelalters. 1914.

100 Die ungemeine Fülle des Stoffes und der Literatur jetzt zusammengefaßt bei Rudolf Herrmann, Thüringische Kirchengeschichte. I–II. 1937–1947.

101 Auch hier zusammenfassend: Günther Franz, Der 30jährige Krieg und das deutsche Volk. 1940.

102 Zuletzt zusammenfassend: Fritz Hartung, Thüringen und die deutsche Einheitsbewegung im 19. Jh. In: Blätter für deutsche Landesgeschichte 84 (1938), S. 3–17. – Vgl. ferner Thüringische historische Literatur (s. Anm. 28) S. 29.

103 Zusammenfassend zuletzt: Hans Patze, Die Zollpolitik der thüringischen Staaten von 1815 bis 1833. In: Vierteljahrschrift für Sozial- und Wirtschaftsgeschichte 40 (1953), S. 28–58.

104 Die Literatur über 1848 ist zusammengefaßt bei Erich Maschke, Thüringen in der Reichsgeschichte, 1937, S. 83 Anm. 2; bearbeitet sind mit Ausnahme von Schwarzburg-Rudolstadt alle thüringischen Einzelstaaten. Eine zusammenfassende Würdigung der Revolution in Thüringen steht noch aus.

105 Quellen und Darstellungen zur Geschichte der Burschenschaft und der deutschen Einheitsbewegung. I–XI. 1910–1929.

Werk.[106] Weit über den örtlichen Rahmen hinaus geht aus der Zeitgeschichte auch all das, was sich sonst auf das klassische[107] und das nachklassische Weimar[108] bezieht, auch jene wiederholten Bemühungen, Goethe in seiner Anteilnahme an der Verwaltung und Regierung des weimarischen Staates zu beobachten[109].

Vieles ist so aus den einzelnen zeitlichen Abschnitten der politischen Geschichte Thüringens bearbeitet und dargestellt worden, aber vieles bleibt mit fortgeschrittenen Mitteln der Forschung noch zu tun.

Im Zusammenhang mit der politischen Geschichte ist immer gern auch die Geschichte des Wehrwesens erörtert worden. Wieviel auf diesem Gebiet in und für Thüringen gearbeitet worden ist, zeigt eine neuere dankenswerte bibliographische Zusammenstellung.[110]

Wie sich im allgemeinen die reine Landesgeschichte im Sinne politischer Geschichte während des 19. Jahrhunderts durch Erweiterung ihres Gesichtskreises hin zur geschichtlichen Landeskunde entwickelt hat, so ist dies auch in Thüringen geschehen, und diese Tatsachen zeigen sich nachhaltig bei einer übersichtlichen Betrachtung dessen, was etwa auf den Gebieten der Rechts- und Verwaltungsgeschichte, der Wirtschafts- und Sozialgeschichte, der Siedlungsforschung und Bevölkerungsgeschichte, der Sprachgeschichte und Volkskunde geschehen ist.

Fassen wir zunächst die Rechtsgeschichte in ihrem weitesten Umfang ins Auge, so ergibt sich, daß im vorigen Jahrhundert rechtsgeschichtliche Fragen noch weitgehend als praktisch-rechtliche Fragen gelöst werden mußten, daß die in solchem Zusammenhang erwachsenen Handbücher des öffentlichen und privaten Rechts für uns heute aber ausgezeichnete Quellen der Rechtsgeschichte darstellen.[111] Die wissenschaftliche Rechtsgeschichte ist dann seit der Mitte des vorigen Jahrhunderts namentlich von Jena aus gepflegt worden[112], und sie hat sich, stark gefördert von außen, des Stammes- und Landesrechts und vor allem auch des Stadtrechtes besonders angenommen[113]. Gepflegt wurde auch das thüringische Kirchenrecht, namentlich seine modernen kirchenrechtlichen Fragen seit dem Zusammenschluß der thüringischen Einzelkirchen zu einer thüringischen Gesamtkirche im Gefolge der politischen Einigung Thüringens.[114]

---

106 Eine ausgezeichnete Zusammenfassung bietet Alfred Bergmann, Carl-August-Bibliographie. 1933. – Über die Förderung des Carl-August-Werkes während seiner Zugehörigkeit zur Thüringischen Historischen Kommission und die Fülle der dabei erschienenen Sonderarbeiten geben die Jahresberichte der Kommission (s. Anm. 91) Aufschluß.

107 Es gibt kaum ein anderes Einzelthema der thüringischen Geschichte mit der gleichen Fülle der Veröffentlichungen wie das klassische Weimar. Einzelnes anzuführen ist daher unmöglich.

108 Für das nachklassische Weimar gilt dasselbe wir für das klassische Weimar.

109 Eine umfassende Übersicht jetzt bei Willy Flach, Goetheforschung und Verwaltungsgeschichte, 1952, S. 112–140.

110 Friedrich Facius (s. Anm. 31).

111 Wir führen summarisch folgendes an: Schweitzer für das öffentliche Recht in Sachsen-Weimar 1825; über die Privatrechte Hellbach für Sondershausen 1820, Sachse für Weimar 1824, Brückner für Gotha 1830, Hesse für Altenburg 1841, Bamberg für Rudolstadt 1844, Unger für Meiningen 1889–1898.

112 Sehr anregend dafür war A. L. J. Michelsen, von dem wir hier vor allem seine Rechtsdenkmale aus Thüringen (1852–1863) nennen.

113 Wir nennen nur die wertvolle Publikation von Karl Friedrich von Strenge und Ernst Devrient, Die Stadtrechte von Eisenach, Gotha und Waltershausen. 1909.

114 In Auswahl seien angeführt: Georg Arndt, Das Kirchenpatronat in Thüringen. 1927. – Reinhold Jauernig, Der Bekenntnisstand der Thüringischen Landeskirchen. 1930.

Die stärkste Förderung aber hat in unserem Zeitraum auf rechtlichem Gebiet wie allgemein, so auch in Thüringen die Verfassungsgeschichte erfahren.[115] Das gilt zunächst für das Mittelalter, wo die Frage der Entstehung der Landeshoheit schon immer ein gepflegter Gegenstand der Untersuchung war, wo dieses Problem aber neuerdings wiederum grundsätzlich aufgerollt und behandelt worden ist und wird. Zwar ist die Forschung auch auf diesem Gebiete durchaus noch im Gang, aber wir sehen heute vieles klarer und richtiger als vorher. Und wie für das Mittelalter, so ist auch für die Neuzeit die Verfassungs- und mit ihr die Verwaltungsgeschichte in Thüringen naturgemäß immer im Zusammenhang mit speziellen einzelstaatlichen Fragen bearbeitet und gefördert worden[116], und als ein besonderes Gebiet der Verfassungs- und Verwaltungsgeschichte, Mittelalter und Neuzeit in gleicher Weise berührend, sind eine große Reihe von Ämtern Thüringens historisch untersucht worden[117]. So ist auf den Gebieten der Rechts-, Verfassungs- und Verwaltungsgeschichte vieles aufgehellt worden. Aber doch zeigt eine überschauende Beurteilung auch hier, daß noch viel zu tun ist, daß insbesondere die vergleichende Betrachtung in größeren Zusammenhängen der Forschung förderlich und nützlich ist. Daher hat die Thüringische Historische Kommission 1937 in ihr Programm auch Gegenstände solcher Art zur Quellenpublikation aufgenommen und gefördert: die thüringischen Landesordnungen seit dem ausgehenden Mittelalter bis in das 18. Jahrhundert hinein in einer umfassenden Publikation zu bearbeiten und zu veröffentlichen, auf dem besonderen Gebiete der rechtlichen und verfassungsmäßigen Gemeindeentwicklung die thüringischen Stadtrechte nicht einzeln, sondern in einer Gesamtpublikation vorzulegen und die thüringischen Dorfordnungen zur Erfassung und Darstellung zu bringen.

Auch die wirtschaftsgeschichtliche thüringische Forschung hat sich in unserem Zeitraum vom Beginn des 19. Jahrhunderts bis 1945 entwickelt und an Intensität und Umfang zugenommen. Das gilt sowohl für die Gegenstände wie für die Räume, auf die sie sich erstreckte. Namentlich seit der Gründung des Landes Thüringen sind, vielfach von gegenwärtig-modernen Fragestellungen her, Wirtschaftsprobleme für ganz Thüringen untersucht worden.[118] Eingehend hat man sich auch schon vorher mit einzelnen Zweigen der thüringischen Industrie in alter und neuer Zeit beschäftigt[119], wobei bestimmte Industriebetriebe,

---

115 Für die frühen Jahrhunderte des Mittelalters bietet eine ausgezeichnete Zusammenfassung Walter Schlesinger (s. Anm. 95) mit umfassenden Literaturangaben. Aus der danach erschienenen Literatur nennen wir vor allem Hans Eberhardt, Das Krongut im nördlichen Thüringen von den Karolingern bis zum Ausgang des Mittelalters. In: Zeitschrift des Vereins für Thüringische Geschichte und Altertumskunde 45 (1943), S. 30–96.

116 Aus der Fülle der Arbeiten nennen wir folgende: Felix Pischel, Die Entwicklung der Zentralverwaltung in Sachsen-Weimar bis 1743. In: Zeitschrift des Vereins für Thüringische Geschichte und Altertumskunde. 28 und 29 (1911). – Friedrich Facius, Staat, Verwaltung und Wirtschaft in Sachsen-Gotha unter Herzog Friedrich II. 1933. – Hans Eberhardt, Die Geschichte der Behördenorganisation in Schwarzburg-Sondershausen. 1943.

117 Es seien angeführt die neuere Einzeluntersuchung von Rudolf Träger, Das Amt Leuchtenburg im Mittelalter (1941) und die zusammenfassende Untersuchung von Rudolf Diezel, Die Ämterbezirke in Sachsen-Weimar seit dem 16. Jahrhundert (1943).

118 Hier sind etwa die Arbeiten von Johannes Müller zu nennen: Wirtschaftskunde des Landes Thüringen, 1928; Die thüringische Industrie, 1930; Die Industrialisierung der Mittelgebirge, 1938.

119 Auch hier ist es unmöglich, die Fülle des Stoffes auch nur zu umreißen. Hingewiesen aber sei auf zusammenfassende Studien von Herbert Kühnert: Urkundenbuch zur thüringischen Glashüttengeschichte (1934); Die thüringischen Fayence-, Porzellan- und Steingutfabriken des 18. Jahrhunderts. In: Zeitschrift des Vereins für Thüringische Geschichte und Altertumskunde 45 (1943), S. 225–283.

wie etwa das Zeiß- und das Schott-Werk in Jena, ungemein eingehende und grundlegende geschichtliche Untersuchungen und Darstellungen erfahren haben.[120] An Besonderheiten ist darauf hinzuweisen, daß bei der Bedeutung Thüringens für die Papierindustrie dieser Zweig der Wirtschaft ein beliebter Forschungsgegenstand war.[121] In bezug auf die Landwirtschaftsgeschichte ist, wie anderswo, auch in Thüringen die Verbindung mit rechtsgeschichtlichen Fragestellungen ungemein fruchtbar geworden.[122] Durch solche Untersuchungen sind die besonderen Formen ländlich-bäuerlichen Rechts- und Wirtschaftslebens für das mitteldeutsche Gebiet, damit auch für Thüringen, zutage getreten. Zu einer neuen zusammenfassenden Darstellung der thüringischen Wirtschaftsgeschichte aber ist es nicht gekommen.

Vielleicht tritt der Fortschritt in der modernen landesgeschichtlichen Forschung dann am deutlichsten zutage, wenn man auf dem Gebiete der Siedlungsgeschichte und der Siedlungsforschung das, was Fritz Regel in seiner Landeskunde Ende des 19. Jahrhunderts darüber zu berichten wußte, mit dem vergleicht, was etwa neue zusammenfassende Literaturberichte für den mitteldeutschen Raum auf diesem Spezialgebiet historischer Forschung herausstellen.[123] Allerdings haben solche zusammenfassenden Berichte auch immer Anlaß, ausdrücklich festzustellen, daß Thüringen hier viel aufzuholen hat, und vielleicht macht sich gerade in diesem Bereich in Thüringen, das um die Jahrhundertwende im Mittelpunkt der Betrachtung stand und die allgemeine Forschung stark befruchtete[124], im Vergleich mit benachbarten Landschaften der Mangel einer einheitlichen Organisation und eines Mittelpunktes der Forschung stark bemerkbar. Immerhin ist vieles und Brauchbares geleistet worden, beginnend mit der ostdeutschen Kolonisation über die siedlungsmäßige Betrachtung bestimmter thüringischer Räume bis zu eingehenden Untersuchungen über die Wüstungen in Thüringen. Auch die Slawenfrage, allerdings meistens von außen her, ist mehrfach Gegenstand der Forschung gewesen; im burgenreichen Thüringen hat naturgemäß die Burgenforschung ihre Vertreter gefunden, und bei der Mittellage Thüringens und seiner Bedeutung für die Verkehrsgeschichte sind Straßen immer wieder historisch untersucht worden. In keinem Falle aber, so wertvolle Ergebnisse auch hier die Einzelforschung gezeitigt hat, ist es für Thüringen zu einer zusammenfassenden Betrachtung siedlungsmäßiger Tatsachen gekommen, und ähnliches gilt auch für Fragen der Bevölkerungs- und der Sozialgeschichte, bei der einzelne gute Einblicke in Angelegenheiten der Fürsorgeerziehung und der Auswanderung gegeben worden sind.[125]

---

120 Wir nennen vor allem die gesammelten Abhandlungen von Ernst Abbe I–V (1904–1940), außerdem Moritz von Rohr, Ernst Abbe (1940) und Herbert Kühnert, Otto Schott (1940).

121 Zusammenfassend jetzt darüber Wisso Weiß, Thüringer Papiermühlen und ihre Wasserzeichen. Weimar 1953.

122 Aus der sehr umfangreichen Literatur führen wir nur folgende beiden grundlegenden Arbeiten von Friedrich Lütge an: Die mitteldeutsche Grundherrschaft, 1934; Die Agrarverfassung des frühen Mittelalters im mitteldeutschen Raum, 1937.

123 Zu nennen ist hier vor allem der zusammenfassende Bericht von Werner Emmerich, Stand und Aufgaben vergleichender Erforschung der ländlichen Siedlungsgeschichte Thüringens. In: Zeitschrift des Vereins für Thüringische Geschichte und Altertumskunde 41 (1939), S. 307–342. Dazu dann die Literaturangaben bei Schlesinger (s. Anm. 95) S. 33 Anm. 100 und S. 36 Anm. 108 und die Forschungsberichte von Helbig im Archiv für Kulturgeschichte 32 (1944), 33 (1950), 34 (1952) und jetzt die Zusammenstellung von Rudolf Große bei Theodor Frings, Stamm und Sprache, III, 1956, S. 207–219.

124 Otto Schlüter, Die Siedlungen im nordöstlichen Thüringen. 1903.

125 Kurt Elster, Fürsorgeerziehung im ehemaligen Großherzogtum Sachsen-Weimar-Eisenach. o. J. – W. Kuhn, Die Sozialfürsorge im ehemaligen Fürstentum Altenburg. 1935. – Fritz Rollberg, Wirtschaftliche und soziale Verhältnisse im Eisenacher Oberland und die Auswanderungen um die Mitte des 19. Jahr-

Mundartliche Untersuchungen und volkskundliche Forschungen sind in Thüringen schon während des 19. Jahrhunderts in beachtlichem Umfang betrieben worden. Das zeigt wiederum die Landeskunde von Fritz Regel, die nach dem Stand des damaligen Wissens sprach- und volkskundliche Dinge auf breitem Raum abhandelt. Aber danach haben sich Ziel und Richtung der Forschung geändert. Auf sprachwissenschaftlichem Gebiet wurde ein thüringisches Wörterbuch[126] an der Universität Jena begründet, und manche mundartliche Dissertation wurde dort angefertigt. Aber ganz deutlich wird im Bereich der sprachgeschichtlichen Forschung die Überlegenheit Leipzigs; ungemein anregend hat das Leipziger Unternehmen der »Kulturräume und Kulturströmungen«[127], bei denen die Sprache das Hauptanliegen war, auch auf Thüringen gewirkt. Wertvolle Arbeiten sind daher in den [19]30er Jahren sowohl von hier wie von Leipzig zur Aufhellung der sprachlichen Eigenheiten und Entwicklungen Thüringens herausgebracht worden. Von dem intensiven Studium der Volkskunde in Thüringen aber sprach deutlich die zusammenfassende Darstellung von Martin Wähler[128], die als eine zunächst abschließende Leistung auf diesem Gebiet betrachtet werden kann.

Ein besonderes Wort muß bei der Behandlung der Einzelforschungen zur thüringischen Geschichte auch über die Städtegeschichte in Thüringen gesagt werden. Wir betrachten sie gesondert, weil diese Forschungsrichtung Anteil an einer ganzen Reihe anderer Disziplinen hat und nimmt und weil sie befruchtet und befruchtend ihre Forschungen durchführt. Stadtgeschichte als Geschichte der einzelnen Stadt ist immer in Thüringen betrieben worden, schon seit dem 16. Jahrhundert, und manche bedeutsame Leistung auf diesem Gebiet aus alter und neuer Zeit liegt hier vor.[129] Aber Stadtgeschichte ist vielfach zu stark in der Vereinzelung gepflegt worden, und aus der Erkenntnis, daß der Fortschritt auf stadtgeschichtlichem Gebiete nur zu erreichen ist durch vergleichende und überschauende Betrachtung, sind nach dem Ende unseres Zeitraumes zu auch Forschungen solcher Art in Gang gekommen. Sie sind im wesentlichen veranlaßt durch die von der Thüringischen Historischen Kommission geplante Herausgabe der thüringischen Städtesiegel und der thüringischen Stadtrechte, die als eine Einheit in vergleichender Weise behandelt werden sollen. Diese stadtgeschichtlich-vergleichenden Arbeiten sind auf die Frage der Entstehungszeit der thüringischen Städte überhaupt, auf die von der allgemeinen Forschung viel zu stark vernachlässigte Wirkung ihrer Bannmeile und auf die Feststellung der kodifizierten Stadtrechte ausgegangen.[130] Nach dieser Richtung hin ist noch viel zu tun, aber der auf dieses Ziel hin

---

hunderts. In: Zeitschrift des Vereins für Thüringische Geschichte und Altertumskunde 40 (1937), S. 153-199 und 422-459.

126   Sehr gute Übersichten über alles, was zur thüringischen Sprachgeschichte erschienen ist, finden sich neuerdings bei Peter v. Polenz, Die altenburgische Sprachlandschaft (1954) und noch umfassender bei Rudolf Große, Die meißnische Sprachlandschaft (1955). Wir können deswegen auf die Angabe von Einzelliteratur verzichten.

127   Vgl. Anm. 85.

128   Martin Wähler, Thüringische Volkskunde, 1940.

129   Eine Übersicht bietet das Deutsche Städtebuch, hrsg. v. Erich Keyser, II (1941) sowohl für die Einzelstädte wie dort der zusammenfassende Abschnitt von Willy Flach, Land und Städte in Thüringen.

130   Willy Flach, Die Bannmeile der thüringischen Städte. In: Zeitschrift des Vereins für Thüringische Geschichte und Altertumskunde 42 (1940), S. 117-138. - Derselbe, Die Entstehungszeit der thüringischen Städte. Ebenda 44 (1942), S. 52-111. - Derselbe, Grundzüge einer Verfassungsgeschichte der Stadt Weimar, mit einer Übersicht über die Kodifikationen der Stadtrechte in Thüringen. In: Festschrift für Heinrich Sproemberg. 1956, S. 144-239. - In diesem Zusammenhang ist auch auf die für den Rechtskreis der schwarzburgischen Städte förderliche Arbeit von Wolfgang Schneider, Die Stadt-

eingeschlagene Weg wird unsere Erkenntnisse auf stadtgeschichtlichem Gebiet auf alle Fälle fördern.

Wenn wir uns nunmehr denjenigen historischen Disziplinen zuwenden, die sich mit der Erforschung geistlichen und geistigen Lebens in Thüringen abgaben, so sprechen wir zunächst von der Kirchengeschichte, die im Lande der Reformation immer gepflegt worden ist und deren Ergebnisse wir schon in der Literatur des 16. bis 18. Jahrhunderts in ausgedehntem Maße beobachten konnten. Ende des 19. Jahrhunderts erschien, für breitere Kreise bestimmt, eine umfassende thüringische Kirchengeschichte[131], die aber der historischen Forschung gerade klar machte, wieviel auf diesem Gebiet an Einzelleistungen noch zu vollbringen war. Diese Arbeit ist seitdem ihren Weg gegangen, so daß am Abschluß unserer Periode abermals eine sehr umfangreiche thüringische Kirchengeschichte erscheinen konnte, die die Ergebnisse der Forschung zusammenfaßte und die noch auf Zeit hinaus ihre Geltung behalten wird.[132] In besonderem Umfang sind dann vor allem im 20. Jahrhundert Fragen der kirchlichen Geographie, der Klostergründungen und -verbreitung, der Abgrenzung kirchlicher Sprengel und Amtsbereiche gestellt und beantwortet worden[133], solche Fragen also, die die mittelalterliche Kirche in ihrer Beziehung zur Gesamtentwicklung des Landes sehen. Die Anregung zu solcher Forschung ist vielfach ausgegangen von der Bearbeitung der kirchlich-geographischen Karten im Atlas der Thüringischen Historischen Kommission. Diese Forschungen sind im einzelnen weit gefördert, so daß mit gültigen Ergebnissen bald gerechnet werden darf.

Parallel zur Kirchengeschichte hat sich auch die Schulgeschichte in Thüringen immer besonderer Pflege erfreut. Eine Reihe bedeutender Schulen des Landes ist in Einzeldarstellungen behandelt worden[134]; die schulische Entwicklung von Einzelstaaten wurde aufgezeigt[135], und ebenso die Entwicklung bestimmter Schulzweige[136] und des Lehrerstandes[137]. Für eine wirkliche thüringische Schulgeschichte aber sind das alles nur Einzelbeiträge; eine Gesamtschau steht noch aus.

Thüringen hat auch immer in der Literatur eine erhebliche Rolle gespielt, nicht nur durch die Tatsache, daß Weimar in Thüringen liegt, und nicht erst in der neueren Zeit.[138]

---

rechte der Stadt Leutenberg i. Thür. von der Stadtgründung bis zum Ende des 17. Jhs. im Rahmen der schwarzburgischen Städte. Diss. phil. Jena 1942 (Mschr.) hinzuweisen.

131   H. Gebhardt, Thüringische Kirchengeschichte. I–III. 1881–1882.
132   Rudolf Herrmann, Thüringische Kirchengeschichte. I–II. 1937–1947.
133   Die Übersicht über die thüringischen Klöster jetzt bequem bei R. Herrmann (wie Anm. 132) I, S. 299–314. – Von manchen wertvollen Untersuchungen zur kirchlichen Sprengelgeschichte nennen wir hier besonders Martin Hannapel, Das Gebiet des Archidiakonats Beatae Mariae Virginis Erfurt am Ausgang des Mittelalters. 1941. – Es sei ferner darauf hingewiesen, daß im Landeshauptarchiv Weimar [jetzt Thüringisches Hauptstaatsarchiv] die wertvollen handschriftlichen Nachlässe von Ernst Devrient (Bistumsgeschichte Naumburg) und von Rudolf Herrmann (über kirchliche Geographie Thüringens) liegen.
134   Wir nennen aus der Fülle des Stoffes nur Otto Francke, Geschichte des Wilhelm-Ernst-Gymnasiums in Weimar. 1916.
135   Anzuführen ist etwa: Paul Krumbholz, Geschichte des weimarischen Schulwesens. 1934.
136   J. L. Müller, Die Erziehungsanstalt Schnepfenthal. 1934.
137   Ernst Paul Kretschmer, Geschichte der Lehrerbildung im ehemaligen Fürstentum Reuß j. L. 1927. – A. Rach, Der Thüringer Dorflehrer nach dem 30jährigen Kriege bis ins 19. Jahrhundert. 1934.
138   Edward Schröder, Der Anteil Thüringens an der Literatur des deutschen Mittelalters. In: Zeitschrift des Vereins für Thüringische Geschichte und Altertumskunde 39 (1935), S. 1–19.

Daher sind auch vielfach literaturgeschichtliche Untersuchungen für Thüringen angestellt worden. Als Zusammenfassung ist eine Geschichte der thüringischen Literatur erschienen, allerdings nicht eine Geschichte der von Thüringern geschaffenen, sondern vielmehr der in der Landschaft Thüringen entstandenen Literatur.[139] Auch in dieser Form zeigt die Übersicht, wie bedeutend Thüringens Leistung für die deutsche Literatur ist. Das gilt auch für das Theater, und das gilt erst recht für die Musik, die in Thüringen, dem Lande Bachs, immer gepflegt worden ist. Daher hat sich die Forschung auch der Theater- und der Musikgeschichte zugewendet, und welchen Umfang die musikgeschichtliche Literatur am Ende unseres Zeitraumes erreicht hat, zeigt eine bibliographische Zusammenstellung[140], die mit der Fülle des Stoffes zugleich aber ahnen läßt, wieviel hier für eine abschließende und zusammenschauende Leistung noch zu tun ist. Daß auch sonstige Gegenstände der Bildungsgeschichte wie Bibliotheksgeschichte[141], Zeitungsgeschichte und im Zusammenhang damit das Presse- und Zensurwesen[142] erforscht worden sind, sei nur im Vorübergehen angemerkt.

Einen bedeutsamen Raum in der Geschichte der Bildung in Thüringen beansprucht die Geschichte der Universität Jena. Man hat sich schon früher viel um diese Geschichte bemüht, namentlich zu Zeiten der jeweiligen Gründungsjubiläen; niemals aber ist aus solchen Unternehmungen eine wirkliche Geschichte der Universität Jena erwachsen, und auch heute besitzen wir sie noch nicht. Ob sie uns das Jahr 1958, das Jahr des 400jährigen Bestehens der Universität Jena liefern wird, bleibt abzuwarten.[143] Getan ist dafür mancherlei, denn eine seit 1927 ins Leben gerufene Kommission für Universitätsgeschichte hat in zahlreichen Untersuchungen Vorarbeiten dafür anstellen lassen.[144] Die Thüringische Historische Kommission hat die Arbeiten zur Universitätsgeschichte gefördert durch Bearbeitung der Matrikel, deren erster Band veröffentlicht worden ist, deren weitere Bände in Bearbeitung sind, und durch die Inangriffnahme eines Urkundenbuchs, das die Verfassungsgeschichte der Universität aufhellen soll. Bildungsgeschichtlich von hohem Interesse ist auch die Universität Erfurt und die aus ihr hervorgegangene Akademie gemeinnütziger Wissenschaften.[145]

Im Zusammenhang mit der Betrachtung der Geschichte der geistigen Betätigung müssen wir auf die kunstgeschichtlichen Leistungen in Thüringen hinweisen, deren Untersuchung seit dem 19. Jahrhundert gepflegt wurde. Davon legen vor allem die oben erwähnten »Bau-

---

139 Adolf Bartels, Geschichte der thüringischen Literatur. I–II. 1938 bis 1939. Man muß auf dieses Werk wegen seiner Materialfülle hinweisen, auch wenn es ideologisch abzulehnen ist.

140 Curt Rücker, Thüringens Musikkultur im Schrifttum. 1938.

141 Aus der Geschichte der Landesbibliothek zu Weimar und ihrer Sammlungen. Festschrift, hrsg. von Hermann Blumenthal. 1941.

142 Wir nennen nur etwa folgende Arbeiten: Fritz Koerner, Das Zeitungswesen in Weimar. 1920. – Felix Kühner, Die Entwicklung der Pressegesetzgebung in Sachsen-Weimar-Eisenach im 19. Jahrhundert. Diss. Jena 1931. – Gerhard Füsser, Bauernzeitungen in Bayern und Thüringen. 1934.

143 [Die von Friedrich Schneider für das Universitätsjubiläum 1958 initiierte Universitätsgeschichte ist 1958 erschienen: Geschichte der Universität Jena 1548/58–1958. Im Auftrag von Rektor und Senat verfaßt und herausgegeben von einem Kollektiv des Historischen Instituts der Friedrich-Schiller-Universität Jena unter Leitung von Prof. Dr. phil. habil. Max Steinmetz. Band I, Jena 1958. Band II Jena, 1962.]

144 Die Arbeiten zur Universitätsgeschichte sind im allgemeinen veröffentlicht in den Beiheften zur Zeitschrift des Vereins für Thüringische Geschichte und Altertumskunde; bis 1937 erschienen 7 Bde. Vgl. Thüringische historische Literatur (s. Anm. 28) S.6.

145 Johannes Biereye, Geschichte der Akademie gemeinnütziger Wissenschaften zu Erfurt. 1930.

und Kunstdenkmäler Thüringens« Zeugnis ab. Wie bei dieser Inventarisation hat sich aber auch sonst die kunstgeschichtliche Forschung weitgehend auf Baugeschichte beschränkt, so stark, daß eine zusammenfassende thüringische Kunstgeschichte in den [19]30er Jahren fast nur von Baukunst spricht.[146] In letzter Zeit ist auch die Erforschung der Parkgeschichte in Thüringen ein beliebter Gegenstand geworden[147], wofür der Parkreichtum des Landes die Anregung gab.

Endlich müssen wir abschließend bei der Betrachtung der Einzeldisziplinen der Geschichtsforschung in dem Zeitraum bis 1945 noch auf die Pflege der Familien- und Sippengeschichte hinweisen, die auch in Thüringen einst mit Adelsgeschlechtern begann, die sich aber dann auch der Erforschung bürgerlicher und bäuerlicher Familien zuwandte, die eine besondere Pflegestätte in einer eigenen Zeitschrift »Die Thüringer Sippe« und am Ende in einer eigenen sippenkundlichen Bibliographie fand.[148]

Lassen wir das Bild der Landesgeschichtsforschung in Thüringen vom Beginn des 19. Jahrhunderts bis zum Jahre 1945 noch einmal an uns vorüberziehen, so darf man wohl sagen, daß sie sich namentlich nach dem Ende des Zeitraumes hin in den einzelnen Leistungen zu beachtlicher Höhe entwickelt hatte und daß aus der am Ende dieses Zeitraumes gewonnenen, die Forschung sichtbar bestimmenden Erkenntnis, es müsse alle Einzelarbeit zu einem Gesamtbild der Geschichte der thüringischen Landschaft beitragen, viel für die Zukunft zu erhoffen war.

Das Ende des zweiten Weltkrieges und der staatliche Zusammenbruch bedeuteten zunächst das völlige Ende der bis dahin betriebenen und blühenden landesgeschichtlichen Forschung in Thüringen. Der Aufbau neuer staatlicher und gesellschaftlicher Formen hat dann aber allmählich Betrieb und Förderung der Landesgeschichte wieder möglich gemacht, allerdings mit teilweise völlig geänderten Blickrichtungen und Zielsetzungen.

Die grundlegende Änderung gegenüber den frühen Verhältnissen zeigt sich zuerst und intensiv bei der Frage, ob und wieweit denjenigen Einrichtungen und Personenkreisen, die bis dahin die Forschung getragen hatten, Wirkungsmöglichkeiten blieb. Hier entstand von 1945 ab ein völlig verändertes Bild der Lage. Denn es verschwanden zunächst 1945 mit allen anderen Vereinen auch die Geschichtsvereine und damit deren Publikationsorgane, also bei weitem die Mehrzahl der Veröffentlichungsmöglichkeiten für landesgeschichtliche Forschungen. Es verschwanden mit den Vereinen und ihren Organen aber auch jene volkstümlichen, auf breite Kreise eingestellten Zeitschriften, die geschichtliche Gegenstände einem großen Publikum nahebrachten, und es verschwanden auch die Heimatbeilagen der Zeitungen. Aber auch der Kreis der Personen, die bisher in Landesgeschichte tätig gewesen waren und auf deren Mitarbeit sie im wesentlichen beruht hatte, war beinahe völlig aufgelöst; das galt vor allem für die Lehrer und die älteren heimatgeschichtlich interessierten Menschen, denen kaum ein Zuwachs aus den Reihen der Junglehrer oder der jüngeren Generation nachkam. Von den früheren Trägern der landesgeschichtlichen Forschung, wie wir sie oben gekennzeichnet haben, blieben also zunächst nur die Universität und die Archive.

Von den alten landesgeschichtlichen Einrichtungen ist auch die Thüringische Historische Kommission nach 1945 zunächst bestehen geblieben und hat ihre materielle Grundlage,

146 Walter Thomae, Thüringische Kunstgeschichte. 1935. 2. Aufl. 1950.
147 Zuletzt Wolfgang Huschke, Die Geschichte des Parkes von Weimar. 1951.
148 Die Zeitschrift erschien seit 1935. Vgl. ferner Anm. 28.

zugleich aber weitergehend auch ihr Arbeitsgebiet fernerhin im Lande Thüringen gehabt. Aber bei der Verwaltungsreform im Juli 1952, bei der die bisher von der Regierung des Landes Thüringen ausgeübten staatlichen Funktionen auf die drei aus seinem Gebiet neu gebildeten Bezirke Erfurt, Gera und Suhl übergingen, von denen keiner als Rechtsnachfolger des Landes Thüringen anzusehen war und auch keiner sich als solcher betrachtete, ist der Kommission die Grundlage ihrer materiellen Existenz entzogen worden, nicht allerdings ihr ideelles Arbeitsgebiet, weil nach ausdrücklicher offizieller Feststellung »die Länder grundsätzlich aufrechterhalten« blieben. Damit war eine Neuorganisation auf dem Gebiete der Historischen Kommission notwendig gemacht, die kürzlich durch die Schaffung einer Kommission für deutsche Landesgeschichte bei der Deutschen Akademie der Wissenschaften zu Berlin erfolgt ist. Nimmt man hinzu, daß für die verschwundenen Geschichtsvereine in letzter Zeit neue Organisationsformen heimatgeschichtlicher Arbeit durch den Kulturbund angestrebt werden, so darf man sagen, daß all diese Veränderungen bei den früheren Trägern der landesgeschichtlichen Forschung nach 1945 dieser Forschung selbst ein stark verändertes Bild geben mußten, zumal auch bei den bestehenbleibenden Institutionen durch die veränderten Zeitverhältnisse ein andersartiger Betrieb landesgeschichtlicher Forschung notwendig gemacht wurde.

Fragen wir nun im Anschluß an die überschauenden Bemerkungen über die Träger landesgeschichtlicher Forschung nach Form und Leistung dieser einzelnen Institutionen auf landesgeschichtlichem Gebiet nach 1945 und beginnen wir dabei mit der Universität, so können wir feststellen, daß für sie jetzt Fragen der geschichtlichen Arbeit in den Vordergrund traten, die das Universitätsinstitut für Landesgeschichte in seiner früheren, für die landesgeschichtliche Forschung bedeutsamen Wirkung stark einschränkten. Aber dennoch wurde Landesgeschichte in Dissertationen weiter gepflegt und betrieben, und bei deren Beurteilung zeigt sich das alte, uns von früher her bekannte Bild einer großen Mannigfaltigkeit ohne eine klar erkennbare Linie, aber unter Fortführung manches älteren Unternehmens. So sind in einer Reihe von Dissertationen Vorarbeiten geleistet worden für die oben genannten größeren Publikationsvorhaben der Historischen Kommission[149]; es sind weiterhin Arbeiten zur Universitätsgeschichte[150] und zur thüringischen Stadtgeschichte[151] angefertigt worden. Daneben aber gibt es weiterhin viele, naturgemäß mehrfach wertvolle Dis-

---

149 Hans Patze, Die Zollpolitik der thür. Staaten (1815–1833). 1947. Teildruck: Vierteljahrschrift f. Sozial- und Wirtschaftsgeschichte 40 (1953), S. 28–58. – Gerhardt Schmidt, Das Amt Weida mit besonderer Berücksichtigung seiner inneren Verhältnisse in den Jahren 1411–1618. 1950. – Hans Stephan Brather, Die ernestinischen Landesteilungen des 16. und 17. Jahrhunderts 1951. – Gregor Richter, Die ernestinischen Landesordnungen mit besonderer Berücksichtigung der Entwicklung im Herzogtum Sachsen-Weimar. 1956.

150 Christof Roselt, Die rechtlichen und wirtschaftlichen Beziehungen zwischen Universität und Stadtrat Jena im 16. und 17. Jahrhundert. 1952. – Dietrich Germann, Geschichte der Germanistik an der Friedrich-Schiller-Universität Jena. 1954. – Harry Stein, Die Geschichte der Geographie an der Universität Jena. 1954. – Helmut Späte, Das wirtschaftliche, gesellschaftliche und geistige Leben der Studenten der Universität Jena im ersten Jahrhundert ihres Bestehens. 1955. – Heinz Wießner, Die wirtschaftlichen Grundlagen der Universität Jena im ersten Jahrhundert ihres Bestehens. 1955.

151 Gottfried Werner, Verfassung und Stadtrecht von Arnstadt. Diss. jur. 1951. – Friedrich Beck, Die wirtschaftliche Entwicklung der Stadt Greiz im 19. Jahrhundert. 1951. – Werner Querfeld, Die kulturelle Entwicklung der Stadt Greiz im 19. Jahrhundert. 1952. – Roland Böhm, Geschichte der Stadt Blankenburg (Thüringer Wald) bis zur Mitte des 17. Jahrhunderts. 1952.

sertationen, die als Einzelgänger aus besonderem Interesse oder aus besonderer Sachlage heraus landesgeschichtliche Stoffe behandeln.[152]

Neu auch für die Förderung landesgeschichtlicher Arbeit war die Schaffung eines Publikationsorgans bei der Universität, nämlich der »Wissenschaftlichen Zeitschrift der Friedrich-Schiller-Universität Jena«, von der man nur bedauern kann, daß sie, wie alle Universitätszeitschriften, weithin unter dem Ausschluß der Öffentlichkeit erscheint. In dieser Jenaer Zeitschrift, die im wesentlichen nur Veröffentlichungen der Forschungsergebnisse von Universitätslehrern enthält, sind aus landesgeschichtlichem Gebiet in den letzten Jahren ganz ausgesprochenermaßen, auch hier wieder im Hinblick auf das zu erwartende Universitäts-Jubiläum, meist Arbeiten zur Universitätsgeschichte erschienen. Aber es findet sich daneben auch Sprach-, Kunst- und Stadtgeschichtliches und manches aus der Siedlungsgeschichte und der Goetheforschung.[153] Für die Geschichte der Universität sind zwei neue

---

152 Martha Heinze, Die Politik des Fürstentums Schwarzburg-Rudolstadt 1806–1815. 1945. – Lorenz Drehmann, der Weihbischof Nikolaus Elgard – eine Gestalt der Gegenreformation, mit besonderer Berücksichtigung seiner Tätigkeit in Erfurt und auf dem Eichsfeld (1578–1582). 1947. – Helmut Möller, Handwerk und Industrie im Fürstentum Sachsen-Weimar und in der jenaischen Landesportion während des 18. Jahrhunderts. 1951. – Ernst Müller, Türkensteuer und Landsteuer im ernestinischen Sachsen von 1485 bis 1572. 1951. – Rolf Schulze, Die gesellschaftliche Bedeutung der Jenaer Klöster. 1951. – Magda Wyrwol, Die parteipolitische Entwicklung der thüringischen Kleinstaaten in den Jahren der Reichsgründung (1859–1871). 1952. – Horst Rudolf Abe, Der Erfurter Humanismus und seine Zeit. 1952. – Christian Hopf, Waldnutzung und Waldwirtschaft im Spiegel thüringischer Rechtsquellen des 16.–18. Jahrhunderts. 1953. – Gerhard Femmel, Die Wandmalerei in der Liboriuskapelle zu Creuzburg a. d. Werra. 1954. – Gebhard Falk, Der Jenaer Weinbau. Untersuchungen zur Wirtschafts- und Sozialgeschichte einer thüringischen Weinbauernstadt. 1955. – Rudolf Ludloff, Die Entwicklung der Produktionsverhältnisse in der Glasindustrie Thüringens von ihren Anfängen bis zur vollständigen Herausbildung des Kapitalismus. 1955. – Helfried Walter Johannes Matthes, Die thüringischen Klöster und ihre allgemeine Bedeutung. 1955.
153 Wir führen einiges davon an: Aus der gesellschafts- und sprachwissenschaftlichen Reihe: Irmgard Höß, Die Universität Jena und ihr nationales Erbe, Jg. 2 Heft 2, S. 1–16. – Günter Steiger, »Sigebotonis Vita Paulinae« und die Baugeschichte des Klosters Paulinzelle, ebenda, S. 47–62. – Othmar Feyl, Marx und die Universität Jena (mit Promotionsurkunden von Marx), ebenda Heft 3, S. 3–21. – Friedrich Schneider, Beiträge zu der vorbereiteten Geschichte der Universität Jena, ebenda, S. 63–83; Jg. 3, S. 153–171 u. 355–390; Jg. 4, S. 201–235. – Wolfgang Schumann, Zwei Fragen zur Geschichte der Universität (Vorgeschichte der Gründung, Zeiß und Universität.), Jg. 2 Heft 3, S. 85–91. – Karl Griewank, Die politische Bedeutung der Burschenschaft in den ersten Jahrzehnten ihres Bestehens, Jg. 2 Heft 4, S. 27–35. – Othmar Feyl, Der patriotische Märtyrer Friedrich List in Thüringen und als Ehrendoktor der Universität Jena, Jg. 3, S. 37–42. – Herbert Koch, Die Entstehung der Stadt Jena, ebenda, S. 43–55. – Ferdinand Hestermann, Erfurt und Bonifatius, ebenda, S. 57–68. – Karl Bulling, Aus der Jenaer bibliothekarischen Tätigkeit Johann Samuel Erschs, Jg. 4, S. 145–153. – Günter W. Vorbrodt, Die beiden silbernen Zepter der Friedrich-Schiller-Universität Jena, ebenda, S. 237–249. – Othmar Feyl, Exkurse zur Geschichte der südosteuropäischen Beziehungen zur Universität Jena, ebenda, S. 399–442. – Friedrich Schneider, Friedrich Schiller und die Universität Jena, Jg. 5, S. 21–34. – Aus der mathematisch-naturwissenschaftlichen Reihe: Joachim H. Schultze, Die Stadt Jena. Untersuchungsergebnisse der Strukturgeographie und Stadtforschung, Jg. 1 Heft 2, S. 43–74. – Hugo von Keyserlingk, Die Jenaer Nervenklinik im Wandel der Zeit, Jg. 2 Heft 4, S. 17–24. – Johannes Bescherer, Zur Geschichte des Institutes für Anthropologie und Völkerkunde der Friedrich-Schiller-Universität Jena in den Jahren 1936–1953, Jg. 3, S. 3–12. – Fritz Koerner, Eine neue Fragestellung zum Weinbau um Jena, ebenda, S. 143–145. – Reinhold Jauernig, Die Gestaltung des Gesundheitswesens durch Herzog Ernst den Frommen von Sachsen-Gotha vor 300 Jahren, ebenda, S. 209–226. – Walter Dewald, Zur Geschichte der Universitäts-Hautklinik in Jena, Jg. 4, S. 3–6. – Gustav Döderlein, 175 Jahre Universitätsfrauenklinik Jena, ebenda, S. 7–13. – Carl Ahns, Geschichte der Universitäts-

Veröffentlichungsreihen begründet worden[154], und auch außerhalb der Universität ist einiges für deren Geschichte geschehen[155]. Zusammenfassend läßt sich über die Tätigkeit der Universität nach 1945 sagen, daß trotz der Pflege landesgeschichtlicher Anliegen im Einzelfalle der landesgeschichtlichen Arbeit im ganzen von dort kaum neue Impulse zuwachsen werden.

Bei der Thüringischen Historischen Kommission hat die allgemeine Lage nach 1945, wie wir andeuteten, die Fortführung der Arbeit zwar nicht unmöglich gemacht, aber doch immerhin eingeschränkt; vor allem machte sich auch bei ihr die zeitbedingte Reduzierung des Personenkreises, der mit landesgeschichtlicher Arbeit befaßt werden konnte, außerordentlich hindernd bemerkbar, und dazu kam, daß durch Kriegseinwirkung das gesamte Material zu der bereits weitgehend geförderten thüringischen Bibliographie vernichtet wurde, ebenso einige im Druck befindliche Veröffentlichungen, die nach dem Kriege nicht wieder aufgenommen wurden. Erfreulich bleibt, daß die Historische Kommission immerhin einige bedeutsame Arbeiten fertigstellen und veröffentlichen konnte, Arbeiten zur modernen Wirtschaftsgeschichte, zur Münzgeschichte und ein Urkundenbuch.[156] Außerdem wurden eine Anzahl von Arbeiten weitergeführt und dem Abschluß nahegebracht, so weitere Abschnitte aus der Universitätsmatrikel und das Urkundenbuch zur Geschichte der Universität. Auch die Bearbeitung der Stadtrechte[157] und der Landesordnungen[158] wurde entscheidend gefördert. Für den geplanten Atlas zur thüringischen Geschichte konnten die Arbeiten zu den Karten über die Wüstungen und über die kirchlichen Organisationen gut vorangebracht werden. So läßt sich hoffen, daß das umfangreiche, den gesamten Raum Thüringen im Auge haltende Programm der Kommission, wie wir es oben gekennzeichnet haben, unter der jetzt geschaffenen Kommission für deutsche Landesgeschichte weitergeführt werden kann.

---

klinik für Psychiatrie und Neurologie Jena, ebenda, S. 379–393. – Rudolf Lemke, 150jähriges Jubiläum der Nervenklinik an der Friedrich-Schiller-Universität Jena, ebenda, S. 365–372. – Hingewiesen sei in diesem Zusammenhang auch auf die Wissenschaftliche Zeitschrift der Hochschule für Baukunst und Architektur in Weimar, aus der mancher baugeschichtliche Beitrag allgemeiner interessiert.

154 I. Jenaer Reden und Schriften, herausgegeben. von Friedrich Schneider: 1. Die Jenaer Antrittsvorlesung von Friedrich Schiller. 1953. – 2. Die Jenaer Vorlesungen J. G. Fichtes über die Bestimmung des Gelehrten (1794). 1954. – 3. Friedrich Stier, Ernst Abbes akademische Tätigkeit an der Universität Jena. 1953. – 4. Schiller in Jena. Zum Gedächtnis an Schillers Todestag. 1955. – II. Darstellungen zur Geschichte der Universität Jena, herausgegeben von Friedrich Schneider: 1. Karl Heussi, Geschichte der Theologischen Fakultät zu Jena. 1954. – 2. Friedrich Stier, Ehrung deutscher Musiker durch die Universität Jena. 1955.

155 R. Jauernig, Der Besuch der Universität Jena durch Studenten aus dem rechtsrheinischen Bayern 1548–1723. In: Festgabe Karl Schornbaum. 1950. S. 88–100. – E. E. Klotz, Über die Herkunft der Jenaer Studenten im 1. Jahrhunderts des Bestehens der Universität. In: Geschichtliche Landeskunde und Universalgeschichte (Festschr. für Hermann Aubin). 1950. S. 97–111. – Für das Wiederaufleben der alten Erfurter Universität vgl. die Festschrift zur Eröffnung der Medizinischen Akademie Erfurt 1954.

156 Veröffentlichungen der Thüringischen Historischen Kommission, im Auftrage der Kommission herausgegeben von Willy Flach: Bd. 2. Herbert Kühnert, Der Briefwechsel zwischen Otto Schott und Ernst Abbe über das optische Glas 1879 bis 1881. 1946. – Bd. 3. Derselbe, Briefe und Dokumente zur Geschichte des VEB Optik Jenaer Glaswerk Schott & Gen. 1. Teil. 1882–1884. 1953. – Bd. 4. Walter Hävernick, Die mittelalterlichen Münzfunde in Thüringen. 1955. – Bd. 5. Hans Patze, Altenburger Urkundenbuch 976–1350. 1955.

157 Vgl. die Arbeiten von Hans Patze (s. Anm. 163) und Willy Flach (s. Anm. 130).

158 Vgl. die Anm. 149 genannte Arbeit von Gregor Richter; ferner Karla Jagen, Die thüringische Landesordnung von 1446. Diss. Leipzig 1951.

Beim Kulturbund, der 1945 an die Stelle der kulturellen Vereine, auch der Geschichtsvereine, trat, war die Landes- und Heimatgeschichte infolge der allgemeinen Zeit- und Sachlage zunächst wenig gefragt. Aber das war nur ein vorübergehender Zustand. Denn Geschichtspflege, auch solche im kleinen Kreise, gehört nun einmal offenbar zu den unaufschiebbaren Anliegen geistigen Lebens überhaupt. So wurde 1952 innerhalb des Kulturbundes die Arbeitsgemeinschaft der Natur- und Heimatfreunde gegründet und mit einer besonderen Sektion für Heimatgeschichte ausgestattet. Die besondere Aufgabe dieser Einrichtung besteht in der Erforschung der Geschichte und Natur der Heimar, d. h. also in heimatkundlichen Bestrebungen weiten Stiles. Auf dem besonderen geschichtlichen Gebiet stehen Fragen der Ortschroniken und der Arbeiterbewegung im Vordergrund. Die einzelnen Kreisorganisationen des Kulturbundes gaben schon seit längerer Zeit monatliche Kulturprogramme heraus, in die gelegentlich auch Aufsätze heimatgeschichtlicher Art aufgenommen wurden. Neuerdings haben sich manche solcher Programmhefte zu heimatkundlichen Zeitschriften entwickelt, wobei in Erfurt und Rudolstadt Ausgezeichnetes organisiert worden ist[159], nämlich örtliche geschichtliche Veröffentlichungsreihen mit wissenschaftlichem Niveau. In allerletzter Zeit sind über diese Kreisveranstaltungen hinaus wissenschaftliche Heimatzeitschriften auf größerer Ebene geplant und begonnen worden, wobei die Bezirke Erfurt und Gera gemeinsam arbeiten, der Bezirk Suhl aber für sich allein steht.[160] Gefördert wurden diese Bestrebungen des Kulturbundes zur Pflege heimatgeschichtlicher Unternehmungen durch die neuzeitliche Forderung nach Heimatkunde in der Schule. So kommt den heimatgeschichtlichen Veröffentlichungen vielfach noch die spezielle Aufgabe zu, Unterrichtsmaterial für die Schule bereitzustellen.[161]

Überblickt man die bisher vorliegenden Veröffentlichungen des Kulturbundes auf diesem Gebiet, so ist der gute Wille zur Förderung der Heimatgeschichte unverkennbar. Aber er allein kann das Problem nicht lösen. Es fehlen allenthalben die Kräfte, die in der Lage wären, wissenschaftlich Zuverlässiges hervorzubringen. Es wird noch großer Anstrengungen bedürfen, solche Kräfte heranzubilden, es wird namentlich immer ein Problem bleiben, wie weit es gelingen wird, den neuen Lehrerstand zur Mitarbeit an diese heimatgeschichtlichen Aufgaben heranzuführen, wie sie der alte Lehrerstand geleistet hat, und es bleibt das ernste Bedenken, ob in einer kreisweise aufgesplitterten heimatgeschichtlichen Arbeit, d. h. also in einer Vereinzelung, die über frühere territorialstaatliche Verhältnisse noch unvorstellbar weiter hinausgeht, eine ernsthafte Förderung wissenschaftlicher Arbeit überhaupt möglich ist. Landesgeschichte auf hohem Niveau, das scheint schon die bisherige Beobachtung zu zeigen, ist auf diesem Wege nicht möglich; dafür spricht auch der konsequente Ersatz des Wortes Landesgeschichte durch Heimatgeschichte.

159 Erfurt: Aus der Vergangenheit der Stadt Erfurt. bisher 7 Hefte. 1955 f. – Beiträge zur Geschichte der Stadt Erfurt. Bisher 3 Hefte 1955 f. – Rudolstadt: Rudolstädter Heimathefte. Bisher 22 Hefte. 1955 f.

160 »Thüringer Heimat«, wissenschaftliche Heimatzeitschrift für die Bezirke Erfurt, Gera und Suhl, herausgegeben von den Kulturbund-Bezirksleitungen Erfurt und Gera in Verbindung mit den Räten der Bezirke Erfurt und Gera. – »Unsere Heimat«, Heimatzeitschrift des Bezirkes Suhl, herausgegeben vom Rat des Bezirkes Suhl in Verbindung mit der Bezirkskommission der »Natur- und Heimatfreunde«.

161 Hefte mit heimatkundlichem Material für die Schule sind bisher erschienen in den Kreisen Erfurt-Stadt, Hildburghausen, Ilmenau, Meiningen, Neuhaus, Bad Salzungen, Schmalkalden, Sonneberg, Suhl.

Es bleiben von den eingangs genannten Institutionen und Trägern landesgeschichtlicher Arbeit in Thüringen noch die Archive übrig, die in ihrer Substanz und der Art ihrer Tätigkeit im wesentlichen unverändert die Zeiten überdauert haben. Auf ihrem eigentlichen Arbeitsfeld, der Aufnahme und Ordnung archivalischen Materials, ist nach 1945 von ihnen sogar mit gesteigerter Wirksamkeit gearbeitet worden, indem ihnen außerordentlich umfangreiches staatliches, aber auch sehr viel nichtstaatliches Material bis in die neueste Zeit herauf zukam, Material, das wertvollsten historischen Quellenstoff darstellt. Diesen staatlichen Archiven, deren Organisation trotz aller Verwaltungsreformen auch weiterhin auf Landesgrundlage beruht[162], fiel bei den starken strukturellen Änderungen innerhalb der früheren Träger landesgeschichtlicher Forschung naturgemäß nun manches an landesgeschichtlicher Arbeit zu, was früher andere Institutionen erledigt hatten. Aus dieser Erkenntnis heraus hat die Leitung der thüringischen staatlichen Archive bald eine besondere Veröffentlichungsreihe neu geschaffen, die »Thüringischen Archivstudien«, deren Aufgabe es ist, die Veröffentlichung größerer wissenschaftlicher, auf archivalischem Material beruhender und weitgehend von den in den Archiven tätigen wissenschaftlichen Kräften angefertigter Arbeiten zu ermöglichen. So konnten auf diesem Wege bisher Arbeiten zur Erschließung von Archiven, aber auch solche zur Sozial- und Gesellschaftsgeschichte, zur Stadt- und Rechtsgeschichte, zur Kunst- und Parkgeschichte und solche aus dem Kreise der Goetheforschung herausgebracht werden.[163]

Auf diesem zuletzt genannten Gebiet, das früher nicht zu den speziellen Anliegen der staatlichen Archivarbeit gehörte, hat das Landeshauptarchiv [heute Thüringisches Hauptstaatsarchiv] Weimar nach 1945 sich selbst eine neue Aufgabe gestellt, die ihm notwendigerweise aus seinen Beständen heraus erwachsen muß, nämlich die Sammlung, Bearbeitung und Herausgabe von Goethes amtlichen Schriften.[164] Es ist nicht Verlagerung historischer Interessen auf literaturgeschichtliches Gebiet, die hier zu beobachten wäre; es handelt sich bei diesem Gegenstand vielmehr um eine ausgesprochen historische, verfassungs- und verwaltungsgeschichtliche Arbeit. Denn man kann, was bisher stark übersehen worden ist, Goethe in seinen beamtlichen und staatlichen Funktionen niemals als Einzelperson, mithin niemals von der biographischen Seite her fassen, sondern man muß ihn immer als ein Mitglied von Kollegien, d. h. als einen Teilnehmer an kollegialisch arbeitenden Behörden sehen. Das aber läßt sich nur tun, wenn vor Goethe und seiner Tätigkeit zunächst die Geschichte der Behörden bis ins einzelne erforscht wird, bei denen er tätig war. So wird Goetheforschung zur Verwaltungsgeschichte und damit, da diese Verwaltung nun einmal

---

162 Vgl. dazu Willy Flach, Das Thüringische Landeshauptarchiv und seine Landesarchive. In: Archivmitteilungen 6 (1956), S. 84-89.

163 Thüringische Archivstudien, herausgegeben von Willy Flach: Bd. 1. Hans Eberhardt, Goethes Umwelt. Forschungen zur gesellschaftlichen Struktur Thüringens. 1951. – Bd. 2. Wolfgang Huschke, Die Geschichte des Parkes von Weimar. 1951. – Bd. 3. Willy Flach, Goetheforschung und Verwaltungsgeschichte. 1952. – Bd. 4. Karl-Heinz Hahn, Jakob Friedrich v. Fritsch, Minister im klassischen Weimar. 1953. – Bd. 5. Fritz Wiegand, Das Stadtarchiv Erfurt und seine Bestände. 1953. – Bd. 6. Hans Patze, Recht und Verfassung thüringischer Städte. 1955. – Vgl. auch zu Bd. 2 folgende Arbeit: Wolfgang Huschke und Wolfgang Vulpius, Park um Weimar. Ein Buch von Dichtung und Gartenkunst. 1955.

164 Bisher erschien: Goethes Amtliche Schriften. Herausgegeben von Willy Flach. Bd. 1: Goethes Tätigkeit im Geheimen Consilium. Teil I. Die Schriften der Jahre 1776-1786. Bearbeitet von Willy Flach. 1950. – Über das Unternehmen und seinen Stand zuletzt Willy Flach, Goethes amtliche Tätigkeit und seine amtlichen Schriften. In: Wissenschaftliche Annalen 4 (1955), S. 449-465.

eine thüringische war, zu einem besonderen Arbeitsgebiet landesgeschichtlicher Forschung, einer Forschung allerdings, die zugleich in weltweite Räume der Geistesgeschichte hineinführt.

So zeigt sich, wenn wir die Träger landesgeschichtlicher Forschung in Thüringen nach 1945 zusammenfassend überschauen, die Tatsache, daß, wenn auch verändert, Landesgeschichte trotz mancher Anfechtung bei uns weiter gepflegt wird. Es bleibt daher nunmehr zu fragen, was während des letzten Jahrzehnts an einzelnen Arbeiten von grundsätzlicher Bedeutung in den verschiedenen Zweigen landesgeschichtlicher Forschung über das bisher Vorgebrachte hinaus geleistet worden ist.

Bei unserer Übersicht über die seit 1945 zur Geschichte Thüringens erschienene Literatur wollen wir neben dem im Lande selbst Geleisteten in die Betrachtung auch wiederum das einbeziehen, was von außen her zur thüringischen Geschichte beigetragen worden ist. Beginnen wir dabei – wobei wir auch hier wieder von den zahlreichen lokalgeschichtlichen Veröffentlichungen über Städte und Dörfer absehen wollen, deren Erscheinen vielfach durch die erneut recht beliebt werdenden, meist jedoch recht unbegründeten Jahrhundert- und Jahrtausendfeiern veranlaßt ist – mit den Quellen und Veröffentlichungen, so ist außer den bereits oben angeführten Veröffentlichungen der Thüringischen Historischen Kommission Nennenswertes nicht vorzubringen, und das gilt ebenso für Gesamtdarstellungen zur thüringischen Geschichte oder zu der Mitteldeutschlands und für kartographische Darstellungen. Auf Bearbeitungen zur politischen Geschichte in einzelnen Zeitabschnitten von Bedeutung ist mehrfach hinzuweisen, etwa auf die von Hessen ausgehenden, für Thüringen aufschlußreichen Untersuchungen zur fränkischen und sächsischen Zeit[165], und vor allem auf die nach 1945 erstaunlich geförderten, um Carl August, das klassische Weimar und Goethe kreisenden Bemühungen. Wenn auch die einst von Weimar veranlaßten und dann vom thüringischen Staat und der Thüringischen Historischen Kommission getragenen Forschungen zur Geschichte des Herzogs und Großherzogs Carl August jetzt nicht mehr durch Thüringen betreut werden, so ist doch an dieser Stelle darauf hinzuweisen, daß die Politische Korrespondenz des Herzogs und seine Biographie jetzt in ihren ersten Teilen erschienen sind.[166] Von den Bemühungen des Landeshauptarchivs Weimar um die Erfassung des amtlichen Goethe war oben schon die Rede, und hier ist noch darauf hinzuweisen, daß dieser Problemkreis auch sonst interessiert und daß er wesentlich mit aufgehellt wird durch die große Publikation des Briefwechsels zwischen Goethe und seinem Ministerkollegen Christian Gottlob Voigt.[167]

Die sonstigen landesgeschichtlichen Arbeiten haben in dem Zeitraum nach 1945 im wesentlichen den Spezialgebieten landesgeschichtlicher Forschung gegolten. Wir nennen am Anfang die Rechts- und Verfassungsgeschichte, die in erstaunlichem Maße gefördert wurde. Hier ist allerdings, soweit es sich um die Zeit des Mittelalters handelt, das meiste von

165 W. Fritze, Bonifatius und die Einbeziehung von Hessen und Thüringen in die Mainzer Diözese. In: Hessisches Jahrbuch für Landesgeschichte 4 (1954), S. 37–63. – Irmgard Dietrich, Die Konradiner im fränkisch-sächsischen Grenzraum von Thüringen und Hessen. Ebenda 3 (1953), S. 57–94.

166 Willy Andreas, Carl August von Weimar 1757–1783. 1953. – Politischer Briefwechsel des Herzogs und Großherzogs Carl August von Weimar. Herausgegeben von Willy Andreas, bearbeitet von Hans Tümmler. Bd. I. 1954.

167 Goethes Briefwechsel mit Christian Gottlob Voigt, bearbeitet und herausgegeben von Hans Tümmler. Bd. 1, 1949; Bd. 2, 1951; Bd. 3, 1955 (= Schriften der Goethe-Gesellschaft Bd. 53, 54, 55). [Bd. 4, 1962 (= Schriften Bd. 56).]

außen her, insbesondere durch rechts- und verfassungsgeschichtliche Untersuchungen für das Gebiet der östlich anschließenden Mark Meißen geschehen.[168] Aber solche Untersuchungen sind doch auch der thüringischen Forschung zugute gekommen und werden in wachsendem Umfang anregend auf sie wirken. Für die Verfassungs- und Verwaltungsgeschichte der Neuzeit sind im eigenen Hause, weitgehend angeregt durch archivische Fragestellungen, Untersuchungen über Steuerangelegenheiten, Entstehung und Organisation von Landesbehörden und die Verwaltung ganzer Territorien hervorgebracht worden.[169] Die Wirtschaftsgeschichte hat ein ausgezeichnetes Quellenwerk erhalten und ist vorerst durch Arbeiten auf fortgeschichtlichem und landwirtschaftlichem Gebiete gefördert worden.[170]

Im Bereiche der Siedlungskunde ist innerhalb Thüringens ertragreiche Einzelforschung, außerhalb auch für Thüringen wertvolle Zusammenfassung getrieben worden[171], und bei der mit ihr in Zusammenhang stehenden sprachgeschichtlichen Forschung ist für Thüringen auch nach 1945 ebenso wie vorher Leipzig führend[172]. Die jetzt in Zusammenfassung

---

168 Karl Heinz Quirin, Herrschaftsbildung und Kolonisation im mitteldeutschen Osten. 1949. – Derselbe, Herrschaft und Gemeinde nach mitteldeutschen Quellen des 12. bis 18. Jahrhunderts 1952. – Derselbe, Die deutsche Ostsiedlung im Mittelalter. 1954. – Hans Patze, Zur Geschichte des Pleißengaues im 12. Jh. In: Blätter für deutsche Landesgeschichte 90 (1953). – Walter Schlesinger, Zur Gerichtsverfassung des Markengebietes östlich der Saale. In: Jahrbuch für die Geschichte Mittel- und Ostdeutschlands II, 1953. – Derselbe, Die Landesherrschaft der Herren von Schönburg. 1954. – Herbert Helbig, Der wettinische Ständestaat. 1955. – Harald Schieckel, Herrschaftsbereich und Ministerialität der Markgrafen von Meißen. 1956.

169 Ernst Müller, Türkensteuer und Landsteuer im ernestinischen Sachsen von 1485 bis 1572. Diss. Jena 1951 (Mschr.). – Derselbe, Die ernestinischen Türken- und Landsteuerregister des 16. Jahrhunderts als Quellen für sozial- und wirtschaftsgeschichtliche Forschungen. 1951 (Mschr.). – Derselbe, Zur Geschichte des Gemeinschaftlichen Hennebergischen Archivs in Meiningen. In: Archivar und Historiker, 1956, S. 141–161. – Rudolf Diezel, Zur Frage des Gemeindeeigentums im 19. Jh., namentlich in Sachsen-Weimar. In: Forschungen aus mitteldeutschen Archiven, 1953, S. 219–234. – Ulrich Heß, Die Verwaltung der gefürsteten Grafschaft Henneberg 1583–1660. Diss. phil. Würzburg 1944 (Mschr.). – Derselbe, Forschungen zur Verfassungs- und Verwaltungsgeschichte des Herzogtums Sachsen-Coburg-Meiningen 1680–1829. 3 Bde. 1954 (Mschr.). – Karl-Heinz Hahn, Die Stellung der Kommissionen in der Behörden-Organisation des 18. Jhs. und ihre archivalische Überlieferung. 1954 (Mschr.). – Derselbe, Aktenstilformen Weimarer Zentralbehörden im 17. Jh. In: Archivar und Historiker, 1956, S. 441–457. – Friedrich Beck, Zur Entstehung der zentralen Landesfinanzbehörde im ernestinischen Sachsen im 16. und 17. Jh. In: Archivar und Historiker, 1956, S. 288–307.

170 Herbert Helbig, Quellen zur älteren Wirtschaftsgeschichte Mitteldeutschlands. I–V. 1952–1953. – Gebhard Falk, Der Jenaer Weinbau. Diss. Jena 1955 (Mschr.). – Ekkehard Schwarz, Die schmalkaldische Forstordnung 1555. In: Archiv für Forstwesen Bd. 4, 1955. – Wisso Weiß, Thüringer Papiermühlen und ihre Wasserzeichen. Weimar 1953.

171 H. Barth, Die Wüstungen der Landkreise Greiz und Schleiz. 1949. – Helmut Weigel, Thüringersiedlung und fränkische Staatsordnung im westlichen Obermainbogen. In: Jahrbuch für fränkische Landesforschung 11/12 (1953). – Fritz Koerner, Die kirchliche Verwaltungsgliederung Mitteldeutschlands im Mittelalter und ihre Auswertung für die Geschichte der Kulturlandschaft. In: Petermanns Mitteilungen 98, 1, 1954. – Otto Schlüter, Die Siedlungsräume Mitteleuropas in frühgeschichtlicher Zeit. 2 Bde. 1952/53. – Albrecht Timm, Studien zur Siedlungs- und Agrargeschichte Mitteldeutschlands. 1956.

172 Monika Schütze, Dialektgeographie der Goldenen Mark des Eichsfeldes. 1953. – Elfriede Ulbricht, Die Gewässernamen des Flußgebietes der Saale. Diss. Leipzig. 1954. – Peter v. Polenz, Die altenburgische Sprachlandschaft. 1954. – Rudolf Große, Die meißnische Sprachlandschaft. 1955. – H. Grünert, Die Personennamen des ehemaligen Altenburger Ostkreises. Diss. Leipzig. 1955. – Horst Graßmuck, Die Ortsnamen des Landkreises Coburg. Diss. Erlangen 1955.

erscheinenden Arbeiten von Theodor Frings über Sprache und Geschichte haben eine außerordentlich dankenswerte Ergänzung durch die Beigabe einer Übersicht über die neueste Literatur auf landesgeschichtlichem und sprachgeschichtlichem Gebiet erfahren[173], die auch dem Historiker außerordentlich willkommen ist, wie es den Historiker auch besonders angeht, daß durch das Zusammenwirken von Germanisten und Slavisten nunmehr die Frage der Ortsnamen in Thüringen und Mitteldeutschland der Klärung zugeführt werden soll[174].

Daß sich die Städtegeschichte, besser gesagt, die Städteforschung, durch das Zusammenwirken der verschiedenen Disziplinen stark entwickelt und vertieft und auch für Thüringen ihre Früchte trägt, zeigen sowohl rechts- wie siedlungsgeschichtliche Arbeiten. Voran steht dabei eine sehr instruktive Quellensammlung, der sich vor allem von außen kommende, aber Thüringen stark berührende Untersuchungen anschließen.[175] Für Stadtgeographie, diesen vom Historiker wohl nicht immer mit restloser Beglückung betrachteten Zweig der geographischen Wissenschaft, hat Thüringen in der Untersuchung der Stadt Jena ein Musterbeispiel erhalten.[176]

Endlich ist abschließend darauf hinzuweisen, daß die Kunstgeschichte sowohl nach der Seite der Baugeschichte, vor allem für die Wartburg, wie nach der Wirksamkeit von Malern und im Bereiche der Volkskunst untersucht worden ist[177], daß für die Musikgeschichte das Bachjahr einige recht bedeutsame Veröffentlichungen, auch für die besonderen Zusammenhänge zwischen Bach und Thüringen, hervorgebracht hat[178] und daß endlich auf dem Gebiete der Verlagsgeschichte zwei bedeutende Thüringer Verlage, Fischer in Jena und Böhlau in Weimar, anläßlich besonderer Jubiläen historischer Betrachtung unterzogen worden sind[179].

---

173 Theodor Frings, Sprache und Geschichte. I-III. 1956. Darin III, S. 173–219: Neueste Forschung, von Rudolf Große und Helmut Protze.
174 Rudolf Fischer, Zur Erforschung des westlichen Slaventums. In: Forschungen und Fortschritte 29, 1955, S. 17–19. – Derselbe, Ortsnamen der Kreise Arnstadt und Ilmenau. 1956.
175 Quellen zur älteren Geschichte des Städtewesens in Mitteldeutschland. 1949. – Eisenacher Rechtsbuch, bearbeitet von Peter Rondi. 1950. – Walter Schlesinger, Die Anfänge der Stadt Chemnitz und anderer mitteldeutscher Städte. 1952. – Wilhelm Dirian, Über das Schweinfurter Stadtrecht und seine Verbreitung. In: 700 Jahre Stadt Schweinfurt. 1954, S. 53–97. – Herbert Helbig, Burgen und älteres Städtewesen in Mitteldeutschland. In: Jahrbuch für die Geschichte Mittel- und Ostdeutschlands 4 (1955).
176 Ingeborg Tietzsch, Stadtgeographie von Weimar. 1949. – Joachim H. Schultze, Jena. Werden, Wachstum und Entwicklungsmöglichkeiten der Universitäts- und Industriestadt. 1955.
177 Walter Scheidig, Das Schloß in Weimar. 1949. 3. Aufl. 1954. – Derselbe, Die Weimarer Malerschule des 19. Jahrhunderts. 1950. – Derselbe, Franz Horny. 1954. – O. Schmolitzky, Thüringer Volkskunst. 1950. – Walter Schlesinger, Meißner Dom und Naumburger Westchor. 1952. – K. Hoffmann, Der Neustädter Altar von Lucas Cranach und seiner Werkstatt. 1954. – Siegfried Asche, Die Wartburg und ihre Kunstwerke. 1954.
178 Johann Sebastian Bach in Thüringen. Herausgegeben vom Thüringer Bach-Ausschuß. 1950. – Bach in Thüringen. Herausgegeben vom Landeskirchenrat der Evangelisch-Lutherischen Landeskirche in Thüringen. 1950. – Ernst Brinkmann, Die Musikerfamilie Bach in Mühlhausen. 1950. – Fritz Wiegand, Johann Sebastian Bach und seine Verwandten in Arnstadt. 1950. – Max Reger, Briefwechsel mit Herzog Georg II. von Sachsen-Meiningen. Herausgegeben von H. Müller-Asow. 1949. – Festschrift zur Ehrung von Heinrich Schütz. Herausgegeben von Günther Kraft. 1954.
179 Friedrich Stier, Das Verlagshaus Gustav Fischer in Jena. Festschrift zum 75jähr. Jubiläum 1. Januar 1953. 1953. – Derselbe, Verlagshaus Hermann Böhlau in Weimar 1853 - 4. Sept. 1953. 100 Jahre unter diesem Namen. Weimar 1953 (Mschr.).

Wenn es gilt, aus der nunmehr gewonnenen Übersicht über die Entwicklung der thüringischen Geschichtsforschung und Geschichtsschreibung grundsätzliche Gedanken zu gewinnen über die Aufgaben, die sie in Zukunft zu lösen hat – ein Unternehmen, das natürlich nur in ganz großen Linien angedeutet werden kann und bei dem wir uns auf vieles oben schon Gesagte beziehen können –, so springt als erstes wohl in die Augen, daß es zwar zu den verschiedenen Zeiten Zusammenfassungen über das Ganze oder über bestimmte zeitliche, räumliche oder sachliche Bereiche der thüringischen Geschichte gegeben hat, daß aber der Wunsch nach einer ausreichenden und befriedigenden, die neueren Forschungseinrichtungen der geschichtlichen Landeskunde berücksichtigenden Gesamtzusammenfassung bis heute nicht erfüllt ist. Er bleibt bestehen, und alle Einzelforschung wird weitgehend im Hinblick auf dieses Ziel einzurichten sein. Von solchem Gesichtspunkte aus zeigt dann unsere Betrachtung, wie viel im einzelnen noch zu tun ist, wie viel namentlich von den neuen, durch Leben und Wissenschaft seit 1945 aufgeworfenen Fragen noch der Lösung bedarf.

Greifen wir einiges davon heraus, so gilt auch heute noch wie schon immer, daß die Quellenbasis, auf der in Thüringen die landesgeschichtliche Forschung aufbauen muß, in ihren gedruckt vorliegenden Veröffentlichungen bis jetzt viel zu schmal und in erheblichem Umfang zu verbreitern ist. Das von der Thüringischen Historischen Kommission aufgestellte, aus solchen Überlegungen geborene Programm bleibt also als eine notwendige Forderung bestehen und bedarf dringend der Durchführung. Das bedeutet zugleich, daß solche Quellenarbeit und Quellenedition zur Vermeidung bisheriger Fehler mit den fortschrittlichen Methoden moderner historischer Hilfswissenschaften arbeiten muß und daß daher diese Disziplinen für thüringische Gegenstände sorgsamer Pflege bedürfen. Archivgeschichte und Urkundenforschung in landesfürstlichen und geistlichen Kanzleien, in städtischen und klösterlichen Schreibstuben, Bibliotheksgeschichte und Handschriftenuntersuchungen, Forschungen über Siegel- und Wappenwesen und Erforschung der geld- und münzgeschichtlichen Verhältnisse werden nicht nur Beiträge zu diesen Sonderwissenschaften sein, sondern Bausteine für ein solides Fundament der thüringischen Geschichte.

Ein besonderes Anliegen thüringischer landesgeschichtlicher Forschung wird auch in Zukunft immer als eine weitere Form der Gesamtdarstellung ein Atlas zur thüringischen Geschichte bleiben, wie er von der Thüringischen Historischen Kommission geplant und programmatisch entworfen worden ist. Für solche kartographischen Darstellungen aber sind noch ungemein umfangreiche Vorarbeiten zu leisten, die bei der weiten Anlage des Atlas in alle Bezüge thüringischer geschichtlicher Entwicklung und in alle Spezialgebiete der Forschung eingreifen. Da sind, um nur eines zu nennen, insbesondere aus der politischen Geschichte und der Entwicklung der einzelnen Territorien die Landesteilungen in wesentlich erweitertem Umfang zu untersuchen und darzustellen, um kartographisch für die verschiedenen Zeiten die Besonderheiten thüringischer Entwicklung, eben seine Kleinstaaterei, anschaulich darstellen zu können.

Solche Atlasarbeiten, aber auch die anderen umfassenden Unternehmungen, die die Kommission geplant und begonnen hat, die Erarbeitung eines Ortslexikons, die Herausgabe der thüringischen Landesordnungen, der ländlichen Rechtsquellen, der Stadtrechte in Thüringen, werden die einzelnen Zweige landesgeschichtlicher Forschung in Bewegung setzen und zur Arbeit mit dem Ziel auf ein Ganzes anregen. Das gilt für Rechts-, Verfassungs- und Verwaltungsgeschichte ebenso wie für Wirtschafts- und Sozialgeschichte, für Siedlungsforschung und Bevölkerungsgeschichte, für Sprachgeschichte und Volkskunde, für Geistes- und Kunstgeschichte.

Daneben haben aber viele dieser Spezialwissenschaften auch noch ihre besonderen Anliegen in der thüringischen Geschichte, von denen nur weniges angedeutet sei. Da haben beispielsweise die Archivare, die den Inhalt ihrer Archive inventarmäßig erschließen und bekanntgeben wollen, erhebliches Interesse an einer verwaltungsgeschichtlichen Durchdringung des ganzen Landes. Auf wirtschaftsgeschichtlichem Gebiet wird es nötig werden, wenn eine heute lebhaft betriebene Geschichte der Arbeiterbewegung festen Boden unter den Füßen haben soll, die Industrialisierung des Landes im 19. Jahrhundert zu untersuchen. Die Siedlungsforschung aber wird endlich einmal die besondere Stellung Thüringens in siedlungsmäßiger Hinsicht zu klären haben, und zusammen mit der Verkehrsgeschichte wird sie sich eingehend der Straßen, mit der Rechtsgeschichte der Burgen anzunehmen haben. So gibt es allenthalben Probleme in Fülle und Quellen in Menge, die der Erschließung und Auswertung für eine immer eindringendere Erforschung der thüringischen Geschichte harren.

Alle solche Bemühungen sollen aber nicht nur der Erarbeitung einer sich selbst genügenden thüringischen Landesgeschichte dienen. Diese soll vielmehr ein Beitrag zu einer deutschen Gesamtgeschichte, nämlich die Darstellung des thüringischen gebenden und empfangenden Anteils an der deutschen Geschichte sein.

Goetheforschung

Goethe und der Kindesmord[1]
1934

Die Frage nach einer gerechten Bestrafung der Kindesmörderinnen und nach einer wirksamen Verhütung dieses Verbrechens hat weit über die juristischen Fachkreise hinaus die Menschen des 18. Jahrhunderts lebhaft beschäftigt. Noch galten damals die Bestimmungen der Halsgerichtsordnung Kaiser Karls V. vom Jahre 1532, die auf Kindesmord das Begraben bei lebendigem Leibe, das Pfählen oder das Säcken (Ertränken) der straffälligen Person

---

1 Es liegt Veranlassung vor, den Kindesmord der Anna Katharina Höhn von 1783 und die damit in Verbindung stehende Erörterung über die Abschaffung der Todesstrafe bei Kindesmord in Sachsen-Weimar, in die auch Goethe als Beamter eingreifen mußte, trotz mehrfacher bisheriger Behandlung erneut darzustellen. Als erster hat Friedrich Wilhelm Lucht in seiner Abhandlung über »Die Strafrechtspflege in Sachsen-Weimar-Eisenach unter Carl August« (Berlin und Leipzig 1929, S. 39 ff.) den Fall geschildert und, entsprechend seinem Thema, den Nachdruck auf die Äußerungen wegen der Beseitigung der Todesstrafe gelegt. Auf Grund der von ihm gegebenen Unterlagen, ohne Kenntnis der Quellen, hat dann K. M. Finkelnburg unter der Überschrift »Auch ich... Kindesmord-Justiz und Strafrecht unter Goethe« (Berliner Tageblatt vom 5. April 1931) die Angelegenheit weidlich ausgebeutet, um einen Widerspruch zwischen Goethes dichterischem und tatsächlichem Verhalten zu konstruieren. Daß Finkelnburg die Akten über die ganze Angelegenheit nicht selbst gesehen hat, beweist die völlig erfundene Behauptung, Goethe habe unter die von den übrigen Mitgliedern des Geheimen Rats verfaßten Gutachten, die sich über die Beibehaltung der Todesstrafe aussprachen, »formelhaft, ohne eine Silbe individualisierenden Eingehens auf den Fall« nur die Worte »auch ich« gesetzt (vgl. dazu die unten abgedruckten Niederschriften Goethes in den Akten). Der Anlaß zu dieser vorschnellen Behauptung war offenbar eine mißverständliche Anmerkung in Luchts Buch (S. 40 Anm. 43), wo die Worte »auch ich« aus dem Zusammenhang von Goethes Äußerung herausgerissen sind und lediglich beweisen sollen, daß auch Goethe vom Herzog zur Einreichung eines Gutachtens aufgefordert worden war. Zwar hat dann Erich Wulffen in einem Artikel »Kriminalistik. Bekanntes und Unbekanntes über Goethe als Kriminalisten« (Wissenschaftliche Beilage des Dresdener Anzeigers vom 29. März 1932) Finkelnburgs Behauptungen auf Grund der Weimarer Akten richtiggestellt, aber trotzdem läßt sich unsere Kenntnis des Höhnschen Falles noch erweitern, zumal kürzlich das Todesurteil des Schöppenstuhls Jena, das bisher völlig unbekannt war, im Staatsarchiv Weimar (Abt. Ernestinisches Gesamtarchiv, Schöppenstuhl Jena, September 1783, Bl. 52 – 57) wieder aufgefunden worden ist. Dieses Urteil ist die einzige Quelle, aus der sich die Umstände des Kindesmords der Anna Katharina Höhn erkennen lassen, da die gerichtlichen Untersuchungsakten über den Fall verloren gegangen sind. Es läßt sich daher wohl rechtfertigen, dieses Urteil im folgenden wörtlich abzudrucken. Die sonstigen benutzten Quellen werden an Ort und Stelle zitiert.

setzte, und noch mußte man allenthalben feststellen, daß diese grausamen Maßnahmen das Verbrechen nicht auszurotten vermochten. Auch im Herzogtum Sachsen-Weimar bestand damals infolge wiederholt vorgekommener Fälle von Kindesmord die Notwendigkeit, »auf hinreichige Mittel, diesem gottlosen und schändlichen Übel nachdrucksam zu steuern, allen möglichen Bedacht zu nehmen«. Bereits 1752 schlug man daher hier den Weg ein, die Ursachen des Verbrechens zu bekämpfen, um damit dieses selbst unmöglich zu machen: von der Überzeugung ausgehend, »daß dadurch, wenn die dem Laster der Unzucht ergebenen Dirnen ihre Schwangerschaft sowohl als Niederkunft verheimlichen, der Tod der Kinder befördert wird, hingegen die Kinder durch den Beistand anderer Weiber beim Leben erhalten werden können«, wurde in einem Mandat vom 17. Juli dieses Jahres verordnet, daß alle ihre Schwangerschaft und Niederkunft verbergenden Dirnen, deren Kinder nach der Geburt tot gefunden wurden, »wenn selbige auch gleich durch die geführte Inquisition keiner Schuld an dem Kindesmorde, weder aus ihrem Geständnis, noch ex inspectione cadaveris, noch aus anderen unbetrüglichen Zeichen überführt werden können, zu einer zehnjährigen Zuchthausstrafe und schwerer Arbeit codemniret werden sollen«[2].

Freilich brachte diese vorbeugende Maßnahme nicht den beabsichtigten Erfolg; Kindesmorde kamen immer wieder vor, und so hat sich dann der Herzog Karl August, dem die Verbesserung der Justiz seines Landes am Herzen lag, schon wenige Jahre nach seinem Regierungsantritt verschiedentlich mit dieser Frage befaßt. Zunächst[3] knüpfte er an die durch das Mandat von 1752 gegebenen Grundlagen an, suchte diese aber wesentlich zu erweitern und veranlaßte 1781 seine Regierung, ein Gesetz gegen die Verheimlichung der unehelichen Schwangerschaften auszuarbeiten, das neben den Geschwängerten selbst alle die Personen umspannen sollte, die auf irgend eine Weise Kenntnis von einer solchen Tatsache erlangen konnten: Eltern, Verwandte, Dienstherrschaften, Hausgenossen, Imprägnatoren usw. Der vorgelegte Gesetzentwurf ist ein wahres Musterbeispiel für Strafabstufungen je nach dem verschiedenartigen Verhalten, aber er wurde durch nachdrückliche Einwendungen der einzelnen Regierungsmitglieder – der triftigste war, man möge die Ergebnisse des damals gerade in die Wege geleiteten allgemeinen Preisausschreibens über die Bestrafung des Kindesmordes abwarten – zu Fall gebracht.

Doch schon zwei Jahre später war die Angelegenheit für Karl August wieder brennend geworden: ein Kindesmord, der sich in Weimar ereignet hatte, mußte ihm als dem Landesherrn zur Entscheidung vorgetragen werden.[4] Am 11. April 1783 hatte die ledige Dienstmagd in der Niedermühle zu Weimar, Anna Katharina Höhn, aus Tannroda stammend, ein Kind geboren und es sogleich nach der Geburt umgebracht. Die Akten, die bei der vom Amt Weimar geführten Untersuchung entstanden waren, legte die Regierung am 2. Mai dem Herzog mit der Bitte um Weisung wegen des weiteren Verfahrens vor, und dieser Fall gab Karl August Veranlassung, die von ihm offenbar schon öfter erwogene Frage, ob die Todesstrafe das richtige Mittel zur Vermeidung weiterer Kindesmorde sei, auch von seinen Beamten prüfen zu lassen. Er selbst stellte klar und deutlich fest, er habe sich noch immer nicht überzeugen können, »daß aus der eigentlichen Beschaffenheit dieses Verbrechens,

2 Thüringisches Hauptstaatsarchiv Weimar, B 2236 a und b; ebenda, Mandatsammlung, Mandat vom 17. Juli 1752.
3 Ebenda, B 2302 a.
4 Das folgende nach Thüringisches Hauptstaatsarchiv Weimar, B 2754.

wenn solches von der Mutter bei oder gleich nach der Geburt begangen wird, oder aus dem
bei allen Strafen zu Grunde liegenden Endzweck, welcher bekanntlich kein anderer ist, als
daß der Verbrecher eine der Moralität seiner begangenen Übeltat angemessene Züchtigung
erhalte und dadurch zugleich für andere ein warnendes und von solcher Art von Verbrechen
abschreckendes Exempel aufgestellt werde, eine absolute Notwendigkeit herzuleiten sei, selbigen (den Kindesmord) mit dem Tode der Verbrecherin verbüßen zu lassen.« Er schlug dann
vor, ob nicht an Stelle der Todesstrafe bei Kindesmord eine lebenslängliche qualifizierte
Zuchthausstrafe treten könne, und forderte die Mitglieder der Regierung auf, ihre Ansichten
in schriftlichen Gutachten einzureichen. Wie diese ausfielen, wissen wir nicht, da die Regierungsakten über den Fall Höhn nicht erhalten sind. Immerhin ist bemerkenswert, daß der
Herzog nach dem Eingang dieser Berichte am 7. Juli die übliche Versendung der Untersuchungsakten an den Schöppenstuhl in Jena zur Urteilsfindung anordnete.[5]

Das Urteil des Jenaer Schöppenstuhls, das trotz der lebhaften Erörterungen über den
Gegenstand in den letzten Jahren bisher unbekannt war, ist die einzige Quelle, aus der sich
näheres über die Einzelheiten des Kindesmords der Anna Katharina Höhn entnehmen läßt,
da offenbar auch die gerichtlichen Untersuchungsakten verloren gegangen sind. Es möge
daher hier im Wortlaut folgen und für sich selbst sprechen.

»Als uns die wider Annen Catharinen Höhnin ergangenen Inquisitionsakten und was
deren amtshalber bestellter Defensor zu deren Verteidigung in Schriften übergeben nebst
einer Frage zugeschicket und darüber unsere Rechtsbelehrung gebeten worden, demnach
sprechen wir vor Recht:

Hat ermeldete Inquisitin sowohl beim summarischen als artikulierten Verhör in Gutem bekannt und gestanden, daß sie am 11ten April dieses Jahres mittags zwischen 12 und 1 Uhr,
im Bette liegend, ein Kind geboren und solches auf eine Viertelstunde lang an der Nabel-
schnur hängen lassen, nachher aber es von derselben mittelst eines Messers abgelöset,
wobei es geheulet und sich gereget, wie sie deutlich wahrgenommen, als sie, um das Kind
zu sehen, das Deckbette zurückgeschlagen gehabt, auch daß sie darauf demselben mit dem
nämlichen Messer, womit sie es abgelöset gehabt, drei Stiche in den Hals und zwar vorerst
einen und dann noch zwei hinter einander gegeben, wobei sie das Kind mit der einen Hand
gehalten, dieses aber ein wenig geschrien und sich mit den Händen gereget, ingleichen, daß
sie dasselbe in das Bettstrohe gedrückt, um solchergestalt dasselbe, wenn es etwa noch nicht
ganz tot sein sollte, vollends zu ersticken, wie es denn auch daselbst mit drei Stichen im
Hals vorgefunden und diese nebst der Quetschung der linken Seite des Kindes vor die Ursachen seines Todes erachtet worden.

Ob nun wohl in der Verteidigungsschrift angeführt wird, daß

1. noch ungewiß sei, ob Inquisitin ihr Kind lebendig geboren und zur Welt gebracht
habe, indem die in dem viso reperto angegebenen Umstände nur so viel, daß das Kind ge-

---

5   Über den Schöppenstuhl in Jena unterrichtet die Arbeit von Max Vollert, Der Schöppenstuhl zu Jena
    (1588 – 1882); Zeitschrift des Vereins für Thüringische Geschichte und Altertumskunde, N. F. 28
    (1929), S. 189–219. – Es sei hier bemerkt, daß der Jenaer Schöppenstuhl im September 1783, als er das
    Urteil gegen Anna Katharina Höhn fällt, noch zwei weitere Fälle von Kindesmord zu entscheiden hatte.
    In keinem der beiden ist ein Todesurteil erfolgt, vielmehr wurden die Akten zur weiteren Untersuchung
    wieder an die einsendende Instanz zurückgeleitet. Im Fall Höhn mußte nach den geltenden Gesetzen die
    Verurteilung stattfinden, da ein unumwundenes Eingeständnis der Täterin vorlag.

atmet und Luft in sich gezogen, dergleichen aber auch bei einer schweren Geburt während derselben geschehen und dennoch das Kind noch unter derselben versterben und tot zur Welt kommen könne, zu bewähren schienen, mithin auch

2. noch ebenso unausgemacht sei, ob Inquisitin ihr Kind wirklich selbst umgebracht habe, maßen sie in der Betäubung, worinnen sie zur Zeit der Geburt gewesen, das schon verablebte Kind vor lebendig gehalten und demselben die Stiche in der Absicht, es dadurch erst noch ermorden zu wollen, beigebracht haben könne, hierwider auch das Geständnis der Inquisitin, daß das Kind wirklich gelebet und sie es durch die demselben beigebrachten Stiche ermordet habe, in keine Betrachtung komme, weil

a) dasselbe nur ein bloßes, nicht qualifiziertes Eingeständnis sei,

b) die Inquisitin sich selbst widersprochen und besonders, sie wisse in der Angst nicht einmal, ob das Kind gelebet und sie könne nicht sagen, ob das Kind bei Erhaltung der Stiche geschrien oder geweinet, das habe sie nicht gehöret vor der Angst, gleichwohl darneben allerlei Lebenszeichen des Kindes nach der Geburt und alle Umstände der Ermordung, vornehmlich aber, das Kind habe geweinet und mit den Beinen gezappelt, hingegen, es habe nicht gezappelt, angegeben habe, woraus zugleich

c) der hohe Grad ihrer Betäubung, in der sie leicht das Kind irrig vor lebend gehalten haben könne, sattsam erhelle, welcher Irrtum dadurch noch wahrscheinlicher werde, daß sie

d) in einer so dunkeln Kammer geboren habe, in der die Hebamme nicht einmal bei Hervorziehung des Kindes aus dem Bettstrohe die an dessen Halse befindlichen Wunden wahrgenommen, vornehmlich aber

3. der Vorsatz zu morden gänzlich ermangele, angesehen Inquisitin ihre Schwangerschaft gar nicht vermutet, noch weniger gewußt habe, ansonst sie ihrer Dienstfrau noch kurz vor der Geburt ihren dicken Leib nicht gezeigt haben würde, folglich sie auch den Entschluß, das Kind morden zu wollen, nicht gefaßt haben könne,

solchergestalt aber, daß das corpus delicti in der größten Ungewißheit beruhe, mithin weder auf die ordentliche noch auf eine andere Todesstrafe zu erkennen sei, es das Ansehen gewinnen möchte:

dennoch aber und dieweil die Hochnotpeinliche Halsgerichtsordnung Art. 131 verordnet[6], daß, welche Weibsperson ihr Kind, das Leben und Gliedmaßen empfangen hat, heimlicher,

---

6 Der Artikel 131 der Peinlichen oder Halsgerichtsordnung Karls V. von 1532 lautet in moderner Sprache und Orthographie folgendermaßen: Strafe der Weiber, so ihre Kinder töten. 131. Item, welche Weiber ihr Kind, das Leben und Gliedmaßen empfangen hätte, heimlicher, boshaftiger, williger Weise ertöten, die werden gewöhnlich lebendig begraben und gepfählt; aber darinnen Verzweiflung zu verhüten, mögen dieselben Übeltäterinnen, in welchem Gericht die Bequemlichkeit des Wassers dazu vorhanden ist, ertränkt werden. Wo aber solche Übel oft geschehen, wollen wir die gemeldete Gewohnheit des Vergrabens und Pfählens um mehrerer Furcht willen solcher boshaftigen Weiber auch zulassen, oder aber, daß vor dem Ertränken die Übeltäterin mit glühenden Zangen gerissen werde, alles nach Rat der Sachverständigen. So aber ein Weibsbild, als obsteht, ein lebendiges, gliedmäßiges Kindlein, das nachmals tot erfunden, heimlich geboren und verborgen hätte, und, so dieselbige erkundigte Mutter deshalb besprochen würde, entschuldigungsweise vorgebe, als dergleichen je zu Zeiten an uns gelangt, wie das Kindlein ohne ihre Schuld tot von ihr geboren sein sollte, wollte sie dann solche ihre Unschuld durch redliche, gute Ursachen und Umstände durch Kundschaft ausführen, damit soll es gehalten und gehandelt werden, wie am 74. Artikel, anfangend »Item, so ein Beklagter Kundschaft usw.« (der Artikel handelt von der Kundschaft des Beklagten zu seiner Entschuldigung) gefunden wird, auch deshalb zu weiterer Suchung Anzeigung geschieht, wenn ohne obbestimmte genugsame Beweisung, ist der angeregten ver-

boshaftiger, williger Weise ertötet, dieselbe gewöhnlich lebendig begraben und gepfählt, aber, wo die Bequemlichkeit des Wassers dazu vorhanden, ertränket werden solle, Inquisitin auch nach dem viso reperto und ihrem eigenen Geständnis ein vollkommenes Kind zur Welt geboren und es heimlicher, boshafter, williger Weise getötet hat, mithin sogar zur ordentlichen Strafe des lebendigen Begrabens und Pfählens oder Säckens hinlänglich qualifiziert wäre, gleichwohl aber in Rücksicht, daß deren Vorgeben, wie sie ihre Schwangerschaft oder wenigstens ihre so nahe Niederkunft noch nicht vermutet, einige Wahrscheinlichkeit hat und deshalb zu Umgehung der sonst in dergleichen Fall zu erkennenden Marter lieber auf die geringere – auf den nicht vorher, sondern erst in und bei der Geburt beschlossenen Kindermord stehende – Schwertstrafe zu erkennen sein will, hiergegen auch des Defensors aufgestellte Scheingründe nichts ausrichten können, angesehen

ad 1. Die allgemeine Vermutung vor das Leben hier noch besonders sowohl durch das Sektionsprotokoll und die sich dabei ergebenen, im viso reperto herausgesetzten Kennzeichen, als auch durch der Inquisitin summarisches und artikuliertes Geständnis und die dabei angegebenen besonderen Umstände bis zur moralischen Gewißheit, welche, nicht aber die mathematische, bei dem dermalen in Frage seienden Verbrechen Gesetze und Rechtslehrer erfordern, erhoben wird, wie denn hierbei überhaupt ein kluger und gewissenhafter Richter mehr auf das Gutachten sachverständiger Ärzte als auf die Vorbildungen wort- und zweifelreicher Defensoren zu sehen hat, sonach aber

ad 2. Diese moralische Gewißheit des Lebens des Kindes nach der Geburt in Zusammenstellung mit denen nach dem Sektionsprotokoll an demselben bemerkten und nach dem viso reperto vor tödlich erkannten Stichen die Ermordung desselben in völlige Gewißheit setzet, daher denn

ad a) gar nicht abzusehen, wie das Geständnis der Inquisitin von deren Defensor pro confessione nuda, sed non qualificata, worunter er vermutlich, wiewohl gegen den gewöhnlichen Begriff davon, ein von keinen Anzeichen unterstütztes Bekenntnis verstanden, hat ausgegeben werden können, indem das desfallsige Geständnis der Inquisitin durch die erwähnten, schon an sich einen hohen Grad moralischer Gewißheit wirkenden Anzeichen sattsam bestätigt wird, so wie auch

ad b) das Vorgeben der Inquisitin, als wisse sie nicht, was sie gleich nach der Geburt getan, bei der genauen Erinnerung aller Umstände und darunter insonderheit sowohl desjenigen, da sie der Hebamme Lieberin den Ort, wohin sie das tote Kind gestecket gehabt,

---

meinten Entschuldigung nicht zu glauben, sonst möchte sich eine jede Täterin mit einem solchen gedichteten Vorgeben ledigen. Doch so ein Weibsbild ein lebendiges, gliedmäßiges Kindlein also heimlich trägt, auch mit Willen allein und ohne Hilfe anderer Weiber gebiert, welche unhilfliche Geburt mit tötlicher Verdächtigkeit geschehen muß, so ist deshalb keine glaublichere Ursache, denn daß dieselbige Mutter durch boshaftigen Vorsatz vermeint, mit Tötung des unschuldigen Kindleins, daran sie vor, in oder nach der Geburt schuldig wird, ihre geübte Leichtfertigkeit verborgen zu halten. Darum, wenn eine solche Mörderin auf gedachter ihrer angemaßten, unbewiesenen, freveligen Entschuldigung bestehen bleiben wollte, so soll man sie auf obgemeldete genugsame Anzeigung bestimmtes unchristlich und unmenschlich erfundenen Übels und Mords halber mit peinlicher, ernstlicher Frage zum Bekenntnis der Wahrheit zwingen, auch auf Bekenntnis desselben Mords zu endlicher Todesstrafe, als obsteht, verurteilen. Doch wo eines solchen Weibes Schuld oder Unschuld halber gezweifelt würde, so sollen die Richter und Urteiler mit Anzeigung aller Umstände bei den Rechtsverständigen oder sonst, wie hernach gemeldet wird, Rats pflegen.

mit der Hand gezeigt, als auch desjenigen, was sie nach verübten Mord mit dem dazu ge-
brauchten Messer gemacht und daß sie es zum Bette hinausgeworfen, inmaßen die Richtigkeit des erstern aus den Aussagen der Lieberin und beeden Bluhminnen und die ebenmä-
ßige Richtigkeit des letztern aus der Relation des Gerichtsfrohns erhellet, keinen Glauben
verdienet, sondern solches vor einen zur Entschuldigung ihrer schwarzen Tat ersonnenen
Vorwand zu halten, wie sie denn auch bei dem artikulierten Verhör davon verschiedentlich,
wenn sie solchen gebraucht gehabt, sogleich wieder abgegangen und das, worauf sie die
Antwort damit abwenden wollen, behörig beantwortet hat, daß folglich deren bestimmte
Angaben von den Lebenszeichen des Kindes und der Art der Ermordung desselben, da
zumal damit alle übrigen Umstände, vornehmlich die im Sektionsprotokoll bemerkten, vollkommen übereinstimmen, vollen richterlichen Glauben, der von jenem Vorwand hergelei-
tet werden wollende Widerspruch aber keine Rücksicht verdienet, maßen denn auch der
vom Defensor angegebene Widerspruch zwischen der Inquisitin Aussagen gänzlich dahin-
fällt, wenn man in Erwägung ziehet, daß sie ersteres, wie nämlich das Kind geweinet und
gezappelt, als das Betragen desselben gleich nach der Geburt, letzteres aber, wie es nämlich
nicht gezappelt, als dessen Benehmen bei der Ermordung, mithin beedes von ganz verschiedenen Zeiten angegeben, bei der Inquisitin allenthalbigen genauen Bewußtsein aller auch
mit den Aussagen anderer Personen und mit dem Sektionsprotokoll übereinkommender
Umstände aber
    ad c) es unmöglich fällt, ihrer Betäubung einen solchen hohen Grad beizulegen, daß die
Moralität ihrer Handlung bis zu einer geringeren als der Schwertstrafe gemildert würde,
auch
    ad d) bei dem mehrmaligen gleichförmigen Geständnis der Inquisitin, daß sie das Kind
weinen gehört und zappeln gefühlt, darauf, ob sie auch sehen können, im Grunde nichts ankommt, überdies aber es auch wohl sein kann, daß die Kammer, worinnen dieselbe gelegen, bei der Lieberin Anwesenheit bloß wegen der Abendzeit, inmaßen diese erst abends
nach 5 Uhr dahin gekommen, dunkel gewesen, dahingegen die Inquisitin bereits mittags
zwischen 12 und 1 Uhr geboren gehabt, endlich
    ad 3. derselben zwar, wie bereits oben gedacht, kein vor der Geburt gefaßter Vorsatz bei-
zumessen sein möchte, sie aber doch von einem solchen, den sie bei der Geburt oder gleich
nach derselben gefaßt und auch zur Ausübung gebracht, unmöglich freizusprechen, angesehen solchen nicht nur ihr eigenes freiwilliges Geständnis, sondern auch die Tat selbst und
das Bewußtsein ihrer Handlungen vor und bei derselben klärlich zu Tage leget,
    so ist derowegen Inquisitin, dafern sie vor gehegten hochnotpeinlichen Halsgerichte auf
ihrem Bekenntnis beharret oder dessen, wie Recht, überführt wird, des begangenen und gestandenen Kindermords wegen, andern zum abschreckenden Beispiel, ihr selbst aber zur
wohlverdienten Strafe, mit dem Schwert vom Leben zum Tode zu richten. Von Rechts
wegen.
    Referiert den 19. [September 1783]
    Ausgearbeitet den 25. September 1783   JLEckardt Dr.«

Karl August, dem als Landesherrn die Bestätigung oder Abänderung dieses Urteils zukam,
konnte sich offenbar auch jetzt, trotz der Eindeutigkeit des Urteils, noch nicht zu einem klaren Entschluß durchringen. Er befaßte deshalb auch noch die Mitglieder des Geheimen
Rates, der obersten Landesbehörde, die dem Herzog beratend zur Seite stand und zu der
seit 1776 auch Goethe gehörte, mit dieser Sache und verlangte von ihnen im Oktober, wie

schon im Mai von den Regierungsmitgliedern, schriftliche Gutachten über die möglicherweise bei Kindesmord abzuschaffende Todesstrafe. In eingehenden Darlegungen und mit stichhaltigen Gründen führten die Geheimen Räte von Fritsch und Schnauß aus, daß nach ihrer Ansicht gerade in den Fällen des Kindesmords die Todesstrafe grundsätzlich beizubehalten sei und daß gewisse Härten im einzelnen immer durch das Begnadigungsrecht des Landesherrn ausgeglichen werden könnten.

Auch von Goethe – und das ist der Grund, der diesen Fall von Kindesmord so bemerkenswert macht – hatte der Herzog ein Gutachten verlangt. Es ist Goethe offenbar nicht leicht gefallen, in seiner Eigenschaft als Beamter zu diesem Thema, das er dichterisch und menschlich in erschütterndster Weise gestaltet hatte, Stellung zu nehmen. Zunächst gab er nur eine kurze Niederschrift zu den Akten, daß er seine Gedanken nicht in Form eines Votums, sondern eines kleinen Aufsatzes niederlegen wollte[7]:

»Da Serenissimus clementissime regens gnädigst befohlen, daß auch ich meine Gesinnungen über die Bestrafung des Kindesmords zu den Ackten geben solle, so finde ich mich ohngefähr in dem Falle, in welchem sich Herr Hofrath Eckardt befunden, als diese Sache bey Fürstlicher Regierung cirkulirte. Ich getraue mir nämlich nicht, meine Gedancken hierüber in Form eines Voti zu fassen, werde aber nicht ermangeln, in wenigen Tagen einen kleinen Aufsatz unterthänig einzureichen.

Weimar, den 25. Oktober 1783.   JWGoethe.«

Wenige Tage später reichte er diesen Aufsatz mit folgender aktenmäßigen Niederschrift ein:

»Da das Resultat meines unterthänigst eingereichten Aufsatzes mit beyden vorliegenden gründlichen Votis völlig übereinstimmt, so kann ich um so weniger zweifeln, selbigen in allen Stücken beyzutreten und zu erklären, daß auch nach meiner Meinung räthlicher seyn mögte, die Todtesstrafe beyzubehalten.

den 4. November 1783.   JWGoethe.«

Leider scheint auch dieses Gutachten Goethes verlorengegangen zu sein, wenigstens hat es sich bis heute nicht auffinden lassen. Immerhin wissen wir aus der oben zuletzt angeführten Niederschrift so viel, daß auch er für die Beibehaltung der Todesstrafe in Fällen des Kindermords stimmte, und diese Tatsache hat genügt, ihn neuerdings deswegen heftig anzugreifen und ihm ein Mißverhältnis zwischen seinen dichterischen Äußerungen und seiner tatsächlichen Haltung vorzuwerfen. Es ist hier nicht der Ort, diese Frage näher zu erörtern, aber so viel muß festgestellt werden, daß er nicht, wie kühn behauptet worden ist, ein knappes »auch ich« unter die Voten seiner Kollegen im Geheimen Rat gesetzt hat, sondern daß er, wie seine Niederschriften bezeugen, sich ernstlich um das Problem bemühte.

Nach »reiflicher Prüfung und Überlegung« hat sich dann Karl August am 4. November 1783 entschlossen, die Todesstrafe überhaupt beizubehalten und im gegenwärtigen Höhnschen Fall das vom Jenaer Schöppenstuhl gesprochene Todesurteil zu bestätigen. Damit war das Schicksal der Anna Katharina Höhn besiegelt. Am 28. November 1783 wurde sie, nachdem auf dem Marktplatz das Hochnotpeinliche Halsgericht abgehalten worden war, in dem sie ihre Tat nochmals öffentlich eingestand, auf dem Richtplatz vor dem Erfurter Tor enthauptet. Das Totenbuch von Weimar meldet die Tatsache mit folgenden knappen Worten:

---

7 Thüringisches Hauptstaatsarchiv Weimar, B 2754 Bl. 17; dort auch die folgende Stelle.

»1783 den 28. November ist Johanna Catharina Höhnin, von Tannroda bürtig, welche in der Niedermühle allhier gedienet und ihr uneheliches Knäblein umgebracht, an dem Gericht vor dem Erfurter Tor durch das Schwert vom Leben zum Tode gebracht worden und ist ihr Körper vom Schinderknecht nach Jena gefahren worden. Die beiden Geistlichen haben vor ihre Bemühungen jeder 1 Rtl., der Kirchner 12 Gr. erhalten[8].«

Der Einwohnerschaft Weimars aber, die ohnehin an dieser öffentlichen Hinrichtung hatte teilnehmen können, wurde dieses Ereignis in den Weimarischen Wöchentlichen Anzeigen (Nr. 96 vom Sonnabend, dem 29. November 1783, S. 382) als abschreckendes Beispiel vorgehalten:

»Warnungsnachricht.

Es ist Anna Catharina Höhnin, aus Tannroda gebürtig, wegen begangenen Kindermords, wie bekannt ist, bei dem Fürstlichen Amte Weimar in Untersuchung gekommen und nach beschehenem Eingeständnis ihrer schwarzen Tat gestern den 28sten November 1783, andern zum abschreckenden Beispiel, ihr selbst aber zur wohlverdienten Strafe, von dem Scharfrichter Wittig, welcher sein Amt zum erstenmal verrichtete, auf einen Hieb mit dem Schwerte vom Leben zum Tode gerichtet worden.

Vor gehegtem Hochnotpeinlichen Halsgerichte, welches auf einer auf dem Markte darzu errichteten Bühne gehalten wurde, hat die Köchin den an ihrem Kinde verübten Mord nochmalen öffentlich eingeräumt und die ihr zuerkannte Todesstrafe, nachdem sie zuvor von den hiesigen Herren Stadtgeistlichen auf das beste zubereitet war und von selbigen mit tröstenden Zuspruch bis an ihr Ende begleitet wurde, ausgestanden.«

---

8 Vgl. Wilhelm Möller, Richtstätten und Hinrichtungen in der Stadt Weimar (Beiträge zur Geschichte der Stadt Weimar, herausgegeben von Fritz Fink, Heft 21), Weimar o. J.

Der Kindesmord der Anna Katharina Höhn
und die grundsätzliche Frage der Strafe bei Kindesmord*
1948

Mai bis November 1783

Akten [im Thüringischen Hauptstaatsarchiv Weimar]: B 2754. – Schöppenstuhl Jena Nr. 2378 (Sept. 1783), Bl. 52–57.

Literatur: F.[riedrich] W.[ilhelm] Lucht, Die Strafrechtspflege in Sachsen-Weimar-Eisenach unter Carl August. 1929.– K. M. Finkelnburg, »Auch ich«. Kindesmord-Justiz und Strafrecht unter Goethe. Berliner Tageblatt vom 5. April 1931. – E.[rich] Wulffen, Kriminalistik. Bekanntes und Unbekanntes über Goethe als Kriminalisten. Wissenschaftliche Beilage des Dresdener Anzeigers vom 29. März 1932. – W.[illy] Flach, Goethe und der Kindesmord. Thüringer Fähnlein 3 (1934), S. 599–606. – Die in der Zeitschrift Goethe. Vierteljahrsschrift der Goethe-Gesellschaft Bd. I, 1936, S. 74 f. gegebene knappe Darstellung beruht ganz, ohne die Quelle zu nennen, auf der vorstehend angeführten Arbeit von Flach.

Am 11. April 1783 hatte die ledige Dienstmagd in der Niedermühle (jetzigen Karlsmühle) zu Weimar, Anna Katharina Höhn, in den Akten auch Hanna oder Johanna genannt, aus Tannroda gebürtig, ein Kind geboren und es unmittelbar nach der Geburt durch Messerstiche getötet. Dieser Kindesmord war sofort entdeckt und die Kindesmörderin verhaftet worden; das Justizamt Weimar führte die Untersuchung des Falles durch, und am 2. Mai 1783 legte die Regierung in Weimar als die vorgesetzte Behörde des Justizamtes die Untersuchungsakten dem Landesherrn mit der Frage vor, ob nunmehr mit der Spezial-Inquisition gegen die Höhn verfahren werden solle.

Reskript an die Regierung zu Weimar.

Weimar, 1783 Mai 13.

Verhandelt in der Sitzung des Geheimen Consiliums vom 13. Mai 1783 (B 879). – Konzept von der Hand des Geheimen Legationsrates und Geheimen Referendars Johann Christoph Schmidt, signiert von Carl August, [Jacob Friedrich Freiherr von] Fritsch, [Christian Friedrich] Schnauß und [Johann Wolfgang] Goethe (B 2754, Bl. 3–5).

---

* Unveröffentlichter Seperatdruck von 1948 als Editionsprobe für die Herausgabe von Goethes Amtliche Schriften [überliefert im Thüringischen Hauptstaatsarchiv Weimar]

Der Herzog findet den Fall leider so beschaffen, daß, wenn es nach der durchgeführten Spezial-Inquisition zur Verschickung der Akten zum rechtlichen Erkenntnis [d. h. an einen Schöppenstuhl] kommt, die Urteilsverfasser auf Grund der geltenden Gesetze mit Gewißheit auf eine Todesstrafe erkennen werden.

In neuerer Zeit ist die Rechtmäßigkeit, der Nutzen und die Notwendigkeit der Todesstrafe überhaupt in öffentlichen Schriften mit sehr geteilten Meinungen erörtert, bestritten und verteidigt worden. Es wird immer schwer sein, hier zu einer allgemeingültigen Entscheidung zu kommen; da sich den von beiden Seiten aufgestellten Gründen ein gewisser Grad von Stärke nicht absprechen läßt. Diese Zweifelhaftigkeit macht es dem Herzog bei seiner Denkungsart zu einer Gewissenssache, der Vervielfältigung der Todesstrafen soviel als möglich auszuweichen, zumal bei solchen Gattungen von Verbrechen, die nach ihrer Größe oder für das allgemeine Beste und die öffentliche Sicherheit eine solche Strafe nicht unumgänglich nötig machen.

Besonders bei Kindesmord kann der Herzog weder aus der eigentlichen Beschaffenheit dieses Verbrechens, wenn es von der Mutter bei oder gleich nach der Geburt begangen wird, noch aus dem allen Strafen zu Grunde liegenden Endzweck – nämlich einer der Moralität der Übeltat angemessenen Züchtigung des Verbrechers und eines warnenden Beispiels für andere – eine absolute Notwendigkeit herleiten, das Verbrechen mit dem Tode der Verbrecherin verbüßen zu lassen.

Die Erwägung der Umstände, daß eine unehelich Schwangere aus Furcht vor der sie erwartenden Schande und vor den aus der Belästigung mit einem Kinde erwachsenden Beschwerlichkeiten in einem Augenblick der Schwäche und Betäubung bei oder kurz nach ihrer Entbindung zur Ausführung des Kindesmordes leicht hingerissen werden kann, läßt neben dem Abscheu gegen das Verbrechen doch einiges Mitleid gegen die Verbrecherin aufkommen und gibt einen Beweggrund zur Milderung der Strafe an die Hand.

Hauptsächlich aber hat der Herzog gegen die Todesstrafe bei Kindesmord einzuwenden, daß die unzähligen, an Kindesmörderinnen statuierten Exempel der Hinrichtung mit dem Schwert oder der Ertränkung nicht die nützliche Wirkung gehabt haben, Verbrechen dieser Art abzuwenden oder auch nur seltener zu machen. Er sieht die Ursache für diesen mangelnden Effekt darin, daß »die eines Kindesmordes sich schuldig machenden Weibespersonen gemeiniglich zur niedrigsten Klasse des Pöbels gehören«, bei denen der schreckliche Eindruck einer Hinrichtung »auf die zum Nachdenken nicht gewöhnten Gemüter dieser Art von Menschen« nach kurzer Zeit ganz erlischt oder so schwach wird, daß er in der Stunde der Versuchung nicht mehr wirkt.

Alle diese Betrachtungen bringen den Herzog auf den Gedanken, daß es nicht nur ratsam und notwendig, sondern auch »dem Geist der Gesetze, nach welchem bei denen Strafen die hauptsächlichste Absicht auf die Verhütung künftiger Verbrechen zu richten, am angemessensten sei«, anstatt der auf den Kindesmord gesetzten Todesstrafe eine andere, zur Errichtung dieses Endzweckes wirksamere und mit den Motiven und Neigungen zu diesem Verbrechen in näherer Beziehung und Analogie stehende Strafe zu substituieren, bei der die Furcht vor der Schande und den mit der Ernährung und Erziehung eines Kindes verknüpften Mühseligkeiten, die gewöhnlich den Kindesmord veranlassen, die Furcht vor einer bei dessen Entdeckung unausbleiblich erfolgenden viel größeren und fortdauernden Schande und öffentlichen Beschimpfung und vor viel härteren Beschwerlichkeiten eines immer elenden Lebens entgegengesetzt werde, und bei deren Vollstreckung der auf das Publikum zu machende Eindruck von Zeit zu Zeit erneuert werden kann. Es ist ihm daher »die Idee beigegangen«, daß

die auf Kindesmord künftig zu setzende Strafe am besten folgende sei: Abschneidung des
Haupthaares zur dauernden Schande der Missetäterin, Stellung an den Pranger und öffentliche Geißelung, lebenslängliches Zuchthaus mit harter Arbeit, Wiederholung des Prangers
und der öffentlichen Geißelung für Lebenszeit oder wenigstens eine Anzahl Jahre ein- oder
mehrmals jährlich, besonders am Jahrestag des Kindesmordes.

Der Herzog begehrt Stellungnahme zu dieser Idee nach reiflicher Überlegung, aber möglichst beschleunigt.

Am 26. Mai bereits reichte der Regierungskanzler die Voten der einzelnen Mitglieder der
Regierung zu der ihnen gestellten Frage dem Herzog ein (B 2754, Bl. 6). Ihren Inhalt ken-
nen wir nicht, da die Regierungsakten über diesen Gegenstand nicht erhalten sind. Wenige
Tage später verfügte der Herzog darauf folgendes:

Reskript an die Regierung zu Weimar.

Weimar, 1783. Juni 3.

Konzept von der Hand des Geheimen Legationsrates und Geheimen ‹Referendars Johann
Christoph Schmidt, signiert von Carl August; [Christian Friedrich] Schnauß und [Johann
Wolfgang] Goethe (B 2754, Bl. 7).

Dem Herzog ist ausführlicher Vortrag von dem Inhalt der Voten der Regierungsmitglieder geschehen. Er behält sich hierauf die in Ansehung dieses wichtigen Gegenstandes zu fassende
endgültige Entschließung vor und ordnet für den besonderen Fall der Kindesmörderin Höhn
unter Rücksendung der Untersuchungsakten des Justizamtes die Spezial-Inquisition, nach
deren Absolvierung die Bestellung eines Verteidigers und nach dem Eingang der Verteidigungsschrift die Verschickung der Akten »ad locum ordinariam zum Spruch Rechtens« an.
Das Justizamt ist gehörig anzuweisen, und nach Eingang des Urteils ist weiter zu berichten.

Nach Durchführung der vom Herzog angeordneten Maßnahmen schickte der Amtmann des
Amtes Weimar, Christian Heinrich Paulsen, am 16. September 1783 die Untersuchungsakten
mit der Verteidigungsschrift des von Amts wegen bestellten Defensors an den Schöppenstuhl
in Jena ein, und dieser gab bereits am 19. bzw. 25. September 1783 seine Rechtsbelehrung
ab (Schöppenstuhl Jena Nr. 2378, Bl. 54–57; gedruckt bei Flach, a. a. O., S. 601–605). Sie
ging von dem unumwundenen Geständnis der Inquisitin aus, daß sie das lebende Kind eine
Viertelstunde nach der Geburt mit drei Messerstichen in den Hals und durch Eindrücken in
das Bettstroh getötet habe, berücksichtigte aber die Tatsache, daß sie ihre Schwangerschaft
oder wenigstens ihre so nahe Niederkunft noch nicht vermutet habe, als mildernden Umstand
und kam daher zu dem Ergebnis, daß demgemäß zwar nicht der vorher, sondern der erst in
und bei der Geburt beschlossene Kindesmord anzunehmen und daher auf Grund der hochnotpeinlichen Halsgerichtsordnung [Karls V. von 1532] Artikel 131 nicht auf die Strafe des
lebendigen Begrabens, Pfählens oder Säckens, sondern auf die geringere Schwertstrafe zu
erkennen sei, daß »derowegen Inquisitin, dafern sie vor gehegten hochnotpeinlichen Halsgerichte auf ihrem Bekenntnis beharret oder dessen, wie Recht, überführt wird, des begangenen und gestandenen Kindermords wegen, andern zum abschreckenden Beispiel, ihr selbst
aber zur wohlverdienten Strafe, mit dem Schwert vom Leben zum Tode zu richten« sei.

Nachdem dieses Urteil bei der Regierung in Weimar eingegangen und von ihr »denen Akten und Rechten gemäß befunden« war, übersandte sie es am 9. Oktober 1783 dem Herzog mit der Bitte, es zu konfirmieren oder ein anders zu befehlen«. Am 15. Oktober sind die Vorgänge dem Geheimen Consilium präsentiert worden. Jetzt nahm der Herzog seine alte »Idee« der Abschaffung der Todesstrafe bei Kindesmord, die er am 13. Mai bereits der Regierung zur Erörterung gestellt hatte und die ihn zweifellos sehr lebhaft beschäftigte, wieder auf und beauftragte nunmehr auch die Mitglieder des Geheimen Consiliums, sich gutachtlich zu dieser Frage zu äußern. Diese Anweisung liegt zwar nicht schriftlich vor – sie ist wohl in einer Sitzung des Consiliums mündlich gegeben worden –, sie ergibt sich aber deutlich aus den Voten, die die drei Mitglieder des Consiliums nunmehr pflichtgemäß erstatteten. Denn Fritsch beginnt sein Votum mit der Bemerkung, daß er »auf Serenissimi Regentis gnädigstes Verlangen« seine »wenigen Gedanken über die neuerlich in Frage gekommene Abänderung der auf den Kindermord gesetzten Strafe schriftlich eröffne«; Schnauß hebt hervor, daß Serenissimus von den Mitgliedern des Geheimen Consiliums ausdrücklich verlangt habe, nach den Voten der Regierungsmitglieder nochmals ihr »ohnmaßgebliches Gutachten in Absicht auf die Bestrafung einer Kindesmörderin« abzugeben, und Goethe unterstreicht die erfolgte Anweisung des Herzogs mit den Worten, daß »Serenissimus clementissime regens gnädigst befohlen, daß auch ich, meine Gesinnungen über die Bestrafung des Kindesmords zu den Ackten geben solle«.

Da sich Goethe, wie noch zu zeigen ist, ausdrücklich auf die Voten seiner beiden Amtsgenossen bezieht, ist es nötig, diese ausführlicher wiederzugeben.

Das vom 25. Oktober 1783 datierte Votum von Fritsch enthält folgende Überlegungen: Er kann sich nicht ganz davon überzeugen, daß die bisher auf den Kindesmord gesetzte Todesstrafe dem Verbrechen nicht angemessen und zu dessen Verhütung nicht wirksam genug gewesen sei. Daß sie angemessen ist, schließt er aus der in diesem Punkt fast allgemeinen Übereinstimmung aller Kriminalgesetze, die sich teils auf das hier vorzüglich gut zur Anwendung zu bringende jus talionis, teils auf die Tatsache gründen, daß nichts als die Furcht vor Widervergeltung diejenige Klasse von Menschen, in der dieses Verbrechen am häufigsten vorkommt, von dessen Begehung abzuhalten in der Lage sei. Und daß die bisher angewandte Todesstrafe auch zur Verhütung dieses Verbrechens ganz wirksam sei, lehrt ihn die Erfahrung, nach der im Verhältnis zu den vielen unehelichen Geburten die Fälle von Kindesmorden äußerst selten sind. In seinen nun fast 30jährigen hiesigen Diensten hat er nur vier erlebt, und auch aus den benachbarten Landen hört man nur selten davon.

Da ihm die Todesstrafe also angemessen und wirksam genug scheint und da bei besonderen Gründen zur Milderung des Schicksals der betroffenen Personen ja auch das landesherrliche Begnadigungsrecht eintreten kann und mehrmals wirklich eingetreten ist, kann er keinen hinreichenden Grund zu einer anderweiten Gesetzgebung in diesem Punkte absehen. Er besteht aber nicht auf seiner Meinung, »da Serenissimus regens dergleichen vor Sich zu sehen glauben«, und »da die quaestio an beynahe entschieden zu seyn scheinet«; es kann daher die Frage nur noch sein, welche Strafe an die Stelle der bisherigen treten soll. Da es bei »der bekannten landesväterlichen gütigen Denkungsart« des Herzogs sicher keine härtere als die bisherige, sondern, wie sich aus dem Reskript an die Regierung ergibt, nur eine wirksamere und abschreckendere Strafe sein soll, so findet er nichts dagegen einzuwenden, daß zur Abwendung weiterer Übeltaten dieser Art wenigstens ein Versuch gemacht und einer vorsätzlichen Kindesmörderin so viel Schmach und eine so beschwerliche Existenz bereitet werde, gegen die die Schande, als gefallene Person behandelt zu werden, und die Beschwerlichkeit der Erziehung des unehelichen Kindes ungleich geringer sein würden.

Die in dem Reskript an die Regierung vorgeschlagene Strafe erscheint ihm härter als die Todesstrafe und erregt ihm das Bedenken, daß Personen von nicht ganz gemeiner Denkungsart dadurch zur Verzweiflung und deren schrecklichen Folgen getrieben werden könnten. Er möchte daher zur Milderung in den Nebenumständen; besonders bei der Wiederholung der öffentlichen Ausstellung und Züchtigung anraten. Den Kindesmörderinnen, die noch vor Publizierung des etwa zu erlassenden neuen Gesetzes schuldig werden; soll die Wahl der Strafe nach dem alten oder dem neuen Gesetz bleiben.

Zum Schluß stellt Fritsch die Frage: Wie wäre es, wenn man auf Kindesmord überhaupt keine bestimmte, ohnehin auf alle einzelnen Fälle niemals ganz passende Strafe setzte, sondern in jedem einzelnen Falle die angemessene Strafe dem Landesherrn vorbehielte?

Das am 26. Oktober 1783 von Schnauß erstattete Votum stellt eingangs fest, daß das Geheime Consilium zwar kein Justiz- oder Rechtskollegium [wie die Regierung] sei, zu dessen Kompetenz es eigentlich gehöre, über Fragen, die aus dem peinlichen Recht entschieden werden müssen, ein rechtliches Gutachten zu erstatten; es hebt damit die Ungewöhnlichkeit der Aufforderung des Herzogs an die Mitglieder des Consiliums zur Berichterstattung in diesem Punkte deutlich hervor, kommt ihr aber aus der Erwägung nach, daß es hier nicht so sehr auf eine Entscheidung nach den angenommenen Gesetzen, sondern mehr auf eine politische Gerechtigkeit, die eine Wirkung auf den Staat haben soll, ankommt und führt folgendes aus: Über die Todesstrafe, die Bestrafung der Missetäter überhaupt und insbesondere einer Kindesmörderin ist so viel gesagt und geschrieben worden, daß es schwer hält, unter den verschiedenen Schattierungen zwischen einem strengen Carpzov und einem menschenfreundlichen Beccaria eine Auswahl zu finden oder seine eigene Meinung zu bestimmen. Denn der Theologe nimmt einen anderen Standpunkt ein als der Philosoph, und dieser denkt anders als der Jurist.

Die meisten, die nicht nach der Strenge der Gesetze entscheiden wollen, sind darin einig, daß man zur Todesstrafe nur schreiten soll, wenn sie notwendig und nützlich ist. Sie muß also eintreten, wo großer Schaden und Gefahr für den Staat und die menschliche Gesellschaft zu befürchten sind, also »in Ermangelung eines Sibiriens« bei Empörungen, Hochverrat, Mordbrennerei und dergl.

Bei Kindesmord im einzelnen Falle ist diese Gefahr und dieser Schaden nicht vorhanden; er kann aber entstehen, wenn das Verbrechen überhand nimmt. Die Frage ist nun, ob die gesetzmäßige Todesstrafe das wirksamste Mittel dagegen sei. Den Grundsatz der Widervergeltung übergeht er. Spürt man den im einzelnen aufgeführten Ursachen nach, die eine Weibsperson zum Kindesmord verleiten können, so ergibt sich, daß diese Ursachen entweder aus dem Wege geräumt oder durch die Furcht vor Strafe, unterdrückt werden müssen. Da das erste Verfahren aber, wie die Erfahrung zeigt, unwirksam ist, so bleibt nur übrig, diesem Verbrechen durch eine angemessene Strafe Einhalt zu tun. Nach den Gesetzen steht die Todesstrafe darauf, die auch »bis in die neueren Zeiten der mehreren Aufklärung oder Empfindsamkeit« in solchen Fällen vollstreckt, vielfach aber durch Begnadigung umgangen worden ist. Jetzt aber, wo man mit der Todesstrafe sparsam umgehen will, kommt es hauptsächlich darauf an, ob eine andere Strafe die gleiche Wirkung habe wie die Todesstrafe. Diese Wirkung kann nur nach dem Schrecken und dem Eindruck der Strafe auf die menschliche Gesellschaft und besonders auf diejenigen, die in gleiche Schande oder Versuchung fallen können, beurteilt werden. Die härteste Strafe für die Menschheit aber ist allezeit der Tod, denn das Leben bleibt immer das höchste Gut, das der Mensch hat und das er mit äußersten Kräften zu erhalten sich bemüht. Demgegenüber können die in Vorschlag gebrachten fortdauernden und be-

schimpfenden Strafen, die in jedem Falle das Leben garantieren, eine Geschwächte nicht ab-
schrecken, den Versuch zu wagen, durch einen heimlichen Mord der immerwährenden
Schande, die eine Gefallene in den Augen des Publikums nun einmal trägt, zu entgehen.

Aus diesen Gründen kann nicht angeraten werden, von der in den peinlichen Gesetzen
verordneten Todesstrafe weder im vorliegenden Falle noch überhaupt bei Kindesmord um
der schädlichen Folgen willen abzugehen und an deren Stelle eine bloße Leibesstrafe zu ver-
ordnen. Die Höhnin ist, da sie keine Entschuldigung ihrer mit rechtem Bedacht verübten
Grausamkeit für sich hat, nach dem ergangenen Urteil am Leben bestrafen zu lassen. Dagegen bleibt es dem Herzog unbenommen, in ähnlichen Fällen bei erheblichen Umständen
eine Begnadigung durch eine willkürlich angemessene Leibesstrafe eintreten zu lassen.

Goethe war durch den auch ihm vom Herzog erteilten Auftrag zur Äußerung zweifellos in
innere Verlegenheit versetzt worden, denn er konnte sich nicht entschließen, ein Votum abzugeben.

Niederschrift Goethes.

Weimar, 1783 Oktober 25.

Aktenvermerk, eigenhändig von [Johann Wolfgang] Goethe (B 2754, Bl. 17).

»Da Serenissimus clementissime regens gnädigst befohlen, daß auch ich meine Gesinnungen über die Bestrafung des Kindesmords zu den Ackten geben solle, so finde ich mich ohngefähr in dem Falle, in welchem sich Herr Hofrath Eckardt befunden, als diese Sache bey
Fürstlicher Regierung cirkulirte. Ich getraue mir nämlich nicht, meine Gedancken hierüber
in Form eines Voti zu fassen, werde aber nicht ermangeln, in wenigen Tagen einen kleinen
Aufsatz unterthänig einzureichen.

Weimar, den 25. Oktober 1783.   JWGoethe.«

Wenige Tage später gab er folgende Notiz zu den Akten:

Niederschrift Goethes.

1783 November 4.

Aktenvermerk, eigenhändig von [Johann Wolfgang] Goethe (B 2754, Bl. 17).

»Da das Resultat meines unterthänigst eingereichten Aufsatzes mit beyden vorliegenden
gründlichen Votis völlig übereinstimmt, so kann ich um so weniger zweifeln, selbigen in
allen Stücken beyzutreten und zu erklären, daß auch nach meiner Meinung räthlicher seyn
mögte, die Todtesstrafe beyzubehalten.

den 4. November 1783.   JWGoethe.«

Der in dieser Niederschrift erwähnte, offenbar dem Herzog unmittelbar eingereichte und
daher nicht zu den Akten genommene »Aufsatz« ist nicht erhalten. Da sein Resultat nach

Goethes eigenen Worten mit den beiden gründlichen Voten von Fritsch und Schnauß »völlig übereinstimmt«, kann der Inhalt des Aufsatzes nach den aus diesem Grunde oben ausführlich wiedergegebenen beiden Gutachten annähernd erschlossen werden.

Am gleichen Tage, an dem Goethe seine zweite Notiz zu den Akten gab, bestätigte der Herzog das vom Schöppenstuhl Jena gesprochene Todesurteil gegen die Höhn.

Reskript an die Regierung zu Weimar.

Weimar, 1783 November 4.

Konzept von der Hand des Sekretärs und Archivars Johannes Schmidt, signiert von Carl August, [Jacob Friedrich Freiherr von] Fritsch, [Christian Friedrich] Schnauß und [Johann Wolfgang] Goethe (B 2754, Bl. 18).

Der Herzog hat sich das Urteil [des Schöppenstuhls Jena] »umständlich gehorsamst vortragen lassen« und bei dieser Gelegenheit seine der Regierung am 13. Mai mitgeteilte Idee über Verwandlung der Todesstrafe bei Kindesmord in eine Leibesstrafe sowie die von den einzelnen Regierungsmitgliedern erstatteten Voten »bei unserem Geheimden Consilio nochmahlen in reifliche Prüf- und Überlegung gezogen, auch alle für und wider selbige streitende Gründe auf das genaueste gegen einander abgewogen«. Die Gründe für die gewöhnliche Todesstrafe haben am Ende das Übergewicht erhalten und den Herzog nicht nur zur Beibehaltung überhaupt, sondern auch im Höhnschen Falle zur Konfirmation des gegen sie gesprochenen Urteils bestimmt, das er den Akten und den Rechten gemäß befunden hat. Die Regierung hat das Weitere zu besorgen und zu verfügen.

Am 21. November 1783 legte die Regierung dem Herzog einen Bericht des Amtes Weimar mit Vorschlägen über die Bildung der Kreise bei der Hinrichtung der Höhn vor und gab anheim zu befinden, ob außer dem äußeren, aus Bauern zusammengesetzten Kreis noch ein innerer Kreis aus der regulären Miliz gebildet und zur Erhaltung besserer Ordnung ein Kommando Husaren beordert werden solle. Darauf verfügte der Herzog folgendes:

Ordre Carl Augusts an den Obersten [Johann Maximilian Albrecht] von Lasberg [Laßberg] in Weimar.

Weimar, 1783 November 24.

Konzept von der Hand des Sekretärs Karl Kirmß, signiert von Carl August, [Jacob Friedrich Freiherr von] Fritsch, [Christian Friedrich] Schnauß und [Johann Wolfgang] Goethe (B 2754, Bl. 21).

Der Herzog findet es für nötig, daß zur Erhaltung guter Ordnung bei der bevorstehenden Hinrichtung der Kindesmörderin Höhn der innere Kreis bei dem Halsgericht auf dem Markte und bei dem Richtplatz am Gericht durch 100 Mann von der Miliz gebildet werde. Der Herr Oberst erhält Ordre, das Erforderliche zu veranstalten.

Reskript an die Regierung zu Weimar.

Weimar, 1783 November 24.

Konzept von der Hand des Sekretärs Karl Kirmß, signiert von Carl August, [Jacob Fried-rich Freiherr von] Fritsch, [Christian Friedrich] Schnauß und [Johann Wolfgang] Goethe (B 2754, Bl. 20).

Der Herzog teilt der Regierung mit, daß er ihrem Antrag gemäß die erforderliche Ordre zur Bildung des inneren Kreises durch 100 Mann Miliz und zur Stellung eines Kommandos Hu-saren, wodurch das etwaige Zudrängen des Volkes abgehalten werden soll, gegeben hat.

Die Gerechtigkeit nahm nun ihren Lauf. Am 28. November 1783 fand die Hinrichtung der Anna Katharina Höhn statt. Nachdem auf dem Marktplatz in Weimar das Hochnotpein-liche Halsgericht gehalten worden war, fand die Enthauptung am Gericht vor dem Erfurter Tore statt (vgl. den Eintrag im Totenbuch von Weimar und die Veröffentlichung in den Wei-marischen Wöchentlichen Anzeigen bei Flach a. a. O., S. 606).

Goethes amtliche Schriften –
Zur Begründung ihrer Veröffentlichung[1]
1951

Man mag die Tatsache, daß Goethe einen wesentlichen Teil seines Lebens und Schaffens der amtlichen Wirksamkeit im weimarischen Staate gewidmet hat, positiv bewerten oder bedauern; man wird sie aber in jedem Falle als gegeben hinnehmen und sich für die Beurteilung seiner Gesamterscheinung und seiner Leistung mit ihr gründlich beschäftigen und auseinandersetzen müssen. Diese wissenschaftliche Forderung wird gerade dann ein vordringliches Anliegen, wenn es die Aufgabe unserer Tage ist, »Goethe aus dem Geist seines Zeitalters zu verstehen und zugleich den unvergänglichen Gehalt seines Werkes wiederzuentdecken«. Dann ist seinem amtlichen Denken und Tun, in dem sich seine Einstellung zur Realität des täglichen Lebens deutlicher als anderswo kundgibt, mehr Beachtung zu schenken, als dies bis jetzt geschehen ist. Zwar hat auch die bisherige Goethe-Forschung dieses Thema keineswegs unbeachtet gelassen; innerhalb der ungemein ausgebreiteten und vielgestaltigen Goethe-Literatur nimmt die seiner Beamtentätigkeit gewidmete sogar einen der Ausdehnung nach beachtlichen Platz ein. Aber Wert und Ertrag dieser Arbeit stehen in keinem entsprechenden Verhältnis zu ihrem Umfang. Der gegenwärtige Stand der Forschung über Goethes amtliches Schaffen kann bei kritischer Prüfung nur als unbefriedigend bezeichnet werden.

Dieser Mangel ist im wesentlichen in der einseitigen Beleuchtung begründet, in die das amtliche Wirken Goethes bisher gerückt wurde. Im allgemeinen war es der in der Bedeutung seiner überragenden Persönlichkeit liegende Anreiz des Interessanten, der zur gelegentlichen Untersuchung und Darstellung einzelner Gegenstände, einzelner Züge oder einzelner Teilgebiete aus seiner ein Leben umspannenden Arbeit im Staatsdienst und damit vielfach zu einseitiger Beurteilung und Bewertung führte. Zufällige Funde unbekannter amtlicher Schriftstücke lockten immer wieder zu deren Veröffentlichung und führten damit zwar zur Bereicherung unserer Einzelkenntnisse; aber ihre Behandlung erfolgte in der Regel außerhalb des Zusammenhangs, in dem sie erwachsen waren, durch völlig isolierte und daher unzutreffende Betrachtung. Selbst da, wo die Forschung den Anlauf nahm, in

---

1 Die »Amtlichen Schriften« werden im Umfang von etwa acht Bänden als Veröffentlichung des Thüringischen Landeshauptarchivs [heute Thüringisches Hauptstaatsarchiv] Weimar, herausgegeben von Professor Dr. Willy Flach, im Verlag von Hermann Böhlaus Nachf.[olger] in Weimar herauskommen. Soeben erschien Band I: Goethes Tätigkeit im Geheimen Consilium Teil I. Die Schriften der Jahre 1776–1786. Bearbeitet von Willy Flach. CVI, 462 S. – Die nachstehenden Ausführungen sind ein das Wesentliche knapp zusammenfasssender, manche Gedanken wörtlich wiederholender Auszug aus der Einleitung zu diesem Band.

gründlicher Beschäftigung mit einzelnen der in sich geschlossenen größeren goetheschen Amtsbereiche fertig zu werden, mußten ihr bei der einseitigen Blickrichtung auf den Helden der Darstellung und der in dieser Betrachtungsweise liegenden Gefahr der Fehlbewertung letzte und grundsätzliche Lösungen versagt bleiben. So sehr wir uns daher im allgemeinen der bisher geleisteten Arbeit und ihrer Ergebnisse freuen, so sehr müssen wir sie in Hinsicht auf die notwendig zu lösende Gesamtaufgabe der abschließenden Behandlung von Goethes amtlichem Schaffen als Vorstufe und Baustein betrachten. Es besteht kein Zweifel darüber, daß es nunmehr an der Zeit ist, diese zusammenfassende, bisher nur oberflächlich angegangene Aufgabe ernstlich in Angriff zu nehmen mit dem Ziele, die Amtstätigkeit Goethes als eine wichtige Teilerscheinung seines Lebens und Wirkens zur Darstellung zu bringen, zugleich aber damit die Frage der Wechselwirkung zwischen dichterischer und staatsmännischer Leistung zu klären, die Bewährung oder Abwandlung seiner persönlichen Anschauungen im amtlichen Bereich zu beobachten und die möglichen Anregungen der amtlichen Wirksamkeit auf das dichterische und weltanschauliche Schaffen aufzuzeigen.

Der Gründe des unbefriedigenden Standes der Forschung auf diesem Gebiet sind viele; nicht der letzte aber liegt in der Tatsache, daß allen Unternehmungen die feste Grundlage des sicheren Überblicks über das vorhandene Quellenmaterial gefehlt hat. Es ist längst erkannt und ausgesprochen worden, daß eine zutreffende Darstellung von Goethes beamtenmäßigem und staatsmännischem Wirken nur auf der Durcharbeitung des gesamten Quellenstoffes aufgebaut werden kann, daß von diesem Stoff aber nur manches bekannt, viel mehr davon jedoch noch unbekannt ist. Die Notwendigkeit, dieses Material in seinem vollen Umfang zusammenzutragen, es dann aber zugleich in einer weit angelegten Quellenveröffentlichung der Forschung vollständig zu erschließen, steht daher am Beginn einer vertieften und endgültige Lösungen anstrebenden Beschäftigung mit der amtlichen Seite von Goethes Leben und Wirken. Auf Vollständigkeit nicht nur der Sammlung, sondern auch der Publikation muß dieses Unternehmen von Anfang an ausgehen, da jede irgendwie geartete Auswahl den wenig glücklichen Zustand der Forschung nicht zu beheben vermöchte und wiederum nur zu Teillösungen führen würde.

Denn wir müssen, wollen wir Goethe als Beamten und Staatsmann ganz verstehen und richtig beurteilen, seine Haltung, seine Einstellung und seine Entscheidung ebenso in jedem an sich belanglosen, im Zusammenhang des Ganzen aber sinnvoll werdenden Einzelfall, wie in seiner Stellungnahme und seinen Äußerungen zu Fragen des staatlichen und politischen Lebens von grundsätzlicher Art kennen und überschauen. Das aus diesen Überlegungen notwendig abzuleitende Ziel muß daher sein, alle überlieferten schriftlichen Aufzeichnungen Goethes, die als unmittelbarer Ausfluß und Niederschlag seiner amtlichen Tätigkeit entstanden sind, zu sammeln und vorzulegen, neben die in vielfachen Ausgaben seit jeher greifbaren oder jetzt in neuer und moderner Edition erneut zu erschließenden dichterischen, schriftstellerischen und naturwissenschaftlichen Werke, neben die Briefe und Tagebücher also erstmalig das Corpus der amtlichen Schriften Goethes zu stellen. Diese Aufgabe, den unmittelbaren schriftlichen Niederschlag von Goethes Amtstätigkeit sowohl als historisches Quellenmaterial wie als bisher unbeachteten Teil des Goetheschen Werkes zu publizieren, hat nunmehr das Institut übernommen, das als Hüter der schriftlichen Tradition des weimarischen Staates, dem Goethe diente, die Mehrzahl seiner amtlichen Aufzeichnungen verwahrt: das Thüringische Landeshauptarchiv [heute Thüringisches Hauptstaatsarchiv] Weimar.

Der Begriff der amtlichen Schriften Goethes, des unmittelbaren schriftlichen Niederschlags seiner amtlichen Tätigkeit, bedarf dabei noch einer besonderen Klärung. Es geht dabei um die schriftlichen Zeugnisse, die direkt aus seinem amtlichen Handeln und Wirken als amtliche Verlautbarungen hervorgegangen sind. Goethe hat sich in weitem Umfang auch außerhalb seines Amtsbereiches über amtliche Dinge geäußert; in rein persönlich gehaltenen Briefen finden sich Auslassungen über dienstliche Angelegenheiten ebenso wie in seinen Tagebüchern, denen er manchen Vorgang aus den Amtsgeschäften und viele Stimmungen und Urteile über seine dienstliche Tätigkeit anvertraut hat. Diese dem rein privaten Mitteilungsbedürfnis entsprungenen und aus der Notwendigkeit persönlicher Klärungen entstandenen Aufzeichnungen scheiden für die hier geplante Publikation aus. Sie, die in den maßgebenden entsprechenden Ausgaben von Goethes Werken zugänglich sind, die vielleicht in einer Sonderpublikation noch einmal bequemer und übersichtlicher zusammengetragen werden mögen, hier noch einmal zu wiederholen, würde nicht nur den räumlichen Umfang des Unternehmens sprengen, sondern auch einen in der bisherigen Literatur und den vorliegenden Editionen immer wieder zu beobachtender Fehler wiederholen. Denn in diesen ist zwischen dem, was an schriftlichen Aufzeichnungen aus Goethes Beamtentätigkeit unmittelbar entsprang, und seinen privaten Äußerungen darüber nicht scharf genug geschieden worden, und solche Vermengung privaten und amtlichen goetheschen Schriftgutes hat jene einseitige Heranziehung der persönlichen brieflichen und tagebuchmäßigen, mehr die stimmungsmäßige Resonanz als die reale Leistung dokumentierenden Aufzeichnungen in der Beschäftigung mit Goethes Beamtentätigkeit verursacht, die die Notwendigkeit der vollständigen Bearbeitung des amtlichen Materials verschleierte und die damit zu dem unbefriedigenden Stand der Forschung auf diesem Gebiet beigetragen hat. Es kann sich bei der jetzt in Angriff genommenen Aufgabe also nur darum handeln, die Schriftstücke, die Goethe in seiner amtlichen Stellung und im unmittelbaren amtlichen Auftrag verfaßte und schrieb oder diktierte, festzustellen und zu veröffentlichen.

Zwischen den dichterischen und schriftstellerischen Werken Goethes einerseits und seinen amtlichen Schriften besteht hinsichtlich ihrer Entstehung und damit auch für ihre Beurteilung ein wesentlicher Unterschied. Zwar verdanken sie alle ihren Ursprung und ihre Form der Tätigkeit seines Geistes. Aber während jene als ausgesprochene »Kundgebung seines persönlichen Wesens« zu gelten haben, war er bei diesen an Voraussetzungen und Willensrichtungen gebunden, die außerhalb seiner Person lagen und die nach der inhaltlichen Seite hin in den staatlichen Bedürfnissen des Landes Sachsen-Weimar-Eisenach jener Zeit, nach der formalen Seite in den Gepflogenheiten der damaligen weimarischen Behördenpraxis gegeben waren. Die Edition von Goethes amtlichen Schriften wird sich daher notwendig an diese historischen Tatsachen anzupassen haben und damit vielfach von dem in der Goethe-Forschung gewohnten Bild literarisch-philologischer Publikation abweichen müssen.

Der Inhalt von Goethes Amtstätigkeit ist weithin bestimmt worden durch den Aufgabenkreis derjenigen Behörden und Einrichtungen des Herzogtums und Großherzogtums Weimar, in denen er zur Mitarbeit berufen war und in denen er seine amtlichen Pflichten erfüllte. Zwar stellten alle diese verschiedenen Tätigkeiten im Rahmen des Staatsganzen nur besondere, vielfach ineinandergreifende Funktionen staatlicher Verwaltungsarbeit dar und fanden von Goethe her gesehen eine einheitliche Zusammenfassung in seiner Person. Aber die Voraussetzungen dieser Arbeit waren in jeder Behörde andere, und eine auf wissenschaftlich zutreffende und wertmäßig richtige historische Beurteilung der amtlichen Dokumente Goethes abgestellte Publikation muß diese daher in dem Zusammenhang belassen, in dem sie erwuchs; man hat den in der archivalischen Wissenschaft und Praxis begründeten und bewährten »Herkunftsgrundsatz« [Provenienzprinzip] auch hier zu beobachten. Das aber bedeutet für das Gesamtunternehmen der Edition von Goethes amtlichen Schriften, daß sich die sachliche bandmäßige Gliederung an die Behörden anzuschließen hat, in denen Goethe tätig war, und sie wird sich dabei in der Anordnung der Bände an die Reihenfolge seines Eintritts in diese Institutionen halten.

Seine amtliche Laufbahn begann Goethe im Geheimen Consilium, der höchsten Verwaltungsbehörde des Landes. Am 11. Juni 1776 zum Geheimen Legationsrat ernannt, am 5. September 1779 zum Geheimen Rat befördert, hat er seit dem 25. Juni 1776, dem Tage seiner Amtseinführung und Vereidigung, mit Sitz und Stimme in diesem Kollegium mitgearbeitet bis zum Antritt der Italienischen Reise am 24. Juli 1786. Auch nach der Rückkehr aus Italien gehörte er nominell dem Geheimen Consilium bis zu dessen Auflösung bei der Bildung eines Ministeriums im Jahre 1815 an, wurde aber nur noch gelegentlich bei wichtigen Anlässen von weitergehender Bedeutung zur Mitwirkung herangezogen. Die Tätigkeit im Geheimen Consilium, in dem als dem beratenden Organ des Herzogs alle ihm zur Entscheidung vorbehaltenen Fragen erörtert und erledigt wurden, vermittelte Goethe die Kenntnis des gesamten Umfangs der Staatsgeschäfte und der Verwaltungspraxis in allen Zweigen und gab ihm Einblick sowohl in die Fülle der nackten Wirklichkeit des täglichen Lebens wie in die Zusammenhänge der im staatlichen Rahmen wirksam werdenden bewegenden Kräfte seiner Zeit.

Neben dieser das Staatsganze überschauenden Arbeit im Geheimen Consilium hatte sich Goethe vor der Italienischen Reise speziellen amtlichen Geschäften zu widmen, die nach den Gebräuchen der damaligen weimarischen Behördenpraxis nicht durch die fest formierten großen Verwaltungsbehörden, sondern im Wege des besonderen Auftrages durch eigens zu diesem Zwecke gebildete ständige Kommissionen mit Behördencharakter zu erledigen waren. Zum ersten Male wurde für Goethe solche kommissionsweise Tätigkeit durch seine am 18. Februar 1777 erfolgte Berufung in die an diesem Tage geschaffene Bergwerkskommission begründet, deren Aufgabe die Vorbereitung des wiederaufzunehmenden Bergwerksbetriebes in Ilmenau und nach dessen Eröffnung am 24. Februar 1784 die Leitung der Bergbaugeschäfte war. Er hat sich, wenn er auch mit dieser Institution wie mit dem Geheimen Consilium dem Namen nach bis zu deren Ende verbunden blieb, von den Geschäften bei diesem unter unglücklichen Voraussetzungen stehenden, allmählich erlöschenden Unternehmen, das schließlich in den Jahren 1812 bis 1813 liquidiert wurde, nach und nach ganz zurückgezogen. Die Wirksamkeit bei dieser Kommission führte ihn im amtlichen Bereich in die Fragen der Finanzierung und Verwaltung wirtschaftlicher Unternehmen ein und förderte auf wissenschaftlichem Gebiet seine mineralogischen Studien.

Zu Beginn des Jahres 1779 übernahm Goethe die Leitung von zwei weiteren Kommissionen, die schon vorher bestanden, der Wegebaudirektion und der Kriegskommission. In der Wegebaudirektion, die ihm am 19. Januar 1779 übertragen wurde, oblag ihm die Leitung des Landstraßenbauwesens im weimarischen Landesteil einschließlich des Stadtpflasterbauwesens und der Aufsicht über die Promenaden um die Stadt Weimar. Diese Geschäfte verlangten nicht nur eine eingehende Befassung mit allen Angelegenheiten des Straßen- und Wasserbauwesens, sondern ebenso mit den Fragen der Straßenpolitik und der Straßenführung und mit den finanziellen Problemen der Geleits- und Zollabgaben.

Die Leitung der Kriegskommission, deren Aufgabe in der Besorgung aller Geschäfte der Militärverwaltung, insbesondere der ökonomischen Angelegenheiten bestand, übernahm Goethe am 5. Januar 1779. Hier lernte er die Verwaltungsfragen des Militärwesens bis in alle ermüdenden Kleinigkeiten hinein kennen, und hier hat er seine Überzeugung von der Wertlosigkeit und dem Verhängnis aller Soldatenspielerei durch die Verringerung des weimarischen Militärs zugunsten anderer Staatsaufgaben durchsetzen können. Sowohl von der Wegebaudirektion wie von der Kriegskommission hat sich Goethe mit der Italienischen Reise getrennt, wenn er auch später noch gelegentlich in Wegebaugeschäften und vor allem in der 1790 eingerichteten und 1803 wieder aufgelösten besonderen Wasserbau-Kommission tätig gewesen ist.

War Goethe im Geheimen Consilium von Anfang an stark mit Fragen der Staatsfinanzen und des Steuerwesens in Berührung gekommen und waren ihm solche Angelegenheiten in der Bergwerkskommission, der Wegebaudirektion und der Kriegskommission, deren Aufgaben allenthalben die Klärung und Regelung der finanziellen Grundlagen voraussetzten, Gegenstand täglicher Beschäftigung, so war von diesen Voraussetzungen aus er der geeignete Mann, der sich einmal zum Präsidenten der Kammer entwickeln konnte. Jedenfalls hatte die am 11. Juni 1782 gegebene Anordnung Carl Augusts, daß sich Goethe mit den Kammergeschäften näher bekannt machen sollte, um sich zum Direktorium der Kammer zu qualifizieren, dieses Ziel im Auge. Es ist indes nie dazu gekommen; Goethe hat nie den Titel eines Kammerpräsidenten oder Kammerdirektors erlangt. Die Leitung der Kammergeschäfte in Weimar, die er seit dem 11. Juni 1782 innehatte, erstreckte sich vielmehr nur auf die Mitwirkung bei den aus dem Rahmen der gewöhnlichen Praxis herausfallenden bedeutenderen Angelegenheiten. Die Beteiligung Goethes an dem Geschäftsgang der Kammer ist daher eine grundsätzlich andere als in seinen übrigen Amtsbereichen. Während er in diesen am täglichen Geschäftsgang bis in alle Einzelheiten hinein, insbesondere auch an allen Stadien des durch Vorschriften und Brauch geregelten Werdegangs der Schriftsätze teilnahm, ist er in der Kammer daran nicht beteiligt gewesen. Aber diese Geschäfte haben seine Kenntnisse in allen Fragen der staatlichen Finanzen erheblich erweitert und ihn diese Dinge von zentraler Stelle im Staate aus sehen und beurteilen lassen.

Noch einmal war es vor der Italienischen Reise eine steuerliche Angelegenheit, die Goethe zur Bearbeitung in Form einer Kommission übertragen wurde: die Regelung des Steuerwesens im Amte Ilmenau. In der am 6. Juli 1784 eingesetzten Ilmenauer Steuerkommission, deren Geschäftsumfang in Abgrenzung gegen die Kompetenzen der Regierung am 21. Dezember 1784 festgelegt wurde, hat er auch nach der Italienischen Reise weitergewirkt, sich jedoch seit 1805 daraus gelöst; aber noch am 2. Januar 1818 bei Auflösung der Kommission wurde seine Tätigkeit ehrenvoll genannt.

In diesem ausgedehnten und vielgestaltigen amtlichen Wirken Goethes bedeutete die Italienische Reise – wie in seinem Leben und Schaffen überhaupt – einen grundlegenden Einschnitt, im wesentlichen ein völliges Ausscheiden aus diesen Tätigkeitsgebieten. Dafür hat er sich dann nach der Rückkehr aus Italien, »weniger von Detail überhäuft, zu dem er nicht geboren« war, solchen amtlichen Geschäften zugewandt, die seiner Veranlagung und Neigung entsprachen, und nur das getan, was niemand als er tun konnte. Im wesentlichen umfaßte sein amtliches Wirken nach der Italienischen Reise die Gebiete von Kunst und Wissenschaft, in denen sein persönliches Wesen die dienstlichen Verrichtungen reich befruchtete, in denen aber auch er wesentliche Förderung für sein wissenschaftliches und literarisches Schaffen aus den amtlichen Geschäften zog.

Zunächst war es die am 23. März 1789 eingesetzte Schloßbaukommission, in die Goethe berufen wurde. Ihre Aufgabe bestand darin, den Wiederaufbau des am 6. Mai 1774 abgebrannten Residenzschlosses in künstlerischer, technischer und finanzieller Hinsicht zu fördern; ihre Geschäfte haben sich bis zur Fertigstellung des Baues im Jahre 1803 hingezogen, und aus ihnen hat Goethe für sich wesentliche Förderungen in architektonischen Fragen erfahren.

Anfang 1791 folgte Goethes Beauftragung mit der Oberdirektion des neu errichteten Hoftheaters, und von da an nahmen die Theatergeschäfte einen breiten Raum in seiner amtlichen Tätigkeit ein. Sie erhielten eine fest organisierte Form mit der Errichtung einer ständigen Theaterkommission am 1. August 1797, die am 26. März 1816 in Hoftheater-Intendanz umbenannt und den übrigen Landeskollegien gleichgestellt wurde. Mit dieser amtlichen Funktion verknüpfte sich befruchtend sein ganz persönliches, auf die Auswahl der Stücke, die Hebung des schauspielerischen Niveaus und die Bildung des Publikums gerichtetes Bestreben, das der weimarischen Bühne ihren geachteten und verpflichtenden Namen eingetragen hat. Er schied am 13. April 1817 aus diesem Amte, als er sich mit seinen künstlerischen Auffassungen nicht mehr durchsetzen konnte.

Am umfangreichsten waren die Amtsgeschäfte, die Goethe in der Fürsorge für die wissenschaftlichen und künstlerischen Institute in Weimar und Jena ausgeübt hat und die ihn bis in seine letzten Lebenstage hinein begleiteten. Die Anfänge dieser Geschäfte lagen schon vor der Italienischen Reise, wo ihm als Mitglied des Geheimen Consiliums gelegentlich einzelne Fragen dieser Art zur besonderen Erledigung übertragen wurden, etwa die Einrichtung und Beaufsichtigung eines Naturalienkabinetts in Jena, die Erwerbung der Büttnerischen Bibliothek aus Göttingen für Jena und in Weimar die Aufsicht über die freie Zeichenschule. Aber nach der Italienischen Reise nahmen solche Aufträge allmählich behördlich organisierte Formen an. Von 1788 an führte er die Oberaufsicht über das Zeicheninstitut; am 20. Februar 1794 übernahm er nach voraufgegangenen Sonderaufträgen die Kommission für das Botanische Institut in Jena und am 9. Dezember 1797 die Kommission für Bibliothek und Münzkabinett in Weimar, später auch für die Herzogliche Bibliothek in Jena. Am 11. November 1803 trat dazu die Oberaufsicht über das durch den Zuwachs von allerlei naturwissenschaftlichen Sammlungen sich erweiternde Museum in Jena, und dieser Amtskreis vergrößerte sich durch die Oberaufsicht über die am 21. April 1812 gegründete Sternwarte und die 1816 errichtete Tierarzneischule. Nachdem bereits 1809 eine gewisse rechnungs- und verwaltungsmäßige Zusammenfassung der bis dahin getrennten Anstalten erfolgt war, wurde mit der Ernennung Goethes zum Staatsminister am 12. Dezember 1815, die »in Betracht seiner ausgezeichneten Verdienste um die Beförderung der Künste und Wissenschaften und der denselben gewidmeten Anstalten« geschah, die Tätigkeit auf diesem Gebiet bei der Neuorganisation der Behörden des zum Großherzogtum erhobenen Landes unter der Bezeichnung der Oberaufsicht über die unmittelbaren Anstalten für Wissenschaft und Kunst in Weimar und Jena neu gefaßt und Goethe gewissermaßen als ein eigenes Departement übertragen. Zur Betreuung der nun in der »Oberaufsicht« zusammengefaßten Anstalten kam am 7. Oktober 1817 auch noch die Oberleitung der bei der Universitätsbibliothek in Jena zu treffenden neuen und besseren Einrichtungen. In der Betätigung dieser Oberaufsicht sind amtliche Pflichten und persönliche wissenschaftliche Anliegen Goethes die innigste Verbindung eingegangen, so daß er von der Universität Jena sagen konnte, daß er »dieser Akademie ganz eigentlich die Entwicklung seines wissenschaftlichen Bestrebens schuldig geworden« sei.

Aus diesen knapp umrissenen, vielgestaltigen Amtsbereichen, in denen Goethe neben- und nacheinander wirkte, den unmittelbaren schriftlichen Niederschlag seiner Tätigkeit festzustellen und zu veröffentlichen, aus sachlichen, im Material liegenden Gründen getrennt für die einzelnen Behörden und Departements, innerhalb dieser aber in der chronologischen Anordnung der Entstehung, ist nach der stofflich-inhaltlichen Seite gesehen die Aufgabe der Edition von Goethes amtlichen Schriften. Sie setzt die inhaltliche Durchforschung und die restlose Bearbeitung des gesamten überhaupt überlieferten Quellenmaterials dieser Einrichtungen für die Zeit von Goethes Mitarbeit voraus, denn nur so kann sein Anteil an der Gesamtarbeit im einzelnen und im ganzen überhaupt erst ermittelt und zutreffend beurteilt werden. Nicht Goethe kann hier – und das unterstreicht die wesentliche Verschiedenartigkeit seines amtlichen Schrifttums von seinen dichterischen, schriftstellerischen und wissenschaftlichen Werken ganz nachdrücklich – der Ausgangspunkt der Betrachtung sein, sondern die Arbeit und die Leistung der einzelnen Behörde zu Goethes Zeit, und erst im Zusammenhang mit den sachlichen und behördenmäßigen Gegebenheiten, aus denen Goethes amtliche Schriften entstanden, finden sie den Platz, an dem sie in die richtige Beleuchtung gerückt sind.

Daß diese Arbeit, wenn man gegenüber den bisherigen mehr zufälligen Betrachtungen der amtlichen Tätigkeit Goethes endlich zu abschließenden Erkenntnissen gelangen will, in der angedeuteten Art durchgeführt werden muß, das liegt in der damaligen behördlichen Praxis begründet, und diese Feststellung führt uns zu den Überlegungen, die nach der formalen Seite hin die Beschäftigung mit Goethes amtlichen Schriften voraussetzt. Die Arbeitsweise der Behörden, in denen Goethe tätig war, ist im wesentlichen die in jener Zeit übliche, nämlich die kollegialische gewesen. Nicht der einzelne höhere Beamte hatte die ihm zur Bearbeitung und zum Referat übertragenen Materien selbständig zu entscheiden und zu erledigen und dafür die Verantwortung zu übernehmen; vielmehr erfolgte deren Behandlung in den Sitzungen des Kollegiums, das die Behörde bildete, und aus den an den mündlichen, bisweilen durch schriftliche Aufzeichnungen gestützten Bericht des Referenten anknüpfenden Beratungen der Mitglieder ergab sich der Beschluß, der die schriftliche Erledigung des einzelnen Falles einleitete. Die Anfertigung der aus der Behörde ausgehenden Schreiben aber ist dann in der Regel nicht mehr Sache der oberen, sondern der mittleren Beamten gewesen; die Anfertigung der Konzepte wurde im allgemeinen von den Sekretären nach den Anweisungen der Räte, die der Reinschriften und Ausfertigungen von den Kanzlisten vorgenommen. Nur bei besonderen, wichtigen Anlässen führten die Räte das Geschäft der Konzipierung selbst aus; auch nur bei solchen Anlässen gaben sie ihr sonst immer mündlich erstattetes Gutachten schriftlich ab. Wohl aber hatten die Räte die Übereinstimmung der von den Sekretären entworfenen Konzepte mit den im Kollegium gefaßten Beschlüssen zu überprüfen, die so erfolgte Revision des Konzepts durch das am Rande angebrachte Signum ihres Namens zu bescheinigen, gegebenenfalls die Ausfertigung zu unterschreiben und damit ihre Zustimmung zu der von anderen gefundenen schriftlichen Fassung ihrer Beschlüsse auszudrücken.

Bei diesem Sachverhalt und bei der nur äußerst spärlichen Anfertigung besonderer Niederschriften über die kollegialischen Beratungen in den Sitzungen der Behörden ist es nur in seltenen Fällen möglich, den Anteil des einzelnen Mitgliedes im Kollegium am Zustandekommen der Beschlüsse zu ermitteln; wohl aber ergibt sich aus dem Signum des Konzeptes oder der Unterschrift der Ausfertigung die jeweilige Mitwirkung, zumindest aber die Kenntnisnahme von der Sache und die Zustimmung zu der für deren Erledigung gefundenen Form. Man wird also, will man Goethes Amtstätigkeit in ihrem ganzen Umfang, ihrer Vielseitigkeit und ihrer Wechselwirkung zwischen ihm und dem Staat überblicken, für die Edition nicht nur die auf ihn unmittelbar zurückgehenden, ganz oder teilweise von ihm verfaßten und eigenhändig von ihm oder nach seiner Anweisung und seinem Diktat von anderen geschriebenen Schriftsätze zu berücksichtigen haben, sondern auch den gesamten schriftlichen Niederschlag, dessen Fassung zwar von anderen gefunden wurde, für den er aber durch sein Signum oder seine Unterschrift die Kenntnisnahme, die anregende oder beratende Mitwirkung und das Einverständnis ausgedrückt hat. Die Erfassung und Veröffentlichung jener von ihm stammenden persönlichen Leistungen, der von ihm selbst verfaßten oder diktierten Reskripte und Kommunikationsschreiben, Voten und Berichte, Referate und Aktenauszüge und seiner Korrekturen in den Schreiben anderer, hat dabei im vollen Wortlaut zu erfolgen; die der Form nach von anderen stammenden Schriftsätze aber, die unter Goethes stetiger Mitbeteiligung zustande gekommen sind, werden im Gegensatz dazu nur in Regesten zu geben sein, da an ihnen lediglich der sachliche Inhalt, nicht aber die stilistische Form interessiert. Die Feststellung im einzelnen, was von den überlieferten schriftlichen Zeugnissen seines amtlichen Wirkens eigenes Werk und was die Fassung anderer ist, wird aus einer eingehenden Untersuchung der jeweiligen behördlichen Verhältnisse, in denen die Schriftstücke entstanden, mit Sicherheit oder hoher Wahrscheinlichkeit zu treffen sein. Die wesentlichen Ergebnisse dieser Untersuchungen über die Geschichte, den Arbeitsbereich, die Mitglieder und die Arbeitsweise der einzelnen Behörden werden jedem Bande einleitungsweise vorausgeschickt werden.

Keine der amtlichen Schriften Goethes spricht im allgemeinen so für sich selbst wie seine literarischen Werke. Dafür sind sie alle zu sehr Ergebnisse der Forderung des Tages und Erzeugnisse sachgebundener einmaliger Vorgänge. Ihr Verständnis und die Möglichkeit der Auswertung nach den verschiedensten Seiten der Forschung müssen daher durch Erläuterungen erschlossen werden, in denen das Wesentliche über Einzelheiten und Zusammenhänge zu sagen sein wird.

Diese orientierenden Gedanken zu Beginn eines Unternehmens, das sich die Veröffentlichung von Goethes amtlichen Schriften zum Ziel setzt, zeigen deutlich, daß bei der besonderen Stellung dieser Schriften in Goethes Gesamtwerk auch die Form der Bearbeitung und Veröffentlichung notwendig eine andere sein muß als bei seinen literarischen Werken. Es geht hier darum, aus der Kenntnis historischer, archivalischer und verwaltungsmäßiger Zusammenhänge heraus diese Schriftstücke als Zeugnisse der Vergangenheit nach quellenkritischen Maßstäben aufzubereiten und auf dieses Sachgebiet der neueren Geschichte jene Methoden anzuwenden, die die historische Forschung in ihrer hilfswissenschaftlichen Fachrichtung an der schriftlichen Überlieferung des Mittelalters in vollendeter Weise entwickelt hat. In dieser Form wird die Publikation die Voraussetzungen schaffen für das Verständnis der amtlichen Schriften Goethes und damit für eine zutreffende Beurteilung seiner amtlichen Tätigkeit als einer wesentlichen Leistung seines Lebens.

Die auf diesen Überlegungen und Feststellungen aufgebaute Arbeit der Edition von Goethes amtlichen Schriften galt zunächst seiner Tätigkeit im Geheimen Consilium. Die Veröffentlichung des Ertrags dieser das gesamte überlieferte Quellenmaterial bewältigenden Forschungen und Ermittlungen wird zwei Bände des Gesamtwerkes beanspruchen, deren erster, soeben erschiener alle von Goethe eigenhändig geschriebenen, verfaßten oder korrigierten Schreiben im vollen Wortlaut bringt, deren zweiter, in den Umrissen feststehender außer den Erläuterungen zum ersten alle die Schreiben in Regesten enthalten wird, an deren Zustandekommen Goethe durch Beratung und Signatur mitgewirkt hat. Es ist nunmehr an der Zeit, über die Ergebnisse dieser ungemein ausgedehnten Forschungsarbeit andeutend zu berichten, um damit aufzuzeigen, daß einmal die eingangs begründete besondere Art der Bearbeitung des Materials sich als richtig bestätigt hat, daß zum andern aber damit unsere bisherige Kenntnis von Goethes Beamtentätigkeit sich nach allen Seiten hin erweitert.

Das Geheime Consilium des Herzogtums Sachsen-Weimar-Eisenach, in das Goethe am 25. Juni 1776 als Mitglied mit Sitz und Stimme eintrat, war im Rahmen der vielgliedrigen Behördenorganisation des Landes eine verhältnismäßig recht junge Behörde. Erst zwanzig Jahre zuvor war es in der Form, in der Goethe es vorfand, und mit den Einrichtungen, die zu seiner Zeit weiterbestanden, ins Leben gerufen worden. Es war und blieb das Instrument des nach den Prinzipien des aufgeklärten Absolutismus regierenden Herzogs.

Der Personalbestand, der bei Goethes Eintritt das Geheime Consilium und die mit diesem verbundene Kanzlei ausmachte, war ein im wesentlichen fest geschlossener Personenkreis des Berufsbeamtentums. Von den dreizehn Beamten gehörten zwölf dem Bürgertum an; nur einer war adlig, aber auch der Adel seiner Familie war noch kein halbes Jahrhundert alt. Mindestens acht dieser Beamten waren Landeskinder; acht stammten aus Beamtenfamilien. Sieben von ihnen waren im Consilium und in der Kanzlei seit ihrer Gründung vor zwanzig Jahren tätig; sieben, unter ihnen gerade die Mitglieder des Consiliums selbst und die beiden wichtigsten Personen der Kanzlei, hatten eine noch längere Laufbahn im Landesdienst bis zu 35 Dienstjahren hinter sich, und selbst der Dienstjüngste hatte immerhin 6 Dienstjahre aufzuweisen. Auch nach den Lebensjahren stellten die Angehörigen dieser Behörde eine verhältnismäßig geschlossene Gruppe des mittleren Lebensalters dar. Nur einer war über 60 Jahre alt; drei standen zwischen 50 und 60, sieben zwischen 40 und 50, einer zwischen 30 und 40; in weitem Abstand folgte der Jüngste mit 26 Jahren. Alle diese Merkmale der Zusammensetzung des Geheimen Consiliums lassen ganz eindeutig die Fülle der berufsmäßigen Erfahrung, die sichere Beherrschung der Geschäftsformen, das konservative Festhalten am Hergebrachten und zur Gewohnheit Gewordenen, mit einem Wort die beamtenmäßige Routine erkennen, die in diesem Kreise angehäuft war, die seine Arbeit im ganzen und im einzelnen bestimmte, sie zugleich förderte und hemmte.

In diesen in sich gefestigten Kreis also trat Goethe im Juni 1776 als Geheimer Legationsrat ein, noch nicht ganz 27 Jahre alt, also nur dem jüngsten Sekretär der Geheimen Kanzlei gleichaltrig und schon äußerlich in scharfem Abstand zu seinen unmittelbaren Kollegen, dem 45jährigen Jacob Friedrich Freiherrn von Fritsch, dem 53jährigen Christian Friedrich Schnauß und dem 48jährigen Johann Christoph Schmidt; er trat ein ohne jede Vorbereitung, Ausbildung und Erfahrung, wie die anderen sie aufzuweisen hatten, durchaus mit dem »Unbegriff des zu Leistenden«, aber mit »tätigem Selbstvertrauen«, mit der »sicheren Kühnheit, daß es zu überwinden sei« und mit dem Ziel, »Untertanen glücklich zu machen«. Ihn trug dabei nur die Freundschaft und das Vertrauen des jungen Herzogs Carl August, der seine Berufung im Bewußtsein der Notwendigkeit staatlicher Reformarbeit und eines dabei notwendigen Gegengewichtes gegen die Gefahr der Erstarrung des Geheimen Consiliums in der Routine vollzog. Daß von dieser in ihrer Berufspflicht aufgehenden, aber gerade deswegen an den allmählichen Aufstieg innerhalb einer geregelten Laufbahn und eines eng umschriebenen Amtes gewöhnten Beamtenschaft Goethes Berufung als etwas völlig Neues, als eine Durchbrechung geheiligter Traditionen empfunden werden mußte, läßt sich so verstehen. In diesem auf seine »langwierigen Dienste und ausgezeichneten Verdienste«, seine behördliche Vorrangstellung, seine langjährige Geschäftserfahrung und seine umfassenden Kenntnisse in allen Angelegenheiten des herzoglichen Hauses und des Landes stolzen Kreise mußte die Berufung eines fremden jungen Mannes, dem alle diese beamtenmäßige Erfahrung fehlte, dem selbst das höchste Wohlwollen seines Freundes, des Herzogs, außer Rechtschaffenheit und einem guten und fühlbaren Herzen, außer Kopf und Genie nichts sonst nachzurühmen wußte, als eine beleidigende Mißachtung des »ersten und ansehnlichsten Collegii« und seiner Arbeit und als eine Gefährdung der eigenen Stellung wirken. In diesem Kreise hatte Goethe nun mitzuarbeiten; er ist in ihm in seine Arbeit hineingewachsen, aber der Abstand zwischen ihm und seinen Kollegen, der von Anfang an so sinnfällig vorhanden war, hat sich nie ganz verwischt.

Die ausschließliche Aufgabe des Geheimen Consiliums war die Beratung des Landesherrn in allen Fragen der Staatsregierung, in allen denjenigen Angelegenheiten, die seiner unmittelbaren Entscheidung vorbehalten waren. Damit aber war von allen Landesbehörden das Consilium diejenige, bei der man die Gesamtheit der staatlichen Verwaltungsarbeit am genauesten übersehen konnte. Hier lernte man und hier lernte auch Goethe das Leben und die »Realität« in der Form des amtlichen Niederschlags in vollstem Umfang kennen, ebenso in den bewegenden Fragen und Kräften der Zeit wie im einzelnen täglichen Fall. Hier überblickte er im großen und im kleinen die Lage und die aus ihr abzuleitenden staatlichen Notwendigkeiten des Landes Sachsen-Weimar-Eisenach, und wenn der Schauplatz dieses Landes auch klein genug war, so war er immerhin ein Tätigkeitsfeld, auf dem man seine ganze Kraft im Staatsdienst einsetzen mußte, um der Fülle der andrängenden Aufgaben auf allen Gebieten Herr zu werden.

Allerdings kam man bei der Arbeit im Geheimen Consilium mit dem Leben nur auf eine eigentümliche Weise, nur auf dem Wege der Schriftlichkeit in Berührung. Das Consilium hatte seine beratende Tätigkeit auf Grund von eingehenden Berichten der Fachbehörden des Landes oder von auswärtigen Schreiben vorzunehmen, und es gab die Ergebnisse dieser Beratungen und Entscheidungen als Befehl zur Ausführung durch die zuständigen Landesbehörden oder als Meinungsäußerung nach außerhalb des Landes wieder schriftlich bekannt. Mit den Menschen selbst kam man hier in keine unmittelbare Verbindung; alles Leben lief hier durch den »Filtriertrichter der Expeditionen«, und auch der schriftliche Verkehr konnte hier nicht von Mensch zu Mensch, sondern nur von Behörde zu Behörde geführt werden. Den Weg der Schriftlichkeit mußten auch alle die guten Gedanken, Ideen und Reformpläne gehen, die, ohne von außen angeregt zu sein, etwa im Schoße des Consiliums selbst aufkamen; auch ihre Verwirklichung konnte nur durch schriftlichen Befehl den zuständigen Landesbehörden aufgetragen werden.

Die Form, in der sich die beratende Tätigkeit des Geheimen Consiliums vollzog, seine Arbeitsweise und sein Geschäftsverfahren, entsprach genau der damaligen Praxis derartiger Behörden. In den drei Stufen des Referierens, des Votierens und des Resolvierens, d. h. des Vortrags, der Begutachtung und des Beschlusses, spielte sich dieses collegialiter ausgeübte mündliche Geschäft der Gemeinschaft der Räte bei den eigens zu diesem Zwecke mindestens einmal wöchentlich abgehaltenen Sessionen, an denen meist auch der Herzog teilnahm, ab, und es kam dabei weniger auf die Arbeit des einzelnen als vielmehr auf die kollegialische Zusammenarbeit an. Nur selten läßt sich daher der Anteil des einzelnen Mitgliedes an der geleisteten Arbeit erkennen, und nur da, wo in besonderen, seltenen Fällen der Referent sich zu den Akten genommene Aufzeichnungen und Auszüge für sein Referat fertigte, wo bei wichtigen oder eiligen Angelegenheiten die Gutachten schriftlich abzugeben waren und wo bei ganz entscheidenden Fragen zur Begründung des Beschlusses ausnahmsweise einmal Protokolle aufgenommen wurden, endlich auch da, wo aus besonderen Anlässen einem Mitglied des Rates eine kommissarische Untersuchung und anschließende Berichterstattung aufgetragen wurde, löst sich für unsere Erkenntnis die Gemeinschaftsleistung des Consiliums in die Anteile der einzelnen Räte auf.

An der schriftlichen Fassung der Beschlüsse des Geheimen Consiliums sind seine Mitglieder – abgesehen von besonderen Fällen – im allgemeinen nicht beteiligt gewesen; dies war die Aufgabe des gehobenen Personals der Geheimen Kanzlei, der expedierenden Sekretäre. Aber nach der Anfertigung der Entwürfe wurden diese, bevor sie dem Herzog zur Unterschrift vorgelegt wurden, in jedem Falle allen Geheimen Räten, die am Zustandekommen des dem Konzept zugrunde liegenden Beschlusses mitgewirkt hatten, zur Kenntnisnahme, zur Revision und zur Abzeichnung unterbreitet. Es geschah, um die Übereinstimmung der schriftlichen Fassungen mit den in den Sessionen gefaßten Beschlüssen zu gewährleisten, und bei dieser Revision hatte daher jeder der Räte, meist wohl der Referent, Gelegenheit, Korrekturen an den Konzepten vorzunehmen, deren Skala von kleinen stilistischen Verbesserungen hinreicht bis zu ganz wesentlichen Zusätzen und Umgestaltungen, gelegentlich sogar bis zur völligen Verwerfung und Neufassung. Was dann zur Vollendung der schriftlichen Fassung der Beschlüsse des Geheimen Consiliums noch fehlte, die Herstellung der Reinschrift und die Aushändigung, das ging ohne die Mitwirkung der Geheimen Räte vor sich, das war ausschließlich Sache des mittleren und unteren Personals der Geheimen Kanzlei.

Auf dem so in knappen Linien umrissenen Hintergrund der Aufgabe, der Arbeitsweise und des Personalstandes des Geheimen Consiliums und der Geheimen Kanzlei und aus der auf ganz neuartigen methodischen Wegen erreichten restlosen Erfassung und Ausschöpfung des gesamten erhaltenen schriftlichen Niederschlages dieser Behörde hebt sich nun der besondere Anteil Goethes an der Gesamtleistung des Kollegiums, soweit er bei der gegebenen Sachlage überhaupt ermittelt werden kann, deutlich und sicher ab. Es muß genügen, hier einige Ergebnisse dieser eindringenden Quellenforschung und Quellenpublikation andeutend aufzuzeigen.

Die erste Frage gilt dabei der Teilnahme Goethes an dem Gesamtumfang der Arbeiten des Geheimen Consiliums, seiner Mitwirkung an dem beratenden Geschäft, das sich in den Sessionen vollzog. Eine zu diesem Zwecke in weitausgreifender Rekonstruktion geschaffene Übersicht über sämtliche Sitzungen des Geheimen Rates für die Zeit von Goethes Mitarbeit, vom 25. Juni 1776 bis zum 24. Juli 1786, mit Feststellung der jeweils Anwesenden und aller darin behandelten Gegenstände vermittelt uns bereits überraschende Erkenntnisse. Das ist zunächst die Tatsache der Regelmäßigkeit, mit der Goethe an den Sessionen teilgenommen hat. Zwar hält er in dieser Hinsicht den Vergleich mit dem geradezu erstaunlich seßhaften Schnauß keinesfalls aus; aber den Vorsitzenden Fritsch übertrifft er in der Zahl der Anwesenheiten doch um ein weniges. Die Gründe für die Abwesenheit Goethes von gewissen Sessionen sind fast in jedem einzelnen Falle quellenmäßig zu belegen; sie waren im wesentlichen in amtlichen Geschäften außerhalb des Consiliums, in besonderen Aufträgen des Herzogs oder in seiner Begleitung auf Reisen gegeben, wenn nicht ausnahmsweise einmal Krankheit als Entschuldigung für das Fernbleiben von der Sitzung angeführt werden kann. Das alles zeigt schon bei dieser rein äußerlichen Betrachtung, daß sich Goethe seiner amtlichen Tätigkeit mit Ernst und in strenger Dienstauffassung gewidmet hat, und aus dem amtlichen Quellenmaterial wird so seine eigene Äußerung vom 2. Dezember 1783 gegen Frau von Stein, daß er das Conseil »nie ohne die höchste Noth versäumt habe«, hervorragend bestätigt. Zugleich aber zeigt diese aus den amtlichen Quellen gewonnene volle Übersicht beim Vergleich mit den wenigen Erwähnungen von Sitzungen des Consiliums in Goethes Tagebüchern und Briefen, auf die sich die bisherige Forschung in der Beurteilung seiner amtlichen Tätigkeit vorzugsweise stützte, wie bescheiden unsere bisherige Kenntnis in diesen Dingen war.

Und noch ein zweites tritt aus diesen rekonstruierten Sessionskalendern und Anwesenheitslisten für Goethes Teilnahme mit voller Klarheit und für unsere Kenntnis erstmalig in Erscheinung, das ist der Zeitraum, auf den sich seine regelmäßige Mitwirkung erstreckte. Es galt bisher als ausgemacht, daß Goethe bis zum Beginn der Italienischen Reise unentwegt an allen Arbeiten des Geheimen Consiliums beteiligt gewesen sei. Nun wissen wir es anders und richtiger. Bis zum Februar 1785 ist er – mit Ausnahme der begründeten Entschuldigungen – ständiger Teilnehmer an den Sitzungen gewesen, aber dann bricht seine Teilnahme schlagartig ab. Nur noch je einmal im Mai und Juni 1785 hat er sich aus bestimmten dringenden Anlässen zur Sitzung eingefunden, und im September 1785 hat er bei der ganz außergewöhnlichen Abwesenheit des Geheimen Rates Schnauß, als auch Fritsch seinen üblichen längeren Jahresurlaub hatte, den allein im Consilium zurückgebliebenen Geheimen Assistenzrat Schmidt in den Sessionen unterstützt. Dann aber ist er bis zum Beginn der Italienischen Reise den Sitzungen des Consiliums ferngeblieben, ohne daß der Grund dafür in irgend einer amtlichen oder privaten Äußerung deutlich ausgesprochen worden wäre. Er läßt sich gleichwohl einigermaßen deutlich erkennen, vor allem daraus, daß er auch nach seinem Rückzug aus den Sessionen noch bei wichtigen Fragen schriftlich beratend und berichtend für das Consilium tätig war und daß mit dem dauernden Fernbleiben von den Sitzungen die Bewältigung anderer vordringlicher Geschäfte in seinen übrigen Amtsbereichen zusammenfällt. Es wird damit zur sicheren Vermutung, daß die von ihm gewünschte und ihm vom Herzog zugedachte Erleichterung in der Befreiung vom täglichen, in den Sessionen des Consiliums behandelten Kleinkram und in der Freimachung für größere und umfassendere Arbeiten bestehen sollte. Die Vorzeichen der Einsicht, daß ihn seine amtliche Tätigkeit mehr als billig seiner dichterischen Berufung entzog, die dann anderthalb Jahre später zu seiner Italienischen Reise führte, sind bereits deutlich in seinem Absetzen aus den Sessionen des Geheimen Consiliums im Februar 1785 zu verspüren.

Von dem im rekonstruierten Sessionskalender gegebenen äußeren Rahmen der Tätigkeit des Geheimen Consiliums führt die forschende Fragestellung dann weiter zu dem sachlichen Inhalt dieser Arbeit, die unter Goethes Mitwirkung geleistet worden ist, und damit zu den Gegenständen, die in den Sessionen, an denen er teilnahm, behandelt worden sind. Der Umfang dieser in jenen zehn Jahren bewältigten Aufgaben und Goethes Anteil daran dürften bisher auch nicht annähernd geahnt worden sein. Rund 23 000 Fälle sind vom Consilium in dieser Zeit in rund 750 Sessionen bearbeitet worden, und an weit über 500 von diesen hat Goethe teilgenommen. An mindestens zwei Dritteln der im Consilium gefaßten Resolutionen hat er also referierend und begutachtend mitgewirkt, und wenn man bedenkt, daß er dabei in jedem einzelnen Fall mit den Gegebenheiten des täglichen Lebens in enge Beziehung kommen und sich mit ihnen verantwortlich auseinandersetzen mußte, so wird gerade an dieser Stelle besonders deutlich, wie stark ihm die Tätigkeit im Consilium die »Realität« staatlichen und gesellschaftlichen Lebens zeigte, »die er durch seine Stellung zum Hof und verschiedenartige Zweige des Staatsdienstes zu höherem Vorteil in sich aufzunehmen genötigt« war. Die Fülle dieser Realität, den tatsächlichen Inhalt jedes einzelnen Gegenstandes, der in den unter Goethes Teilnahme abgehaltenen Sessionen behandelt worden ist, und damit das ungeheure, viele Tausende von grundsätzlichen Problemen und Einzelfragen aus allen Gebieten staatlicher Verwaltungsarbeit, aus allen Bevölkerungsschichten und aus dem gesamten Staatsgebiet umfassende Material, mit dem Goethe während dieser Zeit in Berührung kam und an dessen Bewältigung er, die schriftlich fixierte Entscheidung durch sein Signum deckend, mitgewirkt hat, werden die im zweiten Bande unseres Unternehmens ausgebreiteten Regesten erkennen lassen. Diese Fülle auch nur andeutend zu umschreiben, kann in dieser einführenden Skizze nicht unseres Amtes sein. Künftige Forschung wird hier ein Feld zu reicher und vielfältiger Bestellung finden.

Aus dem so methodisch gesicherten, breit und fest gegründeten Gesamtbau der kollektiven Leistung des Geheimen Consiliums heben sich nun, soweit das bei der besonderen, in der vorstehend umrissenen Arbeitsweise des Consiliums gegebenen Sachlage überhaupt rückschauender Betrachtung möglich ist, solche Bauteile, die Goethes speziellen Anteil daran ausmachen, klar und in eindeutigen Linien ab. Sie werden für uns sichtbar in den Augenblicken, wo das sonst mündliche Beratungsgeschäft der Geheimen Räte einmal abweichend von der Norm schriftliche Fixierungen bedingte, und sie sind uns dann gegeben in Aktenauszügen, Ausarbeitungen und Tabellen, die sich Goethe für die in den Sessionen zu erstattenden Referate anfertigte, in Voten und Gutachten, die er in bestimmten Fällen schriftlich neben den anderen Kollegen abgab, in eigenhändigen Konzepten oder in Korrekturen und Zusätzen zu den Entwürfen anderer, in Berichten und Promemorien, die er in besonderem Auftrag erstattete, und endlich in Protokollniederschriften über Vorgänge im Geheimen Consilium.

Alle diese schriftlichen Niederschläge der amtlichen Arbeit Goethes, die von kleinsten Korrekturen bis hin zu umfassenden und eindringenden Gutachten reichen und die der Forschung bisher nur zu einem sehr geringen Teile bekannt waren, sind wertvolle Quellen für Goethes Leistung und Bewährung in der Arbeit des Tages. Sie zeigen uns – um aus der Fülle des Materials nur weniges anzudeuten, was nun die Forschung aus ihnen gewinnen kann – nach der formalen Seite hin, daß die beamtenmäßige Routine, die wir als ein besonderes Kennzeichen der Arbeit des Geheimen Consiliums erkannten, auch ihn nicht unberührt gelassen hat und daß auch er den gelegentlich von ihm sogar verteidigten behördlichen Formalismus bis zu einem gewissen Grade, freilich nie ganz erlernt hat, so daß er sich oft die Korrektur seiner Entwürfe durch seine Kollegen hat gefallen lassen müssen. Nach der sachlich-inhaltlichen Seite hin aber geben diese schriftlichen Zeugnisse Goethes Aufschluß, daß er sich entsprechend dem Geschäftsplan des Consiliums, der eine Ressortteilung unter seinen Mitgliedern nicht kannte, mit allen Arbeitsgebieten zu beschäftigen hatte, mit Fragen der äußeren Politik und des Militärwesens ebenso wie mit Angelegenheiten der gesamten inneren Staatsverwaltung in ihrem damaligen Umfang, daß allerdings von Beginn seiner Tätigkeit an das Schwergewicht für ihn bei den Fragen der Staatsfinanzen, des Steuerwesens und der Wirtschaftspolitik lag, bei Gegenständen, über die er ebenso im einzelnen Falle klare und praktische Entscheidungen, wie in grundsätzlichen Fragen tiefe Erkenntnisse vorgetragen hat.

Zu letzten Ergebnissen für die Bedeutung und Beurteilung der amtlichen Tätigkeit Goethes im Geheimen Consilium wird uns dann die Frage führen, wie sich seine Arbeit im Vergleich zu den Leistungen seiner Kollegen, die sich nun nach der Aufarbeitung des gesamten Quellenstoffes auch erst ganz überblicken lassen, ausnimmt. Er hatte von Anfang an neben diesen erfahrenen und geschäftüchtigen Männern, für die ihre Beamtentätigkeit der Hauptzweck, wenn nicht der ausschließliche Inhalt ihres Lebens war, einen schweren Stand. So wie sie es getan haben, ist er in seinem Beamtentum nie ganz aufgegangen. Kenntnismäßig waren sie ihm auf staatsrechtlichem und juristischem Gebiet zweifellos überlegen; und in der Beherrschung verwaltungsmäßiger Formen konnte er es ihnen nicht gleichtun. Auch im Umfang der eigenen Arbeit hält es Goethe beim Vergleich mit den Anteilen seiner Kollegen in keiner Weise aus. Sie haben an Einzelgegenständen wesentlich mehr bearbeitet als er. Allerdings war Goethe über seine Stellung im Geheimen Consilium hinaus der Freund, Erzieher und persönliche Ratgeber des Herzogs, und im Gesamtumfang des von ihm auch in anderen amtlichen Bereichen Geleisteten steht er mit den übrigen Mitgliedern des Geheimen Rates gleich.

Aber eines setzt seine Arbeit von der seiner Kollegen um ein beträchtliches ab, das ist der rein menschliche Gesichtspunkt, der ihm auch in seiner Beamtentätigkeit nie verlorenging. Ihre Gutachten und Schriftsätze erledigten die schwebenden Fragen mustergültig mit juristischen Argumenten, an die Goethes Äußerungen in dieser Hinsicht nur selten heranreichen. Aber keiner von ihnen hat in seinen amtlichen Schreiben so menschlich warme und allgemeingültige Worte ausgesprochen wie er. Nur er konnte für die Tätigkeit des Geheimen Consiliums die Umschreibung finden, daß es die Handlungen und Gesinnungen der Untertanen zu beurteilen habe, »wie ein verständiger Vater die Tugenden und Fehler seiner Kinder beurteilt«. Diese Erkenntnis aber, daß der Beamte nie den Menschen in Goethe hat überwuchern können, ist nicht der geringste Beitrag, den die Betrachtung seiner Mitarbeit im Geheimen Consilium für die Würdigung des Gesamtbildes seiner Persönlichkeit leistet.

Goethes Mitwirkung beim Zillbacher Holzprozeß.
Ein Stück aus Goethes amtlicher Tätigkeit[1]
1954

In einem kurzen Seitental der Werra, nicht weit von der Stadt Wasungen entfernt, liegt, rings von Wäldern umgeben, der kleine Ort Zillbach[2]. Er ist erst im 18. Jahrhundert ein Dorf geworden. Als der Name in den historischen Quellen auftaucht – 1274, 1330 und 1384 – , umschreibt er zunächst nur eine unter der Hoheit der Grafen von Henneberg stehende Waldgegend mit Wiesen ohne jede nennenswerte Ansiedlung. Zu solcher kam es in bescheidenem Umfang im 15. Jahrhundert, als 1461 dort eine Glashütte gegründet wurde, an deren Stelle man 1543 ein Jagdschloß errichtete, mit dem eine Forstmeisterei verbunden war. Erst nach dem Übergang dieses Landstriches an das Haus Sachsen-Weimar 1660 wuchs die Ansiedlung. Ein 1693 angelegtes und 1708 vergrößertes Kammergut weitete sich im Verlauf des 18. Jahrhunderts zum Dorf aus. Aber die Bedeutung des Ortes beruhte auch dann noch wie vorher in erster Linie auf dem Wald, der ihn umgab – eine Tatsache, die durch die mit dem Jagdschloß Zillbach seit 1795 eng verbundene, berühmt gewordene Forstlehranstalt des Heinrich Cotta unterstrichen wird[3] –, und noch heute denkt derjenige, dem der Name Zillbach überhaupt eine Vorstellung weckt, zuerst an die ausgedehnten Forsten jener Gegend.

Goethes Beziehungen zu Zillbach sind, wenn man nur an die kleine Ortschaft denkt, wahrhaftig nicht von der Art, daß es sich lohnte, viel Aufhebens davon zu machen. Denn nur selten ist er dort gewesen, und als er einmal eine Nacht im Jagdschloß zubrachte, wußte er über die Örtlichkeit an Frau von Stein[4] nichts weiter zu berichten als die harten Worte:

---

1 Im ersten Bande von Goethes Amtlichen Schriften [Goethes Amtliche Schriften. Herausgegeben von Willy Flach. Bd. I. Weimar 1950] finden sich aus den Jahren 1780 bis 1785 sieben Stücke (Nr. 60, 62, 64, 104, 126, 163,191), die von einem Streite Sachsen-Weimars mit Sachsen-Meiningen um die Holzabgabe aus den Zillbacher Forsten handeln. Wenn schon die auffallend lange Laufzeit dieses Gegenstandes die Frage nach seiner Bedeutung anregt, so noch mehr die Tatsache, daß Goethe über die Zeit seiner regelmäßigen Mitarbeit im Geheimen Consilium hinaus (vgl. Goethes Amtliche Schriften I, S. LXXXI) an dieser Angelegenheit mitgearbeitet hat. Es rechtfertigt sich daher wohl, wenn an dieser Stelle eine Untersuchung über Goethes Mitwirkung am Zillbacher Holzabgabeprozeß als ein Beitrag aus dem Arbeitskreis zur Veröffentlichung von Goethes Amtlichen Schriften beigesteuert wird. Meiner Mitarbeiterin Frau Helma Dahl danke ich auch an dieser Stelle für ihre unermüdliche und stets förderliche Arbeit, die sich auch bei der Aufarbeitung der archivalischen Quellen dieses Stoffes bewährte.

2 Über Zillbach und seine Geschichte gibt es wenig Brauchbares. Die ältere Arbeit von C. Beyer, Zillbach (Wien 1878), die auch Goethes Aufenthalt 1780 dort anführt, ist zu sehr Auftragsangelegenheit gewesen, als daß sie zuverlässig sein könnte. Am besten orientiert noch die knappe Übersicht von H. Helmbold in den Bau- und Kunstdenkmälern Thüringens, Abt. Sachsen-Weimar-Eisenach Bd IV (1911), S. 236.

3 Über Heinrich Cotta und seine Forstlehranstalt vgl. das gründliche Buch von Albert Richter (1950), das allerdings in unserem Zusammenhang keinen Aufschluß bringt.

4 Goethes Werke. Weimarer Ausgabe, Abt. IV, Briefe (künftig zitiert: Briefe), Bd 4, S. 289.

»Hier ist ein böses Nest«. Und doch bestehen zwischen Goethe und Zillbach enge Verbindungen durch seine amtliche Tätigkeit. Denn während fünf langer Jahre haben ihn neben seinen Kollegen im Geheimen Consilium die Zillbacher Forsten sehr eingehend beschäftigt und sind ihm eine sehr reale, an die Grundfesten des Staates, dem er diente, nachhaltig rührende Erscheinung gewesen. In diesem Sinne kann und muß man den Beziehungen Goethes zu Zillbach einmal nachgehen, und das rechtfertigt sich um so mehr, als diese für mannigfaltige Betrachtungen aufschlußreiche Frage von der Forschung bisher völlig übersehen worden ist.[5]

Jenes harte Wort über das »böse Nest« Zillbach hat Goethe am 12. September 1780 auf einer Reise niedergeschrieben, die er mit dem Herzog Carl August von Anfang September bis Anfang Oktober ins Eisenacher Oberland unternahm und die über Ilmenau, Stützerbach, Schmalkalden und Zillbach nach Kaltennordheim und Ostheim und schließlich nach Meiningen führte. Sie war schon länger geplant gewesen[6]; man wollte »einige entfernte Ämter besuchen die der Herzog von seinen Besitztümern noch nicht gesehen hat«[7]. Die Reise diente also vornehmlich amtlichen Zwecken, und Goethe war für Carl August »Reisemarschall und Reisegeheimderath« zugleich.[8] Über diese Reise ist bisher manches gesagt worden[9], und vor allem ist immer wieder darauf geachtet worden, daß dabei im amtlichen Bereich die Unternehmungen des Landkommissars Batty zur Bodenverbesserung eingehend besichtigt und gelobt worden sind. Es ist aber auch darauf hinzuweisen, daß gerade auf dieser Reise Goethe ungemein grundlegende und aufschlußreiche Bemerkungen über seine täglichen Geschäfte, über seine persönliche Haltung und über die Beziehungen zwischen der amtlichen und seiner persönlichen Welt gemacht hat.[10] Denn auf dieser Reise hat er neben dem Tagewerk, das ihm aufgetragen war, das ihm täglich leichter und schwerer wurde und das wachend und träumend seine Gegenwart erforderte, auch von der Begierde gesprochen, die Pyramide seines Daseins so hoch als möglich in die Luft zu spitzen, und auch davon, daß, wenn er auf seinem Klepper seine pflichtmäßige Station abreite, auf ein-

---

5 Unsere Darstellung stützt sich auf die beim Geheimen Consilium in Weimar erwachsenen umfangreichen Aktenbände, die heute im Thüringischen Hauptstaatsarchiv Weimar unter der Signatur DS 2502–2512 aufbewahrt werden und seltsamerweise von der Forschung bisher völlig übersehen worden sind; dazu kommt noch das Aktenstück Eisenacher Archiv, Hoheitssachen 324, 2, das Privatakten Bechtolsheims darstellt und die beiden bisher unbekannten Goethebriefe enthält. In der Literatur hat der Zillbacher Holzabgabeprozeß eine zutreffende Behandlung noch nicht erfahren. Ganz knappe, aber in keiner Weise befriedigende Andeutungen finden sich darüber im Herzoglich Sachsen-Coburg-Meiningischen jährlichen gemeinnützigen Taschenbuch 1805, S. 165–167, in den Schriften des Vereins für Sachsen-Meiningische Geschichte und Landeskunde, 47. Heft (1904), S. 214 f., und in dem genannten Buch von C. Beyer über Zillbach. – Neben den weimarischen Akten wurden zur Vervollständigung auch die Akten des Thüringischen Staatsarchivs Meiningen über die Zillbacher Holzabgabe herangezogen, die besonders in 7, 884; 7, 887; 7, 891 und 7, 894 wichtige Aufschlüsse über die Haltung Meiningens in dieser Angelegenheit geben. – Endlich konnten auch die beim Reichshofrat erwachsenen Akten, die im Haus-, Hof- und Staatsarchiv in Wien aufbewahrt werden (Reichshofrat, Denegata recentiora S Nr. 136, 2 Faszikel, 1744–1788) an Ort und Stelle eingesehen werden.
6 Goethe an Knebel am 13. August 1780 (Briefe 4, S. 269, Nr. 992): »Gegen den 25. geh ich mit dem Herzog nach Ilmenau u.s.w. [...] Wir kommen vor 4 Wochen nicht wieder.«
7 Goethe an Lavater am 18. August 1780 (Briefe 4, S. 271, Nr. 997).
8 Goethe an Charlotte von Stein am 14. September 1780 (Briefe 4, S. 291).
9 Zuletzt W. Andreas, Carl August von Weimar. 1953, S. 479–482.
10 Sie sind enthalten in den Briefen von dieser Reise: Briefe 4, S. 281–303, Nr. 1012–1013, besonders an Charlotte von Stein am 14. September und an Lavater etwa 20. September 1780.

mal die Mähre unter ihm eine herrliche Gestalt, unbezwingliche Lust und Flügel kriege und mit ihm davongehe. Kein Zweifel also, daß sich auf dieser Reise Amtliches und Persönliches, Geschäftliches und Dichterisches mannigfach begegneten und durchdrangen.

Es ist daher wohl gewiß, daß uns alles lebhaft interessieren muß, was auf dieser Reise gedacht und getan worden ist, und in der Tat läßt sich dem, was wir bisher darüber wissen, noch einiges hinzufügen. Wir gehen dabei zunächst von Goethes eigenen Auslassungen aus.

Am 12. September 1780 nachts berichtet Goethe an Charlotte von Stein aus Zillbach: »Wir sind hier spät angekommen«[11]; am 13. September abends schreibt er aus Kaltennordheim: »Von der Zillbach sind wir gegen Mittag hier angekommen«[12], und am nächsten Tage, am 14. September, hält er aus seinen Tagesgeschäften u. a. folgende Tatsache für wichtig genug, um sie der Freundin mitzuteilen: »Hernach haben wir heis gehabt und ein sehr pfiffiges Kind dieser Welt bey uns zu Tische. Dann hat mir ein böser Prozess einige Stunden Nachdenckens und Schreibens gemacht.« Indem er dieses amtliche Faktum wieder aufs Persönliche wendet, fügt er hinzu: »In meinem Kopf ists wie in einer Mühle mit viel Gängen wo zugleich geschroten, gemahlen, gewalckt und Oel gestossen wird.«[13]

Was für ein Prozeß es war, der Goethe am 14. September 1780 in Kaltennordheim so nachdrücklich beschäftigt hat, das ist bisher nie festgestellt worden. Ebenso unaufgeklärt war bisher der auf dieser Reise am 1. Oktober 1780 von Goethe aus Meiningen an den Minister von Fritsch geschriebene Brief, in dem er sich andeutend über den Fortgang der »hiesigen Unterhandlungen in der bewussten Sache« ausläßt«, in dem er von günstigen Gesinnungen der Meininger gegen das weimarische Herzogshaus spricht und in dem er eine künftige Konferenz mit Kommissarien erwähnt.[14] Die uns bisher zugänglichen Quellen waren unergiebig für nähere Aufschlüsse, worum es sich bei den angedeuteten Äußerungen Goethes handelt. Erst eine Durchforschung der amtlichen Tätigkeit Goethes im Geheimen Consilium macht die genannten Auslassungen verständlich und zeigt auch hier deutlich, daß Goethe in seiner amtlichen Wirksamkeit nicht von der persönlichen, sondern nur von der behördlichen Seite her zu fassen ist.

Bei der Bearbeitung der Materialien, die während Goethes Tätigkeit im Geheimen Consilium von 1776 bis 1786 entstanden, sind umfangreiche Aktenbestände zutage getreten, die sich mit einem äußerst ausgedehnten und langwierigen Prozeß zwischen Sachsen-Meiningen und Sachsen-Weimar um die Holzabgabe aus den Zillbacher Forsten an Untertanen des Herzogtums Meiningen beschäftigen.[15] Aus diesem Material heraus ergibt sich zunächst einmal, daß jener Brief vom 1. Oktober 1780 an Fritsch sich auf diesen Gegenstand bezieht. Zugleich aber sind mit diesem Aktenmaterial zwei bisher völlig unbekannte eigenhändige Briefe Goethes an den damaligen Vizekanzler der Eisenacher Regierung Johann Ludwig von Mauchenheim genannt Bechtolsheim zum Vorschein gekommen, die uns zeigen, daß jener Prozeß, der Goethe am 14. September 1780 in Kaltennordheim Stunden des Nachdenkens und des Schreibens verursacht hat, jener ebengenannte Prozeß war. Damit aber erhält die Reise nach dem Oberland eine ganz neue, bisher noch nicht gesehene Seite, und wir haben nunmehr zu fragen, was es mit diesem Prozeß um die Holzabgabe aus

---

11 Briefe 4, S. 288.
12 Ebenda, S. 290.
13 Ebenda, S. 291. – Das erwähnte »pfiffige Kind dieser Welt« ist sicher Hinckeldey; vgl. unten Anm. 24.
14 Ebenda, S. 302–303, Nr. 1023.
15 Vgl. Anm. 5. – Soweit im folgenden andere Belege nicht mitgeteilt sind, beruht unsere Darstellung auf diesen Akten.

den Zillbacher Forsten auf sich hat und wie die Reise Carl Augusts und Goethes im September und Oktober 1780 in das Eisenacher Oberland mit dieser Frage zusammenhängt, welche besondere Rolle vor allem Goethe in dieser Angelegenheit gespielt hat.

Der Prozeß um die Holzabgabe aus den Zillbacher Forsten zwischen Sachsen-Meiningen und Sachsen-Weimar gehört in die Reihe jener unzähligen Prozesse im alten deutschen Reiche, die sich infolge der außerordentlichen Kompliziertheit feudaler Rechtsordnungen und Rechtsbindungen über unglaublich lange Zeiten hingezogen haben und vielfach eigentlich niemals zu einem rechten Abschluß gekommen sind.

Die Ursachen für diesen Prozeß reichen fast zwei Jahrhunderte vor Goethes Mitarbeit daran zurück und liegen noch in der Zeit, als Zillbach zum Territorium der Grafen von Henneberg gehörte. Denn in der Hennebergischen Wald-, Holz- und Forstordnung von 1615, die bestehende ältere Zustände deutlich fixierte, wurde den hennebergischen Untertanen für die Jagd- und die anderen Fronen, die sie der Herrschaft zu leisten hatten, die bis dahin übliche Abgabe von Bau- und Brennholz zu einem geringen Preise ausdrücklich auch für die Zukunft belassen.

In ein neues Stadium trat dieser Brauch ein, als die hennebergische Erbschaft, die seit dem Aussterben dieses Grafenhauses 1583 unter gemeinsamer Verwaltung der albertinischen und ernestinischen sächsischen Herzöge gestanden hatte, im Jahre 1660 endgültig auf die einzelnen sächsischen Herzogtümer aufgeteilt wurde. Dabei erhielten durch den Teilungsvertrag vom 9. August 1660 die beiden ernestinischen Linien Sachsen-Weimar und Sachsen-Gotha die Ämter Ilmenau, Kaltennordheim, Wasungen, Sand und Frauenbreitungen und teilten diese gemeinsame Erbschaft unter sich auf, was sie sich durch Vertrag vom 19. August 1661 endgültig bestätigten.[16] Bei dieser Unterteilung, bei der es, wie bei allen derartigen Landesteilungen, um das genaue Abwägen des Wertes der einzelnen Besitzstücke und der Einkünfte daraus ging, wurde eine Zerreißung jenes Gebietes vorgenommen, die nur im Rahmen der kleinstaatlichen Vorstellungswelt des 17. Jahrhunderts in Thüringen denkbar ist. Denn aus der gemeinsamen Erbschaft erhielt das Haus Weimar die Ämter Ilmenau und Kaltennordheim, die Linie Gotha aber die Ämter Frauenbreitungen, Wasungen und Sand. Da aber der wertmäßige Ertrag der drei an Gotha gefallenen Ämter höher war als der an Weimar gekommenen Besitzstücke, so wurden die in den Ämtern Wasungen und Sand gelegenen herrschaftlichen Waldungen, zu denen die herrschaftlichen Forste in der Zillbach gehörten, aus dem gothaischen Besitz ausgegliedert und dem Hause Sachsen-Weimar überwiesen. Weimar konnte mithin 1660 und 1661 außer den Ämtern Ilmenau und Kaltennordheim die sämtlichen herrschaftlichen Gehölze in den Ämtern Wasungen und Sand und die Zillbach seinem Besitz hinzufügen.

Eine solche Regelung machte es notwendig, jetzt zwischen Weimar und Gotha einerseits Abmachungen über die Jagdfronen und Jagddienste zu treffen, die die nun gothaischen Untertanen im weimarischen Waldbesitz zu leisten hatten, andererseits aber alle die Fragen zu regeln, die mit den üblichen und durch die Hennebergische Forstordnung von 1615 festgelegten Holzlieferungen aus dem nunmehr weimarischen Forstbesitz an die gothaischen Untertanen in den Ämtern Wasungen und Sand zusammenhingen. Es wurde 1661 darüber ausgemacht, daß die Untertanen der Ämter Wasungen und Sand dem weimarischen Herzog sieben Tage Jagddienste bzw. Jagdfron im Jahre leisteten. Der weimarische Herzog aber

---

16 Diese und die nachfolgend genannten Teilungsurkunden und Verträge befinden sich im Original im Thüringischen Hauptstaatsarchiv Weimar.

verpflichtete sich, die für die Amtsgebäude und Teiche in den Ämtern Wasungen und Sand erforderlichen Hölzer wie bisher ohne Entgelt anweisen zu lassen, der Geistlichkeit, dem Adel und den anderen Untertanen bisher zustehende Deputathölzer auch weiter zu geben und endlich den an die Untertanen in den Ämtern Wasungen und Sand üblichen Holzverkauf zu den festgesetzten niedrigen Preisen beizubehalten.

Es ist, wie für viele derartige Abmachungen, auch für diese Vereinbarung kennzeichnend, daß bestehende Rechte und Ordnungen viel zu ungenau fixiert wurden, um alle Zweifel für die Zukunft auszuschließen. So lag auch in dieser Bestimmung der Keim künftigen Streites. Es ist damals weder über das abzugebende Holzquantum selbst noch über die Holzpreise Näheres vereinbart worden; es galt eben der durch gewohnheitsrechtliche Übung zustande gekommene Rechtsbrauch. Immerhin zeigen die aus den damaligen Rechnungen zu entnehmenden Zahlen, daß die jährliche Abgabe von Brennholz und Handwerksholz an die gothaischen Untertanen etwa 1 200 Klafter Holz und 670 Schock Reisig betrug, »ein ziemliches, jedoch wie billig dem Zustand der Waldung noch immer angemessenes Klafterholzquantum«.

Die vom Forstamt Zillbach durchgeführte Holzabgabe verlief also nach den Teilungen von 1660 und 1661 zunächst in ganz geordneten Bahnen. Zu Irrungen aber kam es, als bei der Landesteilung im Hause Gotha im Jahre 1680 die Ämter Frauenbreitungen, Wasungen und Sand an die neugebildete Linie Sachsen-Meiningen fielen. Es waren daher Konferenzen zwischen weimarischen und meiningischen Beamten notwendig, die einen allerdings dann nicht ratifizierten Rezeß vom 5. September 1682 vereinbarten. Das Hauptanliegen der Erörterungen sollte die Beseitigung der Mängel der Vereinbarungen von 1661 sein, und daher wurden jetzt im Rezeß genaue Holzmengen für die einzelnen Gemeinden und genaue Holztaxen für den von den Untertanen zu zahlenden Holzpreis festgelegt. Dabei wurde ausdrücklich vereinbart, daß diese Abmachungen nur für »die alten Räuche«, d. h. die alten Häuser, gelten sollten, die schon immer im Besitz dieser Vorrechte gewesen waren. Es steht aber fest, daß durch den Vertrag von 1682 das jährlich abgegebene Holzquantum entschieden erhöht wurde, und das war noch mehr der Fall, als nach dem Übergang der Zillbacher Waldungen vom Hause Weimar an das Haus Eisenach bei einer Neuverteilung des Besitzes zwischen diesen beiden Häusern anläßlich des Aussterbens des Hauses Jena im Jahre 1691 am 26. August 1696 ein neuer Rezeß, nunmehr zwischen Sachsen-Meiningen und Sachsen-Eisenach, geschlossen wurde. Damals wurde für die Untertanen die Zahl der Jagdfrontage von sieben auf neun erhöht – man hat das später in Weimar aus der Jagdleidenschaft der Eisenacher Herzöge erklärt. Dafür aber erhielten die Untertanen auch entschieden mehr Holz als bisher, und es dürfte wohl richtig sein, wenn man 1780 in Weimar feststellte, daß Eisenach den Zillbacher Waldungen damit entschieden zu viel zugemutet und sich sowohl im Hinblick auf das Quantum wie auf den weiterhin niedrig gehaltenen Preis der abzugebenden Hölzer erstaunlichen Schaden getan habe. Man hat berechnet, daß das nach dem Rezeß von 1696 abzugebende Holzquantum aus den Zillbacher Forsten jährlich 3 115 $^5/_8$ Klafter Holz betrug, und es wird wohl zutreffen, daß die Zillbacher Waldungen durch diese Maßnahme weit über ihre Kräfte angegriffen worden sind.

Auf alle Fälle war man, als das Haus Eisenach 1741 ausgestorben und das Land an die Linie Sachsen-Weimar gefallen war, in Weimar dieser Meinung, die durch eine von einer Waldkommission durchgeführte Besichtigung 1742 noch dahin bestärkt wurde, daß die ohnehin hart mitgenommenen Zillbacher Waldungen eine solche übermäßige und unbillige Holzabgabe nicht ertragen könnten. Der Herzog Ernst August von Sachsen-Weimar, der neue Besitzer der Zillbach, verbot daher kurzerhand die weitere Holzabgabe aus den Zillbacher Waldungen an die Untertanen in den Ämtern Wasungen und Sand, wobei er die Begründung gab, es geschehe das, weil die Untertanen aus den Ämtern Wasungen und Sand die Baufron in Zillbach eingestellt hätten.[17]

Diese Maßnahme führte zur Einleitung eines von nun an lange laufenden Prozesses, nämlich jenes bösen Prozesses, der Goethe am 14. September 1780 in Kaltennordheim so schweren Kummer gemacht hat. Das Haus Sachsen-Meiningen erhob am 19. Dezember 1742 für sich und seine Untertanen Klage beim Reichshofrat gegen das Haus Weimar.[18] Ein kaiserliches Mandat vom 7. Januar 1743 verlangte daraufhin von Sachsen-Weimar die rezeß-mäßig festgelegte Holzabgabe binnen zwei Monate. Weimar erhob, besonders gestützt auf die exceptio impossibilitatis, d. h. die Unmöglichkeit der Leistung, Gegenvorstellungen, die jedoch nichts fruchteten und zum Conclusum des Reichshofrates vom 29. November 1743 führten, in welchem dem Fränkischen Kreise die Exekution gegen Sachsen-Weimar aufge-tragen wurde. Eine unmittelbare weimarische Gesandtschaft an den Kaiser zeitigte dann das Conclusum vom 19. Oktober 1744, das zwar in der Hauptsache die Exekution aus-drücklich bestätigte, aber doch immerhin zugestand, daß, wenn Sachsen-Weimar die exceptio impossibilitatis besser, als es geschehen sei, nachweisen könne, eine kaiserliche Ver-ordnung für die künftige Regelung der Angelegenheit ergehen sollte.

Bei diesem Conclusum von 1744 ist es zunächst und auf lange hinaus geblieben. Zwar erfolgten 1746 und 1747 freundschaftliche Korrespondenzen zwischen dem Herzog Ernst August von Weimar und dem Herzog Anton Ulrich von Meiningen, um eine Konferenz und einen gütlichen Vergleich zustande zu bringen. Aber der Tod Ernst Augusts im Jahre 1748 und der Streit um die Vormundschaft im Hause Weimar, in den auch der Herzog Anton Ul-rich von Meiningen verwickelt wurde, bewirkten, daß die Sache liegenblieb. Als 1756 der Herzog Ernst August Constantin die Regierung in Weimar übernahm, faßte man beidersei-tig wieder eine neue Konferenz ins Auge, die aber sowohl durch den frühen Tod des Her-zogs Ernst August Constantin 1758 wie durch den Tod des Herzogs Anton Ulrich von Mei-ningen im Jahre 1763, wohl auch durch den Siebenjährigen Krieg, verhindert wurde. Erst nachdem in beiden Ländern die Regierung vormundschaftlich von Frauen geführt wurde, in Weimar von Anna Amalia für ihren unmündigen Sohn Carl August, in Meiningen von Charlotte Amalie für die beiden unmündigen Prinzen Karl und Georg, schien die Sache vor-wärtszurücken. Die in den Jahren 1763 bis 1767 hin- und hergegangenen Korrespondenzen führten endlich 1767, d. h. genau 25 Jahre nach dem Beginn des Prozesses, zu einer Konfe-renz zwischen Sachsen-Meiningen und Sachsen-Weimar, aus der ein Rezeß vom 15. Juni 1769 hervorging, in dem die weimarischen Leistungen genau festgelegt waren.

Dieser Rezeß von 1769 hatte den Vorteil, daß er die Dinge scharf erkannte und formu-lierte und nicht mehr jene Menge von Unklarheiten enthielt, durch die sich die früheren Re-zesse ausgezeichnet hatten. Es wurde hier scharf geschieden zwischen der Holzabgabe aus den Zillbacher Forsten an die meiningische Herrschaft und an meiningische, ein Holzdepu-tat beziehende Beamte auf der einen Seite und dem Holzverkauf aus den Zillbacher For-sten an die dabei bevorrechtigten Untertanen der Ämter Wasungen und Sand unter Ein-schluß der Einwohner der Stadt Wasungen auf der anderen Seite. Als wesentlich aus diesem

---

17 Daß die Untertanen die Fronen tatsächlich nur sehr widerwillig leisteten und, wenn sie es überhaupt taten, oft nur arbeitsunfähige Personen schickten, läßt sich aus den Akten erweisen.
18 Über den Reichshofrat, der im folgenden eine wesentliche Rolle spielt, vgl. die Arbeit von O. v. Gschlie-ßer, Der Reichshofrat (1559–1806). 1942.

ausgebreiteten und sehr ins einzelne gehenden Rezeß interessieren hier nur die Tatsachen, daß sich Weimar zur Holzabgabe an die Herrschaft und die Deputatisten auch weiterhin unentgeltlich verpflichtete, daß es unter Reduzierung der Jagdfrontage von neun wieder auf sieben auch den bevorrechtigten Holzverkauf zu niedrigem Preis einschränkte und sich nur zu einem Quantum von einem Drittel der 1682 und 1696 festgesetzten Mengen bereitfand. Dieser Vergleich sollte als Interimsvergleich bis zur Majorennität der künftigen Regenten gelten, und auch dann erst sollte die Frage entschieden werden, ob der inzwischen ruhende Prozeß beim Reichshofrat fortzusetzen sein möchte. Der Charakter des Interimsvergleichs wird noch dadurch unterstrichen, daß man wegen der rückständigen Forderungen, die die meiningische Herrschaft und die meiningischen Untertanen seit 1742 zu stellen hatten, noch keine Einigung erzielte, aber immerhin in Aussicht stellte, eine »Bausch- und Bogen-Fahrt« zu treffen.[19]

Dieser zwischen meiningischen und weimarischen Kommissaren vereinbarte Rezeß wurde von der Herzogin Anna Amalia von Weimar unverzüglich am 1. August 1769 ratifiziert, ein Zeichen, wie zufrieden man in Weimar mit dem Verhandlungsergebnis war. Aber das Drängen Weimars, Meiningen möge ebenfalls ratifizieren, fand dort keine Gegenliebe. Denn in dieser Sache, die bisher ausschließlich zwischen den beiden Herzogshäusern, von denen Meiningen zugleich seine Untertanen vertrat, verhandelt worden war, meldeten sich in Meiningen als dritte Partei jetzt, geführt von den Bürgern der Stadt Wasungen, die Untertanen selbst, die sich durch den Rezeß hintergangen fühlten. Sie wandten sich in einer Klage vom 13. Oktober 1769 an den Reichshofrat, in der sie ihre eigene Landesherrschaft wie die weimarische in gleicher Weise angriffen. In vollem Vertrauen hätten sie ihre Landesherrschaft um Wahrung ihrer Rechte gebeten, aber diese hätte den Interimsvergleich nur im eigenen Interesse abgeschlossen und weigere sich, den Prozeß für die Untertanen fortzuführen. Daher müßten diese ihre Gerechtsame selbst verteidigen und kaiserliche Hilfe erbitten, nämlich das Einschreiten des Exekutionskommission zur Ausführung der kaiserlichen Entscheidungen aus den Jahren 1743 und 1744.

Nunmehr gab es in dieser Angelegenheit also drei Parteien, die sich mißtrauten und die gegeneinander standen, die sich in der Zukunft aber auch in verschiedener Weise wechselseitig paaren und dem dramatischen Ablauf des Streites durch Verwicklungen die merkwürdigsten Schattierungen geben konnten. Kein Wunder, daß die Meininger Herzogin den Rezeß nun nicht ratifizierte, nicht so sehr deswegen, weil einige Punkte, die nicht gefielen, noch abgeändert werden müßten, als vielmehr aus dem Grunde, weil die Untertanen nicht einverstanden seien. Man fürchtete also die Stimme des Volkes, und man wollte unter allen Umständen vermeiden, einen etwa ratifizierten Rezeß nachträglich zum Gegenstand einer kaiserlichen Erkenntnis gemacht zu sehen. Jahrelang blieb daher die Sache wieder in der Schwebe. Erst 1773 forderte der Reichshofrat Bericht in Meiningen an, bei dessen Abgabe sich Meiningen entschieden gegen die falschen Behauptungen und die »unverschämten Angaben« der Wasunger verwahrte und den »schnöden Undank« brandmarkte, mit dem sie die Fürsorge Meiningens für seine Untertanen beantworteten. Meiningen überließ nunmehr die Entscheidung dem Kaiser. Das aber nahm man in Weimar dem meiningischen Herzogshaus sehr übel, vor allem die Tatsache, daß Meiningen die Untertanen als Partei

---

19 Die Untertanen waren allerdings längst zur Selbsthilfe geschritten. Sie drangen in die Zillbach ein und stahlen das Holz, das sie brauchten, ohne daß es die Jägerei hindern konnte.

ebenso anerkannte wie die Rechtmäßigkeit ihrer Beschwerde. Weimar bat daher am 8. Juni 1773 beim Reichshofrat darum, die meiningische Herzogin zur Vollziehung des Rezesses anzuhalten und die Untertanen mit ihren »Querelen« abzuweisen; diesen stehe ein Klagerecht überhaupt nicht zu, da alle Rezesse in der Vergangenheit niemals mit ihnen, sondern nur zwischen den Herzögen von Weimar und Eisenach und denen von Gotha und Meiningen abgeschlossen worden seien.

Immerhin hatte das alles den Erfolg, daß sich Weimar und Meiningen 1773 über die Erfüllung des Rezesses wenigstens im Hinblick auf die an die Herrschaft und die Deputatisten abzugebenden Hölzer einigten, und diese Lieferungen wurden von 1774 ab wieder regelmäßig aufgenommen. Für die Untertanen aber geschah nichts; denn dem Residenten des weimarischen Hauses am kaiserlichen Hof zu Wien, dem Geheimen Legationsrat Christian Bernhard von Isenflamm, war es gelungen, die Referenten in der Zillbacher Sache beim Reichshofrat zu bearbeiten und ihnen die Meinung Weimars beizubringen, daß den Wasungern gar kein Einspruchsrecht zustünde, daß ferner für sie durch den Vergleich bestens gesorgt sei. Ein Conclusum des Reichshofrates vom 10. Februar 1774 wies daher die klagenden Untertanen ab; Weimar und Meiningen sollten die Sache unter sich ausmachen. Aber Meiningen ließ, nachdem 1774 noch einmal eine Konferenz in Salzungen stattgefunden hatte, um deren Wiederaufnahme Carl August am 20. Dezember 1775 bat, die Sache dann ruhen.

So stand die Angelegenheit, als Goethe nach Weimar kam und in das Geheime Consilium eintrat. Den Namen und die Sache Zillbach hat er dort sehr frühzeitig gehört. Denn bereits in der zweiten Sitzung des Consiliums, an der er teilnahm, am 28. Juni 1776, wurde beschlossen, dem Antrag Meiningens auf Übermittlung einer Abschrift der Eingabe Weimars an den Reichshofrat vom 8. Juni 1773 zu entsprechen. Dann kam erst wieder nach dreijähriger Pause am 17. April 1779 ein Fall aus dem Zillbacher Umkreis zur Behandlung, eine Holzabgabe für einen Brückenbau in Schwallungen. Das gleichzeitige Ersuchen Weimars um Kommunizierung des Reichshofratserlasses vom 10. Februar 1774 blieb unbeantwortet. Sonst geschah nichts.

In diese Ruhe aber platzte plötzlich und gänzlich unerwartet ein Bericht des Residenten Isenflamm aus Wien vom 6. August 1780, der in Weimar am 15. August einging und in der Sitzung des Geheimen Consiliums vom 16. August verhandelt wurde[20], und dessen Ausführungen wurden bald noch durch den Bericht des weimarischen Agenten am kaiserlichen Hof zu Wien, des Fürstlich Sächsischen Rates Joachim Christoph von Haffner, erläutert. Es sei, so berichtete Isenflamm, »auf zudringliches Anrufen der unruhigen Wasunger Untertanen« die Wasunger Holzabgabesache beim Reichshofrat am 3. und 4. August ganz unvermutet zum Vortrag gekommen.[21] Das Conclusum des Reichshofrates vom 4. August 1780 stellte kurz und bündig fest, daß das Conclusum vom 19. Oktober 1744 gelte und zur Vermeidung der Exekution binnen zwei Monaten zu befolgen sei. Meiningen wurde durch

---

20 Für die folgende Darstellung geben die im Anhang [hier nicht abgedruckt] ausgebreiteten Regesten der Behandlung des Zillbacher Falles im Geheimen Consilium in Weimar die sichere quellenmäßige Fundierung. Für alle Einzelheiten sei daher auf diese Regesten verwiesen.

21 Daß die meiningische Regierung dabei die Hand im Spiel hatte, zeigt eine Meldung ihres Reichshofratsagenten von Alt aus Wien vom 9. August 1780, daß er den Vortrag der Sache bestens betrieben habe, ebenso wie das Dankschreiben der Untertanen an die Herrschaft für die Verwendung vom 28. Oktober 1780.

den Reichshofrat beauftragt, binnen zwei Monaten Bericht zu erstatten. Bei dieser Sachlage rieten sowohl Isenflamm wie Haffner, um die Exekution zu vermeiden, zum Vergleich.

Es ist klar, daß diese buchstäblich wie ein Blitz aus heiterem Himmel einschlagende Nachricht aus Wien im Geheimen Consilium in Weimar Unruhe hervorrief. Der beste Kenner der Sache von früher her, der Geheimrat Schnauß, erhielt den Auftrag, über die Angelegenheit in ihrer Gesamtheit ein Gutachten auszuarbeiten. Man sieht deutlich, wie es jetzt in Weimar darum ging, zunächst überhaupt volle Klarheit über den Fall zu erhalten. Schnauß hat dieses Gutachten, wie alles, was er zu bearbeiten hatte, gründlich und solide erstattet. Er hat zunächst eine historische Darstellung des Falles gegeben, stark vom weimarischen Standpunkt aus bestimmt, und er hat ans Ende seines Gutachtens die den Herzog und die Geheimräte am stärksten bewegende Frage gestellt, was nun geschehen solle. Dabei kam er zu dem Ergebnis, daß erstens die Weiterverfolgung der Angelegenheit beim Reichshofrat infolge der bei diesem bereits gefallenen Entscheidung zwecklos sei, daß zweitens ein Rekurs an den Reichstag zur Aufhebung des Reichshofratsbeschlusses in seinem Erfolge unsicher bleibe, weil man nicht wisse, wie sich die katholischen Reichsstände gegenüber Weimar verhalten würden, daß es daher drittens wohl am geratensten erscheine, wieder auf gütliche Vergleichsverhandlungen mit Meiningen auszugehen. »Denn in der Tat«, so meinte er, »sind in dem letzten Rezeß [von 1769] besagte Untertanen in Vergleichung dessen, was sie aus den vorigen Rezessen zu fordern gehabt, allzu hart [behandelt] und dagegen der Herrschaft und den Deputatisten alles beinah accordiert worden, was sie nur verlangen können, welches denn freilich Eifersucht und Beschwerden erwecket«. Es müsse alles darauf ankommen, Meiningen, insbesondere den dortigen ersten Minister Franz Christian Eckbrecht von Dürckheim, der Weimar wohlgesinnt sei, zu gewinnen, damit er die Untertanen zum Verzicht auf ihre Klage bewege.

Die Reise des Herzogs in das Eisenacher Oberland war, wie wir oben erwähnten[22], länger schon geplant gewesen, denn Goethe spricht von ihr schon am 13. August, also vor Eingang des Reichshofratsbeschlusses in Weimar. Es scheint aber, daß der Eingang der Wiener Nachricht eine Verschiebung der Reise verursacht hat; denn ursprünglich wollte man um den 25. August reisen, tatsächlich aber ist Goethe erst am 5., der Herzog erst am 8. September von Weimar abgereist. Dieser Aufschub hing offenbar mit dem Gutachten zusammen, das Schnauß auszuarbeiten hatte. Das Konzept dieses Gutachtens trägt das Datum des 1. September 1780. An diesem Tage lag der Entwurf also fertig vor. Dann vergingen noch einige Tage bis zur Reinschrift. Der Vermerk auf dem Konzept des Gutachtens, daß das Mundum dem Herzog vor seiner Abreise zugestellt worden sei, spricht dafür, daß dieser darauf gewartet hat. Er wollte genau unterrichtet sein, wenn man nun diese Reise auch dazu benutzen wollte, in der Zillbacher Sache »das Terrain zu sondiren um festen Fus fassen zu können«.[23] Es dürfte außerdem sehr wahrscheinlich sein, daß erst die Wiederaufnahme des Zillbacher Prozesses und der Vorschlag von Schnauß, Meiningen zu Vergleichsverhandlungen zu bewegen, die Ausdehnung der Reise vom Eisenacher Oberland bis nach Meiningen veranlaßt hat.

Nunmehr wissen wir also, welcher »böse Prozeß« es war, der Goethe am 14. September 1780 in Kaltennordheim beschäftigt hat, und wir können jetzt hinzufügen, daß es die Denk-

---

22 Vgl. Anm. 6 und 7.
23 Goethe an Bechtolsheim am 20. September 1780. Abdruck dieses bisher unbekannten Briefes im Anhang [hier nicht abgedruckt].

schrift von Schnauß war, der er in Kaltennordheim eingehend studierte. Er hat sich also die historische Entwicklung des Falles, wie sie hier aufgezeigt wurde, vergegenwärtigen müssen, und dazu noch eine Menge von Rechtsfragen, die dieser Fall aufwarf. So wurde Goethe als »Reisegeheimderat« zur Beratung seines Landesherrn ganz unmittelbar mit der Angelegenheit beschäftigt, weil es galt, vor dem Besuch in Meiningen gewisse Klarheiten zu gewinnen.

Zillbach gehörte zum Bereich des Herzogtums Eisenach, und die Zillbacher Angelegenheiten waren daher in erster Linie durch die Eisenacher Behörden, vor allem die Eisenacher Regierung und die Eisenacher Kammer, zu erledigen. Auf die Stellungnahme von Eisenach kam es also vor jedem Entschluß des Landesherrn, d. h. vor jedem Beschluß des Geheimen Consiliums an, und daher erklärt es sich, daß Goethe nach der eingehenden Beschäftigung mit der Zillbacher Denkschrift von Schnauß an den Eisenacher Vizekanzler Bechtolsheim einige Fragen zu richten hatte, deren Beantwortung ihm vor der Reise nach Meiningen wichtig war.

Aus diesem Grunde schrieb Goethe sogleich am 14. September jenen ersten bisher unbekannten Brief an Bechtolsheim »über die böse Holzangelegenheit«, in dem er sich »über eins und das andere« dessen Gedanken ausbat. Er setzt voraus, daß der Vergleich die beste Lösung sei, daß es aber bei der günstigen Lage, in der sich die Gegenpartei befinde, fraglich bleibe, wie man am besten anknüpfen könne. Von Meiningen selbst sei wohl kaum viel zu erwarten; wichtiger sei es, »da der Fehler einmal gemacht« sei »und die Untertanen pars geworden« wären, an ihre Konsulenten und ihre Häupter, d. h. an ihre Anführer heranzukommen. Für diesen Zweck faßt Goethe den in Sinnershausen im Amte Sand in der Nähe von Zillbach wohnenden Fürstlich Löwensteinschen Geheimen Rat und Präsidenten Hieronymus Heinrich von Hinckeldey[24] ins Auge, dem er zwar nicht ganz traut, der ihm aber doch als Mittelsmann geeignet zu sein scheint, zumal auch der Oberforstmeister in Zillbach, Christoph Friedrich von Arnswald, dieser Meinung ist. Goethe erbittet sich darüber die Meinung Bechtolsheims. Was dieser auf Goethes Frage geantwortet hat, wissen wir nicht. Nur so viel steht fest, daß er Goethe, wie wir dem zweiten bisher unbekannten Brief vom 20. September entnehmen können, einen Aufsatz überschickt hat. Jedenfalls haben damals der Herzog und Goethe mit Hinckeldey verhandelt und gute Gesinnungen bei ihm feststellen können.

Dann kam die Reise nach Meiningen, von der Carl August an den Geheimrat Fritsch schon am 25. September Günstiges berichten konnte[25] und von der Goethe in seinem Brief an Fritsch vom 1. Oktober 1780[26] ausführlichen Erfolgsbericht gab. Man hat damals in Meiningen die Bereitwilligkeit zu einer Konferenz wecken können, auf der die Untertanen nochmals durch ihre meiningische Herrschaft vertreten sein sollten, und Meiningen hat versprochen, Dürckheim zum Kommissar auf dieser Konferenz zu machen. So war die ursprünglich wohl nur ins Eisenacher Oberland angesetzte und nun nach Meiningen ausge-

---

24 Hinckeldey hatte sich schon 1767 erboten, die Zillbacher Holzabgabesache für Meiningen gegen das Haus Weimar in Wien zu führen und die Kosten aus eigenen Mitteln vorzuschießen. Wie sehr man ihn auch später im Conseil fürchtete und wie eifrig man bemüht war, ihn zu gewinnen, zeigt die Wiederaufnahme seiner 1768 abschlägig beschiedenen Streitsache mit der Kammer Eisenach 1783 und der im gleichen Jahr vom Consilium an Thon erteilte Auftrag, bei Hinckeldey zu sondieren, ob er nach seinem Ausscheiden aus den Löwensteinschen Diensten bereit sei, wieder in andere Dienste zu gehen.

25 Thüringisches Hauptstaatsarchiv Weimar, Hausarchiv A XIX, Nr. 38, Bl. 32.

26 Briefe 4, S. 302–303, Nr. 1023.

dehnte Reise auch in der Zillbacher Prozeßsache auf alle Fälle ein Erfolg insofern, als die Konferenz mit Meiningen zum Zwecke des Vergleichs, der die vom Reichshofrat angedrohte Exekution verhindern sollte, nunmehr gesichert war. An diesen entscheidenden Erfolgen war Goethe ganz unmittelbar hervorragend beteiligt.[27] Von nun an tritt seine Mitwirkung an dem Zillbacher Fall in den gewöhnlichen Rahmen der Mitarbeit im Geheimen Consilium zurück.

Die letzten Monate des Jahres 1780 waren der Vorbereitung dieser Konferenz gewidmet, zu der auf meiningischer Seite der Minister Dürckheim und der Kanzler und Vorsitzende der Regierung, Christian Martin Grimm, auf weimarischer Seite der Geheimrat Fritsch und der Eisenacher Vizekanzler Bechtolsheim als Kommissare ernannt wurden. Fritsch stellte zwar ausdrücklich von sich fest, daß ihm die Sache an sich fremd sei; aber Carl August legte Wert auf seine Tätigkeit als Kommissar wegen seiner vierundzwanzigjährigen Freundschaft mit Dürckheim, die sich von dessen weimarischer Zeit herleitete. Der zweite weimarische Kommisar, Bechtolsheim, hatte wenig Vertrauen zu Verhandlungen mit Meiningen überhaupt, und dies ist die allgemeine Ansicht in Eisenach gewesen, lieber von vornherein das Verfahren beim Reichshofrat durchzufechten und den Weg der Berufung an den Reichstag zu gehen. Daß Eisenach, wenn man nicht den von Goethe vorgeschlagenen Weg direkter Verhandlungen mit den Untertanen beschreiten wollte, damit zunächst recht hatte, sollte sich zeigen.

Worauf es jetzt ankommen mußte, war, unter allen Umständen Zeit zu gewinnen, um die vom Reichshofrat angedrohte Exekution aufzuhalten. So bat Haffner in Wien am 10. Oktober um eine Fristverlängerung von zwei Monaten, und weiter erstattete er am 28. November dort die Meldung, daß Vergleichsverhandlungen mit Meiningen aufgenommen worden seien. Man traf auch Vorsorge für den Fall, daß die Vergleichsverhandlungen mit Meiningen scheitern sollten; Eisenach erhielt den Auftrag, eine Exzeptionsschrift in Bereitschaft zu halten, d. h. eine Einspruchsschrift gegen die Entscheidungsgründe des Reichshofrates, zugleich aber Species facti oder einen Status causae auszuarbeiten, d. h. einen Tatsachenbericht, der den deutschen Fürstenhöfen zugestellt werden sollte, falls es zum Rekurs an den Reichstag käme. Immerhin hatten diese der Zeitgewinnung dienenden Verhandlungen und Maßnahmen den Erfolg, daß der Agent der Wasunger Untertanen in Wien im November 1780 von Meiningen den Auftrag erhielt, dort zunächst nichts weiter zu unternehmen. Die Wasunger hielten sich daran, obwohl sie fürchteten, daß der angestrebte neue Vergleich nur ein zwischen den beiderseitigen Herrschaften vereinbartes Mittel sei, mit dem die Untertanen des Vorteils beraubt werden sollten, den sie durch das Conclusum des Reichshofrates vom 4. August 1780 erlangt hatten. Mißtrauisch geworden waren sie vor allem durch den Besuch Carl Augusts in Meiningen.

Während der Verhandlungen im Weimarer Geheimen Consilium, die der Vorbereitung der Konferenz mit Sachsen-Meiningen dienten, ist zwischen dem 24. und 30. November 1780 ein schriftliches Votum Goethes entstanden, in dem er sich zur Frage der Konferenz selbst äußert.[28] Der Anlaß zu diesem Votum war ein Schreiben der Meininger Regierung, in dem verlangt wurde, daß Weimar vor Beginn der Konferenz Angebote mache, wie hoch

---

27 Goethe wußte allerdings – ebenso wie seine Kollegen Fritsch und Schnauß – nur zu gut, daß auf Meiningen kein Verlaß war. Der Versuch mußte wohl gemacht werden, weil der junge Carl August im Vertrauen auf das fürstliche Wort der Meininger jeden Zweifel abwies. Dieses Vertrauen hat trotz aller gegenteiligen Berichte von der Wankelmütigkeit und Unzuverlässigkeit des meiningischen Hofes noch lange angedauert und den Abschluß des Geschäftes erheblich verzögert.

28 Gedruckt: W. Flach, Goethes Amtliche Schriften I, S. 111–115, Nr. 60.

es die Entschädigung an die Untertanen für den Ausfall der Holzlieferung in den vergangenen Jahren und Jahrzehnten stellen wolle. Dieses Ansinnen wurde in Weimar rundweg abgelehnt, nur war man sich über die Art der Ablehnung nicht einig. Auf Grund eines Gutachtens der Eisenacher Regierung legte daher Schnauß ein schriftliches Votum vor, in dem er für Verzögerung des Antwortschreibens an Meiningen eintrat. Mit allen rechtlichen Gründen für und wider erörterte er aus intimer Kenntnis der Rechtsgrundlagen die Angelegenheit. Goethe setzte sich in seinem Votum ihm entgegen und betonte neben den rechtlichen Gründen insbesondere die notwendige freundschaftliche und menschliche Haltung der Deputierten auf der künftigen Konferenz. Es käme darauf an, das war seine Meinung, »mit den rechtlichen Gründen ihnen das billige und thuliche zu Gemüthe« zu führen. Fritsch war der Meinung Goethes, und das Ergebnis dieser Erörterungen war, daß Fritsch in einem Schreiben an Dürckheim in scharfer Form die Zumutung vorheriger Vorschläge ablehnte und daß in einem offiziellen Schreiben Carl Augusts die weimarische Haltung auseinandergesetzt wurde. Meiningen mußte den weimarischen Standpunkt anerkennen und verzichtete im Dezember 1780 auf die vorherigen Entschädigungsvorschläge. Es wurde die Vereinbarung getroffen, im Januar zur Konferenz zusammenzukommen.

Nachdem man mit Meiningen einig geworden war, galt es, für die weimarischen Deputierten die Haltung auf der Konferenz im einzelnen festzulegen. Das war vor allem deswegen notwendig, weil die Ansichten in Weimar und Eisenach in manchen Punkten auseinandergingen. Diesem Zwecke der Vereinheitlichung der Gesichtspunkte dienten Beratungen, die am Jahresende 1780 im Geheimen Consilium in Weimar gepflogen wurden, zu denen Bechtolsheim zugezogen war. Dieser ist vom 23. Dezember 1780 bis zum 3. Januar 1781 in Weimar gewesen, und wenn Goethe am Weihnachtsheiligabend 1780 an Frau von Stein mitteilt: »Ich esse heut bey Fritschens, wahrscheinlich sind Bechtolsheims da«[29], so wissen wir, daß möglicherweise an diesem Weihnachtsheiligabend auch über Zillbach gesprochen worden ist.

Die gemeinsamen Beratungen zwischen den Weimarer Geheimen Räten und Bechtolsheim haben vom 27. bis zum 29. Dezember 1780 stattgefunden.[30] Goethe hat an allen Sitzungen teilgenommen. Dabei ging es am 27. Dezember um grundsätzliche Fragen der Konferenz, die man als eine Fortsetzung der Konferenz von 1767 bis 1769 betrachtet wissen wollte, um die Holzabgabe an die Herrschaft, die wie seit 1773 weiterlaufen sollte, und um den Holzverkauf an die Untertanen, die man unter keinen Umständen, weder direkt noch indirekt, als Verhandlungspartei anerkannte, von denen man vielmehr die strikte Unterwerfung unter die Abmachungen der beiderseitigen Herrschaften verlangte. Gegenüber der goetheschen Auffassung vom 14. September, daß die Untertanen nun einmal pars geworden seien, hatte sich jetzt die viel schärfere Haltung durchgesetzt, unter keinen Umständen mit den Untertanen selbst zu verhandeln. Wichtig war noch die Bekanntgabe Bechtolsheims, daß die Exzeptionsschrift fertiggestellt sei und in Reinschrift bereitliege; er setzte durch, daß sie an den Reichshofratsagenten Haffner geschickt wurde. Die Beratung vom 28. Dezember ergab die Zustimmung Carl Augusts zu den Erörterungen vom 27. Dezember, und am 29. Dezember wurden vor allem eingehend ein Aufsatz des Eisenacher Kanzlers von Göckel und der Rezeß von 1769 besprochen, der dem künftigen Vergleich als

---

29 Briefe 5, S. 20, Nr. 1079.
30 Druck der Protokolle: W. Flach, Goethes Amtliche Schriften I, S. 119–129, Nr. 62 A–C.

Grundlage dienen sollte. Damit war die weimarische Haltung für die künftige Konferenz festgelegt. Sie wurde durch Beratung mit Carl August am 12. Januar 1781 ausdrücklich gebilligt[31] und danach die Instruktion für die weimarischen Deputierten ausgearbeitet.

In den Tagen vom 5. bis 21. Februar 1781 hat dann die Konferenz der meiningischen und der weimarischen Deputation in Eisenach stattgefunden. In ihr wurde zum Schluß der Rezeß von 1769 durchberaten und manche Änderung beschlossen, aber »bei denen mehresten Punkten eines gemeinsamen Schlusses sich vereinigt«. Insofern war die Konferenz ein Erfolg gewesen. Als es aber an den Punkt ging, der Meiningen und seinen Untertanen der Hauptpunkt war, nämlich die Entschädigungsforderung ratione praeteriti, also für die rückständigen Leistungen seit 1742, da mußten die weimarischen Deputierten erklären, zur Erörterung dieser Frage nicht bevollmächtigt zu sein und die Verhandlungen zur Einholung weiterer Instruktionen aussetzen zu müssen. Im Endzweck war die Konferenz also gescheitert. Aber Weimar hatte insofern sein Ziel erreicht, als es Zeit gewonnen und die Exekution zunächst aufgehalten hatte.

Mit dem Ende der Eisenacher Konferenz fällt zugleich der Beginn einer neuen Handlung in Wien zusammen. Zwar hatte Weimar am 10. Oktober 1780 beim Reichshofrat um Fristverlängerung nachgesucht und am 28. November 1780 Anzeige von den wirklich eröffneten Vergleichsverhandlungen mit Meiningen erstattet. Das aber hat den Reichshofrat nicht beeindruckt. Durch Protokoll vom 19. Februar 1781 stellte er fest: »Mit Verwerfung des aufzüglichen Zeitsuchens fiat nunc commissio ad exequendum auf die ausschreibenden Herren Fürsten des Fränkischen Kreises.« Das bedeutete, daß man in Wien das Streben von seiten Weimars, die Angelegenheit hinauszuzögern, nicht unterstützte und der klagenden Partei, den meiningischen Untertanen, durch Exekution zu ihrem Recht verhelfen wollte.[32] Diese sollte, weil die Zillbacher Gegend zum Fränkischen Kreis gehörte, von diesem Kreise durchgeführt werden. Noch sollte Weimar eine Frist von zwei Monaten erhalten. Sollte es diese aber wieder fruchtlos verstreichen lassen, dann sollten die ausschreibenden Fürsten des Fränkischen Kreises, der Bischof von Bamberg und Würzburg und der Fürst von Ansbach-Bayreuth, die Exekution gegen Weimar vollstrecken.

Dieses Protokoll des Reichshofrates, das Isenflamm mit Schreiben vom 23. Februar 1781 nach Weimar überschickte, mußte naturgemäß hier wieder allerlei Aufregungen verursachen, und das um so mehr, weil die begleitenden Erklärungen Isenflamms wenig Ermunterndes enthielten. Er hatte mit dem Referenten des Reichshofrates, dem Grafen Firmian, gesprochen, und dieser hatte ihm erklärt, daß die Anzeige der Vergleichsverhandlungen mit Meiningen so lange nichts helfe, als der Vergleich nur mit der meiningischen Herrschaft laufe, die klagenden Untertanen aber in die Verhandlungen nicht einbegriffen seien und sie nicht selbst anzeigten. Firmian wies ferner darauf hin, »daß das Collegium [des Reichshofrates], wenn auch die Sache von den Untertanen nicht wäre betrieben worden, ex officio

---

31 Druck des Protokolls: ebenda I, S. 130–131, Nr. 64.
32 Es ist zu vermuten, daß das auf Anregung des Oberforstmeisters von Bibra geschah, der sich zu dieser Zeit mit den meiningischen Erbprinzen in Wien aufhielt und ein Gespräch mit den Referenten in der Zillbacher Holzsache gehabt haben soll. Bibra ist der Schwager des Uttenhoven, von dem der spätere Plan stammt, durch die Landschaft den Prozeß für die Untertanen weiterzuführen. In Weimar wollte man allerdings dieser Nachricht keinen Glauben schenken, weil man Meiningen eines solches Doppelspiels nicht für fähig hielt. Die meiningischen Akten bestätigen dieses für andere Zeitpunkte zur Genüge.

die Exekution hätte erkennen müssen, um denen durch den einseitigen Vergleich der beeden hochfürstlichen Häuser bedruckten und lädierten Untertanen zu ihrem Recht zu verhelfen«. Das hieß, daß Weimar vom Reichshofrat nichts mehr zu erwarten hatte. Ebenso
entmutigend war der Hinweis des Reichshofratsagenten Haffner, man habe bei der seit
1744 in Exekution schwebenden Sache, die lange hätte verglichen werden können, alle
Rechtsvorteile verloren, so daß auch mit der Exzeptionsschrift nichts mehr auszurichten
sei. Man mußte deshalb andere Wege gehen. Und daher hatte Isenflamm mit dem beauf-
tragten Agenten der Wasunger in Wien vereinbart, daß dieser das Exekutionsreskript beim
Reichshofrat zunächst nicht einlöste. Zugleich aber deutete Isenflamm die Möglichkeit an,
mit den Exekutionshöfen Würzburg und Bayreuth in Verbindung zu treten, um die Ausführung der Exekution aufzuhalten.

Das Exekutionsreskript ist von den Wasungern dann tatsächlich während des ganzen
Jahres 1781 nicht eingelöst worden – wobei wohl Geldmangel eine Rolle spielte –, so daß
Weimar Zeit erhielt, auch während des Jahres 1781 noch mit Meiningen zu verhandeln
und den Versuch zu unternehmen, die Sache zu einem gütlichen Ende zu bringen. Der
Meininger Regierung aber blieb die Gelegenheit zu dem Versuch, die Untertanen zur Annahme eines billigen Vergleichs zu bewegen. Diese Aufgabe hatte der Meininger Kanzler
Grimm übernommen. Er schien Anstrengungen zu machen, die Untertanen zum Nachge-
ben zu bringen. Aber seine Bemühungen mußten erfolglos bleiben, da die Untertanen vorher durch Reskript an das Amt zur Beharrlichkeit aufgefordert wurden. Daher erklärten
sie, daß sie die Vorschläge nicht annähmen, sondern bei den älteren Rezessen und den
kaiserlichen Erkenntnissen zu verharren gedächten. Die »Finalerklärung« der Meininger
Deputierten an die Weimarer Deputierten vom 26. November 1781 stellt daher resigniert
die Ergebnislosigkeit des Unternehmens fest; infolgedessen habe der Meininger Herzog
beschlossen, »bei den vorwaltenden Umständen den Untertanen die ihnen nach den bereits emanierten Allerhöchsten Judicatis nicht zu verwehrende eigene Prosecution ihrer
Gerechtsame zu überlassen«. Die Verhandlungen mit Meiningen waren also erfolglos geblieben; die Eisenacher schienen mit ihrer schroffen Auffassung von der Sache aus dem
Mißtrauen gegen die Meininger recht zu behalten.

Als die weimarischen Deputierten Fritsch und Bechtolsheim diesen Sachverhalt Anfang
Januar 1782 dem Geheimen Consilium berichteten und dieses die Regierung Eisenach zur
Stellungnahme aufforderte, war die Frage, ob nicht der gerichtliche Weg gütlichen Verhandlungen vorzuziehen sei, wirklich am Platze. Jetzt wurde auf weimarischer Seite ganz besonders die Tatsache herausgestellt, daß der Reichshofrat mit seinem Verfahren und seinen
Entscheidungen die Reichsgesetze und die Reichsverfassung verletzt habe; er habe die
Klage überhaupt nicht annehmen dürfen, weil dem Haus Weimar als einem reichsunmittel-
baren Stand das Recht der Austräge zustehe, d. h. die Verhandlung seiner eigenen Angelegenheiten in erster Instanz auf dem Wege des Schiedsgerichts. Statt dessen habe der Reichshofrat die Klage sogleich in erster Instanz an sich genommen und damit illegal gehandelt.
Damit aber sei die Angelegenheit zum Rekurs an den Reichstag bestens qualifiziert, und
man müsse nun alles daransetzen, die Sache gerichtlich in eine andere und für Weimar günstigere Lage zu bringen. Dann erst wären vielleicht Vergleichsverhandlungen mit Meiningen
wieder möglich.

Um diese gerichtlich günstigere Position zu schaffen, sollte nunmehr die Exzeptionsschrift durch den Agenten Haffner, dem sie längst in Bereitschaft zugestellt war, beim
Reichshofrat eingereicht werden; die in Eisenach ausgearbeiteten Species facti sollten zum

Druck gelangen, um an befreundete deutsche Fürstenhöfe verschickt zu werden und den Rekurs beim Reichstag zu begründen und zu stützen, und außerdem sollte eine Besichtigung der Zillbacher Forsten durch unparteiische Sachverständige vorgenommen werden, die die Exceptio impossibilitatis, die faktische Leistungsunfähigkeit, erweisen sollte. Diese Pläne sind in der ersten Jahreshäfte 1782 vom Geheimen Consilium in Weimar und der Regierung in Eisenach gefördert und verwirklicht worden. Die Exzeptionsschrift wurde durch Haffner trotz erheblicher Bedenken, die er hatte – sie werde nicht beachtet, vielleicht sogar übelgenommen werden, weil sie contra stilum et ordinem nach der erfolgten rechtlichen Erkenntnis auf Exekution eingereicht werde –, dem Reichshofrat übergeben. Die Besichtigung der Zillbacher Wälder wurde durch auswärtige Forstleute, den kursächsischen Oberforstmeister zu Schleusingen, Friedrich August von Häseler, und den gothaischen Oberforstmeister zu Ohrdruf, Friedrich Leopold von Hahn, vom 28. April bis zum 9. Mai 1782 vorgenommen und erbrachte die Feststellung, daß bei einem tatsächlichen Ertrag von 2 284 Klaftern im Jahr und bei der meiningischen Forderung von jährlich 3 208 $^{5}/_{8}$ Klaftern die Unmöglichkeit der Leistung offen zutage liege. Und der Druck des Status causae schritt rüstig fort und sollte um das Notariatsinstrument, das von dem Notar Carl Friedrich Christian Eisentraut über die Waldbesichtigung ausgestellt worden war, vermehrt werden.

Das für Weimar günstige Ergebnis der Forstbesichtigung diente nun außerdem dazu, der in Wien beim Reichshofrat kürzlich eingereichten Exzeptionsschrift als Nachtrag angefügt zu werden. Der Entwurf zu dieser Nachtragsvorstellung wurde von der Regierung Eisenach am 26. Juni 1782 dem Geheimen Consilium übersandt und ging am 29. Juni 1782 in Weimar ein. Da die Sache eilte, mußte sie, wie es in solchen Fällen beim Consilium üblich war, durch Umlauf erledigt werden, und so besitzen wir über diese Angelegenheit Voten von Schnauß und Goethe, aus denen eine recht gedämpfte Stimmung spricht.[33] Nachdem Haffner schon der Hauptvorstellungsschrift trübe Prognosen gestellt hatte, waren die Erwartungen, die man an den Nachtrag knüpfte, stark reduziert; man wünschte ihm, wie sich Goethe ausdrückte, mehr Glück, als man hoffte. So waren die zu Beginn des Jahres gesteckten Ziele, der Sache gerichtlich eine andere Wendung zu geben, in der Jahresmitte in keiner Weise klar erreicht, denn an einen Erfolg beim Reichshofrat selbst war nicht mehr zu glauben. Blieb also nur noch als Rechtsmittel der Rekurs an den Reichstag. Der Anstoß zur Herbeiführung dieser Situation aber wurde Weimar aus der Hand genommen; er kam von der anderen Seite, verschlechterte zunächst wieder die Lage für Weimar und drängte es zu sehr beschleunigten Handlungen.

Bereits im Februar 1782 hatte Meiningen von Weimar eine Stellungnahme auf seine Finalerklärung vom 26. November 1781 verlangt, da die Untertanen ungeduldig würden; sie, d. h. der »Stadtrat Wasungen und zum Rezeßholzprozeß verordnete Syndici der Stadt und Dorfschaften der Ämter Wasungen und »Sand« hatten am 20. Februar 1782 eine Frist von vier Wochen zu gütlichem Vergleich gestellt; nach deren ergebnislosem Verlauf wollten sie sonst endlich das Reichshofratsconclusum vom 19. Februar 1781 mit dem Auftrag der Exekution an den Fränkischen Kreis einlösen. Weimar hatte diese Drohung zunächst nicht sonderlich ernst genommen und den Vorschlag gemacht, die Meininger Deputierten sollten die vergleichsbereiten Gemeinden – denn solche gab es – zum Vergleich anhalten.[34]

---

33 Druck: W. Flach, Goethes Amtliche Schriften I, S. 189–190, Nr. 104.
34 Allerdings traf Weimar seit April 1782 Vorbereitungen, die Höfe Ansbach und Würzburg für sich zu gewinnen. Bereits im April ist die Rede von einer Gesandtschaft an beide Höfe (Hausarchiv A XIX 38

Aber man war nun in Weimar doch außerordentlich bestürzt, als Isenflamm im Juli aus
Wien meldete, daß die Wasunger Untertanen vor einigen Wochen die Exekutionsschriften
beim Reichshofrat wirklich ausgelöst hätten und daß außerdem das kaiserliche Exekutionsreskript am 12. Juli 1782 den beiden zur Exekution bestimmten Höfen Bamberg und Bayreuth zugestellt worden sei. Zwar hatte Isenflamm noch versucht, die Angelegenheit durch
Aussprache mit den beiden Referenten beim Reichshofrat, von Firmian und besonders von
Braun, aufzuhalten, hatte auf die Exzeptionsschrift aufmerksam gemacht und auf die Unmöglichkeit der Leistung. Aber Braun hatte ihm entgegengehalten, daß Vorstellungen keine
Wirkung mehr hätten, wo Urteile gesprochen seien.

War zunächst noch auf eine Wiener Anregung hin die Möglichkeit ins Auge gefaßt worden, beim Kaiser Antrag auf Einsetzung einer besonderen Hofkommission zur freundschaftlichen Beilegung des Streites zu stellen, so machte vor allem die Aushändigung des
Exekutionsreskriptes an die Exekutionshöfe diesen Schritt unmöglich. Nun mußte schnell
gehandelt werden, weil bis zur Durchführung der Exekution eine Frist von zwei Monaten
gestellt war, und nun ergab sich als einziges durchschlagendes Mittel, um die Exekution auf
die Dauer zu verhindern, nur noch der Rekurs an den Reichstag. Jetzt konnte Eisenach mit
einer gewissen Genugtuung darauf hinweisen, daß es von Anfang an diesen Rekurs als den
einzig sicheren Weg angesehen habe, um etwas Gedeihliches zu erreichen; es sei in Eisenach alles so weit vorbereitet, daß in vier Wochen die nötigen Schriften abgehen könnten.

Aber es mußte schneller etwas geschehen, damit die Exekution unter keinen Umständen
erst zum Anlaufen kam. Daher erhielt Haffner den Auftrag, die ihm zugestellte Bescheinigung der Unmöglichkeit der Leistung auf alle Fälle sofort beim Reichshofrat einzureichen,
weil dieses die Exekution aufhalten könne; ja man machte ihm einen gewissen Vorwurf, daß
die Aushändigung der Exekutionsreskripte an die Exekutionshöfe zweifellos darauf zurückzuführen sei, daß die Impossibilitätsbescheinigung bisher nicht eingereicht wurde. Vor
allem aber sah man es auf allen Seiten als notwendig an, nunmehr mit den Exekutionshöfen selbst in Verbindung zu treten, um diese zunächst zum Stillhalten zu veranlassen. Aus
Wien lief von Haffner bald die Meldung ein, daß der Nachtrag zur Vorstellungsschrift beim
Reichshofrat nicht angebracht werden könne, da der Referent auf Monate hinaus krank sei,
und deswegen war es um so notwendiger und vorerst das einzige wirksame Mittel, bei den
Exekutionshöfen entscheidende Schritte zu unternehmen.

Am 13. August 1782 erhielt daher der inzwischen Eisenacher Kanzler gewordene Bechtolsheim die Instruktion für eine Reise nach Würzburg, nach Ansbach und nach Bamberg,
um diese fränkischen Fürstenhöfe zu bitten, von Schritten zur Ausführung der Exekution
abzusehen, bis in längstens einem Monat der Rekurs beim Reichstag eingeleitet sei. Die Bescheinigung der Unmöglichkeit der Leistung sei in Wien eingereicht, und man sei in Weimar der Überzeugung, daß die Exekution daraufhin bestimmt sistiert werde. Außerdem
aber müsse er die Anschauung – diese war allerdings in Theorie und Praxis heftig umstritten –, daß die Einleitung des Rekurses beim Reichstag aufhebende Wirkung hinsichtlich

---

Bl. 46). Am 5. Mai schreibt Goethe an Knebel: »Könntest du mir ohne deine Beschweerde eine Schilderung des Anspacher Hofes machen, vornehmlich auch derer, die in Geschäfften gelten. Vielleicht
brauchen wir das Haus balde. Lass dich aber nichts mercken.« (Briefe 5 S. 320 Nr. 1462.) Man erwartete damals also schon die Exekution und hatte damals schon die Absicht der Anknüpfung. – Aus den
Akten ergibt sich weiter, daß Goethe und Carl August sich bei Dalberg nach den Verhältnissen am
Würzburger Hof erkundigten und von diesem Aufklärung erhielten. Doch sind die Briefe verloren.

der Reichshofratsbeschlüsse habe, gegenüber den Exekutionshöfen nachdrücklich vertreten und diese auf die Rücksicht eines Fürsten gegen den anderen hinweisen.

Wie schwer man in Weimar die nun wirklich ausgesprochene Exekution nahm und wie sehr daran gelegen war, sie von vornherein unmöglich zu machen, beweist der Brief Carl Augusts, den er bereits am 6. August, einen Tag nach Eingang des Isenflammschen Berichtes über die Zustellung des Exekutionsreskriptes, an Bechtolsheim geschrieben hatte. Er sprach darin von der Hiobspost, die man erhalten hätte, und von der Notwendigkeit der Reise Bechtolsheims, und er fügte hinzu: »Sie werden selten eine Gelegenheit finden, wo Sie mir und den Meinigen einen so wichtigen Dienst werden leisten können«.[35]

Am 20. August reiste Bechtolsheim in Begleitung seiner Frau, da nach seiner Ansicht die »Mitwirkung einer hübschen Frau« manche Schwierigkeiten beseitigen könne, nach Würzburg ab und hat Ende August und Anfang September in Würzburg und in Bamberg, wo man sich der weimarischen Auffassung in keiner Weise voll anschließen wollte, und in Ansbach, wo schon Isenflamm, der sich auf Urlaub dort befand, vorgearbeitet hatte und wo man für die Lage Weimars volles Verständnis hatte, zum mindesten zunächst das eine erreicht, daß die Exekutionshöfe nicht zur Exekution schritten. Es war also vor allem, worauf es in Weimar zunächst ankam, Zeit gewonnen. Differenzen in der Auffassung bestanden mit Würzburg in der Hauptsache darin, daß man dort den Effectum suspensivum, die aufschiebende Wirkung des Rekurses an den Reichstag, nicht ohne weiteres oder höchstens dann zugestehen wollte, wenn ein wirkliches Gravamen commune, eine für alle Stände geltende Beschwerde, vorläge. Als das Geheime Consilium nach der Rückkehr Bechtolsheim und nach seinem Abschlußbericht schließlich Anfang November mit Würzburg und Ansbach die letzten schriftlichen Erörterungen anstellte, ist es über diesen Punkt zu einer Unklarheit gekommen, die durch Voten der Geheimen Räte Goethe und Schnauß beseitigt wurde.[36] Das von dem Geheimen Assistenzrat Schmidt angefertigte Konzept des Schreibens an die beiden Höfe sollte, wie er meinte, gegenüber Würzburg diese aufhebende Wirkung des Rekurses gar nicht erwähnen. Goethe machte dazu den Vorschlag, den Effectum suspensivum im Zusammenhang mit der Bescheinigung über die Unmöglichkeit der Leistung doch anzuführen, und der alte Praktiker Schnauß hat dann das Konzept in die richtige Form und Ordnung gebracht, indem er den Zillbacher Fall als ein nachgewiesenes Gravamen statuum commune, wie es Würzburg gelten lasse, erklärte. Nach den aufregenden Sommermonaten 1782 konnte sich Weimar im Herbst immerhin sagen, daß die hauptsächliche Gefahr durch die zu den Exekutionshöfen aufgenommene Verbindung gebannt und die Zeit für die ruhige und sichere Einleitung des Rekurses beim Reichstag gewonnen war.

Am 8. Oktober 1782 ging dann das Rekursschreiben des weimarischen Herzogs an den Reichstag über den mitbevollmächtigten Sachsen-Weimar- und Eisenachischen Comitial-Gesandten in Regensburg, den Sachsen-Gothaischen Geheimen Rat Philipp Freiherrn von Gemmingen, ab. Es enthielt folgende Beschwerdepunkte gegen den Reichshofrat: Er habe dem Hause Weimar die ihm zustehenden Austräge verlegt; er habe die Meininger Untertanen, die beim Abschluß der früheren Rezesse überhaupt nicht in Erscheinung getreten seien, als Intervenienten anerkannt; er habe die Anordnung zur Exekution ex officio erlassen, ohne die weimarischen Gegenvorstellungen beachtet zu haben. Darum bat Weimar um

---

35 Hausarchiv A XIX 8 a Bl. 10.
36 Druck: W. Flach, Goethes Amtliche Schriften I, S. 217 f., Nr. 126.

das Gutachten aller Reichsstände an den Kaiser, er möge der Anmaßung des Reichshofrates Schranken setzen, er möge die Exekution sistieren und gänzlich aufheben, und er
möge die Sache an die Austrägalinstanz verweisen. Beigelegt waren diesem Schreiben
zwei Druckschriften, eine außerordentlich umfangreiche, 212 Seiten in Folio umfassende,
von Bechtolsheim seit 1781 verfaßte und mit zahlreichen Beilagen ganz ausgezeichnet his-
torisch-quellenmäßig untermauerte Schrift »Status causae die Irrungen, welche bishero
zwischen denen Fürstlichen Häusern Sachsen-Coburg-Meiningen an einem und Sachsen-
Weimar und Eisenach am andern Teil wegen der Zillbacher Rezeßhölzer vorgewaltet betreffend«, dazu eine nur 20 Seiten starke Druckschrift, deren Verfasser Schnauß war,
»Auszug der vornehmsten Gründe, welche von des regierenden Herrn Herzogs zu Sachsen-Weimar und Eisenach Hochfürstlicher Durchlaucht in der Zillbacher Holzabgabe-
und Verkaufssache an die allgemeine Reichsversammlung ergriffenen Rekurs rechtfertigen«. Schnauß hatte diese letzte Schrift noch eilig verfaßt, weil ihm die Bechtolsheimsche
trotz ihres Umfangs nicht alle wesentlichen Gedanken zu enthalten schien. Gleichzeitig
mit der Einreichung des Rekursschreibens unterrichtete man in einem Zirkular auch alle
einzelnen Reichsstände und die Direktoren der vier großen Bänke unmittelbar über die
Angelegenheit, und endlich ergingen noch besondere Schreiben an die Geheimen Räte
der befreundeten großen Höfe. Die Vorlage der Eingabe Sachsen-Weimars beim Reichstag selbst konnte dann aber erst am 25. November geschehen, da bis zum 18. November
Reichstagsferien gewesen waren.

Damit hatte Weimar nun wirklich erreicht, was es zur Abwendung der bedrohlichen
Lage im Sommer 1782 zunächst erreichen wollte und konnte. Die Exekution war durch
Verhandlung mit den Exekutionshöfen und durch die Einreichung des Rekurses beim
Reichstag aufgehalten worden. Den Untertanen in den Ämtern Wasungen und Sand, die
bisher allzu stark auf die ihnen günstigen Reichshofratsconclusa gepocht hatten, war ein
Schreckschuß verabreicht worden, indem sie sahen, wie sich die Lage Weimars verbesserte
und ihre eigene verschlechterte. Die gewonnene Zeit mußte man nun, wie es Schnauß in
einem Promemoria vom 7. Januar 1783 deutlich formulierte, nutzen, um einen gütlichen
Vergleich zu betreiben und damit die Zillbacher Sache endgültig aus der Welt zu schaffen.
Der Vergleich würde, so führte Schnauß aus, nicht so wohlfeil sein, wie die Herren Came-
rales dächten. Es sei zweifellos notwendig, hinsichtlich der Entschädigung für die Vergangenheit den Untertanen etwas Ansehnliches zu bieten. Wie aber sollte man an die Untertanen herankommen? Mit ihnen unmittelbar zu verhandeln, gehe nun einmal gegen die
weimarischen Prinzipien. Man müsse daher versuchen, über Mittelsleute diese Absicht zu
erreichen. Vom gerichtlichen Weg, den Eisenach gefordert und der zur Einleitung des Rekurses beim Reichstag geführt hatte, immerhin nur – wie Schnauß meinte – einer Palliativ-
kur, wandte man sich nun wieder dem Wege des gütlichen Vergleichs, des »billigen und thu-
lichen« im goethischen Sinne zu.

Die Verhandlungen, die sich nunmehr vom März 1783 zunächst bis in den April 1784
hinzogen, dienten der Ausführung dieses Gedankens. Es würde zu weit führen und es ginge
über den Zweck dieser Untersuchung hinaus, all die einzelnen Verhandlungen zu schildern,
die in dieser Zeit gepflogen worden sind. Aber soviel ist davon wichtig, daß es Weimar von
nun ab mit mehreren Parteien zu tun hatte, mit der meiningischen Herrschaft und mit den
meiningischen Untertanen, dazu noch mit der meiningischen Landschaft und dem gothaischen Herzogshaus, daß es jetzt gezwungen war, die Untertanen doch als Partei anzuerkennen, und daß es daher bestrebt war, mit den einzelnen Gemeinden Partialvergleiche abzu-

schließen. Es ist ein verwirrendes Geflecht von Fäden, die hinüber und herüber zwischen den einzelnen Parteien sichtbar und unsichtbar gezogen wurden, und es ist ein im allgemeinen unerfreuliches Bild menschlicher Schwächen, das sich da enthüllt. Von weimarischer Seite bediente man sich, um an die Untertanen heranzukommen, vor allem des aus Dreißigacker stammenden weimarischen Schutzjuden Isaak Israel, der »mit Einschmierung der Haupträder« beauftragt wurde, und dann zog man zu dem gleichen Zweck, Verbindung mit den Gemeinden zu erlangen, auch den bereits 1780 von Goethe genannten und ins Auge gefaßten Herrn von Hinckeldey auf Sinnershausen heran. Als Kommissare auf weimarischer Seite waren in jenem Verhandlungsabschnitt aber nicht mehr die früheren Deputierten Fritsch und Bechtolsheim tätig, sondern dazu wurden jetzt der Amtsverweser und Rechnungsbeamte des Amtes Lichtenberg, Heinrich Christian Kaspar Thon in Ostheim, und für die speziellen Forstfragen der Oberforstmeister in Zillbach, Christoph Friedrich von Arnswald, verwendet. Auf meiningischer Seite wurden die Interessen der Herrschaft und der Untertanen gleichzeitig gegen Weimar ins Feld geführt, vielfach aber wurden auch die Interessen dieser beiden Parteien gegeneinander ausgespielt. Einig war man sich im allgemeinen in Meiningen aber darin, Weimar das Leben so sauer wie möglich zu machen, und es war, wie Schnauß es formulierte, im März 1784 »dermalen eine bitterböse Krisis«, als die meiningische Landschaft ihrerseits die Untertanen mit Geld abfinden wollte, um dann den Prozeß gegen Weimar selbst führen zu können, als »bei dem so geschwind hintereinander erfolgten Auftritt so verschiedener Akteurs auf diesem Theater, von denen einer immer mehr als der andere forderte«, Weimar das Zutrauen zur Sache beinahe verlor.

In erster Linie ist es der aufrechten Haltung des meiningischen Ministers von Dürckheim zuzuschreiben, der in jener Zeit, im März 1784, nach Weimar kam, daß man endlich im April 1784 glauben konnte, die Zillbacher Sache nunmehr als im wesentlichen beendet ansehen zu können. Von den ursprünglich außerordentlich hochgespannten Forderungen an Entschädigung für die Vergangenheit war schließlich das für Weimar zwar immer noch hohe, aber erträgliche Maß von 8 000 Karolinen übrig geblieben, von denen 2 000 die meiningische Herrschaft und 6 000 die meiningischen Untertanen erhalten sollten. Auch die für die Zukunft zu bietenden jährlichen Leistungen standen fest, indem die Hölzer an die Herrschaft und die Deputathölzer wie bisher, die Rezeßhölzer an die Untertanen aber im Umfang von 1 500 Klaftern und 750 Schock Reisig jährlich abgeführt werden sollten. So schien also alles befriedigend gediehen zu sein, und die Kammer Eisenach erhielt Anweisung, das Geld aufzunehmen, um Untertanen und Herrschaft so bald als möglich abzufinden.

Da trat plötzlich in diesem an Schwierigkeiten überreichen Prozeß wieder ein neues Hindernis auf. Weimar wollte, um die ungerechtfertigten Ansprüche der Meininger Landschaft ein für allemal abzutun und die Untertanen bei guter Laune zu erhalten, bereits im laufenden Jahre 1784 noch vor dem endgültigen Abschluß des Rezesses mit der Holzlieferung beginnen und hatte Anweisung gegeben, das Holz im Zillbacher Forst zu schlagen. Dabei erhob sich die Frage, in welchem Maß das geschehen sollte. In den alten Rezessen war immer vom Hennebergischen Maß die Rede gewesen. Jetzt aber stellte sich heraus, daß die Größe dieses Maßes nicht genau angegeben werden konnte. So viel stand fest, daß dieses Hennebergische Maß von dem sonst in Zillbach üblichen Eisenacher Maß ganz bedeutend abwich. Außerordentlich viele Berechnungen waren um diese Sache bereits früher angestellt worden. Nun mußte man, wenn der Vergleich mit Meiningen und den Untertanen rechtsbeständig geschlossen werden sollte, in dieser Sache genau sehen, und daher machten sich im April 1784 erneute Erörterungen um diese Angelegenheit notwendig. Das Hennebergische Klaftermaß beruhte auf der Hennebergischen Waldordnung von 1615, und man fand jetzt, daß die dort als Zeichnung gegebene Größe des Maßes in den gedruckten Exemplaren von den geschriebenen erheblich abwich, ja es wurde geklärt, daß es sogar unter den einzelnen Druckstücken Differenzen gab. Nach der in Eisenach angestellten Berechnung war 1 Zillbacher Klafter = 2 $^4/_5$ Hennebergische Klafter, und man fürchtete nun, daß Meiningen den Vergleich ablehnen würde, wenn man sich in Zillbach an das bei allen bisherigen Verhandlungen geforderte Hennebergische Maß halte und die für Meiningen dadurch entstehende untragbare Benachteiligung dort bekannt würde.

In diesem Zusammenhang ist Goethe Ende April 1784 wieder gutachtend in die Angelegenheit eingeschaltet worden.[37] Wir kennen eine Anfrage von ihm an den weimarischen Forstsekretär Franz Ludwig Güssefeld, in der er sich von diesem die Ausrechnung von Klaftermaßen und den Vergleich dieser Maße untereinander erbat. Die Fragen, die er damals an Güssefeld richtete und die für uns schwer verständlich sind, bedeuten, in eine uns geläufige Form übersetzt und im Zusammenhang der Zillbacher Verhandlungen verstanden, folgendes:

1. Wieviel Kubikfuß umfaßt eine nach der Eisenacher Elle und nach Eisenacher Klaftermaß gesetzte Klafter Holz, bei der das Scheit 3 Fuß 6 Zoll lang, die Klafter selbst aber 6 Fuß hoch und weit gesetzt wird?
2. Wieviel wird gespart, wenn man unter Zugrundelegung der Eisenacher Elle die Klafter nach Henneberger Klaftermaß setzt, d. h. das Scheit nur 3 Fuß und 3 Zoll lang nimmt und die Klafter nur 5 Fuß und 4 Zoll hoch und weit setzt?
3. Welches Verhältnis ergibt sich, wenn man unter Zugrundelegung des wesentlich kleineren Maßstabes der Hennebergischen Waldordnung, die in Weimar zur Verfügung steht, die Klafter einmal nach dem Eisenacher und zum anderen nach dem Hennebergischen Klaftermaß setzt?

Die Antworten, die Güssefeld auf diese Fragen Goethes erteilt hat, zeigten eindeutig, daß man in Weimar einen ungerechten Vorteil erlangt hätte, wenn man das in Weimar bekannte kleinere Hennebergische Maß zugrunde gelegt hätte. Denn es zeigte sich dabei, daß man aus einer Klafter der ersten Art dreimal eine solche der dritten Art bilden konnte. Diesen auf die Dauer doch nicht zu haltenden Vorteil aber wollte man in Weimar, wo jetzt wirklich an endgültiger Bereinigung des Zillbacher Falles gelegen war, nicht haben, sondern wollte bona jure handeln. Es sollte daher der Eisenacher Maßstab zugrunde gelegt werden, die Klafter in Länge, Weite und Höhe aber nach hennebergischer Vorschrift gelegt werden, eine Maßnahme, die für Weimar immer noch günstig gewesen wäre.

Es hat um dieses Hennebergische Klaftermaß dann noch zahlreiche Verhandlungen hin und her gegeben, bei denen sich schließlich herausstellte, daß beim Druck der Hennebergischen Waldordnung von 1615 Fehler unterlaufen waren. Als endgültig und richtig wurde zuletzt das Maß des Meininger Exemplars der Waldordnung anerkannt, und dieses Maß war sogar noch etwas größer als das Eisenacher Maß, es brachte den Meiningern also keine Nachteile und Verluste. So wurde im Juni 1784 endgültig bestimmt, daß nach Hennebergischem Maßstab und nach Hennebergischem Klaftermaß geschnitten und gesetzt werden sollte.

---

37 Druck: W. Flach, Goethes Amtliche Schriften I, S. 300, Nr. 163.

Wenn es in den Monaten April und Mai 1784 geschienen hatte, als wenn nunmehr der Vergleich ohne weitere Hindernisse geschlossen werden könnte, so machte Meiningen im Juni 1784, als man zur Punktation des Vergleichs schritt, erneute Schwierigkeiten, und man versteht, daß Weimar »die nicht aufhörenden Verhetzungen, Ausstellungen, Rückfälle und beinahe schikanemäßigen advokaten Streiche« Meiningens als unerträglich empfand. Weimar wollte die Punktation vom 19. Juni 1784 als endgültig ansehen, aber Meiningen machte sie von der Genehmigung der Untertanen abhängig. So gab es wieder lange Verzögerungen. Besondere Schwierigkeiten bestanden jetzt darin, daß man auf seiten der Meininger Landschaft »den Untertanen das Geld aus den Händen zu spielen« versuchte. Das bedeutete: Die Landschaft in Meiningen wollte das von Weimar als Entschädigung zu zahlende Geld an sich nehmen, um es in sicherem Gewahrsam zu haben und Ansprüche gegen die Untertanen daraus decken zu können. Diese sollten das Geld also überhaupt nicht in die Hand bekommen. Daß in der ganzen zweiten Jahreshälfte 1784 der Vergleichsabschluß nicht zustande kam, geht aber auch darauf zurück, daß in Meiningen Dürckheim vom Juni bis Ende November verreist war, der allein es ehrlich mit Weimar meinte und einen gerechten Vergleich schaffen wollte. Erst nachdem im Dezember 1784 Herzog und Untertanen der Punktation vom Juni 1784 zugestimmt hatten und Weimar daraufhin im Januar 1785 anfing, die einzelnen Vergleiche auszuarbeiten, als endlich die Frage der Holzgeldreste und ihrer Abzugsfähigkeit von der durch Weimar zu zahlenden Entschädigungssumme noch geklärt worden war, ist die Sache vorwärtsgetrieben worden und konnte dann im Mai 1785 in der Hauptsache abgeschlossen werden.

Kurz vor Abschluß der Vergleiche ist die Mitwirkung Goethes noch einmal notwendig geworden, als man in Meiningen sich hinter Worte verschanzte. Es ging bei der endgültigen Formulierung der Vergleichsabschlüsse noch um die Frage einer später möglichen Preiserhöhung für die Rezeßhölzer, falls eine solche in den meiningischen Ämtern einträte. Dabei war zu klären, wie weit die Bedeutung der Worte »durchgehends« und »sämtlich« gegeneinander abzuwägen seien. Außerdem ging es weiter um den Unterschied zwischen Einwohnern und Untertanen und endlich um die Höhe der von Meiningen zu zahlenden Holzgeldreste. Nachdem Goethe mit den anderen Geheimen Ratsmitgliedern am 19. Mai 1785 die Angelegenheit erörtert hatte[38], konnte dann auf einer Konferenz in Meiningen zunächst der Vergleich mit den Untertanen der Ämter Wasungen und Sand auf Grund der Vergleichspunktation vom 19. Juni 1784 am 21. Mai abgeschlossen werden, der als sogenannter Zillbacher Nebenrezeß galt.[39] Die Bevollmächtigten dafür waren auf weimarischer Seite Thon, für die Untertanen der Stadtsyndikus Schenk zu Wasungen, Johann Georg de Ahna für die Dorfschaften und Johann Burkhard Daniel Weinreich für Wasungen. Dieser Rezeß, der die Leistung Weimars an die Untertanen endgültig auf jährlich 1525 Klafter Holz und 762 $^1/_2$ Schock Reisig und den Rückstand auf 6000 Karolinen = 38000 Reichstaler festlegte, von denen nach Abzug der Holzgeldreste 30793 Reichstaler verblieben, wurde sofort am 24. Mai 1785 von den Herzögen – der Meininger war mit Dürckheim einige Tage in Weimar – ratifiziert. Das Geld ist am 1. Juni 1785, also wenige Tage später, den Bevollmächtigten der Untertanen ausgezahlt und von ihnen quittiert worden.

---

38 Druck: ebenda I, S. 381, Nr. 191.
39 Die noch unentschiedenen Fragen über das Holzmaß und den Tarif für Bau- und Werkhölzer blieben einer nachträglichen Regelung vorbehalten.

Beim Hauptrezeß aber, d. h. beim Vertrag mit dem meiningischen Herzogshaus, hat es dann noch Schwierigkeiten und viele Verhandlungen, im Inhalt um die Unentgeltlichkeit der Deputathölzer und um die Forstzehrung und in der Hauptsache um bloße Worte gegeben, bis auch dieser Rezeß Ende November und Anfang Dezember 1785 endlich unterzeichnet worden ist, auch dieser datiert auf den 21. und 23. Mai 1785.[40] Als man am 9. Dezember 1785 im Geheimen Consilium in Weimar an den Reichshofratsagenten von Haffner[41] und an den Vertreter beim Reichstag in Regensburg von Gemmingen erleichtert melden konnte, daß die Zillbacher Sache nunmehr beendet worden, mithin eine weitere Tätigkeit des Reichshofrates und des Reichstages überflüssig sei, und als gleichzeitig die Anweisung gegeben wurde, die Urkunden, Rezesse und Quittungen ins Weimarer Archiv zu übernehmen, da war dieses in dem Abschnitt des Zillbacher Streites, an dem Goethe mitgewirkt hat, der letzte Akt.

Die Angelegenheit Zillbach war freilich damit noch nicht beendet. 1787 sind endlich Punktationen zur Erläuterung des Nebenrezesses festgelegt worden, bei denen es noch einmal um den Hennebergischen Maßstab und um den Tarif für Bau- und Werkhölzer ging, und es sind damals sogar noch geheime Separatartikel abgeschlossen worden.[42] Ja, die Zillbacher Angelegenheit hat das ganze 19. Jahrhundert hindurch nicht geruht und ist erst im Jahre 1903 durch Ablösung endgültig bereinigt worden.[43]

Goethe hat an den Verhandlungen um die Zillbacher Sache im Geheimen Consilium lange über den Zeitpunkt hinaus mitgewirkt, an dem er die Teilnahme an den Sitzungen überhaupt eingestellt hat, d. h. über den Februar 1785 hinaus bis zum September 1785 hin, bis die Angelegenheit als endgültig abgeschlossen betrachtet werden konnte. Es ist also kein Zweifel, daß man auf seine Mitwirkung bei dieser »schlimmsten aller Streitigkeiten, die dem weimarischen Hause auf dem Halse gelegen«[44], Wert gelegt hat, und wenn man rückschauend den Gesamtablauf dieses dramatischen Geschehens überblickt, so läßt sich feststellen, daß seine am Anfang geäußerten Erkenntnisse von der Anerkennung der pars gewordenen Untertanen, von dem nötigen gemeinschaftlichen freundlichen Benehmen der Deputierten und von der Betonung des Billigen und Tulichen neben dem Rechtlichen die Gesichtspunkte waren, die schließlich gegenüber anderen Auffassungen zum Erfolg geführt haben. Wenn die Hauptlast an dieser Streitsache im Geheimen Consilium auch von

---

40 Die Originale der genannten Vergleiche liegen im Thüringischen Hauptstaatsarchiv Weimar.

41 Haffner meldete wohl Anfang 1786 Abschluß und Vollzug des Haupt- und Nebenrezesses dem Reichshofrat, und dasselbe taten der Meininger Reichshofratsagent von Alt und der Anwalt der Untertanen Bernhard Samuel Matolay. Alle diese Eingaben tragen den Präsentationsvermerk des 3. und 4. Dezember 1787. Darauf erfolgte der den Prozeß beim Reichshofrat beendende Beschluß vom 28. Juli 1788: »Ponantur die von sämtlichen Teilen eingereichte Vergleichsanzeigen una cum renunciatione litis et mandato procuratorio ad acta« (Akten des Reichshofrats, Wien, vgl. Anm. 5).

42 Urkunden darüber im Thüringischen Hauptstaatsarchiv Weimar von 1787 Juli 14 und 1787 September 7 und Oktober 3.

43 Vgl. z. B. die Urkunden im Thüringischen Hauptstaatsarchiv Weimar von 1808 August 15 (Zillbacher Jagddifferenzen), 1842 November 18 (genaue Feststellung der Zillbacher Rezeßverhältnisse) und 1854 März 29 (Meininger Forstgesetzgebung in den Zillbacher Rezeßwaldungen).

44 So Schnauß an Thon am 9. Dezember 1785. – Bemerkenswert auch die Äußerung von Schnauß an Thon vom 2. Februar 1785: die Akten würden der Nachwelt einmal hinlänglich zeigen, wieviel Mühe und Arbeit habe angewandt werden müssen, um mit einem so viel- und starrköpfigen Tier, als die meiningischen Gemeinden seien, nur aus dem gröbsten fertig zu werden.

Schnauß getragen worden ist, so hat also am Gelingen doch auch Goethe seinen vollen Anteil. Ihm selber mag es mit diesem langen Streit ergangen sein wie mit der »Hast und Hatze«
einer Jagdgesellschaft in Wilhelmsthal zu jener Zeit, mit der er nichts zu schaffen haben
wollte, »ausser daß ich von dem Aufwand nebenher etwas in meine politisch moralisch dramatische Tasche stecke«.[45] Nach diesen drei Seiten hin bot ihm der Zillbacher Holzabgabeprozeß zweifellos einen sehr ergiebigen Stoff.

---

45 Goethe an Charlotte von Stein am 13. Dezember 1781 aus Wilhelmsthal. Briefe 5 S. 240 Nr. 1364.

Goethes amtliche Tätigkeit und seine amtlichen Schriften
1955

Als Goethe bei der Erhebung des Herzogtums Sachsen-Weimar-Eisenach zum Großherzogtum im Dezember 1815 in den Rang eines Staatsministers aufrückte und ihm als sein neues Amt die »Oberaufsicht über die unmittelbaren Anstalten für Wissenschaft und Kunst in Weimar und Jena« übertragen wurde, bat er in einer eingehenden Darlegung den Großherzog, in diesem Amte gewisse für seine besonderen Verhältnisse passende Einrichtungen treffen und sich einige persönliche Erleichterungen schaffen zu dürfen. Er wies in diesem Zusammenhang darauf hin, daß er »zu einer sehr lebhaften Wirkung nach außen seit vielen Jahren genöthigt« sei, und er begründete diese Wirkung folgendermaßen: »Weimar hat den Ruhm einer wissenschaftlichen und kunstreichen Bildung über Deutschland, ja über Europa verbreitet. Dadurch ward herkömmlich, sich in zweifelhaften literarischen und artistischen Fällen hier guten Raths zu erholen. Wieland, Herder, Schiller und andere haben so viel Zutrauen erweckt, daß bey ihnen dieser Art Anfragen öfters anlangten, welche die gedachten Männer oft mit Unstatten erwiderten oder wenigstens freundlich ablehnten. Mir Überbliebenen, ob ich gleich an solchen Anforderungen und Aufträgen selbst schon hinreichend fortlitt, ist ein großer Theil jener nicht einträglichen Erbschaften zugefallen.« Er machte nachdrücklich aufmerksam, daß es nicht in seinem Belieben stehe, dergleichen Arbeiten zu übernehmen. »In diesen [...] Fällen werde ich mich mit der Ehre zu begnügen haben, gegen das liebe deutsche Vaterland als Fakultät und Ordinarius um Gottes Willen mich einwirkend zu verhalten. Da ich mich nun in solchen Verhältnissen wohl nicht mit Unrecht als öffentliche Person ansehen darf, so wird mir nicht verargt werden, wenn ich einige Erleichterung von Staats wegen in bescheiden gebetener Maaße mir schmeicheln darf.«

Diese Eingabe Goethes vom 18. Dezember 1815 ist nach mehr als einer Richtung hin aufschlußreich. Sie ist einmal eine Erklärung für die Tatsache, daß die Versammlung großer Geister während der klassischen Zeit auf die Weltliteratur entscheidend eingewirkt und der Stadt Weimar zu ihrem Weltruhm verholfen hat; sie ist vor allem aber ein außerordentlich beredter Ausdruck dafür, wie innig sich bei Goethe persönliche, dichterische, schriftstellerische, künstlerische und wissenschaftliche Leistung und amtliches Wirken gegenseitig durchdrangen und zu einer Einheit verschmolzen.

Es gibt wohl kaum ein menschliches Leben und Schaffen der Vergangenheit, das von der Forschung so vielseitig und so tief durchleuchtet worden wäre wie Leben, Wirken und Werk Goethes. Selbstverständlich galt diese Arbeit vor allem der Betrachtung von Goethes dichterischer Leistung, die uns auch weiterhin in erster Linie angehen wird; aber darüber ist die andere Seite seiner Erscheinung, die amtliche Tätigkeit, die während seines ganzen Lebens weithin die äußere Grundlage und ein wesentlicher Bestandteil seines Daseins und seines Schaffens war, allzu oft übersehen worden. Man wird der einmaligen Leistung und Gestalt

Goethes aber nur gerecht werden können, wenn man beide Seiten an ihm sieht, wenn man in dem Menschen und Dichter auch den amtlich tätigen Goethe erkennt.

Freilich will unsere Feststellung nicht besagen, daß die Wissenschaft für die Laufbahn Goethes als Beamter und für seine Wirksamkeit im amtlichen Bereich bisher überhaupt kein Auge gehabt habe. Im Gegenteil, es gibt eine stark ausgebreitete Literatur über Goethes amtliche Tätigkeit. Sie beginnt schon kurz nach seinem Tode mit der Darstellung seines Mitarbeiters Carl Vogel über »Goethe in amtlichen Verhältnissen«, und sie setzt sich seitdem in stetiger Folge bis zur Gegenwart fort. Aber dieser Literatur über den amtlichen Goethe haftet bei aller Anerkennung mancher tüchtigen Leistung, die darin steckt, weithin das Merkmal der Zufälligkeit und der Einseitigkeit an. In erster Linie sind es Einzelzüge und Einzelvorgänge aus Goethes Amtsschaffen, die, mit dem Zug des Interessanten, des Merkwürdigen, des Kuriosen ausgestattet, eine Behandlung und Darstellung fanden. Dann haben weiter vor allem jene Gebiete seiner amtlichen Wirksamkeit, auf denen er sich besonders heimisch gefühlt hat und in denen Amtliches vielfach unmittelbar in Dichterisches, Schriftstellerisches und Wissenschaftliches überging, eingehendere Beachtung erfahren: seine Leitung des Weimarer Theaters, seine Tätigkeit für die wissenschaftlichen Anstalten in Weimar und Jena und für die Universität Jena, und endlich sind immer wieder Betrachtungen angestellt worden über gelegentliche Äußerungen und Anschauungen in Sachen des Staates und der Politik, der Gesellschaft, des Rechtes und der Wirtschaft. Weit weniger aber hat die Forschung jene Gebiete geschätzt, auf denen Goethe mindestens durch sein erstes Weimarer Jahrzehnt hindurch in ungeheurer Anstrengung gearbeitet und gewühlt, gesorgt und gezweifelt hat, d. h. seine Mitwirkung im Umfang der gesamten inneren Staatsverwaltung, der Finanzen und der Wirtschaftspolitik, und vor allem ist uns die Forschung bis heute trotz mancher Ansätze im einzelnen noch die Gesamtwürdigung Goethes im amtlichen Bereich schuldig geblieben. Der Überblick über die Erforschung von Goethes amtlichem, politischem und staatsmännischem Wirken muß auch bei Hervorhebung sehr tüchtiger und solider Leistungen im einzelnen als wenig befriedigend, vielfach als ungenügend, vor allem aber als auf zu schwacher Quellengrundlage beruhend bezeichnet werden. Da es aber, wie neuerdings wieder festgestellt worden ist, erst dann möglich sein wird, eine Biographie Goethes zu schreiben, wenn wir neben seiner dichterischen, schriftstellerischen und wissenschaftlichen Leistung auch sein amtliches Leben und Schaffen voll überblicken, so ergibt sich aus den vorstehenden Feststellungen von selbst die Forderung nach wirklicher Erforschung von Goethes amtlicher Tätigkeit, insbesondere dann, wenn unsere Zeit in dem Ringen um ein neues Goethebild seinem Verhältnis zu den Realitäten seiner Umwelt mehr Beachtung schenkt als es bis jetzt oft geschah.

Wenn die bisherige Forschung bei der Beschäftigung mit Goethes amtlicher Tätigkeit vielfach den richtigen Ansatzpunkt nicht fand, so lag das in erster Linie daran, daß man auch in diesem Bereich von ihm als einer genialen Persönlichkeit Leistungen erwartete, die nur von ihm ausgegangen, nur seiner Überlegung entsprungen und nur von seiner Tatkraft durchgeführt sein konnten. Man übersah dabei, daß Goethe in seinem amtlichen Wirken an die behördlichen Formen und Wirkungsmöglichkeiten seiner Zeit gebunden war. Will man ihn also als Beamten überhaupt verstehen, so darf der Ausgangspunkt der Betrachtung nicht seine Person, es muß vielmehr das Amt sein, in dem er wirkte. Bei Untersuchung der amtlichen Wirksamkeit Goethes wird daher Goetheforschung in weitem Umfang zur Verwaltungsgeschichte. Sie hat zunächst danach zu fragen, wie die Behörden beschaffen waren, bei denen er diente; sie hat weiter zu ermitteln, welche Arbeitsweisen in diesen Behörden galten, und sie hat dann endlich nach Umreißung der Gesamtleistung der Behörde den Goetheschen Anteil daran abzuwägen. Wir haben also zunächst festzustellen, in welchen amtlichen Stellungen Goethe gewirkt hat.

Das Leben Goethes im weimarischen Staatsdienst ist äußerlich in den Formen des Lebens eines höheren Beamten der damaligen Zeit verlaufen. Nachdem er am 7. November 1775 nach Weimar gekommen war und in den ersten Monaten des Jahres 1776 gegen zahlreiche Widerstände des Hofes und der höheren Beamtenschaft in Freundschaft zum Herzog Carl August hier festen Fuß gefaßt hatte, wurde er am 11. Juni 1776 als Geheimer Legationsrat mit Sitz und Stimme im Geheimen Consilium angestellt. Drei Jahre später, am 5. September 1779, wurde er Geheimer Rat, rückte 1804 zum Wirklichen Geheimen Rat mit dem Prädikat Exzellenz auf und erhielt schließlich am 12. Dezember 1815 den Titel Staatsminister. Dieser äußeren Laufbahn entsprach sein Gehalt, das von 1 200 Talern im Jahre 1776 in mehrfachen Zulagen bis 1798 auf 1 900 Reichstaler anwuchs, bis es endlich im Jahre 1816 auf 3 000 Reichstaler, d. h. auf eine von ihm für seine Bedürfnisse erst als ausreichend angesehene Summe, erhöht wurde, und der äußeren Stellung als Beamter entsprachen schließlich auch die Auszeichnungen, die Goethe während seiner Beamtenlaufbahn erhielt, die Adelung im Jahre 1782 und die Verleihung einer Anzahl von inländischen und ausländischen Orden und Ehrenzeichen, denen Goethe große Bedeutung beimaß.

Wichtiger als die Feststellung dieser Beamtenlaufbahn, die den äußeren Rahmen seiner Wirksamkeit absteckte, ist die Frage, an welchen Stellen und in welchen Funktionen Goethe im Staatsdienst gewirkt hat. Es ist eine ganze Reihe von Behörden, an die wir dabei zu denken haben.

Die Berufung Goethes in den Dienst des Herzogs von Sachsen-Weimar und seines Landes erfolgte in die oberste Staatsbehörde, in das Geheime Consilium, in jene Behörde, deren Aufgabe es war, den Landesherrn in all seinen Regierungsgeschäften zu beraten. Hier liefen also, da im aufgeklärten absolutistischen Staate die wesentlichen Entscheidungen dem Landesherrn selbst überlassen waren, alle Fäden der Staatsleitung und der Staatsverwaltung zusammen, und hier hatte Goethe Gelegenheit, Staatspolitik und Landesverwaltung nach jeder Seite hin kennenzulernen und zu studieren; hier war ihm auch Gelegenheit gegeben, auf diesen Gebieten tätig mitzuwirken. Goethe hat die Mitarbeit im Geheimen Consilium, obwohl er nur das dritte und letzte Mitglied der Behörde war, sehr ernst genommen, und wir wissen es aus aktenmäßiger Überprüfung, daß sein zu Charlotte von Stein geäußertes Wort, er habe nie eine Sitzung des Geheimen Consiliums ohne höchste Not versäumt, die Tatsachen richtig wiedergibt. Er hat, wie erst neuere Forschung aufgedeckt hat, im Geheimen Consilium regelmäßig bis zum Februar 1785 mitgewirkt, dann nur noch gelegentlich in entscheidenden Fragen.

Wenn sich Goethe seit dem Februar 1785 aus der Arbeit des Geheimen Consiliums stark zurückzog, so hing das wesentlich mit Aufgaben zusammen, die er an anderen Stellen im Staate übernommen hatte. In den ersten zehn Jahren in Weimar waren ihm neben dem Geheimen Consilium eine ganze Reihe von besonderen Arbeiten zusätzlich übertragen, die allmählich eine Entlastung im Geheimen Consilium notwendig machten. Diese besonderen Leistungen Goethes liegen auf dem Gebiet der Führung von staatlichen Kommissionen oder der Mitarbeit in solchen, also in einer eigentümlichen Form der behördenmäßigen Arbeit, die damals zur Durchführung außerordentlicher, innerhalb der bestehenden großen Landeskollegien nicht zu bewältigender Staatsgeschäfte beliebt war. Die erste derartige Kommission übernahm Goethe schon 1777.

Zu Anfang dieses Jahres hatte er, nachdem man seit 1776 entschlossen war, das alte Bergwerk in Ilmenau wieder in Gang zu setzen, zunächst hier einschlagende finanzielle Sonderfragen zu klären, und daraus erwuchs die am 14. November 1777 eingerichtete Bergwerkskommission, deren Aufgabe die Durchführung sämtlicher Bergwerksangelegenheiten, nach der Eröffnung des Bergbaubetriebes in Ilmenau am 24. Februar 1784 aber auch die Leitung der Bergbaugeschäfte selbst war. In dieser Kommission hat Goethe neben anderen Beamten gearbeitet, auch dann noch, als infolge Stollen- und Wassereinbruchs im Jahre 1796 das Bergwerk zum Erliegen kam. Aus der Abwicklung der Geschäfte, die seitdem notwendig war, hat sich Goethe nach und nach zurückgezogen, in bewegten Worten aber schließlich 1813 den Schlußpunkt unter dieses verunglückte Unternehmen gesetzt: »Es ist freilich ein Unterschied, ob man in unbesonnener Jugend und friedlichen Tagen, seinen Kräften mehr als billig ist vertrauend, mit unzulänglichen Mitteln Großes unternimmt und sich und andere mit eitlen Hoffnungen hinhält, oder ob man in späteren Jahren, in bedrängter Zeit, nach aufgedrungener Einsicht, seinem eigenen Wollen und Halbvollbringen zu Grabe läutet.«

Nach der Bergwerkskommission übernahm Goethe im Januar 1779 die schon länger bestehende Kriegskommission, die zur Durchführung aller Angelegenheiten der Militärverwaltung, insbesondere der wirtschaftlichen Dinge, eingerichtet war. Diese, wie die Bergwerkskommission eine Immediatkommission, also unmittelbar dem Herzog bzw. dem Geheimen Consilium unterstehend, hat Goethe selbst geleitet und die Geschäfte in ihr, nachdem er einen unliebsamen Mitarbeiter abgeschüttelt hatte, allein erledigt. Zum Eintritt in diese Kommission und ihre Arbeit hat ihn zweifellos nicht das Militärische daran gereizt, sondern das Ökonomisch-Finanzielle. In die gleiche Zeit der Übernahme der Kriegskommission fällt auch Goethes Eintritt in die Wegebaukommission, einer Einrichtung, die mit der Kammer, der obersten Finanzbehörde des Landes, in engster Verbindung stand. Hier oblag ihm zusammen mit technischen Fachleuten die Aufgabe, die Straßen des Landes zu unterhalten und zu bessern und auch die Straßenverhältnisse in und um Weimar zu beaufsichtigen.

Bei den bisher genannten Kommissionen, in denen Goethe gearbeitet hat, stand die finanzielle Seite des Geschäftes durchaus im Vordergrund. Wenn wir dazu die Tatsache nehmen, daß er auch im Geheimen Consilium, wie die Akten lehren, vorzugsweise Finanzfragen erledigt hat, so wird es verständlich, daß ihm 1782 die Leitung der zentralen Behörde für Finanzangelegenheiten, der Kammer, übertragen wurde. Es war freilich ein besonderer Anlaß, der dazu führte, nämlich das Versagen des Kammerpräsidenten Johann August Alexander von Kalb, der einst gleichzeitig mit ihm in den weimarischen Staatsdienst berufen worden war. Am 11. Juni 1782 übernahm so Goethe die Direktion der Kammer, die sich allerdings nur auf besondere, beträchtlichere, aus dem gewöhnlichen Rahmen fallende Finanzangelegenheiten, nicht auf die normalen, durch den Etat und sonstige Vorschriften geregelten Verhältnisse erstrecken sollte, aber weitgehend zu einer wirklichen Leitung der Kammer auswuchs, wenn Goethe allerdings auch den Titel eines Kammerpräsidenten nominell nie geführt hat. Gerade von diesem Geschäft hat sich Goethe für seine staatliche Arbeit zweifellos viel versprochen und dieser Aufgabe besondere Bedeutung beigemessen. Denn im Zusammenhang mit der Übernahme der Leitung der Kammergeschäfte spricht er sein »altes Motto« mehrfach aus: »Hic est aut nusquam quod quaerimus.«

Finanzieller Art war dann endlich auch das Geschäft, das Goethe übernahm, als er am 6. Juli 1784 mit anderen in die neu errichtete Ilmenauer Steuerkommission berufen wurde, die sich zunächst nur mit Katasterfragen abgeben sollte, deren Geschäftsumfang sich aber schon wenige Monate später auf alle Ilmenauer Steuerangelegenheiten erweiterte.

Man weiß, daß Goethe unter der Last der Geschäfte, die ihm im Rahmen der eben aufgezählten Behörden und Kommissionen aufgepackt war und die er sich aufgeladen hatte, immer mehr und fortschreitend litt. Mancher Tagebucheintrag und mancher Seufzer in den gleichzeitigen Briefen gibt davon Kunde. Es trieb ihn daher 1786 fort nach Italien. Dem Herzog gestand er wenig später: »Die Hauptabsicht meiner Reise war: mich von den phisisch moralischen Übeln zu heilen, die mich in Deutschland quälten und mich zuletzt unbrauchbar machten; sodann den heisen Durst nach wahrer Kunst zu stillen.« Noch Jahrzehnte später bemerkte er am 3. Mai 1827 in gleichem Sinn zu Eckermann, »daß ich in den ersten zehn Jahren meines weimarischen Dienst- und Hoflebens so gut wie gar nichts gemacht, daß die Verzweiflung mich nach Italien getrieben«, und diesem gegenüber äußerte er dann erneut am 10. Februar 1829 zusammenfassend »über seine ersten Jahre in Weimar« folgendes: »Das poetische Talent im Konflikt mit der Realität, die er durch seine Stellung zum Hof und verschiedenartige Zweige des Staatsdienstes zu höherem Vorteil in sich aufzunehmen genötigt ist. Deshalb in den ersten zehn Jahren nichts Poetisches von Bedeutung hervorgebracht.« Wir wissen also, daß die Beeinträchtigung seines dichterischen Schaffens ihn lebhaft bedrückte und daß er zur »Flucht nach Italien« schritt, »um sich zu poetischer Produktivität wieder herzustellen«.

Die Italienische Reise ist daher auch im amtlichen Leben Goethes ein tiefer Einschnitt. In Italien hat Goethe, wie wir insbesondere seinen Briefen an Carl August entnehmen, schwer mit der Frage gerungen, welche Stellung im Staate und im Staatsdienst er künftig einnehmen wolle. Daß er nach Weimar zurückkehre und wieder ins Amt eintrete, daran hat er nie gezweifelt. Er hat immer wieder zu Carl August davon gesprochen: »Mein Wunsch ist: mich an Ihrer Seite mit den Ihrigen in dem Ihrigen wiederzufinden.« Er hat sogar die Absicht geäußert, nach der Rückkehr gleichsam als Fremder die Länder des Herzogs zu bereisen und »mit ganz frischen Augen und mit der Gewohnheit Land und Welt zu sehen« die Provinzen zu beurteilen, um sich so qualifiziert dann der Landesadministration einige Zeit ausschließlich zu widmen. Er hat sich aber doch zu der Erkenntnis durchgerungen: »Ich werde Ihnen mehr werden als ich oft bisher war, wenn Sie mich nur das tun lassen, was niemand als ich tun kann und das übrige andern auftragen. Ich bin zu allem und jedem bereit, wo und wie Sie mich brauchen wollen [...] Kann ich es, weniger von Detail überhäuft, zu dem ich nicht geboren bin, so kann ich zu Ihrer und zu vieler Menschen Freude leben.« Daher hat er noch aus Italien Carl August gebeten, ihn in den Dienstgeschäften zu erleichtern, ihm namentlich die Kammergeschäfte, in die er wohl die Wegebaukommission als eingeschlossen betrachtete, abzunehmen, dazu auch die Kriegskommission. Aber er hat der Ilmenauer Angelegenheiten von Italien aus mehrfach gedacht als »jener Geschäfte, die mir immer interessant bleiben« und in die er »mit neuen Kräften bei altem Anteil zurückzukehren« beabsichtigte.

Ganz in der von Goethe aus Italien zu Carl August geäußerten Weise ist dann die Führung seiner Dienstgeschäfte nach der Rückkehr aus Italien geregelt worden. Vom Geheimen Consilium hatte er sich, wie wir sahen, bereits seit Februar 1785 stark gelöst, so daß es hier weiterer Erleichterungen nicht bedurfte. Die Kammergeschäfte und die Kriegskommission wurden ihm abgenommen, und von den vor 1786 ausgeübten Geschäften hat er so nach 1788, nach der Rückkehr aus Italien, nur die Ilmenauer Bergwerkskommission und die Ilmenauer Steuerkommission weitergeführt. Aus der Wegebaukommission ist ihm in den neunziger Jahren dann noch einmal eine besondere Aufgabe als Wasserbaukommission erwachsen, die ihm wegen seines besonderen Interesses für Jena sehr am Herzen lag.

Die Lösung aus den bis 1786 geführten Geschäften ist aber nicht im Sinne eines Rückzuges aus der amtlichen Arbeit überhaupt erfolgt. Sie ist vielmehr wirklich nach seinem Wunsche durchgeführt worden, daß er nunmehr nur noch das tun wollte, was niemand als er tun konnte. Daher hat er sich schon am 23. März 1789 in die damals gegründete Schloß-baukommission berufen lassen, deren Aufgabe es war, den Wiederaufbau des am 6. Mai 1774 abgebrannten Weimarer Schlosses nach der künstlerischen, technischen und finanziellen Seite hin zu leiten und zu beaufsichtigen, und daher hat er 1791 die Leitung des damals errichteten weimarischen Hoftheaters übernommen, aus der 1797 die Hoftheater-Kommission und 1816 die Hoftheater-Intendanz hervorging. Die Arbeiten in der Schloßbaukommission endeten mit der Vollendung des Schloßbaues im Jahre 1803; die Tätigkeit in der Theaterkommission nahm 1817 ein unbefriedigendes Ende, als sich Goethe gegen andere, mächtigere Einflüsse im Theater nicht mehr durchsetzen konnte.

So blieb Goethe im letzten anderthalben Jahrzehnt seines Lebens im amtlichen Bereich nur jene umfassende amtliche Tätigkeit übrig, die er nach der Rückkehr aus Italien mit der Leitung wissenschaftlicher und künstlerischer Anstalten in Weimar und Jena übernommen hatte. Es handelte sich dabei in Weimar um die Bibliothek und das Münzkabinett und um die Freie Zeichenschule, die zur Pflege zeichnerischen Talentes in breiten Volksschichten gegründet war; es handelte sich in Jena vor allem um naturwissenschaftliche Institute, die Herzog Carl August errichtet hatte, um mineralogische und zoologische, anatomische und physikalisch-chemische Sammlungen, weiter um die Herzogliche Bibliothek, um die 1812 gegründete Sternwarte und die 1816 eingerichtete Tierarzneischule, endlich seit 1817 um die Oberleitung der bei der Universitätsbibliothek in Jena zu treffenden besseren Einrichtungen. Alle diese verschiedenartigen Geschäfte, die zunächst ganz getrennte dienstliche Angelegenheiten waren, wurden 1809 rechnungs- und verwaltungsmäßig zusammengefaßt und am 12. Dezember 1815 unter der Bezeichnung »Oberaufsicht über die unmittelbaren Anstalten für Wissenschaft und Kunst in Weimar und Jena« neu formiert. In diesem Tätigkeitsfeld hat Goethe bis 1819 auf das engste mit dem Minister Christian Gottlob Voigt zusammengearbeitet, seit dessen Tod aber die Geschäfte wesentlich allein geführt, und diese Arbeit war es, die sein Leben wirklich ausfüllte, in der sich persönliche Leistung und amtliches Geschäft auf das innigste durchdrangen. Diese Arbeit war es auch, die Goethe in engste Verbindung zur Universität Jena selbst brachte, obwohl er niemals, wie so häufig behauptet wird, eine Funktion an dieser Universität ausgeübt, vielmehr den ihm 1819 angetragenen Posten eines Kurators sogar ausdrücklich abgelehnt hat. Aber in dieser Arbeit hat er auf das nachhaltigste auch auf die Universität Jena als Ganzes eingewirkt.

Wenn wir so die Behördenstruktur aufgezeigt und abgesteckt haben, innerhalb deren Goethe seine amtliche Tätigkeit ausübte, so muß nun danach gefragt werden, wie er in diesem Kreise gearbeitet hat. Diese Frage aber setzt voraus, daß vorher geklärt ist, wie in diesem Kreise überhaupt gearbeitet wurde. Die Aufhellung dieser Verhältnisse ist für das Verständnis von Goethes Mitarbeit besonders wichtig, weil sich die Behördenarbeit seiner Zeit von der unseren wesentlich unterscheidet, weil diese Tatsache aber bei bisherigen Beurteilungen von Goethes Amtstätigkeit stark übersehen worden ist. Die behördliche Arbeit zu Ausgang des 18. und zu Beginn des 19. Jahrhunderts ist gekennzeichnet durch die Tatsache der kollegialischen Arbeitsweise, durch das Zusammenwirken jeweils mehrerer höherer Beamter innerhalb einer Behörde als Kollegium. Niemals schaffte der einzelne Beamte in der Behörde allein, sondern immer war es das Kollegium, das für die Arbeit im einzelnen und im ganzen verantwortlich war. Alle Behörden, auch alle Kommissionen, in denen Goethe mitgearbeitet hat – nur für die Kriegskommission trifft das in den letzten Jahren seiner Tätigkeit dort nicht zu –, sind Kollegien, kollegialisch arbeitende Behördeninstitutionen gewesen.

Die Arbeit in einem solchen Kollegium spielte sich im wesentlichen in Sitzungen, in Sessionen ab. Dabei kamen die Beamten des Kollegiums zusammen, um über die Eingänge oder über die ohne Eingang zu behandelnden Gegenstände zu beraten. Ein Referent berichtete über die Angelegenheit, auf dieses Referieren folgte das Votieren aller Mitglieder des Kollegiums, eine eingehende Beratung des Gegenstandes und die Abgabe eines Votums von jedem einzelnen Beamten, und nach dem Votieren wurde im Resolvieren der Beschluß aus der Beratung gefaßt. Aus diesem mündlichen Beratungsgeschäft ging dann erst die schriftliche Fixierung des Beschlusses hervor, bisweilen in Form einer kleinen Niederschrift, vor allem aber in der Anfertigung des Konzeptes desjenigen Schreibens, das den Beschluß förmlich nach außen verkündigen sollte. Das Konzept des Schreibens, das durch die Mitglieder des Kollegiums überprüft, revidiert und zum Zeichen der Zustimmung signiert wurde, konnte dann endlich ins reine geschrieben, mundiert werden und mit den vorgeschriebenen Unterschriften als Ausgang die Behörde verlassen. Von diesen verschiedenen Stufen behördenmäßiger Arbeit haben sich die höheren Beamten nur am Referieren, Votieren und Resolvieren, seltener am Konzipieren und nicht am Mundieren beteiligt. Das Konzipieren war im wesentlichen die Aufgabe der gehobenen mittleren Beamten, der expedierenden Sekretäre, und das Mundieren die Aufgabe der Kanzlisten.

Bei solcher Betrachtung behördenmäßiger Arbeit zu Goethes Zeit springt deutlich in die Augen, daß sich der Forschung zunächst nicht so sehr die Leistung des einzelnen Beamten als vielmehr die kollegialische Leistung der Behörde, also die Gesamtleistung des Kollegiums, erschließt. Es ist sogar schwer, aus einer solchen Gesamtleistung den Anteil des einzelnen Beamten herauszuschälen, und nicht immer kann uns dieses Geschäft gelingen. Nur da ist es der Fall, wo wir entweder durch genaue Niederschriften über das Beratungsgeschäft wissen, was jeder einzelne Beamte zur Gesamtlösung der Frage beigetragen hat, oder da, wo ein höherer Beamter ein Konzept des ausgehenden Schreibens oder sonstige Aufzeichnungen angefertigt hat. Beides aber trifft nur in Ausnahmefällen zu, und die zu lösende Aufgabe muß also, wenn wir über die Feststellung der Gesamtleistung einer Behörde hinausstreben, darin bestehen, jede Möglichkeit zu erschöpfen, um die Leistung des einzelnen Beamten auf dem Hintergrund der kollegialischen Arbeit zu erkennen.

Wenn wir diese allgemeinen Feststellungen auf unser besonderes Anliegen der Erforschung von Goethes amtlicher Tätigkeit anwenden, so muß sich unsere Aufgabe darauf erstrecken, den Anteil zu ermitteln, den Goethe jeweils an der Arbeit derjenigen Behörden hatte, in denen er mitwirkte. Daher muß der Weg zu diesem Ziele zunächst aber so eingeschlagen werden, daß die gesamte Arbeit aufgezeigt wird, die während Goethes Mitwirkung in den betreffenden Behörden geleistet worden ist. Weil wir diese Arbeit aber nur aus dem schriftlichen Niederschlag erkennen, den sie in den Akten der Behörde gefunden hat, ist der erste Schritt der Forschung die Ermittlung des gesamten archivalischen Stoffes, der uns von der betreffenden Behörde überliefert wird. Technisch gesprochen geht es also um die Feststellung oder die Rekonstruktion der Registratur dieser Behörde, wie sie zu Goethes Zeit bestanden hat. Das ist nicht immer ein leichtes Unternehmen, weil viel archivalisches Material verlorengegangen ist, und es bedarf der Kenntnis und Ausnutzung jeder Möglichkeit, um so den Überblick über die Gesamtarbeit der Behörde zu gewinnen. Aus dem archivalischen Stoff heraus ist dann Arbeit und Leistung der Behörde wieder in der ursprünglichen Form darzustellen, in der diese Leistung einst vollbracht worden ist, in der Form der Sessionen mit allen ihren Beratungsgegenständen und in der Form aller Schreiben, die das Ergebnis der Arbeit fixierten.

Bei der Bearbeitung und Beurteilung der schriftlichen Überlieferung der Behörden, in denen Goethe mitarbeitete, muß nun auf das sorgfältigste beachtet werden, wie stark sich diese schriftlichen Erzeugnisse von dem, was Goethe als Schriftsteller und Dichter schuf, unterscheiden. Wenn im dichterischen Bereich nur sein eigener Wille und sein Können für Inhalt und Form seiner Erzeugnisse bestimmend waren, so schrieben im amtlichen Bereich Aufgabe und Arbeitsweise der Behörde die Form der schriftlichen Erledigung vor. Da also, wo Goethe am schriftlichen Geschäft der Behörden mitgewirkt hat, sei es ausnahmsweise durch vollständige eigenhändige Anfertigung von Schreiben oder durch Diktate, die er anderen in die Feder gab, sei es durch Korrekturen, die er an den Schriftsätzen anderer anbrachte, da sind seine amtlichen Schriftsätze ganz in der Form des damaligen amtlichen Schreibwerkes abgefaßt. Es sind Kanzlei- oder Handschreiben, Reskripte mit Postskripten, Kommunikations- und Requisitorialschreiben, es sind Dekrete, Ordres, Berichte oder ähnliche Formen. Dazu aber treten Aktenauszüge, Materialzusammenstellungen und Gedächtnishilfen, die er sich für den mündlichen Vortrag in der Behörde angefertigt hat. Im Falle eines schriftlichen Beratungsgeschäftes, wenn bei eiligen Fällen ein mündliches Zusammenwirken nicht möglich war, sind auch von ihm schriftliche Gutachten (Voten) abgegeben worden, in denen er Stellung zu vorgelegten Fragen nahm. Alle diese Schriftsätze sind auch von Goethe in den Formen angefertigt worden, die die damalige Behörden- und Büropraxis vorschrieb. Auch für ihn galt beispielsweise die Anordnung, daß in gewissen Schriftstücken Perioden anzuwenden seien, und auch von ihm mußte der Grundsatz beachtet werden, daß ein Schreiben um so schöner sei, je mehr Perioden es enthielte. Diese Verhältnisse sind oft übersehen worden, wenn von Goethes Amtsstil die Rede war, und viel ist nach dieser Richtung hin bei ihm falscher Beurteilung ausgesetzt gewesen.

Auf eine besondere Art des amtlichen Schreibens der damaligen Zeit muß noch besonders hingewiesen werden. Es handelt sich dabei um die sogenannten amtlichen Privatschreiben, um solche Schreiben, in denen amtliche Dinge offiziell und im amtlichen Auftrag »per privatas« zu erledigen waren. Solche amtlichen Privatschreiben, die in jedem Fall also eine amtliche Meinung enthielten, fanden dann Anwendung, wenn von einer Behörde aus besonderen Anlässen eine Einzelperson angeredet wurde oder wenn der Gegenstand zu heikel war, um in förmlichen Kanzleischreiben behandelt zu werden. Diese amtlichen Privatschreiben unterscheiden sich dennoch ganz wesentlich vom Privatbrief, der eine reine Privatansicht wiedergibt. Gerade dieser Unterschied ist bisher bei der Beurteilung von Goethes amtlicher Tätigkeit nicht scharf ins Auge gefaßt worden, und daher kommt es, daß sich in Veröffentlichungen von Goethes Briefen außerordentlich viele amtliche Schreiben befinden, die im Zusammenhang solcher Publikationen ganz fehl am Platze und falscher Beurteilung ausgesetzt sind. Es wird immer wieder mit Nachdruck darauf hinzuweisen sein, daß bei der Beurteilung von Goethes amtlichen Schreiben in erster Linie behördliche Gesichtspunkte zu beachten sind. Nur wenn das geschieht, wird um so deutlicher dann die weitere Feststellung in die Augen springen, daß sich auch in Goethes amtlichen Schreiben, die sich an die damals behördlich vorgeschriebene Form halten, dennoch sein persönlicher Anteil klar herausstellt und daß gerade damit auch diese amtlichen Schreiben ein bisher viel zu wenig beachteter Teil seines Werkes werden.

Es dürfte aus den bisherigen Darlegungen deutlich hervortreten, daß, wenn wir die amtliche Tätigkeit Goethes als einen Teil seines Wirkens und seiner Leistung überhaupt und damit als einen wesentlichen Beitrag zu seiner Biographie erforschen wollen, wir diese Aufgabe beginnen müssen mit der Ermittlung und Veröffentlichung seiner amtlichen Schriften, dem schriftlichen Niederschlag seiner amtlichen Arbeit, um so neben seine dichterischen und naturwissenschaftlichen nunmehr auch seine amtlichen Werke zu stellen. Diese Aufgabe ist in Angriff genommen von dem Institut, das den wesentlichsten und umfassendsten Teil von Goethes amtlichen Schriftstücken im Rahmen der Registraturen derjenigen Behörden aufbewahrt, in denen er mitarbeitete: vom Thüringischen Landeshauptarchiv [jetzt Thüringisches Hauptstaatsarchiv] in Weimar. Die begonnene und nun fortzuführende Veröffentlichungsreihe von Goethes amtlichen Schriften ist ihrem Wesen nach eine Edition; sie wird zugleich zur Quellenpublikation, die dem Ziele dient, das Material für die Erforschung von Goethes amtlicher Tätigkeit zu liefern. Man hat bisher die Kenntnis dieser Tätigkeit zu einseitig nur auf Goethes eigene Äußerungen in seinen schriftstellerischen Arbeiten, seinen Tagebüchern und Briefen aufgebaut. Wenn einmal die Veröffentlichung der amtlichen Schriften Goethes abgeschlossen sein wird, steht dann für eine intensive Betrachtung erst das ausreichende Material zur Verfügung: der aus der objektiven Arbeit in der Behörde hervorgegangene unmittelbare schriftliche Niederschlag von Goethes amtlicher Tätigkeit und die Beleuchtung dieser Tätigkeit in Goethes persönlicher Auffassung. Beides zusammengenommen wird uns der Wahrheit nahe bringen.

Wenn wir von dem Unternehmen der Veröffentlichung von Goethes amtlichen Schriften als von einer Quellenarbeit für die Erforschung von Goethes amtlicher Tätigkeit sprechen, so meinen wir, daß uns bei der Aufhellung dieser wichtigen Seite an Goethes Leben im wesentlichen zwei grundsätzliche Fragen bewegen werden. Die eine lautet, ob das umfassende Genie Goethe auch auf dem Gebiete amtlicher Arbeit etwas Nennenswertes hervorgebracht hat, und wenn das zutrifft, worin für den Staat Sachsen-Weimar-Eisenach die besonderen Leistungen Goethes bestehen. Die zweite Frage aber wird so zu formulieren sein, ob und was das amtliche, politische und staatsmännische Wirken Goethes für ihn und seine Persönlichkeit, für sein dichterisches Schaffen und sein Werk bedeutet hat. Wir sind im Gegensatz zu mancher älteren oder jüngeren Veröffentlichung weit davon entfernt zu glauben, daß sich solche Fragen heute bereits einigermaßen erschöpfend beantworten ließen, denn wir stehen ja erst am Anfang unserer Arbeit, die uns das Material für solche Erkenntnis liefern soll. Einiges aber läßt sich dabei schon jetzt erkennen, vor allem die Tatsache, daß wir erst mit solcher Betrachtung und solcher quellenmäßigen Untermauerung für die Erfassung und das Verständnis von Goethes amtlichem Wirken den richtigen Weg bestreiten.

Wenn man beispielsweise die Tätigkeit Goethes im Geheimen Consilium von 1776 bis 1786, also die Zeit vor der Italienischen Reise, nunmehr an Hand des vorgelegten amtlichen Quellenmaterials überschaut und zunächst den Umfang der Arbeit ins Auge faßt, so ist es erstaunlich, zu beobachten, wie intensiv die Mitarbeit Goethes in dieser Behörde war, wie ernst er also seine Arbeit genommen hat und es wird klar, daß manche briefliche Äußerung von ihm auf diese Weise durch das objektive aktenmäßige Material nachdrücklich gestützt und unterstrichen wird. Nach der Seite der materiellen Leistung aber fällt dann die Tatsache auf, wie ungemein umfangreiche Arbeiten Goethe in Finanzangelegenheiten, in wirtschaftlichen Fragen der Zünfte und des Handels, des Fabrik- und Manufakturwesens, in Angelegenheiten der Außenpolitik und des Militärwesens erledigte, und wie stark in jener Zeit kulturelle Fragen bei ihm demgegenüber zurücktraten. Es wird hier wirklich erst begreiflich, daß Goethe nicht zur Befriedigung eigener Bedürfnisse und zur Erledigung der ihm besonders liegenden Dinge in das Geheime Consilium eingetreten ist, sondern gerade zur Mitarbeit in solchen Fragen, in denen staatliche Reformen sich empfehlen.

Bei solcher intensiven Durchdringung des Quellenstoffes über Goethes amtliche Tätigkeit wird aber auch vieles, das bisher falsch gesehen worden ist, erst aus dem wirklichen Zusammenhang heraus in das rechte Licht gerückt. Da zeigen sich etwa ganz belanglos erscheinende Auslassungen über die Abgabe von Holz aus den staatlichen Waldungen als ein Goethescher Beitrag zu einer sehr wichtigen außenpolitischen, in die Reichsverhältnisse der Zeit hineinspielenden Frage, die für das damalige Land Sachsen-Weimar-Eisenach von lebenswichtigem Interesse war. Da entpuppt sich plötzlich eine bisher um zehn Jahre zu früh angesetzte Niederschrift über akademische Disziplinangelegenheiten als eine Auslassung Goethes, die durch Fichtes Verhalten in Jena veranlaßt war, und da gibt sich plötzlich ein bisher immer als Bericht an einen französischen Marschall interpretiertes Schriftstück als ein ungemein interessanter Beitrag Goethes zu einer von der französischen Besatzungsmacht veranlaßten statistischen Erhebung über das Land Sachsen-Weimar-Eisenach im Jahre 1806 zu erkennen. Gewiß sind das alles Einzelheiten, aber sie alle zusammengenommen werden erst das richtige Bild von Goethes amtlicher Wirksamkeit ergeben, wenn einmal seine amtlichen Schriften geschlossen vorliegen.

Noch eines können wir bereits jetzt über Goethes amtliche Wirksamkeit aussagen, nämlich die Art seiner Mitarbeit im staatlichen Bereich. Da fällt zunächst die Pünktlichkeit auf, mit der Goethe alle seine amtlichen Arbeiten erledigt hat, eine Feststellung, die die Äußerung des Theologen Paulus aus dem Jahre 1800 bestätigt: »Goethes Vieltätigsein war möglich, weil, wie wir von ihm selbst hörten, er wie ein Gesetz befolgte, was Amt und Geschäftsaufträge betraf, immer zuerst abzumachen, alsdann aber dem, wozu ihn der Geist trieb, mit ungeteilter Fertigkeit sich ganz hinzugeben.« Dazu kam dann das besondere Ethos der Goetheschen Arbeit. Da wird etwa in einem Steuergutachten von ihm der Satz ausgesprochen, daß der Herzog und sein Geheimes Consilium die Pflicht hätten, die Untertanen zu beurteilen, »wie ein verständiger Vater die Tugenden und Fehler seiner Kinder beurteilt«, und da leuchtet aus all seinen Auslassungen und Voten immer wieder seine echt menschliche Haltung durch, die sich auch im amtlichen Leben nicht verleugnen kann. Das, was Goethe am 23. August 1827 zum Kanzler von Müller geäußert hat, findet sich auch im schriftlichen Niederschlag seiner Behördenarbeit immer wieder ausgesprochen: »Ich wirke nun fünfzig Jahre in meinen öffentlichen Geschäften nach meiner Weise, als Mensch, nicht kanzleimäßig, nicht so direkt und folglich etwas minder platt. Ich suche jeden Untergebenen frei im gemessenen Kreise sich bewegen zu lassen, damit er auch fühle, daß er ein Mensch sei. Es kommt alles auf den Geist an, den man einem öffentlichen Wesen einhaucht, und auf Folge.«

Was wir so an Goethes Tätigkeit im Geheimen Consilium beobachten, das gilt es nunmehr auch für die anderen Behörden zu erforschen. Auch für diese ist - ganz systematisch und vollständig, nicht so zufällig wie bisher - festzustellen, was während Goethes Mitarbeit dort geschah und wie stark sein Anteil an der geleisteten Arbeit war. Da ist etwa - um nur weniges Wesentliche zu nennen - bei der Kriegskommission, die er nach seinen eigenen Worten (zu Müller am 31. März 1824) nur übernahm, »um den Finanzen durch die Kriegskasse aufzuhelfen, weil da am ersten Ersparnisse zu machen waren«, die Durchführung der Militärreduktion erneut zu untersuchen. Da sind beispielsweise im Bereiche des Wegebaues die Maßnahmen näher zu beleuchten, durch die die Straßen im Lande verbessert und durch die Weimar den Anschluß an das größere Straßennetz fand. Da sind in der Ilmenauer Bergwerkskommission alle Vorgänge zu prüfen, die den Ilmenauer Bergbau, von dem er später meinte (zu Müller am 31. März 1824), daß er »sich wohl gehalten haben« würde, »wäre er nicht isoliert dagestanden, hätte er sich an ein Harzer oder Freiberger Bergwesen anschließen können«, so unglücklich auslaufen ließen. Da ist bei der Schloßbaukommission neben der Aufhellung aller Arbeit im einzelnen etwa auch der Bemerkung nachzugehen, die er zu Eckermann am 12. Februar 1829 machte: »Italien gab mir einen Begriff vom Ernsten und Großen, aber keine Gewandtheit. Der weimarische Schloßbau hat mich vor allem gefördert. Ich mußte mit einwirken und war sogar in dem Fall, Gesimse zeichnen zu müssen. Ich tat es den Leuten von Metier gewissermaßen zuvor, weil ich ihnen in der Intention überlegen war.«

Eingehend ist auch seine Tätigkeit in der Theaterkommission und damit im Theater erneut zu untersuchen, von der er, seine Leistung treffend umschreibend, selbst gesagt hat (zu Eckermann am 22. März 1825): »Es war etwas [...] Ich sah nicht auf prächtige Dekorationen und eine glänzende Garderobe, aber ich sah auf gute Stücke [...] Durch die guten Stücke aber hob ich die Schauspieler [...] Auch war ich mit den Schauspielern in beständiger persönlicher Berührung [...] Dadurch brachte ich sie in ihrer Kunst weiter. Aber ich suchte auch den ganzen Stand in der äußeren Achtung zu heben [...] Schon als Schiller bei uns eintrat, fand er Schauspieler wie Publikum bereits im hohen Grade gebildet vor.« Und endlich wird für die in der Oberaufsicht zusammengeschlossenen Institute und die Universität Jena Goethes Leistung einer eindringenden neuen Untersuchung bedürfen, um so mehr, als sich gerade hier Amtliches und Persönliches eng verflechten; denn so bekannte er: die amtliche Tätigkeit für Jena »war eine der schönsten Pflichten, welche die große Tätigkeit eines Fürsten mir auferlegen konnte«, und zum andern: »Ich bin dieser Akademie ganz eigentlich die Entwicklung meines wissenschaftlichen Bestrebens schuldig geworden.«

Erst eine eingehende Feststellung des Materials wird zeigen, was während Goethes Zeit in den Behörden geleistet worden ist und was von ihm dazu beigetragen wurde, und uns dann den Blick freigeben auf die letzte Frage, was die amtliche Arbeit für ihn bedeutet hat. Es ist bekannt, wie oft Goethes amtliche Tätigkeit verurteilt worden ist und wie sehr man der Meinung war, er hätte als Dichter mehr leisten können, wenn er sich von dieser Tätigkeit zurückgehalten hätte. Goethe selbst ist gelegentlich solchen Vorstellungen nicht unzugänglich gewesen. Auch später noch hat er etwa die Zeit vor der Italienischen Reise als eine für sein poetisches Schaffen unfruchtbare Zeit gekennzeichnet, so etwa wenn er am 27. Januar 1824 zu Eckermann sagte: »Mein eigentliches Glück war mein poetisches Sinnen und Schaffen. Allein wie sehr war dieses durch meine äußere Stellung gestört, beschränkt und gehindert. Hätte ich mich mehr vom öffentlichen und geschäftlichen Wirken und Treiben zurückhalten und mehr in der Einsamkeit leben können, ich wäre glücklicher gewesen und würde als Dichter weit mehr gemacht haben. So aber sollte sich bald nach meinem ›Götz‹ und ›Werther‹ an mir das Wort eines Weisen bewähren, welcher sagte: wenn man der Welt etwas zu Liebe getan habe, so wisse sie dafür zu sorgen, daß man es nicht zum zweitenmal tue.« Aber Goethe hat auch das durchaus Positive der Einwirkung seines amtlichen Schaffens auf seine Entwicklung und sein Werk hervorgehoben, so etwa, wenn er, wiederum zu Eckermann, darauf hinwies, daß ihn die Theaterleitung unendlich viel Zeit gekostet habe und daß er indes manches gute Stück hätte schreiben können. »Doch wenn ich es recht bedenke«, fährt er fort, »gereut es mich nicht. Ich habe all mein Wirken und Leisten immer nur symbolisch angesehen und es ist mir im Grunde ziemlich gleichgültig gewesen, ob ich Töpfe machte oder Schüsseln.« Auch sein amtliches Wirken hat ihm dazu beitragen müssen, »die Pyramide seines Daseins, deren Basis ihm angegeben und gegründet war, so hoch als möglich in die Luft zu spitzen«. In der Ganzheit von Goethes Leben ist sein amtliches Schaffen wesentlicher Bestandteil.

Literatur

Eine Zusammenstellung der wesentlichen älteren und neueren Literatur über Goethes amtliche Tätigkeit findet sich bei Willy Flach, Goetheforschung und Verwaltungsgeschichte (= Thüringische Archivstudien, Hrsg. von Willy Flach, Bd. 3). Weimar 1952, S. 112–140, auf die hiermit verwiesen sei. Dennoch sollen folgende zusammenfassende Werke besonders hervorgehoben werden, die der Forschung immer unentbehrlich sein werden:

Carl Vogel, Goethe in amtlichen Verhältnissen. Dargestellt von seinem letzten Amts-Gehülfen. Jena 1834.

Briefwechsel des Herzogs-Großherzogs Carl August mit Goethe. Hrsg. von Hans Wahl, Bd. 1–3. Berlin 1915–1918.

Fritz Hartung, Das Großherzogtum Sachsen unter der Regierung Carl Augusts 1775–1828. Weimar 1923.

Joseph A. von Bradish, Goethes Beamtenlaufbahn. New York 1937.

Goethes Briefwechsel mit Christian Gottlob Voigt. Bearbeitet von Hans Tümmler. Bisher Bd. 1–2, Weimar 1949 u. 1951 (= Schriften der Goethe-Gesellschaft 53 u. 54). [Danach sind noch erschienen Bd. 3–4. (= Schriften der Goethe-Gesellschaft 55 u. 56) 1955 u. 1962.]

Aus der vom Thüringischen Landeshauptarchiv Weimar unter Leitung des Verfassers begonnenen Bearbeitung und Veröffentlichung von Goethes amtlichen Schriften sind außer der eingangs zitierten Studie von Willy Flach über Goetheforschung und Verwaltungsgeschichte bisher folgende Schriften hervorgegangen:

Goethes amtliche Schriften. Hrsg. von Willy Flach. Bd. 1: Goethes Tätigkeit im Geheimen Consilium. Teil I. Die Schriften der Jahre 1776–1786. Bearbeitet von Willy Flach. Weimar 1950 (vgl. dazu aus der großen Zahl zustimmender Äußerungen etwa: Hans Haussherr, Goethes amtliche Schriften. Versuch einer Würdigung des ersten Bandes. In: Goethe. Neue Folge des Jahrbuchs der Goethe-Gesellschaft Bd. 13, 1952, S. 105–125).

Willy Flach, Goethes amtliche Schriften. Zur Begründung ihrer Veröffentlichung. Ebenda Bd. 12, 1951, S. 126–143.

Hans Eberhardt, Goethes Umwelt. Weimar 1951 (= Thüringische Archivstudien, Hrsg. von Willy Flach, Bd. 1).

Karl-Heinz Hahn, Jakob Friedrich v. Fritsch, Minister im klassischen Weimar. Weimar 1953 (= ebenda Bd. 4).

Willy Flach, Ein Gutachten Goethes über die akademische Disziplin. In: Forschungen aus mitteldeutschen Archiven. Zum 60. Geburtstag von Hellmut Kretzschmar. Berlin 1953, S. 363–380.

Derselbe, Goethes Mitwirkung beim Zillbacher Holzprozeß. In: Goethe. Neue Folge des Jahrbuchs der Goethe-Gesellschaft Bd. 16, 1954, S. 57–110.

Derselbe, Betrachtungen Goethes über Wissenschaften und Künste in den weimarischen Landen. In: Archivalische Zeitschrift Bd. 50/51, 1955, S. 463–484.

Betrachtungen Goethes über Wissenschaften und Künste in den weimarischen Landen. Archivalisches Material aus Goethes amtlicher Tätigkeit
1955

Daß Goethe in der Archivliteratur und in den archivalischen Fachzeitschriften bisher ein Gegenstand besonderer Wertschätzung und Behandlung gewesen sei, läßt sich wahrlich nicht behaupten. Seinem Namen begegnet man an diesen Stellen kaum. Das ist nicht verwunderlich; denn in seinem langen und beziehungsreichen Leben, über das wir wie selten über einen Menschen unterrichtet sind, haben sich unmittelbare Verbindungen zu den Archiven und zur Arbeit der Archivare bisher nicht aufdecken lassen. Sogar im örtlichen Bereich seiner Wirksamkeit in Stadt und Land Weimar, wo auf dem Felde von Wissenschaft und Kunst kaum ein Gebiet seiner Aufmerksamkeit und Förderung entgangen ist, sind Spuren einer Einwirkung auf das Archivwesen von seiner Seite aus nicht nachzuweisen. Die Weimarer Archive haben sich – anders als sonstige Weimarer Kulturinstitute – seiner Fürsorge nicht zu erfreuen gehabt, und als er einmal 1823 mit dem weimarischen Staatsarchiv in Berührung kam, da geschah es nur, um dessen bedeutendste Abteilung, das Ernestinische Gesamtarchiv, zu Gunsten der von ihm geleiteten Bibliothek aus seinen Räumen zu verdrängen. Das alles sieht fast danach aus, als hätten wir bei solcher Sachlage von den Archiven her wirklich keinen Anlaß und keine Möglichkeit, uns viel um Goethe zu bekümmern. Der in der immer noch beliebten und endlosen Reihe der Aufsätze zum unerschöpflichen Thema »Goethe und ...« bisher ungeschrieben gebliebene Artikel über »Goethe und die Archive« wird daher wohl auch in Zukunft ungeschrieben bleiben.

Und doch sind wir der Meinung, daß zwischen Goethe und den Archiven, zwischen seinen Auffassungen, seinen Leistungen und seinem Werk auf der einen und dem Wesen und der Arbeit der Archive auf der anderen Seite so vielfältige und enge Beziehungen bestehen, daß auch der Archivar notwendigerweise diesem Gegenstand seine Aufmerksamkeit wird widmen müssen, ja in Zukunft vielleicht in wachsendem Maße zur Beschäftigung auch mit diesem Fragenkreis genötigt sein wird. Es gibt heute schon mannigfache Anzeichen für eine solche Annahme.

Da ist zunächst einmal die Tatsache zu vermerken daß Goethe selbst, wie insbesondere seine Tagebücher lehren, während seines langen Lebens, vor allem seit der Jahrhundertwende, wesentliche Vorgänge seines geistigen Schaffens und den Umgang mit den daraus entspringenden, an Umfang stetig anwachsenden Papieren sowohl nach ihrer Entstehung, wie nach ihrer Behandlung und ihrer Aufbewahrung weitgehend unter Vorstellungen behördenmäßiger und verwaltungsgeschäftlicher Praxis, unter Begriffen der Aktenführung und Aktenbildung gesehen hat – eine Tatsache, die von Ernst Robert Curtius neuerdings erstmalig in ihren wesentlichen Umrissen als »Goethes Aktenführung« eindrucksvoll aufgezeigt worden ist.[1] Dieser für das Verständnis von Goethes Wesen und Schaffen durchaus förderliche Gedanke läßt sich aber für den Archivar noch weiterspinnen und zu Ende denken. Wie alle verwaltungsmäßige Aktenführung im einzelnen für die Gesamtheit der Arbeit einer Behörde einmündet in den Aufbau einer Registratur und eines Archivs, so mußte dieser Schritt notwendigerweise auch aus Goethes einzelgeschäftlicher »Aktenführung« für den Gesamtkomplex seines vielseitigen Schaffens folgen. Als Vorarbeit für die Ausgabe letzter Hand hat sein Privatsekretär Theodor Kräuter im Sommer 1822 »eine reinliche ordnungsgemäße Zusammenstellung aller Papiere« besorgt und diese Ordnungsarbeit im »Repertorium über die Goethesche Repositur« schriftlich festgehalten, eine Arbeit, die die volle Zustimmung Goethes fand.[2] Schon durch die Tatsache, daß hier zwei der archivarischen Begriffswelt entstammende Ausdrücke auf den handschriftlichen Niederschlag von Goethes Werk angewandt sind, wird das Vorhandensein von Beziehungen zwischen Goethe und den Archiven handgreiflich unterstrichen. Und Goethe selbst hat dies dann offen ausgesprochen, indem er die von Kräuter geschaffene Ordnung seiner Papiere als »Archiv« bezeichnete und in der Öffentlichkeit über das »Archiv des Dichters und Schriftstellers«[3] berichtete.

In diesem Zusammenhang hat Goethe von den Freunden gesprochen, die sich seines Nachlasses annehmen möchten; er hat diesen Nachlaß somit unter archivalische Beleuchtung gerückt. Damit aber hat er schon 1823 den Begriff des Literaturarchivs eingeführt, den dann am Ende des Jahrhunderts Wilhelm Dilthey deutlicher geprägt, weiter ausgedehnt und fester umrissen hat.[4] Dieser Begriff hat zunächst geringe Gegenliebe gefunden und sich nur wenig durchsetzen können. Jetzt wird er aber wieder ganz lebendig, und diese Frage geht den Archivar nun besonders an. Denn dieser Begriff nötigt dazu, das alte und doch immer wieder neue Thema des Verhältnisses zwischen Archivgut und Bibliotheksgut neu zu durchdenken. Dabei zeigt sich dann, daß der dichterische Nachlaß, der bisher ohne wesentliche Überlegung den Bibliotheken überlassen war, auch im Lichte goethescher Gedankengänge seiner Entstehung nach organisch gewachsenes Schriftgut ist, das alle Merkmale echten Archivgutes aufweist. Damit erhalten die Literaturarchive ihre Stellung zwischen den behördlichen und geschäftlichen Archiven und den Bibliotheken; aber sie sind ein Arbeitsfeld, auf dem archivarische Grundsätze gelten müssen. Solche Gedankengänge haben sich jetzt zu bewähren bei der Ordnung und Verzeichnung des bedeutendsten Literaturarchivs, das

---

1 Ernst Robert Curtius, Goethes Aktenführung. In: Die Neue Rundschau 62 (1951), S. 110–121; jetzt auch in: Kritische Essays zur europäischen Literatur, 2. Auflage, Bern 1954, S. 57–69.

2 Vgl. hierzu Max Hecker, Die Briefe Theodor Kräuters an Eckermann. In: Jahrbuch der Goethe-Gesellschaft 12 (1926), S. 264–306, besonders die Nachweise S. 286 f.

3 Diese Abhandlung Goethes erschien in »Über Kunst und Alterthum, vierten Bandes erstes Heft«, 1823, S. 174–178, wieder abgedruckt in: Goethes Werke, hrsg. im Auftrage der Großherzogin Sophie von Sachsen (künftig zitiert WA) Abteilung I, Bd. 41 II, S. 25–28. Ich behalte mir vor, auf diese Bildung eines Literatur-Archivs demnächst in anderem Zusammenhang näher einzugehen. [Siehe den Aufsatz von 1956 »Goethes literarisches Archiv«.]

4 Zur Frage des Literatur-Archivs vgl. folgende Schriften: Wilhelm Dilthey, Archive für Literatur. In: Deutsche Rundschau 58 (1889), S. 360–375. – Derselbe, Archive der Literatur in ihrer Bedeutung für das Studium der Geschichte der Philosophie. In: Archiv für Geschichte der Philosophie 26 (1889), S. 343–367; wieder abgedruckt in: Gesammelte Schriften, Bd. 4, 1921, S. 555–575. – Ernst Beutler, Die literarhistorischen Museen und Archive, ihre Voraussetzung, Geschichte und Bedeutung. In: Forschungsinstitute, ihre Geschichte, Organisation und Ziele, hrsg. von L. Brauer, A. Mendelssohn-Bartholdy und A. Meyer, Hamburg 1930, S. 227–259. – Julius Petersen, Die Wissenschaft von der Dichtung. System und Methodenlehre der Literaturwissenschaft. 2. Auflage, Berlin 1944. S. 70 ff.

Deutschland besitzt, des Goethe- und Schiller-Archivs, d. h. bei einer Aufgabe, die dort zum ersten Mal wirklich Archivaren übertragen worden ist. Hier ergibt sich eine unmittelbare arbeitsmäßige Verbindung zwischen Goethe und den Archivaren.

Und ein Drittes noch verbindet die Archivare mit Goethe. Das ist die amtliche Tätigkeit Goethes, die ihren schriftlichen Niederschlag in den staatlichen Archiven gefunden hat, die daher nur aus deren Material voll erforscht werden kann. Es ist eine nicht zu übersehende Tatsache, daß man sich nach 1945 von allen Seiten her und aus allen Kreisen dem Werke Goethes erneut und in ganz erstaunlichem Umfang nähert, nicht zuletzt angeregt durch das Jubiläumsjahr 1949. Ausdruck dafür ist vor allem die Fülle der Goethe-Ausgaben, die wir nach dem Kriege zu verzeichnen haben, Ausgaben, die wirklich allen Bedürfnissen entgegenkommen. Auch die strenge philologische Forschung hat in der Erkenntnis, daß alle bisherige Arbeit auf dem Gebiete der Goethe-Edition modernen wissenschaftlichen Ansprüchen nicht genügen kann[5], Ausgaben in Angriff genommen, die mit allen Mitteln fortschrittlichster Editionstechnik erarbeitet werden. Dabei hat sich die Deutsche Akademie der Wissenschaften zu Berlin dem dichterischen Werk, die Deutsche Akademie der Naturforscher (Leopoldina) zu Halle den naturwissenschaftlichen Schriften Goethes zugewendet. In diesen Kreis der Editionen gehört aber auch die Ausgabe der »Amtlichen Schriften«, die jetzt erst in ihrer Bedeutung voll erkannt werden und deren Edition daher das Ziel jenes Instituts ist, das die meisten dieser Schriften verwahrt, des Landeshauptarchivs [heute Thüringisches Hauptstaatsarchiv] in Weimar.[6] Denn das macht vielleicht das Wesen der Beschäftigung mit Goethe in unserer Zeit aus, daß wir uns nicht mehr mit Teilerkenntnissen begnügen, sondern die Gesamtheit dieses einmaligen und wahrhaft umfassenden Lebens und Wirkens, die wechselseitige Einwirkung von ihm auf seine Zeit und seiner Zeit auf ihn erkennen und ergreifen wollen. Dazu aber gehört auch als ein wesentlicher Bestandteil seine amtliche Tätigkeit.

Im amtlichen Bereich ist Goethe aber ein anderer als in seinem dichterischen, schriftstellerischen und wissenschaftlichen Schaffen. Hier wirkt er als schöpferische Persönlichkeit nach eigenen Maßen und Zielen; dort ist er an die amtlichen Aufgaben und die behördenmäßigen Formen gebunden, die ihm das Amt als ganzes und die Amtsstelle im einzelnen vorschreiben. Seine künstlerischen und wissenschaftlichen Werke sind »als Kundgebung seines persönlichen Wesens« zu betrachten; in seinem amtlichen Schaffen und seinen amtlichen Schriften kann er zutreffend nur im Rahmen derjenigen Behörden gewertet werden, in denen er tätig war. Die behördenmäßige Arbeitsform seiner Zeit war die kollegialische; daher kann Goethe im amtlichen Wirken nur als Mitglied von Kollegien beurteilt werden.

Damit aber wird die amtliche Tätigkeit Goethes ein Gegenstand ausgesprochener Archivforschung. Nicht von der biographischen Betrachtung her, sondern nur aus eingehender behördengeschichtlicher Untersuchung ist er hier überhaupt zu fassen. Goethefor-

---

5 Vgl. dazu Ernst Grumach, Prolegomena zu einer Goethe-Ausgabe. In: Goethe. Neue Folge des Jahrbuchs der Goethe-Gesellschaft 12 (1950), S. 60–88.

6 Dazu und für das folgende vgl. Goethes Amtliche Schriften. Veröffentlichung des Staatsarchivs Weimar, hrsg. von Willy Flach. Bd. 1. Weimar 1950. – Derselbe, Goetheforschung und Verwaltungsgeschichte. Goethe im Geheimen Consilium 1776-1786. Weimar 1952 (= Thüringische Archivstudien, hrsg. von Willy Flach Bd. 3). – Derselbe, Goethes Amtliche Schriften. Zur Begründung ihrer Veröffentlichung. In: Goethe, Neue Folge des Jahrbuchs der Goethe-Gesellschaft 12 (1950), S. 126–143. – Hans Haussherr, Goethes Amtliche Schriften. Versuch einer Würdigung des 1. Bandes. Ebenda, 13 (1951), S. 105–125.

schung wird, wenn es sich um den amtlichen Goethe handelt, zur Verwaltungsgeschichte. Daß man der amtlichen Leistung Goethes bisher so wenig gerecht geworden ist, daß man seine Arbeit auf diesem Gebiet im ganzen überhaupt noch nicht überblickt, daß man sie bei der Betrachtung des einzelnen Falles gelegentlich überbewertet, im allgemeinen aber erheblich unterschätzt, daß man sie auf jeden Fall bisher unzutreffend beurteilt, das erklärt sich daraus, daß man den hier umrissenen Sachverhalt bis jetzt kaum gesehen hat. Vielleicht ist es wirklich so, wie behauptet worden ist, daß solche Erkenntnis über das Wesen der goetheschen amtlichen Arbeit überhaupt nur von archivarischer Seite her kommen konnte.

Noch ist auf diesem Gebiete der Erforschung von Goethes amtlichem Wirken erst der Grund gelegt, und noch türmt sich die Masse des Stoffes, der zu bewältigen ist, vor uns auf. Daß aber die Grundauffassung, auf der solche Arbeit beruht, richtig ist, zeigt sich bei der Durchführung dieser Forschungsaufgabe immer wieder. Das an einem Einzelbeispiel aufzuzeigen, soll der Zweck der vorliegenden Untersuchung sein. Dabei wird uns auch dieses Beispiel lehren, wie die bisherige Betrachtung goethescher Amtsleistungen, die einseitig von seiner Person ausging, in die Irre führen mußte. Die seinem amtlichen Tun und Handeln von den Interpreten zumeist untergeschobene Voraussetzung, daß es seiner ganz persönlichen Entscheidung und Initiative entsprungen sein müßte, ging am Wesen behördenmäßiger Arbeit jener Zeit völlig vorbei und rückte damit seinen Anteil daran in ein schiefes Licht.

Unter den wenigen Stücken von »Zeugnissen amtlicher Tätigkeit«, die die große Weimarer Ausgabe von Goethes Werken rein zufällig aus willkürlicher Auswahl heraus aufgenommen hat, befindet sich ein angeblicher »Bericht an den Marschall Alexandre Berthier über die wissenschaftlichen und künstlerischen Institute in Weimar und Jena«.[7] Er ist dorthin übernommen worden in der Auffassung und Deutung, in der er zuerst in dem 1882 erschienenen Buch von Richard und Robert Keil über »Goethe, Weimar und Jena im Jahre 1806 nach Goethes Privatacten« veröffentlicht und interpretiert worden war.[8]

Die Brüder Richard und Robert Keil, Neffen jenes oben genannten goetheschen Privatsekretärs Theodor Kräuter, besaßen in ihrer äußerst wertvollen Sammlung goethescher Handschriften, die sich seit den neunziger Jahren des vorigen Jahrhunderts als sogenannte Keilsche Sammlung im Goethe- und Schiller-Archiv befindet, unter zahlreichen Manuskripten von Dichtungen und Briefen einmal ein goethesches Privataktenstück über Vorgänge nach der Schlacht bei Jena mit der Aufschrift »Acta, die traurigen Folgen des 14. Octobers 1806 betreffend« und zum anderen den jeder näheren Kennzeichnung entbehrenden Entwurf eines Berichtes über die wissenschaftlichen Anstalten und Unternehmungen in Jena und in Weimar. Dieser Bericht liegt in zwei Fassungen vor, einer deutschen mit neun beschriebenen Folioseiten und einer französischen mit zwölf Seiten. Die deutsche Fassung zeigt die Handschrift von Goethes Hausgenossen und Mitarbeiter Friedrich Wilhelm Riemer; die französische Fassung ist ebenfalls in der Hauptsache von ihm geschrieben, aber sie enthält wesentliche Korrekturen von Goethes Hand, und von dieser rührt auch der ganze Schluß des Schriftstückes her. Die nähere Untersuchung der Niederschriften läßt keinen Zweifel daran, daß es sich in beiden Fassungen um goethesches Diktat handelt, daß Goethe also der Verfasser beider Schriftsätze ist und daß Riemer, wie so oft, hier als Goethes

---

7 Goethes Werke, WA I, 53, S. 243–249, dazu S. 505–512.
8 Richard und Robert Keil, Goethe, Weimar und Jena im Jahre 1806, nach Goethes Privatacten. Leipzig 1882, besonders S. 134–148.

Sekretär fungierte. Die saubere äußere Form der deutschen Fassung deutet darauf hin, daß sie eine Reinschrift des ersten Entwurfs darstellt, während die französische Fassung mit ihren vielen Korrekturen offenbar der erste Entwurf selbst ist.

Als Richard und Robert Keil daran gingen, das goethesche Privataktenstück über die Schlacht bei Jena literarisch auszuwerten und dies in dem genannten Buch über »Goethe, Weimar und Jena im Jahre 1806« taten, da stellten sie auch jene beiden oben erwähnten, außerhalb dieses Aktenstückes überlieferten goetheschen Entwürfe in diesen Zusammenhang und kamen zu folgendem Ergebnis:[9] Nach der Schlacht von Jena sei die Zukunft der Universität Jena ganz ungewiß gewesen.[10] Zwar habe sich Napoleon einer akademischen Deputation unmittelbar nach der Schlacht günstig gezeigt und ihr mündlich beruhigende Versicherungen gegeben, aber man habe nichts Schriftliches darüber in Händen gehabt. Deswegen habe man in der Befürchtung, daß der Universität Jena das Schicksal der von Halle blühen könne, die von Napoleon geschlossen worden war[11], eine akademische Deputation, mit einem Empfehlungsschreiben Goethes an den Generaldirektor Denon[12] ausgestattet, in das französische Hauptquartier nach Naumburg abgeordnet; sie sei aber unverrichteter Dinge von dort zurückgekommen. Nur widerstrebend habe dann der Platzkommandant von Jena die Erlaubnis zum Beginn der Vorlesungen des Wintersemesters erteilt; aber ein kaiserlicher Schutzbrief habe immer noch gefehlt. Nun habe man sich bemüht, einen solchen von dem französischen Kriegsminister Berthier[13] zu erlangen. Um an diesen heranzukommen, habe sich die Akademie Goethes Vermittlung bedient. »Aber Goethe begnügte sich nicht damit, das akademische Gesuch einfach an Berthier gelangen zu lassen; ihm [...] war es vielmehr Bedürfnis, jenes Gesuch zugleich durch ein klares Bild der Weimar-Jenaischen Unterrichtsverhältnisse, beider Bildungsstätten und ihrer geistigen Bedeutung zu unterstützen und so für Erhaltung der Universität und des Landes nach seinen Kräften zu wirken«. Es stehe daher nach der Zeit der Abfassung, nach der Form und nach dem Inhalt der beiden goetheschen Entwürfe außer Zweifel, daß sie das Manuskript jener Darstellung der Jena-Weimarischen Verhältnisse seien, die Goethe mit dem akademischen Gesuch und zu dessen Unterstützung im November 1806 an den französischen Kriegsminister Berthier nach Berlin geschickt habe. Der Erfolg sei daraufhin auch nicht ausgeblieben. »Die klare und übersichtliche Darlegung der Jena-Weimarischen Unterrichts-Anstalten und Bildungszustände mußte auf die französische Regierung den beabsichtigten Eindruck machen. Infolge jenes von der Akademie und Goethe getanen Schrittes« habe der Marschall Berthier am 24. November 1806 einen Schutzbrief für die Universität ausgestellt. Auf eine kurze Formel gebracht, lautet die Keilsche Deutung also: Goethe hat durch seine ganz persönliche Idee einer Darstellung der Bildungsver-

---

9   Ebenda S. 131–133 und S. 149 f.

10   Das sonst recht tüchtig gearbeitete Buch von Gertrud Paul, Die Schicksale der Stadt Jena und ihrer Umgebung in den Oktobertagen 1806. Jena 1920 (= 9. Beiheft zur Zeitschrift des Vereins für Thüringische Geschichte und Altertumskunde) ist in unserem Zusammenhang wenig aufschlußreich.

11   Vgl. dazu neuerdings: 450 Jahre Martin-Luther-Universität Halle-Wittenberg. Bd. 2, 1952, S. 204. Daraus geht hervor, daß die Universität Halle erst am 20. Oktober 1806 geschlossen worden ist. Ihre Schließung ist von Keil zu früh angesetzt worden.

12   Dominique Vivant Denon, seit 1804 Generaldirektor der Kunstsammlungen von Paris. Er begleitete das französische Heer, um die Kunstschätze im besetzten Gebiet zu begutachten und für Paris auszuwählen.

13   Louis Alexandre Berthier, seit 1799/1800 Kriegsminister, 1804 Marschall und Generalstabschef des Kaisers, seit 1806 Fürst von Neufchâtel, Herzog von Valengin, später noch Fürst von Wagram.

hältnisse in Jena und Weimar und durch deren Übersendung in das französische Hauptquartier die Universität Jena vor dem Untergang gerettet.

Die 1882 gegebene Erklärung von Keil ist in die Literatur eingegangen und hat sich seitdem ziemlich unverändert gehalten; seit jener Zeit segelt diese goethesche Ausarbeitung als »Bericht an den Marschall Berthier« unter seinen amtlichen Schriften. Auch die Weimarer Ausgabe von Goethes Werken, die die französische Fassung als Text abdruckt, die deutsche Fassung aber als Paralipomenon bringt, hat sich zu keiner anderen Auffassung entschlossen. Sie wiederholt alle Keilschen Argumente. Auch für sie ist Goethes Darstellung ein seiner Initiative entsprungenes Unternehmen zur Rettung der Jenaer Universität: »Um aber diesem Schritt« – nämlich der Weiterleitung des Gesuchs der Akademie an den Kriegsminister Berthier – »noch einen besonderen Nachdruck zu verleihen, wies er in einer beigefügten Abhandlung, die ein Bild aller in Weimar und Jena befindlichen Bildungsanstalten darbot, auf die kulturelle Bedeutung der beiden Städte und des ganzen Landes hin«[14]. Kein Wunder, daß die Autorität der Weimarer Ausgabe diese Auffassung sanktioniert hat; sie begegnet auch in weiterführenden Studien, etwa bei Ulrich Crämer, der »Unbekanntes aus Goethes politischer Tätigkeit« bringt.[15] Obwohl hier ein leiser Zweifel auftaucht, ob der Bericht Goethes wirklich mit dem Gesuch der Universität Jena an Berthier gelangt oder ihm erst später übergeben worden sei, um weitere Vorteile für die Universität zu erlangen, wird doch auch hier an der von Keil erfundenen Erklärung festgehalten, daß »die Sorge um den künftigen Bestand von Jena« diesen Bericht veranlaßt habe. Damit ist die bisherige wissenschaftliche Behandlung dieser Frage geradezu typisch für viele Betrachtungen und Deutungen amtlicher Schreiben und amtlicher Handlungen Goethes. Man kommt nicht los von der Auffassung, daß auch die amtlichen Handlungen in jedem Falle goethescher Intention entsprungen sein müssen, und man vermutet in jedem Fall eine spezifische persönliche Leistung Goethes.

Dabei hätten in dem vorliegenden Falle verschiedene Beobachtungen stutzig machen müssen, nicht nur die Tatsache eines im ganzen nur vage vorgestellten zeitlichen Ablaufs der Vorgänge, an dem bei genauerem Zusehen nicht alles aufgeht, sondern vor allem auch die Frage, warum Goethe, wenn er die Universität Jena retten wollte, über sie und die mit ihr verbundenen Institute in seinem Bericht verhältnismäßig weit weniger ausgesagt hat als über die kulturellen Verhältnisse von Weimar, denen die größere Hälfte der Darstellung gewidmet ist.[16] Schon ganz sachliche Überlegung hätte zu der Feststellung führen müssen, daß die von den beiden Keils gegebene Deutung Fehlschlüsse enthielt. Man versäumte, nachdem man schon dieses Schriftstück als amtliches Schriftstück Goethes erkannt hatte, den methodisch einzig rich-

---

14   Goethes Werke, WA I, 53, S. 505. – Vgl. z. B. auch darnach Fritz Hartung, Das Großherzogtum Sachsen unter der Regierung Carl Augusts. Weimar 1923, der S. 258 von der dem Schutzbrief Berthiers »vorhergegangenen Denkschrift Goethes in deutscher und französischer Sprache« spricht.

15   Ulrich Crämer, Unbekanntes aus Goethes politischer Tätigkeit. In: Euphorion, Zeitschrift für Literaturgeschichte 33 (1932), S. 299–311. – Zuletzt ist nach der Weimarer Ausgabe von Goethes Werken der Text des französischen Entwurfs wieder abgedruckt in: Artemis-Gedenkausgabe der Werke, Briefe und Gespräche Goethes, hrsg. von Ernst Beutler, Bd. 12 (Einführung und Textüberwachung von Josef Kunz), 1949, S. 727–733. Ebenda S. 836 findet sich auch die Interpretation in der üblichen Keilschen Auffassung.

16   Eine Zergliederung der Goetheschen Denkschrift zeigt folgendes Bild: Aus Goethes Darstellung lassen sich inhaltlich 33 Abschnitte bilden, die sich zu drei Hauptteilen verbinden. Nach einer Einleitung (1–2) über die seit 30 Jahren intensive und bekannte Pflege von Kunst und Wissenschaft im Lande Weimar und die besondere und eigentümliche Bedeutung von Jena und Weimar befassen sich die beiden ersten Hauptteile mit den wissenschaftlichen und künstlerischen Angelegenheiten, und zwar der erste

tigen Weg zu gehen, nämlich zu suchen, in welchen amtlichen, Goethe unmittelbar berühren-
den Abläufen diese Denkschrift entstanden war. Beschreitet man aber diesen Weg, so zeigt
sich, daß die von den Brüdern Keil aufgebrachte Hineindeutung der Denkschrift in die Maßnahmen zur Rettung der Universität Jena irrig war, daß es sich hierbei vielmehr um zwei ganz
getrennte Angelegenheiten handelt, einmal um die Erlangung des Schutzbriefes für die Universität Jena, bei der die goethesche Denkschrift gar keine Rolle gespielt hat, zum andern um die
Abfassung der Denkschrift über den Zustand der Künste und Wissenschaften im Lande Sachsen-Weimar, die nicht im Rahmen der Schutzmaßnahmen für die Universität, sondern in ganz
anderem, nunmehr näher zu beleuchtendem Zusammenhang erwuchs.

Gehen wir dabei zunächst, um die Unhaltbarkeit der bisherigen Auffassung darzutun, der
Frage des Schutzbriefes für die Universität Jena nach, so lassen sich für die Angelegenheit folgende Stationen aufzeigen.[17] Am 20. Oktober 1806 hatte sich der Jenaer Professor Heinrich
Karl Abraham Eichstädt im Auftrag der eingesetzten akademischen Kommission an Goethe
gewandt mit folgendem Anliegen[18]: Um den unsicheren Zustand der Universität zu beheben,
müsse man sich unmittelbar an den Kaiser oder an den Kriegsminister Berthier wenden, und
das möge Goethe entweder direkt tun, oder er möge wenigstens den Weg und die Art zeigen,
wie man es tun solle. Diesen Brief hat Goethe zweifellos dem die Geschäfte des Geheimen
Consiliums insonderheit besorgenden Geheimen Rate Christian Gottlob Voigt vorgelegt, der
daraufhin am nächsten Tage Goethe folgenden Vorschlag unterbreitete[19]: Da der weimarische Regierungsrat Friedrich Müller[20] ins französische Hauptquartier gehe – er sollte dort

---

Hauptteil (3–15) mit Jena, der zweite (16–28) mit Weimar; der dritte (29–33) dagegen behandelt Fragen des öffentlichen Unterrichts in Jena und Weimar. – Von den Jenaer Einrichtungen behandelt
Goethe folgende: Die Universität nach ihrer Verfassung, ihren Professoren und Fakultäten und ihrem
Besitz (3–5), die von Weimar ausschließlich unterhaltenen Einrichtungen der Klinik und der Entbin-
dungsanstalt (6), des Botanischen Gartens, des Zoologischen und des Anatomischen Kabinetts und der
Büttnerschen Bibliothek (7–10), ferner die Mineralogische Sozietät und die Naturforschende Gesellschaft, die Allgemeine Literaturzeitung und die Lateinische Gesellschaft (12–15). Von den weimarischen Einrichtungen werden behandelt die Bibliothek, das Kupferstichkabinett, das Münzkabinett und
die Antiquitätensammlung (16–19), außerordentlich ausführlich die Zeichenschule (20–24), Goethes
Haus als Kunststätte (25), die Gesellschaft der Kunstfreunde (26), das Bertuchsche Institut (27) und
das Theater und die Musik (28). Gegenüber diesen Darstellungen sind die Angaben über den öffentlichen Unterricht, wobei noch zweimal die Universität genannt wird (29+31), die im wesentlichen das
weimarische Gymnasium (30+32) und Privatschulen (33) betreffen, recht dürftig ausgefallen.

17   Wir stützen uns für das Folgende auf nachgenannte Archivalien und Bücher: Privatakten Goethes
»Acta, die traurigen Folgen des 14. Octobers 1806 betreffend«, im Goethe- und Schiller-Archiv, Keilsche Sammlung. Die Schriftstücke aus diesem Aktenheft sind zumeist veröffentlicht in dem oben angeführten Buch von Richard und Robert Keil. – Goethe- und Schiller-Archiv Weimar, Kanzler von
Müller-Archiv Nr. 651. – Thüringisches Hauptstaatsarchiv Weimar D 324. – Friedrich von Müller, Erinnerungen aus den Kriegszeiten von 1806–1813. Bernburg 1851. – Goethes Werke, WA IV (Briefe),
19. – Goethes Werke, WA III (Tagebücher), 3.
18   Keil, S. 79. – Goethes Werke, WA III, 3, S. 175 zum 20. Oktober: »Ankunft eines Boten von Jena«.
19   Keil, S. 89.
20   Über die umstrittene Rolle Friedrich Müllers, des späteren Kanzlers von Müller, vgl. etwa die Schriften von Ulrich Crämer, Der politische Charakter des weimarischen Kanzlers Friedrich von Müller. Jena
1934. – Barbara Sevin, Kanzler Friedrich von Müller. Seine Bedeutung für Gemeinschaft und Staat.
Jena 1936. – Eschwin von Krosigk, Der Kanzler Friedrich von Müller, der Freund Goethes. Juristenle-
ben in einer Zeitenwende. Diss. jur. Erlangen 1952 (Maschinenschrift). – Doch kann keine dieser Arbeiten tieferdringende wissenschaftliche Ansprüche befriedigen. Die Bearbeitung dieses Themas bleibt
weiterhin eine offene Forderung.

die infolge der Teilnahme des Herzogs Carl August am Kriege auf preußischer Seite äußerst gefährliche Lage des weimarischen Landes zum Guten wenden – und da ihn Denon[21], der Direktor der kaiserlichen Museen, vorher mit Maret[22], dem Staatssekretär des Kaisers, bekannt mache, so sei es ratsam, daß die Akademie, wenn sie noch etwas tun wolle, jemand an Denon schicke und ihn als Gelehrten um eine Empfehlung an Maret bitte. Die weimarische Regierung selbst sei zu weiteren Schritten nicht in der Lage.

Noch am gleichen Tage hat Goethe ganz in diesem Sinn an Eichstädt geschrieben[23]. »Sie erhalten hiebey einen Brief an Herrn Denon, Generalinspector der kayserlichen Museen«; die Akademie solle jemand an Denon schicken, der wahrscheinlich noch in Naumburg zu treffen sein werde, und ihn um eine Empfehlung an Maret bitten. Der diesem Schreiben an Eichstädt beigelegte französische Brief Goethes an Denon[24] empfahl diesem die Deputierten der Universität und beschwor ihn, alles nur Mögliche für die Abgeordneten und damit für ihn persönlich zu tun, da die Jenaer Einrichtungen sein Werk seien. Es bestehe Gefahr, daß die Arbeit von 30 Jahren, die er dort geleistet habe, für immer verlorengehe. Diesen Brief hat Eichstädt, der zusammen mit dem französischen Lektor und katholischen Pfarrer in Jena Dr. Gabriel Henry als akademische Deputation nach Naumburg reiste, Denon zu übergeben versucht; aber sie mußten unverrichteter Dinge zurückkehren, da sowohl das Hauptquartier wie Denon und Friedrich Müller schon am 20. bzw. am 21. Oktober Naumburg verlassen hatten.[25]

Inzwischen erfolgten am 24. und 25. Oktober 1806 die Bekanntmachungen des Jenaer Rektors Gabler über den Beginn der Vorlesungen des Wintersemesters am 3. November mit der auf »die günstigen Gesinnungen des Kaisers gegen die Universität« sich stützenden Bestätigung des französischen Platzkommandanten Bouchard.[26] Da dieser aber Jena bald verlassen sollte, richtete Eichstädt schon am nächsten Tage, am 26. Oktober, ein Schreiben an Goethe, in dem er ein Gesuch der Universität, diesmal an Marschall Berthier, um Fürsorge für die Universität ankündigte und bat, es weiter zu befördern, weil in Jena kein Weg be-

21 Vgl. Anm. 12. Denon hatte vom 18. bis 20. Oktober bei Goethe gewohnt. Goethes Werke, WA III, 3, S. 174. Einträge vom 18. bis 20. Oktober. Hierher gehören auch Goethes briefliche Äußerungen über den Aufenthalt Denons in seinem Hause vom 20., 21. und 23. Oktober 1806. Goethes Werke, WA IV, 19, S. 208, 210 und 216.
22 Hugues-Bernard Maret, später Herzog von Bassano, seit 1804 Staatssekretär Napoleons.
23 Goethes Werke, WA IV, 19, S. 212 Nr. 5265. – Dazu Goethes Werke, WA III, 3, S. 175, Eintrag vom 21. Oktober 1806: »Zwei Boten nach Jena abgefertigt«.
24 Goethes Werke, WA IV, 19, S. 213 Nr. 5266.
25 Nach Thüringisches Hauptstaatsarchiv Weimar D 324 und den Erinnerungen Müllers steht folgender zeitlicher Ablauf fest: Müller war mit Denon am 17. Oktober abends zusammengetroffen, am 20. Oktober hatte ihn Denon aufgefordert, mit ins Hauptquartier zu reisen, am 20. Oktober nachmittags 4 Uhr fuhr Müller nach Naumburg ab. Da Napoleon an diesem Tage Naumburg schon früh verlassen hatte, reiste Müller mit Denon am 21. Oktober nach Merseburg und Leipzig, am 22. Oktober bis Eilenburg, am 23. Oktober nach Wittenberg und Kroppstedt, wo er eine Audienz bei Maret hatte. Am 24. Oktober kam er nach Potsdam, am 25. Oktober hatte dort Müller eine Audienz bei Napoleon, war mittags mit Maret und abends mit dem Prinzen von Neufchâtel, also mit Berthier, zusammen. Am 26. Oktober ging Müller nach Berlin und hat sich dort bis zum 4. Dezember, d. h. bis zu seiner Abreise nach Posen aufgehalten. – Der vom Prorektor Gabler in Jena für Eichstädt und Henry ausgestellte Paß für eine »Reise nach Naumburg in Angelegenheiten der Universität«, datiert vom 21. Oktober 1806, findet sich in dem für unsere Zusammenhänge sonst unergiebigen Aktenstück des Universitätsarchivs Jena, Bestand A Nr. 858a.
26 Gedruckt bei Keil, S. 112.

kannt sei, dies zu tun.[27] Vermutlich ist dieses Gesuch der Universität damals zunächst gar nicht verfaßt worden. Aber am 15. November überschickte dann der Jenaer Rektor Johann Philipp Gabler an den Regierungsrat Friedrich Müller, der jetzt die weimarischen Interessen beim französischen Hauptquartier in Berlin vertrat, im Namen der Universität ein Schreiben an den Marschall Berthier, datiert vom 14. November 1806, mit der Bitte, es ins Hauptquartier weiterzureichen.[28] In dem Schreiben des Jenaer Rektors an Müller wird darauf Bezug genommen, daß die Jenaer Deputation ihn schon vor einigen Wochen in Naumburg aufgesucht, aber nicht angetroffen habe und daß deswegen auch der Brief Goethes an Denon, den die Deputation bei sich geführt habe, nicht hätte abgegeben werden können. Diesen goetheschen Brief vom 21. Oktober legte Gabler trotz seines älteren Datums nun an Müller zur endgültigen Beförderung wieder bei. Er sollte also noch seine vermittelnde Wirkung tun. Über die von Napoleon bei der Audienz am 15. Oktober abgegebene mündliche Versicherung des völligen Schutzes der Jenaer Universität hinaus wollte man »einen schriftlichen Armeebefehl von dem vortrefflichen, die Wissenschaften liebenden und schätzenden Prinzen«, d. h. von Berthier erhalten, um gegen die immer nachrückenden frischen Truppen gedeckt zu sein. Dieses Schreiben der Universität an Berthier hat Müller nach seinem Randvermerk am 20. November abends übergeben, und schon am 24. November erging der Armeebefehl des Marschalls Berthier[29], daß die Universität Jena, ihre Professoren, Doktoren und Studenten, ihre Besitzungen, Einkünfte und sonstiger Zubehör unter französischem Schutz stehe und daß der Studienbetrieb fortgesetzt werde.

Es zeigt sich also, daß bei der Gewinnung des Schutzes für die Universität Jena ein ganz klarer Verlauf vorliegt, für den es einer besonderen goetheschen Denkschrift nicht bedurfte. In diesem sachlichen Zusammenhang hat die Denkschrift Goethes keinen Platz. Vielmehr ist hier sinnvoll nur sein Brief an Denon vom 21. Oktober unterzubringen, der aber erst, wie wir sahen, Mitte November von Jena aus nach Berlin befördert worden ist. Sehr leicht möglich, ja wohl sicher ist es, daß Denon auf diesen goetheschen Wunsch hin die Erwirkung des Schutzbriefes für die Universität Jena bei Berthier unterstützt hat.

Es bleibt mithin die Aufgabe zu lösen, für die goethesche Denkschrift über die kulturellen Verhältnisse in Jena und Weimar den Platz ausfindig zu machen, an den sie ihrer Entstehung gemäß gehört. Da sie ihrer ganzen Struktur nach amtlichen Charakter hat, ist nur von der Durcharbeitung des amtlichen Quellenmaterials, das wir aus jener Zeit besitzen, darüber Aufklärung zu erwarten. Sie wird ermöglicht durch zwei Aktenstücke des Landeshauptarchivs [heute Thüringisches Hauptstaatsarchiv] Weimar, die infolge ihres anscheinend belanglosen Inhalts von der Forschung bisher völlig übersehen worden sind, obwohl sie unmittelbar neben vielbenutzten Akten des gleichen Sachverhalts verzeichnet sind, zwei Aktenstücken aber, die mit Goethes Denkschrift in innigstem Zusammenhang stehen. Das eine davon, einer alten Aufschrift entbehrend, ist erst in den zwanziger Jahren unseres Jahrhunderts aus losen Blättern zu einem Aktenheft zusammengefügt worden und hat die Bezeichnung erhalten. »Topographische und statistische Nachrichten über Sachsen-Weimar,

---

27 Gedruckt ebenda, S. 113.

28 Goethe- und Schiller-Archiv Weimar, Kanzler von Müller-Archiv Nr. 651, Bl. 62. – Hierher gehört auch ein Schreiben Gablers wohl an Voigt vom 16. Nov. 1806, in: Thüringisches Hauptstaatsarchiv Weimar D 324, Bl. 164.

29 Gedruckt bei Keil, S. 149.

zusammengestellt für die französischen Behörden 1806«[30]; das andere aber trägt die alte
Aufschrift »Statistische und Cameral-Notizen über die Herzogtümer Weimar und Eisenach,
gesammelt bei Gelegenheit der Fragen des französischen Intendanten Villain nach dem
14. Oktober 1806«[31]. In diesen scheinbar so nichtigen und daher bis jetzt von der Forschung unbeachtet gelassenen Aktenstücken findet sich aber eine neue Fassung des goetheschen Berichtes in französischer Sprache und ein dazugehörender, bisher unbekannter
Goethebrief vom 22. November 1806, und durch diese Akten rückt nunmehr alles hinsichtlich dieser Denkschrift in ein helles Licht, das den folgenden Sachverhalt beleuchtet.

Die Besetzung des deutschen Landes durch die Franzosen nach der Schlacht bei Jena
machte die Einrichtung von französischen Militärverwaltungsstellen notwendig; diejenige
militärische Administration, die als Intendanz des ersten Arrondissements von Sachsen
bzw. Obersachsen auch für Weimar und die übrigen thüringischen Länder zuständig war,
hatte ihren Sitz in Naumburg. Ihr Leiter war Monsieur [Charles Joseph François] Villain,
»Membre de la Légion d'honneur et Sous-Inspecteur aux Revues, Intendant pour Sa Ma-
jesté l'Empereur des Français, Roi d'Italie, dans le premier Arrondissement de la Haute
Saxe«. Bei ihm ist übrigens auf Empfehlung Wielands als Sekretär und Dolmetscher Johannes Falk aus Weimar ein Vierteljahr lang tätig gewesen, der sicher an dieser Stelle viel Gutes
gewirkt hat[32].

Die Maßnahmen des Intendanten Villain begannen sich von Anfang November 1806 ab
in Weimar auszuwirken, Maßnahmen, die unserer Zeit aus ähnlichem Erleben heraus recht
gegenwartsnah erscheinen, für deren Beurteilung und Verständnis – damit zugleich auch
für die Beurteilung von Goethes Verhalten in diesem Rahmen – vielleicht erst heute die
rechte Voraussetzung gegeben ist.[33]

Zunächst überschickte Villain am 11. November ein Règlement d'Administration in
37 Paragraphen, das die Beziehungen zwischen dem pays conquis, dem eroberten Lande
Weimar und der Militärverwaltung ordnete. Dann aber galt sein Interesse einer genauen Erfassung und statistischen Durchleuchtung des ganzen Landes. Daher folgte am 17. November mit einem Schreiben Villains an die Regierung zu Weimar die schon im Artikel 36 des
erwähnten Reglements vom 11. November angekündigte Vorlage einer außerordentlich großen Anzahl von Fragen zur »Statistik und Staatslehre« im Sinne der damaligen Zeit, wir
möchten sagen, die Vorlage eines Fragebogens, den er folgendermaßen begründete: Es sei
die erste Sorge eines Verwalters, alle Gegebenheiten des Landes, das er verwalten solle,
genau kennen zu lernen; diese Kenntnisse seien ihm notwendig, wenn er seine Maßnahmen
gerecht und exakt durchführen wolle. Er bat daher um genaue Beantwortung der Fragen
und stellte bei mangelhafter oder absichtlich falscher Berichterstattung Strafen in Aussicht.

---

30 Thüringisches Hauptstaatsarchiv Weimar D 323.
31 Thüringisches Hauptstaatsarchiv Weimar D 326.
32 Vgl. dazu Rosalie Falk, Johannes Falk. Erinnerungsblätter aus Briefen und Tagebüchern gesammelt.
    Weimar 1868, S. 34 ff.
33 Das folgende nach Thüringisches Hauptstaatsarchiv Weimar D 323 und 326. – Die gleichen Maßnah-
    men Villains gegen die anderen thüringischen Staaten ergeben sich aus folgenden Akten der Thüringi-
    schen Staatsarchive: Thüringisches Staatsarchiv Meiningen, Geheimes Archiv VIII Nr. 5 und 6 (nur mit
    deutscher Übersetzung der Fragen); Thüringisches Staatsarchiv Rudolstadt, A II 3a Nr. 10 und 21, fer-
    ner Geheimes Consilium Sondershausen Nr. 53–55. In den Thüringischen Staatsarchiven Gotha und
    Greiz waren entsprechende Unterlagen nicht zu ermitteln.

Diese Fragen, die Villain der Regierung in Weimar – übrigens auch allen anderen zu seinem Arrondissement gehörenden Regierungen – vorlegte, müssen uns hier ein wenig näher beschäftigen. Eigentlich war es kein Fragebogen, sondern ein Buch mit Fragen, das man nun in Händen hielt. Ein damaliger Beamter in Weimar hat sich die Mühe gemacht, die Fragen, die unnumeriert überschickt worden waren, durchzuzählen; er ist auf die beachtliche und zugleich erschreckende Zahl von 346 Fragen gekommen[34]. Sie betrafen alles und jedes, was damals im Rahmen der Auffassung vom Staate überhaupt nur erfragbar war. Da ging es um den Umfang und die topographische Lage des Landes, seine Einteilung in Bezirke und in Ortschaften, seine Bevölkerung nach Zahl und Klassengruppierung und seine Bodenbeschaffenheit. Da handelte es sich weiter um die Bodenprodukte, die Steinbrüche, die Bergwerke, die Flüsse, Seen und Teiche und um die Straßen. Dann wollte man weiter unterrichtet sein über den Viehbestand und seine Einteilung bis herab zu den Bienen, über die Verwendung der tierischen, pflanzlichen und mineralischen Produkte, über Wissenschaften und Künste, über die Manufakturen und Fabriken, über Handel und Gewerbe. Aber auch außerordentliche Ereignisse physischer und kriegerischer Art suchte man zu erfahren. Weiter interessierten die allgemeine Verwaltung des Landes, das Justizwesen, die Polizei und die innere Verwaltung, ferner die Militärverhältnisse und alle öffentlichen Anstalten einschließlich der Anstalten des öffentlichen Unterrichts, und endlich wollte man zum Schluß in einem allein 100 Fragen umfassenden und sehr durchgegliederten Abschnitt über die Finanzen des Landes und die Domänen und Einkünfte des Fürsten recht viel wissen. Wenn immer wieder eingeschärft wurde, daß auf alle Fragen sehr genau zu antworten sei, wenn bei vielen Fragen die ausdrückliche Forderung detaillierter Beantwortung erhoben war, so begreift man, daß es den Geheimen Räten in Weimar nicht ganz wohl zu Mute sein konnte.[35] Es traf schon zu, wenn Falk diese »acht Bogen voll statistische Fragen« charakterisierte als »Fragen so die französische Intendanz den Herzogthümern vorgelegt, oder wie viel Fische im Meer und wie viel Vögel unter dem Himmel sind«[36], und es war zweifel-

---

34 Die in gleichzeitigen Briefen oft anders vermerkten Zahlen erklären sich daraus, daß offenbar von mehreren Personen in verschiedener Weise gezählt worden ist. Auf alle Fälle aber ergibt sich immer eine erschreckend hohe Zahl von Fragen.

35 Vgl. z. B. Geheimrat Wolzogen an Müller vom 23. November 1806 (Goethe- und Schiller-Archiv Weimar, Kanzler von Müller-Archiv Nr. 651, Bl. 88): »Jetzt haben wir 348 Fragen zu beantworten, die uns nicht wenig zu schaffen machen; indessen ist diese Schwierigkeit nicht unüberwindlich«. – Auch Voigt spricht im Briefe an Müller vom 23. November 1806 (ebenda, Bl. 89) von den 253 statistischen Fragen, die Villain in einem umständlichen Memoire vorgelegt habe. – Müller tröstet in seinem Brief vom 26. November 1806 (ebenda, Bl. 99): »Die statistischen Fragen werden wohl Mühe machen, aber im ganzen unbedenklich und ohne zu großes Detail beantwortet werden können«. – Regierungsrat Fritsch an Falk (Rosalie Falk, a. a. O., S. 34): »Es ist eine verdammte Aufgabe, so eine Menge Fragen zu beantworten, und zwar, wenn man zu den Zahlen, die man angeben soll, doch einigen Grund verlangt und nicht ad libitum hinschreibt.«

36 Im Goethe- und Schiller-Archiv, Nachlaß Falk IX, 4, Bl. 42 findet sich, wohl von der Hand seiner Tochter Rosalie, folgende Notiz: »Acht Bogen voll statistische Fragen legte die französische Intendanz den Regierungen der sächsischen Herzogthümer zur Beantwortung vor; sie fanden sich unter Falks nachgelassenen Papieren mit folgendem Zusatz von seiner Hand auf dem Titelblatt: Fragen so die französische Intendanz den Herzogthümern vorgelegt, oder wie viel Fische im Meer und wie viel Vögel unter dem Himmel sind«. Die erwähnten Bogen selbst sind im Falk-Nachlaß des Goethe- und Schiller-Archivs nicht erhalten; sie müssen wohl, wie es auch die vorgenannte Notiz vermuten läßt, vernichtet worden sein. Vgl. zu Falks Bemerkung auch Rosalie Falk, S. 34.

los auch richtig, wenn Friedrich Justin Bertuch[37] diese Fragen dem französischen »statistischen Steckenpferd« und dem »statistischen Unwesen« zuschrieb und Friedrich Müller bemerkte[38], daß »manches wohl nur pro forma gefragt« sei. Immerhin, diese Fragen der französischen Besatzungsmacht lagen vor und mußten wohl oder übel beantwortet werden.

Man ist in Weimar, wo man im Geheimen Consilium im allgemeinen an pünktliche Erledigung der Geschäfte gewöhnt war, sofort an die Bearbeitung der Angelegenheit herangegangen und hat, wie sich noch aus den Akten erkennen läßt, den jeweils zuständigen Beamten und Fachleuten die Beantwortung der Fragen aus ihrem Arbeitsgebiet abschnittweise übertragen. Da kam die Reihe auch an Goethe. Denn mitten unter anderen Fragen, wenig begreiflich eingeschoben zwischen die Verwendung der mineralischen Produkte und die Manufakturen und Fabriken, gab es zehn Fragen über Wissenschaften und Künste.[39] Es wurde nach den im Lande gepflegten Künsten und Wissenschaften gefragt, nach Akademien oder Universitäten und wo sie gelegen seien, nach den berühmtesten Gelehrten, Professoren und Künstlern und wo sie wohnten, und gerade das sollte sehr ins einzelne gehend beantwortet werden. Dann richteten sich diese Fragen weiter auf öffentliche Einrichtungen zur Pflege von Wissenschaften und Künsten wie Galerien, Bibliotheken, physikalische, naturhistorische und Münz-Kabinette usw. Für alle diese Fragen aber war amtlich in erster Linie Goethe, dem zusammen mit dem Geheimen Rate Christian Gottlob Voigt die Aufsicht über die wissenschaftlichen Anstalten in Weimar und Jena übertragen war, zuständig, und das Geheime Consilium hat ihn zweifellos sogleich nach Eingang der Villainschen Fragen zur Berichterstattung aufgefordert, d. h. zur Mitwirkung bei der Ausfüllung des Fragebogens der französischen Militäradministration.

---

37 Thüringisches Hauptstaatsarchiv Weimar D 323, Bl. 52 Bertuch an Voigt vom 24. November 1806 bei Übersendung einer für Villain bestimmten Karte: »Ich will hoffen, daß Herrn Villain daran genügen möge. Seine 380 statistischen Fragen über unser Sein, Wesen und Haben könnten wohl ohne große Mühe alle aus Fabris Geographie für alle Stände IV. Band beantwortet werden [...] Als Probe, wie die Franzosen jetzt ihr statistisches Steckenpferd reiten und gewaltige Tabellen-Fabrikanten sind, teile ich versprochenermaßen Ew. Excellenz beigehend mit [5 statistische Werke]. Sie sehen daraus, wie arg das statistische Unwesen (denn was eigentlich Statistik ist und nach Schlötzer nur sein kann, davon wissen Sie kein Wort) jetzt bei ihnen spukt und wie gern sie jetzt in Teutschland, dem Vaterlande der Statistik, damit Parade machen möchten.«

38 Thüringisches Hauptstaatsarchiv Weimar D 324, Bl. 238. Diese Bemerkung befindet sich nicht im Entwurf des Müllerschen Schreibens. Goethe- und Schiller-Archiv Weimar, Kanzler von Müller-Archiv Nr. 651, Bl. 99.

39 Diese 10 Fragen über Wissenschaften und Künste hatten folgenden Wortlaut:
    Quelles sont les sciences et arts cultivées dans le pays?
    Y a-t-il des académies ou universités?
    Où sont situées les unes ou les autres?
    Quels sont les savants, les professeurs et les artistes célèbres, où résident-ils? (répondre ici avec détail.)
    Quels sont les établissemens publics ou dépôts consacrés aux sciences et aux arts, où sont ils situés?
    Les établissemens tels que
    Galeries
    Bibliothèques
    Cabinet de Phisique
    Cabinet d'hist[oire] nat[urelle]
    Cabinet de médailles
    etc.

Dabei hat Goethe aber, wie seine Ausarbeitung zeigt, nicht nur den Abschnitt über die Künste und Wissenschaften, sondern zugleich auch den über den öffentlichen Unterricht zur Beantwortung übernehmen müssen.[40] Hier wurde nach der Art des öffentlichen Unterrichts und seiner Einteilung, den Einrichtungen dazu, den Kosten und den Unterrichtspersonen gefragt. Auch mit diesem Stoff, der ihm zweifellos wesentlich weniger lag als die wissenschaftlichen und künstlerischen Angelegenheiten, mußte sich Goethe also beschäftigen.

Der bisher unbekannte Brief Goethes vom 22. November 1806 an das Geheime Consilium – genauer wohl, wie die Antwort vom 24. November zeigt, an den Geheimen Rat Voigt gerichtet – klärt uns darüber auf, daß Goethe dieser Aufforderung unverzüglich nachgekommen war. Er legte an diesem Tage, um die an ihn »erlassenen Anfragen« vorläufig zu beantworten, den Geheimen Räten eine deutsche Skizze seines Beitrags zu den statistischen Erhebungen über das Herzogtum Sachsen-Weimar mit der Bitte vor, sie durchzusehen und zu bemerken, ob er damit auf dem rechten Wege sei. Er erklärte sich dann weiter auch zur Übersetzung ins Französische bereit, bat aber darum, daß der Bericht hinsichtlich der industriellen Unternehmungen Bertuchs und hinsichtlich des Gymnasiums in Weimar von den zuständigen Männern noch ergänzt werden möchte. Wir wissen also durch diesen Brief, daß Goethe seinen deutschen Entwurf am 22. November 1806 fertiggestellt hatte, und das bestätigt uns auch eine im Tagebuch vom gleichen Tage eingetragene, bisher nicht gedeutete Notiz mit dem Wortlaut »Zur Tabellarischen Übersicht des Landes«[41].

Der Geheime Rat Voigt bedankte sich am 24. November bei Goethe[42] für seinen »schönen Beitrag« zur Beantwortung der Fragen und machte gern von dem »gütigen Erbieten der französischen Redaktion dankbarlichst« Gebrauch, da man ohnehin viel zu übersetzen bekomme. In den folgenden Tagen hat Goethe zweifellos an der französischen Fassung gearbeitet, sie Riemer diktiert, sie dann erheblich korrigiert und ergänzt und sie endlich durch Riemer ins Reine schreiben lassen. Selbst nach der Reinschrift hat er noch Veränderungen vorgenommen, einen ausführlichen Abschnitt über die Jenaer Fakultäten und Professoren eingefügt, einen kurzen Hinweis auf den von ihm hochgeschätzten Jenaer Kupferschmied Christoph Gottlieb Pflug[43] angebracht, insbesondere aber zweimal auf die außerordentlichen Leistungen des Herzogs Carl August zur Förderung der Kultur hingewiesen, zweifellos in der Absicht, um Bedeutung und Wert der Persönlichkeit des Herzogs, der von Napoleon und den Franzosen mißtrauisch beargwöhnt wurde, zu unterstreichen. Die so ergänzte

---

40 Die in bezug auf den öffentlichen Unterricht gestellten Fragen lauteten folgendermaßen:
Quel est le mode d'instruction publique et sa division?
Quels sont les établissemens consacrés à l'instruction publique et où existent-ils?
Comment se font les dépenses de l'instruction publique?
Combien employe-t-elle de professeurs de chaque classe?
(On est invité à donner sur l'instruction publique tous les détails possibles.)
On ne répète pas ici les questions qui ont été faites à l'article des sciences et des arts.

41 Goethes Werke, WA III, 3, S. 174 f. vom 22. November 1806.

42 Goethe- und Schiller-Archiv Weimar, Briefe Kasten Voigt 1807. [Jetzt im Nachlaß Christian Gottlob Voigt im Thüringischen Hauptstaatsarchiv Weimar.]

43 Über diesen von Goethe außerordentlich geschätzten und von ihm vielfach erwähnten Handwerker vgl. Arthur Hoffmann, Goethe und der werktätige Mensch. In: Goethe, Neue Folge des Jahrbuchs der Goethe-Gesellschaft 11 (1949), S. 205–248, insbesondere S. 207–224. Naturgemäß konnte Hoffmann diese für seine Arbeit wichtige Äußerung Goethes nicht kennen.

Reinschrift hat dann Goethe mit einem Schreiben vom 3. Dezember 1806 an Voigt überschickt;[44] an diesem Tage ist also seine Mitwirkung bei der Beantwortung der von dem Intendanten Villain gestellten Fragen abgeschlossen gewesen. Die weitere Bearbeitung der
Angelegenheit mußte Sache des Geheimen Consiliums sein, vor allem die Einfügung in den
von Villain durch seine Fragen angeforderten Gesamtbericht über das Land Sachsen-Weimar, aus dem Goethes Darstellung nur die beiden Abschnitte über Wissenschaften und
Künste und über den öffentlichen Unterricht behandelte. Aber es ist damit dieser bisher
ganz unzutreffend beurteilten Denkschrift Goethes der Platz bestimmt, an dem sie entstand
und an den sie gehört, an dem allein sie auch ganz verständlich wird.

Der eben angeführte, bisher falsch gedeutete Brief Goethes vom 3. Dezember 1806 be-
kommt nun erst in unserem Zusammenhang den rechten Sinn. Er gliedert sich deutlich in
zwei Teile, von denen uns hier nur der erste wesentlich angeht. Denn hier spricht Goethe
davon, daß er, wenn man auch »gegenwärtig mit Künsten und Wissenschaften nicht viel
Ehre einlege«, doch der Aufforderung nachgekommen sei »und die verschiedenen Frage-
puncte mehr oder weniger umständlich in verschiedenen Betrachtungen« abgehandelt
habe. Die Tatsache, die wir seiner Ausarbeitung deutlich absehen können, wird durch diese
briefliche Äußerung noch nachdrücklicher unterstrichen, daß er nämlich die Fragen der Besatzungsmacht durchaus ernst genommen und ihre Beantwortung mit viel Überlegung ausgeführt hat.

Wenn Goethe im zweiten Teil des Briefes vom 3. Dezember den Wunsch ausspricht, das
Geheime Consilium möge über den im französischen Hauptquartier weilenden Regierungsrat Friedrich Müller bei Napoleon für die Universität Jena etwas zu erreichen versuchen,
um das ungünstige Urteil des Kaisers über die deutschen Universitäten zum Vorteil von
Jena abzuschwächen, so ist damit wieder jener erste Gedankenkreis angeschlagen, von dem
wir eingangs sprachen – nämlich für die Universität Jena französischen Schutz zu erwirken
–, mit dem sich jedoch unsere Denkschrift, wie sich gezeigt hat, nicht berührt. Wegen dieser Anregung Goethes hat Voigt diesen Brief am 5. Dezember an Müller überschickt[45] und
ihm anheimgegeben, entsprechend zu handeln, ohne jedoch bezeichnen zu können, worin
die besonderen Begünstigungen für Jena bestehen sollten.

Es bleibt uns am Ende dieser Untersuchung, die mit gewissen grundsätzlichen Fragestellungen der zutreffenden Deutung eines amtlichen Schriftstückes von Goethe gewidmet war,
nur noch übrig, die Frage zu beantworten, welchen Weg diese von ihm im Rahmen des ausgedehnten französischen Ermittlungsverfahrens entstandene Denkschrift über die Künste
und Wissenschaften im Lande Sachsen-Weimar gegangen ist, nachdem er sie am 3. Dezember 1806 an das Geheime Consilium abgeliefert hatte. Wir können nach dem Aktenbefund
eindeutig feststellen, daß sie niemals, wie man bisher angenommen hat, an eine französische Behörde gelangt ist. Sie ist vielmehr in den Akten, die über diese Erhebung beim
Geheimen Consilium entstanden, hängengeblieben, weil die von Villain gestellten Fragen
niemals beantwortet worden sind. Denn am 15. Dezember 1806 war in Posen zwischen Napoleon und dem Herzog von Weimar Friede geschlossen worden, und Sachsen-Weimar war
dem Rheinbund beigetreten. Damit aber hörten von seiten der Franzosen »alle weite-

---

44 Goethe- und Schiller-Archiv Weimar, Kanzler von Müller-Archiv Nr. 651, Bl. 147; gedruckt bei Crämer,
    S. 310 f.
45 Goethe- und Schiller-Archiv Weimar, Kanzler von Müller-Archiv Nr. 651, Bl. 145.

ren Requisitionen und Administrations-Einmischungen auf«[46], und damit waren die Fragen des Intendanten Villain, mit denen er eingehende Kenntnisse über das Land Sachsen-Weimar hatte sammeln wollen, überflüssig geworden. Der Friedensschluß zu Posen hob so »diese sogenannte Administration, welche glücklicherweise nie in große Tätigkeit gelangt war, wieder auf«.[47] Aus diesem Grunde enthalten die genannten Akten auch keine vollständige Bearbeitung aller gestellten Fragen, sondern nur die Darstellung für gewisse Abschnitte. Man muß es bedauern, daß wir deshalb eine Quelle entbehren müssen, die, wäre die Beantwortung des Fragebogens vollständig erfolgt, geradezu eine Landeskunde von Sachsen-Weimar um 1806 darstellte.

Um so wertvoller wird uns bei dieser Sachlage aber nun die goethesche Denkschrift, für die wir gezeigt haben, daß man sie, wie alle goetheschen amtlichen Schriftstücke, zutreffend nur in dem Zusammenhang betrachten kann, in dem sie erwachsen ist. Wenn damit vielleicht auch manches Schreiben Goethes, auch das vorliegende, etwas von der Großartigkeit einbüßt, die man ihm bisher ohne nähere Untersuchung angedichtet hat, so gewinnt es damit an innerer Wahrhaftigkeit und Zeugniskraft. Dabei zeigt sich in unserem Falle, daß Goethe auch bei der Beantwortung eines Fragebogens jene sachliche Ruhe und Klarheit bewahrt hat, die alle seine amtlichen Handlungen und Schriftstücke auszeichnen. Die Frage der kulturellen Zustände in Weimar und Jena hat er noch mehrfach behandelt, und immer mit der gleichen Eindringlichkeit und Hochschätzung, die auch aus diesem Schreiben spricht.[48]

[Anhang
(1) Goethe an das Geheime Consilium, 22. November 1806.
(2) Abhandlung Goethes über Wissenschaften und Künste und den öffentlichen Unterricht in Jena und Weimar in deutscher und französischer Sprache, 22. November – 3. Dezember 1806.
(3) Goethe an den Geheimen Rat Christian Gottlob Voigt, 3. Dezember 1806.

Die im Anhang veröffentlichten Texte wurden nicht aufgenommen. Sie sind enthalten in Goethes Amtliche Schriften, 2. Band, II. Halbband. Weimar 1970, S. 741–764.]

---

46 Goethe- und Schiller-Archiv Weimar, Kanzler von Müller-Archiv Nr. 651, Bl. 177. Müller an die Herzogin Luise am 16. Dezember 1806 mit dem Zusatz: »Schon heute in der Nacht sind die Befehle zum Abgang des Herrn Mounier und Herrn Villain erteilt worden«, ähnlich an Fritsch vom gleichen Tage, ebenda, Bl. 168. – Thüringisches Staatsarchiv Meiningen, Geh. Archiv VIII Nr. 6: Brief von Johannes Falk aus Naumburg an Herrn von Bibra in Meiningen vom 27. Dezember 1806. Er beglückwünscht ihn, »daß das Ende der Intendanz und Contribution so plötzlich und unverhofft vor der Tür ist. Der Herr Villain wird schon in 6 bis 7 Tagen aus unserer Gegend fort und ins Hauptquartier nach Warschau gehen«.
47 Niederschrift des Regierungsrates, späteren Staatsministers Carl Wilhelm Freiherrn von Fritsch über Kriegskosten 1806 bis 1814 vom 1. Mai 1815. In: Zeitschrift des Vereins für Thüringische Geschichte 30 (1915), S. 203–212. – Daß die Fragen auch von den anderen thüringischen Regierungen nicht beantwortet worden sind, lehren die Anm. 33 zitierten Akten.
48 Vgl. z. B. Goethes Werke, WA I, 53, S. 175–192 »Über die verschiedenen Zweige der hiesigen Thätigkeit. Ein Vortrag.« Dazu das wesentlich ausführlichere Schema S. 485–490. – Ferner etwa »Museen zu Jena. Übersicht des Bisherigen und Gegenwärtigen, nebst Vorschlägen für die nächste Zeit. Michael. 1817«. Ebenda, S. 291–304 und S. 522 f.

Goethes literarisches Archiv
1956

Als Goethe seit dem Mai 1822 eine neue Gesamtausgabe seiner Werke, die Ausgabe letzter Hand, ins Auge faßte, traf er für die Durchführung dieses Unternehmens umfangreiche Vorbereitungen. Es ging dabei zunächst um die Erfassung und Ordnung alles vorhandenen Materials. »Die Hauptsache war« – so formulierte er[1] – »eine reinliche ordnungsgemäße Zusammenstellung aller Papiere, besonders solcher, die sich auf mein schriftstellerisches Leben beziehen, wobei nichts vernachlässigt noch unwürdig geachtet werden sollte.« Über die im Sommer 1822 getroffenen Maßnahmen hat Goethe zu Beginn des Jahres 1823 in einem Aufsatz berichtet, dem er die Überschrift »Archiv des Dichters und Schriftstellers« gab.[2] Auf die Gesamtheit aller bei ihm befindlichen, von ihm selbst stammenden und bei ihm eingegangenen Papiere wandte er also den Begriff des Archivs an; er umschrieb den erreichten Zustand, auch modernen Auffassungen vom Archiv entsprechend, so, »daß nicht allein Gedrucktes und Ungedrucktes, Gesammeltes und Zerstreutes vollkommen geordnet beisammen steht, sondern auch die Tagebücher, eingegangene und abgesendete Briefe in einem Archiv beschlossen sind, worüber nicht weniger ein Verzeichnis nach allgemeinen und besonderen Rubriken, Buchstaben und Nummern aller Art gefertigt, vor mir liegt«. Der Begriff eines Goethe-Archivs ist also schon damals, und zwar von Goethe selbst, geprägt worden, nicht erst, wie man gemeinhin annimmt, reichlich sechzig Jahre später, als 1885 nach dem Tode des letzten Goethe-Enkels »der schriftliche Nachlaß Goethes zu einem Goethe-Archive mit besonderer eigener Verwaltung erhoben« wurde.[3] Gesichtspunkte zur Gestaltung eines literarischen Archivs tauchen also schon damals bei Goethe auf, wiederum nicht erst sechzig Jahre nachher, als Wilhelm Dilthey seine Gedanken über die Einrichtung von Archiven für Literatur eindrucksvoll vertrat.[4] Bei dieser Sachlage und bei dem Interesse, das wir heute wieder den Fragen der Literaturarchive entgegenbringen, lohnt es, den Maßnahmen nachzugehen und nach-

---

1 Goethes Werke werden nachstehend nach der Weimarer Ausgabe zitiert: Goethes Werke. Herausgegeben im Auftrage der Großherzogin Sophie von Sachsen. 4 Abteilungen. Weimar 1887–1918. – Abteilung I: Werke. – Abt. II: Naturwissenschaftliche Schriften. – Abt. III: Tagebücher. – Abt. IV: Briefe – Abgekürzt zitieren wir die Ausgabe in ihren einzelnen Abteilungen mit: WA I, WA II, WA III und WA IV und fügen [...] jeweils die Bandzahl der entsprechenden Abteilung an. Die hier zitierte Stelle findet sich WA I, 41 II, S. 27.
2 Ebenda, S. 25 ff. – Über die Entstehung des Aufsatzes und zur Sache vgl. Anm. 81.
3 WA I, 1, S. XIV.
4 Wilhelm Dilthey, Archive für Literatur, in: Deutsche Rundschau, hrsg. v. Julius Rodenberg, 58 (1889), S. 360 ff. – Derselbe, Archive der Literatur in ihrer Bedeutung für das Studium der Geschichte der Philosophie, in: Archiv für Geschichte der Philosophie 2 (1889), S. 343 ff.; wieder abgedruckt: Gesammelte Schriften 4 (1921), S. 555 ff.

zudenken, die Goethe zu Beginn der zwanziger Jahre für die Sicherung und Erfassung des bei ihm angesammelten handschriftlichen Materials traf.

Die erste Frage, die uns dabei beschäftigen soll, ist die, woher Goethe der Gedanke kam, die Gesamtheit seiner Papiere als Archiv zu bezeichnen. Wir fragen dabei zweckmäßig zunächst, ob der Sprachgebrauch der Zeit die Verwendung des Wortes Archiv in diesem Sinn nahelegte. Dafür ist es ratsam, nicht so sehr die spezielle Archivliteratur jener Tage zu Rate zu ziehen, deren Wirkungsbereich fachmäßig eng gebunden war und von der nicht feststeht, wieweit ihre Ausführungen bei Goethe Gehör fanden. Richtiger ist es in unserem Zusammenhang vielmehr, allgemeine Lexika und Wörterbücher[5] jener Tage zu befragen, die uns einen Eindruck von der Vorstellung vermitteln, die man damals in breiteren Kreisen vom Archiv, seinem Wesen und seinen Aufgaben hatte. Versuchen wir, eine das Wesentliche berücksichtigende Übersicht nach dieser Richtung für etwa ein Jahrhundert vom Beginn des 18. bis zum Beginn des 19. Jahrhunderts zu gewinnen.

Am Anfang steht da, wenn nicht der Zeit, so doch der Wirkung nach, das »Große vollständige Universal-Lexicon aller Wissenschaften und Künste« von Johann Heinrich Zedler, in dessen erstem, 1732 erschienenen Band das Stichwort Archiv abgehandelt ist. Nach ihm ist das Archiv »nichts anders, als ein gewisser Ort, da die Instrumenta publica und andere wichtige und geheime Sachen, die den Staat und Jura des Fürsten und seines Landes anbetreffen, verwahrt werden«. Nur wer die »Jura superioritatis« besitzt, kann ein Archiv einrichten, d. h., es dürfen dies nur solche tun, die als Stände des Reiches »Jura territoriala exerciren« oder denen dieses Recht besonders zugestanden ist. Auf Privatakten und Parteisachen soll der Begriff Archiv nicht angewendet werden; der hierzu bestimmte Ort wird Registratur genannt. Bei Zedler liegt also die auch in der archivischen Fachliteratur jener Zeit vorgetragene Begriffsbestimmung vom Wesen des Archivs als einer öffentlich-rechtlichen Einrichtung des Territorialstaates vor.

In ähnlicher Form werden die von Zedler formulierten Anschauungen über die Archive auch in den Wörterbüchern des 18. Jahrhunderts vorgetragen. Ob es sich dabei, wenn wir nur einige nennen wollen, um Christian Ludwigs »Teutsch-Englisches Lexikon« (1716), um das »Teutsch-Lateinische Wörterbuch« von Johann Leonhard Frisch (1741), um Johann Christoph Adelungs »Versuch eines vollständigen grammatisch-kritischen Wörterbuchs der hochdeutschen Mundart« (1774–1786), um das »Grammatische Wörterbuch der deutschen Sprache« von Karl Philipp Moritz (1793–1800) oder um T. G. Voigtels »Versuch eines hochdeutschen Handwörterbuches« (1793) handelt, immer ist die Begriffsbestimmung des Archivs die gleiche. Das Archiv ist danach, um die Erklärungen jener Wörterbücher zu gebrauchen, einmal ein Ort, ein Zimmer oder ein Gewölbe, wo öffentliche, landesherrliche Urkunden, Schriften und Briefschaften aufbewahrt werden, zum anderen aber die Gesamtheit dieser Schriften selbst, die Summe aller obrigkeitlichen Briefschaften. Auch in diesen Wörterbüchern wird also, wie bei Zedler, die öffentlich-rechtliche Bedeutung und Bestimmung der Archive unterstrichen. Daraus läßt sich schließen, daß in der allgemeinen Vorstellungswelt des 18. Jahrhunderts bei dem Worte Archiv eben immer das staatliche Wesen dieser Einrichtung hervortrat.

---

5 Wertvolle Hinweise für die Behandlung des Wortes Archiv in den Wörterbüchern des 18. Jahrhunderts verdanke ich der Liebenswürdigkeit des Leiters der Arbeitsstelle des Deutschen Wörterbuches bei der Deutschen Akademie der Wissenschaften zu Berlin, Herrn Prof. Dr. Bernhard Beckmann.

Nicht anders ist die Sachlage auch bei der Beleuchtung, die die Archive in den großen Lexika zu Beginn des 19. Jahrhunderts erfahren. Etwa in der »Allgemeinen Encyclopädie der Wissenschaften und Künste« von Johann Samuel Ersch und Johann Gottfried Gruber (5. Teil 1820), im »Rheinischen Conversations-Lexikon oder encyclopädischen Handwörterbuch für gebildete Stände«, herausgegeben von einer Gesellschaft rheinländischer Gelehrter (l. Band 1831) oder im »Universallexikon oder vollständigen encyclopädischen Wörterbuch«, herausgegeben von Heinrich August Pierer (2. Band 1835) taucht jene Definition der Wörterbücher des 18. Jahrhunderts von dem Archiv als Ort und als Gesamtheit der in ihm verwahrten Papiere in öffentlicher Zweckbestimmung immer wieder auf. Allerdings machen sich hier leise Wandlungen bemerkbar. Wenn bei Ersch und Gruber betont wird, daß man beim Archiv nicht bloß auf die Rechtsverhältnisse des Staates sehen dürfe, sondern vielmehr auch das rein Geschichtliche berücksichtigen müsse, wenn hier davon gesprochen wird, daß die Anwendung des Wortes Archiv als Sammlung von Denkmalen zur Bekundung eines Ereignisses eine abgeleitete Bezeichnung sei, wenn im »Rheinischen Conversations-Lexikon« ausdrücklich auch das Bestehen von Privatarchiven, deren Existenzberechtigung im 18. Jahrhundert noch geleugnet worden war, zugegeben wird und wenn das Pierersche Lexikon ausdrücklich feststellt, daß der lediglich auf die Verhältnisse eines Landes eingeschränkte Begriff des Archivs nur von wenigen anerkannt werde, so zeigt sich in solchen Äußerungen, daß auch eine freiere Verwendung des Wortes Archiv denkbar war. Grundsätzlich aber bleibt auch jetzt das Archiv eine öffentliche, staatliche und obrigkeitliche Angelegenheit. Ganz deutlich formuliert es das »Staats-Lexikon, Encyklopädie der sämmtlichen Staatswissenschaften« von Carl von Rotteck und Carl Welcker (l. Band 1845), daß Archive »für die öffentliche Geschäftsführung nach einer gesetzlichen, den Erfordernissen der Archivwissenschaft entsprechenden Anordnung unter Autorität des Staates in eigenen Gebäuden oder Gemächern bestehende Sammlungen aller derjenigen Urkunden, Acten, Denkmale und Aufsätze« sind, »welche zur Absicht haben, Tatsachen, die sich auf die Verhältnisse eines ganzen Landes oder eines Teils desselben beziehen, auf die Nachwelt zu bringen«. Durch hundert Jahre hindurch, von Zedler bis hin zu Rotteck und Welcker, im Jahrhundert Goethes also, ist demnach die allgemeine Auffassung vom Wesen des Archivs als einer territorialstaatlichen Angelegenheit im Grunde die gleiche geblieben.

Können wir so, wenn wir den damaligen Wörterbüchern trauen dürfen, annehmen, daß in der allgemeinen Vorstellungswelt zu Goethes Zeit der Begriff des dichterischen, des literarischen Archivs, den Goethe 1823 auf seine Papiere und Handschriften anwandte, nicht vorhanden war, so werden wir – damit zugleich einen bescheidenen Beitrag zur Untersuchung von Goethes Wortschatz leistend – guttun, nunmehr danach zu fragen, in welchem Umfang und in welcher Bedeutung das Wort Archiv sonst bei Goethe vorkommt.[6] Es wird sich zeigen, daß dies in ausgedehnter Weise der Fall ist.

Davon sei hier abgesehen, etwa der Frage nachzuspüren, wie weit Goethe während seines juristischen Studiums und bei der Beschäftigung mit der juristischen Literatur seiner

---

6 Umfangreiche Nachweise für die Anwendung des Wortes Archiv bei Goethe gab mir die Arbeitsstelle des Goethe-Wörterbuches bei der Deutschen Akademie der Wissenschaften zu Berlin, wofür ich auch an dieser Stelle verbindlichst danke. – Daß die folgende Materialzusammenstellung Vollständigkeit weder erstreben noch erreichen kann, bedarf keiner ausdrücklichen Begründung. – Die bei Paul Fischer, Goethe-Wortschatz, Leipzig 1929, S. 798 gegebenen spärlichen Hinweise sind mehr als zufällig.

Zeit theoretisch auf den Begriff des Archivs gestoßen ist. Aber dafür können wir feststellen, daß er im praktischen Leben sehr bald durch seine persönlichen Erlebnisse und Begegnungen mit der Archivwelt des 18. Jahrhunderts, d. h. mit der staatlich und öffentlich-rechtlich bestimmten Archivwelt und mit den in ihr tätigen Beamten, in innige Berührung und enge Verbindung kam.

Das geschah zuerst in Wetzlar, denn dort bedeutete für ihn die Begegnung mit Charlotte Buff zugleich auch die Begegnung mit deren Verlobten, dem Sekretär bei der Hannoverschen Subdelegation zur Visitation des Kammergerichts in Wetzlar, Johann Christian Kestner[7]. Kestner wurde mit Beendigung seiner Wetzlarer Tätigkeit am 19. März 1773 zum Registrator am Calenbergischen Archiv in Hannover ernannt und am 5. Juni des gleichen Jahres als Registrator unter gleichzeitiger Verleihung des Charakters als Sekretär vereidigt. Zwischen beiden Ereignissen heiratete er Charlotte Buff Anfang April 1773, und Goethe bezeichnet die Freundin nunmehr im Brief vom Juni 1773[8], der Amtsveränderung des Herrn Gemahls Rechnung tragend, als »die Frau Archivarius« mit dem Zusatz: »ich hoffe das ist der rechte Titel«. Unter Anwendung des wirklich richtigen Titels empfiehlt er noch im gleichen Jahre[9] dem Nachfolger seines Freundes Behrisch als Hofmeister des jungen Grafen von Lindenau in Leipzig, Ernst Theodor Langer, er möge, wenn er nach Hannover komme, »doch ja einen gewissen Archiv Sekretar Kestner [...] warme Freunde meiner« besuchen, und die gleiche richtige Amtsbezeichnung des Archivars Kestner beachtet Goethe in den Jahren bis 1778 auch weiterhin, indem alle seine Briefe an Johann Christian und Charlotte Kestner[10] regelmäßig die Adresse tragen »An Herrn – oder Frau – Archivsekretarius Kestner nach Hannover«, unverändert auch, als Kestner nach Vereinigung des Calenbergischen mit dem Cellischen Archiv in Hannover 1775 wirklich das Archivsekretariat erhalten hatte. Der Verleihung des Ratstitels an Kestner im Jahre 1784 trägt Goethe durchaus Rechnung, indem er ihm von nun an die Bezeichnung »Archivarius und Rat« beilegt[11], und auch auf die Ernennung Kestners zum Hofrat unter Belassung seiner Stellung als Archivsekretär und Beilegung des Titels Vizearchivar reagiert Goethe entsprechend.[12]

---

7 Über Johann Christian Kestner vgl. ADB 15 (1882), S. 662 f. und Max Bär, Geschichte des Königlichen Staatsarchivs zu Hannover, Leipzig 1900 (Mitteilungen der Kgl. Preuß. Archivverwaltung 2), S. 17 f.
8 WA IV, 2, S. 92.
9 WA IV, 2, S. 116.
10 Die Adressen zu den Briefen an Johann Christian und Charlotte Kestner finden sich, soweit sie überliefert sind, jeweils im Apparat zu WA IV. Solange Kestner in Wetzlar war, adressierte Goethe die Briefe regelmäßig an den »Sekretär« oder »Legationssekretär« Kestner. Vom September 1773 an bis Anfang 1778 lautet die Adresse regelmäßig »Archivsekretarius«, so WA IV, 2, Nr. 168 (Sept. 1773), Nr. 210 und 211 (März 1774), Nr. 218 (Mai 1774), Nr. 227 (Juni 1774), Nr. 255 (Okt. 1774), WA IV, 3 Nr. 667 (23. Jan. 1778).
11 WA IV, 7, Nr. 2326 (14. Juni 1786): »An Herrn Rath und Archivarius Kestner nach Hannover« und WA IV, 8, S. 68: Goethe an Charlotte von Stein aus Rom am 24. November 1786. Frau von Stein soll sich erkundigen, ob man dem Dr. Ridel geschrieben habe, damit er nicht ohne Nachricht und Resolution wegen des Antrags bleibe. Wüßte man nicht, wo er sei, so würde der »Archivarius und Rath Kestner in Hannover« ihm den Brief richtig zustellen können. Cornelius Johann Rudolf Ridel, der in jener Zeit zum Erzieher des Erbprinzen Carl Friedrich von Sachsen-Weimar berufen wurde, hatte nämlich eine Schwester von Charlotte Kestner, Amalie, zur Frau.
12 WA IV, 13, Nr. 3841 (16. Juli 1798): »Des Herrn Legationsrath Kestners Wohlgeb. nach Hannover.« Schon 1788 Nov. 10 (WA IV, 9, Nr. 2698) findet sich nur die knappe Adresse »Herrn Rath Kestner nach Hannover«.

So hat Goethe bis zum Tode Kestners im Jahre 1800 durch diese persönliche Bekannt-
schaft eine gewisse Berührung mit dem staatlichen Archiv in Hannover, vor allem aber mit
der Laufbahn eines Archivbeamten, gehabt. Diese Berührung blieb auch durch den Sohn
Johann Christian Kestners, durch Georg Heinrich Friedrich Wilhelm Kestner[13], erhalten,
der, nachdem er bereits 1796 Zugang zum Archiv erhalten hatte und 1799 Archivsekretär
geworden war, im Jahre 1800 an die Stelle seines Vaters aufrückte. 1816 erhielt er den
Charakter als Archivrat, und das Tagebuch Goethes vom 4. September 1819[14], ferner der
gleichzeitige Brief Goethes an seinen Sohn August[15] melden daher richtig und zutreffend
den »Besuch vom Archivrath Kestner von Hannover« in Karlsbad. Zur gleichen Zeit hat
Goethe auch Verbindung mit einem anderen Archivar gehabt, dem in Diensten des Fürsten
Wilhelm zu Solms-Braunfels stehenden Archivar J. C. Schaum, dem er am 5. Oktober 1819
brieflich für die Übersendung des von ihm verfaßten Werkes über die fürstliche Altertums-
sammlung zu Braunfels dankt.[16]
    In Wetzlar ist aber nicht nur der Archivar Kestner, sondern mit der Geschichte des
Reichskammergerichts auch dessen Archiv in Goethes Gesichtskreis getreten.
    Über die Schicksale dieses Archivs während der französischen Kriege zu Ende des
17. Jahrhunderts berichtet er in »Dichtung und Wahrheit«, nach unseren heutigen historischen Kenntnissen nicht ganz zutreffend, folgendes: »Nun flüchtete man in Kriegsnoth
einen Theil des Archives von Speyer nach Aschaffenburg, einen Theil nach Worms, der
dritte fiel in die Hände der Franzosen, welche ein Staatsarchiv erobert zu haben glaub-
ten, und hernach geneigt gewesen wären, sich dieses Papierwusts zu entledigen, wenn
nur jemand die Fuhren hätte daran wenden wollen.«[17]
    Als Goethe nach Weimar übersiedelt war, brachte ihn die amtliche Tätigkeit im Gehei-
men Consilium bald auch in Berührung mit dem dortigen staatlichen Archiv. Das Geheime
Archiv war dem Geheimen Consilium unmittelbar unterstellt, und so trat bei der Tätigkeit
in dieser Behörde auch das Archiv ab und zu in seinen Gesichtskreis. 1778 wandte sich der
Geschichtsforscher Heinrich XXVI. Graf Reuß-Ebersdorf an ihn um Vermittlung von Urkunden aus dem Weimarischen Archiv, die ihm nicht rechtzeitig zugestellt worden waren.
Ihm antwortete Goethe unter dem 13. Februar 1778[18], daß »auf Ew. Excellenz Verlangen
einige Urkunden aus unserm Archive abschrifftlich zu besizzen [...] Durchlaucht der Herzog so gleich dem Archivarius Neuberger den Auftrag gegeben« hätten, die Sache sich
aber verzögert habe, da dieser kürzlich verstorben sei. Etwas später war dann Goethe am

---

13 Über Georg Heinrich Friedrich Wilhelm Kestner vgl. Bär, a. a. O., S. 70 f.
14 WA III, 7, S. 89.
15 WA IV, 32, S. 7.
16 WA III, 7, S. 100. Tagebucheintragung vom 5. Oktober 1819: »Expedition [...] Fürst Solms und Archi-
    var Schaum, Danck.« Die hier erwähnten Briefe Goethes vom 5.Oktober 1819 sind erhalten und ge-
    druckt WA IV, 32, S. 40 (an Wilhelm Christoph Carl Fürsten zu Solms-Braunfels) und S. 42 (an J. C.
    Schaum, Archivar in Diensten des Fürsten Wilhelm zu Solms-Braunfels).
17 WA I, 28, S. 128. Über das Archiv des Reichskammergerichts und die hier erwähnten Verlagerungen
    vgl. zuletzt Hans Kaiser, Die Archive des alten Reichs bis 1806, in: Archivalische Zeitschrift 35 (1925),
    S. 204 ff.; ferner Otto Ruppersberg, Frankfurt und das Archiv des Reichskammergerichts, in: Archiv-
    studien, Festschrift für Woldemar Lippert, Dresden 1931, S. 199 ff.
18 WA IV, 30, S. 11 und Jahrbuch der Goethe-Gesellschaft 20 (1934), S. 65 f. (Mitteilung von Robert Hän-
    sel). Der hier erwähnte weimarische Geheime Archivar und Legationsrat Jakob Heinrich Neuberger
    starb am 1. Februar 1778.

25. November 1778 in der Sitzung des Geheimen Consiliums anwesend[19], in der der Nachfolger Neubergers, Johann Ludwig Eckardt, in die Stelle des Geheimen Archivarii verpflichtet wurde, und 1783 am 15. August erfolgte die gleiche Handlung nach dem Abgang Eckardts an dem neuen Geheimen Archivar Christian Gottlob Voigt.[20]

Zweifellos ist noch bei mancher Sitzung des Geheimen Consiliums vom Geheimen Archiv die Rede gewesen, ohne daß wir diesen amtlichen Zusammenhängen hier weiter nachgehen möchten.

Denn bemerkenswerter ist es, daß Goethe neben solchen amtlichen Handlungen am Archiv in ganz privaten Angelegenheiten Interesse nahm. Vor seiner Abreise nach Italien hatte er zwei Kasten und ein Paket zur Aufbewahrung in das Archiv gegeben mit Briefen, Tagebüchern und Manuskripten, darunter den Briefen der Frau von Stein. Ihr schrieb er daher am 8. und 9. Dezember 1786 aus Rom[21]: »Die Kasten auf dem Archive gehören dein, liebst du mich noch ein wenig; so eröffne sie nicht eher als biß du Nachricht von meinem Todte hast, so lang ich lebe laß mir die Hoffnung sie in deiner Gegenwart zu eröffnen.« Das Archiv diente ihm also hier als Ort sicherer Verwahrung für wertvolles privates Gut. Das wiederholte sich, als er einen Kasten mit Mineralien, die dem Mathematiker und Physiker Hofrat Johann Lorenz Boeckmann in Karlsruhe gehörten, im Sommer 1797 vor seiner Abreise nach der Schweiz »auf Fürstliches Archiv zu gefälliger Bewahrung« gab.[22] Unter dem 24. August 1797 bat er, da er »nun den von dem Archive deshalb erhaltnen Schein« nicht bei sich hatte, den Geheimen Rat Voigt, zu vermitteln, daß der Kasten an Boeckmann, der ihn angefordert hatte, zurückgeschickt werde. Nachdem das geschehen war, amortisierte er unter dem 26. September 1797 »jenen bey mir zu Hause aufgehobenen Archivschein«. Daß ihm das Archiv als ein sicherer Ort galt, beweist in diesem Zusammenhang sein Schreiben an Boeckmann selbst vom 24. August, 1797, in dem er ihm mitteilt, daß er das Kästchen vor seiner Abreise »in die sicherste Verwahrung gegeben« habe.

In private Verbindung zum weimarischen Archiv brachte Goethe dann weiter die Erwerbung des Gutes Oberroßla, das er von 1798 bis 1802 besaß.[23] Freund Voigt hatte ihm am 14. Februar 1799 vorgeschlagen, es wäre gut, wenn man alle Lehnbriefe, sowohl die in Goethes Besitz befindlichen wie die im Archiv vom Archivsekretär festgestellten Stücke, in ein Faszikel zusammen kopieren ließe; so wäre dann ein kleines Lehnsarchiv für das Gut gestiftet, und die Archivsubalternen würden es wegen einer kleinen Kopialrekreation gern tun. Darauf antwortete Goethe am 15. Februar 1799 aus Jena sehr zustimmend. »Für die archivalische Nachricht danke zum schönsten. Ich sende auch diese Blätter zurück mit der Bitte, die von mir besessenen Lehnbriefe, mit Einschaltung derer, welche mir fehlen und sich auf dem Archiv befinden, abschreiben zu lassen; ich will die Kopialgebühren gern erstatten.« 1802 erwähnte

19 Goethes Amtliche Schriften, hrsg. v. Willy Flach, Bd. 1, Weimar 1950, S. 43 Nr. 27.
20 Ebenda, S. 241 Nr. 142.
21 WA IV, 8, S. 79. Dazu: Goethes Briefe an Charlotte von Stein, hrsg. v. Julius Petersen, Bd. 2, Leipzig 1923, S. 458 Nr. 1617 und S. 676 Nr. 1520.
22 Zum folgenden WA IV, 12, S. 269, S. 270 und S. 320. Dazu: Goethes Briefwechsel mit Christian Gottlob Voigt, hrsg. v. Hans Tümmler, Bd. 1, Weimar 1949 (= Schriften der Goethe-Gesellschaft 53), S. 536 zu Nr. 335 und S. 539 zu Nr. 341.
23 Über die Erwerbung und den Besitz des Gutes Oberroßla vgl. Adolph Doebber, Goethe und sein Gut Ober-Roßla, in: Jahrbuch der Goethe-Gesellschaft 6 (1919), S 195 ff. Die nachstehend erwähnte briefliche Mitteilung Goethes an Voigt findet sich WA IV, 14, S. 23. Dazu Tümmler, a. a. O., Bd. 2, Weimar 1951 (= Schriften der Goethe-Gesellschaft 54), S. 127 Nr. 109 und S. 129 Nr. 110.

Goethe im Tagebuch[24] unter dem 4. Oktober einen Besuch bei dem Herrn Geheimen Rat Voigt »und im Archiv«. Es läßt sich jedoch nicht feststellen, welcher Art dieser Besuch war. Immerhin zeigt der Eintrag, daß Goethe gelegentlich auch in das Archiv gekommen ist.

Ausgesprochen privater und persönlich-intimer Natur waren dann wieder Berührungen zwischen Goethe und dem weimarischen Archiv im Jahre 1812. Damals befaßte sich Goethe angelegentlich mit seiner Autographensammlung; daher wandte er sich[25] am 25. März 1812 »an Herrn Geheimen Rath von Voigt wegen der Autographa aus dem fürstlichen Archiv«, und am 24. Dezember 1812 vertraut er dem Tagebuch[26] die Notiz an: »Sammlung von archivarischen Autographis durch Herrn Geheimen Rath von Voigt erhalten.« Das bedeutet also, daß ihm das staatliche Archiv Lieferant für seine private Autographensammlung geworden ist. Ob das auch noch einmal am 28. Oktober 1824 geschehen ist, wo das Tagebuch[27] den Eintrag enthält »Herr Rath Hage«– der Privatsekretär des Großherzogs Carl August –, »ein Verzeichniß archivalischer und typographischer Merkwürdigkeiten von Serenissimo bringend«, bleibt zweifelhaft.

Endlich ist das weimarische Archiv ihm auch einmal Quelle für eigene historische Forschungen geworden. Nachdem Goethe am 28. August 1819 Ehrenmitglied der Gesellschaft für ältere deutsche Geschichtskunde geworden war, hat er die im weimarischen Archiv verwahrte, in den neunziger Jahren des 15. Jahrhunderts entstandene Chronik des Nicolaus von Siegen für die Gesellschaft beschrieben und diese Beschreibung am 8. März 1821 an den Sekretär der Gesellschaft, Johann Lambert Büchler, gesandt[28]: »Zugleich erfolgt die Beschreibung des einzigen und nicht einmal sehr alten Manuscripts des hiesigen Archivs. Sollte sich, bey der Freundlichkeit der Archivare, noch irgend etwas hervorthun, so wird davon alsobald gleichmäßige Nachricht ertheilt.«

Ausgesprochen amtlich waren dann wieder die Beziehungen, in die Goethe zu dem ebenfalls in Weimar liegenden, vom Geheimen Archiv des weimarischen Staates aber getrennt gehaltenen Ernestinischen Gesamtarchiv[29] kam. Dieses Gesamtarchiv war im Jahre 1773 in das Bibliotheksgebäude überführt worden, und von der ihm seit 1797 obliegenden Leitung der Bibliothek her hatte Goethe bisweilen Berührung mit diesem Archiv. Sie war ausgesprochen kühler Natur. 1798 spricht er davon[30], daß die Dubletten der Bibliothek »nur vorerst unten im ehemaligen Archivgewölbe« liegen; 1805 meldet er Voigt[31], daß der »alte Heermann – d. h. der Bibliothekar Gotthold Ephraim Heermann, der zugleich Leiter des Münzkabinetts war – gern die untern Zimmer neben der Archivs-Expedition zum Münzcabinette haben« wolle, und 1823 macht er den Vorschlag, die Expeditions- und sonstigen

24 WA III, 3, S. 65.
25 WA III, 4, S. 263.
26 WA III, 4, S. 355.
27 WA III, 9, S. 288.
28 WA IV, 34, S. 153. Über Goethes Beziehungen zum Archiv für ältere deutsche Geschichtskunde vgl. ausführlich unten und Anm. 58–62.
29 Über das Ernestinische Gesamtarchiv in Weimar vgl. Carl August Hugo Burkhardt, Geschichte des Ernestinischen Gesammtarchivs. 2. Bearbeitung. Metallographische Vervielfältigung. – Über Goethes Beziehungen zur Bibliothek in Weimar vgl. Otto Lerche, Goethe und die Weimarer Bibliothek, Leipzig 1929 (= Zentralblatt für Bibliothekswesen, Beiheft 62).
30 WA IV, I3, S. 349. Goethe an Christian Gottlob Voigt 21. Dezember 1798. Dazu: Tümmler, a. a. O., Bd. 2, S. 113 Nr. 92.
31 WA IV, 19, S. 32. Goethe an Voigt 5. August 1805. Vgl. dazu Lerche, a. a. O., S. 15 und S. 46.

Räumlichkeiten des Gesamtarchivs zu der Aufstellung der Kunstgegenstände zu verwenden, falls für das Archiv Räumlichkeiten anderswo zu finden seien.[32]

Am weimarischen Staatsarchiv, das er aus der Nähe betrachten konnte, hat Goethe offenbar seine besonderen Beobachtungen und Erfahrungen über die Archive im allgemeinen gesammelt. Wir dürfen vermuten, daß er keine hohe Meinung vom Archiv schlechthin gehabt hat. Wenigstens deutet ein Brief darauf hin, den er am 8. August 1826 seinem Freunde Zelter nach Berlin schickte.[33] Dieser hatte ihm ein Verzeichnis seiner Kompositionen von Liedern aus dem West-Östlichen Diwan übersandt, aus dem Goethe sah, daß ihm manche dieser Kompositionen durch die Hände gegangen war, ohne daß er wußte, wo sie geblieben waren. Er fügt, einen Vergleich anwendend, hinzu: »Mein Verdruß war aber gemildert, als ich den Notenschrank eröffnete und ihn fand wie ein altes Archiv: unbenutzt, aber unberührt.« Das bedeutet wohl, daß sich Goethes Auffassung von den Archiven nicht wesentlich von den ganz ähnlich lautenden Auslassungen anderer Zeitgenossen unterschied.

Über die bisher gekennzeichneten praktischen Berührungen Goethes mit Archiven und Archivaren hinaus läßt sich beobachten, daß er beim Archiv auch die seit dem Ende des 18. Jahrhunderts und dann vor allem zu Beginn des 19. Jahrhunderts stärker zur Geltung kommende Auffassung von seiner Bedeutung als einer Forschungsstätte gekannt hat. Das ergibt sich aus mehreren seiner Äußerungen. In der Italienischen Reise findet sich unter dem 20. Dezember 1786 der Vermerk[34], daß der dänische Altertumsforscher Dr. Friedrich Christian Karl Münter, den er in Italien getroffen und der sein Interesse an den Münzen geweckt hatte, unzufrieden mit den Italienern sei, »welche die bedeutenden Empfehlungsschreiben, die er mitgebracht, und die ihm manches Archiv, manche geheime Bibliothek eröffnen sollten, nicht genugsam respectirt«. Die Würdigung der Archive als Forschungsstätten drückt sich auch darin aus, daß er im Zusammenhang mit historischen Forschungen gern die Worte archivarisch und archivalisch, beide gleichbedeutend, verwendet. Als ihn 1798 Schiller[35] an die Ritterschauspiele des Jakob Maier in Mannheim erinnert und auf die Überladung mit historischen Zügen und die oft gesuchten Anspielungen dieser Stücke aufmerksam macht, auf die Gelehrsamkeit, die diese Stücke schwerfällig und gewissermaßen poetisch ungenießbar, dafür aber historisch ungemein belehrend und geschichtlich anschaulich mache, antwortete Goethe[36], daß er sich kaum daran erinnere; »ich weiß nur, daß mir der archivalische Aufwand drinne lästig war«, womit er zweifellos die auch von Schiller gemeinten und unangenehm heraustretenden gelehrten historischen Forschungen meinte. In ähnlichem Sinne fragt er am 15. November 1802 bei dem Historiker und Staatswissenschaftler Georg Sartorius in Göttingen, der Manuskripte aus Kopenhagen für Studien zur Geschichte der Hanse benutzt hatte, an[37], »ob die Erndte reif war, die Sie aus den archivalischen

---

32 Burkhardt, a. a. O., S. 166.

33 WA IV, 41, S. 117. – Während seiner Tätigkeit in der Kammer lernte Goethe auch das »Archiv« dieser Behörde kennen. In einem Brief an den Geheimen Rat Fritsch vom 4. Februar 1786 (WA IV, 7, S. 175 Nr. 2260) empfiehlt er, dem alt gewordenen Kammerrat Büttner mit seinen sonstigen Dienstgeschäften auch »die Aufsicht über das Archiv« und »die 100 f. für die Archivs Aufsicht abzunehmen«.

34 WA I, 30, S. 237.

35 Schiller an Goethe 13. März 1798. Der Briefwechsel zwischen Schiller und Goethe, hrsg. v. Hans Gerhard Gräf und Albert Leitzmann, Bd. 2, Leipzig 1955, S. 69 Nr. 438.

36 Ebenda, S. 70 Nr. 439. Ferner WA IV, 13, S. 92.

37 WA IV, 16, S. 140. Dazu: Goethes Briefwechsel mit Georg und Caroline Sartorius von 1801–1825, hrsg. v. Else von Monroy, Weimar 1931, S. 20 Nr. 11, S. 21 Nr. 12 und S. 23 Nr. 13.

Nachrichten von denen Sie mir schreiben, gewonnen haben«. Am 18. November 1812 be-
spricht er mit seinem Jenaer Mitarbeiter Johann Georg Lenz[38] einen »archivarischen Aufsatz«, vielleicht einen umfassenden, auf Quellenmaterial beruhenden Jahresbericht über die
Museen in Jena, und endlich meldet er am 15. März 1832 dem Freund Joseph Sebastian
Grüner nach Eger[39], daß dessen »Enthüllung der archivarischen Schätze auf unserer Großherzoglichen Bibliothek einen würdigen Platz gefunden« habe. Er meint damit eine Abhandlung Grüners über das von König Rudolf der Stadt Eger 1279 erteilte Privileg, die Grüner am 29. Juni 1830 in zwei Stücken, eines für den Großherzog bestimmt, an Goethe
geschickt hatte.

Die Kenntnis Goethes von den Archiven, wie wir sie aus seinem bisher aufgezeigten Gebrauch des Wortes Archiv und der von ihm abgeleiteten Fassungen erschließen können,
weicht von den eingangs gekennzeichneten Anschauungen und Aussagen seiner Zeit nicht
wesentlich ab, gruppiert sich jedenfalls um das Wesen des Archivs als einer staatlichen Einrichtung. Aber das ist nur die eine Seite der Auffassung Goethes vom Archiv. Der Gebrauch
des Wortes ist bei ihm viel umfassender, wie er auch im sonstigen sprachlichen Umgang des
18. Jahrhunderts über die Angaben der vorhin genannten Wörterbücher hinaus zweifellos
weitergegangen ist.

Beweisend nach dieser Richtung hin ist die Tatsache, daß es zu Ende des 18. und zu Beginn des 19. Jahrhunderts schon eine ganze Reihe von Zeitschriften gegeben hat, die in
ihrem Titel den Begriff »Archiv« verwendeten.[40] Mit einer beachtlichen Anzahl von ihnen
ist auch Goethe in Beziehung gekommen, z. T. sogar in sehr lebhafte Verbindung.

Daß ihn bei den Vorbereitungen zur zweiten Italienischen Reise das »Archivio musicale
del Palazzo Apostolico Quirinale in Roma« beschäftigt[41], besagt zunächst nicht viel. Aber
das »Berlinische Archiv der Zeit und ihres Geschmacks«, herausgegeben von Friedrich Ludwig Wilhelm Meyer bei Maurer in Berlin, bringt ihn 1795 in Wallung:[42] »In dem Berlinischen Archiv der Zeit und ihres Geschmacks, und zwar im Märzstücke dieses Jahres, findet sich ein Aufsatz über Prosa und Beredsamkeit der Deutschen, den die Herausgeber, wie
sie selbst bekennen, nicht ohne Bedenken einrückten. Wir, unsrerseits, tadeln sie nicht, daß
sie dieses unreife Product aufnehmen: denn wenn ein Archiv Zeugnisse von der Art eines
Zeitalters aufbehalten soll, so ist es zugleich seine Pflicht auch dessen Unarten zu verewi-
gen.« Die Abwehr gegen den die Leistungen der deutschen Literatur schmähenden Verfasser des Artikels, den Berliner Geistlichen und Schriftsteller Daniel Jenisch, veranlaßt dann

---

38 WA III, 4, S. 344. – Der »Jährliche unterthänigste Bericht über den Zustand der Museen und anderer
    wissenschaftlicher Anstalten zu Jena« vom 22. November 1812 ist gedruckt im Goethe-Jahrbuch 30
    (1909), S. 21 ff.
39 WA IV, 49, S. 274.
40 Bei Carl Diesch, Bibliographie der germanistischen Zeitschriften, Leipzig 1927, lassen sich für Goethes
    Lebenszeit 74 Zeitschriften mit dem Titelwort »Archiv« feststellen. Die erste ist darnach das nur in
    einem Bändchen 1768 erschienene »Archiv der schweizerischen Kritick« von Johann Jakob Bodmer
    gewesen. In dem Jahrzehnt 1771 bis 1780 tauchen drei neue Zeitschriften dieser Art auf. In den folgen-
    den Jahrzehnten schwillt die Masse an, und zwar kommen 1781 bis 1790 dreizehn, 1791 bis 1800
    zwölf, 1801 bis 1810 sechzehn, 1811 bis 1820 elf, 1821 bis 1830 elf und 1831/32 sieben Zeitschriften
    als »Archive« neu heraus.
41 W 1, 34 II, S. 221.
42 WA I, 40, S. 196. – Ebenda, S. 483, eine von Goethe gefertigte Übersicht über das Märzheft 1795 des
    Berlinischen Archivs der Zeit. – Diesch Nr. 1236.

den berühmten Aufsatz Goethes »Literarischer Sansculottismus«, der 1795 in den »Horen« erschien, und das schlechte Benehmen des Berlinischen Archivs der Zeit wurde gleichzeitig zweimal in den Xenien 1796 angeprangert.[43] 1807 und 1808 aber hat dieses Archiv der Zeit auch eine Goethe angenehme Leistung gezeitigt. Es hat ihn auf eine Abhandlung aufmerksam gemacht, die ihn im Rahmen der Farbenlehre interessierte.[44] Was uns hier insbesondere angeht, ist aber die Tatsache, daß dieses »Berlinische Archiv« in Goethes Deutung die Brücke schlägt von der allgemeinen Bedeutung des Wortes Archiv als Aufbewahrungsstätte von Zeugnissen der Art eines Zeitalters zu seiner besonderen Anwendung auf Zeitschriften, denen die gleiche Funktion zuerkannt wird.

Auch sonst gibt es noch eine ganze Reihe von Zeitschriften mit dem Titel »Archiv«, die in Goethes Gesichtskreis treten. 1807 sind es die »Archives littéraires de l'Europe ou Mélanges de littérature, d'histoire et de philosophie«, in denen er eine Abhandlung über Akyanobleponten sucht, die ihn im Zusammenhang mit seinen optischen Studien interessieren.[45] 1811 möchte er sich gern über den ihm mitgeteilten Plan einer Zeitschrift »Archiv deutscher Nationalbildung«, herausgegeben von Reinhold Bernhard Jachmann und Franz Ludwig Carl Friedrich Passow, näher unterhalten.[46] 1817 und 1818 befaßt er sich mit dem von Adam Karl August Eschenmayer und Dietrich Georg Kieser herausgegebenen »Archiv für den thierischen Magnetismus.[47] 1821 wird ihm das »Archiv für die neuesten Entdeckungen aus der Urwelt«, herausgegeben von dem protestantischen Geistlichen und Geologen Johann Georg Justus Ballenstedt, im Zusammenhang mit dem im Haßleber Torfbruch

---

43 WA I, 5 I, S. 242 Nr. 255 und S. 284 Nr. 103; Schriften der Goethe-Gesellschaft 8, Weimar 1893, Nr. 435 und 434. Die beiden Xenien haben folgenden Wortlaut:
A. d. Z. [= Archiv der Zeit]
Auf dem Umschlag sieht man die Charitinnen, doch leider
Kehrt uns Aglaia den Theil, den ich nicht nennen darf, zu.
Archiv der Zeit.
Unglückselige Zeit! Wenn aus diesem Archiv dich die Nachwelt
Schätzet, wie bettelhaft stehst du, wie hektisch vor ihr.
44 WA IV, 19, S. 438, Goethe am 19. Oktober 1807: »In dem Berlinischen Archiv der Zeit, Junius 1797, steht eine Aussicht auf eine Farbenlehre für alle Gewerbe [...] von Herrn Matthias Klotz.« – WA IV, 20 S. 5, Goethe an Friedrich Heinrich Jacobi 11. Januar 1808: Hinweis auf den Hofmaler Matthias Klotz in München, »der sich mit der Farbenlehre viel Mühe gegeben hat. Schon 1797 wurde ich durch einen Aufsatz von ihm im Archiv der Zeit aufmerksam.« – Unter den Vorarbeiten und Bruchstücken zur Herausgabe der Propyläen, die etwa in die Jahre 1797 bis 1799 gehören, findet sich ein weiterer Hinweis auf das Archiv der Zeit. WA I, 47, S. 281: »Wallmodische Sammlung zu Hannover. S. Novemberstück des Archivs der Zeit ein Aufsatz von Ballhorn.«
45 WA IV, 19, S. 432, Goethe an Charlotte von Schiller 9. Oktober 1807 mit der Bitte, ihm das französische Journal mitzuteilen, in dem Nachricht von einer Familie enthalten sei, die die Farben à la Gildemeister sah. – WA IV, 19, S. 457, Goethe an Carl Friedrich von Reinhard 16. November 1807: »Die Connexion mit dem Archive litteraire ist von Bedeutung. Es steht ein Aufsatz darin über diejenigen, die wir Akyanobleponten nennen.« – WA IV, 22, S. 61, Goethe an den dänischen Arzt und Naturforscher Joachim Dietrich Brandis [7. März 1811]: »In den Archives littéraires de l'Europe Nr. 38 Febr. 1807 steht eine Abhandlung von Prévost welche wenig Erfreuliches hat.« – Diesch Nr. 3317. – Die Akyanobleponten sind unfähig, blaue Tönungen zu unterscheiden. Zur Sache vgl. auch Goethes Äußerung in den Tag- und Jahres-Heften zu 1798 (WA I, 35, S. 80).
46 WA IV, 22, S. 182, Goethe an Passow 20. Oktober 1811. – Diesch Nr. 1541.
47 WA III, 6, S. 60, Tagebucheintrag vom 12. Juni 1817: »Kiesers Archiv für den thierischen Magnetismus.« Ebenda, S. 164, Eintrag vom 29. Januar 1818: »Medicinalrath Kieser ein Heft seiner Zeitschrift übergeben.«

gefundenen Urstier wichtig, so daß es ihn bis in die Nacht hinein beschäftigt.[48] 1821 und 1822 wird seine Bibliothek um das »Archiv für alte Geographie, Geschichte und Alterthümer insonderheit der germanischen Völkerstämme«, herausgegeben von Friedrich Carl Hermann Kruse, vermehrt.[49] 1822 geschieht das gleiche durch das »Archiv des Westphälischen Apotheker-Vereins«, herausgegeben von Rudolf Brandes[50], und 1829 interessiert ihn wegen »der allgemeinen Natur-Studien, denen ich immerfort ergeben bin«, das »Archiv der deutschen Landwirtschaft«.[51] Von 1820 bis in seine letzten Lebensjahre spielte bei ihm, vor allem auch in seinem häuslichen Leben, das von Friedrich Alexander Bran in Jena herausgegebene und viele Reisebeschreibungen enthaltende »Ethnographische Archiv« eine erhebliche Rolle.[52]

In engste Verbindung als Mitarbeiter aber ist Goethe zum »Archiv der Gesellschaft für ältere deutsche Geschichtkunde zur Beförderung einer Gesammtausgabe der Quellenschriften deutscher Geschichten des Mittelalters« getreten.[53] Dort hat er im 2. Band 1820 das »Lob- und Spottgedicht auf König Rudolf von Habsburg« aus der Jenaer Liederhandschrift veröffentlicht[54], im gleichen Jahrgang eine Beschreibung der Chronik des Otto von

---

48 WA III, 8, S. 138, Tagebucheintrag vom 20. November 1821: »Bis in die Nacht Ballenstedts Archiv der Urwelt. Besonders über den Urstier von Körte, 3. Bandes 2. Heft.« Ebenda, S. 172, Eintrag vom 2. März 1822: »Expeditionen [...] An Färber, Archiv der Urwelt, Bestellung einer Abzeichnung unseres Urstiers.« – WA IV, 36, S. 8, Goethe an Friedrich Heinrich Wilhelm Körte 13. April 1822: »Sie haben in dem Archiv der Urwelt uns Nachricht und Abbildung eines Urstier-Schädels gegeben.« – WA I, 36, S. 208, Tag- und Jahres-Hefte 1821: »Urstier [...] aus dem Haßleber Torfbruch nach Jena gebracht [...] Das Archiv der Urwelt hatte schon eines gleichen gedacht, und mir ward das besondere Vergnügen, mit Herrn Körte in Halberstadt bei dieser Gelegenheit ein früheres freundliches Verhältniß zu erneuern.«
49 WA III, 8, S. 309: Büchervermehrungsliste »1821 Januar 27 ej. Kruse, Archiv für alte Geographie. Heft 1. Bresl. 1821. 8°. Verehrer: Vom Verfasser.« – Ebenda, S. 323: Büchervermehrungsliste »1822 Oktober. d. 12. ejd. Archiv Germanischer Volksstämme, Heft 3 von Kruse, Prof. in Halle. Verehrer: Vom Verfasser.« – Diesch Nr. 3909.
50 WA III, 8, S. 318: Büchervermehrungsliste »1822 März: Archiv des Apotheker-Vereins 1. B. 1. H. Herausgegeb. v. Brandes. 1822. Verehrer: Vom Herausgeber.« Der Herausgeber Rudolf Brandes war Apotheker in Salzuflen.
51 WA III, 12, S. 137, Tagebucheintrag vom 8. Oktober 1829: »Abends für mich. Archiv der deutschen Landwirthschaft, Juli 1829.« – Ebenda, S. 138, Eintrag vom 10. Oktober: [An] »Herrn Dr. Weller [...] 1. Heft Archiv der deutschen Landwirthschaft.« – WA IV, 46, S. 97, Goethe an den Bibliothekar Christian Ernst Friedrich Weller in Jena 10. Oktober 1829: »Sie erhalten hiebey [...] 3.) Das Archiv der deutschen Landwirthschaft, Juli-Heft, worin mir der Aufsatz des Herrn Postmeister Becker sehr interessant war. Senden Sie mir einige weitere Hefte hievon, es schließt sich das alles an die allgemeineren Natur-Studien, denen ich immerfort ergeben bin.«
52 Von den vielen Belegen, die sich dafür in den Tagebüchern und in den Briefen finden, seien hier nur diejenigen angeführt, in denen die Zeitschrift mit ihrem ganzen Titel genannt ist; WA III, 7, S. 224; 8, S. 165, 167, 183, 196 ff., 204, 317 ff.; 9, S. 177, 297, 324 ff., 334 ff.; 10, S. 295 ff.; 11, S. 77; 13, S. 47, 268. – WA IV, 33, S. 289; 35, S. 277. – Diesch Nr. 3901.
53 Über Goethes Beziehungen zur Gesellschaft für ältere deutsche Geschichtskunde und zu deren Zeitschrift, dem Archiv, vgl. Harry Bresslau, Geschichte der Monumenta Germaniae historica, Hannover 1921 (= Neues Archiv für ältere deutsche Geschichtskunde 42), S. 82 ff. – Im Tagebuch vom 29. August 1820 findet sich der Eintrag »Brief von Büchler von Frankfurt. Ingleichen Archiv der dortigen Gesellschaft« (WA III, 7, S. 214). – WA III, 8, S. 315, Eintrag in der Büchervermehrungsliste »1821 October. Archiv der Gesellschaft für ältere deutsche Geschichtkunde. Zweiter Band. Woher? Von Büchler«. – Diesch Nr. 3907.
54 »Lob- und Spottgedicht auf K. Rudolph von Habsburg. (Mitgetheilt von Herrn Geheimen Rath von Göthe).« Veröffentlicht mit einer Anmerkung von Schlosser im Archiv 2 (1820), S. 388 ff.; wieder abgedruckt WA I, 42 I, S. 5 f.

Freising, ebenfalls aus der Universitätsbibliothek in Jena[55], und im 5. Bande 1824 die schon obenerwähnte Beschreibung der Thüringischen Chronik des Nicolaus von Siegen.[56] Darüber hinaus hat er im 3. Band 1821 durch eine Anfrage über eine silberne Schale aus der Zeit Friedrichs I. einen lebhaften Meinungsaustausch hervorgerufen[57] und weiter seinen Jenaer Mitarbeiter, den Bibliothekar Compter, zur Mitarbeit angeregt[58]. So läßt sich sagen, daß das Wort Archiv, soweit es auf Zeitschriften ausgedehnt war, für Goethe einen sehr lebendigen Inhalt hatte.[59]

Von den Zeitschriften her, die sich in ihrem Titel Archiv nannten, war es dann nur ein Schritt zu der Anwendung des Wortes Archiv im Hinblick auf Bücher. Auch in diesem Sinn hat Goethe das Wort mehrfach gebraucht. So sprach er schon 1789 davon[60], daß in der Wissenschaft »beym Trennen und Absondern großer Ernst und große Genauigkeit nöthig« seien und daß »es zum Besten der Wissenschaft sehr räthlich sein möchte, das einmal Abgetrennte und Gesonderte in Lehrbüchern gleichsam wie in Archiven stehen zu lassen«. In der Einleitung zum historischen Teil seiner Farbenlehre machte er 1810 die Bemerkung[61], daß »dieser Band eine Art Archiv werden« sollte, »in welchem niedergelegt wäre, was die vorzüglichsten Männer, welche sich mit der Farbenlehre befaßt, darüber ausgesprochen«, und in gleicher Bedeutung sprach er in diesem Buche[62] von den Philosophical Transactions«, einer Veröffentlichungsreihe der Royal Society of London, daß sie »das Archiv dessen« seien, »was man

---

55 »Chronik des Otto von Freysingen. Acht Bücher.« Der Aufsatz enthält die Unterschrift »Jena den 1. Juli 1820 J. W. Goethe«. Veröffentlicht im Archiv 2 (1820), S. 301 ff.; wieder abgedruckt WA I, 42 I, S. 7 ff. Mit dieser Beschreibung der Chronik des Otto von Freising hatte Goethe ein Schema für Handschriftenbeschreibungen im allgemeinen eingeschickt, das im Archiv nicht veröffentlicht wurde, das aber gedruckt ist WA I, 42 I, S. 357 ff.

56 »Nicolai de Syghen Chronicon Thuringicum, von Herrn Geheimenrath v. Goethe. Jena, den 4. Nov. 1820.« Veröffentlicht im Archiv 5 (1824), S. 554 ff.; wieder abgedruckt WA I, 42 I, S. 12 ff.

57 Archiv 3 (1821), S. 454 »Über eine silberne Schaale, welche von Ihrer Kaiserlichen Hoheit der Durchlauchtigsten Frau Erbgroßherzogin von Sachsen-Weimar aus der Sammlung des verstorbenen Chorherrn Pik zu Cölln erkauft, und den Weimar'schen Sammlungen zugesellet worden. (Mittheilung des Hrn. Geh. Raths von Göthe in Weimar.) (Erläutert von A. R. Dr. Dümge und Professor Dr. Grotefend.)« Vgl. dazu Goethes vorläufige Stellungnahme WA I, 53, S. 212 ff. mit weiteren Nachweisen und Bresslau, a. a. O., S. 83 Anm. 1. – Hierher gehört wohl auch die Bemerkung Goethes im Gespräch zum Kanzler von Müller am 15. Mai 1822: »Von der Ungewißheit der Geschichte, siebenfache Hypothesen über das bekannte silberne Taufbecken, jede verwirrender wie die andere« (Biedermann II, S. 571, Nr. 2006).

58 Vgl. Bresslau. a. a. O., S. 82 ff. Unter Goethes Anleitung hatte Johann David Gottlob Compter nach seinem Schema verschiedene Handschriften-Beschreibungen geliefert, veröffentlicht im Archiv 3 (1821), S. 266 ff.; ferner hat Compter die Vergleichung der Handschrift des Otto von Freising vorgenommen. Die letzte Einsendung davon durch Goethe erfolgte am 3. Februar 1823 (WA IV, 36, Nr. 248). Damit brach Goethes Arbeit für die Gesellschaft für ältere deutsche Geschichtkunde ab. – Über sein Verhältnis zur Gesellschaft für ältere deutsche Geschichtkunde, insbesondere über die Arbeiten Compters und über die silberne Taufschale, äußert sich Goethe in den Tag- und Jahres-Heften zu 1820 (WA I, 36, S. 163 f.).

59 Nach Elisabeth von Keudell, Goethe als Benutzer der Weimarer Bibliothek, Weimar 1931, S. 128 Nr. 799, S. 169 Nr. 1060 u. S. 275 Nr. 1731 hat Goethe von den vorstehend aufgeführten Zeitschriften die »Archives littéraires de l'Europe (1812) und das »Archiv für den thierischen Magnetismus« (1816), ferner das bisher nicht genannte »Archiv für die gesamte Naturlehre« (1826) aus der Bibliothek entliehen. – Übrigens läßt sich weder hier noch bei Karl Bulling, Goethe als Erneuerer und Benutzer der weimarischen Bibliotheken, Jena 1932, die Entleihung eines Werkes über Archivwesen durch Goethe nachweisen.

60 WA II, 13, S. 431. Es handelt sich um einen Aufsatz von Goethe über Naturlehre, der im Teutschen Merkur 1789 veröffentlicht wurde.

61 WA II, 3, S. IX.

62 WA II, 4, S. 5.

bei ihr niederlegte«. Ebenso ist auch die Empfehlung[63] an die Herausgeber der Sammlung »Des Knaben Wunderhorn«, »ihr poetisches Archiv rein, streng und ordentlich zu halten«, zu verstehen.

Ist in den zuletzt genannten Beispielen der Begriff des Archivs schon außerordentlich ausgeweitet und wird hier darunter eine Sammlung von schriftlichen Nachrichten wissenschaftlicher oder literarischer Art schlechthin verstanden, so ist die weiteste Dehnung des Begriffes in Goethes beiden Romanen Wilhelm Meisters Lehrjahre und Wanderjahre erfolgt. Bereits in Wilhelm Meisters theatralischer Sendung[64], die zwischen 1777 und 1785 geschrieben wurde, findet sich bei der Erzählung, daß die Gesellschaft in einem extemporierten Spiel ihre bisherigen Gönner und Wohltäter nachahmte, die Schilderung, daß die lebenslustige und leichtfertige Philine »aus dem geheimen Archive ihrer Erfahrungen einige besondere Liebeserklärungen, die an sie geschehen waren«, vorbrachte, und ebenso begegnet diese Stelle in Wilhelm Meisters Lehrjahren[65], die 1795/96 erschienen. In diesem Roman wird weiter vom Bund der Eingeweihten gesagt[66]: »Wir wollten mit eigenen Augen sehen und uns ein eigenes Archiv unserer Weltkenntniß bilden.«

Ist hier der Begriff des Archivs so weit gedehnt, daß er als ein allgemeiner Schatz, als eine Summe von Erfahrungen, Wissen und Kenntnissen eines Menschen oder einer Gemeinschaft, sogar völlig losgelöst von schriftlicher Fixierung, erscheinen kann, so hat der Begriff in Wilhelm Meisters Wanderjahren (1828) ähnliche Bedeutung, ist hier aber doch wieder auf Schriftliches bezogen. Wilhelm erfährt aus den Erzählungen der Angela[67], daß Makarie, »von der Wichtigkeit des augenblicklichen Gesprächs höchlich überzeugt«, ihr zur Pflicht gemacht habe, »einzelne gute Gedanken aufzubewahren, die aus einem geistreichen Gespräch [...] hervorspringen«. Sie fährt fort, »daß dadurch ein bedeutendes Archiv entstanden sei, woraus sie in schlaflosen Nächten manchmal ein Blatt Makarien vorlese [...] Auf seine Frage, inwiefern dieses Archiv als Geheimniß bewahrt werde, eröffnete sie: daß allerdings nur die nächste Umgebung davon Kenntniß habe«. Und dann schildert Goethe die Einrichtung dieses Archivs, die so lebhaft an die eingangs erwähnte und noch weiter zu behandelnde Einrichtung seines eigenen Archivs erinnert, daß wir meinen möchten, hier habe ihm Erfahrung die Feder geführt: »Unser Freund ward sodann in ein Zimmer geführt, wo er in Schränken ringsum viele wohlgeordnete Papiere zu sehen hatte, Rubriken mancher Art deuteten auf den verschiedensten Inhalt, Einsicht und Ordnung leuchtete hervor.« Der Einbau dieses Archivs in den Roman legte es dann nahe, in Wilhelm Meisters Wanderjahre ursprünglich jene große Sammlung von Aphorismen einzugliedern, die später wieder daraus gelöst wurde und ihren Platz in den Maximen und Reflexionen unter der Überschrift »Aus Makariens Archiv« fand.[68]

---

63 WA I, 40, S. 358. Es handelt sich um eine Rezension der Sammlung »Des Knaben Wunderhorn«, gedruckt in der Jenaischen Allgemeinen Literaturzeitung vom 21. Januar 1806.

64 WA I, 52, S. 175.

65 WA I, 22, S. 16.

66 WA I, 23, S. 212.

67 WA I, 24, S. 188.

68 WA I, 42 II, S. 184 ff. Dazu die Ausgaben der Maximen und Reflexionen von Max Hecker in den Schriften der Goethe-Gesellschaft 21 (1907), S. 135 ff., und von Jutta Hecker, Leipzig [1941], S. 106 ff. Die in Eckermanns Gesprächen unter dem 15. Mai 1831 gegebene Erklärung (Biedermann IV, S. 368 f. Nr. 2960 und Houben S. 395 ff.), als ob die Beigabe der Aphorismen »aus Makariens Archiv« zu den Wanderjahren nur eine Verlegenheitslösung gewesen sei, um den sonst zu dünn werdenden

So zeigt sich, wenn wir den Gebrauch des Wortes Archiv bei Goethe zusammenfassend überblicken, daß er über den landläufigen Begriff des Archivs als einer staatlichen Einrichtung hinaus für dieses Wort bereits sehr viel weitergehende Deutungen und Auffassungen hat, so weitgehende Deutungen, daß der Ausgangspunkt mitunter völlig verlassen erscheint. Es wäre reizvoll, zu untersuchen, wie der Sprachgebrauch bei anderen Dichtern und Schriftstellern jener Zeit ist, und es wird diese Untersuchung auch noch einmal nachzuholen sein. Hier aber geht es nunmehr, nachdem die Verwendung des Wortes bei Goethe geklärt ist, darum, zu fragen, wie er praktisch für sein eigenes Archiv gehandelt und was er darüber gedacht und gesagt hat, es geht also um das literarische Archiv Goethes selbst.

Goethe hat nicht immer während seines langen Lebens besondere Sorgfalt auf die Pflege seiner eigenen Papiere verwendet. Die umfassende Fürsorge, die er ihnen angedeihen ließ, weil ihm jedes von ihm beschriebene Blatt wichtig wurde, gehört erst der zweiten Hälfte seines Lebens an. Vorher war das manchmal anders. Aus dem Jahre 1774 erzählt Knebel[69], »er zieht die Manuskripte aus allen Winkeln seines Zimmers hervor«, und die Schilderung des Arztes und Philosophen Johann Georg von Zimmermann[70], daß Goethe einen mit Papierschnitzeln angefüllten Sack herbeigebracht, ihn auf den Tisch geschüttet und gesagt habe, »Viola mon Faust«, gehört der gleichen Zeit an. Wir wissen ferner, daß er, »was er – bis dahin – in seinem ganzen 48jährigen Leben nicht getan hat«, vor seiner Abreise in die Schweiz im Jahre 1797 alle an ihn gerichteten Briefe seit 1772 verbrannte »aus entschiedener Abneigung gegen Publication des stillen Gangs freundschaftlicher Mittheilung«, wobei ihm »diejenigen des Selbsttöters Merck wegen ihres Geistesinhaltes zwei Tage Überwindung kosteten.«[71] Immerhin hatte auch diese rigorose und später lebhaft bedauerte Maßnahme dazu dienen müssen, Beobachtungen zur Farbenlehre anzustellen, denn das Tage-

---

69 Roman zu füllen, scheint eine schiefe Darstellung der Sachlage zu sein. Vgl. dazu jetzt Jutta Hecker, a. a. O.., S. 245 f., nach Max Wundt, Goethes Wilhelm Meister und die Entwicklung des modernen Lebensideals, Berlin 1932², S. 493 ff.

69 Knebel an Bertuch am 11./14. Dezember 1774. Biedermann I, S. 51 Nr. 83. – Damit ist zugleich der Umfang von Goethes literarischer Produktion angedeutet.

70 Biedermann I, S. 61 Nr. 114 (1775 September).

71 Die Tatsache, daß Goethe 1797 Briefe verbrannt hat, wird von ihm selbst und einem Freund berichtet. Heinrich Sebastian Hüsgen, Schulfreund Goethes, den dieser am 11. August in Frankfurt besucht hatte, an Johann Isaak Gerning 1797 August 11/12 (Biedermann I, S. 259 Nr. 523): »Was halten Sie aber von dem sonderbaren Verfahren Goethens, der vor seiner Abreise etwas tat, was er in seinem ganzen 48jährigen Leben nicht getan hat, nämlich alte Briefe durch Feuer zu vernichten, darunter ihn diejenigen des Selbsttöters Merck wegen ihres Geistesinhalts zwei Tage Überwindung kosteten.« – Goethe in den Tag- und Jahres-Heften zu 1797 (WA I, 35, S. 73): »Ich bereite mich zu einer Reise nach der Schweiz, meinem aus Italien zurückkehrenden Freunde Heinrich Meyer entgegen [...] Vor meiner Abreise verbrenn' ich alle an mich gesendeten Briefe seit 1772, aus entschiedener Abneigung gegen Publication des stillen Gangs freundschaftlicher Mittheilung [...] Ich reise den 30. Juli ab« – Bereits ein Jahrzehnt später hat Goethe über die Behandlung von Briefen ganz anders gedacht. Das geht aus einem Bericht Karl Wilhelms von Knebel, des Sohnes Karl Ludwigs von Knebel, aus dem Jahre 1806 hervor (Biedermann I, S. 552 Nr. 1115): »Goethe hatte mich bereits in meinem elften Jahre bei Vorzeigung meiner Siegelsammlung gefragt, woher ich die Siegel, worunter auch Gemmen sich befanden, genommen; ich erzählte ihm, daß ich sie von den auf dem Boden zerstreut herumliegenden Briefen an meinen Vater genommen. Da nahm er ganz kaltblütig die eine Tafel, welche Wappen enthielt, zerriß sie und warf sie in den Ofen, nur die Gemmen begnadigend. Mein Junge! rief er, suche alle Briefe zusammen, ordne sie chronologisch, und du (zu meinem Vater), der du mit ihnen so liederlich umgehst, läßt deinem jungen einen Fachkasten dazu machen und schenkst sie ihm schriftlich.«

buch vom 9. Juli 1797 enthält den Vermerk:[72] »Briefe verbrannt. Schöne grüne Farbe der Flamme wenn das Papier nahe am Drathgitter brennt.«

In den letzten Jahrzehnten seines Lebens ist Goethe, wie gesagt, mit seinen Papieren bedachtsamer umgegangen. Die eigene Person und die eigene Entwicklung werden immer mehr Gegenstand der Reflexion und Darstellung, und damit kommt allem Schriftwerk erhöhte Bedeutung zu; ihm wird daher wachsende Sorgfalt in der Aufbewahrung gewidmet. Aus dem Bemühen um die historische Durchdringung des eigenen Lebens erwächst im Zusammenhang mit der zwanzigbändigen, 1815 bis 1819 erscheinenden Ausgabe seiner Werke der Plan zur Bearbeitung der eigenen Lebenserinnerungen, die nach mannigfaltigem Titelwechsel schließlich 1830 unter der Bezeichnung »Tag- und Jahres-Hefte« erschienen sind.[73] Mit der seit dem Jahre 1822 in Angriff genommenen Herausgabe der Werke letzter Hand setzt dann eine umfassende Fürsorge für alle erhaltenen Papiere ein, die zugleich auch der Ausarbeitung der Lebenserinnerungen zugute kommt. Wir können die Überlegungen und Maßnahmen, die in diesen Zusammenhang gehören, in Goethes Aufzeichnungen nach vielen Richtungen hin aufmerksam beobachten und somit ein klares Bild dieser Entwicklung gewinnen.

Die Tagebücher des Jahres 1822 lassen uns Schritt für Schritt verfolgen, wie dabei eigene und fremde Arbeit ineinandergreifen. Wir führen die uns hier angehenden Eintragungen der Reihe nach kurz an:[74]

1. Mai Nach Tische Gedanken an eine neue Ausgabe meiner Werke.

2. Mai Vorschlag zu einer neuen Ausgabe meiner Werke schematisirt [...] Nach Tische die Paralipomena sortirt.

3. Mai Commentar zu den Paralipomenas. Neuere Anordnung derselben.

4. Mai Abends Hofrath Meyer; über den Vorschlag zur neuen Ausgabe meiner Werke gesprochen.

5. Mai Paralipomena; Abtheilung: Fest- und andere Gelegenheitsgedichte.

6. Mai Paralipomena geordnet und commentirt [...] Commentar zu den Paralipomenen.

7. Mai Paralipomena geordnet [...] Kräuter arbeitete seit gestern, alle Acten und Documente auf mich und meinen Wirkungskreis bezüglich aufzustellen und in Ordnung zu bringen.

12. Mai Nächstes Heft von Kunst und Alterthum überdacht.

16. Mai Über die vollständige Ausgabe meiner Werke.

19. Mai Kräuter zeigte vor, wie weit er mit Ordnung der Papiere gekommen. Über die Incommunikabilien unter den Paralipomenen [...] Nach Tische Paralipomena geordnet und mit John commentirt.

20. Mai Paralipomena wieder vorgenommen. Nähere Betrachtung des vorseyenden ersten Stückes 4. Bandes von Kunst und Alterthum.

---

72 WA III, 2, S. 75.

73 Über die Entstehung der Tag- und Jahres-Hefte vgl. WA I, 35, S. 277 ff. Danach ist der erste Plan dazu 1816 entstanden. Die Arbeit wurde 1817 begonnen und im allgemeinen 1825 abgeschlossen. – In diesen Zusammenhang gehört auch Goethes Veröffentlichung »Über die neue Ausgabe der Goethe'schen Werke« im Morgenblatt von 1816 Nr. 101 und das dem 20. Band der Ausgabe der Werke im März 1819 beigegebene »summarisch-chronologische Verzeichniß« der Goetheschen Werke. Beides abgedruckt WA I, 42 I, S. 77 ff. unter der Überschrift »Summarische Jahresfolge Goethe'scher Schriften«.

74 WA III, 8, S. 191 ff., 195, 197 f., 235 und 241.

Daran schließt sich vom 26. Mai bis 7. Juni ein Aufenthalt in Jena und vom 16. Juni bis 29. August der Badeaufenthalt in Marienbad und Eger an. Als er von dort zurückkehrt, enthält das Tagebuch sogleich folgende Einträge:

2. Sept. Die Papiere zum biographischen Abriß meines ganzen Lebens hatten sich wieder gefunden. Ich durchlief dieselbigen. Kräuters Repertorium über meine sämmtlichen Werke, Schriften und litterarischen Vorrath.

18. Sept. Abends Hofrath Meyer. Professor Riemer. Consultation über das Verzeichniß meiner Werke und Schriften.

20. Sept. Fortgesetzte Revision des Catalogs der Repositur.

Aus diesen knappen Tagebuchnotizen ergibt sich der äußere Rahmen der im Sommer 1822 vorgenommenen Ordnungsarbeiten an Goethes Handschriften klar und eindeutig. Der am 1. Mai gefaßte Gedanke an eine neue Ausgabe der Werke machte eine Durchsicht der vorhandenen und noch nicht veröffentlichten Papiere notwendig. Goethe selbst widmet sich der Durchsicht der Paralipomena zu den Gedichten. Mit der Sichtung des Gesamtbestandes wurde seit dem 7. Mai der Sekretär Friedrich Theodor Kräuter[75] beauftragt; dieser ordnete während Goethes Badeaufenthalt in Marienbad und Eger die Goetheschen Papiere und nahm sie in ein Verzeichnis auf. Bei Goethes Rückkehr Anfang September war die Arbeit abgeschlossen.

Die Nachrichten des Tagebuchs werden durch gleichzeitige briefliche Äußerungen Goethes unterstrichen. Schon am 19. April 1822 meldet Goethe seinem Verleger Johann Friedrich Cotta[76], »daß ich so eben beschäftigt bin, meine sämmtlichen poetischen, litterarischen und wissenschaftlichen Arbeiten, sowohl gedruckte als ungedruckte, übersichtlich aufzustellen, sodann aber das ganze meinem Sohne und einem geprüften gelehrten Freunde in die Hände zu legen, damit der weitläufige und in manchem Sinne bedenkliche Nachlaß in's Klare komme und auch von dieser Seite mein Haus bestellt sey«.

Immer wieder spricht er in den nächsten Monaten in seinen Briefen[77] von der neuen, der künftigen Ausgabe seiner Werke, seiner Schriften, seines literarischen und wissenschaft-

---

75 Über Friedrich Theodor Kräuter vgl. Max Hecker, Die Briefe Theodor Kräuters an Eckermann, in: Jahrbuch der Goethe-Gesellschaft 12 (1926), S. 264 ff., bes. S. 285 ff. Über Kräuters Lebensgang und Tätigkeit sei kurz folgendes zu sagen. Er war geboren am 10. Juni 1790, wurde 1805 Skribent an der Bibliothek in Weimar, unterschrieb dort 1810 den Pflichtrevers, wurde 1816 Bibliothekssekretär, 1837 Bibliothekar, 1841 Rat, erhielt 1855 den Ehrendoktor von Jena und starb am 29. September 1856. Zu Goethe trat er seit 1811 in ein näheres Verhältnis, wurde damals sein Privatsekretär, übernahm 1817 und endgültig 1819 Goethes Bibliothek, zu der er einen Katalog aufstellte, und ordnete 1822 Goethes Archiv. Die Aufsicht über dieses Archiv behielt er auch nach Goethes Tod bis 1845. – Der Bruder Friedrich Theodor Kräuters, Friedrich Anton Kräuter, rückte vom Assistenten am Geheimen Archiv zum Archivregistrator (1817), Archivsekretär (1819) und Archivrat (1853) auf.

76 WA IV, 36, S. 20.

77 WA IV, 36, S. 57, Goethe an Friedrich von Luck 8. Juni 1822: »Ich habe mich mit einigen Freunden vereinigt, eine vollständige correcte Ausgabe meiner Werke, Schriften und sonstigen literarischen Nachlasses vorzubereiten und eine Einrichtung zu treffen, daß die Ausführung nicht gestört werden könne.« – Ebenda, S. 65, Goethe an Christoph Ludwig Friedrich Schultz 12. Juni 1822: »Ich bilde mir zu den älteren Freunden, die mir das gute Schicksal erhalten hat, einen Anschluß von jüngeren, um eine künftige Ausgabe meiner Werke, Schriften, literarischen und wissenschaftlichen Nachlasses zu sichern.« – Ebenda, S. 73, Goethe an L. D. von Henning 13. Juni 1822: »Ich bereite eine neue Ausgabe meiner sämmtlichen Werke, Schriften und literarischen Nachlasses vor, dieses selbst oder allein leisten zu wollen wäre Verwegenheit.« – Ebenda, S. 227, Goethe an C. L. F. Schultz 9. Dez. 1822: »In den letzten Bogen Kunst und Alterthum werden Sie von einer Anstalt vernehmen, wie ich meinen Nachlaß zu sichern trachte.«

lichen Nachlasses, und geradezu beglückt kann er, wiederum an Cotta, am 8. September 1822 von dem günstigen Fortgang der Vorbereitungen dazu[78], d. h. eben von der Ordnung und Verzeichnung seiner Papiere, berichten. »Dagegen hab ich von Glück zu sagen, daß eine Gesellschaft von Freunden mir auf's lebhafteste beysteht und das, was ein guter Geist mir früher und später gewährte, zusammen zu halten und zu nutzen hilft. Es ist diesen Sommer in meiner Abwesenheit eine Repositur zusammengestellt worden, worin alles enthalten ist was jemals Gedrucktes und Ungedrucktes von Werken, Schriften, Arbeiten und Vorarbeiten von mir ausging; wo alle Tagebücher zu Haus und in der Fremde, alle Fragmente und, was mehr wert ist, seit gewissen Jahren sämmtliche an mich erlassene Briefe und die bedeutendsten von mir ausgegangenen in einigen Schränken aufbewahrt sind. Mit dieser Anordnung und mit einem vollständigen Verzeichniß ward ich bey meiner Rückkehr überrascht, und ich verhandele nun mit meinen ältern und jüngeren Freunden, wie davon Gebrauch zu machen seyn möchte und wie, wenn ich auch abgerufen würde, doch nichts verloren seyn dürfte.« Das alles war, wie er es knapp und treffend gegenüber seinem Freunde Sulpiz Boisserée formulierte[79], getan worden, »um die Zeugnisse meines Daseyns festzuhalten«.

Was in jenen Sommermonaten des Jahres 1822 im goetheschen Hause geschehen ist, war wirkliche Archivarbeit. Wenn wir die Aussagen Goethes selbst in archivgerechte Begriffe umsetzen, so wurde der gesamte schriftliche Niederschlag seiner vielseitigen und umfassenden Tätigkeit, die von ihm ausgegangenen Schriften und die bei ihm eingelaufenen Schreiben, dazu aber der ganze bei ihm erwachsene Innenlauf sachgerecht geordnet und verzeichnet, und daß man diese Arbeiten im goetheschen Hause selbst als Archivarbeit oder zum mindesten als archivähnliche Arbeit empfand, beweisen die dort verwendeten, der Archiv- und Registraturwelt entlehnten Begriffe wie Repertorium, Repositur, Verzeichnis. Ganz deutlich spricht dies auch der in den Tag- und Jahres-Heften gegebene zusammenfassende kurze Bericht Goethes aus[80], der folgendes besagt: »Ein junger Bibliothek- und Archivsverwandter macht ein Repertorium über meine sämmtlichen Werke und ungedruckten Schriften, nachdem er alles sortirt und geordnet hatte.«

Goethe hat, das sehen wir schon aus den bisherigen Äußerungen, die von Friedrich Theodor Kräuter im Sommer 1822 geleistete Arbeit als für ihn äußerst wertvoll beurteilt. Wie wichtig er sie nahm, zeigt am deutlichsten aber die Tatsache, daß er in dem zu Beginn des Jahres 1823 erschienenen ersten Heft des vierten Bandes seiner Zeitschrift »Über Kunst und Alterthum« unter den Notizen drei kleine Aufsätze veröffentlichte, die sich mit diesen Vorgängen und ihren Anlässen befaßten.[81] Er hat ihnen in der Zeitschrift selbst keine Über-

---

78 WA IV, 36, S. 159.
79 WA IV, 36, S. 284 v. 27. Jan. 1823.
80 WA I, 36, S. 219.
81 Die drei Aufsätze, um die es sich hier handelt (1. »Selbstbiographie«, 2. »Archiv des Dichters und Schriftstellers«, 3. »Lebensbekenntnisse im Auszug«), sind Ende 1822 entstanden und auf den letzten Seiten (173–181) des ersten Heftes von Band 4 der Zeitschrift »Über Kunst und Alterthum« abgedruckt worden. Aus dem Tagebuch wissen wir, daß die »Inhaltsanzeige von Kunst und Alterthum« am 12. Dezember 1822 angefertigt wurde (WA III, 8, S. 271) und daß am 19. Dezember »Herrn Frommann Bogen 11, 12 Revision, Umschlag« nach Jena in die Druckerei geschickt wurden. Also lagen die Aufsätze Ende 1822 fertig vor, und damals auch bereits hatte ihnen Goethe den Titel, der nicht als Überschrift, sondern nur im Inhaltsverzeichnis auf dem Umschlag des Heftes erschien, gegeben. Dieser Titel ist dann übrigens im Inhaltsverzeichnis zu den ersten 4 Bänden der Zeitschrift, das im 3. Heft des 4. Bandes gedruckt ist, wiederholt worden. Man muß auf diese Entstehung der drei Aufsätze und darauf, daß die Überschriften von Goethe selbst stammen, deutlich hinweisen, weil in den verschie-

schrift gegeben, wohl aber im Inhaltsverzeichnis zum ganzen Hefte. Mit diesen drei Aufsätzen müssen wir uns kurz beschäftigen.

Der erste dieser Aufsätze trägt die Überschrift »Selbstbiographie« und legt dar, daß man im Sinne von Cellini frühzeitig mit seiner eigenen Lebensbeschreibung beginnen müsse. Er schließt mit der Feststellung: »Was wir zu diesem Zwecke versucht und vorgearbeitet, um ihn sicherer zu erreichen, was hiebei ein junger Zögling geleistet, davon gebe Nachstehendes nähere Kenntniß.« Der dann folgende zweite Aufsatz mit der Überschrift »Archiv des Dichters und Schriftstellers« spricht nunmehr zusammenfassend deutlich aus, was durch die Tagebuchnotizen und die brieflichen Auslassungen des Jahres 1822 schon hinlänglich bekannt ist. Goethe geht davon aus, daß nach dem Abschluß der zwanzigbändigen Ausgabe seiner Werke ihm die große Masse des Unvollendeten erst zum Bewußtsein gekommen sei. Er spricht weiter davon, daß die Betrachtung, »wie es unmöglich sei, in späteren Jahren alle die Fäden wieder aufzunehmen, die man in früherer Zeit hatte fallen lassen, oder wohl gar solche wieder anzuknüpfen, von denen das Ende verschwunden war«, ihn wehmütig verwirrt habe und daß er sich nur auf durchgreifende Weise aus dieser Verworrenheit habe retten können, nämlich durch »eine reinliche ordnungsgemäße Zusammenstellung aller Papiere«, besonders der schriftstellerischen Arbeiten, wobei auf Vollständigkeit Wert gelegt wurde. Er fährt dann fort, daß dieses Geschäft nun den Sommer über »ein junger, frischer, in Bibliotheks- und Archivsgeschäften wohl bewanderter Mann« vollbracht habe, daß nun Gedrucktes und Ungedrucktes vollkommen geordnet beisammenstehe, daß auch die Tagebücher, die eingegangenen und abgesandten Briefe in einem Archiv beschlossen seien und daß über alles ein Verzeichnis nach Rubriken, Buchstaben und Nummern vorliege. Er beschließt diese Ausführungen mit der Erkenntnis, daß »mir sowohl jede vorzunehmende Arbeit höchst erleichtert, als auch den Freunden, die sich meines Nachlasses annehmen möchten, zum besten in die Hände gearbeitet ist«. Er stellt damit also fest, daß dieser neu geschaffenen Einrichtung die Dauer für die Zukunft, mithin ein weiteres besonderes Archivkennzeichen, gesichert ist.

Der dritte anschließende Aufsatz mit der Überschrift »Lebensbekenntnisse im Auszug« bringt dann die erste Nutzanwendung aus dieser archivalischen Ordnung der goetheschen Papiere, indem er aufzeigt, wie »nach vollbrachter archivarischer Ordnung«, gestützt auf Tagebücher und andere Dokumente, die Arbeit an der Darstellung seines Lebens fortgesetzt werden sollte. Noch zweimal hat dann Goethe in der Zeitschrift »Über Kunst und Alterthum« über diese Dinge berichtet, im zweiten Heft des vierten Bandes (1823) unter der

---

nen Ausgaben von Goethes Werken diese drei Aufsätze verschiedenartig behandelt worden sind. Meistens findet man sie gedruckt unter der Überschrift »Entstehung der biographischen Annalen«, wobei dann alle drei Aufsätze in einen zusammengezogen sind. In dieser Form ist die Abhandlung erstmalig in der Quartausgabe von 1837 gedruckt worden und so auch übergegangen in WA I, 36, S. 288 ff. In der richtigen Form nach der Überlieferung in der Zeitschrift »Über Kunst und Alterthum« sind die drei Aufsätze dann erneut gedruckt in WA I, 41 II, S. 23 ff. Wir zitieren sie nach dieser Ausgabe, da diese allein der wirklichen Entstehung dieser Aufsätze entspricht. – Im übrigen gibt es zu dem Aufsatz »Archiv des Dichters und Schriftstellers« einen Entwurf Goethes, der noch während der Arbeit Kräuters entstanden sein muß. Er ist gedruckt WA I, 41 II, S. 402 f. Wir zitieren daraus folgenden Satz: »Schon hat ein junger, in archivarischen und Bibliotheksgeschäften geübter Mann die Hauptrepositur im allgemeinen geordnet und catalogirt, so daß die Sonderung und Redaction einzelner Theile vorbereitet, auch zum Zusammensuchen gar mancherley Zerstreute« [Manuskript bricht ab].

Überschrift »Sicherung meines literarischen Nachlasses«[82] und im dritten Heft des vierten
Bandes (1824) über »Sicherung meines literarischen Nachlasses und Vorbereitung zu einer
echten vollständigen Ausgabe meiner Werke«.[83] Das neu geschaffene Archiv diente ihm
also sowohl zur Fortführung wie zur Sicherung seines Werkes.

Goethe hat es also selbst empfunden und ausgesprochen, daß die bei ihm entstandenen und
bei ihm eingegangenen, zu einer Gesamtheit zusammengefügten, nunmehr sachgemäß geordneten und übersichtlich verzeichneten Schriften ein Archiv, sein Archiv, seien. Die Gesichtspunkte, die er bei Beurteilung und Kennzeichnung der im Sommer 1822 geschaffenen neuen
Einrichtung hervorhebt, treffen auch für moderne theoretische Fragestellungen den Kern der
Sache: Dieses ganze bei ihm liegende, auf sein Leben, besonders sein schriftstellerisches
Leben, bezogene Schriftgut war von ihm aus- und bei ihm eingegangenes, also organisch gewachsenes Schriftgut. Es war schriftlicher Niederschlag seiner gesamten Tätigkeit. Es war geordnet und verzeichnet worden, um seiner eigenen weiteren Arbeit zu dienen, um zugleich
aber auch als sein Nachlaß der Nachwelt zum Zeugnis und für künftige Arbeit an seinem Werk
dauernd erhalten zu bleiben. Es besteht kein Zweifel, daß Goethe damit folgerichtig den Begriff des Archivs auch auf literarisches Schriftgut übertragen und damit recht eigentlich die
Gattung des literarischen Archivs zu klarer Vorstellung erhoben hat. Gerade die bei ihm
immer wiederkehrende Verbindung der beiden Ausdrücke literarischer Nachlaß und Archiv
unterstreicht mit Nachdruck den einheitlichen Ursprung und damit die organische Zusammengehörigkeit des in seinem literarischen Archiv verwahrten Schriftgutes. In der Verbindung dieser beiden Ausdrücke und Vorstellungen hat Goethe – wenn es erlaubt ist, moderne
Archivtheorie auf seine Maßnahmen rückwärts zu übertragen – den Grundsatz der Herkunft,
das Prinzip der Provenienz, also den entscheidenden Gesichtspunkt aller Archivgestaltung, auf
sein Schriftgut und sein Archiv und damit auf das literarische Archiv schlechthin angewendet.

Was Friedrich Theodor Kräuter in den Sommermonaten des Jahres 1822 an Ordnungs-
und Verzeichnungsarbeiten in Goethes Archiv geleistet und bis zu dessen Tod und noch
weiter fortgeführt hat, das ist uns erhalten geblieben als »Repertorium über die Goethesche
Repositur«, wie Kräuter diese seine Arbeit selbst genannt hat.[84] Es handelt sich um ein re-

---

82 Über Kunst und Alterthum 4. Bd. 2. Heft (1823), S. 184 ff. Korrekturbogen datiert vom 24. Mai 1823.
    Wieder abgedruckt WA I, 41 II, S. 75 f. Hier berichtet Goethe, daß selbst während des vergangenen
    harten Winters das Geschäft der Ordnung seiner Papiere und Dokumente fortgeführt worden sei und
    daß er die Arbeit an der Chronik nun lebhafter fortfahren wolle. Er fährt fort: »Ferner wird diesen Som-
    mer eine große Masse sowohl von abgesendeten als eingegangenen Briefen durchgesehen und, wie sie
    den Jahren nach schon verwahrt sind, geheftet, in so fern dieß noch nicht geschehen ist. In Bezug auf
    die Chronik erhalten sie doppelten Werth und sichern Einfluß, so daß besonders von 1797 an sich
    kaum eine Lücke finden wird.«
83 Über Kunst und Alterthum 4. Bd. 3. Heft (1824), S. 151 ff.; wieder abgedruckt WA I, 41 II, S. 89 ff.
    Der Aufsatz beginnt: »Es ist aus jenem Archiv meiner theils schon vor vielen Jahren gedruckten, theils
    noch ungedruckten Papiere in diesem letzten halben Jahr so viel im Einzelnen durchgesehen, berich-
    tigt, vollendet und im Ganzen geordnet, auch durchaus zum Druck vorbereitet und abgeschlossen, daß
    sich davon drei gute Bände werden füllen lassen.« Er spricht dann von den Rezensionen für die Frank-
    furter gelehrten Anzeigen und die Jenaer Literaturzeitung (1. Band), von den Mitteilungen ins Morgen-
    blatt (2. Band) und von seiner Reise 1797 nach Frankfurt, Stuttgart und in die Schweiz (3. Band).
84 Das Kräutersche »Repertorium über die Goethesche Repositur«, das Goethe ein »bibliothekarisch-archi-
    varisches Verzeichnis« nannte (WA I, 41 II, S. 28), liegt in mehreren Fassungen vor. Im Goethe-und-Schil-
    ler-Archiv liegt die noch von Kräuters Hand geschriebene Urschrift, die den Zustand des Archivs festhält,
    den es nach Goethes Tod erlangt hatte. Von diesem Repertorium besitzt das Goethe-und-Schiller-

gelrechtes Archivrepertorium, aufgeteilt in eine ganze Reihe von Abschnitten, innerhalb der einzelnen Abschnitte die einzelnen Schriften aufführend und numerierend. Wir geben, um den Archivcharakter der geleisteten Arbeit und des erreichten Endzweckes zu unterstreichen, eine Übersicht über die von Kräuter gebildeten Abteilungen des Archivs:[85]

A I   Eigen Biographisches (38)
–   Auf mich und meine Werke Bezügliches (»blos wegen der systematischen Übersicht
        zusammengestellt«)
II   Eigen Literarisches (12)
III   Eigen Poetisches (86)
–   Meine Tagebücher (51)
–   Eigenes Gedrucktes (25)
–   Correspondenz (152)
IV   Eigenes und Fremdes über bildende Kunst (31)
V   Theater (11)
V   Baukunst (2)
B VI   Kunst und Alterthum (Journal) (10)
VII   Chromatica (29)
VIII   Naturlehre, Chemie und Physik (12)
IX   Mineralogie und Bergwerkskunde (32)
X   Naturgeschichte. Botanik. Zoologie. (14)
C XI   Vergleichende Anatomie und Morphologie (14)
–   Eigene Reisen (38)
XII   Fremde Reisen (4)
XII   Auswärtige Angelegenheiten (22)
XIII   Herausgabe der Goetheschen Werke und einzelner Schriften (33)
XIV   Antiquarisches, auf Kunst und Wissenschaft Bezügliches (11)
XV   Auf Jena Bezügliches (6)
D XVI   Allerley hiesige Angelegenheiten (23)
XVII   Fremd Literarisches und Poetisches (45)
XVIII   Fremd Biographisches (21)
XIX   Privat Angelegenheiten und eigene Geschäfte (21)
XX   Varia (34).

Archiv noch mehrere spätere Abschriften. Das im Thüringischen Hauptstaatsarchiv Weimar verwahrte, im Zusammenhang mit der Verwaltung von Goethes Nachlaß entstandene Repertorium (B 2499[15]) scheint in seinem ursprünglichen Bestand, der durch zahlreiche Nachträge ergänzt worden ist, den Umfang des Archivs bei Errichtung von Goethes Testament anzugeben.

85 In dem nachstehenden Verzeichnis bedeuten die von uns in der ersten Spalte eingefügten Buchstaben und römischen Zahlen, die einzelnen gelegentlichen Bemerkungen des Kräuterschen Repertoriums entnommen sind, offenbar die Einteilung des Archivschrankes nach Abteilungen und Fächern. Die mit Strichen versehenen Abteilungen waren an anderen Stellen außerhalb dieses Schrankes untergebracht. Sie tragen im Kräuterschen Verzeichnis Bemerkungen, die auf 4 Scrinien in der Bibliothek (Scrinium I) bzw. im Büstenzimmer (Scrinium II-IV) hinweisen. Die von uns zugefügten, in Klammern gesetzten Zahlen hinter den Abteilungstiteln bedeuten die Anzahl der gezählten Stücke, aus denen die einzelnen Abteilungen bestehen.

Das von Kräuter eingerichtete und geordnete goethesche Archiv samt dem von ihm geschaffenen »Repertorium über die Goethesche Repositur« ist seit dem Herbst 1822 für Goethe die Quellenbasis zu seinen selbstbiographischen Arbeiten und für ihn und seine Mitarbeiter die Grundlage für alle Arbeiten an der Herausgabe seiner Werke geworden.[86] Ständig ist
an der Vervollständigung dieses Archivs weitergearbeitet worden, und laufend erhielt es, wie
sein Endzustand zeigt, bis zu Goethes Tod und noch darüber hinaus, Zugang an schriftlichem
Niederschlag von Goethes Tätigkeit.[87] Auch räumlich wurde für das Archiv gesorgt. 1824

---

86   WA IV, 37, S. 281, Goethe an Sulpiz Boisserée 12. Dezember 1823: »Nun bedenken Sie noch zum
     Schluß das Hauptgeschäft, das mir in hohen Jahren obliegt, meinen literarischen Nachlaß zu sichern
     und eine vollständige Ausgabe meiner Werke wenigstens einzuleiten! Es würde mir dieß ganz unmög-
     lich seyn, wenn sich nicht hübsche junge Leute zu mir gesellten, die sich an mir herauf gebildet haben,
     mich völlig verstehen, meine Absichten durchdringen und sich anschicken, an meiner Statt auf Stoff
     und Gehalt, der noch so reichlich daliegt, verständig-geistreich zu wirken.« – WA IV, 38, S. 148, Goe-
     the an Johann Friedrich von Cotta 30. Mai 1824: »Die Sicherung meines literarischen Nachlasses,
     wozu ich sämmtliche Privat-Correspondenz, Reiseacten und so manches andere rechne, ist auf einen
     bedeutenden Punkt gediehen. Das Archiv, wovon früher die Rede war, umfaßte zwar in einem sorgfäl-
     tigen Verzeichniß schon gar vieles, allein der Inhalt stand an mehreren Orten zerstreut; gegenwärtig ist
     alles in ein Local zusammengebracht; mein Sohn und junge Gehülfen sind mit dem Ganzen und Ein-
     zelnen jeder nach seiner Weise damit bekannt. Doctor Eckermann sonderte und redigirte am Brauch-
     baren, bis zu seiner vor wenig Tagen angetretenen Reise und wird nach glücklicher Rückkehr seine Ar-
     beit fortsetzen. Indessen fördere ich das was ich die Chronik meines Lebens nenne, in Absicht die an
     mich immerfort eingehenden Fragen über gar mancherlei Umstände zusammen, folgerecht und blos da-
     durch verständlich zu beantworten; nicht weniger vorhandenen einzelnen Blättern und Notizen, die
     sonst von keinem Interesse seyn könnten, auch künftig in der Sammlung einen schicklichen Platz zu
     verschaffen. Daß hiedurch zugleich die Vorarbeit zu einer neuen Ausgabe meiner Werke dem Ziele
     immer näher rückt, ist eine wünschenswerthe Folge. Ich setze voraus daß eine neue sach- und zeitge-
     mäßere Eintheilung und Reihe der Bände stattfinden werde, worüber denn auch mit Sorgfalt unter uns
     verhandelt wird. Alles dieses hätte freylich Ew. Hochwohlgeboren persönlich vorzuzeigen und vorzu-
     tragen gewünscht; denn die weitgreifende Bedeutsamkeit dieser Bemühungen läßt sich nicht mit Wor-
     ten ausdrücken. Möchten Sie inzwischen bedenken wie diese heranwachsende Masse dem Autor und
     Verleger zu Gute kommen könnte, wie und zu welcher Zeit man allenfalls hervorträte, so würde mir
     hoffentlich die Freude werden daß ein für die Zukunft gesichertes Geschäft noch durch mich selbst ein-
     geleitet und begonnen werden könnte.« – WA IV, 38, S. 183, Niederschrift Goethes 28. Juni 1824: »Die
     Vorbereitungen zu einer neuen Ausgabe gehen ununterbrochen fort, wobey mir mehr
     um die Sicherung meines literarischen und biographischen Nachlasses für künftige Zeiten und um die
     Brauchbarkeit desselben, auch ohne mein Zuthun, besorgt bin, als um ein eiliges Hervortreten. Schon
     sind zerstreute Papiere gesammelt, Entwürfe redigirt und gestaltet, daher denn alles was als Manuscript
     oder außer Verbindung dalag nunmehr schon brauchbar und einzuordnen ist.« – Biedermann III,
     S. 166 Nr. 2313, Kanzler von Müller 21. März 1825: »Nachmittag bei Goethe, der mir seinen Wunsch
     kund tat, mich und Riemern zu Exekutoren seines literarischen Nachlasses dereinst zu machen.« – WA
     IV, 39, S. 229, Goethe an Marianne von Willemer 17. Juni 1825: »Sie haben, allerliebste Freundin,
     wahrscheinlich vernommen, daß ich beschäftigt bin dasjenige was von mir auf dem Papyr schwarz und
     weiß übrig bleibt, in Zucht und Ordnung zu bringen.« – WA IV, 40, S. 3, Goethe an Carl Friedrich Zel-
     ter 5. August 1825: »Ähnliche Betrachtungen wie man sich in der Welt abmüdet gibt mir die Recapitu-
     lation, Revision, Restauration dessen was von mir auf dem Papiere übrig bleibt; es ist viel und wenig
     und muß sich denn freylich erst wieder in wackeren, fähigen Geistern aufbauen wenn es nach etwas
     aussehen soll.«
87   WA IV, 48, S. 238 f., Goethe an Johann Friedrich von Cotta 16. Juni 1831: »In allem diesen, so wie in
     anderem fahr ich fort, mäßig zu wirken, da mir auch eine ausgebreitete Correspondenz gar manchen
     Nutzen verschafft; so wie ich nicht unterlassen darf meine Freunde zu rühmen, die Herren Meyer, Rie-
     mer, Eckermann, welche mir die mannichfaltigen Papiere, die sich um mich häuften, zu ordnen, zu re-
     digiren und gewissermaßen zu gestalten beyräthig sind.«

wurde es in einem eigens für diesen Zweck angefertigten Schrank untergebracht und im gewölbten Zimmer, d. h. im sogenannten Büstenzimmer des goetheschen Hauses, aufgestellt.[88] 1825 kann Goethe beruhigt aussprechen[89]: »Das Archiv, worauf jetzt und künftig ein solches Werk [nämlich die Ausgabe letzter Hand] zu gründen ist, steht geordnet, jungen Männern, die es catalogirt haben, bekannt und so möchte der Klarheit und Sicherheit wohl nichts im Wege stehn.« Die Sicherung von Goethes literarischem Nachlaß ist also gelungen, seine Werke können später auch ohne seine eigene Mitwirkung bestehen und veröffentlicht werden. Das Archiv ist damit auch nach der Seite der Auswertungsmöglichkeit hin wirklich ein Archiv geworden, nämlich eine Sammlung von Quellenmaterial für literarische und wissenschaftliche Arbeiten, eine Fundgrube für die historische Erforschung seines Lebens und seiner Leistung. In den Tag- und Jahres-Heften hat er nach seinen eigenen Worten die »Norm« aufgestellt[90], »wie meine sämmtlichen Papiere, besonders der Briefwechsel, dereinst verständig benutzt und in das Gewebe von Lebensereignissen mit verschlungen werden könne. Sogar läßt sich dadurch dasjenige, was im Vaterlande und auswärts für und wider mich geschehen, besser beurtheilen, indem eins wie das andere, aus der Staubwolke einer leidenschaftlichen Empirie, in den reineren Kreis historischen Lichtes tritt.« Goethe selbst hat also das Archiv gegründet, das als Stätte der Aufbewahrung für die Zeugnisse seines Daseins zugleich zur Stätte der Forschung über sein Leben und Werk wird.

Bei der Bedeutung, die Goethe seinem Archiv beimaß, ist es selbstverständlich, daß er für seine Sicherung auch in seinem Testament sorgte. Bereits Ende 1830, nach dem Tod des Sohnes, machte er sich Gedanken darum. »Meine Nachlassenschaft« - so sagte er im November dem Kanzler von Müller[91], der sein Berater bei der Aufstellung des Testamentes

---

88 Biedermann III, S. 108 Nr. 2256; Houben, S. 93. Goethe zu Eckermann am 6. Mai 1824. Eckermann soll mit Riemer zusammen Goethe bei der bevorstehenden neuen Ausgabe seiner Werke unterstützen und im Falle von Goethes Tod dieses Geschäft mit Riemer allein übernehmen. Goethe zeigt ihm große Konvolute seiner Korrespondenz ab 1780, die er im Büstenzimmer hatte auseinanderlegen lassen. »Ich lasse jetzt einen Schrank machen, wo hinein diese Briefe nebst meinem übrigen literarischen Nachlasse gelegt werden.« - WA III, 9, S. 215, Tagebucheintrag vom 9. Mai 1824: »Kräuter transportirte das litterarische Archiv in das gewölbte Zimmer.« - WA IV, 38, S. 181, Goethe an C. L. F. Schultz 3. Juli 1824: »Eckermann hat den Winter über sich in Redaction, Zurechtstellung gar manches Acten-Stückes thätig erwiesen und mein täglich sich vervollständigendes Archiv ist sogar in Ein Local gebracht, wo es übersehbar und schon catalogirt für eine gute Weile verharren kann. Ich selbst fahre an einer sogenannten Chronik meines Lebens fort, wo ich die laconische Abfassung, die schon durchaus vollständig ist, nun zu erweitern und aufzuklären hoffe.« - Vgl. auch Anm. 86 den Brief Goethes an Cotta vom 30. Mai 1824.

89 WA IV, 39, S. 171, Goethe an Sulpiz Boisserée 4. April 1825.

90 WA IV, 38, S. 20, Goethe an Johann Friedrich von Cotta 14. Januar 1824: »In dem nächstfolgenden Hefte wird Erwähnung einer Chronik geschehen, welche die Lücken der früheren umständlichen Bekenntnisse, wie ich sie wohl nennen kann, einigermaßen ausfüllt, von Anno 1792 aber an, bis auf den heutigen Tag, mehr oder weniger ausführlich die durchlebten Jahre behandelt; sie dient schon in ihrer jetzigen Gestalt zur Norm, wie meine sämmtlichen Papiere, besonders der Briefwechsel, dereinst verständig benutzt und in das Gewebe von Lebensereignissen mit verschlungen werden könne.« - Ähnliche Gedanken WA IV, 40, S. 244, Goethe an Sulpiz Boisserée 12. Januar 1826: »Dann ist wohl zu bemerken der Ort, daß in meinem Nachlaß dereinst, besonders auch in meiner wohlgeordneten Correspondenz sich Dinge finden werden welche, bey kluger Redaction, für das Publicum von hohem Interesse seyn müssen; deshalb ich denn auch herzlich wünsche daß Herr v. Cotta mit den Meinigen und denen Männern, die mit mir arbeiten, und denen nach mir so wichtige Papiere zu behandeln zufallen, in ein zutrauliches humanes Verhältnis gelange.«

91 Biedermann V, S. 177 Nr. 2893 a, Goethe zu Kanzler von Müller 19. November 1830. - Nach Biedermann IV, S. 295 Nr. 2855 hat bereits am 31. August 1830 eine Unterredung zwischen Goethe und dem

war – »ist so kompliziert, so mannigfaltig, so bedeutsam nicht bloß für meine Nachkommen, sondern für das ganze geistige Weimar, ja für ganz Deutschland, daß ich nicht Vorsicht und Umsicht genug anwenden kann, um jenen Vormündern die Verantwortlichkeit zu
erleichtern und zu verhüten, daß [...] großes Unheil angerichtet werde. Meine Manuskripte,
meine Briefschaften, meine Sammlungen jeder Art sind der genauesten Fürsorge wert.«
Was uns hier von seinem Testament angeht, ist lediglich die Anordnung über sein Archiv.
Darüber hat er in den Vorbesprechungen mit dem Kanzler von Müller folgende Bestimmung
getroffen:[92] »Den Bibliotheks-Sekretär Kräuter will ich zum Konservator dieser Gegenstände« – nämlich seiner Manuskripte, seiner Briefschaften, seiner Sammlungen jeder Art
– »und meiner sämtlichen Literalien bestimmen; er ist mit vielem davon schon seit lange bekannt, ist sehr ordentlich und pünktlich und wird gewiß alles in guter Ordnung erhalten.«
Am 5. Dezember bereits erhielt Kräuter die Schlüssel zu den Sammlungen[93], und im Testament vom 6. Januar 1831 sind die oben angeführten Bestimmungen ähnlich wiederholt.[94]
Vor allem ist eingeschärft, daß Kräuter in Ausübung dieser Pflicht von den Vormündern der
Enkel unabhängig sein und nur unter Oberaufsicht des Testamentsvollstreckers, des Kanzlers von Müller, stehen soll. Damit war das im Jahre 1822 begründete goethesche literarische Archiv nach menschlichem Ermessen und nach archivischen Notwendigkeiten gesichert. Organisch gewachsen und gestaltet, wurde es nun der Familie entzogen und unter
objektive Verwaltung und Betreuung gestellt.

    Die Geschichte des Goethe-Archivs weiter zu verfolgen ist nicht die Aufgabe dieses Auf-
satzes. Denn mit dem Testament Goethes und seiner Vollstreckung beginnt zunächst ein
trauriges Kapitel der Geschichte dieses Archivs, das über ein halbes Jahrhundert gedauert
hat und das erst abgeschlossen wurde mit dem Testament des letzten Goethe-Enkels und
dem Übergang des Archivs an die Großherzogin Sophie von Sachsen-Weimar-Eisenach im
Jahre 1885. Die Darstellung der Geschichte des Goethe-Archivs nach Goethes Tode muß
aber einem anderen Zusammenhang vorbehalten bleiben.

   Kanzler von Müller »puncto ultimae voluntatis« stattgefunden. – Biedermann IV, S. 317 Nr. 2907 zum
   5. Januar 1831, Kanzler von Müller: »6–8 Uhr abends. Er genehmigte völlig den letzten Testamentsent-
   wurf und zeigte sich sehr dankbar dafür, daß ich ihm diese große Sorge von der Brust nehme.«
92 Biedermann V, S. 177 Nr. 2893 a. – Übrigens hatte sich Goethe Eckermann gegenüber schon am
   3. November 1823 sehr günstig über Kräuter geäußert (Biedermann III, S. 35 Nr. 2184): »Sekretär
   Kräuter trat herein und referierte in Bibliotheksangelegenheiten. Als er gegangen war, lobte Goethe
   seine große Tüchtigkeit und Zuverlässigkeit in Geschäften.«
93 »Verzeichnis der Schlüssel zu meinen Sammlungen, wie solche Herrn Bibliothek Secretair Kräuter
   übergeben worden«, vom 5. Dezember 1830, erwähnt bei M. Schuette, Das Goethe-National-Museum
   zu Weimar, Leipzig 1910, S. 13.
94 WA I, 53, S. 328 ff., Goethes Testament vom 6. Januar 1831: Im § 3 wird folgendes bestimmt:
   »Meine
   a) Kunst- und Naturaliensammlungen,
   b) Briefsammlungen, Tagebücher, Collectaneen und
   c) Bibliothek
   stelle ich jedoch unter die besondere Custodie des Großherzogl. Bibliothek-Secretärs Kräuter dahier,
   dem ich die meisten Schlüssel zu den Behältnissen, worin diese Gegenstände sich befinden, bereits
   übergeben habe. Dieser Custos soll für Ordnung und Bewahrung derselben, auf dem Grund der vorhandenen Kataloge und Inventarien, Sorge tragen, ganz nach Analogie seiner Verpflichtung bei Großherzogl. Bibliothek, und in Ausübung dieser Pflicht von den Herren Vormündern meiner Enkel unabhängig sein und nur unter Oberaufsicht meines Herrn Testamentsvollstreckers stehen.«

Goethe im Februar 1779.
Ein Beitrag zur Chronik von Goethes Leben
1958

Anfang Mai 1779 sprach sich Wieland zu Merck über Goethes Leistung und Haltung während der ersten Monate des Jahres folgendermaßen aus: »Goethe hat wieder was gar Köstliches produziert und ist überhaupt gar lieb und gut seit einiger Zeit, der Friede macht ihm eben auch wieder Lust ums Herz denn wir waren hier in einer garstigen Lage.«[1]

Drei Dinge sind in dieser Äußerung berührt und im Hinblick auf Goethe zueinander in Beziehung gesetzt. Zunächst ist von der Schaffung der ersten Gestalt von Goethes »Iphigenie« die Rede; denn diese ist das »gar Köstliche«, das Goethe damals »produziert« hat.[2] Dann wird von der »garstigen Lage« gesprochen, in der man sich zu Beginn des Jahres in Weimar befunden hatte, d. h. von den gefährlichen politischen Verhältnissen, in die das Herzogtum Weimar durch den Bayerischen Erbfolgekrieg zwischen Österreich und Preußen und durch die preußische Forderung, die Durchführung von Truppenwerbungen im Lande zuzulassen, geraten war.[3] Und endlich ist von dem Frieden die Rede, nämlich von dem Frieden zu Teschen, der nach längeren Verhandlungen am 13. Mai 1779 zwischen Österreich und Preußen abgeschlossen wurde, dessen Vorbereitung aber schon die Gefahr für Weimar gebannt und damit auch Goethe wieder »gar lieb und gut« und ihm »Lust ums Herz« gemacht hatte.

Deutet so die Äußerung Wielands zunächst auch nur generell die Verquickung von Goethes Leben und Befinden mit den allgemeinen Zeitläufen an, so steckt hinter ihr, die fürs erste so unscheinbar und wenig aussagekräftig klingt, doch noch wesentlich mehr. Man muß nämlich wissen und Wieland wußte das besser als wir, wie sehr die »garstige Lage« des Landes Weimar Goethe über das Persönliche hinaus in seiner amtlichen Stellung als Mitglied der obersten Landesbehörde und Mitberater des Landesherrn beschäftigt und betroffen hatte. So gesehen deckt das Wielandsche Wort enge Beziehungen zwischen dem dichterisch schaffenden und dem staatsmännisch handelnden Goethe auf, und so betrachtet weist es zugleich darauf hin, wie vielfältig verschlungen die Fäden der Verknüpfung zwischen diesen Tätigkeiten Goethes sein konnten. Ein solches Wort macht dem Bemühen um

---

1   Woldemar Frhr. v. Biedermann, Goethes Gespräche. 2. Aufl. Bd. 1, 1909, S. 96 Nr. 193; dazu Bd. 5, 1911, S. 201.

2   Die Daten der Entstehung von Goethes Iphigenie bei Hans Gerhard Gräf, Goethe über seine Dichtungen, II Teil (Die dramatischen Dichtungen) 3. Bd., 1906, S. 156–167.

3   Darüber zuletzt zusammenfassend Hans Tümmler, Goethes politisches Gutachten aus dem Jahre 1779. In: Goethe. Neue Folge des Jahrbuchs der Goethe-Gesellschaft 18 (1956), S. 89–105.

tieferes Verständnis aber auch die Tatsache sehr bewußt, wie wenig wir von solchen Verknüpfungen wirklich wissen, ja, wie sehr wir noch, ehe wir an die Ermittlung der Verbindungen denken können, der Aufklärung über die einzelnen Seiten dieses umfassenden Lebens und Schaffens bedürfen. Zwar ist die Entstehung der Werke Goethes im besonderen schon recht eindringlich untersucht und das meiste daran aufgehellt worden[4], ohne daß allerdings auch auf diesem Gebiet die Forschung sich ganz zufrieden gäbe.[5] Beim amtlich tätigen Goethe aber, bei der Aufdeckung des Umfangs und der Art seines Wirkens im staatlichen Bereich, stehen wir erst am Anfang der Arbeit[6], und viel, ja fast alles ist hier noch zu tun, bevor wir dieses Gebiet seiner Tätigkeit ganz überblicken und beurteilen können. Erst dann, wenn uns Goethes Schaffen in all seinen Erscheinungen offen liegt, wird sich begreifen lassen, wie sich Dichter und Staatsmann in ihm verbunden und befruchtet haben. Bis zu solcher Erkenntnis ist noch ein weiter Weg.

Als bescheidener Baustein zu einem Gesamtgebäude der Goethekenntnis von der eben gekennzeichneten Art möchte der Beitrag gewertet sein, der an einem Beispiel, nämlich im Anschluß an das eingangs genannte Wort Wielands, dartun will, wie das dichterische Schaffen Goethes in die Fülle seiner amtlichen Verpflichtungen eingebettet war, wie die Betätigung des Dichters und die Arbeit des Staatsmannes nebeneinander abgelaufen sind.

Es soll und kann uns dabei nicht um die Frage der gegenseitigen Beeinflussung und Durchdringung beider Tätigkeiten gehen – die können wir, wie gesagt, mit Aussicht auf gültige Antwort ernsthaft überhaupt erst stellen, wenn wir Goethes amtliches Schaffen einmal wie sein dichterisches Werk ganz werden überblicken können –, sondern hier soll der einfache Ablauf solcher vielseitigen Verrichtungen chronologisch aufgezeigt werden. Denn auch auf diesem Gebiete, in der Goethe-Chronologie, ist noch das meiste erst zu tun, und wie unzureichend und absolut lückenhaft das ist, was sich als Chronik von Goethes Leben anbietet, sieht der immer wieder, der aus den Quellen solche Gegenstände zu klären unternimmt.[7]

Um also an einem Beispiel einen Beitrag zur Chronik von Goethes Leben zu leisten, in dem sowohl der dichterisch-geistig schaffende wie der staatsmännisch-amtlich handelnde Goethe gleichmäßig zu ihrem Rechte kommen, wählen wir aus jener von Wieland gekennzeichneten Zeit zu Beginn des Jahres 1779 den Monat Februar aus, der uns für ein solches Unternehmen recht geeignet erscheint. Denn in ihn fällt der Beginn der Arbeit an der »Iphigenie«, in ihm hatte aber auch die »garstige Lage«, von der Wieland spricht, ihren Höhepunkt erreicht, und in diesem Monat blieb daher Goethe, der sich dichterisch zu konzentrieren suchte, an dienstlichen Aufregungen nichts erspart.

---

4 Vgl. dazu das in Anm. 2 genannte Werk von Hans Gerhard Gräf.
5 [In Kürze zu erwarten:] Momme Mommsen, Die Entstehung von Goethes Werken in Dokumenten. Unter Mitwirkung von Katharina Mommsen. Herausgegeben vom Institut für deutsche Sprache und Literatur der Deutschen Akademie der Wissenschaften zu Berlin, Bd. 1–2. Berlin 1958.
6 Über die Arbeiten zur Herausgabe von Goethes Amtlichen Schriften vgl. zuletzt den zusammenfassenden, alle wesentliche Literatur nennenden Bericht von Willy Flach, Goethes amtliche Tätigkeit und seine amtlichen Schriften. In: Wissenschaftliche Annalen 4 (1955), S. 449–465. Meiner wissenschaftlichen Mitarbeiterin bei der Erfassung, Bearbeitung und Herausgabe von Goethes Amtlichen Schriften, Frau Helma Dahl, habe ich für ihre auf eingehender Kenntnis des Quellenmaterials beruhende Hilfe auch bei dieser Gelegenheit herzlich zu danken.
7 Man vergleiche etwa mit dem, was wir nachstehend ausführen, die entsprechenden sechs Zeilen mit Angaben über den Februar 1779 bei Franz Götting, Chronik von Goethes Leben, 1957, S. 33.

Wir beginnen, um Goethes Tätigkeit in jenem Monat nach ihrem vollen Umfang zu erfassen, mit seinem amtlichen Schaffen, und wir beantworten dabei zunächst die Frage, aus welchen dienstlichen Bereichen in diesem Monat an ihn überhaupt Forderungen herankommen konnten.[8] Eine der wesentlichen amtlichen Verrichtungen Goethes in jenem Monat war, wie seit seinem Eintritt in den weimarischen Staatsdienst im Juni 1776 überhaupt, die Mitarbeit im Geheimen Consilium, dem den Landesherrn beratenden obersten Organ des Staates.[9] So nahmen ihn zunächst die Sitzungen jener Behörde, denen er beiwohnen mußte, in Anspruch, und für die dort zu haltenden Vorträge und Referate und die zu fassenden Beschlüsse hatte er sich durch Aktenstudium vorzubereiten. Da gab es dann weiter Niederschriften und schriftliche Voten anzufertigen, da mußten die nach den Beschlüssen des Consiliums gefertigten Konzepte der ausgehenden Schreiben durchgesehen, durch Signum abgezeichnet und damit verantwortlich gutgeheißen werden. Bei der Fülle der Gegenstände, die an das Geheime Consilium herangetragen wurden und die von ihm unmittelbar ausgingen – und das waren, wie sich zeigen wird, im Februar 1779 recht viele Fälle –, stellte die Mitarbeit Goethes dort also schon eine ausgedehnte Tätigkeit staatlich-administrativer Art dar. Aber es gab in diesem Bereich mehr Aufgaben für ihn. Zwar nahmen Goethe in jenem Monat Angelegenheiten der Ilmenauer Bergwerkskommission, der er seit 1777 angehörte, offenbar gar nicht in Anspruch[10], dafür aber stand er im Februar 1779 mitten in den Bemühungen, sich in neue Gebiete der staatlichen Verwaltung einzuarbeiten, die ihm eben erst zugefallen waren. Am 5. Januar 1779 war ihm die Leitung der Kriegskommission übertragen worden[11], und am 19. Januar hatte er die Wegebaudirektion übernommen, in der seine Funktionen am 23. Februar noch auf die Beaufsichtigung des Stadtpflasterbauwesens in Weimar ausgedehnt wurden.[12] Namentlich in der Kriegskommission hatte er alle Hände

---

8 Eine Übersicht über die Behörden und Einrichtungen, in denen Goethe amtlich tätig war, findet sich an folgenden Stellen: Willy Flach, Goethes Amtliche Schriften, Bd. I: Goethes Tätigkeit im Geheimen Consilium, Teil 1, 1950, S. XIII-XX. Derselbe, Goetheforschung und Verwaltungsgeschichte, 1952, S. 17–24. Derselbe, [Goethes] Amtliche Tätigkeit in: Goethe-Handbuch, hg. von Alfred Zastrau, Bd. 1, [1961], Sp. 225-231.

9 Über die Arbeitsweise des Geheimen Consiliums ist ausführlich von Willy Flach in den in der vorigen Anmerkung genannten Schriften gehandelt, und zwar: Amtliche Schriften, Bd. I, S. XLII-LXIII; Goetheforschung und Verwaltungsgeschichte, S. 46–67.

10 Aus den im Thüringischen Hauptstaatsarchiv in schöner Vollständigkeit erhaltenen Akten der Bergwerkskommission und aus den dort ebenfalls vollständig überlieferten Registranden dieser Behörde ergibt sich ziemlich deutlich die Tatsache, daß im Februar 1779 Angelegenheiten dieser Kommission nicht zu bearbeiten waren. Über die Ilmenauer Bergwerkskommission vgl. [in Kürze] den entsprechenden Artikel von Willy Flach in: Goethe-Handbuch, Bd. 1, [1961], Sp. 1053-1079. [Wiederabgedruckt mit Quellennachweisen in: Goethes Amtstätigkeit für den Ilmenauer Bergbau. Dokumentation zur Archivalienausstellung des Thüringischen Hauptstaatsarchivs Weimar in Ilmenau 23. September bis 7. November 1998, Ilmenau 1998, S. 11–33.]

11 In Goethes Tagebuch vom 5. Januar 1779 (Goethes Werke, Weimarer Ausgabe III. Abt., Bd. 1, 1887, S. 76; künftig zitiert als Tagebuch) findet sich der Eintrag: »Conseil die Kriegs Commission übertragen«. Dazu paßt völlig der Eintrag in der Unterschriftsregistrande über eine sicher in der Sitzung des Consiliums vom 5. Januar 1779 beschlossene Verfügung: »Rescriptum ad Commissionem Militarem, den Abgang des Herrn Geheimen Raths Freyherrn von Fritsch von derselben betr.«.

12 Joseph A. von Bradish, Goethes Beamtenlaufbahn, 1937, S. 203 Nr. 8 und S. 212 Nr. 14. Über Goethes Tätigkeit in der Kriegskommission und in der Wegebaukommission vgl. Hans Bürgin, Der Minister Goethe vor der römischen Reise, 1933. Dieses Buch erweckt die falsche Vorstellung, als ob die Mitarbeit in der Kriegskommission und in der Wegebaukommission die einzige amtliche Tätigkeit Goethes vor der Italienischen Reise gewesen sei.

voll zu tun, um Ordnung in die Geschäftsführung zu bringen, die vorher liederlich gewesen war; in beiden Fällen aber galt es, mit neuen Materien sich vertraut zu machen, und dies nahm den ganzen Februar mit in Anspruch.

Dazu kam aber die verteufelte politische Situation, in der während des Bayerischen Erbfolgekrieges das kleine Land Sachsen-Weimar als »Kahn [...] zwischen den Orlogschiffen gequetscht«[13] wurde. Nachdem der preußische Einfall in Böhmen im Juli 1778, der den Krieg eröffnet hatte, ohne Erfolg geblieben war und die preußischen Truppen im Oktober Böhmen hatten räumen müssen, wurden sie von ihren mitteldeutschen Winterquartieren aus dem weimarischen Lande recht lästig.[14] Anfang und Ende Dezember überbrachten zweimal preußische Leutnants die Aufforderung nach Weimar, die Anwerbung von Soldaten zuzulassen; da diese Zumutung abgewiesen wurde, blieben im Januar preußische Übergriffe und gewaltsame Entführung junger Leute, besonders aus dem Amt Großrudestedt, nicht aus, und am 23. Januar 1779 drohte der erneut erscheinende preußische Leutnant von Rheinbaben im Falle weiterer Weigerung eigene preußische Truppenaushebungen an. Dieses drohende Unglück suchte man in Weimar durch ein unmittelbares Schreiben des Herzogs Carl August an den preußischen König vom 25. Januar zu bannen, das durch Kurier am 27. Januar abgeschickt wurde.[15] Man lebte also in Weimar über das Monatsende in der Ungewißheit, wie der König reagieren würde, aber man hatte zweifellos wenig Hoffnung auf eine günstige Wendung der Dinge.

Goethe selbst gibt uns in seinem Tagebuch vom Januar 1779 einen klaren Einblick in die soeben umrissenen persönlichen wie allgemeinen Verhältnisse. Man sieht dabei zunächst deutlich, wie sehr ihm die Geschäfte der Kriegskommission, die ihm soeben übertragen worden waren, anlagen, wie sehr er sich mit ihnen befaßte, wie sehr sie damals bei ihm allen anderen amtlichen Obliegenheiten voranstanden.[16] Es waren die Aufgaben dieses Arbeitsgebietes, die ihn zu der tiefen Erkenntnis brachten: »Gute Hoffnung, in Gewißheit des Ausharrens. Der Druck der Geschäffte ist sehr schön der Seele, wenn sie entladen ist spielt sie freyer und geniest des Lebens. Elender ist nichts als der behagliche Mensch ohne Arbeit, das schönste der Gaben wird ihm eckel.«[17] Aber auch seine und des Landes Bedrückung durch die politische Lage und die preußischen Forderungen spiegeln sich in einem Eintrag

---

13 Am 18. März 1778 hatte Goethe an Merck folgendes geschrieben (Goethes Werke, Weimarer Ausgabe IV. Abt., Bd. 3, 1888, S. 214 Nr. 682; weiterhin zitiert als Briefe): »Jezt macht uns aber der Eindringende Krieg ein ander Wesen. Da unser Kahn auch zwischen den Orlogschiffen gequetscht werden wird. Gott sey danck ich hab schönen Muth, und freyes Leben.«

14 Die ganze Bedrängnis für das Land Weimar durch die preußische Werbung ergibt sich aus dem Aktenstück Thüringisches Hauptstaatsarchiv Weimar, H 1556, das die schwierige Situation in all ihren Einzelheiten klar erkennen läßt. Für unseren Zusammenhang genügt der Hinweis auf die in Anm. 3 genannte Arbeit von Hans Tümmler.

15 Das Schreiben ist gedruckt bei Hans Tümmler, Politischer Briefwechsel des Herzogs und Großherzogs Carl August von Weimar, Bd. 1, 1954, S. 57 Nr. 5. Das Datum der Absendung ergibt sich aus dem entsprechenden Kanzleivermerk in dem Aktenstück H 1556 Bl. 28.

16 Hier sei auf folgende Tagebucheinträge Goethes hingewiesen (Tagebuch Bd. 1, S. 76–78): Nach dem 5. Januar: »Mit Militär Oekonomie beschäfftigt.« 10. Januar: »früh die Officiers und meine künftigen Subalternen. Über das Geschäfft mich in der Stille bearbeitet.« 13. Januar: »Die Kriegs Commiss. übernommen Erste Session. Fest und ruhig in meinen Sinnen, und scharf. Allein dies Geschäffte diese Tage her. Mich drinn gebadet. und gute Hoffnung, in Gewissheit des Ausharrens.« 14.-25. Januar: »In Ackten gekramt, die unordentliche Repositur durchgestört, es fängt an drin heller zu werden. Das Geschäfft mir ganz allein angelegen. [....] Meist mit der Kriegs Commission beschäfftigt.«

17 Tagebucheintrag zum 13. Januar: Tagebuch Bd. 1, S. 77.

von Ende Januar wider: »Beunruhigt das Amt Grosen Rudstedt durch die Preußen, Wiederkunft Reinbabens, fatale Propositionen. Zwischen zwey übeln im wehrlosen zustand. Wir
haben noch einige Steine zu ziehen, dann sind wir matt. Den Courier an den König. in dessen Erwartung Frist.«[18] Man hat den Eindruck, daß man in Weimar damals unter der Vorstellung einer Galgenfrist lebte.

Kein Wunder, daß bei solcher Sachlage der Februar im amtlichen Betrieb Weimars an
der obersten Stelle, nämlich im Geheimen Consilium, in gereizter Stimmung begann.
»Conseil«, so berichtet Goethe im Tagebuch zum 1. Februar: »Dumme Lufft drinne Fataler
Humor von Fritsch. Herzog zu viel gesprochen.«[19] Sein weiterer Bericht über die Erklärungen während des Mittagessens im kleinsten Kreis mit dem Herzog läßt ahnen, daß es in dieser Conseil-Sitzung am 1. Februar heftig zugegangen und das unbeherrschte Wesen des
Herzogs beunruhigend hervorgetreten sein muß: »Zu viel reden, fallen lassen, sich vergeben, seine Ausdrücke mässigen, Sachen in der Hizze zur sprache bringen die nicht geredt
werden sollten. Auch über die Militärischen Makaronis. Herzog steht noch immer an der
Form stille. Falsche Anwendung auf seinen Zustand was man bey andern gut und gros findet. Verblendung am äusserlichen Übertünchen.«[20] Diesem aufgeregten Zustand des Herzogs setzt Goethe seine eigenen Absichten entgegen: »Die Kriegs Commission werd ich gut
versehn weil ich bey dem Geschäft gar keine Immagination habe, gar nichts hervorbringen
will, nur das was da ist recht kennen, und ordentlich haben will. So auch mit dem Weeg-
bau.« Spricht Goethe in diesen Auslassungen einerseits von den Sachgebieten seiner damaligen amtlichen Tätigkeit im Geheimen Consilium, in der Kriegskommission und in der Wegebaukommission und von seinen besonderen Bemühungen und Absichten, zeigt er uns
andererseits die allgemeine Stimmung und Lage in Weimar auf, so wecken seine knappen
Notizen zugleich das Interesse, darüber hinaus mehr zu erfahren, was damals in Weimar
geschah, was etwa hinter der »dummen Luft« und dem »fatalen Humor« im Geheimen Consilium steckte. Damit aber ist die Frage nach den Quellen gestellt, die über die kurzen und
nur gelegentlichen Tagebucheinträge Goethes hinaus und neben seinen sehr spärlichen
brieflichen Äußerungen aus jenen Tagen Nachrichten von der amtlichen Tätigkeit Goethes
im Februar 1779 vermitteln.

Für das Geheime Consilium und die Tätigkeit Goethes darin ist die Quellenlage verhältnismäßig günstig, jedenfalls so günstig, daß sie aus den Akten und den Registranden, den
Geschäftstagebüchern, einen annähernd vollständigen Überblick über die gesamte geleistete Arbeit bis zum einzelnen Fall hin zuläßt.[21] Wir wissen daher, was in den ordentlichen
Sessionen des Consiliums im Februar, in denen die Mitglieder des Kollegiums mit dem Herzog stets vollzählig versammelt waren, im einzelnen beraten und beschlossen und was darnach an schriftlichen Verfügungen erlassen worden ist; wir kennen also die Beschlüsse, an
denen neben dem Herzog, dem Wirklichen Geheimen Rat Jakob Friedrich Freiherrn von
Fritsch und dem Geheimen Assistenzrat Christian Friedrich Schnauß auch Goethe mitge-

---

18   Tagebucheintrag zum 14.-25. Januar: Tagebuch Bd. 1, S. 78.
19   Ebenda S. 78.
20   Über den Ausdruck »militärische Makaronis« vgl. Albert Leitzmann in: Jahrbuch der Goethe-Gesell-
     schaft 15 (1929), S. 201 f.
21   Über die Rekonstruktion der Gesamttätigkeit des Geheimen Consiliums und Goethes Mitarbeit dabei
     vgl. Willy Flach, Goethes Amtliche Schriften, Bd. I, S. LXIII-LXX. – Derselbe, Goetheforschung und
     Verwaltungsgeschichte, S. 67-74.

wirkt hat, und wir wissen auch ganz gut, was außerhalb der Sitzungen durch Umlauf erledigt worden ist. Eine Vorstellung von der Fülle der auf solche Weise bearbeiteten Gegenstände mag die anhangweise gegebene regestenartige Rekonstruktion der Sitzungen des Geheimen Consiliums im Februar 1779 erwecken. Nicht so günstig liegen die Quellenverhältnisse für die Kriegskommission und die Wegebaukommission; denn für die erste sind die Akten völlig verloren, nur ihre Rechnungen blieben erhalten, für die zweite ist das Aktenmaterial auch nur spärlich überliefert.[22] Immerhin lassen sich bei vorsichtiger und intensiver Interpretation dieser wenigen Quellen einige sichere Erkenntnisse gewinnen.

Auf der Grundlage solchen Quellenmaterials, persönlichen und amtlichen, ergibt sich für den Februar 1779 ein in keiner Weise vollständiges, aber doch immerhin recht anschauliches, für Goethes ganzes Leben beispielhaftes Bild vom Nebeneinander des chronologischen Ablaufs seiner amtlichen Wirksamkeit und seines dichterischen Schaffens. Wir lassen nunmehr die Tatsachen für sich sprechen und versuchen, Goethes Tagebuch für den Februar 1779 in nüchterner Form zu komplettieren.

Am 1. Februar, einem Dienstag, war der Vormittag, wohl von 10 Uhr ab, durch eine ordentliche Session des Geheimen Consiliums ausgefüllt, in der neben den vielen alltäglichen Gegenständen, die in allen Sitzungen wiederkehrten, die politisch bewegenden Fragen des Tages zur Sprache kamen.[23] Von Preußen zur Stellungnahme eingeschickte Denkschriften über die bayerische Erbfolgefrage und die damit in Zusammenhang stehende preußische Nachfolge in den fränkischen Fürstentümern Ansbach und Bayreuth, ferner die preußische Werbefrage und die mit ihr verquickte Angelegenheit preußischer ins weimarische Gebiet desertierter Soldaten haben zweifellos längere Beratungen veranlaßt. Die hinhaltende Antwort an das preußische Ministerium im ersten Fall, die entschiedene Ablehnung des Vorschlags der weimarischen Regierung, preußische Deserteure während des Krieges zum »Wohlgefallen« des preußischen Königs freiwillig auszuliefern, die Beschäftigung mit den Maßnahmen von Sachsen-Gotha zur Abwendung der preußischen Werbeexzesse lassen das vermuten. An solchen Gegenständen konnten sich schon die Gemüter erhitzen, konnte, wovon das Tagebuch spricht, »dumme Luft« entstehen und »fataler Humor« aufkommen, konnte »zu viel gesprochen« werden, zumal wenn einem »das Thauwetter [...] in den Gliedern und die Stube warm« war. Wurde schon in diesen politischen Zusammenhängen sicher viel von Militärangelegenheiten gehandelt, so kamen noch besondere Einzelfälle dieser Art zur Sprache, besonders der in der Sitzung genehmigte Vorschlag der Kriegskommission, die bis dahin von aktiven Soldaten ausgeübte Zuchthauswache, um aktives Militär einzusparen, durch Pensionäre zu ersetzen. Das alles kann schon im Consilium zu Erörterungen »auch über die Militärischen Makaronis« geführt haben; auf alle Fälle aber hat es den Boden geschaffen für die nachträglichen Unterhaltungen Goethes mit dem Herzog.

An diesem Tage war der Herzog nicht aufgelegt, an der allgemeinen Hoftafel teilzunehmen; er speiste mit drei Personen allein[24], unter ihnen Goethe, und dabei wurden nach

---

22 Was von den schriftlichen Aufzeichnungen der Kriegskommission und der Wegebaukommission erhalten geblieben ist, findet sich im Thüringischen Hauptstaatsarchiv Weimar.

23 Die folgenden Feststellungen über den 1. Februar ergeben sich aus dem Tagebucheintrag zu diesem Tage (Tagebuch Bd.1, S. 78 f.) und dem im Anhang gegebenen rekonstruierten Verzeichnis der Beschlüsse des Geheimen Consiliums von diesem Tage.

24 Fourierbuch auf das Jahr 1779 (Thüringisches Hauptstaatsarchiv Weimar, Fourierbücher Nr. 28, S. 19).

Tisch die Verhandlungen in der Sitzung des Geheimen Consiliums und des Herzogs Verhalten dabei noch einmal besprochen. Für sich aber zog Goethe daraus im Tagebuch das Resultat über den noch immer unbefriedigenden Entwicklungsstand des Herzogs und damit über seine eigenen noch wenig erfolgreichen Bemühungen um dessen Erziehung.[25]

Wie weit einzelne Angelegenheiten der Kriegskommission Goethe an diesem Tage außer denen, die im Consilium verhandelt wurden, unmittelbar beschäftigten, ist nicht mehr auszumachen; immerhin brachte die Sitzung auch einige neue Fälle für die Kommission.[26] Aber der ganze Tag mit seinen Vorkommnissen war dazu angetan, jene oben erwähnten grundsätzlichen Erwägungen Goethes über seine Vorhaben und Absichten in der Kriegskommission anzustellen.[27]

Um die Wegebausachen in Gang zu bringen, übersandte Goethe an diesem Tage seinem Mitarbeiter, dem Artilleriehauptmann Jean Antoine Joseph de Castrop eine Abschrift des Reskripts vom 19. Januar, mit dem ihm die Leitung der Geschäfte übertragen worden war, erbat sich von ihm »Verzeichnisse« und wünschte für den nächsten Tag persönliches Erscheinen Castrops zur dienstlichen Besprechung.[28] Es ist anzunehmen, daß dieses Schreiben noch vor der Sitzung des Consiliums geschrieben wurde. Jedenfalls schickte Castrop gegen Abend »die anverlangten Verzeichnisse und respective Specificationes, das Wegebaugeschäfte betreffend, so erst diesen Nachmittag fertig worden«[29], und es liegt daher nahe, daß sich Goethe noch an diesem Abend mit den Straßenbau-Materialien beschäftigt hat.

Am Mittwoch, dem 2. Februar, zu dem das Tagebuch nur »Brief von Krafften Frühlings Ahndung« vermerkt, für den sich aus dem Brief an Frau von Stein[30] bei »Wittrung von Frühlingslufft« Beschäftigung im Garten am Morgen ergibt, hat früh auch der Besuch de Castrops stattgefunden, also die Behandlung von Wegebausachen. An Amtlichem war an diesem Tage außerdem die Durchsicht und das Signieren der Konzepte aus der Sitzung des Geheimen Consiliums vom 1. Februar, soweit sie inzwischen fertiggestellt waren, zu erledigen.[31] Man versteht dann recht gut den zu Frau von Stein ausgesprochenen Wunsch: »Gebe uns der Himel den Genuss davon [nämlich von den Bäumen im Garten], und stäube allen Ackten und Hofstaub um uns weg.«

---

25 Tagebuch Bd. 1, S. 79: »Herzog steht noch immer an der Form stille. Falsche Anwendung auf seinen Zustand was man bey andern gut und gros findet. Verblendung am äusserlichen Übertünchen.«

26 Vgl. die im Anhang unter den Beschlüssen des Consiliums vom 1. Februar aufgeführten Militärsachen.

27 Vgl. Tagebucheintrag zum 1. Februar (Tagebuch Bd. 1, S. 78). Wie sehr Goethe gerade an diesem Tage fühlte, auf sich allein gestellt zu sein, beweist die Schlußbemerkung im Tagebuch zum 1. Februar (Tagebuch Bd. 1, S. 79): »So schweer ist der Punckt: wenn einem ein Dritter etwas räth oder einen Mangel entdeckt, und die Mittel anzeigt wie dieses gehoben werden könnte, weil so offt der Eigennuz der Menschen ins Spiel kommt die nur neue Etats machen wollen um bey der Gelegenheit sich und den ihrigen eine Zulage zuzuschieben, neue Einrichtungen um sich's bequemer zu machen, Leute in Versorgung, zu schieben pp. Durch diese Wiederholten Erfahrungen wird man so misstrauisch daß man sich fast zulezt scheut den Staub abwischen zulassen. In keine Lässigkeit und Unthätigkeit zu fallen ist deswegen schweer.«

28 Briefe Bd. 4, S. 9 Nr. 778.

29 Bradish, a. a. O., S. 207 Nr. 10.

30 Briefe Bd. 4, S. 10 Nr.. 779

31 Über das Durcharbeiten der Akten einen oder zwei Tage vor den Sitzungen des Geheimen Consiliums und die Revision und das Signieren der Konzepte in der Regel einen Tag nach den Sitzungen vgl. Willy Flach, Goethes Amtliche Schriften, Bd. I, S. XCVII; Goetheforschung und Verwaltungsgeschichte, S. 110.

Am Donnerstag, dem 3. Februar, fand im weimarischen Fürstenhaus ein Ereignis statt, durch das beim Geheimen Consilium, also auch für Goethe, allerlei Arbeit ausgelöst wurde: früh um 6 Uhr erfolgte die Geburt der Prinzessin Luise Auguste Amalie[32], von der Herder am gleichen Tage schon an Lavater berichtete, daß es »ein großes, schönes Kind« sei, und Goethe der das Kind also schon bald nach der Geburt gesehen haben muß versicherte, »daß es gerade die Geniesnase mit breitem Sattel« nach Lavaters Angabe habe.[33] Außerhalb einer ordentlichen Sitzung des Geheimen Consiliums wurden sogleich die zweifellos schon vorbereiteten Gevatter- und Notifikationsschreiben erlassen[34], was schon sehr früh am Tage geschehen sein muß. Denn die Weimarischen Wöchentlichen Anzeigen berichten folgendes: »Noch an eben dem Morgen [3. Februar] wurden die hohen mit unserm Fürstenhause verwandten Höfe durch Couriere und Staffetten davon benachrichtigt, und besonders des Herrn Herzogs zu S. Gotha Durchlaucht durch einen Gesandten eingeladen, der Taufhandlung persönlich beyzuwohnen.«[35] Am Mittag dieses Tages mit dem für das Fürstenhaus erfreulichen Ereignis nahm Goethe an der Hoftafel teil, wobei ihn das Fourierbuch als »Geheimer Legationsrat Gehde«[36] anführt. Auch sonst dürfte er an diesem Tage, an dem übrigens die Weimarische Kammer beim Herzog anfragte, ob »unter der Wegebaudirektion auch die Besorgung der Unterhaltung des Stadtpflasters und um die Stadt gehender Promenaden« zu verstehen sei[37], durch Repräsentationspflichten eines Mitgliedes des Geheimen Consiliums beansprucht worden sein.

Das war auch am 4. Februar der Fall, für den bei Hofe Gala angesagt worden war[38], weil an diesem Tage die Taufe der neugeborenen Fürstentochter stattfand. »Inzwischen waren«, so berichten die Weimarischen Wöchentlichen Anzeigen, »sämtliche Herrn Ministres, Damen, Cavaliers und Räthe um 5 Uhr bey Hof sich einzufinden mit der Nachricht eingeladen, daß um 6 Uhr die Taufhandlung geschehen solle.«[39] Unter diesen sämtlichen Herren Ministres hat auch Goethe der Taufe beigewohnt.

Ob er am 5. Februar an der Redoute, die laut Fourierbuch abgehalten wurde[40], teilnahm, wissen wir nicht, dürfen es aber vermuten. In amtlichen Dingen wurde er an diesem Tage mit Wegebauangelegenheiten befaßt, als Castrop ihn bat, dafür zu sorgen, daß ihm auch das Stadtpflasterbauwesen, das »von jeher und allezeit mit dem Landstraßenbau connex gewesen«, übertragen werde.[41]

Für Sonnabend, den 6. Februar, liegen uns Nachrichten nicht vor. Aber vom 7. Februar, einem Sonntag, wissen wir durch ein amtliches Schreiben, daß der Vorschlag der Regierung Weimar, einen wegen heimlicher Werbung verhafteten kursächsischen Jäger freizulassen, durch Umlauf den Mitgliedern des Geheimen Consiliums zur Begutachtung vorgelegt wurde und Billigung fand, auch die Billigung Goethes.[42]

---

32 Über die am 3. Februar geborene Prinzessin Luise Auguste Amalie, die am 24. März 1784 verstarb, vgl. Otto Posse, Die Wettiner, 1897, Tafel 13 Nr. 2.
33 Biedermann, Goethes Gespräche Bd. 1, S. 95 Nr. 191.
34 Vgl. im Anhang die Angaben zum 3. Februar.
35 Weimarische Wöchentliche Anzeigen Nr. 10 vom Mittwoch dem 3. Februar 1779.
36 Fourierbuch (wie Anm. 24), S. 20.
37 Bradish, a. a. O. S. 208 Nr. 11.
38 Fourierbuch (wie Anm. 24), S. 21.
39 Weimarische Wöchentliche Anzeigen Nr. 11 vom Sonnabend dem 6. Februar 1779.
40 Fourierbuch (wie Anm. 24), S. 21.
41 Bradish, a. a. O., S. 210 Nr. 12.
42 Vgl. die Angaben im Anhang zum 7. Februar.

Die Äußerung vom Abend des 8. Februar in einem Brief an Frau von Stein, »ich muß mich wieder an meine Wohnung gewöhnen«[43], zeigt uns, wie sehr die vergangenen Tage, sicher durch die mit der Geburt im Fürstenhause zusammenhängenden Vorgänge, Goethe außer Haus gehalten und in Anspruch genommen hatten. Er hatte es aber auch nötig, wieder zu Hause zu bleiben, denn am nächsten Tage war Sitzung des Geheimen Consiliums anberaumt, und für die mußte er sich durch Aktenstudium vorbereiten.

Die Sitzung des Geheimen Consiliums am Dienstag, dem 9. Februar, ist nach der Zahl der erledigten Gegenstände wenig umfangreich gewesen[44], nach der Bedeutung der behandelten Sachen aber eine sehr wichtige Sitzung. Das beweist schon die Tatsache, daß über diese Session ein ausführliches Spezial-Protokoll vorliegt, was bei dem Geschäftsverfahren des Geheimen Consiliums eine ganz seltene Ausnahme darstellt.[45] Zur Verhandlung kam nämlich die Sachlage, die durch das am 7. Februar in Weimar eingegangene Schreiben des preußischen Königs vom 2. Februar geschaffen war.[46] Friedrich II. bestand darin auf der Zulassung freier Werbung oder freiwilliger Abgabe von Rekruten, und diese preußische Forderung veranlaßte die Prüfung der Lage nach allen Seiten hin, insbesondere die sich für Weimar aus der Annahme oder Ablehnung ergebenden Folgen. Der Herzog war zum Abwarten geneigt, die Geheimen Räte aber drängten auf eine klare Entscheidung. Diese wurde bis zum nächsten Tage ausgesetzt, inzwischen aber der Beschluß gefaßt, den in der Session aufgetauchten Plan einer Vereinigung der nichtkriegführenden Reichsstände zur Sicherung ihrer Lande und Untertanen gegen die kriegführenden Mächte an Sachsen-Gotha und an Hannover zu unterbreiten. In oder nach dieser Sitzung hat Carl August, so müssen wir annehmen, seinen Geheimen Legationsrat und Freund Goethe beauftragt, die in der Session von den einzelnen Mitgliedern vorgebrachten Gesichtspunkte noch einmal zusammenzufassen, um ihm damit die Stellungnahme und Entscheidung zu erleichtern. So ist jedenfalls jene umfassende Niederschrift aufzufassen, die Goethe wohl bald nach der Sitzung anfertigte und die in den Papieren des Herzogs Carl August überliefert ist.[47] Zweifellos war dieser 9. Februar ein Tag, an dem die »garstige Lage« Weimars besonders deutlich empfunden werden mußte.

Am 10. Februar, Mittwoch, war vormittags wieder ordentliche Session des Geheimen Consiliums[48], bei der zunächst die am Vortage begonnene Beratung über die preußischen Werbeforderungen fortgesetzt wurde. Aus dem darüber wiederum angefertigten Protokoll[49] wissen wir, daß der Herzog entschied, die im Konzept vorgelegten Schreiben an

---

43   Briefe Bd. 4, S. 10 Nr. 780.

44   Vgl. die Zusammenstellung im Anhang unter dem 9. Februar.

45   Das Protokoll ist gedruckt bei Willy Flach, Goethes Amtliche Schriften, Bd. I, S. 45–52 Nr. 30 A. Über die nur ausnahmsweise erfolgende Führung ausführlicher Protokolle im Geheimen Consilium vgl. Amtliche Schriften, Bd. I, S. LII f.; Goetheforschung und Verwaltungsgeschichte, S. 56 f.

46   Das Schreiben ist gedruckt bei Tümmler, Politischer Briefwechsel (wie Anm. 15), S. 58 Nr. 6.

47   Der letzte kritische Druck dieses Gutachtens von Goethe in: Amtliche Schriften, Bd. I, S. 52–56 Nr. 30 B.

48   Über die Tagesordnung der Sitzung vom 10. Febr. vgl. den Anhang zu diesem Tage.

49   Das Protokoll vom 10. Februar ist gedruckt in: Amtliche Schriften, Bd. I, S. 56 f. Nr. 30 C. Die hinhaltende und zögernde Art, in der Carl August in dieser Sitzung und auch weiterhin die Angelegenheit behandelte, die sich deutlich von der auf Entscheidung drängenden Haltung seiner Minister abhob, namentlich von der zur Nachgiebigkeit neigenden Einstellung von Fritsch und Schnauß (vgl. z. B. im Anhang die Voten vom 11. bis 14. Februar), ist zweifellos bestärkt worden durch einen bisher unbeachtet gebliebenen Brief des badischen Ministers Wilhelm von Edelsheim vom 8. Februar (Hausarchiv A XIX Nr. 32 Bl. 11): »Von Krieg und Frieden, da sehe ich deutlich, daß E. Hochfürstl. Durchl. weniger

Sachsen-Gotha und Hannover abgehen, die preußischen Anträge aber bis zum Einlaufen der Antworten von diesen beiden Staaten in der Schwebe zu lassen. Etwaige inzwischen stattfindende preußische Werbungen sollten stillschweigend zugelassen, Exzesse dabei verhütet werden. Im übrigen war diese Sitzung des 10. Februar wiederum angefüllt mit der Behandlung einer großen Reihe laufender, über das alltägliche Maß nicht hinausgehender, dennoch aber natürlich Arbeit verursachender Geschäfte. Daß dazu an diesem Tage für Goethe auch noch Angelegenheiten der Kriegskommission zu erledigen waren, beweist eine überlieferte Verordnung[50]; das zeigen außerdem die in der Sitzung des Geheimen Consiliums berührten Angelegenheiten, die sich auf diese Kommission bezogen.[51]

Der 11. Februar, ein Donnerstag, war teilweise der Revision der Konzepte aus den beiden Sitzungen des Consiliums am 9. und 10. Februar gewidmet. Vom 12. Februar wissen wir nicht sehr viel mehr, als daß nach dem Fourierbuch[52] am Abend Redoute war, an der möglicherweise auch Goethe teilgenommen hat. Am 13. Februar ist vielleicht Sitzung der Kriegskommission gewesen, worauf ein Rundschreiben dieser Kommission hindeutet, das wegen Musterung der jungen Mannschaft erlassen worden ist.[53]

Zum Sonntag dem 14. Februar findet sich im Tagebuch, in das seit dem 2. Februar keine Einträge gemacht worden waren, der umfänglich bescheidene, inhaltlich außerordentlich gewichtige, nach dem geschilderten Ablauf der vergangenen Wochen überraschende Eintrag »früh Iphigenia anfangen dicktiren«. Er wird ergänzt durch den Zusatz »Spaziert in dem Thal. Mit Friz und Carl [den Söhnen der Frau von Stein] gebadet ... Zu Hause gessen. Nach Tisch im Garten Bäume und Sträucher durchstört.«[54] Ganz unvermittelt also setzt nach den aufregenden amtlichen Angelegenheiten der letzten Tage die dichterische Produktion mit Iphigenie ein. Aber bei dieser literarischen Arbeit wurde Goethe selbst an diesem Sonntag von Amtlichem nicht verschont. Durch einen Umlauf[55] wurde er nach der Stellung des gleich zu erwähnenden Tagebucheintrags zu schließen noch vor dem Mittagessen, wie vorher die anderen Mitglieder des Geheimen Consiliums, mit der Angelegenheit eines Deserteurs beschäftigt, offenbar so eindringlich, daß er diese Nachricht auch ins Tagebuch aufgenommen hat als »Nachricht vom dessertirten Husaren«. So ging also dichterisches Schaffen und amtliche Betätigung auch an diesem Tage nebeneinander her. Am Abend dieses Tages faßte er seine Arbeit im Brief an Frau von Stein so zusammen: »Von unserm Morgen werden Ihnen die Gras und Wasser Affen [Fritz und Carl] erzählt haben. Den ganzen Tag brüt ich über Iphigenien daß mir der Kopf ganz wüst ist, ob ich gleich zur schönen Vorbereitung lezte Nacht 10 Stunden geschlafen. habe. So ganz ohne Sammlung, nur den einen Fus im Steigriemen des Dichter Hippogryphs, wills sehr schwer seyn etwas zu bringen das nicht ganz mit Glanzleinwand Lumpen gekleidet sey. Gute Nacht Liebste. Musick hab ich mir kommen lassen die Seele zu lindern und die Geister zu entbinden.«[56] Er arbeitete also

---

davon wissen als ich. Man streitet noch um eine Kleinigkeit [...] Ich glaube, das Hin- und Her-Parlamentiren wird bis in den Aprill werden, aber um derer respective kleinen Anstände willen wird man keinen Krieg führen. E cossi finische la Comedia maladetta.«

50 Diese Verordnung vom 10. Februar ergibt sich aus der Rechnung der Kriegskommission von 1778/79.
51 Vgl. dazu die im Anhang unter dem 11. Februar aufgeführten Militärsachen.
52 Fourierbuch (wie Anm. 24), S. 28.
53 Thüringisches Hauptstaatsarchiv Weimar, Abt. Eisenacher Militärsachen 8, 1.
54 Tagebuch Bd. 1, S. 79.
55 Vgl. den Anhang zum 14. Februar.
56 Briefe Bd. 4, S. 11 Nr. 781.

abends noch an Iphigenie weiter. Aber wir verstehen, daß es die amtlichen Dinge waren, die ihn »ohne Sammlung nur den einen Fus im Steigriemen des Dichter Hippogryphs« haben ließen. Diese hatten ihn in der letzten Zeit arg beschäftigt und waren von ihm sehr ernst genommen worden. Das lehrt deutlich die im Anschluß an den 14. Februar im Tagebuch vermerkte zusammenfassende Wertung: »Diese Zeit her habe ich meist gesucht mich in Geschäfften aufrecht zu erhalten und bey allen Vorfällen fest zu seyn und ruhig.«[57]

Über Montag den 15. Februar sind wir ohne Nachrichten. Am 16. Februar, Fastnacht, an dem abends Redoute[58] stattfand, ist er mit Angelegenheiten der Kriegskommission[59], wiederum Desertionsdingen, beschäftigt gewesen, zweifellos aber auch mit der Vorbereitung auf die Sitzung des Geheimen Consiliums am nächsten Tage.

Die ordentliche Session vom 17. Februar, einem Mittwoch, war besetzt mit einer Fülle von laufenden Geschäften ohne besondere Höhepunkte[60], zu vermelden waren an diesem Tage eine Menge von eingelaufenen Glückwünschen zur Geburt der Herzogstochter. Von der preußischen Werbesache war nicht die Rede. Außerhalb der Sitzung hatte sich Goethe noch im Umlauf mit dem Konsens zu beschäftigen, den der Herzog und sein Bruder zur Schuldenregelung des Hauses Sachsen Coburg Saalfeld erteilen sollten.

Am 18. Februar hatte Goethe die Konzepte der aus der Sitzung des Vortages stammenden Kanzleischriftsätze durchzusehen und zu signieren. Am 19. Februar, an dem laut Fourierbuch abends die letzte Redoute stattfand[61], erhielt Goethe von Castrop »die anverlangten schriftliche Aufsätze [...] von einen gewissen Umfange«, deren Anfertigung »mehrere Zeit, als [...] anfänglich vermuthet, erfordert haben«[62]. Es ist anzunehmen, daß es sich um die Erledigung des Auftrages handelte, den Goethe in der Dienstbesprechung vom 2. Februar an Castrop erteilt hatte.

Am 20. Februar unterbreitete Goethe als Mitglied des Geheimen Consiliums und Kriegskommissar dem Herzog einen nicht näher bekannten Vorschlag wegen der in Kürze vorzunehmenden Aushebung der jungen Mannschaft, die alle drei Jahre stattfand.[63] Carl August billigte den Vorschlag nicht und entschied anders, wobei in den Überlegungen offenbar Goethes Mitarbeiter in der Kriegskommission, der Kriegsrat Carl Albrecht von Volgstedt,

---

57 Dieser Eintrag findet sich tatsächlich, wie das im Goethe- und Schiller-Archiv verwahrte Original des Tagebuchs deutlich zeigt, zum 14. Februar, nicht, wie Heinrich Düntzer, Goethes Tagebücher der sechs ersten weimarischen Jahre, 1889, S. 145 meint, erst zum 24. Februar. Ob auf Goethes Stimmung die günstigen politischen Nachrichten Edelsheims an Carl August vom 8. Februar (vgl. Anm. 49), die dieser ihm sicher mitgeteilt hat, eingewirkt haben und ihn zum Beginn des dichterischen Schaffens am 14. Februar freier machten, ist nicht nachzuweisen. Denkbar wäre es.

58 Fourierbuch (wie Anm. 24), S. 30.

59 Thüringisches Hauptstaatsarchiv Weimar, B 36586, Schreiben der Kriegskommission in Sachen des Deserteurs Stiehler aus Moßbach.

60 Vgl. im Anhang die Tagesordnung und die Beschlüsse der Sitzung des Geheimen Consiliums vom 17. Februar; zum folgenden vgl. die Angaben über die am 17. Februar durch Umlauf erledigte Angelegenheit und dazu Amtliche Schriften, Bd. I, S. 57 Nr. 31.

61 Fourierbuch (wie Anm. 24), S. 31.

62 Bradish, a. a. O., S. 211 Nr. 13.

63 Briefe Bd. 4, S. 11 Nr. 782, Goethe an Freiherrn von Fritsch: »Da ich den ohnzielsezlichen Vorschlag wegen der Auslesung Serenissimo vorlegte, haben dieselben mich hierzubleiben befehligt. Sie wollen hoffen daß V. in iezziger Crise sich der Gnade die Sie für ihn tragen nicht ganz unwürdig machen werde, haben mir auch aufgetragen ihn deswegen zu verwarnen. Es bleibt mir also nichts übrig als nach dem Befehl heute die nötigen Einrichtungen zu treffen.« Das »V« des Originals ist bisher immer als »Voigt« gelesen worden, ist aber zweifellos als »Volgstedt« aufzulösen.

eine Rolle spielte. Jedenfalls wurden Reisepläne Goethes dadurch gestört und er zu Umdispositionen in den Geschäften der Kriegskommission veranlaßt. daß sich Goethe an diesem Tage mit Angelegenheiten dieser Kommission tatsächlich beschäftigt hat, beweisen auch zwei Verordnungen unter diesem Datum.[64]

Am Sonntag, dem 21. Februar, hatten sich die Geheimen Räte außerhalb einer Session mit einem Bericht der Regierung Weimar über erneute Exzesse preußischer Husarenkommandos zu befassen, eine Angelegenheit, über die uns die Voten der Geheimen Räte, auch Goethes, schriftlich vorliegen.[65]

Montag, der 22. Februar, war in der amtlichen Tätigkeit ausgefüllt mit der Vorbereitung auf die Sitzung des Geheimen Consiliums am nächsten Tage. Erst als diese erledigt war, konnte sich Goethe wieder seinem dichterischen Schaffen widmen; aber wieder wie schon am 14. Februar mußte er Musik zu Hilfe nehmen, um die Amtsgeschäfte ganz loszuwerden. Ein Brief an Frau von Stein vom Abend dieses Tages läßt uns diese Vorgänge nacherleben: »Meine Seele löst sich nach und nach durch die lieblichen Töne aus den Banden der Protokolle und Ackten. Ein Quatro neben in der grünen Stube, sizz ich und rufe die fernen Gestalten leise herüber. Eine Scene soll sich heut absondern denck ich, drum komm ich schwerlich. Gute Nacht.«[66]

Bei der ordentlichen Session des Geheimen Consiliums vom Dienstag, dem 23. Februar, kamen die inzwischen eingelaufenen, wenig aufmunternden Antwortschreiben von Sachsen-Gotha und Hannover zur Behandlung, und außerdem zeigt die rekonstruierte Tagesordnung dieser Sitzung, daß inzwischen auch andere Kleinstaaten durch die preußischen Werbeforderungen tangiert worden waren.[67] Durchgreifendes, das geht aus den gefaßten Beschlüssen hervor, konnte man also nicht unternehmen. Man wartete weiter ab. Im übrigen sind diese Gegenstände, wie die Tagesordnung erkennen läßt, das Hauptanliegen dieser Sitzung gewesen; sie wurde für Goethe noch dadurch bemerkenswert, daß ihm, was Anfang des Monats vorgeschlagen worden war, zu seinen Aufgaben in der Wegebaudirektion die Besorgung des Stadtpflasterwesens übertragen wurde.[68] Auch Angelegenheiten der Kriegskommission wurden in der Session dieses Tages vorgelegt und gingen erneut vom Consilium an sie ab.

Auch am 24. Februar, einem Mittwoch, an dem das Tagebuch[69] »sehr schön Wetter« anzeigt, aus dem persönlichen Bereich den Besuch des Vetters Johann Wolfgang Melber aus Frankfurt am Main meldet und von einem Gang nach Belvedere berichtet, an dem Goethe

---

64 Diese Verordnungen der Kriegskommission ergeben sich aus deren Rechnung 1778/79.
65 Vgl. den Anhang zum 21. Februar. Die Voten sind gedruckt bei Willy Flach, Goethes Amtliche Schriften, Bd. I, S. 60–62 Nr. 32.
66 Briefe Bd. 4, S. 12 Nr. 783.
67 Vgl. im Anhang die Angaben zum 23. Februar; dazu Tümmler, Politischer Briefwechsel (wie Anm. 15), S. 64 Nr. 9 und 10.
68 Bradish, a. a. O., S. 212 Nr. 14.
69 Tagebuch Bd. 1, S. 80. Der Eintrag hat folgenden Wortlaut: »Sehr schön Wetter früh ging ich nach Belvedere, nach der Arbeit zu sehn. Im Rückweg begegnete mir Melber und ich hatte grose Freude ihn zu sehn. Wir schwazten viel von Franckfurt er as mit mir. Nach Tisch. Buchholz u. Sievers. Abends an Iphigenie geträumt.« Bei der Besichtigung der Arbeiten in Belvedere hat es sich offenbar auch um ein amtliches Geschäft gehandelt. Vgl. dazu auch den Tagebucheintrag vom 1. Februar (Tagebuch Bd. 1, S. 78): »Ich habe eben die Fehler [wie der Herzog] beym Bauwesen gemacht.« Ans Amtliche grenzte der Umgang mit dem Arzt und Apotheker Wilhelm Heinrich Sebastian Buchholz in Weimar und dem Arzt Sievers in Oberweimar.

»Abends an Iphigenie geträumt«, also wiederum dichterisch geschafft hat, beschäftigte ihn im amtlichen Tätigkeitsfeld einmal das Signieren der Konzepte aus der Sitzung des Geheimen Consiliums vom Vortage, zugleich aber die Vorbereitung auf die Sitzung des nächsten Tages. Der 25. Februar, ein Donnerstag, von dem das Tagebuch meldet »war ein Werckeltag«, wird auch durch das amtliche Material als solcher ausgewiesen. An ihm fand eine ordentliche Session des Geheimen Consiliums statt mit einer ungemein ausgedehnten Tagesordnung[70], in der man sich auch wieder mit der »garstigen Lage« insofern zu befassen hatte, als die Machtlosigkeit des weimarischen Staates durch die Verschleppung eines böhmischen Handelsmanns aus Buttelstedt durch preußische Husaren erneut deutlich erwiesen worden war, in der man aus dem Bericht des weimarischen Residenten Isenflamm in Wien aber auch die Friedenspräliminarien in Breslau zur Kenntnis nahm. Dieser Sitzung des Geheimen Consiliums war noch eine Sitzung der Kriegskommission vorausgegangen[71], über deren Inhalt wir aber nichts wissen.

Freitag der 26. Februar, an dem zweifellos die Durchsicht und das Signieren der Konzepte aus der Sitzung vom Tage vorher stattfand, war im übrigen einem praktischen Geschäft Goethes als Kriegskommissar gewidmet. An diesem Tage fand die »erste Auslesung der iungen Mannschafft« in Weimar statt, der am 27. Februar die »zweite Auslesung alhier« folgte.[72]

Daß neben all solchen amtlichen Geschäften der letzten Tage, wenn diese nicht den Tag zum reinen »Werckeltag« machten, auch an Iphigenie gearbeitet worden ist, beweist der Brief von Ende Februar an Frau von Stein, den wir auf den 25., 26. oder 27. datieren können, in dem es heißt: »hab auch an meiner Iphigenie einiges geschrieben, und hoffe immer mehr damit zu Stande zu kommen.«[73]

Am Sonntag dem 28. Februar reiste Goethe in amtlicher Eigenschaft als Kriegskommissar, zugleich aber, was meist übersehen worden ist, auch als Wegebaudirektor für längere Zeit zu Musterungen und Inspektionsreisen von Weimar ab. Das Tagebuch meldet zu diesem Tage: »Eingepackt und nach Jena. schön Wetter. Die Strase mit Castrop besehen. Im Schlosse eingekehrt.«[74]

Diese Reise nach Jena schließt den mit amtlicher Tätigkeit stark angefüllten, vor allem mit aufregenden amtlichen Ereignissen besetzten Monat Februar 1779 ab und leitet eine sich allmählich beruhigende Zeit ein. Die Gefahr für Weimar war schon, das zeigt sich aus der Entwicklung deutlich, Ende Februar gebannt, und die trotz aller Bedrängnisse im Februar 1779 begonnene Iphigenie wurde so zielsicher im nächsten Monat, am 23. März, vollendet, daß am 6. April bereits die erste Aufführung auf der Bühne des Liebhabertheaters in Ettersburg stattfinden konnte.[75]

---

70 Vgl. im Anhang die Tagesordnung und die Beschlüsse der Session des Geheimen Consiliums vom 25. Februar 1779.
71 Tagebuch Bd. 1, S. 80. Der ganze Eintrag zum 25. Februar lautet dort: »früh Kriegs Commission. nachher Conseil war ein Werckeltag. Mittag Melber. ihn nach Tische verabschiedet. Kam Crone wegen der 2 Edl. Veroneser. Neblich.«
72 Tagebuch Bd. 1, S. 80.
73 Briefe Bd. 4, S. 12 Nr. 784.
74 Tagebuch Bd. 1, S. 80.
75 Vgl. die Zusammenstellungen bei Hans Gerhard Gräf (wie Anm. 2), S. 161–165. Es wird kaum beachtet, daß Goethe selbst in den Tag- und Jahresheften die Entstehung der Iphigenie auf besondere Weimarer Gegebenheiten zurückgeführt hat. Dort heißt es für den Zeitraum bis 1780: »Bei Gelegenheit eines Liebhaber-Theaters und festlicher Tage wurden gedichtet und aufgeführt: Lila, die Geschwister,

Anhang

Die Beschlüsse des Geheimen Consiliums im Februar 1779.

In dem nachstehenden Verzeichnis, das ein Beispiel für die notwendig eindringende Art der Bearbeitung von Goethes amtlicher Tätigkeit geben soll, sind folgende Siglen gebraucht:

CA   = Herzog Carl August
Fr   = Jakob Friedrich Freiherr von Fritsch
Ss   = Christian Friedrich Schnauß
G   = Goethe
Sdt   = Johann Christoph Schmidt

Die in Klammern gesetzten Signaturen bezeichnen Akten des Thüringischen Hauptstaatsarchivs Weimar. Für die weimarischen Behörden sind folgende Abkürzungen angewandt:

RegW   = Regierung Weimar
KamW   = Kammer Weimar
KonsW   = Konsistorium Weimar
RegE   = Regierung Eisenach
KamE   = Kammer Eisenach
KonsE   = Konsistorium Eisenach
KasDir   = Kassedirektorium
KrKom   = Kriegskommission
GenPolDir   = Generalpolizeidirektion
HofMA   = Hofmarschallamt
StallA   = Stallamt
StändeW   = Landstände Weimar
StändeE   = Landstände Eisenach
StändeJen   = Landstände Jena
AkJen   = Akademie Jena.

Außerdem finden sich folgende Kürzungen für bestimmte Schriftsätze und Anweisungen:

ComRel   = Comitialrelation (vom Reichstag)
KreisRel   = Kreisrelation (vom fränkischen Kreistag)
zdA   = zu den Akten geschrieben
vzdA   = vorläufig zu den Akten geschrieben.

Die nachstehend auf kürzeste Fassung gebrachten Regesten der Beschlüsse des Geheimen Consiliums dürften im allgemeinen ohne weiteres verständlich sein. Nur weniges sei

---

Iphigenia, Proserpina, letztere freventlich in den Triumph der Empfindsamkeit eingeschaltet und ihre Wirkung vernichtet; wie denn überhaupt eine schale Sentimentalität überhandnehmend manche harte realistische Gegenwirkung veranlaßte« (Goethes Werke, Weimarer Ausgabe I. Abt., Bd. 35, S. 6).

daher bemerkt: In den allermeisten Fällen handelt es sich um Beschlüsse, die auf Grund der Eingaben von Behörden oder Personen an den Herzog bzw. das Geheime Consilium gefaßt wurden; in diesen Fällen steht die einsendende Behörde oder Person am Anfang des Regests. Bei den verhältnismäßig wenigen Fällen, die ex officio, d. h. ohne Eingabe, im Consilium beschlossen wurden, steht die Sache am Anfang des Regests. Die außerordentlich häufig vorkommende Wendung am Ende der Regesten »an RegW« (bzw. KamW, ConsW, RegE usw.) bedeutet, daß die beim Geheimen Consilium eingereichte Eingabe zur unmittelbaren Bearbeitung an die betreffende Behörde weitergegeben wurde.

1. Februar 1779   Ordentliche Session   Praesentes: CA, Fr, Ss, G
Montag

Fürstenhaus und Auswärtiges:
Das Preußische Ministerium erhält auf die Zusendung von drei Druckschriften über die bayerische und brandenburgisch-fränkische Erbfolge und auf das Ersuchen um entsprechende Instruktion der Weimarischen Gesandtschaft beim Reichstag die Antwort der Geheimen Räte, der Herzog werde »bei allen Gelegenheiten Ihro von dem Übergewicht der darinne aufgestellten Gründe habenden Überzeugung gemäß handeln« (Eis. Ausw. 12). – Der Vorschlag der RegW auf freiwillige Auslieferung preußischer Deserteure während des jetzigen Krieges zum »Wohlgefallen« des preußischen Königs und zur »Abwendung anderer Kriegsbeschwerlichkeiten« wird abgelehnt; ihre Auslieferung soll nur auf jedesmalige preußische Reklamation erfolgen (H 1556). – Gotha, das seine Demarchen wegen der Werbeexzesse des preußischen Generalleutnants von Moellendorf und wegen der Forderung auf freiwillige Abgabe von Rekruten mitteilt, erhält die Antwort, daß man sich hier deswegen durch Kurier an den König in Preußen selbst gewandt habe (H 1556). – Neujahrsglückwünsche der Könige zu Dänemark und von Großbritannien zdA (A 539). – Glückwunsch des Stadtrats Weimar zum Geburtstag der Herzogin zdA (A 29). – ComRel 251 betr. die Moderationsgesuche der Abtei Weißenau und der Reichsstadt Ravensburg wegen ihrer rückständigen Kammerzieler zdA (C 721; C 1580). – Postskript zur ComRel 251 betr. das Gerücht über Vergleichsvorschläge Frankreichs in der bayerischen Erbfolgesache zdA (C 721; Eis. Ausw. 8). – ComRel 252 betr. kurze Inhaltsangabe der drei preußischen Druckschriften über die bayerische und brandenburgisch-fränkische Erbfolge; Zusendung des Wiener Journals und Mitteilung über Rückkehr des russischen Ministers von Asseburg nach Regensburg zdA (C 721; Eis.Ausw. 8). – Wegen Bestreitung der 1 000 Rtl. für Präsente bei der Entbindung der Herzogin erhält KamW Weisung (B 870 Nr. 117).

Militärsachen:
Gesuche des Hans Georg Roßer/Eichelborn und des Johann Georg Schroth/Naußnitz um Entlassung ihrer Söhne vom Militär an KrKom (B 871 Nr. 45 u. 44). – Der Vorschlag der KrKom auf Einsparung aktiven Militärs durch Anstellung von Pensionären bei der Zuchthauswache wird genehmigt; die dadurch eingesparten Soldaten soll der Oberst von Lasberg beurlauben (B 2285). – Gesuche des Hauptmanns Stellmann/Ostheim und des Majors von Wildungen/Helmershausen um das Marschkommissariat zu Lichtenberg und Kaltennordheim an RegE (Eis.Milit. 150,3). – Vorschlag der Kr.Kom, dem Hauptmann Stellmann/Ostheim das Marschkommissariat zu Lichtenberg und Kaltennordheim zu übertragen, zdA (B 38243).

Universitätssachen:
Nach Zustimmung von Coburg wird die Ernennung des Privatdozenten D. Starcke/Jena zum außerordentlichen Professor der Medizin der AkJen eröffnet (A 6333). – Der Vorschlag des Hofgerichtes Jena, die Doktoren Johann Ernst Bernhard Emminghaus und Johann Christian Schröter zu supernumerären Hofgerichtsadvokaten zu ernennen, wird den übrigen Höfen mitgeteilt (A 8002).

Justiz und Verwaltung:
RegE erhält Weisung über das Gesuch des Materialisten Hartung/Eisenach um Erteilung eines Moratoriums (B 870 Nr. 131). – Gesuch des Johann Jakob Böttcher/Remda, dem Faktor Leitloff den Seifen- und Lichthandel zu untersagen, an RegW (B 871 Nr. 48). – Der RegW werden die buttelstedtische Ratsveränderung und sechs Handelskonzessionen für Apoldaer Bürger vollzogen zurückgeschickt (B 870 Nr. 128 u. 129). – Gesuch des Johann Gottfried Schramm/Großrudestedt um Erlaß des Meistergeldes an RegE (B 871 Nr. 50). – Gesuch der Bürger zu Eisenach um Aufhebung des Brandassekurations-Instituts vzdA (B 5269). – Auf die Vorstellung der wegen Bigamie angeklagten Jentzsch/Eisenach erhält RegE Weisung (B 870 Nr. 130).

Finanz-, Forst- und Bauwesen:
KamW erhält Weisung auf ihre Vorschläge wegen Beförderung der Holzabfuhr und wegen der Holzrepartitionen (B 870 Nr. 134). – Der Vorschlag der KamW zur gleichzeitigen Tilgung der Zins- und Steuerrückstände des Hofrats Eckardt auf dem früher zur Tiefurter Mühle gehörigen halben Anspanngut, den das KasDir ablehnte, wird angenommen (B 10292). – Über das Gesuch des ehemaligen Pachters Wohlfahrt/Tiefenort um Ankauf seines Wohnhauses zum herrschaftlichen Forst- und Jägerhaus und um nachträgliche Herabsetzung seiner Pachtgelder soll KamE berichten (Eis. Güter 959). – Gesuch des Johann Georg Weber/Großballhausen um Erlaß des Abzugsgeldes von der Mitgift seiner Tochter an KamW (B 871 Nr. 51). – Erneute Vorstellung des Baumeisters Schlegel/Gera in seiner Untersuchungssache an RegW (B 871 Nr. 49). – Dekret für den Forstbedienten Juncker/Erbenhausen (B 870 Nr. 133).

Geistliche Angelegenheiten:
Auf eine Eingabe in der Schwängerungssache des Visitators Schöning/Jena erhält KonsW Weisung (B 870 Nr. 136).

Steuersachen, Landstände:
Vorschlag der RegE, daß die Forensen mit Ausnahme der kurmainzischen Untertanen zur Entrichtung der Personensteuer herangezogen werden sollen, und von ihr eingesandter Bericht des Amtes Großrudestedt vzdA (Eis. Steu. 19, 4).

Beamten- und Gnadensachen:
Gesuch des Schneiders Mändel/Weimar um Frucht und Holz an KamW (B 874 Nr. 52). – Auf das Vorschußgesuch des Hofjuden Elkan/Weimar zu einer Tuchlieferung erhält KamW Weisung (B 870 Nr. 137).

3. Februar 1779   Umläufe   Signaturen. CA, Fr, Ss, G
Mittwoch

Fürstenhaus:
Zur Geburt der Prinzessin Luise Auguste Amalie ergehen Gevatterschreiben an Landgrafen
zu Hessen-Darmstadt, Herzog zu Braunschweig-Wolfenbüttel, Markgrafen zu Baden, Landgräfin zu Hessen-Homburg, Prinzessin von Preußen, Erbprinzessin zu Baden, Landschaft
Weimar, Herzog zu Hildburghausen und Notifikationsschreiben an Könige von England, Dänemark, Schweden und Preußen, altfürstliche Häuser, Herzogin von Braunschweig-Lüneburg, RegE, KamE und Stände Eisenach und Jena (A 30). – Die von Herder verfaßte Abkün-
digung der Geburt wird an KonsW und KonsE übersandt (A 30).

7. Februar 1779   Umlauf   Signaturen: CA, Fr, Ss, G
Sonntag

Auswärtiges:
Der Vorschlag der RegW, den wegen heimlicher Werbung in Apolda arretierten kursächsischen Jäger Topf aus Jena freizulassen, weil die Geworbenen zustimmten, wird nach Voten
von Ss und Fr genehmigt (B 36525).

9. Februar 1779   Ordentliche Session   Praesentes: CA, Fr, Ss, G
Dienstag

Fürstenhaus und Auswärtiges:
KreisRel vom 25. Januar 1779 betr. Aufrechnung von Konkurrenzgageforderungen zwischen einigen Mitständen; Marschrouten der kaiserlichen Truppen durch die fränkischen
Kreislande; Zirkular wegen falscher Dreikreuzerstücke; Gage des neuen Oberkriegskommis-
sars; Durchmärsche pfälzischer Truppen zdA (C 2026). – Der Vorschlag des Geheimen Archivars Eckardt, die von Kommissionsrat Lauhn/Tennstedt erbetenen Nachrichten über den
letzten Schenk von Tautenburg gegen Abschriften dortiger Urkunden auszutauschen, wird
genehmigt (A 11155). – Glückwünsche des Stadtrates Weimar, der AkJen, der Stände, des
Stadtrates, der Regierung, der Kammer und des Oberkonsistoriums Eisenach und der
Stände Jena zur Geburt der Prinzessin Luise zdA (A 30). – Auf den Antrag in der ComRel
253 um Gewährung des Sterbe- und Gnadenquartals für die Witwe des Legationskanzlisten
Käppel wird KamW zur Auszahlung angewiesen (C 721; C 212). – Postskript zur ComRel
253 betr. Ansprüche des Erzstiftes Salzburg in der bayerischen Erbfolgesache; Forderung
Österreichs bei den Friedensverhandlungen in Breslau; Schrift über den 1. Feldzug im 4.
preußischen Krieg zdA (C 721; Eis.Ausw. 8). – Der Markgraf zu Baden erhält Glückwunsch
zur Geburt einer Prinzessin (D 13). – Das Schreiben des preußischen Königs [vom 2. Fe-
bruar], das die Zulassung freier Werbung oder freiwillige Abgabe von Rekruten fordert, veranlaßt eine eingehende, alle Gesichtspunkte und Folgen der Annahme oder Ablehnung berücksichtigende Beratung mit dem Ziel, den zum Abwarten neigenden Herzog zu einer
klaren Entscheidung zu bringen. Diese wird bis zum nächsten Tage ausgesetzt; inzwischen
sollen Schreiben an die sächsischen Häuser und an das kurbraunschweigische Ministerium
mit der Aufforderung zu gemeinschaftlichem Handeln wegen Sicherstellung gegen Kriegs-
beschädigungen entworfen werden (H 1556. Protokoll gedruckt Amtliche Schriften Bd. 1,

S. 45 Nr. 30 A). – Zum Plan der Vereinigung der nichtkriegführenden Reichsstände zur Sicherstellung ihrer Lande und Untertanen gegen die kriegführenden Mächte soll Gotha Stellung nehmen; dieser Plan wird den Geheimen Räten in Hannover mitgeteilt, die seine Realisierung einleiten sollen (H 1556).

10. Februar 1779   Ordentliche Session   Praesentes: CA, Fr, Ss, G
Mittwoch

Auswärtiges:
Bei der Fortsetzung der Beratung über die preußische Werbeforderung entscheidet der Herzog, daß die vorgelegten Schreiben an Gotha und Kurbraunschweig abgehen, die preußischen Anträge bis zum Einlaufen der Antworten aber in suspenso gelassen werden sollen; etwaige preußische Werbungen sollen connivendo zugelassen werden, wobei Exzesse verhütet werden sollen (H 1556. Protokoll gedruckt Amtliche Schriften Bd. I, S. 56 Nr. 30 C).

Militärsachen:
Gesuch des Johann Adam Hermann/Dorndorf um Entlassung vom Militär an KrKom (B 871 Nr. 54). – Über die Anfrage der RegE wegen Vermögenseinziehung des ohne Erlaubnis in preußische Dienste getretenen und wieder desertierten Heinrich Stiehler/Moßbach soll die KrKom berichten (B 36586). – Auf den Bericht der KamW, daß die für Errichtung eines Kornmagazins verlangte spätere Abgabe von Korn zur jetzigen Kammertaxe nicht tragbar sei, soll sich die KrKom mit ihr einigen (B 37641). – Gesuch des Ludwig Heinrich Wilhelm von Wildungen/Nürnberg um das Marschkommissariat zu Lichtenberg und Kaltennordheim für seinen Bruder, den Major von Wildungen, zdA (B 38243). – Gesuch des Juden Isaak Ißrael/Gotha um die Brotlieferung für das Militär an KrKom (B 871 Nr. 53).

Universitätssachen:
Gegen die erneute Forderung von Coburg auf Besetzung der staats- und lehnrechtlichen Professur durch den Professor von Schellwitz/Jena wird an der Ernennung des Professors Scheidemantel festgehalten (A 6231). – Vorläufiger Bericht der AkJen über den anläßlich eines Studentenauflaufs entstandenen Streit der Professoren Gruner und von Schellwitz mit dem Exrektor Danovius, der als Urheber bezeichnet wird, vzdA (A 8444). – Unterstützungsgesuch des Schauspielers Kühl aus Hamburg zur Vollendung seiner Studien an RegW (B 871 Nr. 55).

Justiz und Verwaltung:
Bitte der Mainzischen Provinzialgerichte/Erfurt, den Geh.Rat von Schardt zu Bezahlung der Konkursmasse Schroeder-Bianco anzuhalten, an RegW (B 871 Nr. 57). – Auf das Gesuch des Kaufmanns Körner/Weimar erhält RegW Weisung (B 870 Nr. 148). – Der Vorschlag der RegE auf Ernennung des cand. jur. Johann Theodor Ernst Lorey/Vogelsberg zum Amtsadvokaten wird genehmigt (Eis. Dien. 203). – Der Vorschlag der RegE, den Gebrüdern von Utterodt/Großenlupnitz die beantragte Fischerei in der Erb zu überlassen, wird genehmigt (Eis. Hoh. 342,1). – Moratoriengesuch der Frau des ehemaligen Kriegskanzlisten Oehme/Jena an RegW (B 871 Nr. 56). – Auf das Gesuch des Amtsaktuars Wickler/Berka um Quartiergeld erhält KamW Weisung (B 870 Nr. 159). – Über das Gesuch der Fleisch-

hauer-Innung/Jena um unentgeltliches Stempeln der Felle durch die Gerber und Riemer soll RegW berichten (B 6253a). – Gesuch des Johann Heinrich Flädrich/Etterwinden um Erlaß der Zuchthausstrafe an RegE (B 871 Nr. 59). – Auf die Eingabe der RegW wegen Einrichtung der weimarischen Amtsrepositur erhalten RegW und KamW Weisungen (B 870 Nr. 154 u. 157). – RegW erhält wegen Berichtigung der beim Weimarischen Justizamt falsch ausgefertigten Urkunden Weisung (B 870 Nr. 155). – Der Vorschlag der RegW auf Rückzahlung der Exekutionsgebühren an die drei schwarzburgisch-sondershäusischen Freihöfe zu Bösleben wegen Personensteuerfreiheit wird genehmigt (L Schwarzburg 508). – Der RegW wird die vollzogene Ernennungsurkunde für den Bürgermeister Rat Paulßen/Jena mit Weisung zurückgeschickt (B 870 Nr. 153). – Der RegW wird der lehnsherrliche Consens für die Kinder von Däck/Mittelhausen zur Aufnahme einer Hypothek von Johann Martin August Domrich/Allstedt vollzogen zurückgeschickt (A 3867b). – RegW erhält Weisung wegen der Subhastation des von Volgstedtischen Hauses (B 870 Nr. 156). – Erneute Vorstellung des Lizentiaten Koch/Apolda in seiner Untersuchungssache an RegW (B 871 Nr. 58).

Finanz-, Forst- und Bauwesen:
Der KamE werden die sich aus dem Voranschlag der Baubilanz ergebenden Mehrkosten für Bauten und Reparaturen bewilligt (Eis. Bau 44). – Auf Vorschlag der KamW wird dem Skribenten Christian Theodor Salzmann der Akzeß beim Rentamt Kapellendorf erteilt (B 27243). – Der Vorschlag der KamE auf Herabsetzung des Abzugsgeldes für den ehemaligen Pachter Justinus Hotzel um 5% infolge Renitenz und besonderer Höhe des Abzugsgeldes im Amt Hausbreitenbach wird »zu Beendigung der Sache« genehmigt (Eis. Gef. 151,1). – Der KamW werden zwei Obligationen zur Abschlagszahlung auf das von ihr erworbene von Mandelslohische Rittergut zu Neumark vollzogen zurückgeschickt (B 1722a). – Gesuch des entlassenen Forstbedienten Holl/Isserstedt um die Wendische Pension an KamW (B 871 Nr. 63). – Gesuch des Stabsfouriers Ehrlicher/Eisenach um Erlaß seines Holzgelderrests und um Zuschuß zur Ausbildung seines Sohnes an KamE (Eis. Dien. 1724). – Gesuch der Witwe Anna Magdalena Hauth/Nauendorf um Erlaß der Holzgelder an KamW (B 871 Nr. 61). – Gesuch des Forstkommissars Hetzer/Ilmenau um Personalsteuererlaß an KamW (B 871 Nr. 62).

Geistliche Angelegenheiten:
RegE erhält Weisung wegen Zahlung der Alimentengelder für die Kinder von Harstall/Erfurt (B 870 Nr. 165). – Gesuch des Johann Christian Venus/Weimar um die angeblich vakante Garnisonkirchnerstelle an KonsW (B 871 Nr. 64). – KonsW erhält Weisung in der Eheklagesache Burckhardt-Hammer (B 870 Nr. 164).

Steuersachen:
RegW erhält Weisung wegen des Steuererlasses für Ernst Christian Grätzscher/Jena (B 870 Nr. 166). – Gesuch des Johann Georg Fiedler/Leutra um Erlaß seines Steuerrests an RegW (B 871 Nr. 65). – RegW erhält Weisung wegen des Steuererlasses für Anna Elisabeth Füllsack/Jena (B 870 Nr. 167).

Beamten- und Gnadensachen:
Erneutes Gesuch des Hoffischers Stock um Beibehaltung an KamW (B 871 Nr. 67). – Versorgungsgesuch des Johann Wilhelm Ernst Haubold/Oberweimar an KamW (B 871 Nr. 66).

- Über eine Eingabe wegen des Vorschußgesuches des Hofjuden Elkan zu einer Tuchlieferung erhält KasDir Weisung (B 870 Nr. 168).

11.–14. Februar 1779   Umläufe   Signaturen: CA, Fr, SS, G
Donnerstag-Sonntag

Auswärtiges:
RegW wird auf Anfrage zur Auslieferung des von dem preußischen Leutnant von Harras re-
klamierten Deserteurs Johann Gottfried Gebhard/Allstedt wegen der gegenwärtigen kritischen Umstände angewiesen; doch soll um Verschonung mit der Regimentsstrafe gebeten
werden (H 1556, nicht ausgefertigt). – RegW wird gegen mehrere Voten von Ss und Fr beauftragt, die Auslieferung des Gebhard ohne Vorlage eines ausdrücklichen Befehls zum Auf-
suchen von Deserteuren durch den Leutnant v. Harras zu verweigern (H 1556). – Das Beherbergen und Verstecken von Deserteuren auf Kriegsdauer soll RegW durch ein Zirkular
bei harter Strafe verbieten (11 1556).

17. Februar 1779   Ordentliche Session   Praesentes: CA, Fr, Ss, G
Mittwoch

Fürstenhaus und Auswärtiges:
Glückwünsche von Braunschweig-Lüneburg, Schwarzburg Rudolstadt, Hessen-Darmstadt, Hessen-Philippsthal, Fulda, Erbprinzessin zu Baden und Ständen zu Weimar zur
Geburt der Prinzessin Luise zdA (A 30). – ComRel 254 betr. Wechsel des Inhabers
der gräflich-fränkischen Reichstagsstimme; Zusendung des Wiener Journals (C 721; C
697a; C 307). – ComRel 255 betr. Dürckheimische Denkschrift gegen den Rekurs Ba-
dens wegen Sponheim; Fastnachtsferien zdA (C 721; C 295; Eis.Ausw. 14, 1). – Postskript zur ComRel 255 betr. Dankschreiben an die russische Kaiserin wegen Verwendung in der bayerischen Erbfolgesache zdA (C 721; Eis.Ausw. 8). – Bestätigung von
Isenflamm/Wien über den Auftrag des Herzogs, sich für ihn in der Streitsache Coburg
gegen Bose/Unterfüllbach wegen angeblich beeinträchtigten Straßenregals zu verwenden,
zdA (C 1165).

Militärsachen:
Der Vorschlag der RegE, den Polizeiinspektor und Stadtleutnant Zellmann zum Poli-
zei- und Stadthauptmann zu ernennen, die Leutnantsstelle aus Ersparnisgründen unbesetzt zu lassen, wird genehmigt; Dekret für den Polizei- und Stadthauptmann Zellmann
(B 38398).

Universitätssachen:
Nach Zustimmung von Gotha und Coburg wird AkJen beauftragt, die Professur der Beredsamkeit und Dichtkunst vor Übertragung an den Professor Blasche/Jena den Professoren Stroth/Quedlinburg oder Schütz/Halle anzubieten (A 6436). – Gegen die Forderung
von Meiningen auf Besetzung der staats- und lehnsrechtlichen Professur durch den Professor von Schellwitz/Jena wird an der Ernennung des Professors Scheidemantel festgehalten (A 6231). – Bestätigung von Isenflamm/Wien über die Weitergabe des Dankschrei-
bens an die Kaiserin wegen Aufhebung des Studienverbots für die ungarischen Studenten

zdA (A 8203). – Bericht der AkJen über den Rektoratswechsel Danovius/Walch zdA (A 5920). – Nach Zustimmung von Gotha wird dem Hofgericht Jena die Ernennung der beiden Doktoren Emminghaus und Schröder zu supernumerären Hofadvokaten mitgeteilt (A 8002).

Justiz und Verwaltung:
RegE erhält Weisung in der Wechselschuldsache Höhn-Volgstedt (B 870 Nr. 178). – Das von der RegE eingereichte Gesuch des cand. jur. Johann Wilhelm Heinrich Dörr um eine Amtsadvokatur wird genehmigt (Eis.Dien. 203). – Vorstellung des wegen Tabakdiebstahls verurteilten Johannes Brandau/Creuzburg gegen Strafe und Kosten an RegE (B 871 Nr. 69). – Auf das Gesuch des Handelsdieners Wächter/Weimar um Aufnahme in die Innung erhält RegW Weisung (B 870 Nr. 174). – Vorstellung von Stadt und Amt Remda wegen des Hebammengroschens an GenPolDir (B 871 Nr. 68). – Gesuch des Johann Andreas Fritsch/Gerega um Heiratsdispens an KrKom (B 871 Nr. 70). – RegW erhält Weisung in der Wechselschuldsache Bindorff-Gutbier (B 870 Nr. 173). – Auf eine Eingabe in der zwischen den Gebrüdern von Bindorff rechtshängigen Erbschaftssache erhält RegW Weisung (B 870 Nr. 191). – Gesuch der Christina Dorothea Keyser/Eisenach um Verabfolgung der ihrem Mann zustehenden Posten an RegE (B 871 Nr. 71). – Auf Vorschlag der RegW wird in der Jurisdiktionsirrung zwischen ihr und dem Obersten von Lasberg wegen der in Betrugs- und Fälschungssachen rückfälligen Frau des beim Artilleriekorps angestellten Drechslers Feuerhacke die Bildung eines gemischten Gerichts angeordnet (B 2741). – Gotha erhält ein Schreiben über die dortige Lotterie (B 870 Nr. 176). – Der RegE wird bestätigt, daß die Rücksendung eines Faszikels Eisenachischer Regierungsakten über die Sukzession der Mantelkinder nicht irrtümlich erfolgte (Eis.Lehn 61).

Finanz-, Forst- und Bauwesen:
Auf Vorschlag der KamW wird das Gesuch des Gärtners Carl Heinrich Gentsch/Weimar um Gehaltserhöhung genehmigt (B 2635 1). – Der KamE wird bei Vorlage der Straßenbaubilanz der Voranschlag trotz Überschreitung des Etats genehmigt (Eis.Bau 95). – Der Vorschlag der KamW, als Äquivalent für die zum Bau der Oberellener Landstraße aus dem Hansteinschen Steinbruch benötigten Steine eine Hansteinsche Gartenmauer auf Kammerkosten wiederherzustellen, wird genehmigt (Eis.Bau 95). – Erneute Vorstellungen des Landbaumeisters Schlegel/Gera in seiner Untersuchungssache an RegW (B 871 Nr. 72). – Die von der KamW eingelegte Berufung gegen das Urteil des kursächsischen Interpellationsgerichtes in der Cessionssache Pöllnitz-Einsiedel wird gebilligt (B 8275). – KamW erhält Weisung wegen Abgabe von Korn und Gerste an den Zeugknecht Tantz/Berka (B 870 Nr. 18 1). – Auf eine Eingabe wegen der Caution des Rats und Amtmanns Helmershaußen/Bürgel erhält KamW Weisung (B 870 Nr. 179). – Erneute Forderung Gothas auf Entscheidung nach dem Präzedenzrecht in der Irrung über den Vorsitz bei der Chausseebaukommission vzdA (Eis.Bau 94). – Vorstellung des ehemaligen Vizeobergeleitsinspektors Waldmann/Erfurt in der Restsache seines Vaters an KamW (B 871 Nr. 74). – Auf Vorschlag der Bergwerkskommission vom 4. Januar 1779, die entsprechende Konzepte vorlegt, werden Kursachsen und Gotha um nähere Bestimmung der von ihnen ausbedungenen Gerechtsame beim Bergbau zu Ilmenau gebeten, da Weimar die Freiin von Gersdorf nur abfinden will, wenn ihm sämtliche Rechte außer dem Zehnten zustehen (B 16039).

Steuersachen, Landstände:
Über das Gesuch der Gemeinde Vogelsberg um Erlaß oder Stundung ihres Extraordinar-
steuerrestes und um Rückgabe des gepfändeten Viehs soll RegE berichten (Eis.Steu. 130; B
20635). – Auf den Vorschlag der Jenaer Stände, den Bürgermeister Bartholomäus Janson
zum städtischen Deputierten zu ernennen, soll RegW die Konfirmationsurkunde einsenden
(B 494). – Vorstellung der Gemeinde Hohlstedt wegen Neuanfertigung des Steuerkatasters
an KasDir (B 871 Nr. 76). – Dank des Christian Traugott Bleymüller/Weimar für die ihm
übertragene »Haupt-Personensteuer- und Stempelpapier-Impost-Steuer-Einnahme« und
Bitte um Prädikat zdA (B 21304). – Gesuch der Frau des Oberförsters Frevtag/Ilmenau um
Befreiung von der Personensteuer an KasDir (B 871 Nr. 75).

Beamten- und Gnadensachen:
Gesuch des unbesoldeten Dieners bei der KamE Johann Georg von Wittich um eine besol-
dete Sekretärstelle ohne Resolution (Eis. Dien. 284). – Gesuch des Hausknechts Krah-
mer/Belvedere um Bier und Brot an KamW (B 871 Nr. 77). – Die vorjährige Bilanz soll vom
HofMA eingesandt werden (A 9422). – Über die dem Hofjuden Elkan zu seiner Tuchlieferung vorgeschossenen 1 000 Rtlr. erhält KasDir Weisung (B 870 Nr. 190).

17.–18. Februar 1779   Umlauf   Signaturen: CA, Fr, Ss, G
Mittwoch und Donnerstag

Fürstenhaus und Auswärtiges:
Auf mündlichen Antrag des Hofrats Kümmelmann aus Coburg teilt Fr ihm nach am 17. Februar erfolgter Einholung der Voten von Ss und G und Zustimmung von CA am 18. Februar
die Bereitschaft des Herzogs zur Erteilung eines agnatischen Konsenses zu einer von Sachsen-Coburg-Saalfeld mit Hessen-Kassel wegen einer Schuldenregelung getroffenen Vereinbarung mit (DS 513; gedruckt Amtliche Schriften Bd. I, S. 57 Nr. 31).

21. Februar 1779   Umlauf   Signaturen: Fr, Ss, G

Auswärtiges:
Der Bericht der RegW über erneute Exzesse preußischer Husarenkommandos und der Antrag auf Verlegung von Miliz an die Grenze oder tägliche Absendung von Husarenkommandos veranlaßt Voten von Fr, Ss und G, auf die hin CA zusammenfassenden Vortrag in der
nächsten Session verlangt (H 1556. Voten gedruckt Amtliche Schriften Bd. I, S. 60 Nr. 32).

23. Februar 1779   Ordentliche Session Praesentes: CA, Fr, Ss, G
Dienstag

Fürstenhaus und Auswärtiges:
Antwort der Geheimen Räte zu Hannover auf den weimarischen Vorschlag zur Vereinigung
der nichtkriegführenden Reichsstände, in der auf frühere hannoversche Maßnahmen hingewiesen und festgestellt wird, daß man wirksame Maßregeln zur Zeit nicht für angemessen
erachte, vzdA (H 1556). – Glückwünsche von Hildburghausen, Coburg, Markgräfin zu Bayreuth, Herzogin von Braunschweig, Erzbischof von Mainz, Prinzessin von Preußen, Bayern,
Köln, Hessen-Rheinfels, Nassau-Usingen, Thurn und Taxis, Anhalt-Cöthen zur Geburt der

Prinzessin Luise zdA (A 30). – Gotha, das erneute Vorstellungen beim preußischen Ministerium erheben will und Bedenken gegen eine Vereinigung der nichtkriegführenden Stände
hat, erhält die Antwort, daß solche Vorstellungen zwecklos seien und die Gestattung der
Werbung kaum zu umgehen sei, daß man aber an dem Plan der Vereinigung der Nichtkriegführenden festhalte (H 1556). – Der Vorschlag von Hildburghausen, ein gemeinschaftliches
Schreiben aller Sächsischen Häuser an den König von Preußen wegen der Werbeforderungen zu richten, wird unter Hinweis auf die eigene erfolglose Vorstellung abgelehnt (H
1556). – Coburg erhält auf Anfrage die Antwort, daß man, da der preußische König auf der
Werbung bestehe, diese bei erneutem Ansinnen werde gestatten müssen (H 1556, Ausfertigung nicht abgegangen). – Das Verstecken und Beherbergen von kaiserlichen oder preußischen Deserteuren soll RegE durch Zirkular verbieten (H 1556). – Auf die private Anfrage
des Kanzlers Wehrcamp/Gera an Sdt I, wie man sich gegenüber den Werbeforderungen
Preußens verhalte, antwortet dieser, daß sich der Herzog noch nicht entschieden habe, da
die Antwort des preußischen Königs noch ausstehe (H 1556).

Militärsachen:
Auf den Bericht der KrKom, daß das Vermögen des Deserteurs Stiehler/Moßbach nicht be-
schlagnahmt werden könne, da dieser z. Zt. seines Austritts nicht in weimarischen Diensten
stand, wird RegE beauftragt, Stiehler mit Vermögenskonfiskation zu verschonen und ihn
von der Erteilung der Aufenthaltsgenehmigung und der Heiratserlaubnis zu unterrichten;
der KrKom wird Kenntnis von diesem Beschluß gegeben (B 36856). – Die von dem ehemaligen Hauptmann von Grießheim nachgesuchte Versicherung zur Aufnahme eines Darlehns
soll KasDir erteilen oder bei erheblichen Bedenken berichten (B 38274).

Finanz-, Forst- und Bauwesen:
Der KamW wird auf Anfrage eröffnet, daß dem Geh.Leg.Rat Goethe neben der Direktion
des Landstraßenbaues nun auch die Direktion des Stadtpflasterbauwesens und die Aufsicht
über die um die Stadt Weimar führenden Promenaden übertragen worden sei; die Übertragung wird dem Geh. Leg. Rat Goethe durch Reskript eröffnet (B 9261).

25. Februar 1779   Ordentliche Session   Praesentes: CA, Fr, S s, G
Donnerstag

Fürstenhaus und Auswärtiges:
Glückwünsche von Coburg, Baden, Eichstädt, Waldeck, Landgräfin zu Hessen-Homburg,
Hessen-Cassel und Trier zur Geburt der Prinzessin Luise zdA (A 30). – ComRel 256 betr.
Anspruch Kursachsens an die bayerische Allodialverlassenschaft zdA (C 721; Eis.Ausw. 8).
– Gesuch des Johann Heinrich Keller/Regensburg um die Legationskanzlistenstelle daselbst vzdA (C 212). – ComRel 257 betr. Württembergische Regredienzerbrechte auf die
bayerische Allodialverlassenschaft; Schrift über die königlich-böhmischen Lehen; Ernennung kursächsischer Vertreter zu den Friedensverhandlungen in Breslau zdA (C 721; Eis.
Ausw. 8). Postskript zur ComRel 257 betr. die katholischerseits verweigerte Anerkennung
des gräflich-fränkischen und westfälischen Bevollmächtigten zdA (C 721; C 307). – Bericht
von Isenflamm/Wien betr. Ernennung eines evangelischen Reichshofrats; von Senckenber-
gische Untersuchungssache; Gerücht über geplante Abreise des französischen und des russischen Bevollmächtigten zur Unterzeichnung der Friedenspräliminarien in Breslau zdA (C

129). – Bericht der RegW über Verschleppung des böhmischen Handelsmannes Marschner aus Buttelstedt durch ein preußisches Husarenkommando und Antrag auf wirksame Gegenmaßnahmen ohne Resolution (H 1556).

Universitätssachen:
Zustimmung von Coburg zum weimarischen Vorschlag über Aufbewahrung des Kastens mit den akademischen Geldern beim jeweiligen Rechnungsführer vzdA (A 5804). – Coburg, das dem weimarischen Vorschlag auf Bestrafung des Professors Gruner im Streit mit Loder wegen der Beförderung des D. Stark/Jena zustimmt, erhält die Mitteilung, daß in Übereinstimmung mit Gotha beiden Professoren ein privater Verweis erteilt worden sei, und wird gebeten, sich diesem Vorgehen ebenso wie Meiningen anzuschließen (A 6663).

Justiz und Verwaltung:
RegW erhält Weisung über die Erlaubnis des Verkaufs von Puder und Stärke in Quantität für den Pächter der Ratswaage Wirth/Jena (B 870 Nr. 202). – Auf Eingabe der RegW erhalten RegW und KamW Weisung über die dem Amtskopisten Bürgermeister Voigt/Allstedt ausgesetzte Besoldung (B 870 Nr. 203 u. 204). – GenPolDir soll zur Anspornung der Untertanen die ganze Prämie für Baumanpflanzungen an die beiden einzigen von ihr gemeldeten Bewerber verteilen; Zahlungsanweisung an KamW (B 5271). – Vorstellung sämtlicher Müller von Weimar, Ehringsdorf und Großkromsdorf wegen Gewerbeschädigung durch die vom Rat Bertuch beabsichtigte Umwandlung der sub hasta erworbenen Schleifmühle des Baumeisters Schlegel in eine Oel- und Graupenmühle an RegW (B 7628). – Über das Gesuch der Hatzfeldschen Kanzleiräte in Blankenhain um Verbot des Holzkaufens für die weimarischen Untertanen in den Könneritzschen Waldungen zu Saalborn zur Vermeidung übermäßigen Holzschlagens soll RegW berichten (M Herren 1299). – RegW erhält Weisung wegen Gestattung einer Ausnahme vom Hausierreglement für verschiedene fremde Handelsleute (B 870 Nr. 207). – Straferlaßgesuch des Johann Adam Wiesler/Gutmannshausen an GenPolDir (B 871 Nr. 78). – Desgl. des Christian Philipp Kühn/Apolda an RegW (B 871 Nr. 82). – Den deputierten Ständen/Jena soll RegW die erbetene Verfügung des Geh. Consiliums wegen der außerordentlichen Zahlung von 50 Rtlr. zu Anfertigung neuer Amtskarten zustellen oder bei Bedenken berichten (B 5277 d). – Dispensationsgesuch des Johann Andreas Fritsche wegen Heirat vor Erreichung des 24. Jahres an KrKom (B 871 Nr. 79). – Der Vorschlag der RegW, statt des an die Rentkammer in bar zu zahlenden Vergleichsquantums von denen von Könitz eine Assignation auf coburgische Obligationen anzunehmen, wird genehmigt (C 972). – Der RegW wird eröffnet, daß die zur Klärung des Jagdstreits zwischen dem Kammerherrn von Geusau und dem Fiskal angeforderten älteren Heygendorffschen Gerichtsakten nicht bei der Geh. Kanzlei liegen, sondern wohl im Geh. und Hauptarchiv (B 11469). – Auf die Vorstellung des D. Emminghaus/Jena als Bosischem Bevollmächtigten gegen das Herausgabeverbot der Unterkamsdorfer Gelder erhält RegW Weisung (B 870 Nr. 211). – Gesuch des Johann Valentin Röder/Weida, ihm zu seiner Forderung an den Haus- und Ackerkaufgeldern seiner verstorbenen Frau zu verhelfen, an RegW (B 871 Nr. 83). – Gesuch des Johann Michael Weydig und Cons./Vogelsberg um Überlassung des Vermögens ihres abwesenden Vetters an RegE (B 871 Nr. 80). – Die von der RegW eingereichten Gesuche des Italieners Fabian Predario und des Johann Baptista Kline um Handelskonzession für Galanteriewaren, Bilder und Landkarten werden genehmigt (B 7624). – Auf Vorschlag der RegW wird die von den Gebrüdern von Beust nachge-

suchte Belehnung mit den Rittergütern Stadt- und Bergsulza und die Dispensation bei der Lehnsempfängnis genehmigt (A 4563). – RegW erhält Weisung über das Moratoriengesuch des Kaufmanns Körner (B 870 Nr. 214). – Moratoriengesuch des Johann Heinrich Herold/Nauendorf an RegW (B 871 Nr. 84).

Finanz-, Forst- und Bauwesen:
Auf Vorschlag der KamW wird das Gesuch der Witwe des Papiermachers Wieser und Cons./Oberweimar um Erlaß der Hälfte der geliehenen Kaufgelder für ihr später abgebranntes Backhaus abgewiesen (B 6955a). – Über das Gesuch des Pächters Wolf/Lauchröden um Erlaß der Pachtgelderrückstände soll KamW berichten (Eis.Güter 766). – KamW erhält Weisung wegen des Gundelachschen Holzgelder- und Erbzinsrestes (B 870 Nr. 217). – Der von der KamE eingereichte Plan und Voranschlag zum Bau des Residenzhauses wird in allen Punkten genehmigt mit Verbesserungsvorschlägen (Einsparung von Fenstern, Anlegung des Gewölbes, Mansardendach, Aufteilung der Zimmer); RegE soll die Eisenacher Landschaft anweisen, den gesamten bewilligten Beitrag zum Bau sofort zu zahlen (Eis.Bau 44). – Nach dem Bericht der KamE, daß die Kosten für die vom Hofgärtner Sckell/Wilhelmsthal vorgeschlagene Überdachung der neuen Kegelbahn im herrschaftlichen Garten den Etat überschreiten, soll von dem Bau vorerst abgesehen werden (Eis.Bau 1254). – Auf Eingaben erhält RegW Weisung wegen Einrichtung des Sportelwesens bei der KamW (B 870 Nr. 221). – Erneute Vorstellung des Landbaumeisters Schlegel in seiner Untersuchungssache an RegW (B 871 Nr. 85).

Geistliche Angelegenheiten:
RegW erhält Weisung wegen des Lynckerschen Stipendiums (B 870 Nr. 222). – Gesuch des Johann Heinrich Krippendorf/Kötschau um eine Gnade für seinen das weimarische Gymnasium besuchenden Sohn an KamW (B 871 Nr. 86).

Steuersachen, Landstände:
RegW erhält Weisung wegen des Steuererlasses für die Bergleute Meinelt/Roda und Klötzner/Ilmenau (B 870 Nr. 223). – Steuerresterlaßgesuch des Johann Nikolaus Peupelmann/Berka an KasDir (B 871 Nr. 87). – Gesuch der Emilie Charlotte Hillardt/Neuhaus um Befreiung von der Personensteuer an KasDir (B 871 Nr. 88).

Beamten- und Gnadensachen:
Gesuche des cand. jur. Burckhardt/Weimar und des Sohnes des Geheimen Kanzlisten Roth um den Akzeß bei der Regierungskanzlei an RegW (B 871 Nr. 89 u. 90). – Vorstellung des Hofposamentiers Mehner/Weimar wegen der für das Wochenbett der Herzogin gefertigten Fransen an KamW (B 871 Nr. 91). – Bitte des Balthasar Beithan/Eisenach um eine Gnade an KamE (B 871 Nr. 92). – Desgl. des Chirurgen Uswald/Jena an KamW (B 871 Nr. 93). – Pensionsgesuch der Witwe des Obersten von Harstall/Mihla an KrKom (B 871 Nr. 94). – Auf das Pensionsgesuch der Witwe Thiel/Landgrafrode erhält KamW Weisung (B 870 Nr. 224).

Amtliche Tätigkeit
1958/61

Es wird leicht übersehen, daß Goethe bald nach seinem Eintritt in Weimar Beamter geworden und dies bis an sein Lebensende geblieben ist. Er hat diese amtliche Tätigkeit zu allen Zeiten sehr ernst genommen. Trotz dieser Tatsache steht es fest, daß seiner amtlichen Wirksamkeit von der Forschung bisher viel zu wenig Aufmerksamkeit geschenkt worden ist. Die Ganzheit seines Lebens und Wirkens aber wird sich erst dann zutreffend beurteilen lassen, wenn neben der dichterischen und wissenschaftlichen Leistung auch die amtliche Tätigkeit in vollem Umfang berücksichtigt wird.

Goethe ist auf Einladung des Herzogs Carl August am 7. November 1775 sicher nicht in der Absicht nach Weimar gekommen, um hier Beamter zu werden. Erst allmählich ist er für das Verbleiben in Weimar und den Eintritt in den weimarischen Staatsdienst gewonnen worden. Seit Januar 1776 klingt dieser Gedanke bei ihm auf, zum ersten Male spricht er am 22. Januar 1776 davon. »Ich bin nun ganz in alle Hof- und politische Händel verwickelt und werde fast nicht wieder weg können. Meine Lage ist vortheilhaft genug, und die Herzogthümer Weimar und Eisenach immer ein Schauplatz, um zu versuchen, wie einem die Weltrolle zu Gesichte stünde« (WA IV/3, 21). Von da ab zeigen sich solche Äußerungen wiederholt in seinen Briefen, und auch Wieland weist schon Ende Januar 1776 darauf hin, »Goethe kommt nicht wieder von hier los«. Am 8. März 1776 spricht Goethe deutlich aus, »nun will ich auch das Regiment probiren« (WA IV/3, 38), und in jener Zeit betrachtete ihn auch Carl August bereits als fest in amtlicher Eigenschaft mit Weimar verbunden, indem er ihm in seinem Testament vom 16. März 1776 ein Gehalt von 1200 Talern oder eine Pension von 800 Talern zusicherte. Am 22. April 1776 erhielt Goethe das Gartenhaus vom Herzog zum Geschenk, und am 26. April 1776 erwarb er das Weimarer Bürgerrecht. So hat sich Goethe in den ersten Monaten des Jahres 1776, dem Wunsche seines neuen Freundes, des Herzogs Carl August entsprechend, für Weimar und den weimarischen Staatsdienst entschieden.

Zur gleichen Zeit aber wuchs der schon vorher fühlbare Widerstand weimarischer Hof- und Beamtenkreise gegen die Reformabsichten Carl Augusts, bei denen Goethes Berufung in den Staatsdienst eine wesentliche Rolle spielte, zur offenen Ablehnung der Pläne des Herzogs an. Führer und Sprecher der Opposition, die sich vor allem gegen die Bevorzugung eines unerfahrenen jungen Landfremden und gegen die Zurücksetzung verdienter und im langjährigen Dienst bewährter Beamter richtete, war der Vorsitzende des Geheimen Consiliums, der Wirkliche Geheime Rat Jacob Friedrich Freiherr von Fritsch. Er hatte bereits einen Monat nach Goethes Ankunft in Weimar, am 9. Dezember 1775, um seine Versetzung aus dem Consilium auf die Stelle des Präsidenten der Regierung gebeten und im Februar 1776 Carl August, als ihm dieser seine Reformpläne entwickelte und zum ersten Male von Goethes Berufung in das Geheime Consilium sprach, auf das Bedenkliche dieser Absichten aufmerksam gemacht und zu reiflicher Überlegung ermahnt.

Nachdem Carl August ihm dennoch am 23. April seine endgültigen unveränderten Entschließungen eröffnet und ihm mitgeteilt hatte, daß er Goethe ins Consilium berufen und ihm den letzten Platz mit dem Titel eines Geheimen Legationsrates geben werde, bat Fritsch dringend um seine Entlassung aus weimarischen Diensten mit der Erklärung, daß er »in einem Collegio, dessen Mitglied gedachter D. Goethe anjetzt werden soll, länger nicht sizen« könne. In einem Brief vom 10. Mai verteidigte Carl August Goethe gegen Fritsch: »Goethe ist rechtschaffen, von einem außerordentlich guten und fühlbaren Hertzen; nicht alleine ich, sondern einsichtsvolle Männer wünschen mir Glück, diesen Mann zu besitzen. Sein Kopf und Genie ist bekannt«. Nachdem Fritsch am 11. Mai erneut Goethe als Mitglied des Geheimen Consiliums abgelehnt hatte, wurde dann durch Vermittlung der Herzogin-Mutter Anna Amalia in der Woche vom 13. zum 20. Mai 1776 Fritsch zum Bleiben bestimmt und damit seine stillschweigende Zustimmung zur Berufung Goethes erlangt, sodaß Goethe am 23. Mai dem Tagebuch anvertrauen konnte: »Gut anlassen von Fritsch« (WA III/1, 13). So war die schwere Krise, die Goethes Berufung in den Staatsdienst und in das Geheime Consilium hervorgerufen hatte, glücklich überwunden worden.

Durch Urkunde vom 11. Juni 1776 hat Carl August Goethe »wegen seiner Uns genug bekannten Eigenschaften, seines wahren Attachements zu Uns und Unsern daher fließenden Zutrauen und Gewißheit, daß Uns und Unserm Fürstlichen Hause er bey dem vom Uns Ihm anvertrauenden Posten treue und nützliche Dienste zu leisten eyfrigst beflissen seyn werde«, zum Geheimen Legationsrat mit Sitz und Stimme im Geheimen Consilium ernannt. Am 25. Juni 1776 erfolgte mit der Amtseinführung in das Geheime Consilium zugleich auch die Vereidigung Goethes als Beamter. Damit begann seine Laufbahn als Beamter des Herzogtums Sachsen-Weimar-Eisenach, in die er eintrat, um »Unterthanen glücklich zu machen«; aber sie begann ohne jede Vorbereitung und Erfahrung, durchaus mit dem »Unbegriff des zu Leistenden«, doch mit »thätiges Selbstvertrauen« und mit der »sichre[n] Kühnheit, daß es zu überwinden sey (WA I/53, 384).

Nach dreijähriger Tätigkeit als Geheimer Legationsrat wurde Goethe am 5. September 1779 »in Ansehung dessen Uns bekannten Gelehrsamkeit und Geschicklichkeit, auch in dem zuversichtlichen Vertrauen, er werde so wie bis anhero nach der Uns und Unserm Fürstlichen Hause bereits erwiesenen Treue und Devotion Uns fernerhin ersprießliche und treue Dienste zu leisten fortfahren«, zum Geheimen Rat ernannt. Am 13. September 1804 erhielt er mit der Ernennung zum Wirklichen Geheimen Rat das Prädikat Excellenz, als Carl August den Geheimen Räten, die im Geheimen Consilium Sitz und Stimme hatten, dieses Ehrenwort beilegte. Am 12. Dezember 1815 wurde der »Wirkliche Geheime Rat Johann Wolfgang von Goethe in Betracht seiner ausgezeichneten Verdienste um die Beförderung der Künste und Wissenschaften und der denselben gewidmeten Anstalten« zum Staatsminister ernannt. Seitdem war sein voller amtlicher Titel die Bezeichnung »Seine Excellenz der Großherzogliche Wirkliche Geheime Rat und Staatsminister Johann Wolfgang von Goethe«. Diesen Titel hat er bis ans Ende seines Lebens geführt. In dieser Eigenschaft gehörte er zu denjenigen »höhern Klassen im Hof- und Staatsdienste«, denen Großherzog Carl August durch Erlaß vom 1. November 1822 »an Höchst Ihrem Hofe eine allgemeine Uniform« verlieh. Das 50jährige Dienstjubiläum Goethes ist mit großer Aufmachung gefeiert worden, und zwar auf Veranlassung Carl Augusts am Tage der 50jährigen Wiederkehr seines Einzugs in Weimar, am 7. November 1825, da Carl August diesen Tag »als den Tag des wirklichen Eintritts in Meinen Dienst« betrachtete.

Entsprechend seiner Laufbahn und seiner Stellung als eines der höchsten Beamten im
Lande gestaltete sich auch das Gehalt, das Goethe nach den damaligen Besoldungsgrund-
sätzen für Beamte bezog. Bei seinem Eintritt in den Staatsdienst wurde ihm in der Ernennungsurkunde ein Gehalt von 1 200 Reichstalern, zahlbar ab Johannis 1776 in vierteljährlichen Raten aus der Kammerkasse, zugebilligt. Am 3. September 1781 erhielt er eine
jährliche, wiederum in vierteljährlichen Raten zu zahlende Besoldungszulage von 200
Reichstalern; gleiche Gehaltsaufbesserungen traten am 20. Mai 1785 und am 11. April
1788 ein, und am 27. März 1798 folgte eine Gehaltszulage von 100 Reichstalern, sodaß
Goethes Gehalt von da an also jährlich 1 900 Reichstaler betrug. So ist es geblieben bis
1815; lediglich eine Zulage von 100 Reichstalern jährlich auf Fourage für zwei Pferde ist
ab 1. Oktober 1810 noch hinzugekommen. Nach der Erhebung des Herzogtums Sachsen-
Weimar-Eisenach zum Großherzogtum und der Umwandlung des Geheimen Consiliums
in ein Staatsministerium 1815 sind die Gehälter der neu ernannten Staatsminister erheblich aufgebessert worden; ab 1. Januar 1816 erhielt daher Goethe ein Gehalt von 3 000
Reichstalern und bezog auch weiterhin die Zulage von 100 Reichstalern für die Unterhaltung von zwei Pferden. Bis an sein Lebensende hat sich an der Höhe des Gehaltes nichts
mehr geändert. Ab 1821 aber wurde es ihm nach Übernahme von Beamtenbesoldungen
auf die Landschaftskasse von dieser, nicht mehr von der Kammerkasse gezahlt. – Nach
Goethes Tod ist das den nächsten Hinterbliebenen eines verstorbenen Beamten, der
Witwe und den Kindern, als Pension zustehende Gnadenquartal, dessen Auszahlung an
die Enkel die Landschaftskasse zunächst verweigert hatte, auf Anordnung des Großherzogs diesen gewährt worden. – Wenn Goethe zu Kanzler von Müller am 31. März 1824
äußerte, daß ihn bloß die »endschiedenste Uneigennützigkeit aufrecht« erhalten habe und
daß er daher seinen »schriftstellerischen Erwerb und zwei Drittel [seines] väterlichen Vermögens hier zugesetzt und erst mit 1 200 Taler, dann mit 1 800 Taler bis 1815 gedient«
habe (Biedermann 3, 97), so heißt das offensichtlich, daß zwar sein Einkommen als Beamter ein wesentlicher Teil seiner wirtschaftlichen Existenz war, daß dieses Einkommen
aber von ihm wohl erst ab 1816 als ausreichend aufgefaßt worden ist.

Auf die hervorgehobene Stellung, die Goethe als Beamter einnahm, ist wesentlich neben
seiner Erhebung in den Adelsstand auch die Verleihung von Orden an ihn zurückzuführen,
wenn allerdings hierbei auch vielfach seine Bedeutung als Dichter von entscheidendem Einfluß gewesen ist. Die Adelung hatte Carl August wegen »der wesentlichen Dienste«, die Goethe ihm geleistet hatte, und wegen »seiner treuen Anhänglichkeit« an des Herzogs Person be-
antragt, also aus seiner Beamtenstellung heraus begründet; im Adelsdiplom vom 10. April
1782 ist mit dem Hinweis darauf, daß sich Goethe »durch seine gründliche Wissenschaften
und ganz besondere Gelehrsamkeit den allgemeinen Ruf erworben«, doch immerhin auch
das persönliche Verdienst hervorgekehrt. Ähnlich steht es auch bei den Ordensverleihungen.
Am 14. Oktober 1808 verlieh ihm Napoleon mit anderen Personen das Ritterkreuz des Ordens der Ehrenlegion, und dabei war in einem Atemzuge von Beamten, die durch ihre Verdienste empfohlen sind, und von genialischen Männern, deren Werke Europa und besonders
Frankreich bewundert, die Rede. Einen Tag später, am 15. Oktober 1808, wurde Goethe mit
dem Kaiserlich-Russischen Annen-Orden 1. Klasse (Großkreuz mit Stern) ausgezeichnet.
Am 28. Juni 1815 erfolgte in »ehrenvoller Anerkennung« von Goethes »ausgezeichneten Ver-
diensten um die deutsche Sprache und Literatur« die Verleihung des Komturkreuzes des
Österreichisch-Kaiserlichen Leopold-Ordens. Erst danach erhielt Goethe eine weimarische
Ordensdekoration; am 30. Januar 1816 wurde ihm mit vielen anderen das Großkreuz des

am 18. Oktober 1815 erneuerten, ausgesprochenermaßen für verdiente und hohe Staatsdiener bestimmten Großherzoglichen Hausordens der Wachsamkeit oder vom weißen Falken verliehen. Nachdem am 11. August 1818 das Ritterkreuz der Ehrenlegion in die nächst höhere Stufe des Offizierskreuzes umgewandelt worden war, erfolgte die letzte Ordensverleihung an Goethe zu seinem Geburtstag 1827 durch den bayerischen König Ludwig I., der ihm das Großkreuz des Verdienstordens der Bayerischen Krone persönlich überreichte. Solchen Auszeichnungen stand Goethe nicht gleichgültig gegenüber. »Ein Titel und ein Orden hält im Gedränge manchen Puff ab« (Biedermann 3, 398).

Goethe hat seine amtliche Wirksamkeit nicht nur in einer Behörde, sondern gleichzeitig und nacheinander an verschiedenen staatlichen Einrichtungen des Herzogtums und späteren Großherzogtums Sachsen-Weimar-Eisenach ausgeübt. Über diese Stellen seiner amtlichen Arbeit soll hier ein Überblick gegeben werden, die eingehendere Darstellung jedes einzelnen Amtsbereiches aber einer Sonderbehandlung vorbehalten sein.

Seine erste Tätigkeit spielte sich im Geheimen Consilium, der obersten Landesbehörde, dem beratenden Organ des Landesherrn, ab. Am 11. Juni 1776 war er dorthin berufen worden. Am 25. Juni 1776 hat er an der ersten Sitzung dieses Kollegiums teilgenommen und sich von da an regelmäßig an den Arbeiten dieser Behörde beteiligt bis zum Februar 1785. Seit diesem Zeitpunkt ist er bis zur Italienischen Reise nur noch gelegentlich bei besonderen Anlässen für das Geheime Consilium tätig gewesen, und das gleiche gilt auch für die Zeit nach der Italienischen Reise. Nominell aber hat Goethe dem Geheimen Consilium bis zu dessen Auflösung bei der Bildung eines Staatsministeriums am 1. Dezember 1815 angehört.

Neben seiner Mitarbeit im Geheimen Consilium, bei dem alle staatlichen Anliegen zusammenliefen und überschaubar wurden, hat Goethe vor der Italienischen Reise noch eine Reihe von staatlichen Sonderaufgaben zu bewältigen gehabt, für die bei der damals üblichen Behördenstruktur spezielle, in der Regel als Kommissionen organisierte Einrichtungen, die neben den großen Landeskollegien selbständig fungierten, geschaffen waren. Bereits ein halbes Jahr nach seinem Eintritt in den Staatsdienst kamen solche Sonderaufträge, zunächst in der Gestalt von Bergwerksaufgaben, auf ihn zu. Am 18. Februar 1777 erhielt er den Spezialbefehl, zur Abfindung der Ansprüche der Freiin von Gersdorff an das Bergwerk in Ilmenau, das wieder in Gang gebracht werden sollte, Unterhandlungen zu pflegen, und dieser Auftrag wurde, nachdem er am 16. Mai erneuert worden war, am 14. November 1777 auf sämtliche Bergwerksangelegenheiten ausgedehnt. In der seitdem fungierenden Bergwerkskommission, seit 1803 Berg- und Salinendepartement genannt, die nach der Eröffnung des Bergwerkbetriebes in Ilmenau am 24. Februar 1784 die Leitung der Bergbaugeschäfte überhaupt zu besorgen hatte und die als Immediatkommission den großen Landeskollegien gleichgestellt war und mit dem Geheimen Consilium unmittelbar verkehrte, ist Goethe auch nach der italienischen Reise noch tätig gewesen, hat sich aber, nachdem infolge Stollen- und Wassereinbruchs 1796 die Arbeiten im Bergwerk allmählich eingestellt wurden, zu Beginn des neuen Jahrhunderts von den Geschäften nach und nach zurückgezogen, längst ehe diese Kommission in den Jahren 1812/13 liquidiert wurde.

Anfang 1779 übernahm Goethe zwei weitere Kommissionen zur Durchführung staatlicher Spezialaufgaben. Am 5. Januar 1779 wurde ihm die Leitung der Kriegskommission, die zur Erledigung der Verwaltungsangelegenheiten des Militärs, vor allem zur Besorgung der ökonomischen Angelegenheiten eingerichtet war und schon lange bestand, übertragen. Die Geschäfte dieser Kommission, die als Immediatkommission fungierte, hat er bis zur Italienischen Reise in großem Umfang durchgeführt, danach aber nicht wieder übernommen.

Am 19. Januar 1779 wurden Goethe weiterhin die Angelegenheiten des Straßenbauwesens übertragen, zunächst die Direktion des weimarischen Landstraßenbaues, in die dann am 23. Februar 1779 ausdrücklich die Direktion des weimarischen Stadtpflasterbauwesens und die Aufsicht über die um die Stadt Weimar gehenden Promenaden einbezogen wurde. Diese Aufgaben wurden erst später unter dem Begriff der Wegebaukommission zusammengefaßt, die an sich eine der Kammer nachgeordnete Kommission war, aber während Goethes Amtsführung unmittelbar mit dem Herzog bzw. dem Geheimen Consilium verkehrte. Auch die Geschäfte der Wegebaukommission hat Goethe bis zur italienischen Reise geführt und dann nicht wieder aufgenommen. Aber als besondere daraus hervorwachsende Aufgabe hat er nach der italienischen Reise die am 21. Oktober 1790 gegründete Wasserbaukommission, genauer die zu Dirigierung der Wasserbaue verordnete Kommission, übernommen, der er bis zu ihrer auf seinen Antrag vom 27. August 1803 erfolgten Auflösung am 1. September 1803 angehört hat.

Die Kommissionen, die Goethe zur Leitung übertragen waren oder in denen er mitarbeitete, sind vornehmlich solche gewesen, bei denen Angelegenheiten finanzieller Art eine besondere Rolle spielten. Auch im Geheimen Consilium waren Fragen des Steuerwesens, der Staatsfinanzen und des staatlichen Schuldenwesens ein besonderes Arbeitsgebiet Goethes. Es war daher begreiflich, daß der Herzog ihm auch die Kammerangelegenheiten zu übertragen beabsichtigte, als die Amtsführung des 1776 gleichzeitig mit ihm berufenen Kammerpräsidenten Johann August Alexander von Kalb unmöglich geworden war. Allerdings war Goethe niemals nominell Kammerpräsident. Aber am 11. Juni 1782 erhielt er, nachdem Kalb am 7. Juni entlassen worden war, den Auftrag, sich mit den Kammergeschäften näher bekanntzumachen und zu versuchen, sich zum Kammerdirektorium zu qualifizieren. Dabei sollte seine Tätigkeit nicht auf die gewöhnlichen, durch Etat und andere Vorschriften bestimmten laufenden und alltäglichen Kammergeschäfte gerichtet sein, sondern vielmehr auf beträchtlichere, aus dem gewöhnlichen Rahmen fallende Gegenstände, die nicht durch Etat und andere Vorschriften geregelt waren. Durch diese Anordnungen und die daraus entspringende leitende Arbeit Goethes in der Kammer hat diese von Anfang an einen anderen Charakter gehabt als seine Mitwirkung in den übrigen Amtsstellen. Auch die Kammergeschäfte hat Goethe nur bis zur italienischen Reise geführt. Noch während Goethes Aufenthalt in Italien betraute der Herzog auf dessen Vorschlag den Geheimen Assistenzrat Johann Christoph Schmidt am 17. Juli 1787 interimistisch bis zu Goethes Rückkunft mit der Direktion der Kammer, und am 11. April 1788 wurde Goethe vom Kammerdirektorium entbunden und der zum Geheimen Rat beförderte Schmidt zum Kammerpräsidenten ernannt.

Finanzieller Art waren endlich auch die Geschäfte, die Goethe vor der italienischen Reise in der Ilmenauer Steuerkommission zu erledigen hatte. Am 6. Juli 1784 wurde »zu Besorgung der zu Berichtigung der Catastrorum im Amte Ilmenau zu veranstaltenden Steuerrevision sowie zu Führung der Aufsicht über das Ilmenauer Steuerwesen« eine besondere Kommission eingesetzt, der auch Goethe angehörte. Ihr Geschäftsumfang wurde am 21. Dezember 1784 auf alle Ilmenauer Steuerangelegenheiten mit Ausnahme der der Regierung vorbehaltenen Kreissachen ausgedehnt und ihr daher die kurze Bezeichnung Ilmenauische Steuerkommission gegeben. Dieser immediaten Kommission, die sich, nachdem die Neukatastrierung 1795 beendet worden war, nur noch mit reinen Steuersachen zu befassen hatte, hat Goethe tatsächlich bis 1805 angehört, wurde ihr nominell aber bis zu ihrer Auflösung am 2. Januar 1818 zugerechnet.

In den eben genannten staatlichen Behörden, Einrichtungen und Kommissionen ist Goethe bis zur italienischen Reise, die auch in seiner amtlichen Tätigkeit einen tiefen Einschnitt bedeutet, tätig gewesen. Daß der Entschluß, nach Italien zu gehen, durch die drückend gewordenen Amtsgeschäfte wesentlich bestimmt worden ist, wird durch Äußerungen folgender Art deutlich: »Die Hauptabsicht meiner Reise war: mich von den phisisch moralischen Übeln zu heilen die mich in Deutschland quälten und mich zuletzt unbrauchbar machten; sodann den heisen Durst nach wahrer Kunst zu stillen« (an Carl August am 25. Januar 1788: IV/8, 327). – »Flucht nach Italien, um sich zu poetischer Produktivität wieder herzustellen« (zu Eckermann am 10. November 1829: Biedermann 4, 65). Goethe hat sich in Italien in dem Entschluß befestigt, die Last der staatlichen Geschäfte im bisherigen Umfang nicht weiter zu tragen. Er hat deswegen von Italien aus den Herzog gebeten, ihn von den Kammergeschäften und den Aufgaben der Kriegskommission zu befreien (WA IV/8, 224 u. 358), kein Zweifel also, daß es diese beiden Geschäftsbereiche waren, die ihn am meisten belasteten. Eingeschlossen in die Kammersachen war dabei wohl auch an die Wegebaukommission gedacht, die mit der Kammer eng verbunden war. Vom Geheimen Consilium brauchte sich Goethe nicht erst zu lösen, da er bereits seit Februar 1785 zu dessen Geschäften nur noch in einer loseren Verbindung stand. Dagegen wollte er, wie alle seine italienischen Briefe an Christian Gottlob Voigt zeigen, hinsichtlich der beiden Ilmenauer Kommissionen, »jener Geschäfte die mir immer interessant bleiben« (WA IV/8, 317), in Italien Kräfte sammeln, »um mit neuen Kräfften, bey altem Anteil zurückzukehren« (WA IV/8, 165). Goethe hat also nach einer neuen Form seiner Mitarbeit im amtlichen Bereich gesucht, die seinem Wesen angemessener war, und dem Herzog entsprechende Wünsche unterbreitet. »Ich werde Ihnen mehr werden als ich oft bisher war, wenn Sie mich nur das thun lassen was niemand als ich thun kann und das übrige andern auftragen [...] Kann ich es, weniger von Detail überhäuft, zu dem ich nicht gebohren bin; so kann ich zu Ihrer und zu vieler Menschen Freude leben« (WA IV/8, 225 f.). Seine Pläne und Vorschläge sind verwirklicht worden. Nach der Rückkehr aus Italien hat er im Geheimen Consilium, wie schon seit Februar 1785, nur noch ganz gelegentlich bei besonderen Anlässen mitgearbeitet, sich wieder um die Bergwerkskommission und die Ilmenauer Steuerkommission bekümmert, aus dem Wegebauwesen heraus den Wasserbau neu übernommen, aber sich völlig distanziert von den Kammergeschäften und von der Kriegskommission. Dafür übernahm er nach der italienischen Reise neue Arbeitsgebiete, und zwar solche Arbeiten, bei denen Pflicht und Neigung innigste Verbindung eingingen, Arbeiten, die, wie er es gewünscht hatte, nur er tun konnte.

Am 23. März 1789 wurde zur Förderung des Wiederaufbaus des am 6. Mai 1774 abgebrannten Residenzschlosses in Weimar eine Schloßbaukommission gegründet, die dieses Bauunternehmen nach der künstlerischen, der technischen und der finanziellen Seite hin zu betreuen und zu beaufsichtigen hatte. Zu ihr gehörte von Anfang an auch Goethe. Er hat in dieser Kommission während ihres Bestehens bis zum Jahre 1803 lebhaft mitgearbeitet, besonders in architektonischen und künstlenrischen Fragen. Mit dem Einzug der herzoglichen Familie in das neu errichtete Schloß am 1. August 1803 war die Aufgabe der Schloßbaukommission erfüllt.

Die Leitung des am weimarischen Hof zu Beginn des Jahres 1791 neu errichteten Hoftheaters wurde von Anfang an Goethe übertragen. Die erste Erwähnung seiner künftigen Direktion erfolgte am 17. Januar 1791; am 7. Mai 1791 wurde das erste Stück unter seiner Leitung und mit Vorspruch von ihm aufgeführt; die erste amtliche Nachricht von seiner

Oberdirektion stammt vom 3. November 1791. Zur Leitung des Theaters wurde auf Goethes Antrag am 1. August 1797 eine erweiterte Hoftheater-Kommission gebildet, der er ebenfalls angehörte, und diese wurde am 26. März 1816 in Hoftheater-Intendanz umbenannt. Obwohl die Theaterangelegenheiten, insbesondere die finanzielle Seite derselben, in enger Verbindung mit dem Hofmarschallamt standen, galten sowohl die Theaterkommission wie die Theater-Intendanz als Immediatbehörden, die mit dem Herzog unmittelbar verkehrten. Für die Hoftheater-Intendanz ist dies bei ihrer Einrichtung ausdrücklich festgelegt worden. Aus dieser Funktion ist Goethe, als seine Stellung infolge starker Gegenkräfte unhaltbar geworden war und nachdem er auf Votum, Signatur und Unterschrift bereits am 26. März 1817 verzichtet und sich damit von aller Verantwortung entbunden hatte, am 13. April 1817 ausgeschieden.

Die umfassendste amtliche Tätigkeit, die Goethe nach der italienischen Reise bis an sein Lebensende ausgeübt hat, war die in der Leitung der wissenschaftlichen und künstlerischen Anstalten in Weimar und Jena. Gelegentlich waren ihm besondere Aufgaben dieser Art im Geheimen Consilium schon vor der italienischen Reise zugefallen, wie die Einrichtung eines Naturalienkabinetts in Jena und die Erwerbung der Büttnerschen Bibliothek aus Göttingen für Jena; auch in der Leitung der 1781 gegründeten Zeichenschule in Weimar wird er schon 1782 genannt. Nach der Rückkehr aus Italien aber nahmen nun die Aufgaben in Angelegenheiten von Kunst und Wissenschaft festere Formen an. Von 1788 an führte Goethe in Weimar die Oberaufsicht über das Freie Zeicheninstitut, zunächst mit Christian Friedrich Schnauß, nach dessen Tod 1797 allein. Am 20. Februar 1794 wurde ihm zusammen mit dem Geheimen Rat Christian Gottlob Voigt, der bei allen wissenschaftlichen Anstalten bis zu seinem Tod am 22. März 1819 sein Mitarbeiter wurde, die Leitung der Botanischen Anstalt in Jena als Kommission übertragen. Am 9. Dezember 1797 übernahmen beide die Kommission zur Leitung der Bibliothek und des Münzkabinetts in Weimar, wozu später noch die Herzogliche Bibliothek in Jena kam. Am 11. November 1803 wurde ihnen die Oberaufsicht über das Museum in Jena übertragen, zu dem die mineralogischen und zoologischen, anatomischen und physikalisch-chemischen Sammlungen gehörten. Dazu kam am 21. April 1812 die Oberaufsicht über die neu gegründete Sternwarte in Jena, 1816 die Oberaufsicht über die damals eingerichtete Tierarzneischule in Jena und am 7. Oktober 1817 die Oberleitung der bei der Universitätsbibliothek in Jena zu treffenden besseren Einrichtung.

Bereits 1809 war unter den verschiedenen bis dahin getrennten wissenschaftlichen Instituten eine rechnungs- und verwaltungsmäßige Zusammenfassung hergestellt worden, und am 12. Dezember 1815 wurde ihm bei der Neuorganisation der nunmehr großherzoglichen weimarischen Behörden die Oberleitung über alle diese wissenschaftlichen und künstlerischen Institute unter der Bezeichnung »Oberaufsicht über die unmittelbaren Anstalten für Wissenschaft und Kunst in Weimar und Jena« übertragen. Eine unmittelbare Aufsicht über die Universität in Jena hat damit Goethe, wie so oft behauptet wird, nicht erlangt und nie geführt. Er hat sogar den ihm im Oktober 1819 angebotenen Posten eines Kurators der Universität Jena ausdrücklich abgelehnt. Wohl aber ist Goethe durch die von ihm geleitete Oberaufsicht über die unmittelbaren Anstalten für Wissenschaft und Kunst in Weimar und Jena mit der Universistät in die innigste Verbindung getreten und hat damit auch viele und grundlegende amtliche Geschäfte an der Universität Jena vollzogen.

Die im Vorstehenden nach der Seite der Berufung, der Laufbahn, der Dienststellen und der Arbeitsgebiete in großen Zügen umrissene amtliche Tätigkeit Goethes ist noch wenig erforscht. Zwar ist über das Thema Goethe als Beamter, als Staatsmann und Politiker im ganzen und in den einzelnen Zweigen seines amtlichen Wirkens bereits ungemein viel geschrieben worden. Eine bibliographische Übersicht über solche Veröffentlichungen zeigt aber mehr als die Tatsache der Menge des Schrifttums; sie lehrt ebenso die Ungleichmäßigkeit des Interesses, das sich den verschiedenen amtlichen Arbeitsbereichen Goethes zuwandte. Durchaus im Vordergrund der bisherigen Betrachtungen stehen Goethes amtliche Beschäftigungen auf dem Gebiete des Theaters und bei den wissenschaftlichen Anstalten in Jena und Weimar. Ferner finden sich manche Betrachtungen über seinen Staatsdienst im allgemeinen und seine Stellung zu Staat, Politik, Gesellschaft, Recht und Wirtschaft. Weite Strecken seiner sonstigen amtlichen Wirksamkeit aber sind völlig vernachlässigt, und im ganzen zeigt die Übersicht über das bisher Geleistete, daß die Beschäftigung mit dieser wichtigen Seite von Goethes Leben und Wirken mehr zufälliger als systematischer Natur gewesen ist, daß ferner die Quellengrundlage, auf der all solche Forschungen beruhten, viel zu schwach war, um abschließende Erkenntnisse zu ermöglichen, daß endlich aber im allgemeinen die Betrachtungsweise viel zu einseitig die überragende Persönlichkeit Goethes, viel zu wenig aber die zeitlichen, örtlichen und traditionsgebundenen Voraussetzungen seines amtlichen Wirkens im Auge hatte.

Bei solcher Forschungslage können die entscheidenden Fragen über Goethes amtliche Tätigkeit, was er auf der einen Seite als Beamter für das Land Sachsen-Weimar-Eisenach gewollt, geleistet und erreicht hat, und was andererseits seine amtliche Tätigkeit für ihn, seine Person und sein Werk bedeutet, also die Fragen des Inhalts seines amtlichen Wirkens und der Wechselwirkung zwischen dichterischem und amtlichem Schaffen, heute wohl immer wieder gestellt, aber letztlich noch nicht in vollem Umfang zutreffend beantwortet werden. Es ist notwendig, daß die Forschung erst den ganzen Komplex von Goethes amtliche Tätigkeit erkennt, umreißt und in all seinen Bezügen aufhellt. Diese Arbeit hat mit der durch das Landeshauptarchiv [jetzt Thüringisches Hauptstaatsarchiv] Weimar übernommenen Herausgabe von Goethes amtlichen Schriften begonnen. Dieses Unternehmen sucht entgegen der bisherigen Zufälligkeit und Systemlosigkeit in der Erforschung von Goethes amtlicher Wirksamkeit tragfähige Grundlagen zu gewinnen. Daher wird hier der gesamte Umkreis von Goethes amtlichem Schaffen quellenmäßig erschlossen, und zwar nach den in der Sache liegenden Gründen jeder Amtsbereich für sich. Daher wird hier aber auch ausgegangen von der Erkenntnis, daß Goethe, wenn er in seiner Tätigkeit als Beamter erfaßt werden soll, auch nach jeder Richtung hin als Beamter des 18. und beginnenden 19. Jahrhunderts verstanden werden muß. Das bedeutet, daß er im Rahmen der damaligen kollegialischen Behördentätigkeit zu begreifen ist, daß er nicht als Individuum, auch nicht als Einzelbeamter, sondern als Mitglied von Kollegien betrachtet werden muß und daß seine Leistung nur in diesem Rahmen verstanden werden kann. Nicht von der Biographie her, sondern nur in verwaltungs- und behördengeschichtlichen Zusammenhängen läßt sich Goethes amtliche Tätigkeit gerecht und zutreffend beurteilen.

Stehen wir also erst am Anfang der Arbeit, die uns den Umfang und die Bedeutung von Goethes amtliche Tätigkeit aufhellen soll, so lassen sich einige grundsätzliche Feststellungen darüber, wie er selbst diese Tätigkeit beurteilt hat, jetzt schon treffen. Es ist oft bedauert worden, daß sich Goethe so viel und so eingehend mit amtlichen Dingen beschäftigt und darüber seinen dichterischen Beruf vernachlässigt habe. Er hat unter seiner Beamtentätigkeit selbst viel gelitten, namentlich während der ersten zehn Jahre seines Aufenthaltes in Weimar. Die Briefe dieser Zeit und die Äußerungen seines Tagebuches enthalten manchen

Aufschrei gegen das anscheinend Nutzlose seines Unternehmens im amtlichen Bereich bis
hin zu jener vernichtenden Äußerung vom 9. Juli 1786: »Wer sich mit der Administration
abgibt, ohne regierender Herr zu seyn, der muß entweder ein Philister oder ein Schelm
oder ein Narr seyn« (WA IV/7, 241). Auch später noch schlägt er rückblickend solche Töne
an, so etwa, wenn er am 27. Januar 1824 zu Eckermann äußert: »Hätte ich mich mehr vom
öffentlichen und geschäftlichen Wirken und Treiben zurückhalten und mehr in der Einsamkeit leben können, ich wäre glücklicher gewesen und würde als Dichter weit mehr gemacht
haben« (Biedermann 3, 66).

Aber gegenüber solchen Auslassungen hören wir von ihm auch ganz andere Ansichten,
aus denen zu vernehmen ist, wie auch die amtliche Tätigkeit zur Bildung seiner Persönlichkeit beitragen mußte und für die Entfaltung seiner Kräfte geradezu notwendig war. 1781
schon äußert er über den Ertrag seiner amtlichen Arbeit für seine Person, »daß ich täglich
reicher werde, indem ich täglich so viel hin gebe«, und er spricht in diesem Zusammenhang
von so vielen Prüfungen, »deren ich aber zu meiner Ausbildung äußerst bedürftig war« (WA
IV/5, 179). Solche Gedanken äußert er immer wieder. »Meine Geschäffte gehn ihren Gang,
sie bilden mich indem ich sie bilde« (WA IV/7, 154). Innerlich mochte er mit vielem nichts
zu schaffen haben, »ausser daß ich von dem Aufwand nebenher etwas in meine politisch
moralisch dramatische Tasche stecke« (WA IV/5, 240). Und solche Auffassung findet sich
genau so noch am Ende seines Lebens, wenn er etwa am 10. November 1829 gegen Eckermann über seine ersten Jahre in Weimar äußert, daß das poetische Talent im Konflikt mit
der Realität gelegen habe, die er durch seine Stellung zum Hof und verschiedenartige
Zweige des Staatsdienstes zu höherem Vorteil in sich aufzunehmen genötigt gewesen sei
(Biedermann 4, 65). Auch die amtlichen Dinge und gerade sie mußten ihm also beitragen
zur »Begierde, die Pyramide meines Daseyns, deren Basis mir angegeben und gegründet ist,
so hoch als möglich in die Lufft zu spizzen« (WA IV/4, 299), und noch spät hat er in Äußerung des gleichen Gedankens sich gegen den Vorwurf, daß er mit seiner amtlichen Wirksamkeit unendliche Zeit für sein schriftstellerisches Wirken verloren habe, verteidigt mit
der Erklärung von der Einheit seines Wirkens: »Freilich [...] ich hätte indes manches gute
Stück schreiben können, doch wenn ich es recht bedenke, gereut es mich nicht. Ich habe all
mein Wirken und Leisten immer nur symbolisch angesehen, und es ist mir im Grunde ziemlich gleichgültig gewesen, ob ich Töpfe machte oder Schüsseln« (zu Eckermann 2. Mai
1824: Biedermann 3, 106).

Es steht also fest, daß Goethe durch seine amtliche Tätigkeit im ganzen beeinflußt und
gebildet worden ist; es wird bei der Darstellung der verschiedenen Geschäftszweige anzudeuten sein, wie sich solche Einflüsse im einzelnen auswirkten. Dort wird dann aber auch
die andere Frage aufzuwerfen sein, was andererseits Goethes Tätigkeit für die Leistung der
einzelnen Behörden und damit für die einzelnen Seiten der Landesverwaltung bedeutete.
Hier wollen wir wiederum nur die grundsätzliche Seite dieser Frage anklingen lassen. Goethe hat es selbst ausgesprochen, daß sein Verhältnis zu den Geschäften aus seinem persönlichen Verhältnis zu Carl August entstanden ist, und er hat als eines der wesentlichen Ergebnisse der italienischen Reise dem Herzog mitgeteilt: »daß ich nur mit Ihnen und in dem
Ihrigen leben mag« (WA IV/8, 226). Damit sind Goethe und Weimar eins geworden, und
das wachsende Ansehen Goethes strahlte auf Land und Stadt Weimar zurück. »Weimar hat
den Ruhm einer wissenschaftlichen und kunstreichen Bildung über Deutschland, ja über
Europa verbreitet« (WA IV/26, 187). Das ist das wesentliche und bleibende Ergebnis von
Goethes amtliche Tätigkeit.

J. A. von Bradish: Goethes Beamtenlaufbahn. 1937. Als: Veröffentlichung des Verbandes deutscher Schriftsteller und Literaturfreunde in New York, Heft 4. – Goethes Amtliche Schriften. Hrsg. von W. Flach. Bd 1. 1950. – W. Flach: Goetheforschung und Verwaltungsgeschichte. 1952. [Mit umfassendem Literaturverzeichnis über Goethes amtliche Tätigkeit]

Amtliche Schriften.
1958/61

Die Erforschung der amtlichen Tätigkeit Goethes und die Betrachtung seiner Wirksamkeit, seiner Leistung und seiner Bedeutung als Beamter, Politiker und Staatsmann muß in erster Linie von den unmittelbaren schriftlichen Zeugnissen ausgehen, die bei seinem amtlichen Schaffen entstanden und überliefert sind. Sie werden zweckmäßig zusammengefaßt unter dem Begriff der amtlichen Schriften.

Von der sonstigen schriftlichen Hinterlassenschaft Goethes unterscheiden sich diese amtlichen Schriften ganz wesentlich. Wenn seine dichterischen und schriftstellerischen Werke »als Kundgebung seines persönlichen Wesens« bezeichnet worden und als solche anzusehen sind, so gilt dies für die schriftlichen Erzeugnisse seines dienstlichen Wirkens in keiner Weise. Denn diese Schriften wurden weder inhaltlich noch formal durch seinen Willen und nach seinen Absichten, sondern durch Voraussetzungen bestimmt, die das Amt ihm vorschrieb; für die amtlichen Schriften war er an die in seiner Zeit üblichen behördenmäßigen Stilformen gebunden. Aber trotz dieser ihm im dienstlichen Schriftverkehr gesetzten Schranken macht sich auch in den Amtsschriften seine Persönlichkeit bemerkbar, und daher sind auch die amtlichen Schriften ein bisher viel zu wenig beachteter Teil von Goethes Werk.

Unter amtlichen Schriften Goethes müssen im einzelnen alle die Schriftstücke verstanden werden, die als unmittelbarer schriftlicher Niederschlag seiner amtlichen Tätigkeit entstanden sind, die also als direkte amtliche Verlautbarungen seiner amtlichen Wirksamkeit entsprangen. Es sind ihrer Entstehung und ihrer Abfassung nach solche Schriften, die entweder ganz von ihm verfaßt, d. h. eigenhändig niedergeschrieben oder diktiert sind, oder es sind solche Schriftstücke, die zwar von anderen konzipiert wurden, an denen er aber infolge der kollegialischen Arbeitsweise der Behörden der damaligen Zeit im Wege der Revision eigenhändige Korrekturen vorgenommen hat. Der Form nach sind die amtlichen Schriften sehr mannigfaltiger Art. Am Anfang stehen Aktenauszüge, Materialzusammenstellungen und Ausarbeitungen, die sich Goethe für den mündlichen Vortrag in der Behörde oder zur Klärung seiner eigenen Vorstellungen von der Sache zusammengestellt hat. Dazu treten dann, allerdings nur in Ausnahmefällen, schriftlich zu erstattende Gutachten (Voten) mit seiner Stellungnahme zu vorgelegten Fragen und Gegenständen und in größerer Zahl Berichte, die nach vorgenommenen Amtshandlungen schriftlich bei der Behörde einzureichen waren. Am zahlreichsten sind solche Schreiben, die aufgrund der in der Behörde kollegialisch gefaßten Beschlüsse als schriftliche Verlautbarungen dieser Beschlüsse aus der Behörde hinausgingen: Kanzlei- oder Handschreiben, Reskripte des Landesherrn oder Behördenreskripte, beide auch mit Postskripten, Kommunikations- und Requisitorialschreiben, Dekrete, Ordres und ähnliches. Für all diese amtlichen Schriftformen hatte sich Goethe dem Brauch der Zeit und der Kanzleien zu beugen. Hier galt nicht in erster Linie sein Stil, sondern hier mußte auch er weitgehend den Kanzleistil anwenden, den er 1785 gegen Versuche des Herzogs Carl August, ihn abzuschaffen, selbst energisch verteidigt hat. »Eine Canzley hat mit keinen Materialien zu thun und wer nur Formen zu beobachten und zu bearbeiten hat, dem ist ein wenig Pedantismus nothwendig« (Amtlichen Schriften I, 420). Die so oft erfolgte Beurteilung und Verurteilung der amtlichen Schriften Goethes von seinem persönlichen Stil her ist also völlig abwegig.

Unter den amtlichen Schreiben, die Goethe verfaßt hat, befindet sich auch eine große Zahl von Privatschreiben. Die Amtspraxis der damaligen Zeit kennt neben den vorstehend genannten amtlichen Schriften auch das Privatschreiben, die per privatas zu erledigende Angelegenheit, als eine Form des behördlichen Schriftverkehrs. Solche in amtlichem Auftrag geschriebene Privatschreiben wurden nur in ganz bestimmten, genau geregelten Fällen angewandt, insbesondere dann, wenn von Amts wegen an eine Einzelperson und nicht an eine Behörde zu schreiben war. Von diesen amtlichen Privatschreiben sind nachdrücklichst zu unterscheiden diejenigen persönlichen Briefe, in denen sich Goethe außerhalb des amtlichen Bereichs ganz privat über amtliche Dinge geäußert hat. Man hat bisher dieser Unterscheidung viel zu wenig Aufmerksamkeit geschenkt, und daher kommt es, daß in völliger Verkennung des Wesens amtlicher und privater Schreiben vieles in die Editionen von Goethes Briefen aufgenommen worden ist, was dorthin, weil es amtlichen Ursprungs ist; nicht gehört. Vom Begriff der amtlichen Schriften her wird hier noch manche Bereinigung vorzunehmen sein; die Klärung aber muß eintreten, weil die Auswertung persönlicher Privatbriefe andere Grundlagen und Voraussetzungen hat als die von amtlichen Privatschreiben.

Das besondere Kennzeichen der Behördenpraxis der damaligen Zeit ist die kollegialische Arbeitsweise. Die Aufgabe der Mitglieder des Kollegiums, die die Behörde bildeten, d. h. die Aufgabe der oberen Beamten, bestand darin, in den regelmäßig stattfindenden Sitzungen die zu erledigenden Materien nach dem Referat des Sachbearbeiters allseitig zu beraten und aufgrund dieser Beratung einen gemeinsamen Beschluß zu fassen. Im Referieren, Votieren und Resolvieren, d. h. in einem mündlichen Geschäft, bestand also die Hauptaufgabe der höheren Beamten. Die schriftlichen Ausarbeitungen, im wesentlichen die Konzepte derjenigen Schreiben, die aufgrund der Beschlüsse des Kollegiums dann aus der Behörde hinauszugehen hatten, wurden in der Regel durch die gehobenen mittleren Beamten, die expedierenden Sekretäre, vorgenommen. Nur in Ausnahmefällen haben sich die höheren Beamten selbst am schriftlichen Geschäft der Behörde beteiligt. Vielmehr wurden ihnen die von den Sekretären gefertigten Konzepte zur Revision vorgelegt, wobei sie an diesen Abänderungen vornehmen konnten. In jedem Falle gaben sie ihr Einverständnis mit dem dann endgültig gestalteten Konzept durch ihr an den Rand gesetztes Signum, also durch Signierung, kund. Dieses Verfahren galt auch für Goethes Behördentätigkeit. Daraus ergibt sich, daß seine amtliche Wirksamkeit nur zum kleineren Teil aus den von ihm selbst gefertigten Schreiben erkannt werden kann, daß vielmehr, wenn seine Beteiligung an dem vollen Umfang der Geschäfte der einzelnen Behörden, in denen er tätig war, erfaßt werden soll, auch die von ihm nur signierten, von anderen Beamten dieser Behörden angefertigten Konzepte herangezogen werden müssen. Denn im Signum kam die Zustimmung zur Sache und damit die Übernahme der Verantwortung dafür zum Ausdruck.

Das amtliche Schrifttum Goethes ist bisher wenig erforscht und, wie sich aus dem Vorstehenden ergibt, vielfach unzutreffend beurteilt worden. Neuerdings ist der ganze Problemkreis aufgegriffen worden durch das Landeshauptarchiv [jetzt Thüringisches Hauptstaatsarchiv] Weimar, das es sich zum Ziel gesetzt hat, die amtlichen Schriften Goethes in ihrem vollen Umfang festzustellen und zu veröffentlichen, um auf diese Weise einmal eine gesicherte quellenmäßige Grundlage für die Betrachtung und Beurteilung der amtlichen Tätigkeit Goethes zu schaffen, zum anderen aber diese auch zu Goethes schriftstellerischer Arbeit gehörenden amtlichen Schriften seinen Werken zuzufügen. Diese Arbeit geht in Erkenntnis der Tatsache, daß Goethe in seiner Wirksamkeit als Beamter an die behördenmäßigen Voraussetzungen seiner Zeit gebunden war, nicht von der Person Goethes aus, sondern von der Aufhellung der gesamten Tätigkeit jener Behörden, in denen Goethe gewirkt hat. Die Erforschung und Veröffentlichung der amtlichen Schriften Goethes erfolgt also ihrer Entstehung gemäß im Rahmen derjenigen Behörden und Kommissionen, die in der Darstellung von Goethes amtlicher Tätigkeit im einzelnen aufgeführt sind.

W. Flach: Goetheforschung und Verwaltungsgeschichte. 1952 [Mit umfassenden Literaturnachweisen.]

Bibliografie Willy Flach

Abkürzungen

AM   Archivmitteilungen. Zeitschrift für Theorie und Praxis des Archivwesens der DDR (Potsdam)

TF   Das Thüringer Fähnlein. Monatshefte für die mitteldeutsche Heimat (Jena)

ZVTG   Zeitschrift des Vereins für Thüringische Geschichte und Altertumskunde (Jena)

I. Herausgebertätigkeit

1. [Zusammen mit Wilhelm Engel] Festschrift Valentin Hopf zum achtzigsten Geburtstag 27. Januar 1933. Jena 1933.

2. Beiträge zur Thüringischen Geschichte. Herausgegeben von Dr. Wilhelm Engel und Dr. Willy Flach. Jena 1934. – Erschienen sind: Bd. 1: Der politische Charakter des weimarischen Kanzlers Friedrich von Müller und die Glaubwürdigkeit seiner »Erinnerungen« 1806–1813. Eine quellenkritische Untersuchung von Dr. Ulrich Crämer. 1934; Bd. 2: Urkundenbuch zur Thüringischen Glashüttengeschichte von Dr. Herbert Kühnert. 1934.

3. Festschrift Berthold Rein zum 75. Geburtstag. Forschungen zur schwarzburgischen Geschichte. Herausgegeben von Willy Flach. Jena 1935.

4. Bericht über die Gründung und die Tätigkeit der Thüringischen Historischen Kommission 8. Juli 1937 bis 31. März 1939. Weimar 1939.

5. Zeitschrift des Vereins für Thüringische Geschichte und Altertumskunde [ZVTG] seit 1937 (Bd. 40/2) herausgegeben von Georg Mentz in Verbindung mit Willy Flach und Günther Franz, seit 1940 (Bd. 42) herausgegeben von Willy Flach und Günther Franz, seit 1942 (Bd. 44) herausgegeben von Willy Flach und Hans Haimar Jacobs [bis Bd. 45 von 1943] sowie Beihefte [ZVTG Beiheft] 18 (1937) bis 28 (1943).

6. Veröffentlichungen der Thüringischen Historischen Kommission. Im Auftrag der Kommission herausgegeben von Willy Flach. Jena 1944–1957. – Erschienen sind: Bd. I: Die Matrikel der Universität Jena, Band I: 1548 bis 1652. Bearbeitet von Georg Mentz in Verbindung mit Reinhold Jauernig. 1944; Bd. II: Der Briefwechsel zwischen Otto Schott und Ernst Abbe über das optische Glas 1879–1881. Bearbeitet von Herbert Kühnert. 1946; Bd. III: Briefe und Dokumente zur Geschichte des VEB Optik Jenaer Glaswerk Schott & Genossen, I. Teil: Die wissenschaftliche Grundlegung (Glastechnisches Laboratorium und Versuchsglashütte) 1882–1884. Bearbeitet von Herbert Kühnert. 1953; Bd. IV: Die mittelalterlichen Münzfunde in Thüringen. Unter Mitarbeit von Eberhard Mertens und Arthur Suhle bearbeitet von Walter Hävernick. Text und Münztafeln. 1955; Bd. V: Altenburger Urkundenbuch 976–1350. Bearbeitet von Hans Patze. 1955; Bd. VI: Briefe und

Dokumente zur Geschichte des VEB Jenaer Glaswerk Schott & Genossen, II. Teil: Der Übergang zur industriellen Produktion (Von der Versuchsglashütte zum 1. Produktionsverzeichnis) 1884–1886. Bearbeitet von Herbert Kühnert. 1957.

7. Thüringische Archivstudien. Herausgegeben von Willy Flach. Weimar 1951–1958. – Erschienen sind: Bd 1: Hans Eberhardt, Goethes Umwelt. Forschungen zur gesellschaftlichen Struktur Thüringens. 1951; Bd 2: Wolfgang Huschke, Die Geschichte des Parkes von Weimar. 1951; Bd 3: Willy Flach, Goetheforschung und Verwaltungsgeschichte. Goethe im Geheimen Consilium 1776–1786. 1952; Bd 4: Karl-Heinz Hahn, Jakob Friedrich v. Fritsch. Minister im Klassischen Weimar. 1953; Bd 5: Fritz Wiegand, Das Stadtarchiv Erfurt und seine Bestände. 1953; Bd 6: Hans Patze, Recht und Verfassung thüringischer Städte. 1955; Bd 7: Die Schöffenspruchsammlung der Stadt Pößneck. Teil I: Der Text der Sammlung. Bearbeitet von Reinhold Grosch unter Mitarbeit von Karl Theodor Lauter und Willy Flach. 1957; Bd 8: Die Schöffenspruchsammlung der Stadt Pößneck. Teil II: Studien über die Entstehung und die landesgeschichtliche Bedeutung der Sammlung. Von Willy Flach. 1958. [Nach dem Ableben von Flach erschienen noch die Bände 9 und 10 unter der Herausgeberschaft von Hans Eberhardt 1968 bis 1971.]

8. Goethes Amtliche Schriften. Veröffentlichung des Staatsarchivs Weimar. Herausgegeben von Willy Flach. Weimar 1950. – Erschienen ist: Bd. 1: Goethes Tätigkeit im Geheimen Consilium. Teil I: Die Schriften der Jahre 1776–1786. Eingeleitet und bearbeitet von Willy Flach. 1950. [Nach dem Ableben von Flach erschienen noch die Bände 2 bis 4 unter der Herausgeberschaft von Hans Eberhardt 1968 bis 1987.]

II. Editionen, Monographien und Kataloge

9. Die Urkunden der Vögte von Weida, Gera und Plauen bis zur Mitte des 14. Jahrhunderts. Eine diplomatisch-historische Untersuchung. (Teildruck) Inaugural-Dissertation zur Erlangung der Doktorwürde der Philosophischen Fakultät der Thüringischen Landesuniversität Jena. Greiz 1930. 35 S.

10. Die Urkunden der Vögte von Weida, Gera und Plauen bis zur Mitte des 14. Jahrhunderts. Eine diplomatisch-historische Untersuchung. Greiz 1930. XV, 275 S.

11. Geschichte der reußischen Archive. Greiz 1930. 71 S. [gleichzeitig in Fortsetzungen erschienen in: Die Heimat. Beilage zu den Greizer Neuesten Nachrichten (1930/31)]

12. Verfassungsgeschichte einer grundherrlichen Stadt: Berga an der Elster. Von den Anfängen bis zur Stadtordnung von 1847. Jena 1934. VIII, 175 S. (= ZVTG Beiheft 16).

13. [Karten] Politische Entwicklung Thüringens bis 1919. 1. Thüringen im Jahre 1700. 2. Thüringen im Jahre 1800. 3. Thüringen im Jahre 1918. In: Thüringen-Atlas der Reichsarbeitsgemeinschaft für Raumforschung. Hrsg. von Johannes Müller. Gotha 1940. Karte 7.

14. [Karte] Städtische Siedlungsformen. In: Thüringen-Atlas der Reichsarbeitsgemeinschaft für Raumforschung. Hrsg. von Johannes Müller. Gotha 1941. Karte 15.

15. Goethes Tätigkeit im Geheimen Consilium. Teil I: Die Schriften der Jahre 1776–1786. Eingeleitet und bearbeitet von Willy Flach. 1950. CVI, 462 S. (= Goethes Amtliche Schriften. Bd. 1)

16. Goetheforschung und Verwaltungsgeschichte. Goethe im Geheimen Consilium 1776–1786. Weimar 1952. 165 S. (= Thüringische Archivstudien. Bd. 3). [Durch Beigaben vermehrter Neudruck der Einleitung zu Goethes Amtliche Schriften. Bd. 1]

17. Friedrich Schiller. Aus dem Briefwechsel mit Goethe. Lichtdrucke der ersten neun Briefe aus dem Sommer 1794. Gedächtnisgabe zum 9. Mai 1955. Weimar 1955. 31 S., 9 Taf.

18. Deutsche Dichterhandschriften aus der 1. Hälfte des 19. Jahrhunderts. Ausstellung des Goethe- und Schiller-Archivs 1956. Katalog. Bearbeitet von Willy Flach und Karl-Heinz Hahn. Weimar 1956. 51 S.

19. Handschriften deutscher Dichter aus zwei Jahrhunderten. Ausstellung des Goethe- und Schiller-Archivs 1957. Katalog. Bearbeitet von Willy Flach und Hans-Joachim Schreckenbach. Weimar 1957. 82 S.

20. Die Schöffenspruchsammlung der Stadt Pößneck. Teil I: Der Text der Sammlung. Bearbeitet von Reinhold Grosch unter Mitarbeit von Karl Theodor Lauter † und Willy Flach. Weimar 1957. XIX, 359 S., 4 Taf. (= Thüringische Archivstudien. Bd. 7).

21. Die Schöffenspruchsammlung der Stadt Pößneck. Teil II: Studien über die Entstehung und die landesgeschichtliche Bedeutung der Sammlung. Von Willy Flach †. Weimar 1958. XI, 147 S., 5 Taf. (= Thüringische Archivstudien. Bd. 8).

III. Aufsätze in Sammelwerken, Zeitschriften und Zeitungen

22. Johann Gottfried Büchner, Reußischer Archivar zu Greiz 1696–1749. In: Vergangenheit – Gegenwart. Heimatgeschichtliche Blätter der Greizer Zeitung Nr. 23/1927 vom 4. November 1927.

23. Geschichte der reußischen Archive. In: Die Heimat. Beilage zu den Greizer Neuesten Nachrichten [in Fortsetzung erschienene gekürzte Fassung der Monographie von 1930] Nr. 10/1930 vom 22. September 1930, Nr. 11/1930 vom 3. November 1930, Nr. 12/1930 vom 12. November 1930, Nr. 13/1930 vom 1. Dezember 1930, Nr. 14/1930 vom 31.Dezember 1930, Nr. 1/1931 vom 28. Januar 1931 und Nr. 2/1931 vom 4. Februar 1931.

24. Zwei reußische Polizeiordnungen gegen übertriebenen Aufwand bei Kindtaufen, Verlobungen und Hochzeiten. In: Die Heimat. Beilage zu den Greizer Neuesten Nachrichten Nr. 5/1931 vom 27. April 1931 und 6/1931 vom 3. Juni 1931.

25. Zur Geschichte des Choralbuches in Reuß ä. L. Dargestellt nach Akten des Thüringischen Staatsarchivs Greiz. In: Vergangenheit – Gegenwart. Heimatgeschichtliche Blätter der Greizer Zeitung Nr. 11/1931 vom 27. Mai 1931.

26. Aus der Geschichte der Kartoffel, besonders im Vogtland. In: Heimatblätter. Beilage zur Geraer Zeitung 1931, Bl. 6.

27. Weimarer Feuerteller. In: Allgemeine Thüringische Landeszeitung Deutschland Nr. 185/1931 vom 6. Juli 1931.

28. Aufgaben der vogtländischen Geschichtsschreibung. In: Vergangenheit – Gegenwart. Heimatgeschichtliche Blätter der Greizer Zeitung Nr. 18/1931 vom 2. September 1931.

29. Der reußische Landsturm 1814. Dargestellt nach Akten der thüringischen Staatsarchive Weimar (Abteilung H 3 202) und Greiz (a. Rep. A Cap 8, 3 Nr. 6). In: Die Heimat. Beilage zu den Greizer Neuesten Nachrichten Nr. 3/1932 vom 18. April 1932 und 4/1932 vom Mai 1932.

30. Urkundenfälschungen der Deutschordensballei Thüringen im 15. Jahrhundert. In: Festschrift Valentin Hopf zum 80. Geburtstag 27. Januar 1933. Hrsg. von Wilhelm Engel und Willy Flach. Jena 1933, S. 86–136.

31. Beiträge zur Geschichte des Deutschordenshauses Saalfeld. In: TF 2 (1933), S. 271–280.

32. Heimatgeschichte und Urkundenforschung. In: Rund um den Friedenstein. Beilage zum Gothaischen Tageblatt Nr. 14/1933 vom 13. Juli 1933. – Wieder abgedruckt in: TF 2 (1933), S. 513–518. Auf Veranlassung der Schriftleitung erneut abgedruckt in: Rund um den Friedenstein. Beilage zum Gothaischen Tageblatt Nr. 19/1937 vom 16. September 1937.

33. Ein Fronprozeß des Dorfes Schleifreisen 1618. In: TF 2 (1933), S. 654–658.

34. Das Testament des Propstes Jhan von Döhlen für das Bergerkloster in Altenburg [1439, 1466]. In ZVTG 38 (1933), S. 547–567.

35. Ein Visitationsbericht der Deutschordensballei Thüringen von 1497. In: ZVTG 38 (1933), S. 568–574.

36. Die staatliche Entwicklung Thüringens. In: Kalender Thüringer Land und Volk 1934 [auf der Rückseite des Kalenderblattes der 15. Woche].

37. Eine Urkundenfälschung des Deutschordenshauses Halle. In: Geschichtsblätter für Stadt und Land Magdeburg. Mitteilungen des Vereins für Geschichte und Altertumskunde des Herzogtums und Erzstifts Magdeburg 68/69 (1934), S. 52–66.

38. Das mittelalterliche Weimar (975–1547). In TF 3 (1934), S. 95–106. – Gleichzeitig in: Geschichte, Eigenart und Bedeutung der thüringischen Landeshauptstadt Weimar. Jena 1934, S. 31–42.

39. Die Lazaruskapelle in Rudolstadt [1485–1527]. Ein Beitrag zur Frage des Spitalgottesdienstes im Mittelalter. In: Beiträge zur Thüringischen Kirchengeschichte Bd. 3, Heft 1 (1934), S. 115–165.

40. Quellen zur Geschichte der Niederlausitz im Thüringischen Staatsarchiv Weimar. In: Niederlausitzer Mitteilungen. Zeitschrift der Niederlausitzer Gesellschaft für Geschichte. 22 (1934), S. 306–312.

41. Die Archive der älteren und jüngeren Linie des Hauses Reuß. In: TF 3 (1934), S. 321–326.

42. Rudolstädter Archivare des 17. und 18 Jahrhunderts. In: TF 3 (1934), S. 336–345.

43. Archivalienaustauschpläne zwischen Rudolstadt und Sondershausen im 19. Jahrhundert. In: TF 3 (1934), S. 345–349.

44. Goethe und der Kindesmord. In: TF 3 (1934), S. 599–606.

45. Wirtschaftsgeschichte und Wirtschaftskultur Thüringens. In: Die neue Wirtschaft. 2 (1934), Heft 11, S. 4–6 – Wieder abgedruckt unter dem Titel: Die wirtschaftliche Entwicklung Thüringens. In: TF 4 (1935), S. 79–83.

46. Die Entstehung der schwarzburgischen Hauptarchive [bis etwa 1600]. In: Festschrift Berthold Rein zum 75. Geburtstag. Forschungen zur schwarzburgischen Geschichte. Hrsg. von Willy Flach. Jena 1935, S. 45–61.

47. Fünfzig Jahre Staatsarchivgebäude [in Weimar]. In: Thüringische Staatszeitung 1935 Nr. 115 vom 18. Mai 1935. – Gleichzeitig abgedruckt in: Weimarische Zeitung 1935 Nr. 115 vom 18. Mai 1935 und in: Allgemeine Thüringische Landeszeitung Deutschland (Weimar) 1935 Nr. 136 vom 18. Mai 1935.

48. Bewahrtes Handwerksschriftgut. Die Sicherung der Innungsarchivalien eine bedeutsame Aufgabe des Handwerks. In: Mitteldeutsches Handwerk. Amtliches Organ der Handwerkskammern Erfurt, Dessau, Gera, Halle, Magdeburg, Meiningen Weimar und von Handwerkerorganisationen in Mitteldeutschland. Sonderausgabe über den Handwerkskammerbezirk Weimar vom 20. April 1936, S. 12.

49. Stellung und Aufgaben der Thüringischen Staatsarchive im neuen Staat. In: TF 5 (1936), S. 359-365.

50. Neue Aufgaben des Ausbaues der Thüringischen Staatsarchive. In: Mitteilungsblatt des Generaldirektors der Preußischen Staatsarchive 1938, S. 156-166.

51. Die staatliche Entwicklung Mitteldeutschlands. In: TF 7 (1938), S. 378-381.

52. Die Entwicklung des staatlichen Archivwesens in Thüringen und seine Beziehungen zur Landesgeschichtsforschung. [Mit einem Literaturverzeichnis über die einzelnen Staatsarchive.] In: ZVTG 41 (1939); S. 6-26.

53. Stamm und Landschaft Thüringen im Wandel der Geschichte. In: Blätter für deutsche Landesgeschichte 84 (1938), S. 171-187. – Mit kleinen Veränderungen wieder abgedruckt in: TF 8 (1939), S. 317-329.

54. Leistungen und Aufgaben der thüringischen Landesgeschichtsforschung. In: Bericht über die Gründung und die Tätigkeit der Thüringischen Historischen Kommission 8. Juli 1937 bis 31. März 1939. Weimar 1939, S. 12-23.

55. Georg Spalatin als Geschichtsschreiber. In: Zur Geschichte und Kultur des Elb-Saale-Raums. Festschrift für Walter Möllenberg zum 60. Geburtstag. Hrsg. von Otto Korn. Burg b. Magdeburg 1939, S. 211-230.

56. Die Bannmeile der thüringischen Städte. In: ZVTG 42 (1940), S. 117-138.

57. Zur Vollendung der Regesta diplomatica necnon epistolaria historiae Thuringiae. In ZVTG 42 (1940), S. 433-440.

58. In rebus historicis. Betrachtungen [über das Vordringen des Dilettantismus in der Landesgeschichtsforschung]. In: ZVTG 42 (1940), S. 442-443.

59. Die politische Entwicklung Thüringens. In: Die Fachschaften des Reichsbundes der deutschen Beamten. Handbuch für den Dienst im Gau Thüringen. Weimar 1940, S. 150-155.

60. Über thüringische Städtegründungen. In: Greizer Zeitung Nr. 281/1940 vom 29. November 1940; auch in: Schleizer Zeitung Nr. 284/1940 vom 3. Dezember 1940.

61. Die geschichtliche Entwicklung des thüringischen Stammes. In: Thüringer Volksbildungsarbeit. Herausgegeben im Auftrag der Deutschen Heimatschule Thüringen, Jena von Paul Merkel, Jena. NF 13 (1941), S. 34-44. [veränderter Abdruck von »Stamm und Landschaft Thüringen im Wandel der Geschichte« aus Blätter für deutsche Landesgeschichte 1938]

62. Entstehung und Entwicklung der thüringischen Städte. In: Der Thüringische Gemeindetag 9 (1941), S. 22-25.

63. Die staatliche Entwicklung Thüringens in der Neuzeit. In: ZVTG 43 (1941), S. 6-48.

64. Beiträge zur Vorgeschichte der Landesbibliothek Weimar. In: Aus der Geschichte der Landesbibliothek zu Weimar und ihrer Sammlungen. Festschrift zur Feier ihres 250jährigen Bestehens und zur 175jährigen Wiederkehr ihres Einzugs ins Grüne Schloß. Hrsg. von Hermann Blumenthal. Jena 1941, S. 33-45 (= ZVTG Beiheft 23).

65. Die Entstehungszeit der thüringischen Städte. In: ZVTG 44 (1942), S. 52-111.

66. Geleitwort [mit grundsätzlichen Ausführungen] zu: Rudolf Diezel, Die Ämterbezirke in Sachsen-Weimar seit dem 16. Jahrhundert. Eine verwaltungsgeschichtlich-topographische Untersuchung. Jena 1943, S. V-VI (= ZVTG Beiheft 27).

67. Geleitwort [mit grundsätzlichen Ausführungen] zu: Hans Eberhardt, Die Geschichte der Behördenorganisation in Schwarzburg-Sondershausen. Jena 1943, S. V-VI (= ZVTG Beiheft 28).

68. Zur Geschichte des Kreises Weimar. In: Thüringer Heimatgrüße Herausgeber Kreisleitung Weimar [der NSDAP] Folge 25 vom April 1944, S. 3-15. [Feldpostausgabe]

69. Staatsgeheimnis und Wissenschaft. In: Thüringische Landeszeitung (Weimar) Nr. 49/1946 vom 20. April 1946.

70. Thüringen und die Thüringer. Landschaft, Volk und Staat im Herzen Deutschlands. Wandlungen und Grenzen eines Stammesbegriffes. In: Thüringische Landeszeitung (Weimar) Nr. 62/1947 vom 25. Mai 1947.

71. Die Revolution von 1848 in Thüringen. Elf Staaten kämpfen für demokratische und nationale Rechte. In: Thüringische Landeszeitung (Weimar) Nr. 33/1948 vom 17. März 1948.

72. 531 – ein thüringisches Schicksalsjahr. Historische und dichterische Quellen über den Untergang eines mächtigen Königreiches. Ein Beitrag des thüringischen Stammes zur deutschen Sage. In: Thüringische Landeszeitung (Weimar) Nr. 73/1948 vom 20. Juni 1948.

73. Symbol städtischer Rechte. Zur Geschichte des Stadtwappens von Weimar. In: Thüringische Landeszeitung (Weimar) Nr. 153/1948 vom 22. Dezember 1948.

74. Goethe im Licht neuer Forschung. Sein Wirken für Volk und Staat. Mehrbändige Quellenpublikation »Goethe als Beamter« – die Gabe des Thüringischen Staatsarchivs zum Goethejahr. In: Thüringische Landeszeitung (Weimar) Nr. 154/1948 vom 24. Dezember 1948.

75. »Jederzeit das Ganze überschauen...« Goethes Wirksamkeit als Beamter: Hohe Schule seiner Welt- und Menschenkenntnis. In: Thüringische Landeszeitung (Weimar) Nr. 45/1949 vom 16. April 1949.

76. Goethe und Weimar. Seine Bedeutung als Staatsmann und Minister. In: Thüringer Tageblatt (Weimar) Nr. 103/1949 vom 28. August 1949.

77. Mitglied im Geheimen Consilium. Der Staatsmann Goethe – Quellenpublikation seiner amtlichen Schriften schließt Forschungslücke – Erster Band druckreif. In: Thüringische Landeszeitung (Weimar) Nr. 102/1949 vom 27./28. August 1949.

78. 700 Jahre Weimar. Die geschichtliche Bedeutung der vorklassischen Stadt. In: Thüringische Landeszeitung (Weimar) Nr. 156/1949 vom 31. Dezember 1949.

79. Goethes amtliche Schriften. Zur Begründung ihrer Veröffentlichung. In Goethe. NF des Jahrbuchs der Goethe-Gesellschaft 12 (1951), S. 126-143.

80. Sechs Jahre Aufbauarbeit in den thüringischen Landesarchiven. In: AM 1 (1951), S. 34-37.

81. Kongreß der Archivare. In: Thüringische Landeszeitung (Weimar) Nr. 104/1952 vom 28. Mai 1952.

82. Die Aufgaben der Landesarchivverwaltung. In: Archivarbeit und Geschichtsforschung. Vorträge und Referate, gehalten auf dem Kongreß der Archivare der Deutschen Demokratischen Republik in Weimar 1952. Berlin 1952, S. 72-90 (= Schriftenreihe des Instituts für Archivwissenschaft der Deutschen Demokratischen Republik Nr. 2).

83. Vom Wesen der Archivwissenschaft. Vorlesung zur Eröffnung des 3. Lehrgangs am Institut für Archivwissenschaft. In: AM 3 (1953), S. 42-45.

84. Ein Gutachten Goethes über die akademische Disziplin. In: Forschungen aus mitteldeutschen Archiven. Zum 60. Geburtstag von Hellmut Kretzschmar. Hrsg. von der Staatlichen Archivverwaltung im Staatssekretariat für Innere Angelegenheiten. Berlin 1953, S. 363-380 (= Schriftenreihe der Staatlichen Archivverwaltung Nr. 3).

85. Goethes Mitwirkung beim Zillbacher Holzprozeß. Ein Stück aus Goethes amtlicher Tätigkeit. In: Goethe. NF des Jahrbuchs der Goethe-Gesellschaft 16 (1954), S. 57-110.

86. Das Thüringische Landeshauptarchiv [Weimar]. In: Weimar. Ein Führer durch seine Kultur und Geschichte. Weimar 1954, S. 84–87.

87. Die Bedeutung des Landeshauptarchivs Weimar für die Geschichtsforschung. In: Thüringer Tageblatt (Weimar) Nr. 221/1954 vom 22. September 1954.

88. Weimar und seine Archive. Papiere, die das Leben spiegeln. In: Thüringische Landeszeitung (Weimar) Nr. 155/1955 vom 5. Juli 1955. – Erneut abgedruckt in: Liberal-Demokratische Zeitung (Halle) Nr. 77/1956 vom 1./2. April 1956.

89. Die Stadt Weimar und ihre Archive. In: Der Morgen (Berlin) vom 6. Juli 1955.

90. Goethes amtliche Tätigkeit und seine amtlichen Schriften. In: Wissenschaftliche Annalen 4 (1955), S. 449–465.

91. Betrachtungen Goethes über Wissenschaften und Künste in den weimarischen Landen. Archivalisches Material aus Goethes amtlicher Tätigkeit. In: Archivalische Zeitschrift 50/51 (1955), S. 463–484.

92. Literaturarchive. In: AM 5 (1955) Heft 4, S. 4–10.

93. Goethes literarisches Archiv. In: Archivar und Historiker. Studien zur Archiv- und Geschichtswissenschaft. Zum 65. Geburtstag von Heinrich Otto Meisner. Hrsg. von der Staatlichen Archivverwaltung im Staatssekretariat für Innere Angelegenheiten. Berlin 1956, S. 45–71 (= Schriftenreihe der Staatlichen Archivverwaltung Nr. 7).

94. Das Thüringische Landeshauptarchiv Weimar und seine Landesarchive. In: AM 6 (1956), S. 84–89.

95. Entwicklung, Stand und Aufgaben der landesgeschichtlichen Forschung in Thüringen. In: Blätter für deutsche Landesgeschichte 92 (1956), S. 90–141.

96. Grundzüge einer Verfassungsgeschichte der Stadt Weimar. Die Entwicklung einer deutschen Residenzstadt. Mit einer Übersicht über die Kodifikationen der Stadtrechte in Thüringen. In: Vom Mittelalter zur Neuzeit. Zum 65. Geburtstag von Heinrich Sproemberg. Hrsg. von Hellmut Kretzschmar. Berlin 1956, S. 144–239.

97. Ein Polizeiagent Metternichs bei Goethe. Eine unbekannte Quelle zum Wartburgfest 1817. In: Festschrift für Wolfgang Vulpius zum 60. Geburtstag am 27. November 1957. Hrsg. von den Nationalen Forschungs- und Gedenkstätten der klassischen deutschen Literatur in Weimar. Weimar 1957, S. 7–35.

98. Die Entstehung der Pfarrei Cumbach. Ein Beispiel spätmittelalterlicher Pfarreibildung. In: Rudolstädter Heimathefte. Beiträge zur Heimatkunde des Kreises Rudolstadt 3 (1957), S. 319–328.

99. Goethe im Februar 1779. Ein Beitrag zur Chronik von Goethes Leben. In: Festschrift für Leopold Magon zum 70. Geburtstag am 4. April 1957. Berlin 1957, S. 175–203.

IV. Beiträge in Lexika und Nachschlagewerken

100. Land und Städte in Thüringen. In: Deutsches Städtebuch. Hrsg. von Erich Keyser. Bd. 2. Stuttgart und Berlin 1941, S. 255–262.

101. Artikel: Berga an der Elster (S. 273–274), Bad Blankenburg (Thüringer Wald) (S. 276–277), Ebeleben (S. 285), Bad Frankenhausen (Kyffhäuser) (S. 292–294), Gehren (S. 295), Großbreitenbach (S. 308–309), Großenehrich (S. 309–310), Königsee (S. 323–324), Langewiesen (S. 327–328), Leutenberg in Thüringen (S. 329–330), Neuhaus am Rennweg (S. 339–340), Oberweißbach (Thüringer Wald) (S. 343), Plaue (S. 347), Rudolstadt (S.

353–354), Schlotheim (S. 363–364), Sondershausen (S. 365–366), Stadtilm (S. 370–371), Teichel (S. 378), Weimar (S. 388–391). In: Deutsches Städtebuch, Hrsg. von Erich Keyser. Bd. 2. Stuttgart und Berlin 1941, S. wie angegeben.

102. Amtliche Schriften. In: Goethe Handbuch. Goethe, seine Welt und Zeit in Werk und Wirkung. Zweite Auflage, hrsg. von Alfred Zastrau. Stuttgart 1961. Bd. 1, Sp. 218–221. [2. Lieferung, erschienen 1956]

103. Amtliche Tätigkeit. In: Goethe Handbuch. Goethe, seine Welt und Zeit in Werk und Wirkung. Zweite Auflage, hrsg. von Alfred Zastrau. Stuttgart 1961. Bd. 1, Sp. 221–234. [2. Lieferung, erschienen 1956]

104. Bergwerkskommission. In: Goethe Handbuch. Goethe, seine Welt und Zeit in Werk und Wirkung. Zweite Auflage, hrsg. von Alfred Zastrau. Stuttgart 1961. Bd. 1, Sp. 1053–1079. [Lieferung nach 1958 erschienen] – Erneut abgedruckt [mit Quellennachweisen] in: Goethes Amtstätigkeit für den Ilmenauer Bergbau. Dokumentation zur Archivalienausstellung des Thüringischen Hauptstaatsarchivs Weimar in Ilmenau 1998, S. 11–33.

V. Berichte über wissenschaftliche Unternehmungen

105. Bericht über die Gründung und die Tätigkeit der Thüringischen Historischen Kommission 8. Juli 1937 bis 31. März 1939. Weimar 1939. 56 S.

106. Tätigkeitsbericht der Thüringischen Historischen Kommission seit ihrer Gründung am 8. Juli 1937 bis 31. März 1939, erstattet vom Vorsitzer. In: Bericht über die Gründung und die Tätigkeit der Thüringischen Historischen Kommission 8. Juli 1937 bis 31. März 1939. Weimar 1939, S. 24–55.

107. Berichte über die Tätigkeit der Thüringischen Historischen Kommission für die Zeit vom 8. Juli 1937 bis 31. März 1939. In: ZVTG 41 (1939), S. 301–304, 638–640.

108. Berichte über die Tätigkeit der Thüringischen Historischen Kommission in den Geschäftsjahren (Zeitraum 1. April bis 31. März) 1939, 1940, 1941 und 1942 In: ZVTG 42 (1940), S. 493–507; 43 (1941), S. 338–355; 44 (1942), S. 353–368; 45 (1943), S. 439–448. [Die Tätigkeitsberichte 1939/1940 und 1940/1941 sind auch als Sonderdrucke aus der ZVTG erschienen.]

109. Hundertjahrfeier des Instituts für österreichische Geschichtsforschung in Wien. In: AM 4 (1954), S. 75–76.

110. Ausstellung des Goethe- und Schiller-Archivs [Weimar] zum Schillerjahr 1955. In: AM 5 (1955) Heft 2, S. 21–22.

111. 3. Österreichischer Archivtag in Klagenfurt (22. September 1956). In: AM 6 (1956), S. 135.

112. Handschriftenausstellung des Goethe- und Schiller-Archivs in Weimar. [Bericht von Willy Flach und Karl-Heinz Hahn] In: AM 6 (1956), S. 136–137.

113. Handschriften deutscher Dichter aus zwei Jahrhunderten. Ausstellung des Goethe- und Schiller-Archivs [Weimar] [Bericht von Willy Flach und Hans-Joachim Schreckenbach]. In: AM 7 (1957), S. 110–111.

VI. Würdigungen und Nachrufe

114. Armin Tille 1870-1941. In: ZVTG 44 (1942), S. 1-7. – Wieder abgedruckt in der selbständig erschienenen Schrift: Willy Flach und Friedrich Facius, Armin Tille zum Gedächtnis. Jena 1942, S. 1-7. Gekürzte Fassung in: TF 11 (1942), S. 30. Veränderte Fassung in: Historische Zeitschrift 167 (1943), S. 441-443.

115. [Zusammen mit Lothar Frede] Georg Mentz 1870-1943. In: ZVTG 45 (1943), S. VII bis XI.

116. Berthold Rein 1860-1943. In: ZVTG 45 (1943), S. XII bis XIV.

117. Dr. Herbert Kühnert zum siebzigsten Geburtstag (11. Juli 1957). In: Rudolstädter Heimathefte. Beiträge zur Heimatkunde des Kreises Rudolstadt 3 (1957), S. 169-173.

VII. Forschungsberichte und Literaturverzeichnisse

118. [Zusammen mit Wilhelm Engel] Forschungsbericht Thüringen. In: Jahresberichte für deutsche Geschichte 7 (1931), Leipzig 1934, S. 428-432; 8 (1932), Leipzig 1934, S. 449-453; 9/10 (1933/34), Leipzig 1936, S. 595-604; 11 (1935), Leipzig 1936, S. 491-498; 12 (1936), Leipzig 1937, S. 484-490.

119. Forschungsbericht Thüringen. In: Jahresberichte für deutsche Geschichte 13 (1937), Leipzig 1938, S. 485-492; 14 (1938), Leipzig 1940, S. 447-455.

120. Entwicklung, Stand und Aufgaben der landesgeschichtlichen Forschung in Thüringen. In: Blätter für deutsche Landesgeschichte 92 (1956), S. 90-141.

121. Quellen und Literatur zur thüringischen Geschichte und Kirchen-Geschichte. Für die heimatgeschichtlichen Lehrgänge in Friedrichroda zusammengestellt von W. Flach. 1937. 14 S. [als Manuskript vervielfältigt]

122. Schrifttum zur thüringischen Geschichte. In: Thüringer Volksbildungsarbeit. Herausgegeben im Auftrag der Deutschen Heimatschule Thüringen, Jena von Paul Merkel, Jena. NF 13 (1941), S. 53-55.

123. Inhaltsverzeichnis zu Band 1-40 (1852-1937) [der Gesamtfolge, d. h. Band 1-8 der Alten Folge und Band 1-32 der Neuen Folge] der Zeitschrift des Vereins für Thüringische Geschichte und Altertumskunde in Jena mit einem Verzeichnis der sonstigen Veröffentlichungen des Vereins. Bearbeitet von Willy Flach und Günther Franz unter Mitwirkung von M. Schmid-Burgk. Jena 1941. VIII, 82 S.

VIII Rezensionen und Anzeigen

32. bis 34. Jahresbericht und Mitteilung (12. Band) des Vereins für Greizer Geschichte. In: Vergangenheit – Gegenwart. Heimatgeschichtliche Blätter der Greizer Zeitung Nr. 3/1928 vom 10. Februar 1928.

Schneider, Friedrich u. Armin Tille, Einführung in die Thüringische Geschichte. 1931. In: ZVTG 37 (1931), S. 491-492.

Cartellieri, Alexander, Weltgeschichte als Machtgeschichte, 2. Teil: Die Weltstellung des deutschen Reiches 1911-1047. 1932.] Eine neue Weltgeschichte. In: Allgemeine Thüringische Landeszeitung Deutschland Nr. 207/1932 vom 27. Juli 1932.

Beschorner, Hans (Hrsg.), Archivstudien. Zum 70. Geburtstag von. Woldemar Lippert. 1931. In: ZVTG 38 (1933), S. 321–326.

Scholle, Joseph, Das Erfurter Schottenkloster. 1932. In: ZVTG 38 (1933); S. 366–368.

Kunze, Martin, Schwarzburg-Sondershausen in der deutschen Revolution von 1848/49. 1932. In: ZVTG 38 (1933), S. 637–639.

Jauernig, Reinhold, Die Einführung der Reformation in den reußischen Landen. 1933. In: ZVTG 38 (1933), S. 641–643.

Bohley, Karl, Die Entwicklung der Verfassungsfrage in Sachsen-Coburg-Saalfeld von 1800 bis 1821. 1933. In: TF 2 (1933), S. 572.

Koch, Herbert (Hrsg.), Das Geschossbuch der Stadt Jena vom Jahre 1406. 1932. In: TF 2 (1933), S. 572.

Elster, Curt, Fürsorgeerziehung im ehemaligen Großherzogtum Sachsen-Weimar-Eisenach. 1933. In: TF 2 (1933), S. 572–573.

Werner, Herbert, Das Problem des protestantischen Kirchenbaus und seine Lösungen in Thüringen. 1933. In: TF 2 (1933), S. 762.

Bergmann, Alfred, Carl-August-Bibliographie. 1933; ders., Carl Augusts Begegnungen mit Zeitgenossen. 1933. In: TF 2 (1933), S. 762–763.

Deinhardt, Wilhelm, Frühmittelalterliche Kirchenpatrozinien in Franken. 1933. In: TF 2 (1933), S. 763.

Sommerlad, Bernhard, Der Deutsche Orden in Thüringen. Geschichte der Deutschordensballei Thüringen von ihrer Gründung bis zum Ausgang des 15. Jahrhunderts (Forschungen zur thüringisch-sächsischen Geschichte 10). 1931. In: Sachsen und Anhalt 9 (1933), S. 279–282.

Wentzcke, Paul und Gerhard Lüdtke (Hrsg.), Handbuch der Archive [Minerva-Handbuch]. 1932. In: TF 3 (1934), S. 349–357.

Haferkorn, Hans, Bernhard August von Lindenau, die Zollfrage und der mitteldeutsche Handelsverein. 1933. In: TF 3 (1934), S. 551.

Falk, Rudolf, Vogtländische Ahnenschaft. 1933. In: TF 3 (1934), S. 551.

Grüner, Walter, Die Universität Jena während des Weltkrieges und der Revolution bis zum Sommer 1920. 1934. In: TF 3 (1934), S. 625.

Tille, Armin, Ziele, Aufgaben und Quellen zur Ortsgeschichtsforschung. 1934. In: TF 3 (1934), S. 753.

Herrmann, Rudolf, Weidaer Kirchengeschichte 1150 bis 1550. 1934. In: TF 3 (1934), S. 753.

Schmidt-Ewald, Walter, Die Gothaer Perthes. 1935. In: TF 4 (1935), S. 120.

Schriften der Akademie für Deutsches Recht: 1. Das Mühlhäuser Reichsrechtbuch. 2. Germanenrechte: Die Gesetze des Karolingerreiches. 1934. In: TF 4 (1935), S. 185–186.

Rach, Alfred, Der Thüringer Dorflehrer nach dem 30jährigen Krieg bis ins 19. Jahrhundert. 1934. In: TF 4 (1935), S. 186.

Lürmann, Paul, Der große Brand der Stadt Greußen in der Nacht vom 16. zum 17. Oktober 1834. 1934. In: TF 4 (1935), S. 187.

Kretschmer, Ernst Paul, Aus vergangenen Tagen des kanzleischriftsässigen Rittergutes Kospoda und seiner nächsten Umgebung. 1934. In: TF 4 (1935), S. 377.

Engelmann, Johannes, Untersuchungen zur klösterlichen Verfassungsgeschichte in den Diözesen Magdeburg, Meißen, Merseburg und Zeitz-Naumburg (etwa 950 bis etwa 1350). 1933. In: TF 4 (1935), S. 377–378.

Schriften der Akademie für Deutsches Recht: 1. Germanenrechte: Die Gesetze des Merowingerreiches 481–714. 2. Forschungen zum Deutschen Recht: Herbert Meyer, Das Handgemal; Christian Ulrich Freiherr von Ulmenstein, Über Ursprung und Entstehung des Wappenwesens. 3. Theodor Goerlitz, Der Ursprung und die Bedeutung der Rolandsbilder. 1934–1935. In: TF 5 (1936), S. 107–108.

Grun, Paul Arnold, Leseschlüssel zu unserer alten Schrift. 1935. In: Die Thüringer Sippe. Beilage zum TF 2 (1936), S. 64.

Goerlitz, Theodor, Der Ursprung und die Bedeutung der Rolandsbilder. 1934. In: ZVTG 40 (1937), S. 242–243.

Cartellieri, Alexander, Der Aufstieg des Papsttums im Rahmen der Weltgeschichte 1047–1095. 1936. In: ZVTG 40 (1937), S. 243–245.

Böhmer, J. F., Regesta Imperii VI. Die Regesten des Kaiserreiches. 2. Abt., 1. Lfg. (Adolf von Nassau). Bearb. von Vincenz Samanek. 1933. In: ZVTG 40 (1937), S. 245–246.

Wagenführer, Hertha, Friedrich der Freidige 1257–1323. 1936. In: ZVTG 40 (1937), S. 246–248.

Günkel, Alfred, Die Städte des ehemaligen Herzogtums Sachsen-Meiningen. 1934. In: ZVTG 40 (1937), S. 271–272.

Mainzer Urkundenbuch. Bearb. von Manfred Stimming. Bd. 1. 1932. In: ZVTG 40 (1937), S. 273–279.

Eisenträger, Margarete, Krug, Eberhard u. Edmund E. Stengel, Territorialgeschichte der Kasseler Landschaft. 1935. In: ZVTG 40 (1937), S. 279–280.

Krauß, Rudolf, Das sächsische Vogtland in den Bewegungen von 1848–1850. 1935. In: ZVTG 40 (1937), S. 280–281.

Schmidt, Friedrich Lorenz, Geschichte der Stadt Zeulenroda im thüringischen Vogtland. Bd. 1. 1935. 1937. In: ZVTG 40 (1937), S. 498–499.

Nabholz, Hans u. Paul Kläui, Internationaler Archivführer. 1936. In: ZVTG 40 (1937), S. 506.

Nordhäuser Urkundenbuch. Bd. 1. Bearb. von Günter Linke. 1936. In: ZVTG 40 (1937), S. 507–508.

Regesten der Erzbischöfe von Mainz von 1289–1396. 1. Abt., Bd. 2. Bearb. von Heinrich Otto. 1932–1935. In: ZVTG 40 (1937), S. 507.

Urkundenbuch der Reichsabtei Hersfeld. Bd. 1. Bearb. von Hans Weirich. 1936. In: ZVTG 40 (1937), S. 507.

Deinhardt, W., Dedicationes Bambergenses. 1936. In: ZVTG 40 (1937), S. 508.

Lauckner, Martinus, Die Städtewappen im einst mark-meißnischen Gebiet. 1936. In: ZVTG 40 (1937), S. 510.

Bechstein, Karl, Schlösser und Gärten in Altweimar. 1936. In: ZVTG 40 (1937), S. 511.

Weichberger, Alexander, Der Wielandplatz zu Weimar und seine Geschichte. 1937. In: ZVTG 40 (1937), S. 511.

Bradish, Joseph A. v., Goethes Beamtenlaufbahn. 1937. In: ZVTG 40 (1937), S. 518–519.

Caemmerer, Erich, Bemerkungen zu den Örtlichkeiten der Hedanurkunde des Jahres 704. 1936. In: Deutsches Archiv für Geschichte des Mittelalters 1 (1937), S. 521–522.

Helmbold, Hermann, Geschichte der Stadt Eisenach mit einem volkskundlichen Anhang. 1936. In: Deutsches Archiv für Geschichte des Mittelalters 1 (1937), S. 543–544.

Germanenrechte: Norwegisches Recht; Schwedisches Recht; Gesetze der Westgoten; Altspanisch-gotische Rechte. 1935–1936. In: TF 6 (1937), S. 79–80.

Buschkiel, Ludwig, Die deutschen Farben von ihren Anfängen bis zum Ende des zweiten Kaiserreiches. 1935. In: TF 6 (1937), S. 80.

Huffmann, Fritz Robert, Über die sächsische Berggerichtsbarkeit vom 15. Jahrhundert bis zu ihrem Ende. 1935. In: TF 6 (1937), S. 80.

Kötzschke, Rudolf u. Hellmut Kretzschmar, Sächsische Geschichte. 1935. In: TF 6 (1937), S. 256.

Herrmann, Rudolf, Thüringische Kirchengeschichte, Bd.1. 1937. In: TF 6 (1937), S. 256.

Germanenrechte: Isländisches Recht; Gesetze der Burgunden. 1936–1937. In: TF 6 (1937), S. 599.

Quellen zur neueren Privatrechtsgeschichte Deutschlands. 1936. In: TF 6 (1937), S. 599–560.

Schmidt, Franz Paul (Hrsg.), Thüringische Studien. Festschrift zur Feier des 250jährigen Bestehens der Thüringischen Landesbibliothek Altenburg 1936. In: Neues Archiv für Sächsische Geschichte und Altertumskunde 58 (1937), S. 100–101.

Dobenecker, Otto (Hrsg.), Regesta diplomatica necnon epistolaria historiae Thuringiae. 4. Bd., 1. u. 2. Teil. Jena 1935. In: Historische Zeitschrift 156 (1937), S. 362–365.

Kulturräume und Kulturströmungen im mitteldeutschen Osten. Von Wolfgang Ebert u. a. 1936. In: ZVTG 41 (1939), S. 240–242.

Emmerich, Werner (Hrsg.), Von Land und Kultur. Beiträge zur Geschichte des mitteldeutschen Ostens. Zum 70. Geburtstag Rudolf Kötzschkes. 1937. In: ZVTG 41 (1939), S. 242–243.

Urkundenbuch des Erzstifts Magdeburg. T. 1. (937–1192). Bearb. von Friedrich Israel. 1937. In: ZVTG 41 (1939), S. 243–245.

Gesamtinventar des Wiener Haus-, Hof- und Staatsarchivs. Bd. 1–4. 1936–1938. In: ZVTG 41 (1939), S. 273.

Ernstberger, Anton (Hrsg.), Heimat und Volk. Forschungsbeiträge zur sudetendeutschen Geschichte. Festschrift für Wilhelm Wostry. 1937. In: ZVTG 41 (1939), S. 273–274.

Kötzschke, Rudolf (Hrsg.), Forschungen zur Geschichte Sachsens und Böhmens. 1937. In: ZVTG 41 (1939), S. 274–275.

Planitz, Hans u. a. (Hrsg.), Die Kölner Schreinsbücher des 13. und 14. Jahrhunderts. 1937 In: ZVTG 41 (1939), S. 276–277.

Kittel, Erich (Hrsg.), Brandenburgische Siegel und Wappen. 1937. In: ZVTG 41 (1939), S. 279.

Bartels, Adolf, Weimar und die deutsche Kultur. 3. erw. Aufl. 1937. In: ZVTG 41 (1939), S. 290.

Herfurth, Emil, Gymnasiasten von anno dazumal. 1937. In: ZVTG 41 (1939), S. 290.

Jessen, H. (Hrsg.) Matthias Claudius. Briefe. Bd. 1. Hrsg. von H. Jessen. 1938. In: ZVTG 41 (1939), S. 290.

Jahrbuch des Hennebergisch-fränkischen Geschichtsvereins. 1937, 1938, 1939. In: ZVTG 41 (1939), S. 485–487.

Trinckler, Hugo, Entstehungsgeschichte und Häuser-Chronik von Alt-Rudolstadt. 1939. In: ZVTG 41 (1939), S. 520–521.

Berchem, Egon Freiherr von, Galbreath, D. L. u. Otto Hupp, Beiträge zur Geschichte der Heraldik. 1939. In: ZVTG 41 (1939), S. 523–524.

Markmann, Fritz Zur Geschichte des Magdeburger Rechts. Das Burger Landrecht. 1938. In: ZVTG 41 (1939), S. 524.

Schoenborn, Hans Joachim, Lebensgeschichte und Geschichtsschreibung des Erasmus Stella. 1938. In: ZVTG 41 (1939), S. 537.

Urkundenbuch der Reichsstadt Nordhausen. T. 2. 1267–1703. Bearb. von Gerhard Meißner. 1939. In: ZVTG 41 (1939), S. 545.

Bechstein, Karl, Häuser und Gassen in Alt-Weimar. 1938. In: ZVTG 41 (1939), S. 547.

Urkundenbuch der Stadt Halle, ihrer Stifter und Klöster. Bearb. von Arthur Bierbach. T. 2. (1301–1350). 1939. In: ZVTG 42 (1940), S. 443–444.

Tille, Armin, Die Anfänge der Stadt Weimar und die Grafen von Weimar und Orlamünde. 1939. In: ZVTG 42 (1940), S. 461–462.

Lauter, Karl Theodor, Bibliographie zur hennebergischen Geschichte für die Jahre 1916 bis 1929. In: ZVTG 42 (1940), S. 463.

Mitteldeutschland. Die deutschen Heimatführer. Bd. 14. 1939. In: ZVTG 42 (1940), S. 463.

Thüringen. Die deutschen Heimatführer. Bd. 2. 1939. In: ZVTG 42 (1940), S. 463.

Ziegler, Elisabeth, Das Territorium der Reichsabtei Hersfeld. 1939. In: ZVTG 42 (1940), S. 465–466.

Berchem, Egon Freiherr von, Heraldische Bibliographie. 1937. In: ZVTG 42 (1940), S. 466–467.

Neubecker, Ottfried, Fahnen und Flaggen. 1939. In: ZVTG 42 (1940), S. 467.

Goetze, Walter, Aus der Frühzeit der methodischen Erforschung deutscher Geschichtsquellen. 1939. In: ZVTG 42 (1940), S. 467–468.

Wähler, Martin, Zur thüringisch-sächsischen Ortsnamenforschung. In. ZVTG 42 (1940), S. 468.

Lorenz, Hermann, Johann Christoph GuthsMuths. 1939. In: ZVTG 42 (1940), S. 479.

Specht, Reinhold, Zur angeblichen Kaiserpfalz Dornburg an der Elbe; Knorr, Heinz A., Die Dornburg an der Elbe. 1939. In: ZVTG 42 (1940), S. 481.

Redslob, Edwin, Des Reiches Straße. 2. durchges. Aufl. 1940. In: ZVTG 43 (1941), S. 261–262.

Gesamtinventar des Wiener Haus-, Hof- und Staatsarchivs. Bd. 1–5. 1936–1940. In: ZVTG 43 (1941), S. 262–264.

Übersicht über die Bestände des Geheimen Staatsarchivs zu Berlin-Dahlem. Bd. 1–3. 1934–1939. In: ZVTG 43 (1941), S. 264.

Übersicht über die Bestände des Staatsarchivs Marburg. 1939. In: ZVTG 43 (1941), S. 264.

Hoppe, Willy u. a. (Hrsg.), Die deutschen Kommissionen und Vereine für Geschichte und Altertumskunde. Unter Mitarb. von Rudolf Kötzschke. 1940. In: ZVTG 43 (1941), S. 279.

Wattenbach, Wilhelm, Deutschlands Geschichtsquellen im Mittelalter. Deutsche Kaiserzeit. Hrsg. von Robert Holtzmann. Bd. 1, H. 1–3. 1938–1940. In: ZVTG 43 (1941), S. 280–281.

Kaestner, Alexander, Der Bergbau in den Wappen der deutschen Städte. 1939/40. In: ZVTG 43 (1941), S. 281–282.

Neubecker, Ottfried, Ordensritterliche Heraldik. 1940. In: ZVTG 43 (1941), S. 282.

Neuhaus, Wilhelm, Auf den Spuren der Abtei Hersfeld in deutschen Gauen. 1941. In: ZVTG 43 (1941), S. 286–287.

Jahrbuch des Geraer Museums- und Geschichtsvereins. 2. 1940. In: ZVTG 43 (1941), S. 293–294.

Ehrengabe Berthold Rein zum 80. Geburtstag. 1940. In: ZVTG 43 (1941), S. 297.

Eberhardt, Hans, Johann Simon Hermstedt. 1940. In: ZVTG 43 (1941), S. 299.

Beschorner, Hans (Hrsg.), Codex diplomaticus Saxoniae regiae. T. 1, Abt. B., Bd. 4. Bearb. von Hubert Ermisch u. a. In: ZVTG 44 (1942), S. 302–304.

Monumenta Germaniae Historica. Die Urkunden Heinrichs des Löwen. Bearb. von Karl Jordan. 1. Stück. 1941. In: ZVTG 44 (1942), S. 304–306.

Urkundenbuch des Klosters Dobrilugk und seiner Besitzungen. Bearb. von Rudolf Lehmann. 1941. In: ZVTG 44 (1942), S. 306–308.

Keyser, Erich (Hrsg.), Deutsches Städtebuch. Bd. 2. Mitteldeutschland. 1941. In: ZVTG 44 (1942), S. 308–312.

Hessenthal, Waldemar Hesse Edler von u. Georg Schreiber, Die tragbaren Ehrenzeichen des Deutschen Reiches. 1940. In: ZVTG 44 (1942), S. 334.

Abhandlungen zur Rechts- und Wirtschaftsgeschichte. Festschrift Adolf Zycha zum 70. Geburtstag. 1941. In: ZVTG 44 (1942), S. 338.

Dersch, Wilhelm, Hessisches Klosterbuch. 2. erw. Aufl. 1940. In: ZVTG 44 (1942), S. 339.

125 Jahre Kreis Ziegenrück. Quellensammlung 1815–1940. 1940. In: ZVTG 44 (1942), S. 347.

Mentz, Georg, Ein Jahrhundert thüringischer Geschichtsforschung. 1937. In: Historische Zeitschrift 167 (1943), S. 659–660.

Namenverzeichnis zu Otto Dobenecker, Regesta diplomatica necnon epistolaria historiae Thuringiae, Bd. 4. Bearb. Von Georg Mentz, 1939. In: Historische Zeitschrift 167 (1943), S. 660.

Urkundenbuch der Stadt Jena und ihrer geistlichen Anstalten. Bd. 3 (Thüringische Geschichtsquellen NF 3/3). Bearb. Von Ernst Devrient. 1936. In: Historische Zeitschrift 167 (1943), S. 660.-662.

Tille, Armin, Die Anfänge der Stadt Weimar und die Grafen von Weimar und Orlamünde. 1939. In: Historische Zeitschrift 168 (1943), S. 219–220.

Maschke, Erich, Thüringen in der Reichsgeschichte. 1937. In: Historische Zeitschrift 168 (1943), S. 220–221.

Diezel, Rudolf, Das Prämonstratenser-Kloster Mildenfurth bei Weida (Thüringen). 1937. In: Historische Zeitschrift 168 (1943), S. 445–446.

Mentz, Georg, Weimarische Staats- und Regentengeschichte vom Westfälischen Frieden bis zum Regierungsantritt Carl Augusts (Carl August. Darstellungen und Briefe zur Geschichte des Weimarischen Fürstenhauses und Landes 1. Abt.). 1936. In: Historische Zeitschrift 168 (1943), S. 659–660.

Schönaich-Carolath, Hans Georg Prinz zu, Das landesherrliche Kirchenregiment in Reuß-Greiz 1560–1716. 1938. In: Historische Zeitschrift 168 (1943), S. 660–661.

Schlesinger, Walter, Die Entstehung der Landesherrschaft. T. 1. 1941. In: ZVTG 45 (1943), S. 373–375.

Urkundenbuch des Klosters Dobrilugk und seiner Besitzungen. Bearb. von Rudolf Lehmann. Registerband. 1942. In: ZVTG 45 (1943), S. 387.

Berger, Siegfried, Deutsches Antlitz nach unbekannten Bildwerken aus der Provinz Sachsen. 1942. In: ZVTG 45 (1943), S. 392.

Hünicken, Rolf, Geschichte der Stadt Halle. T. 1. 1941. In: ZVTG 45 (1943), S. 408.

»Aus Erfurts alter Zeit«. Aufsätze Prof. Dr. Alfred Overmanns zur Erfurter Kulturgeschichte. In: Thüringische Landeszeitung (Weimar) Nr. 148/1948 vom 10. Dezember 1948.

[Sammelbesprechung] Österreichische Archivliteratur: 1. Ignaz Zibermayr, Das Oberösterreichische Landesarchiv in Linz. 1950. 2. Mitteilungen des Oberösterreichischen Landesarchivs, 3. u. 4. Bd. 1954 u. 1955. 3. Otto Brunner, Die Rechtsquellen der Städte Krems und Stein. 1953. 4. Otto Wutzel, Die Rechtsquellen der Stadt Eferding. 1954. 5. Festschrift Julius Franz Schütz. 1954. 6. Bernhard Bischoff, Übersicht über die nichtdiplomatischen Geheimschriften des Mittelalters. 1954. In: AM 6 (1956), S. 141–142.